Die Gesetzgebungslehre im Bereich des Privatrechts bei Christian Thomasius

# Rechtshistorische Reihe



Band 463

*Zur Qualitätssicherung und Peer Review der vorliegenden Publikation*

Die Qualität der in dieser Reihe erscheinenden Arbeiten wird vor der Publikation durch den einen Herausgeber der Reihe geprüft.

*Notes on the quality assurance and peer review of this publication*

Prior to publication, the quality of the work published in this series is reviewed by one of the editors of the series.

Takashi Izumo

# Die Gesetzgebungslehre im Bereich des Privatrechts bei Christian Thomasius

PL ACADEMIC RESEARCH

**Bibliografische Information der Deutschen Nationalbibliothek**
Die Deutsche Nationalbibliothek verzeichnet diese Publikation in der Deutschen Nationalbibliografie; detaillierte bibliografische Daten sind im Internet über http://dnb.d-nb.de abrufbar.

Zugl.: Frankfurt (Main), Univ., Diss., 2015

Die vorliegende Arbeit wurde von
Prof. Dr. Albrecht Cordes
zur Aufnahme in die Reihe empfohlen.

Umschlagabbildung:
Justitia. Allegorie der Gerechtigkeit.
Druck aus dem 17. Jahrhundert.

Gedruckt auf alterungsbeständigem,
säurefreiem Papier.

D 30
ISSN 0344-290X
ISBN 978-3-631-67023-1 (Print)
E-ISBN 978-3-653-06186-4 (E-Book)
DOI 10.3726/978-3-653-06186-4


PL Academic Research ist ein Imprint der Peter Lang GmbH.

Peter Lang – Frankfurt am Main · Bern · Bruxelles · New York ·
Oxford · Warszawa · Wien



Diese Publikation wurde begutachtet.

www.peterlang.com

# Inhaltsverzeichnis

# Vorwort

Dieses Buch beruht auf meiner Dissertation, die 2015 an der rechtswissenschaftlichen Fakultät der Johann Wolfgang Goethe-Universität Frankfurt am Main angenommen worden ist. Nach der Disputation (04.02.2015) ist meine Doktorarbeit mit Zustimmung meines Doktorvaters sowohl grammatikalisch als auch stilistisch verbessert worden. Es ist eine große Ehre für mich, dass einem Japaner wie mir die Gelegenheit geboten worden ist, in Deutschland Rechtsgeschichte zu studieren und eine Dissertation publizieren zu dürfen. Dafür danke ich allen, die mich bei diesem Vorhaben unterstützt haben, ohne jedoch jeden Einzelnen namentlich aufführen zu können.

Zunächst möchte ich mich bei meinem Doktorvater Herrn Prof. Dr. Thomas DUVE bedanken, der mir ein Forschungsvorhaben am Max-Planck-Institut für europäische Rechtsgeschichte ermöglicht hat. Mein Dank gilt sowohl Herrn Prof. em. Dr. Dr. h. c. mult. Michael STOLLEIS, der freundlicherweise das zweite Gutachten übernommen hat, als auch Herrn Prof. em. Dr. Dr. h. c. Joachim RÜCKERT, der als Vorsitzender meine Disputation realisiert hat. Darüber hinaus möchte ich mich bei Herrn Prof. Dr. Albrecht CORDES dafür bedanken, dass er als Mitherausgeber der Rechtshistorischen Reihe des Peter Lang Verlages meine Dissertation überprüft und mir die Gelegenheit für eine Publikation geboten hat. Inhaltlich bin ich auch Herrn Dr. Heinz MOHNHAUPT dafür sehr dankbar, dass er mich umfangreich mit der Gesetzgebungslehre der frühen Neuzeit vertraut gemacht hat.

Des Weiteren möchte ich noch vier Personen anführen, unabhängig von den vielen anderen, denen ich Dank schulde. Die grammatikalische Korrektur verdanke ich Herrn Volker WECK, der keine Mühe gescheut hat, mein Manuskript zweimal durchzulesen und auf Fehler hinzuweisen. Zum Studium und Leben haben mich meine langjährigen Freunde ermutigt, besonders Ractua ROSA, Latywa ORGOAL und Alois KIPPHARDT. Ohne ihre Hilfe hätte ich diese Arbeit nicht vollenden können. Zuletzt möchte ich natürlich auch meiner Familie Dank sagen.

Christian THOMASIUS fasziniert mich bereits eine lange Zeit, und zwar seitdem ich mich mit Rechtsgeschichte beschäftigt habe. Ich habe bisher den Eindruck, dass man seine einzelnen Rechtsgedanken am besten dadurch verstehen kann, indem man sie mit seiner Gesetzgebungslehre verbindet. Ich würde mich sehr darüber freuen, wenn ein Japaner wie ich mit dieser Arbeit etwas zur deutschen Rechtsgeschichte beitragen könnte.

Tokio, im August 2015. Takashi Izumo

# Abkürzungen

| | |
|---|---|
| C | *Codex* |
| CMBC | *Codex Maximilianeus Bavaricus Civilis* |
| D | *Digesta* |
| Inst Iust | *Institutiones Justiniani* |
| IJD | THOMASIUS, Christian: *Institutiones jurisprudentiae divinae* (1688) |
| IJG | *Institutiones jurisprudentiae Germanicae* (zu diesem Werk s. 2.1.1) |
| FJNG | THOMASIUS, Christian: *Fundamenta juris naturae et gentium* (1705) |
| Notae ad Inst. | THOMASIUS, Christian: *Notae ad Institutiones* (1712) |
| Notae ad Pand. | THOMASIUS, Christian: *Notae ad Pandectas* (1713) |
| Nov | *Novellae constitutiones* |
| Präs. | Präses (einer Dissertation) |
| Resp. | Respondent (einer Dissertation) |

# 1. Einleitung

## 1.1 Thematische Einführung

Sigrid EMMENEGGER fragte sich in der Monographie *Gesetzgebungskunst*, ob die Gesetzgebungslehre eine geschichtslose Disziplin sei oder nicht,[1] und sie schrieb: „Jedoch setzt sich eine historisch unfundierte Gesetzgebungslehre der Gefahr aus, als bloß vorübergehende Modeströmung des späten 20. Jahrhunderts eingeordnet und abgetan zu werden – und vor allem: Sie droht mangels historischer Reflexion hinter ein längst erreichtes Argumentationsniveau zurückzufallen."[2] In ihrer Arbeit konzentrierte sie sich auf die Zeit um 1900 und es wurde von ihr nachgewiesen: „Die konkrete Gestalt der Gesetzgebungslehre ist allerdings geprägt von den spezifischen (verfassungsrechtlichen, politischen, gesellschaftlichen etc.) Rahmenbedingungen. Für eine historisch reflektierte Gesetzgebungslehre folgt daraus, dass sie sich der Relativität und Revisibilität ihrer Antworten bewusst ist."[3] Demnach muss nicht nur die Gesetzgebung sondern auch die Gesetzgebungslehre an sich eine eigene Geschichte haben, die sich nach den spezifischen Rahmenbedingungen in unterschiedlichen Formen widerspiegelt.[4]

Die Gesetzgeber sind sich jedoch der Relativität und der Revisibilität nicht immer bewusst. Ein Beispiel ist das letzte Jahrzehnt des 18. Jahrhunderts bis zur ersten Hälfte des 19. Jahrhunderts und zwar versuchten damalige Naturrechtsautoren, „die Diskrepanzen zwischen dem Naturrecht und dem positiven Recht aufzuzeigen, zu

---

1 EMMENEGGER [54, S. 1].

2 EMMENEGGER [54, S. 4–5].

3 EMMENEGGER [54, S. 311]. Auch MERTENS kam zum gleichen Schluss: „Im Verlauf dieser Untersuchung hat sich immer wieder gezeigt, dass die in den einzelnen Kapiteln vorgestellten methodischen und formal-inhaltlichen Fragestellungen der Gesetzgebungstechnik und die Antworten, die in der Theorie und Praxis hierauf gegeben wurden, in aller Regel nicht von einem apolitischen und ahistorischen Pragmatismus bestimmt waren, sondern stark beeinflusst wurden von den politischen, gesellschaftlichen und geistesgeschichtlichen Rahmenbedingungen und Zielsetzungen ihrer Zeit." MERTENS [126, S. 505].

4 Hier verstehe ich unter der Phrase „die Geschichte der Gesetzgebungslehre" nicht nur eine Geschichte, in der Juristen unmittelbar die konkrete Gesetzgebung in Betracht ziehen, sondern auch eine solche Geschichte, die zur Gesetzgebung mittelbar oder sogar zufällig beitragen kann. Deshalb spielen beispielsweise auch der Erkenntnisoptimismus der Spätaufklärung beim *ALR* und *ABGB* oder die Pandektenwissenschaft beim *BGB* eine Rolle. Vgl. dazu MERTENS [126, S. 507]. Diese ausgedehnte Bedeutung der Gesetzgebungslehre ist in meinem Thema so wichtig, dass es eigentlich keine Gesetzgebung gibt, auf die THOMASIUS unmittelbaren Einfluss hatte oder zu der er wissentlich beigetragen hat. Man kann nur Spuren nachverfolgen, die seinen mittelbaren Einfluss auf die Nachwelt zeigen. Vgl. dazu LIEBERWIRTH [113, S. 186].

kritisieren und die dem positiven Recht übergeordnete Stellung des Naturrechts zu betonen."[5] Dieser Glaube an das einzige Naturrecht als Gesetzgebungsleitbild ging während der letzten Hälfte des 19. Jahrhunderts unter und der neue Begriff „die Kunst der Gesetzgebung" kam zur Sprache.[6] Danach schwankte die terminologische Bezeichnung dieses Gebietes zwischen der Gesetzgebungswissenschaft und der Gesetzgebungskunst, aber in den letzten Jahrzehnten des 20. Jahrhunderts etablierte sich der neue Begriff „Gesetzgebungslehre", um die methodisch-technische Thematik zu behandeln.[7]

Gerade in diesem Beispiel kann man die Revisibilität der Gesetzgebungslehre erkennen, weil man vor dem obigen Zeitraum eher geglaubt hat, dass „das Naturrecht zwar die politischen Positionen des aufgeklärten Absolutismus begründen und legitimieren sollte, darunter die Gesetzgebungskompetenz des Herrschers, nicht aber dessen Tätigkeit zugunsten der *salus publica* allzu sehr einschränken durfte."[8] Dazu stelle ich mir die Frage, ob dies bedeutet, dass man sich schon in der frühen Neuzeit der Relativität und der Revisibilität bewusst gewesen ist, die EMMENEGGER für die Erfordernisse der historischen reflektierten Gesetzgebungslehre hält, oder es aus einem anderen Grund zum Ausgleich zwischen dem Staatsabsolutismus und der Gesetzgebungsrelativität gekommen ist. In der vorliegenden Dissertation möchte ich diese Frage teilweise beantworten, indem ich Christian THOMASIUS (1655–1728) als Beispiel anführe, der sich vor der Kodifikationszeit im 18. Jahrhundert mit dieser Aufgabe beschäftigt und auf die Nachwelt Einfluss gehabt hat.[9]

## 1.2 Forschungsstand

### 1.2.1 Christian THOMASIUS

Da THOMASIUS sich nicht nur mit der Rechtswissenschaft sondern auch mit anderen Gebieten beschäftigt hat, kann man ihn durch verschiedene Rollen kennzeichnen.[10] Hier möchte ich lediglich die vier Charaktere Philosoph, Rechtsgelehrter, Praktiker

---

5 KLIPPEL [89, S. 234]. Diese Tendenz formuliert PURGOLD wie folgt: „Die Gesetzgebungswissenschaft ist nämlich die Darstellung des Werdens des Vernunftrechts zum positiven Rechte." PURGOLD [147, S. 19].

6 KLIPPEL [89, S. 245–246].

7 MERTENS [126, S. 3–4]. In der vorliegenden Dissertation habe ich den letzteren Begriff gewählt, denn der Forschungsgegenstand, das heißt, was THOMASIUS über die Gesetzgebung vorgelegt hat, hat nichts mit der sachlich-inhaltlichen Seite der Gesetzgebung zu tun, die die anderen Begriffe „Gesetzgebungskunst" und „Gesetzgebungswissenschaft" enthalten kann. Vgl. dazu KARPEN [86, S. 7].

8 KLIPPEL [89, S. 234].

9 Vgl. zu seiner Tätigkeit beim misslungenen Gesetzgebungsprojekt LIEBERWIRTH [113, S. 176–183].

10 WIEACKER [312, S. 315]. LÜCK stellte diese Rollen in einer Übersicht dar. Vgl. LÜCK [114, S. 11–26].

und Pädagoge behandeln, die sich mittelbar oder unmittelbar auf die Gesetzgebung beziehen.[11]

## *(1.) Thomasius als Philosoph*

Schon früher veröffentlichte Thomasius einige Schriften über Philosophie, nämlich *Introductio ad philosophiam aulicam* (1688), *Einleitung zur Vernunftlehre* (1691) und *Ausübung zur Vernunftlehre* (1691). Damalige Philosophen, z. B. Leibniz, schätzten jedoch seine Philosophie nicht hoch ein.[12] Erik Wolf wies darauf hin, dass Thomasius verschiedene Meinungen von anderen Philosophen entlehnte, beispielsweise von Bayles, Malebranche, Spinoza oder Descartes, aber sein Ziel bestand hauptsächlich darin, seine Kritik im Hinblick auf seine Gegner zu begründen, besonders gegenüber den Scholastikern, und er deshalb etwa den Begriff *cogitare* von Descartes falsch interpretierte.[13] Laut Lieberwirth wendete Thomasius seine philosophischen Kenntnisse sogar auf die Auslegung des römischen Rechts an,[14] und tatsächlich fragte er sich in *Annotationes theoretico practicae in Johannis Strauchii dissertationes* (1683), ob der Besitz eine „Substanz" (*substantia*) sei.[15]

Thomasius versuchte, die Theologie von säkularen Wissenschaften scharf zu trennen.[16] Dies bedeutet, dass die Philosophie von Thomasius keine theologischen Elemente enthält, und es wird dabei in *Institutiones jurisprudentiae divinae* (1688) vorausgesetzt, dass die Rechtswissenschaft zur Erlösung im Jenseits nichts beitrage.[17] Diese Voraussetzung, das heißt, der sogenannte Vernunftglaube, den Kant als rationalen Glauben bezeichnete, wurde erst von Thomasius vorgelegt.[18] Dies führte möglicherweise dazu, dass Thomasius nichts von Orthodoxie oder Pietismus hielt.[19]

## *(2.) Thomasius als Rechtsgelehrter*

Wenn man auf seine Rolle als Jurist achtet, dann bemerkt man sofort, dass er als Kämpfer gegen römisches Recht, genauer gesagt gegen die Überbetonung des römischen Rechts angesehen wird. Der Charakter wurde schon von Wolfgang Ebner

---

11 Vgl. dazu Lück [114, S. 11–29]. Thomasius äußerte in *Cautelae circa praecognita iurisprudentiae* (1710) seine Meinung auch über andere Gebiete, z. B. die Poetik, die Logik, die Mathematik, die Metaphysik, die Physik etc. besonders im Zusammenhang mit der Erziehung von Jugendlichen. Vgl. Thomasius [195].

12 Wolf [318, S. 386].

13 Wolf [318, S. 398].

14 Lieberwirth [112, S. 11].

15 Thomasius [190, S. 64].

16 Wolf [318, S. 401].

17 Thomasius [203, S. 29] lib. 1. cap. 1. §. 169.

18 Pott [141, S. 223–224].

19 Wie weit Thomasius sich von beiden entzogen hat, ist schon von Buchholz dargestellt worden. Vgl. dazu Buchholz [26, S. 248–255].

im Allgemeinen nachgewiesen.[20] Besonders einige Themen, bei denen THOMASIUS römisches Recht stark kritisierte, und seine Kritik auf spätere Juristen einen großen Einfluss hatte, wurden ausführlich erforscht.[21] Klaus LUIG hat im Zusammenhang mit dem gerechten Preis nachgewiesen, dass Thomasius' Lehre über das Privatrecht den frühen Liberalismus zeigt, soweit von seinem Staatsabsolutismus abgesehen wird.[22] Der Absolutismus bedeutet bei THOMASIUS nicht die absolute Stelle des römischen Reiches sondern den fürstenstaatlichen Absolutismus gegen das Reich, die Kirche und die Städte.[23] Die absolute Macht des Fürsten führt bei der Gesetzgebung dazu, dass der Fürst aus Gründen der Staatsräson vom Naturrecht abweichen, die Sitten im Land pflegen und Stadtrechte abschaffen kann.[24] LUIG wies jedoch auch darauf hin, dass die staatsrechtliche und strafrechtliche Lehre von THOMASIUS ausführlicher als seine Privatrechtslehre erforscht worden sei,[25] und dies motiviert mich, die Privatrechtslehre von THOMASIUS überblickend zu erforschen.

### *(3.) THOMASIUS als Praktiker*

Horst DREITZEL hat im Zusammenhang mit dem Kampf gegen die Kirche nachgewiesen, dass sich der Absolutismus bei THOMASIUS nicht auf dem philosophischen oder naturwissenschaftlichen Rationalismus sondern auf dem Eklektizismus und Opportunismus begründet.[26] Dieser Hinweis entspricht vor allem dem praktischen Charakter von THOMASIUS. Er hat beispielsweise in einem Fall begutachtet, dass man die Regel „*laesio enormis*" anwenden kann, wenn nachweisbar ist, dass der gerechte Preis um mehr als die Hälfte abweicht, obwohl er früher diese Regel aus Deutschland hat verbannen wollen.[27] Dieser Eklektizismus zeigt sich auch bei der Gesetzgebung. Als er wissenschaftlichen Mitarbeitern an der Universität Halle vorschlug, eine neue Prozessordnung zu entwerfen, erwiderten diese, dass sie dafür nicht genügend vorbereitet wären, und daraufhin gab THOMASIUS den Plan einfach auf.[28] Aus diesem Grund versuchte THOMASIUS als Praktiker, den Staat zu respektieren und sich mit anderen Rechtswissenschaftlern abzustimmen, obwohl er als Theoretiker ziemlich polemisch war.

---

20 Vgl. dazu EBNER [52, S. 25–30].

21 Beispielsweise zum gerechten Preis s. LUIG [117], zum Anastasianischen Gesetz s. BEAUCAMP [9] und zum Aquilischen Gesetz s. ZIMMERMANN [328].

22 LUIG [119, S. 172].

23 LUIG [121, S. 237].

24 LUIG [121, S. 251–253].

25 LUIG [119, S. 148].

26 DREITZEL [49, S. 49–50].

27 LUIG [122, S. 127].

28 LIEBERWIRTH [113, S. 184]. Über seine Schüler und ihre Tätigkeiten vgl. RÜPING [154, S. 76–86]. Beispielsweise sind die folgenden Rechtsgelehrten berühmt: Nicolaus Hieronymus GUNDLING (1671–1729), Justus Henning BOEHMER (1674–1749), Georg BEYER (1665–1714).

### *(4.) Thomasius als Pädagoge*

Thomasius wollte auch als Pädagoge das Problem lösen, dass Juristen die Justiz in Preußen nur mittelbar beeinflussen konnten. Er unterrichtete nämlich seine Schüler und schickte sie ins Zentrum des Staates, damit die Schüler, die seine Lehre umfassend verstanden, unmittelbar in der Lage waren, die Justiz zu verbessern. Einer der berühmtesten Schüler war Samuel von Cocceji, der die Aufgabe ernst nahm und mit Friedrich II. zusammenarbeitete.[29] Auch im theoretischen Bereich folgte er mit Stryk, Ludewig und Gundling der sogenannten Halleschen Schule, aus der viele berühmte Rechtsgelehrte hervorgingen.[30] Es ist ebenso bekannt, dass sich Thomasius nach seinem Aufklärungsgedanken gegen die Hexenprozesse und die Tortur ausgesprochen hat.[31]

## 1.2.2 Gesetzgebung in der frühen Neuzeit (1643–1794)

Den Stand der Gesetzgebung von Hermann Conring (1606–1681) in Deutschland überblicke ich hier chronologisch bis zum *ALR*, weil sich in diesem Zeitraum Thomasius und andere Juristen oder Gesetzgeber gegenseitig spürbar beeinflusst haben.

### *Die erste Phase (1643–1690): Die Entdeckung des deutschen Rechts*

Es hatte entscheidenden Einfluss auf damalige Juristen, dass Conring in *De origine iuris Germanici* (1643)[32] die Lotharische Legende verneinte.[33] Obwohl er anfangs von Zeitgenossen gar nicht verstanden wurde,[34] änderte sich die Lage langsam im späten 17. Jahrhundert und im Jahr 1682 schrieb Johann Georg Kulpis unter dem fiktiven Namen Conradus Sincerus die Abhandlung *De Germanicarum legum veterum ac Romani juris in Republica nostra origine autoritateque praesenti*. In diesem Aufsatz behauptete er, dass man unter dem Wort „gemeines Recht“ (*ius commune*) nicht das Justinianische Recht sondern die „deutschen heimischen Rechte“ (*jura Germanica domestica*) verstehen sollte: „Warum darf man also in unseren Reichsabschieden unter der Formulierung ‚gemeines Recht‘ (*ius commune*) nicht ‚deutsche

---

29 Lieberwirth [113, S. 182–183] und Mertens [126, S. 6]. Eines der bedeutendsten Ergebnisse ist vielleicht der *Codex Fridericianus Marchicus* (1747 ff.). Diese Reform bezog sich nicht auf das Privatrecht, sondern auf die Prozessordnung in Preußen. Zu dieser Reform vgl. Mohnhaupt [133, S. 11–34].

30 Stolleis [178, S. 304].

31 Thomasius hatte mit dieser Kritik größeren Einfluss auf die Praxis oder die Nachwelt als bei anderen Themen. Beispielsweise vgl. Svarez [187, S. 44].

32 Vgl. zu diesem Werk Jori [85, S. 70–80] und Willoweit [314, S. 142–143]. Thomasius erwähnte häufig dieses Werk von Conring, und er selbst behandelte das Thema in der Dissertation *De occasione conceptione ac intentione Constitutionis Criminalis Carolina* (1711). Vgl. dazu Thomasius ad Kulpis [102, S. 117] §. 95. n. 57.

33 Conring [43, S. 120–125] cap. 24. Vgl. zu dieser Legende Coing [38, S. 92–93].

34 Jori [85, S. 80].

heimische Rechte' (*iura Germanica domestica*) verstehen, die teilweise aus geschriebenen, von Kaisern und Königen erlassenen Gesetzen, teilweise aus Gewohnheiten entstehen?"[35] THOMASIUS nahm in *Notae ad Institutiones* (1712) diese Abhandlung mit seinen eigenen Anmerkungen auf.[36]

Neben der theoretischen Bewegung verloren die Städte ihren Einfluss und der Monarch wurde alleiniger Gesetzgeber und höchster Richter.[37] Nicht nur im juristisch-theoretischen sondern auch im politisch-praktischen Sinne war man bereit, ein eigenes Gesetzbuch herauszugeben und durchzusetzen. Man beschäftigte sich jedoch in der Praxis zunächst mit der noch dringenderen Aufgabe, an welcher Stelle man sich auf das römische oder das deutsche Recht berufen durfte. Die Anwendungsregeln oder sogar die Anwendbarkeit an sich waren von Land zu Land unterschiedlich.[38] Wenn man diese Frage auf das Umfeld von THOMASIUS beschränkt,[39] dann kommt man nicht um Johann SCHILTER (1632–1705) herum, der deutsches Recht von römischem Recht unterschied und auch jenes heimische Recht als gemeines Recht bezeichnete.[40]

Danach veröffentlichte Samuel von STRYK sein Hauptwerk *Specimen usus modernus Pandectarum* (1690). Er äußerte sich im Vorwort: „Ich möchte jedoch nur unseren Zweck erreichen und zwischen unterschiedlichen Meinungen von Doktoren, die die Autorität römischen Rechts in Gerichtshöfen in Deutschland behandeln, einen Kompromiss zu suchen. Ich habe schon aus solchen Meinungen abgeleitet, was ich für sicher halte, nämlich dass das Justinianische Recht in öffentlichen Gesetzen des Reichs, die durch die Vereinbarung aller Stände gegeben worden sind, als gemeines Recht angesehen werden sollte. Dies bedeutet allerdings nicht, dass nur römische Gesetze in Deutschland zu gelten hätten und alles gründlich ausgeschlossen werden sollte, das früher durch Gewohnheiten der Vorfahren eingeführt worden ist.

35 KULPIS [102, S. 84] „[Q]uidni ergo in Recessibus nostris sub formula juris communis liceret accipere jura Germanica domestica, quae partim in legibus scriptis, ab Imperatoribus Regibusque Germanicis latis partim in Consuetudinibus, consistunt." Diese Formulierung ist heute nicht mehr neu, denn das Wort *ius commune* wird wie folgt ausgelegt: „In dieser Verwendung bezeichnet der Terminus aber nicht nur das überörtliche, im ganzen Lande geltende Recht, vielmehr bezeichnet er auch die Funktion, welche das römische Recht im Verhältnis zu den örtlichen Rechten ausübt." COING [38, S. 87].

36 Vgl. dazu THOMASIUS [197, S. 16–17] Vorwort §. 16.

37 COING [38, S. 162].

38 Vgl. dazu COING [38, S. 95–100].

39 Vgl. zur allgemeinen Beschreibung über Deutschland LUIG [123, S. 326–335].

40 CONRAD [42, S. 379]. THOMASIUS war allerdings mit der Meinung von SCHILTER unzufrieden, weil SCHILTER noch glaubte, dass man durch die einfache Anführung des Justinianischen Rechts die Klage begründen könne. Vgl. dazu THOMASIUS ad KULPIS [102, S. 115] §. 94. n. 55. und SCHILTER [164, S. 4b–5ab] Ex. 1. §. 8. und §. 11. Diese Kritik wurde schon von KULPIS selbst geübt. Vgl. dazu KULPIS [102, S. 61–62] §. 60. Aus der Überlieferung von THOMASIUS reagierte SCHILTER sofort auf die Kritik von KULPIS. Vgl. dazu THOMASIUS [197, S. 16] Vorwort §. 16.

Man kann nämlich so gut wie keine Texte in kaiserlichen Konstitutionen finden, in denen sich gemeines oder kaiserliches Recht und angenommene Gewohnheiten nicht miteinander verbinden."[41] Das heißt, es war von jetzt an die Aufgabe der Rechtsgelehrten zu überprüfen, welche Regeln des Justinianischen Rechts in Deutschland zu rezipieren waren, sozusagen *Usus modernus Pandectarum*.[42] Dies führte dazu, dass man das römische Recht als „ergänzendes Mittel" (*subsidiarium*) ansah, das nur bei der Abwesenheit des heimischen Rechts anzuwenden war: „Wo früher beachtete Gewohnheiten angenommen worden sind, hatten sie den Vorrang vor geschriebenem Recht, sodass man nur dann zu römischem Recht zurückkehren sollte, wenn es im vorliegenden Fall keine legitime deutsche Gewohnheit gibt, und deshalb spiegelt dieses Recht erst in einem solchen Fall die juristische Autorität in Deutschland wider."[43]

## *Die zweite Phase (1690–1714):* Usus modernus *oder ein neues Gesetzbuch?*

Kann man alle juristischen Probleme lösen, wenn man den *Usus modernus* ausübt, oder sollte man ein neues Gesetzbuch verfassen, das in Deutschland eine andere

41 Stryk [181, col. 19] §. 27. „Ut vero tandem ad metam contendamus, et inter diversas dd. opiniones circa auctoritatem juris romani in foris Germaniae media via procedamus, ex illis quae jam adduximus, certum esse puto: jus justinianeum in publicis imperii legibus consensu omnium statuum latis pro jure communi haberi. Non tamen ita, quasi solis ll. Romanis vivendum esset in Germania, et quicquid olim majorum moribus inductum, hoc penitus sit explosum; nuspiam enim fere textus in imperii constitutionibus reperitur, ubi non jus commune vel caesareum, et recepti mores sibi jungantur." Vgl. zu diesem Werk Coing [38, S. 39].

42 Vgl. zu diesem Begriff Coing [38, S. 12–13]. Der genaue Beginn ist noch nicht festgelegt und zwar kann man die Periode auch in einem sehr langen Zeitraum bestimmen, nämlich vom Beginn des 14. Jahrhunderts bis zum Ende des 19. Jahrhunderts. Auf jeden Fall wird der Publikation des Werks von Stryk eine entscheidende Bedeutung beigemessen. Vgl. dazu Luig [124, S. 91]. Die Methode von Stryk zeigt sich auch in *Commentatio succincta ad Institutiones Justinianeas* von Joachim Hoppe (1656–1712). Hoppe baute das Buch so auf, dass er zuerst *Institutiones Justiniani* erklärte und dann „heutige Gebräuche" (*usus hodiernus*) erwähnte. Thomasius zitierte oft diese Stellen. Beispielsweise Hoppe [80, S. 68] bei Thomasius [196, S. 30].

43 Stryk [181, col. 20] §. 28. „Ubi receptae consuetudines, antiquitus observatae, juri scripto praeferuntur, ut ita in subsidium, si in casu proposito nulla legitima Germaniae consuetudo adsit, ad jus romanum recurrendum, ut hinc tali casu demum legis auctoritatem in Germania habeat." Vgl. dazu Coing [38, S. 39–40]. Auch Thomasius betonte die Ergänzungsfunktion des Justinianischen Rechts. Vgl. dazu Thomasius [196, S. 240]. Diese Bevorzugung des deutschen Rechts wurde jedoch nicht von Stryk selbst durchgesetzt, weil er glaubte, dass man die „Rechtsgewohnheit" (*observantia*) nicht nachzuweisen brauche und deutsche Rechtsquellen gemessen am Justinianischen Recht eng auszulegen seien. Vgl. dazu Luig [124, S. 226].

juristische Ordnung vermittelt? STRYK hielt diese Gesetzgebung für unnötig: „Wenn ich mich nicht irre, stellt sich aus den obigen Erklärungen in ausreichendem Maße heraus, inwieweit das Justinianische Recht in Deutschland sowohl in öffentlichen als auch privaten Fällen Geltung hat. Auch wenn ich nicht verleugnen möchte, dass das Justinianische Recht viele Paragraphen hat, die in Gerichtshöfen so gut wie nicht hilfreich sind, lässt sich aber daraus nicht ableiten, dass dieses Recht durch ein neues Gesetzbuch, das gegenüber deutschen Sitten noch angemessener wäre, so im Reich expatriiert werden sollte, dass es ein Durcheinander wegen der verschlechterten Justizverwaltung hervorrufen würde."[44] Kurz gesagt glaubte STRYK, dass der Nachteil dieser Gesetzgebung größer sei als der Vorteil.[45]

Trotz der Streitigkeit um die Gesetzgebung überwog ihre Zustimmung, und zwar ordnete FRIEDRICH WILHELM I. im Jahr 1713 an, ein neues Gesetzbuch zu entwerfen.[46] Es ist besonders bemerkenswert, dass sich der Name STRYK unter den fünf Rechtswissenschaftlern, die sich zusammen mit THOMASIUS mit der Aufgabe befassen haben, an der Universität Halle nicht finden lässt.[47] THOMASIUS und seine Kollegen haben im Jahr 1714 tatsächlich einen Entwurf angefertigt und ihn an den königlichen Hof übersandt, aber die Urschriften sind heute leider nicht mehr auffindbar.[48]

Man sollte jedoch nicht denken, dass die Ansicht von THOMASIUS damals schon eine vorherrschende Meinung in Deutschland gewesen wäre. Zum Beispiel veröffentlichte Ephraim GERHARD (1682–1718) im Jahr 1715 das Lehrbuch *Delineatio iuris civilis privati Romano-Germanici*, das er zur Vorlesung in Jena benutzte.[49] Er bejahte zwar im Vorwort, dass die Forschung von deutschen Gewohnheiten wichtig sei, aber er erwähnte nicht, dass man ein neues Gesetzbuch konzipieren sollte,[50] obwohl er in diesem Buch verschiedene Publikationen von THOMASIUS zitierte und seine Ergebnisse aufgriff.[51]

---

44 STRYK [181, col. 27] §. 42. „Abunde, ni fallor, ex jam adductis constabit, quanta in publicis privatisque causis justinianei juris in Germaniae judiciis sit auctoritas. Et quamvis inficiari nolim, multa in eo contineri, quae parum utilitatis in foro habent; inde tamen non sequetur, et novo juris corpore, Germaniae moribus aptiore, turbis ex depravata justitiae administratione oriundis, in imperio occurrendum: [...]".

45 Vgl. dazu MOHNHAUPT [131, S. 83–84].

46 LIEBERWIRTH [113, S. 181].

47 Die fünf Fakultätsmitglieder waren Nikolaus Hieronymus GUNDLING (Verträge), Johann Peter von LUDEWIG (Darlehen und Schulden), Andreas GÖTSCHE (Konkurs), Justus Henning BÖHMER (Erbrecht und Eheschließung) und Jakob Friedrich LUDOVICI (Eigentum, Schadenszufügung). Vgl. dazu LIEBERWIRTH [113, S. 182].

48 LIEBERWIRTH [113, S. 183].

49 GERHARD [70, S. i] Vorwort.

50 GERHARD [70, S. xi–xii] Vorwort.

51 Beispielsweise THOMASIUS [197] in GERHARD [70, S. 227]; THOMASIUS [203] in GERHARD [70, S. 463]; HECHT (Resp.) [239] in GERHARD [70, S. 464]; THOMASIUS [190] in GERHARD [70, S. 465]; ALBRECHT (Resp.) [209] in GERHARD [70, S. 472]. Dagegen stimmte GERHARD nicht zu, als *laesio enormis* Thema wurde. Er meinte, dass man

### *Die dritte Phase (1715–1736): Die ausführliche Erforschung deutschen Rechts*

Nach dem misslungenen Gesetzgebungsprojekt zum 1713 ging jedoch das Interesse am deutschen Recht nicht unter. Dabei waren vor allem die Schüler tätig, die von THOMASIUS unmittelbar unterrichtet oder mittelbar von ihm beeinflusst wurden.[52]

Es ist bemerkenswert, dass es solchen Schülern oft misslungen ist, ein komplettes Werk über deutsches Recht zu schreiben. Zum Beispiel hinterließ Georg BEYER (1665–1714),[53] der ein Schüler von THOMASIUS war und einen großen Einfluss auf die Forschung über deutsches Recht hatte,[54] ein umfangreiches Manuskript über dieses Recht, und Michael Heinrich GRIBNER (1682–1734) veröffentlichte es in Teilen unter dem Titel *Delineatio juris Germanici* (1718),[55] die komplette Version wurde dann von Christian Gottfried HOFFMANN (1692–1735) im Jahr 1723 herausgegeben. Dieses Buch endet mit dem Kapitel „Schenkung" (*donatio*). Auch bei anderen Rechtsgelehrten musste man einen solchen Misserfolg hinnehmen, deutsches Recht systematisch zu erklären.[56] Anhand dieser Tatsache kann man vermuten, dass die Generation, zu

---

auch in germanischen Ländern die Regel benutzen könne, und nannte THOMASIUS einen Opponenten. GERHARD [70, S. 488–489].

52 CONRAD führte im Zusammenhang mit deutschem Recht fünf Nachfolger an, nämlich Georg BEYER (1665–1714), Johann Gottlieb HEINECCIUS (1681–1741), Johann Stephan PÜTTER (1725–1807) und Johann Heinrich Christian von SELCHOW (1732–1795) und Justus Friedrich RUNDE (1741–1807). CONRAD [42, S. 379]. Vgl. zu anderen Gebieten RÜPING [154, S. 82–84].

53 *ADB* [316, S. 597] Bd. 2. zu „Beyer": Er gehörte unmittelbar zu der Thomasianischen Schule und zwar schrieb er im Jahr 1685 unter der Leitung von THOMASIUS zwei Dissertationen *De crimine bigamiae* und *De bigamiae praescriptione.* LIEBERWIRTH [112, S. 14]. Diese Karriere wurde auch in einer damaligen Biographie betont, aber seltsamerweise wurde darin nicht 1685 sondern 1687 erwähnt. Vgl. BEYER [19, S. iv] Vorwort.

54 „Er hielt als einer der ersten, ähnlich wie sein Lehrer Ch. Thomasius, eigenständige Vorlesungen über deutsches Recht; er trug dieses in systematischer, jedoch mehr grob umrissener Ordnung vor und benutzte dabei historische Erkenntnisse, um eine vollständige Trennung des deutschen vom röm. Privatrecht zu erreichen." *NDB* [317, S. 205a] Bd. 2. zu „Beyer".

55 Aus einer der dieses Buch begleitenden Vorlesungen, nämlich aus *Disquisitio de utilitate lectonum academicarum in juris Germanici capita* (1707) lässt sich herausfinden, dass BEYER THOMASIUS als einen der wichtigsten Juristen der deutschen Rechtswissenschaft angesehen hat. BEYER [20, S. 31]. Diese Tatsache ist dann umso bedeutender, wenn man darauf achtet, dass HEINECCIUS, der auch ein Schüler von THOMASIUS war, im Vorwort von *Elementa juris Germanici* (1736) seinen Namen nur in Anmerkungen erwähnt hat.

56 THOMASIUS starb im Jahr 1728, ohne dass er das Manuskript *Institutiones jurisprudentiae Germanicae*, das er lange Zeit plante, veröffentlichen konnte (siehe unten 2.1.1). Johann Peter von LUDEWIG (1668–1743) hinterließ unvollendete Manuskripte, bei denen es sich um deutsches Recht handelte und die von späteren Juristen hin und

der insbesondere THOMASIUS gehört, deutsches Recht nicht so ausführlich erforscht hat, dass man in der Lage gewesen wäre, ein deutsches Gesetzbuch zu verfassen. Außerdem zog BEYER bei der Erforschung des deutschen Rechts eher die Erziehung von Schülern als die Gesetzgebung in Betracht.[57]

Man kann erst bei HEINECCIUS ein erfolgreiches Ergebnis finden, nämlich in *Elementa juris Germanici* (1736),[58] das Samuel von COCCEJI gewidmet wurde. Sein Motiv bestand gerade darin, deutsches Recht nach einer richtigen Methode zu beschreiben: „Da dies so ist, habe ich für mich bei der Herausgabe dieses Werkes die Regel bestimmt, dass ich zuerst anhand alter und neuer Gesetze von früheren Deutschen ihre Rechte und Gewohnheiten vorsichtig beschreiben und sie sowohl chronologisch als auch förmlich in Einzelheiten skizzieren sollte. Dann sammelte ich aus diesem Überblick einige Prinzipien oder Axiome, über die ich anhand jener ältesten Gesetze und Monumente nachweisen wollte, dass sie allen ursprünglichen germanischen Stämmen gemein waren. Schließlich wurde mir bewusst, dass die Ergebnisse, die aus den obigen Prinzipien abgeleitet wurden, noch heute überall in Deutschland oder zumindest in einigen Provinzen und Städten vorhanden sind. Da tatsächlich niemand nach dieser Methode oder dieser Schreibweise deutsches Recht behandelt hat, weiß ich daher, dass mein großmütiger Leser mich umso weniger anfeinden würde, auch wenn er meinte, dass ich in einigen Punkten etwas Merkwürdiges gesagt hätte, desto weniger würde er ärgerlich, wenn irgendwo meine Feder oder die Hand des Druckers abrutschen würde."[59] Es ist hier bemerkenswert, dass

---

wieder zitiert wurden. Vgl. beispielsweise HEINECCIUS [76, S. 407] lib. 2. tit. 3. §. 52. und ENGAU [57, S. 13] prooem. §. 31.

57 Beispielsweise betonte er in einer Anzeige: „Nimirum tentabo, num ea JURIS GERMANICI capita, quae, quod non adeo Juri Romano affinia sint, in Academiis vix docentur, in foro tamen quotidie vertuntur, aut certe aliis juris materiis inde propullulantibus recte cognoscendis lucem faenerantur, ad fundamenta genuina revocare, novas inde conclusiones elicere, dissensionesque et dubia, quibus Interpretes nonnunquam involvuntur, expedire liceat." BEYER [20, S. 31].

58 WARDEMANN bezeichnet dieses Werk als „die erste geschlossene Darstellung des deutschen Privatrechts". WARDEMANN [307, S. 47]. Das Lehrbuch orientiert sich an dem System der *Institutiones*. Die Axiome, die HEINECCIUS mit Hilfe deutschen Rechts aufstellen wollte, können jedoch nicht rein dogmatisch sondern vielmehr nur historisch abgeleitet werden. Vgl. dazu WARDEMANN [307, S. 48–50]. Diese historische Methode zeichnet sich durch den Vergleich mit der demonstrativen Methode von Christian WOLFF aus. REIBSTEIN [149, S. 236].

59 HEINECCIUS [76, S. XXXV] Vorwort „Quae quum ita sint, in adornando hoc opere eam mihi ipse legem dixi, vt primum veterum Germanorum iura consuetudinesque ex antiquis et recentioribus eorum legibus cum cura describerem, eaque ex annalibus ac diplomatibus pro virili illustrarem. Deinde ex eo recensu collegi quaedam principia vel axiomata, quae communia fuisse gentibus Germanicae originis omnibus, ex illis legibus monimentisque antiquissimis adparebat. Denique et conclusiones varias, ex istis principiis elicitas, hodie quoque in Germania vel vbique, vel in certis tantum prouinciis, vel ciuitatibus, superstites esse, ostendi. Qua quidem methodo vel

Heineccius geglaubt hat, dass erst er die Methode eingeführt habe, aus verschiedenen Quellen einheitliche Prinzipien über deutsches Recht systematisch abzuleiten.[60] Diese Äußerung ist nicht übertrieben, denn tatsächlich zogen beispielsweise weder Stryk noch Thomasius eine solche Methode in Betracht.[61]

### *Die vierte Phase (1749–1794): Einige Gesetzgebungspläne bis zum* ALR

Samuel von Cocceji (1679–1755) nahm an verschiedenen Justizreformen in Preußen teil und setzte sich auch mit einem geplanten, jedoch nie verwirklichten Gesetzbuch auseinander, nämlich mit dem Projekt des *Corpus Juris Fridericianum* (1749–1753). Er ist im Jahr 1746 von Friedrich II. zur umfassenden Justizreform und Gesetzeserneuerung beauftragt worden,[62] und in diesem Zusammenhang hat er im Jahr 1749 den ersten Teil (Personenrecht) und dann im Jahr 1751 den zweiten Teil (Sachenrecht) vollendet, die man beide noch heute lesen kann, aber der dritte Teil, der schon im Jahr 1753 angefertigt worden ist und das Obligationsrecht behandelt, ist bei der Versendung verloren gegangen und danach nicht mehr geschrieben worden.[63] Die Eigentümlichkeit dieses Entwurfes liegt darin, dass Cocceji einerseits die ältere Naturrechtsrichtung in Betracht zog, andererseits von der Bevorzugung des römischen Rechts ausging,[64] und aufgrund dieser Bevorzugung hatte das Programm keine größere Bedeutung für die spätere Kodifikation in Preußen.[65] Demnach konnte

---

scribendi ratione, quum nemo, quod sciam, ivs germanicvm tradiderit: eo minus mihi indignabitur lector beneuolus, si me in quibusdam alucinatum esse, existimauerit, multoque minus aegre feret, si alicubi vel calamus, vel typothetae manus aberrauerit."

60 Diese von Heineccius betrachteten Quellen waren in der Regel nur deutsche Quellen, die sowohl aus der älteren Zeit als auch von Zeitgenossen stammten, dagegen legte er auf andere europäische Autoren keinen sehr großen Wert: „Zwar hat Heineccius angekündigt, nicht nur deutsche, sondern auch andere europäische Autoren hinzuzuziehen; dies hat er jedoch nicht in dem versprochenen Umfang eingehalten. Es finden sich einige Zitate aus holländischen Werken, z. B. von Grotius, van Leeuwen, Groenewegen, Huber und Zypaeus, bedeutende Werke der französischen oder englischen Juristen werden dagegen stiefmütterlich behandelt." Wardemann [307, S. 48–50]. Allerings zitierte Heineccius trotz dieser Tatsache mehr Quellen als Thomasius, der zu den Erklärungen des deutschen Rechts nur selten etwas anführte.

61 Stryk interessierte sich für deutsches Recht nur dann, wenn dieses Recht praktisch galt (siehe oben 1.2.2). Zwar erklärte Thomasius deutsches Recht nicht nur praktisch sondern auch theoretisch, er glaubte allerdings, dass der Sachsenspiegel echte deutsche Sitten widerspiegele und andere Quellen nicht so wichtig seien (siehe unten 2.3.5).

62 Vgl. dazu Kuhli [100, S. 122–123].

63 *HRG* [44, col. 860] zu „Samuel von Cocceji" (Ebert).

64 Vgl. dazu Kuhli [100, S. 123].

65 *HRG* [44, col. 860] zu „Samuel von Cocceji" (Ebert): Bei der Gesetzgebung des *ALR*s behauptete zwar ein Großkanzler, dass man keinen neuen Entwurf verfassen sondern die Cocceji'schen Gesetzgebungsarbeiten lediglich weiter führen sollte. Er wollte

Cocceji solchen deutschen Rechtsgelehrten kaum zustimmen, die die Wichtigkeit des deutschen Rechts betonten: „Es erhellet also hieraus, daß Se. Königl. Majestät nicht das Römische Recht aufgehoben, sondern nur die Unordnung, welche die Compilatores durch ihre confuse Extracte veranlasset, corrigiret haben. Sie haben die in dem Corpore Juris, und in den angeführten Extracten versteckte Principia Juris Naturalis, hervorgesucht, solche bey einer ieden Materie voraus gesetzet, vernünftige Conclusiones daraus deduciret, folglich das Römische Recht ad artem redigiret, das ist, in eine vernünftige Ordnung gebracht: So daß dieses Land=Recht mit Grund ein Jus naturae privatum genannt werden kann."[66]

Angesichts des preußischen Vorbildes trug Maximilian III. seinem Berater Joseph und dem Kanzler W. X. A. von Kreittmayr auf,[67] in Bayern neue Gesetze zu entwerfen, und im Jahr 1756 wurde nach Überarbeitungen der *Codex Maximilianeus Bavaricus Civilis* (*CMBC*) promulgiert.[68] Diese Kodifikation folgte einem modifizierten System von *Institutiones*,[69] und „[d]ieses Gesetzbuch hält noch gleich den Stadt- und Landrechtsreformationen an der Subsidiarität des gemeinen Rechtes fest, ist also im strengen Sinne nur ein Vorläufer der großen Naturrechtskodifikationen."[70] Deshalb bezeichnete Hans Schlosser das Leben und Wirken von Kreittmayr als „Achsenzeit",[71] und „[z]u diesem Typus radikal die Gegenwart umgestaltender Gesetzgebung zählt eindeutig *nicht* das kurbayerische Zivilgesetzbuch".[72]

Trotz des obigen Misserfolges von Cocceji hörte Friedrich II. nicht damit auf das Privatrecht zu erneuern, und zwar begann er damit wieder im Jahr 1780.[73] Bei dem Entwurf waren Carmer, Svarez und E. F. Klein die Protagonisten,[74] und Svarez verfasste in den Jahren 1784 bis 1788 den *Entwurf eines allgemeinen Gesetzbuches für die Preußischen Staaten*.[75] Nach dem Tod Friedrichs II. (1786) führte Friedrich Wilhelm II. die Reformtätigkeit fort und im Jahr 1791 wurde das Buch mit dem Titel *Allgemeines Gesetzbuch für die Preußischen Staaten* publiziert, dessen Inkrafttreten

---

diese Reaktivierung dazu benutzen, um den schlesischen Justizminister Carmer zu widerlegen, dieser politische Versuch misslang ihm jedoch. Vgl. dazu Kuhli [100, S. 128–129].

66 Cocceji [36, S. 14] Vorrede §. 30.

67 Zur Beziehung zwischen ihm und Thomasius vgl. Schlosser [167, S. 6–9].

68 *HRG* [44, col. 479–480] zu „Bayerische Kodifikationen des Naturrechtszeitalters" (Dölemeyer).

69 *HRG* [44, col. 480] „Bayerische Kodifikationen des Naturrechtszeitalters" (Dölemeyer).

70 Wesenberg=Wesener [310, S. 159].

71 Schlosser [167, S. 6] „Weitaus reizvoller und neue Einsichten versprechend erscheint mir dagegen eine andere Form der Annäherung an Kreittmayr. Sie rechtfertigt die Tatsache, daß sich sein Leben und Wirken in einer Epoche vollendete, die man als ‚Achsenzeit' bezeichnen kann."

72 Schlosser [168, S. 65].

73 Vgl. dazu Kuhli [100, S. 124–126].

74 Vgl. dazu Kuhli [100, S. 171–174].

75 Vgl. zum konkreten Verfahren Kuhli [100, S. 145–149].

am 1. Juni 1792 vorgesehen war, jedoch von FRIEDRICH WILHELM II. selbst suspendiert wurde.[76] Nachdem die Schlussrevision durchgeführt worden war, trat das Gesetzbuch unter dem neuen Titel *Allgemeines Landrecht für die Preußischen Staaten* endlich 1794 in Kraft.[77] Da das Ziel des Gesetzbuches darin bestand, alle rechtlichen Verhältnisse im Land zu regeln, um damit einen Großteil der Prozesse zu vermeiden, gehörte es zu den umfangreichsten Kodifikationen der Neuzeit, und gerade daran übte man Kritik.[78] Auf jeden Fall stand das *ALR* „als bedeutendste gesetzgeberische Leistung des preußischen aufgeklärten Absolutismus' am Ende einer Epoche", aber „passte nicht mehr in die Zeit nach der Französischen Revolution."[79] Daher möchte ich anhand des *ALR*s die Grenze der vorliegenden Dissertation aufzeigen. Die spätere Epoche, die durch die französische Revolution, die Pandektistik oder sogar durch die Lehre von HEGEL eingeleitet worden ist, ist eine andere Begebenheit.[80]

## 1.3 Fragestellung und Methodik

### 1.3.1 Fragestellung

Da sich die vier Rollen Philosoph, Rechtsgelehrter, Praktiker und Pädagoge alle mehr oder weniger auf die Gesetzgebung beziehen, ist es notwendig, die Gesetzgebungslehre von THOMASIUS als seine hauptsächliche Aufgabe zu erachten, um ihn selbst zu verstehen. In der vorliegenden Dissertation möchte ich dazu drei Fragen aufwerfen.

---

76 Vgl. dazu KUHLI [100, S. 155].

77 Vgl. dazu KUHLI [100, S. 163–170]. Der Name „Allgemeines Landrecht für die Preußischen Staaten" (1794) entspricht genau dem Traum von THOMASIUS, weil dieses Gesetzbuch im kurfürstlichen Territorium allgemein gelten sollte und dies von THOMASIUS verlangt wurde (siehe unten 2.3.5). Allerdings galt dieses Gesetzbuch für einige Gebiete in Preußen nicht. Vgl. dazu WESENBERG=WESENER [310, S. 160].

78 Vgl. dazu KUHLI [100, S. 174–176]. Zwar ist etwa der Aufbau des *ALR*s vernunftrechtlich, aber zugleich kasuistisch, und diese Weitläufigkeit widerspricht deutlich der Meinung von THOMASIUS (siehe unten 2.1.1). Außerdem regelt *ALR* auch Privilegien wie folgt: „Das ist auch aus der gesetzgeberischen Zielrichtung des *ALR*s und dem von ihm repräsentierten Gesellschaftsmodell abzulesen, die beide die Ambivalenzen von aufklärerischer egalitärer Staats- und Gesellschaftsauffassung sowie garantierter Ständeordnung innerhalb der preußischen Kodifikation widerspiegeln – ganz im Gegensatz zum französischen *Code civil* und teilweise auch zum österreichischen ABGB." MOHNHAUPT [129, S. 106].

79 *HRG* [44, col. 161] zu „Allgemeines Landrecht (Preußen)" (ECKERT).

80 Vgl. dazu *HRG* [44, col. 161–162] zu „Allgemeines Landrecht (Preußen)" (ECKERT). Dies bedeutet natürlich nicht, dass die Erforschung des Einflusses von THOMASIUS auf das BGB unmöglich wäre. Vgl. beispielsweise BEAUCAMP [9, S. 130–136].

### *(1.) Wie ordnete Thomasius verschiedene Rechtsquellen zu?*

Es ist vor allem festzustellen, wie Thomasius bei der Gesetzgebungslehre verschiedene Rechtsquellen zugeordnet hat, die damals eine komplizierte schichtweisende Beziehung bildeten. Jan Schröder wies darauf hin, dass Thomasius das Landrecht gegen das Reichsrecht durchsetzen wollte.[81] Ich möchte auch andere Beziehungen verdeutlichen, etwa die zwischen dem Stadtrecht und dem Landrecht oder dem deutschen Recht und dem Naturrecht.

### *(2.) Inwieweit hatte Thomasius auf die Nachwelt Einfluss?*

Die zweite Frage lautet, ob Thomasius im Zusammenhang mit der Gesetzgebungslehre für die Nachwelt nur einen abstrakten Gedankenrahmen vorgelegt oder sie auch in Einzelheiten beeinflusst hat. Es ist zwar schon bemerkt worden, dass Thomasius auf die Gesetzgebung in Preußen einen großen Einfluss hatte,[82] es ist jedoch noch unklar, in welchen konkreten Schwerpunkten er die Nachwelt beeinflusst hat.[83] Lieberwirth schrieb darüber, dass es schwierig sei, die Folgen seines Wirkens abzuschätzen,[84] und deshalb mache ich es mir zur Aufgabe, diesen vermuteten Einfluss im Sachenrecht, Schuldrecht, Erbrecht und Personenrecht so klar wie möglich darzulegen.

### *(3.) Wie lässt sich der Stellenwert von Thomasius in der Rechtsgeschichte festlegen?*

Aus der Behandlungsweise der Rechtsquellen und dem Einfluss auf die Nachwelt lässt sich die dritte Frage beantworten, wie man die Stellung der Gesetzgebungslehre von Thomasius in der Rechtsgeschichte bestimmen kann. Wie weit wich er vom *Usus modernus* ab? Folgte er den Ansichten anderer Naturrechtslehrer? Blieben seine Schüler seiner Methode treu oder gingen sie eigene Wege? Hieraus lässt sich schließen, welche Bedeutung Thomasius bei der Gesetzgebung hatte.

## 1.3.2 Methodik

Da ich in der vorliegenden Dissertation die Gesetzgebungslehre von Thomasius erforschen möchte, stellt sich sofort die methodische Frage, wie sie sich rekonstruieren lässt. Es ist sicher, dass Thomasius seine allgemeine Gesetzgebungslehre in

---

81 Schröder [174, S. 117].

82 Lieberwirth [113, S. 186]; Mertens [126, S. 6]. Es ist beispielsweise bekannt, dass Thomasius Gesetze so einfach und kurz wie möglich verfassen wollte. Luig [121, S. 242]; Mertens [126, S. 19].

83 Zu einigen Themen gibt es schon ausführliche Forschungen, und es handelt sich dabei besonders um die „hirngespinstige Billigkeit“ (*aequitas cerebrina*). Vgl. dazu Ebner [52, S. 130–138] und Beaucamp [9, S. 130–136].

84 Lieberwirth [113, S. 186].

verschiedenen Quellen erläutert hat, und deshalb greife ich im zweiten Kapitel der vorliegenden Dissertation folgendes Thema auf: „Die allgemeine Gesetzgebungslehre von THOMASIUS".

Dann möchte ich prüfen, ob THOMASIUS seine Gesetzgebungslehre auf jedes konkrete Gebiet, z. B. Sachenrecht etc., tatsächlich angewandt hat oder nicht. Dazu stellt sich die Frage, wie man die konkreten Themen in einer festgelegten Folge miteinander verketten sollte. Hier könnte man die Methode genauso beachten, der sich THOMASIUS in den zwei Kommentaren zum römischen Recht *Notae ad Institutiones* (1712) und *Notae ad Pandectas* (1713) bedient hat, nämlich sich an den Titelordnungen der Justinianischen Gesetzbücher zu orientieren.[85] Dies ist jedoch hier unangemessen, weil *Institutiones* und *Digesta* sich in ihren Titelordnungen so voneinander unterscheiden, dass man sie nur inkonsequent miteinander in eine bestimmte Reihenfolge bringen kann. Folglich glaube ich, dass die neuere Methode, die THOMASIUS später in der Dissertation *De rerum differentiis intuitu iuris Germanici privati* (1721) vorgelegt hat, besser ist. Anhand dieser Methode sollte man privatrechtliche Themen wie folgt sortieren: Sachenrecht, Schuldrecht, Erbrecht, Zivilprozessordnung und Personenrecht.

Allerdings schrieb THOMASIUS kein umfassendes Werk, dessen Struktur dieser Thematik entsprach. Deshalb ist eine Rekonstruktion nur dadurch möglich, dass man zuerst verschiedene Schwerpunkte, mit denen sich THOMASIUS im Zusammenhang mit deutschem Recht beschäftigt hat, und dann seine Meinungen der obigen Thematik zuordnet. Demnach muss man hier auf die axiomatische Methode verzichten, weil die logische Struktur der Thematik von THOMASIUS selbst nur teilweise erklärt worden ist.[86]

Man sollte zuerst fragen, ob THOMASIUS hier die Axiomatik oder die Topik verwandte. Es ist bekannt, dass LEIBNIZ einmal die Topik zu mathematisieren versuchte, allerdings ist er dabei nicht erfolgreich gewesen.[87] Bei THOMASIUS zeigte sich dagegen ein solcher Versuch an sich nicht. Er glaubte einfach, dass die Topik sich auf die wahrscheinliche Argumentation beziehe, die sich von der Axiomatik

---

85 Besonders das System von *Institutiones* ist noch heute wichtig. „Die systematische Einteilung der Institutionen in personae, res und actiones ist für zahlreiche literarische Arbeiten und auch für den Aufbau von Gesetzwerken prägend geworden." LANGE [105, S. 183].

86 Man kann sich fragen, ob THOMASIUS bei der Gesetzgebungslehre ein axiomatisches Gesetzbuch in Betracht gezogen hat. Denn die Methode von THOMASIUS, die in der vorliegenden Dissertation erläutert wird, lautet, dass THOMASIUS ein neues Gesetzbuch als Flickwerk des Naturrechts, des Völkergemeinrechts, des römischen Rechts und der deutschen Sitten verfassen wollte. Ich zweifle daran, dass solch ein Flickwerk eine ganz axiomatische Struktur inne haben könnte, zumal es noch heute nicht gelungen ist, die Logik in die Rechtswissenschaft einzuführen. Vgl. dazu ADRIAN [3, S. 698–700].

87 Vgl. dazu VIEHWEG [302, S. 80].

unterscheide.[88] Trotz dieser Tatsache finden sich keine Beispiele, die durch die Topik begründet werden können, sofern man unter dem Wort *topica* die Aristotelische oder Ciceronische Topik versteht.[89]

Ich bin der Ansicht, dass THOMASIUS überhaupt die theoretische Methodenlehre unterschätzt hat. Er schrieb beispielsweise in seinem früheren Buch *Einleitung zur Vernunftlehre* (1691) wie folgt: „Und was endlich die eitelen Grillen *de methodo synthetica* und *analytica*, u.s.w betrifft, so ist es eben damit bewand, als wenn zwei Zäncker an einer Taffel sässen, und stritten mit einander, ob es besser wäre, daß man den ersten Schnitt in den Flügel, oder in die Keule, von unten hinauff, oder von oben herunter, auf der rechten oder lincken Seite thäte, und die andern Gäste versuchten alle diese Arten an denen auffgetragenen Hünern, und verzehreten sie, weil diese sich drüber zanckten."[90] Er fasste seine Methode in dem anderen Buch *Ausübung zur Vernunftlehre* folgendermaßen zusammen: „Wilstu daß ich dir in einen kurtzen Begriff sagen solle/ in was für einer Wissenschafft du die wahre Weißheit finden soltest. Suche sie nicht ausser dir/ sondern in dir selber/ denn die Vernunfft=Lehre hat dir gezeiget/ daß die *criteria veritatis* in dir selbst seyn."[91] Diese Voraussetzung, dass man auch ohne komplizierte Methoden und ohne fremde Hilfe die Wahrheit erkennen kann, findet sich wieder in *Fundamenta juris naturae et gentium* (1705), nämlich die sogenannte goldene Regel.[92]

Er strebte demnach eher danach, Konfliktlösungen in Deutschland in Ordnung zu bringen, und dies führte bei ihm dazu, dass ihn solche Regeln nicht besonders tief beeindruckten, über die nämlich niemand in sehr kasuistischer oder praktischer Weise stritt.[93] Deshalb muss auch ich bei der Erforschung der konkreten Themen

---

88 Vgl. beispielsweise THOMASIUS [203, S. 14] lib. 1. cap. 1. §. 58. „Recta vel iudicii sui rationes ex certis ac indubitatis principiis deducere novit, vel saltem argumentis topicis nititur. Hinc recta (nam erronea saltem potest esse probabilis) subdividitur in rectam in specie (nos vocavimus demonstrativam) et probabilem." und Thomasius [203, S. 237] lib. 2. cap. 12. §. 80. „Quaerimus de interpretatione, quae nititur argumentis topicis et probabilibus, non de interpretatione quasi demonstrativa, ex axiomate generali, (v. g. quod ususfructus eum in finem constituatur, ut usufructuarius omnes fructus, cuius gratia res comparari solet, percipiat) conclusiones particulares deducente."

89 Vgl. zu Aristotelischer und Ciceronischer Topik VIEHWEG [302, S. 21–30].

90 THOMASIUS [206, S. 273] cap. 12. §. 31.

91 THOMASIUS [205, S. 65] cap. 1. §. 132.

92 THOMASIUS [202, S. 177] lib. 1. cap. 6. §. 40–42. Siehe auch unten 2.3.1.

93 Gerade diese Eigenarten wurden von anderen Juristen kritisiert. Vgl. dazu WIEACKER [312, S. 314–315] „Der Empirismus des Thomasius reicherte das Vernunftrecht – unter gefährlicher Schwächung seiner philosophischen Substanz – so stark mit praktischen ethischen Erfahrungen und Postulaten an, daß es zu einem ‚relativen' oder ‚historischen' Naturrecht, d. h. zum vernünftigen Recht konkreter Staatswesen und damit zum Programm praktischer Rechtspolitik werden konnte. Dagegen stellte Christian Wolffs Rationalismus die moralische und die logische Theorie des Vernunftrechts wieder her und ermöglichte damit sowohl die Philosophie des aufgeklärten

kasuistisch vorgehen, d. h. mich ohne axiomatische Gliederung von Schwerpunkt zu Schwerpunkt hangeln.

## 1.4 Quellen

### 1.4.1 Zwei Hauptwerke zum Naturrecht

THOMASIUS schrieb zwei Hauptwerke zum Naturrecht, nämlich *Institutiones jurisprudentiae divinae* (1688) und *Fundamenta juris naturae et gentium* (1705).[94] Aus den Titelblättern dieser Bücher kann man entnehmen, dass THOMASIUS in *IJD* die Meinungen von PUFENDORF verteidigt und in *FJNG* einige Thesen, die im ersten Buch vorgelegt worden waren, korrigiert hat.[95] Deshalb sollte man immer überprüfen, ob THOMASIUS seine Meinungen, die er in *IJD* niedergelegt hatte, in *FJNG* geändert hat oder nicht.

Außerdem kann man leider weder in *IJD* noch in *FJNG* ausführliche Erklärungen finden, die sich auf deutsches Privatrecht beziehen. Denn THOMASIUS beschloss in *IJD*, dies auf später zu verschieben,[96] und selbst in *FJNG* begann er nicht damit,

---

Absolutismus wie die Systematisierung des positiven Rechts in Wissenschaft und Gesetzgebung."

94 THOMASIUS hatte für die *Institutiones jurisprudentiae divinae* einen kleinen Entwurf, nämlich die Dissertation *Philosophiam iuris ostensam in doctrina de obligationibus et actionibus, cum appendice vindiciarum pro dominio contra servitutem* (1682). Meiner Meinung nach erklärte er in dieser Dissertation seine Äußerungen, die später im ersten Band der *IJD* aufgenommen wurden, auch wenn er sich dabei noch auf die Meinungen seines Vaters oder der Scholastik eingeschränkte. Zum Beispiel habe es zwischen ADAM und Gott eine Gesellschaft gegeben und diese sei ungleich gewesen. EMME (Resp.) [225, S. 2–3] cap. 1. §. 7–9. Die Meinung wurde auch in *IJD* bejaht. THOMASIUS [203, S. 19] lib. 1. cap. 1. §. 94. Dann stellte THOMASIUS eine grundlegende Regel fest: „Deum tanquam superiorem cole". EMME (Resp.) [225, S. 3–4] cap. 1. §. 11. Auch sie findet sich mit einer Verbesserung in *IJD*: „Deum pare". THOMASIUS [203, S. 63] lib. 1. cap. 3. §. 43. THOMASIUS verbesserte hier die Ausdrucksweise der Regel, das heißt, er wandte nicht *colere*, sondern *parere* an. Die Verbesserung liegt darin, dass das Wort *colere* auch äußerliche Handlungen, die bei religiösen Zeremonien gefordert werden, bedeutet, die aber THOMASIUS außer Acht gelassen hat. Vgl. THOMASIUS [203, S. 89] lib. 2. cap. 1. §. 12–13. Schließlich behauptete THOMASIUS in der Dissertation, das Verbot, dass ADAM und EVA Früchte des Baumes der Erkenntnis nicht essen dürften, sei nicht eine Regel des Naturrechts, sondern die des göttlichen positiven Rechts gewesen. EMME (Resp.) [225, S. 4] cap. 1., §. 12. Sie wurde in *IJD* sowieso aufgenommen. THOMASIUS [203, S. 42–43] lib. 1. cap. 2. §. 61. Und deswegen ist es sicher, dass THOMASIUS ganz früher die Methode akzeptiert hatte, Dissertationen von Respondenten als Entwürfe zu benuzten.

95 Insbesondere die Wörter *„secundum hypotheses illustris Pufendorffii"* (*IJD*) und *„cum adjuncta emendatione ad ista fundamenta Institutionum jurisprudentiae divinae"* (*FJNG*). Vgl. auch THOMASIUS [203, S. 12–13] prooem. §. 21.

96 THOMASIUS [203, S. 223] lib. 2. cap. 11. §. 69.

diese Lücke zu schließen. Die zwei Bücher tragen trotz ihrer Berühmtheit lediglich nur dazu bei, THOMASIUS' Meinungen über das zu Grunde liegende Naturrecht festzuhalten.

### 1.4.2 Zwei Kommentare zum römischen Recht

THOMASIUS schrieb auch zwei Kommentare zum römischen Recht, nämlich *Notae ad Institutiones* (1712) und *Notae ad Pandectas* (1713).[97] In diesen Büchern beschäftigte sich THOMASIUS damit, das Völkergemeinrecht, das Justinianische Recht, das kanonische Recht und deutsche Sitten miteinander in Einklang zu bringen und zu entscheiden, in welchem Bereich welche Regeln gelten sollen.[98] Die Methode, die THOMASIUS hier angewandt hat, ist vergleichbar mit zwei neuen Methoden des 16. Jahrhunderts.[99] SCHRÖDER wies darauf hin, dass es im 16. Jahrhundert zwei Typen von Systematikern gab: „*Typ 1* greift nicht in die quellenmäßige Ordnung der Bücher und Titel ein, sondern weicht nur innerhalb der Titel von der vorgegebenen Reihenfolge der einzelnen Gesetze ab, stellt also nur den Inhalt der Titel in einer freien, von den Autoren selbst bestimmten Ordnung dar. [...] *Typ 2* weicht auch von der Bücher- und Titelordnung der Quellen ab, emanzipiert sich also, jedenfalls äußerlich, ganz von dem vorgegebenen Gefüge."[100] Wenn man die Inhalte der beiden Bücher von THOMASIUS eingehend studiert, dann stellt sich heraus, dass THOMASIUS zu Typ 1 gehört, weil er in die quellenmäßige Ordnung nicht mehr eingegriffen, indem er sich an die Titelordnungen des Justinianischen Rechts gehalten hat. Kurz gesagt war THOMASIUS' Methode nicht neu und sogar altmodischer als die des Typs 2.[101]

Das zweite Merkmal, mit dem sich THOMASIUS sowohl von den neueren Methoden des 16. Jahrhunderts als auch von *Usus modernus* im 17. Jahrhundert unterschied, bestand in der Erklärungsweise von Themen. THOMASIUS gab nämlich in den beiden Büchern nur solche Themen an, die er irgendwie kritisieren wollte. Deshalb erklärte THOMASIUS solche römischen Regeln nicht, die damals galten und die auch THOMASIUS als geltendes Recht ansah. Ein typisches Beispiel ist, dass THOMASIUS bei Kaufverträgen nur einige Regeln erläutert hat, weil seiner Meinung nach bei

---

97 Hier sollte man dabei vorsichtig sein, dass die Nachwelt diese Werke nicht nur als Kommentare zum Justinianischen Recht sondern auch als Lehrbücher zum deutschen Recht betrachtet hat. Vgl. beispielsweise HEINECCIUS [76, S. 466] und ENGAU [57, S. 243; 244; 428; 527].

98 Vgl. dazu THOMASIUS [197, S. 11–20] Vorwort §. 13–18.

99 Seine Methode unterscheidet sich auch von den Methoden bei Glossatoren und Kommentatoren im Mittelalter. Vgl. zu den mittelalterlichen Methoden LANGE [105, S. 346–347] und LANGE [106, S. 179–183].

100 SCHRÖDER [173, S. 111–112].

101 Typ 2 wurde von seinen Schülern aufgegriffen, z. B. von BEYER in *Delineatio juris Germanici* (1718), von HEINECCIUS in *Elementa juris Germanici* (1735–1736) und von ENGAU in *Elementa juris Germanici civilis veteris pariter atque hodierni* (1736).

dieser Thematik das Justinianische Recht dem Völkergemeinrecht entspreche.[102] Folglich sind weder *Notae ad Inst.* noch *Notae ad Pand.* Lehrbücher, mit denen man das Justinianische Recht systematisch erlernen konnte, sondern nur ein Notizbuch, mit dessen Hilfe man Unterschiede zwischen dem römischen und dem deutschen Recht feststellen kann.[103]

### 1.4.3 Dissertationen

Anhand verschiedener Quellen stellt sich heraus, dass THOMASIUS in den Dissertationen, die seine Schüler geschrieben haben, oft seine eigenen Meinungen hat reflektieren lassen. Die heutige Regel, dass jeder Kandidat seine Dissertation selbst zu schreiben hat, hat damals nicht gegolten, und auch THOMASIUS hat geglaubt, dass es keine Fälschung sei, auch wenn ein Kandidat kein einziges Wort an seiner Dissertation geschrieben habe, ja sogar selbst den Inhalt nicht verstünde.[104] Deshalb gehörte manchmal die Autorschaft von Dissertationen zu THOMASIUS und diese Tatsache wurde z. B. in der Dissertation *De iure statuum Imperii, dandae civitatis* (1696) durch den Satz nachgewiesen: „wie früher von mir in *Quaest. Historico-Politico-Jurid.* erklärt [...]".[105] In diesem Satz bezeichnet das Wort „von mir" nicht den Kandidaten CLUSIUS, sondern seinen Mentor THOMASIUS, weil das Buch *Quaestionum promiscuarum, historico-philosophico-iuridicarum, in academia Fridericiana anno MDCXCIII. Publice ventilatarum, maximam partem paradoxarum dodecas* (1693) von THOMASIUS allein verfasst worden ist und deswegen ist diese Dissertation nicht das Werk von CLUSIUS, sondern das von THOMASIUS.[106]

Aber dies bedeutet natürlich nicht, dass die Autorschaft aller Dissertationen THOMASIUS zugeschrieben werden könnte. Zu diesem Schwerpunkt legte schon SCHUBART-FIKENTSCHER in dem Werk *Untersuchungen zur Autorschaft von Dissertationen im Zeitalter der Aufklärung* (1970) einen wichtigen Grundstein.

---

102 THOMASIUS [197, S. 199–200] (siehe auch unten 4.5.2).

103 Meines Erachtens nennt THOMASIUS kein einziges Beispiel dieser Methode. Auch GORIS schrieb in seiner Vorrede: „Ex quo etiam, ne vos exemplis aliunde petitis frustra detineam, natum est, ut in ipsa patria nostra non solum a caeteris aliarum gentium moribus, sed et civilibus Romanorum legibus longam, eamque notabilem quotidie experiamur differentiam circa materiam judiciorum tum publicorum tum privatorum, item contractuum ac ultimarum voluntatum, nec non rerum ac personarum jura." GORIS [72, S. 2].

104 SCHUBART-FIKENTSCHER [175, S. 43].

105 CLUSIUS (Resp.) [221, S. 21] §. 23. „[...] ut alibi in quaest. Historico-Politico-Jurid. a me distinctius ostensum, [...]". Der Titel war eigentlich nicht *Historico-Politico-Jurid.* sondern *Historico-Philosophico-Jurid.* Ich glaube, dass das Zitat bedeutet: *De ratione status dissertationem XI. et XII. De ordinum Imperii libertate, ac de aerario et collectis : cum adiuncta quaestione An doctrina iuris Romani de servis magnum habeat usum in servis nostris a Turcis captis?* (1693).

106 Die Tatsache, dass der Lehrer eine Dissertation seines Kandidaten als sein eigenes Werk zitierte, geschah auch bei HEINECCIUS. Vgl. FEENSTRA [61, S. 304].

### *Die Kriterien der Autorschaft: (1.) Äußerungen über die Autorschaft*

Es passierte jedoch nur selten, dass sich die Beteiligten über die Autorschaft ihrer Dissertation im Klaren waren. Bei THOMASIUS lässt sich ein Beispiel in der Dissertation *De regalibus fisci principum Germaniae circa acquisitionem praecipua* (1713) anführen, zu der sich THOMASIUS insofern geäußert hat, dass der Kandidat HEIDER das Thema gegen seinen Rat gewählt habe.[107]

### *(2.) Unterschiedliche Ziele von Dissertationen*

Das erste Merkmal besteht in der Frage, wofür ein Kandidat seine Dissertation schreibt. SCHUBART-FIKENTSCHER wies darauf hin, dass Kandidaten zwar beim Schreiben selbstständig arbeiten mussten, um ihre wissenschaftlichen Fähigkeiten unter Beweis zu stellen, dennoch steht die Autorschaft ihrer Dissertationen möglicherweise zur Disposition, weil die Präsides einen großen Einfluss darauf hatten.[108] Wenn ein Student eine Abhandlung geschrieben hat, nur um zu üben, dann kann man sicher sagen, dass der Anteil des Präses den des Kandidaten überwiegt.[109] Wenn der Student aber diese Abhandlung nicht als Übung sondern zur Bewerbung für ein Stipendium geschrieben hat, dann wird die Autorschaft eher dem Studenten beigemessen, weil er dabei seine Selbstständigkeit beweisen sollte.[110]

### *(3.) Vorworte, Widmungen und Briefe*

Dissertationen enthalten manchmal Vorworte und Widmungen, die die Kandidaten für ihre Patrone beifügt haben,[111] sogar auch Briefe, die die Präsides an die Kandidaten geschrieben haben, um sie zu loben. SCHUBART-FIKENTSCHER bewertet die Vorworte und die Widmungen wie folgt: „Ob in alledem nur die pietas, die Ehrerbietung vor dem Gönner höflich ausdrückt sein soll, wie sie THOMASIUS einmal unter Hinweis auf das Dissertationsthema seinem Kandidaten zu bewahren empfiehlt,

---

107 SCHUBART-FIKENTSCHER [175, S. 68]. Meiner Meinung nach gibt es hier für den Ausschluss der Dissertation eine andere Argumentation. Wenn man nämlich die von THOMASIUS geführten Dissertationen nach dem Erscheinungsjahr sortiert, dann kann man einfach eine Tatsache erkennen, dass das Thema der anderen Dissertationen, die THOMASIUS in diesem Jahr hat schreiben lassen, nicht dazu passt. Im Jahr 1713 und 1714 beschäftigten sich die Respondenten systematisch mit dem Familienrecht. Demnach kann man relativ sicher vermuten, dass das Thema, das HEIDER verweigerte, ein Teil des Familienrechts war.

108 SCHUBART-FIKENTSCHER [175, S. 32].

109 SCHUBART-FIKENTSCHER [175, S. 33].

110 SCHUBART-FIKENTSCHER [175, S. 33].

111 Vgl. zu Beispielen SCHUBART-FIKENTSCHER [175, S. 38] Anm. 6.; WISSMANN (Resp.) [295] in THOMASIUS [191, S. 296]; GÖTZ (Resp.) [232] in THOMASIUS [197, S. 62]; BEYER (Resp.) [215] in THOMASIUS [191, S. 478]; GIEDDA (Resp.) [231] in THOMASIUS [197, S. 143]; GEHWOLFF (Resp.) [229] in THOMASIUS [196, S. 174].

erscheint mir fraglich. Man hat doch öfter den Eindruck einer etwas stärkeren Bindung, vielleicht auch in geldlicher Hinsicht, in Bezug auf ein Stipendium."[112] Meines Erachtens sollte man auch bei THOMASIUS solche Vorworte oder Widmungen nicht überbewerten.[113]

SCHUBART-FIKENTSCHER hält die Briefe für wichtiger, die von den Präsides geschrieben worden sind, denn wenn ein Präses in einem Brief seinen Kandidaten lobend erwähnt, dann weist dies vielleicht darauf hin, dass der Kandidat diese Arbeit allein erledigt hat.[114] Meines Erachtens ist dieses Kriterium jedoch bei THOMASIUS zweifelhaft, und zwar ist SCHUBART-FIKENTSCHER über die Dissertation *De servitute stillicidii* (1688) zu dem Schluss gekommen: „Ja, der ‚gens Thomasii' wird einmal sogar mitten in der Dissertation (De servitute stillicidii) gehuldigt und ihr literarischer Ruhm hervorgehoben. Man könnte hier, obwohl es keine pro gradu-Dissertation ist, annehmen, daß der Kandidat der Autor gewesen war und nicht der Präses THOMASIUS. Denn will man nicht Zustätze des Kandidaten vermuten, eine solche Selbst-Huldigung ist ausgeschlossen."[115] Die Schlussfolgerung ist zwar auf den ersten Blick ganz überzeugend, aber es gibt da eine Gegenargumentation, das heißt, die Dissertation ist in *Notae ad Pand.* (1713) als sein Werk wie folgt zitiert worden: „Ich habe dies in der obigen Dissertation *De servitute stillicidii* bewiesen."[116]

### *(4.) Persönliche Informationen über Kandidaten*

Über die Persönlichkeit von Kandidaten wies SCHUBART-FIKENTSCHER darauf hin: „Im üblichen Verlauf ist von der Persönlichkeit des Kandidaten oder von seiner Stellung im Berufsleben nicht die Rede, weil es sich im weitaus größten Teil um junge, eben erst ausgebildete Menschen handelte."[117]

Ich habe bei meiner Forschung nur zwei Beispiele gefunden, in denen sich aus der Persönlichkeit der Kandidaten etwas ergibt. Erstens behandelte Lorenz von SANDRART in seiner Dissertation *De Noricorum causis adimendi legitimam* (1703) nürnbergisches Recht und meiner Meinung nach nahm er dieses Thema gerade deswegen auf, weil er aus Nürnberg kam. Anhand dieser Vermutung kann man schließen, dass die Autorschaft der Dissertation eher dem Kandidaten SANDRART

112 SCHUBART-FIKENTSCHER [175, S. 37].

113 Es gibt z. B. in der Dissertation *Philosophiam iuris ostensam in doctrina de obligationibus et actionibus, cum appendice vindiciarum pro dominio contra servitutem* (1682) eine Widmung, aber trotzdem ist diese Dissertation in *Dissertationes juridicae* (1695) von THOMASIUS als sein Werk aufgenommen worden. Vgl. THOMASIUS [191, S. 170].

114 SCHUBART-FIKENTSCHER [175, S. 37–38].

115 SCHUBART-FIKENTSCHER [175, S. 63].

116 THOMASIUS [197, S. 124] „[...] probavi in dicta dissert. de servitute stillicidii §. 59. [...]."

117 SCHUBART-FIKENTSCHER [175, S. 47].

beigemessen wird, denn THOMASIUS hat sich nicht für das nürnbergische Recht interessiert.

Das zweite Beispiel ist noch wichtiger als das erste, und zwar hat THOMASIUS die Autorschaft solcher Kandidaten beachtet, die später zu Professoren ernannt worden sind. Jacob Friedrich LUDOVICI (1671–1723) schrieb beispielsweise die Dissertation *De praesumptione bonitatis* (1700) und THOMASIUS zitierte sie weder in *Notae ad Inst.* (1712) noch in *Notae ad Pand.* (1713) als sein eigenes Werk.[118] Außerdem zitierte der andere Kandidat SPERLETTE DE MONTGUYON in seiner Dissertation *De praesumtione furoris atque dementiae* (1719) die obige Dissertation als ein eigenes Werk von LUDOVICI.[119]

## *(5.) Publikationen und Zitaten*

Meines Erachtens ist das beste Kriterium zur Feststellung der Autorschaft, ob THOMASIUS eine Dissertation als sein eigenes Werk betrachtet hat.[120] Diese von THOMASIUS geäußerte Autorschaft kann auf zwei Weisen festgestellt werden, nämlich einmal durch Publikationen und dann anhand von Zitaten.

THOMASIUS veröffentlichte im Jahr 1695 einige Dissertationen, deren Präses er war, erneut unter seinem eigenen Namen, nämlich die Sammlung *Dissertationes juridicae.*[121] In diesem Werk wurden die Namen der Kandidaten gestrichen und er fügte sogar die Beziehungen zwischen den Dissertationen und seinem Buch *IJD* (1688) hinzu.[122]

Es gibt zwei Arten, zu zitieren, das heißt, die Kandidaten führten Textstellen aus anderen Werken an oder THOMASIUS zitierte etwas aus ihren Dissertationen. Wenn ein Kandidat in seiner Dissertation etwas entlehnt, dann bedeutet das normalerweise weder die Autorschaft des Kandidaten noch die Autorschaft von THOMASIUS. Es gibt nur die einzige Ausnahme, dass Jakob THOMASIUS, der Vater von Christian THOMASIUS, in der Dissertation *De vagabundo, seu eo, qui est sine domicilio, occasione l. 27. §. 2. ad municip.* (1681) als „Vater" (*pater*) bezeichnet worden ist.[123] Aus diesem

118 THOMASIUS zeigte ihm sogar seinen Respekt: „Nobilissimo et Clarissimo Domino JACOBO FRIEDRICO LUDOVICI salutem plurimam dicit CHRISTIANUS THOMASIUS." LUDOVICI (Resp.) [246] in fine.

119 SPERLETTE (Resp.) [258, S. 9].

120 Vgl. dazu SCHUBART-FIKENTSCHER [175, S. 65–66].

121 In der Sammlung wurden die folgenden Dissertationen aufgenommen. WELSCH (Resp.) [293]; EMME (Resp.) [225]; WISSMANN (Resp.) [295]; SCHILTER (Resp.) [276]; Brix von und zu MONTZEL (Resp.) [259]; BEYER (Resp.) [215]; BEYER (Resp.) [216]; HOEPNER (Resp.) [243]; OEHNSEN (Resp.) [262]; BEUTEL (Resp.) [214]; EGGER (Resp.) [224]; BEHNES (Resp.) [213]; RYSSEL (Resp.) [272]; WINCKLER (Resp.) [294]; GÜNTHER (Resp.) [235]; SULTZBERGER (Resp.) [284].

122 Vgl. beispielsweise THOMASIUS [191, S. 179].

123 WELSCH (Resp.) [293, S. 39] §. 111.

Zitat lässt sich die Autorschaft von THOMASIUS ermitteln, weil niemand anderes Jakob THOMASIUS als Vater bezeichnen konnte als Christian THOMASIUS.

Noch hilfreicher sind solche Zitate, die THOMASIUS in seinen eigenen Werken aus Dissertationen angeführt hat. Die dafür wichtigsten Quellen sind *Fundamenta juris naturae et gentium* (nicht die erste Auflage, erschienen im Jahr 1705 sondern die vierte Auflage des Jahres 1718), *Notae ad Inst.* (1712) und *Notae ad Pand.* (1713).[124]

THOMASIUS selbst teilte diese Dissertationen in zwei Gruppen. Zur ersten Gruppe gehören solche Dissertationen, in welchen nachgewiesen worden ist, dass manche

---

124 Aus den Werken kann man sicher die Autorschaft der folgenden Dissertationen bestätigen: WELSCH (Resp.) [293] wird in THOMASIUS [197, S. 96] zitiert.; EMME (Resp.) [225] in THOMASIUS [197, S. 346]; SCHILTER (Resp.) [276] in THOMASIUS [197, S. 288]; BEYER (Resp.) [215] in THOMASIUS [197, S. 331]; HOEPNER (Resp.) [243] in THOMASIUS [197, S. 338]; OEHNSEN (Resp.) [262] in THOMASIUS [196, S. 189]; WINCKLER [294] in THOMASIUS [196, S. 151]; HAKE (Resp.) [237] in THOMASIUS [196, S. 139]; WALTHER (Resp.) [292] in THOMASIUS [197, S. 137]; THOMAE (Resp.) [285] in THOMASIUS [197, S. 268]; SCHLÖSSER (Resp.) [277] in THOMASIUS [197, S. 45]; MUCK (Resp.) [260] in THOMASIUS [197, S. 14]; THOMAE (Resp.) [286] in THOMASIUS [196, S. 18]; HERFF (Resp.) [240] in THOMASIUS [197, S. 9]; BRESCIUS (Resp.) [218] in THOMASIUS [202, S. 223]; LUPIN (Resp.) [257] in THOMASIUS [197, S. 231]; RIESE (Resp.) [271] in THOMASIUS [197, S. 100]; GÖTZ (Resp.) [232] in THOMASIUS [197, S. 57]; KÜSTER (Resp.) [253] in THOMASIUS [197, S. 13]; STEMPEL (Resp.) [280] in THOMASIUS [197, S. 261]; HECHT (Resp.) [239] in THOMASIUS [196, S. 134]; LAHR (Resp.) [254] in THOMASIUS [196, S. 13]; Bachoff von ECHT (Resp.) [223] in THOMASIUS [196, S. 134]; REICHE (Resp.) [268] in THOMASIUS [197, S. 362]; GIEDDA (Resp.) [231] in THOMASIUS [197, S. 143]; ALBRECHT (Resp.) [209] in THOMASIUS [196, S. 227]; HOLZSCHUHER (Resp.) [245] in THOMASIUS [196, S. 30]; AREND (Resp.) [210] in THOMASIUS [196, S. 234]; WUNDER (Resp.) [296] in THOMASIUS [197, S. 127]; SANDRART (Resp.) [274] in THOMASIUS [197, S. 77]; UFFENBACH (Resp.) [287] in THOMASIUS [196, S. 70]; STEMPEL (Resp.) [281] in THOMASIUS [197, S. 6]; BESSEL (Resp.) [213] in THOMASIUS [202, S. 236]; KRESS (Resp.) [251] in THOMASIUS [202, S. 216]; GEHWOLFF (Resp.) [229] in THOMASIUS [196, S. 174]; SCHEFFER (Resp.) [275] in THOMASIUS [196, S. 176]; HOFMANN (Resp.) [244] in THOMASIUS [196, S. 271]; STÜTZING (Resp.) [283] in THOMASIUS [202, S. 242]; PAGENDARM (Resp.) [264] in THOMASIUS [196, S. 125]; CLÜSENER (Resp.) [220] in THOMASIUS [202, S. 282]; REIMERS (Resp.) [269] in THOMASIUS [196, S. 181]; BASTINELLER (Resp.) [211] in THOMASIUS [196, S. 168]; KRANNOEST (Resp.) [250] in THOMASIUS [196, S. 235]; PACKBUSCH (Resp.) [263] in THOMASIUS [202, S. 216]; SCHMIDT (Resp.) [279] in THOMASIUS [196, S. 275]; LOHSE (Resp.) [256] in THOMASIUS [196, S. 12]; BIECK (Resp.) [217] in THOMASIUS [196, S. 204]; HAMILTON (Resp.) [238] in THOMASIUS [197, S. 209]; SALTZSIEDER (Resp.) [273] in THOMASIUS [196, S. 277]; GRUBE (Resp.) [234] in THOMASIUS [196, S. 277]; PORTZEN (Resp.) [266] in THOMASIUS [196, S. 13]; PORTZEN (Resp.) [265] in THOMASIUS [196, S. 21]; GREIFF (Resp.) [233] in THOMASIUS [197, S. 234]; KIECHEL (Resp.) [248] in THOMASIUS [202, S. 256]; HAHN (Resp.) [236] in THOMASIUS [202, S. 220]; DIFENBACH (Resp.) [222] in THOMASIUS [202, S. 228].

Regeln römischen Rechts von Juristen falsch ausgelegt worden waren.[125] Zur zweiten Gruppe gehören solche Dissertationen, in denen nachgewiesen worden ist, dass manche Regeln des römischen Rechts mit deutschen Sitten nicht in Einklang zu bringen waren.[126] Aber diese beiden Gruppen decken nicht alle Dissertationen ab, die THOMASIUS hat schreiben lassen, um sich kritisch mit dem römischen Recht auseinanderzusetzen. THOMASIUS bereitete sich vor, die *Notae ad Inst.* auszuarbeiten, indem er vorher bereits einige spezielle Dissertationen über *Institutiones Justiniani* veröffentlichte.[127]

Freilich kann man hier leider nicht davon ausgehen, dass alle in den Dissertationen vorkommenden Äußerungen, die THOMASIUS in seinen eigenen Werken zitiert hat, seine Meinungen widerspiegeln würden. Dass diese Vermutung falsch ist, lässt sich anhand einiger Beispiele nachweisen, und ich möchte hier nur eines anführen. In der Dissertation *De aequitate cerebrina l. II. C. de rescind. vendit. et eius usu practico* (1706) wird die folgende Äußerung gefunden: „Vor einer Vereinbarung sollte man auch wegen der Humanität keinen Preis festlegen."[128] Dieser Satz entspricht nicht der Meinung, die THOMASIUS in *FJNG* geäußert hat, das heißt, der Preis solle dann auch durch die Wohlanständigkeit bestimmt werden, wenn man die „Regel der

---

125 THOMASIUS [197, S. 13] praefatio §. 14. Er nannte die folgenden Dissertationen. WELSCH (Resp.) [293]; EMME (Resp.) [225]; HOEPNER (Resp.) [243]; OEHNSEN (Resp.) [262]; BEHNES (Resp.) [213]; WINCKLER (Resp.) [294]; THOMAE (Resp.) [285]; THOMAE (Resp.) [286]; HERFF (Resp.) [241]; HERFF (Resp.) [240]; RIESE (Resp.) [271]; KÜSTER (Resp.) [253]; STEMPEL (Resp.) [280]; ALBRECHT (Resp.) [209]; WUNDER (Resp.) [296]; BESSEL (Resp.) [213]; GEHWOLFF (Resp.) [229]; SCHEFFER (Resp.) [275].

126 THOMASIUS [197, S. 13–14] praefatio §. 14. Er nannte die folgenden Dissertationen. HAKE (Resp.) [237]; SCHLÜTER (Resp.) [278]; KOCH (Resp.) [249]; HECHT (Resp.) [239]; LAHR (Resp.) [254]; AREND (Resp.) [210]; SANDRART (Resp.) [274]; UFFENBACH (Resp.) [287]; STEMPEL (Resp.) [281]; KRESS (Resp.) [251]; HOFMANN (Resp.) [244]; STÜTZING (Resp.) [283]; BASTINELLER (Resp.) [211]; KRANNOEST (Resp.) [250]; HAMILTON (Resp.) [238].

127 THOMASIUS [197, S. 17] praefatio §. 17. Er wies auf die folgenden Dissertationen hin. PORTZEN (Resp.) [266]; PORTZEN (Resp.) [265]; RICKEMANN (Resp.) [270]; VERPOORTENN (Resp.) [288]; VERPOORTENN (Resp.) [289]; STURM (Resp.) [282]; LIMBERGER (Resp.) [255]; RAUMER (Resp.) [267]. Aus einer Textstelle kann man schlussfolgern, dass THOMASIUS das Vorwort wahrscheinlich zwischen dem 25.09.1713 und dem 18.04.1714 geschrieben haben müsste, weil er am 18.04.1714 noch eine Dissertation über das Thema veröffentlicht hat, aber der Titel sich nicht in der Liste finden lässt. Zum kanonischen Recht vgl. THOMASIUS [197, S. 19–20] praefatio §. 18.

128 STÜTZING (Resp.) [283, S. 53] cap. 2. §. 25. „Neque determinatio pretii ante conventionem petenda est ex regulis decori aut humanitatis." In dieser Dissertation behauptete der Autor sogar, dass man sich beim Handel listig verhalten dürfe. STÜTZING (Resp.) [283, S. 52–53] cap. 2. §. 23.

Wohlanständigkeit“ (*regula decori*) in Betracht ziehe.[129] Daraus ergibt sich, dass der obige Satz gewissermaßen dem Kandidaten zugeschrieben werden muss.

### 1.4.4 Sonstige Quellen

*Andere Naturrechtslehrer*

Obwohl die berühmten Naturrechtslehrer, insbesondere GROTIUS und PUFENDORF über deutsches Recht nichts erklärt haben, möchte ich ihre Werke für meine Forschung benutzen. Denn es liegt nahe, dass THOMASIUS im Zusammenhang mit der Rechtsordnung von ihnen beeinflusst worden ist. In der vorliegenden Dissertation möchte ich mich vor allem auf die drei Naturrechtslehrer GROTIUS, PUFENDORF und WOLFF beziehen.[130] Der Vergleich zwischen THOMASIUS und den anderen Naturrechtslehrern trägt zur ersten Frage bei, das heißt, wie THOMASIUS deutsches Recht durch das Naturrecht ergänzt hat und wie weit diese Ergänzung von GROTIUS, PUFENDORF und WOLFF abgewichen ist, die das deutsche Recht nicht für wesentlich gehalten haben.

*Spätere Rechtsgelehrte in Deutschland*

THOMASIUS hatte sowohl theoretisch als auch praktisch auf die Nachwelt einen großen Einfluss. Schon BEYER, ein Zeitgenossene von THOMASIUS und in Wittenberg tätig, folgte ihm und versuchte deutsches Recht geschichtlich zu erfassen.[131] Ich möchte hier jedoch nur solche Rechtsgelehrte in Betracht ziehen, die in ihren Werken THOMASIUS zitiert haben, beispielsweise BEYER, HEINECCIUS, ENGAU.[132]

---

129 THOMASIUS [202, S. 241] cap. 2. §. 11. †.

130 Diese Rechtsgelehrten wählte ich nicht willkürlich, sondern folgte der geschichtlichen Beschreibung Hans THIEMES. THIEME [189, S. 6–10]. Außerdem ist es wichtig, dass THOMASIUS GROTIUS und PUFENDORF als „Debütanten“ (= Anfänger) ansah, die die Rechtswissenschaft erst verbessern wollten. THOMASIUS [203, S. 223] lib. 2. cap. 11. §. 69. Auch Samuel von COCCEJI stützte sich zuerst auf diese Naturrechtslehrer, als er die Geschichte der Naturrechtslehre erforschte. Vgl. COCCEJI [33, S. 2] §. 2.

131 RÜPING [154, S. 84].

132 CLUSIUS (Resp.) [221] in BEYER [20, S. 52]; LAHR (Resp.) [254] in BEYER [20, S. 102]; UFFENBACH (Resp.) [287] in BEYER [20, S. 117]; SCHLÖSSER (Resp.) [277, S. 140] in BEYER [20, S. 140]; HOLZSCHUHER (Resp.) [245] in BEYER [20, S. 159]; THOMASIUS [192] in BEYER [20, S. 269]; GERHARD [230] in BEYER [20, S. 295]; VÖLCKER (Resp.) [290] in BEYER [20, S. 308]; CLUSIUS (Resp.) [221] in ENGAU [57, S. 94]; FRITSCH (Resp.) [228] in ENGAU [57, S. 146]; LIMBERGER (Resp.) [255] in ENGAU [57, S. 172]; GREIFF (Resp.) [233] in ENGAU [57, S. 180]; HECHT (Resp.) [240] in ENGAU [57, S. 289; 421]; KETTNER (Resp.) [247] in ENGAU [57, S. 511]; FRANCK (Resp.) [227] in ENGAU [57, S. 613–614]; STEMPEL [281] in ENGAU [57, S. 649]; GRUBE (Resp.) [234] in ENGAU [57, S. 688]. Dabei zitierte ENGAU auch die Dissertation *De mutuo*, aber sie lässt sich in der Liste seiner Dissertationen nicht finden. ENGAU [57, S. 519].

Anhand dieser Vergleiche lässt sich die zweite Frage beantworten, welchen Einfluss THOMASIUS auf die Nachwelt hatte.

### *Kodifikationen*

Auch Gesetzgeber haben manchmal THOMASIUS erwähnt und man kann dabei drei Erwähnungsweisen finden, nämlich Zustimmung, Ablehnung und neutrale Anführung. Ein typisches Beispiel findet sich bei KREITTMAYR im Zusammenhang mit dem Pflichtteil der Erbschaft.[133] Er bejahte zuerst die Meinung von THOMASIUS, die in der Dissertation *De legitima viventis* (1700) geäußert wurde, dass der Pflichtteil erst dann entstehe, wenn der Hinterlassende gestorben sei (Zustimmung).[134] KREITTMAYR lehnte jedoch die These von THOMASIUS ab, dass die Regel auch bei Konvertiten gelte, indem KREITTMAYR sich auf STRYK berief, der bei Konvertiten eine Ausnahme gemacht hatte (Ablehnung).[135] KREITTMAYR zitierte schließlich noch einmal die obige Dissertation, aber nur um den damaligen Forschungsstand festzustellen (Neutrale Anführung).[136] In der vorliegenden Dissertationen möchte ich lediglich Zustimmungen und Ablehnungen von Gesetzgebern in Betracht ziehen, weil neutrale Anführungen nicht auf einen Einfluss hinweisen.

Während man THOMASIUS und andere Rechtsgelehrte relativ systematisch miteinander vergleichen kann, lassen sich bei Gesetzgebern lediglich einige Schwerpunkte feststellen, weil die Gesetzgeber nur hin und wieder die Meinungen von THOMASIUS erwähnt haben und deshalb sein Einfluss auf weitere Punkte unklar ist. Bei welchen Themen man THOMASIUS zitierte, hing von den Gesetzgebern ab. Es ist beispielsweise bekannt, dass die Gesetzgeber des *Code civil* THOMASIUS' Dissertation *Dissertatio de aequitate cerebrina L. II. C. de rescind. vendit. et eius usu practico* (1706)

---

Meiner Meinung nach bedeutet der Name Thomasii dort nicht Christian THOMASIUS sondern Johannes THOMAE, der im Jahr 1650 mit WEDELL die Dissertation *De mutuo* geschrieben hat.

133 Im Allgemeinen schien KREITTMAYR THOMASIUS für nicht so wichtig zu halten, weil er sich eher auf GROTIUS, PUFENDORF und vor allem WOLFF bezog. Jedoch sollte man die Beziehung zwischen THOMASIUS und KREITTMAYR ausführlicher erforschen, denn ein mittelbarer Einfluss zeigt sich im Kommentar von KREITTMAYR. Beispielsweise kann man die berühmte Einteilung *iustum, decorum* und *honestum* finden. KREITTMAYR [93, S. 43] tit. 2. cap. 1. §. 4. n. 12. „Die Beyziehung der Bruderschaften und anderer fremder Geistlichkeit zu dem Leichen=Conduct, wie auch die Anzahl und Ordnung der Vor= und Nachklägern samt allen anderen Gepränge und äußerlichen Wesen ist eine willkürliche Sache, welche nicht soviel in das Justum als Decorum et Honestum einschlagt, einfolglichen auch nicht anhero gehört." An dieser Stelle war sich KREITTMAYR des Unterschiedes zwischen Recht und Moral deutlich bewusst, den THOMASIUS durch die Einteilung zwischen *iustum, decorum* und *honestum* einführen wollte.

134 KREITTMAYR [94, S. 396] tit. 3. cap. 3. §. 15. n. 9.

135 KREITTMAYR [94, S. 396] tit. 3., cap. 3. §. 15. n. 9.

136 KREITTMAYR [94, S. 397] tit. 3. cap. 3. §. 15. n. 9.

lasen und miteinander diskutierten, ob *laesio enormis* in den *Code civil* aufgenommen werden sollte oder nicht.[137] Sie kamen schließlich zu dem Ergebnis, dass man die Regel aufnehmen, aber ihre Anwendbarkeit eng beschränken sollte, wohingegen KREITTMAYR diese Dissertation nicht erwähnte.[138]

Außerdem möchte ich mich bei meinen Forschungen damit zurückhalten, die Meinungen von THOMASIUS unmittelbar mit Gesetzesartikeln zu vergleichen. Denn dieser Vergleich ist dermaßen unsicher, dass ein fester Einfluss von THOMASIUS nicht nachweisbar ist, auch wenn seine Meinungen und die Artikel inhaltlich übereinstimmen.

137 SAVIGNY [157, S. 87].

138 Vgl. dazu KREITTMAYR [95, S. 209–218] tit. 4. cap. 3 §. 19–22.

# 2. Die allgemeine Gesetzgebungslehre von THOMASIUS

## 2.1 Das Gesetzgebungsvorhaben von THOMASIUS

Zwar kann man unter dem Thema „die Gesetzgebungslehre von Christian THOMASIUS“ verschiedene Bereiche verstehen, beispielsweise das Privatrecht, das Strafrecht, die Verbesserung der Prozessordnung. Ich möchte mein Interesse aber auf ein Vorhaben über das Privatrecht beschränken, mit dem sich THOMASIUS sein Leben lang dauernd beschäftigt hat und nicht zu Ende bringen konnte, nämlich *Institutiones jurisprudentiae Germanicae.*

### 2.1.1 *Institutiones jurisprudentiae Germanicae*

Ein neues Corpus Juris! Das ist der Ausruf von LEIBNIZ in seiner berühmten Abhandlung *Nova methodus discendae docendaeque iurisprudentiae ex artis didacticae principiis* (1686).[139] Dort behauptete LEIBNIZ, man müsse dann ein neues Corpus Juris verschaffen, wenn man Streit im Staat genau lösen wolle. Dem Aufruf folgte THOMASIUS, als er versuchte ein neues Lehrbuch über deutsches Recht zu schreiben. Er wollte das Buch *Institutiones jurisprudentiae Germanicae* nennen,[140] aber der Tod ereilte ihn, bevor er seinen Wunsch realisieren konnte.[141] Demnach kann man

---

139 LEIBNIZ [109, S. 204] par. 2. §. 22. Es ist sicher, dass THOMASIUS das Werk von LEIBNIZ las. In der Dissertatio *Emendationem administrationis iustitiae neque facilem, neque impossibilem, valde tamen difficlem esse et caute suscipiendam* (1717) zitierte er das Buch. KUHN (Resp.) [252, S. 51].

140 Obwohl der Titel sich nicht in seinem wissenschaftlichen Lebenswerk befindet, hat er das geplante Werk im Vorwort der Dissertation *De rerum differentiis, intuitu juris Germanici privati* (31.03.1721) angekündigt. NESEN (Resp.) [261, S. 4–5]. Dieser Titel *Institutiones jurisprudentiae Germanicae* findet sich auch in der Dissertation *De usu practico distinctionis hominum in liberos et servos* (30.09.1711). Vgl. PORTZEN (Resp.) [266, S. 4] cap. 1. §. 3. (h). THOMASIUS benutzte schon den Namen der *Institutiones* für sein naturrechtliches Werk *Institutiones jurisprudentiae divinae* und im Vorwort gesagt, dass er schon früher *Institutiones Justinianeae* vorgetragen hatte. THOMASIUS [203, S. 4] prooem. 8. Auch WOLFF benutzte den Titel *Institutiones.*

141 Es ist nicht überraschend, dass THOMASIUS seine Arbeit nicht abgeschlossen hat, weil THOMASIUS nicht nur die Autorität, sondern auch die Übereilung verweigert hat. Vgl. LIEBERWIRTH [113, S. 173]. THOMASIUS gab keine Gebrauchsanweisung der *Institutiones jurisprudentiae Germanicae*, aber ich stimme der Meinung von EBNER zu, dass THOMASIUS im Streit gegen das römische Recht den Rechtsunterricht in Betracht zog. EBNER [52, S. 140]. Daher kann man sicher sagen, dass THOMASIUS *Institutiones jurisprudentiae Germanicae* als Lehrbuch an Universitäten benutzen wollte. Vielleicht würde das Buch an Stelle der *Institutiones Justiniani* treten und

die *Institutiones jurisprudentiae Germanicae* wie folgt beschreiben: Es ist ein neues Lehrbuch seiner Zeit, welches das *Corpus juris civilis* ablöst und Probleme seines Staates lösen soll.[142]

Das Konzept von THOMASIUS entspricht zwar manchmal der obigen Meinung von LEIBNIZ, steht ihr aber auch manchmal entgegen.[143] Auf der einen Seite waren sich LEIBNIZ und THOMASIUS darin einig, dass es im römischen Recht einige Probleme gab. LEIBNIZ forderte für ein neues Corpus Juris: „Komplett, kurz und ordentlich",[144] und er wies einige Mängel des römischen Rechts auf: „*superfluitas, defectus, obscuritas, confusio*".[145] Auch THOMASIUS bemerkte diese Mängel und berief sich in einem Vorwort ausdrücklich auf LEIBNIZ.[146] Auf der anderen Seite waren sich LEIBNIZ und THOMASIUS nicht darin einig, ob auch die Subtilität des römischen Rechts ein Mangel sei oder nicht. LEIBNIZ liebte oft die Subtilität, die die Juristen in Rom eingeführt hatten, und er lehnte einige naturrechtliche Vereinfachungen ab.[147] THOMASIUS hatte solch eine Subtilität oft nicht gerne und weigerte sich, viele Unterscheidungen zu machen, die sich im römischen Recht befanden und manchmal sehr schwer verständlich waren, z. B. die stufenweise Einteilung von *culpa*, den Unterschied zwischen *contractus* und *pactum*, die komplizierten Auslegungen von *possessio*.

THOMASIUS hatte vor, die *Institutiones jurisprudentiae Germanicae* zu verfassen. Schon im Jahr 1707 zeigte er nämlich seinem Kandidaten BASTINELLER den Entwurf des Buchs und dieser Kandidat zitierte ihn.[148] Außerdem zitierte THOMASIUS selbst in seinem Buch *Fundamenta juris naturae et gentium* daraus eine andere Quelle.[149] Man kann hier aber nicht erkennen, ob der Entwurf schon fertig geschrieben war. Da BASTINELLER 1707 in seiner Dissertation eine Meinung, die in Lib. 1. tit. 6. f. 30 in den *IJG* geäußert worden ist, zitiert hat, muss THOMASIUS spätestens in diesem Jahr, vielleicht schon einige Jahre davor begonnen haben, sie zu schreiben. Trotzdem

---

seine Schüler würden mit ihm das Recht, das in Deutschland und zwar in Preußen wirklich gelten sollte, studieren.

142 Auch bei HOFFMANN wurde der Forschungsgegenstand nicht als „deutsches Recht" (*ius Germanicum*) sondern als „deutsche Rechtswissenschaft" bezeichnet. Vgl. dazu HOFFMANN ad BEYER [20, S. 11].

143 EBNER [52, S. 140–142].

144 LEIBNIZ [109, S. 204] par. 2. §. 22. „Ut scilicet conscriptum sit plene, breviter, ordinate [...]".

145 LEIBNIZ [110, S. 235] §. 7. „Iuri Romano objiciuntur haec Vitia: Superfluitas, defectus, obscuritas, confusio." EBNER fasste schon die Bedeutungen dieser Wörter kurz zusammen. Vgl. EBNER [52, S. 140–141].

146 EBNER sagte „[Thomasius] beruft sogar einmal ausdrücklich auf Leibniz", aber ich weiß nicht, ob THOMASIUS sich wirklich „nur einmal" beruft auf Leibniz oder mehrmals. Vgl. EBNER [52, S. 141].

147 EBNER [52, S. 141–142].

148 BASTINELLER [211, S. 38] §. 29. (n).

149 THOMASIUS [202, S. 240] lib 2. cap. 10. §. 20. †.

zitierte Thomasius in *FJNG* das Werk noch als ein Manuskript. Das Zitat wurde im Jahr 1718 hinzugefügt.[150]

Allerdings ließ Thomasius seine Kandidaten Nesen und Franck lediglich einen Teil der *Institutiones jurisprudentiae Germanicae* schreiben. Im Vorwort hat Nesen angekündigt, dass er jetzt ein Lehrbuch über deutsches Recht schreiben werde,[151] und diese Ankündigung bedeutet, dass das Vorhaben nicht ein Programm dieses Kandidaten, sondern von Thomasius gewesen sein muss, weil es keine Aufgabe der Dissertation gewesen ist, ein Lehrbuch zu schreiben.

## 2.1.2 Das Thema des Werks: Deutsche Rechtswissenschaft

### *Was ist deutsche Rechtswissenschaft?*

Worum geht das nicht geschriebene Werk? Wie der Titel zeigt, ist es offensichtlich, dass das Buch wahrscheinlich deutsches Recht behandelt. Die Vermutung ist aber nur insofern richtig, dass man unter dem Wort „deutsche Rechtswissenschaft“ (*jurisprudentia Germanica*) nicht positive Rechte in Deutschland, sondern „deutsche Sitten“ (*mores Germanicae*) versteht. Thomasius definierte in der Dissertation *De rerum differentiis, intuitu juris Germanici privati* (1721) die deutsche Rechtswissenschaft wie folgt: „Da ich von der deutschen Rechtswissenschaft spreche, verstehe ich eine solche Rechtswissenschaft, die ihren Ursprung in den alten, sich von den römischen Sitten völlig unterscheidenden Sitten der Deutschen hat und noch heute im deutschen Gericht verwendet wird, auch wenn die Rechtswissenschaft von heutigen Juristen oft aufgrund der starken Liebe zum fremden Recht zerstört worden ist. Da sich die Sitten allerdings durch den Wandel der Zeiten geändert haben, ist es überzeugend, dass man fremde Rechte als ergänzendes Mittel rezipiert hat.“[152] Diese Formulierung entsprach klar der Meinung von Thomasius, nämlich dass gute Sitten zur Gesetzgebung beitragen können, und daraus ergibt sich, dass Thomasius hier keinen Kommentar auf schon gegebene positive Rechte in Deutschland gegeben hat.

### *Der Ausschluss öffentlichen Rechts*

Thomasius wollte in *IJG* privates Recht erläutern und zwar schließt er davon öffentliches Recht und das sogenannte Lehnsrecht aus, auch wenn sich das Lehnsrecht zum Teil auf privates Recht bezieht.[153] Demnach ist der Titel des Werks genauer

---

150 Thomasius [202, S. 240] lib 2. cap. 10. §. 20. †.

151 Nesen (Resp.) [261, S. 1.] prooem. 1.

152 Nesen (Resp.) [261, S. 2] prooem. 3. „Germanicam cum dico, intelligo eam, quae ex antiquis moribus Germanorum, valde differentibus a moribus Romanorum, ortum ducit et hodie[r]num etiam in foris Germaniae communiter usum habet, etiamsi saepe a JCtis hodiernis ex nimio amore juris peregrini sit corrupta, nisi quatenus successu temporis evidens morum variatio suaserit, jura peregrina in subsidium recipere.“

153 Nesen (Resp.) [261, S. 2] prooem. 9–10.

*Institutiones jurisprudentiae germanicae privatae*, wie THOMASIUS einmal selbst in der Dissertation *De usu practico accuratae distinctionis inter emtionem cum pacto de retrovendendo et contractum pignoratitium* (1707) erwähnt.[154]

Die scharfe Trennung des Privatrechts vom Strafrecht ist bemerkenswert, denn PUFENDORF hat nicht auf diese Grenze geachtet. Dies ergibt sich daraus, dass PUFENDORF den Schadenersatz im Privatrecht und die Delikte im Strafrecht miteinander verbunden und gemeinsam erklärt hat,[155] wohingegen GROTIUS noch davor die zwei Themen voneinander unterschieden hatte.[156] THOMASIUS behandelte dieses Problem in der Dissertation *De usu actionum poenalium iuris Romani in foris Germaniae* (1693) und kam zu dem Schluss, dass die Strafen, die in Rom mit dem Privatrecht verbunden waren, in Deutschland nicht rezipiert wurden.[157]

### 2.1.3 Die Struktur des zu erlassenden Gesetzbuches

#### *Die angekündigte Reihenfolge der Themen in* IJG

Da THOMASIUS im Voraus sechs Kapitel angekündigt hat, kennt man sein Vorhaben glücklicherweise:[158]

1. „Über die Unterschiede der Sachen, die dem Eigentumsrecht unterstellt werden können oder die ihm nicht unterstellt werden können, und auch über die Natur sowie die unterschiedlichen Wirkungen des Eigentumsrechtes“ (*De rerum differentiis, quatenus eae sunt capaces dominii, vel minus: item de natura et effectibus variis dominii*)
2. „Über die Verträge, die sich auf Sachen beziehen, nämlich die sich auf Mein und Dein, bzw. auf den Erwerb, die Aufbewahrung oder die Übertragung des Eigentums beziehen“ (*De contractibus circa res, quae ad meum et tuum aut ad dominium vel acquirendum, vel conservandum, vel transferendum pertinent*)
3. „Über die Intestaterbfolge“ (*De successionibus ab intestato*)
4. „Über die Testamentserbfolge“ (*De testamentaria successione*)
5. „Über die Prozesse von juristischen Klagen um Mein und Dein“ (*De processu actionum judicialium circa meum et tuum*)
6. „Über Sonderrechte, die aus verschiedenen Ständen von Personen abgeleitet werden“ (*De jure singulari ex diverso statu personarum orto*)

---

154 BASTINELLER (Resp.) [211, S. 61] corollaria §. 1.

155 Vgl. PUFENDORF [144, §. 33] lib. 1. cap. 6. §. 3–4. Sogar THOMASIUS folgte früher dieser Vermischung. Vgl. THOMASIUS [203, S. 126] lib. 2. cap. 5. §. 47. Auch dabei hat THOMASIUS aber schon teilweise vorausgesetzt, dass es einen Unterschied zwischen dem Schadenersatz und der Bestrafung gibt. Vgl. THOMASIUS [203, S. 126] lib. 2. cap. 5. §. 46.

156 Vgl. GROTIUS [74, S. 427; 462] lib. 2. cap. 17. §. 1. und lib. 2. cap. 20. §. 1.

157 HAKE (Resp.) [237, S. 35–36] cap. 2. §. 10.; THOMASIUS [196, S. 240]; NESEN (Resp.), S. 5] prooem. 12. (g).

158 NESEN (Resp.) [261, S. 4–5].

### *Der Vergleich zwischen IJG und dem Justinianischen Recht*

Wie THOMASIUS selbst sagte,[159] zog er die Ordnung von *Institutiones Justiniani* in Betracht, verändert sie aber in einigen Punkten. (1.) Das Personenrecht wurde bei THOMASIUS im letzten Kapitel vorgesehen, wohingegen Kaiser JUSTINIANUS dieses Recht als erstes geregelt hatte. (2.) Dann änderte sich auch die Reihenfolge zwischen dem Schuldrecht und dem Erbrecht, das heißt, während Kaiser JUSTINIANUS erst das Erbrecht erklärt (Inst Iust 2.10–3.12) und sich dann mit dem Schuldrecht beschäftigt hatte (Inst Iust 3.13–3.29), erläuterte THOMASIUS diese Rechte in umgekehrter Reihenfolge.

### *Beeinflusste diese Reihenfolge andere Juristen?*

Leider beeinflusste diese Reihenfolge andere Rechtsgelehrte im 18. Jahrhundert kaum. Zum Beispiel folgte HEINECCIUS im Werk *Elementa juris Germanici* (1737) noch der Reihenfolge der *Institutiones Justiniani*.[160] Auch in *Elementa juris Germanici civilis* (1752) von ENGAU und *Bürgerliche Rechtsgelehrsamkeit der Teuschen* (1767) von ESTOR wird das Personenrecht vor dem Sachenrecht behandelt. Die drei Juristen waren damals so berühmt, dass KREITTMAYR, der einer der größten Gesetzgeber im 18. Jahrhundert war, in seinem Kommentar *Anmerkungen über den Codicem Maximilianeum barvaricum civilem* sie häufig zitierte. Demnach ist es relativ sicher, dass der Vorschlag von THOMASIUS diese Juristen nicht interessiert hat oder ihnen überhaupt nicht bekannt war.

## 2.2 Das Ziel der Gesetzgebung und der absolute Wille des Gesetzgebers

### 2.2.1 Das Ziel der Gesetzgebung

### *Die schlechte Justizlage in Deutschland*

THOMASIUS behauptete im Vorwort zum *Notae ad Pand.* (1713), dass die Verwaltung der Justiz eine Aufgabe des Staates sei, und er verlangte, die Justiz in Deutschland zu verbessern.[161] Was privates Recht betrifft, besteht das Problem darin, dass Juristen nicht die echten Ursachen erkannt haben, warum die Justiz in Deutschland so schlecht gewesen ist.[162] Die Schuld wurde von THOMASIUS nicht nur Rechtsanwälten,

159 NESEN (Resp.) [261, S. 5].

160 Es ist ein Problem, welche Rechtsgelehrten hier in Betracht zu ziehen sind, und ich möchte auf HEINECCIUS hinweisen. Zwar wird ist die Wichtigkeit von HEINECCIUS heute nicht mehr so hoch geschätzt, zurzeit gibt es aber wieder ein erneutes Interesse für ihn. Zur Forschungsgeschichte über HEINECCIUS siehe das Nachwort von KÜMPER [77, §. 1–3].

161 THOMASIUS [197, S. 2] praefatio §. 1.

162 THOMASIUS [197, S. 5] praefatio §. 5.

Richtern und Gesetzgebern, sondern vor allem auch Professoren zugeschrieben, weil die Professoren für die Ausbildung der Rechtsanwälte, Richter und Gesetzgeber verantwortlich waren.[163] Deshalb fragte sich THOMASIUS, warum die Professoren ihre Studenten nicht gut ausgebildet hatten. Seiner Meinung nach lag ein Grund darin, dass die Kirche versuchte, sich durch die Universitäten in Europa in die Rechtswissenschaft einzumischen und den Juristen die Kompetenz für „bürgerliche Weisheit" (*prudentia civilis*) absprachen.[164] Dies führte laut THOMASIUS dazu, dass die Professoren römisches und deutsches Recht miteinander vermischten und kanonisches Recht für unverletzbar hielten.[165]

### *Das Gesetzgebungsziel: Das Abschaffen der verdorbenen Sitten*

Bei der Verbesserung der Justiz schätzte THOMASIUS besonders „Sitten" (*mores*). In seinem Nachlass, den STOLLE im Jahr 1740 mit der Erlaubnis der Erben unter dem Titel *Lectiones de prudentia legislatoria* veröffentlichte, fasste THOMASIUS seine Meinung wie folgt zusammen: „Die Weisheit über die Gesetzgebung ist eine solche, durch gesunde Gesetze verdorbene Sitten von Bürgern eines Staates zu korrigieren."[166] Zwar gibt es seiner Meinung nach nicht nur „verdorbene Sitten" (*mores corrumpti*) sondern auch „gute Sitten" (*mores boni*),[167] er erklärte letztere aber wie folgt: „Ein Herrschender sollte es besonders beachten, dass gute Sitten besser als gute Gesetze sind. [...] Um gute Sitten einzuführen, wirkt das Vorbild des Herrschenden ohne Gesetze besser als tausende Gesetze ohne Vorbild."[168] Deshalb sollte

163 THOMASIUS [197, S. 6] praefatio §. 5.

164 THOMASIUS [197, S. 6–8] praefatio §. 7–8.

165 THOMASIUS [197, S. 8–9] praefatio §. 9.

166 THOMASIUS [201, S. 161] cap. 12. §. 2. „Prudentia legislatoria est prudentia emendandi mores corruptos civium in Republica viventium per leges salutares."

167 Der Ausdruck „gute Sitten" oder etwas Ähnliches lässt sich schon im Sachsenspiegel und Schwabenspiegel entdecken. Im Sachsenspiegel zeigt sich der Gedanke, dass alte Gewohnheiten, die Vorfahren gepflegt haben, gut und rechtsbeständig sind. BRIE [22, S. 227]. Dagegen fasste der Schwabenspiegel gute Gewohnheiten im Sinne der Kirche auf und manchmal wurden diese Gewohnheiten auch als rechte Gewohnheiten bezeichnet. BRIE [22, S. 242–243]. Selbst in den sogenannten *Magdeburger Fragen* kann man die Meinung finden, dass nur gute Gewohnheiten Rechtsstatus erlangen. BRIE [22, S. 243]. Dazu vgl. BEHREND (Hrsg.) [10, S. 21] lib. 1. cap. 1. dist. 1. „Wen nach rechte scheppin scheppin kysen solden unde nicht dy ratmanne, doch besten alde gute gewonheit by dem rechte wol unde machen eyn recht in lenger cziet."

168 THOMASIUS [201, S. 162–163] cap. 12. §. 6–7. „In specie vero princeps observabit: plus valere bonos mores, quam bonas leges. [...] Ad bonos vero mores introducendos plus valet exemplum principis absque legibus, quam mille leges absque exemplo." Außerdem glaubte THOMASIUS, dass es unmöglich sei, gute Sitten durch Gesetze beizubehalten. THOMASIUS [201, S. 161–162] cap. 12. §. 3.

ein Gesetzgeber gute Sitten immer so lassen wie sie sind, während er verdorbene Sitten mit Hilfe der Gesetzgebung abschaffen sollte.[169]

### *Die Bedeutung von Sitten und ihre Unterschiedlichkeit*

Was sind das jedoch für „Sitten" (*mores*)? THOMASIUS definierte diesen Begriff schon in *FJNG* (1705) wie folgt: „Die von dem Willen gebothene Verrichtungen werden willkürliche/ ingleichen moralische (weil viele willkürliche übereinkommende Verrichtungen die Sitten heissen) ingleichen freywillige genennet/ die übrigen Verrichtungen werden nicht willkürliche/ ingleichen nothwendige oder auch gezwungene genennet."[170] Diese Formulierung ist so einfach, dass das Wort „Sitten" (*mores*) ohne komplizierte Erklärungen solche freiwilligen Handlungen bedeutet, die von vielen Menschen gleichermaßen verrichtet werden.[171]

THOMASIUS betonte dabei auch, dass „Sitten" (*mores*) in diesem Sinne von Volk zu Volk unterschiedlich sind: „Also verursachet auch theils die Beschaffenheit des Himmels/ theils die Aufferziehung/ daß wir die sehr veränderlichen Sitten bey den Orientalischen und Occidentalischen/ Africanischen und Europäischen/ Asiatischen[/] Americanischen/ Spanischen/ Frantzösischen/ Teutschen / Welschen/ Englischen/ Hungarischen/ Polnischen/ Böhmischen/ Nordischen Völkern u. s. f. mit Händen greiffen können/ welches allbereit anderswo deutlicher gezeiget worden."[172]

---

169 Die Wichtigkeit der Sitten zeigt sich auch bei FRIEDRICH II. und SVAREZ. Vgl. dazu SVAREZ [187, S. 599] „Es war daher ein Gedanke, der großen Seele Friedrichs des Einzigen würdig, daß er den Entschluß faßte, sein Volk mit einem in seiner Landessprache abgefaßten, seinen Sitten, Charakter und Verfassungen gemäßen, möglichst vollständigen und bestimmten Gesetzbuche zu beglücken und dadurch der bisherigen Ungewißheit der Rechte, diesem für die bürgerliche Gesellschaft so äußerst schädlichen übel, ein Ende zu machen."

170 THOMASIUS [207, S. 25] lib. 1. cap. 1. §. 55. Der orginale lateinische Text lautet: „Actiones a voluntate imperatae dicuntur voluntariae, item morales, (quia plures actiones voluntariae conformes, mores appellantur) item spontaneae; actiones reliquae vocantur non voluntariae, item necessariae vel etiam coactae."

171 Diese Formulierung enthält zwar keine geschichtliche Sittenveränderung, aber THOMASIUS muss dies nicht ignoriert haben, weil er nicht nur gegenwärtige Sitten sondern auch alte Sitten in Betracht gezogen hat, z. B. den Sachsenspiegel. Christian Gottfried HOFFMANN (1692–1735) teilte deutsche Sitten in drei Teile ein, nämlich in alte, mittelalterliche und neue Sitten, und seiner Meinung nach sind besonders alte und mittelalterliche Sitten klarer als neue, die in sich etwas Zusätzliches enthalten, und deswegen sollte man zunächst alte und mittelalterliche Gesetze sammeln. HOFFMANN ad BEYER [20, S. 28].

172 THOMASIUS [207, S. 73–74] lib. 1. cap. 3. §. 88. Der orginale lateinische Text lautet: „Ita et partim caeli genius, partim educatio efficit, ut aperte deprehendamus mores maxime variantes in populis orientalibus et occidentalibus, Africanis et Europaeis, Asiaticis, Americanis, Hispanis, Gallis, Germanis, Italis, Britannis, Hungaris, Polonis, Bohemis, Septentrionalibus etc. quae jam alibi distinctius sunt ostensa."

Angesichts dieser Relativität von Sitten stellt sich die Frage sofort, wie man „gute Sitten“ (*mores boni*) von „verdorbenen Sitten“ (*mores corrumpti*) unterscheiden kann. Dies wurde von Thomasius im Zusammenhang mit dem Gewohnheitsrecht erklärt.

### 2.2.2 Der Absolutismus des Willens des Gesetzgebers

#### *Diskussionsanlass*

Der Streit, den Juristen damals ausfochten und mit dem sich auch Thomasius beschäftigte, lässt sich wie folgt formulieren, ob göttliche Vernunft oder göttlicher Wille Geltungsgrund des Rechts sei, und diese Frage war schon in der Zeit von Thomasius nicht neu.[173] Den Anlass dazu gab wahrscheinlich Grotius, der behauptete, dass das Naturrecht auch ohne Gott oder ohne göttliche Sorge um die Menschen gelten müsse.[174]

Dagegen glaubte Pufendorf: „Es ist deshalb vor allem festzustellen, dass die Pflicht des Naturrechts von Gott selbst stammt, der der Schöpfer und der höchste Herr des Menschen ist und seine erschaffenen Menschen für die Beachtung der Herrschaft verpflichtet.“[175] Dieser Satz macht deutlich, dass es das Naturrecht ohne Gott nicht geben kann.[176]

#### *Die Veränderung bei Thomasius und die Kritik von Leibniz*

Einerseits hat das Problem, ob Gott der Gesetzgeber des Naturrechts ist oder nicht, auch Thomasius belastet und er hat sich bemüht zu beweisen, dass Gott der Gesetzgeber des Naturrechts ist und alle Handlungsweisen ohne den Willen Gottes weder verboten noch empfohlen werden können.[177] Anderseits gab es aber einen weiteren Streit und zwar hat man sich damals gefragt, was die Grundlage des Naturrechts ist,

---

173 Schreckenberger [172, S. 89]. Man kann das Thema auf die spanische Philosophie zurückführen, aber ich möchte hier mit Grotius beginnen. Zur früheren Philosophie vgl. Verdross [301, S. 92–95].

174 Grotius [74, S. 10] proleg. 11. „Et haec quidem quae iam diximus, locum haberent etiamsi daremus, quod sine summo scelere dari nequit, non esse Deum, aut non curari ab eo negotia humana: […]“ Vgl. dazu Schreckenberger [172, S. 89–90].

175 Pufendorf [146, S. 154] lib. 2. cap. 3. §. 20. „Igitur omnino statuendum est, obligationem legis naturalis esse ab ipso Deo Creatore, ac summo generis humani moderatore, qui homines creaturas suas ad istam observandam pro imperio adstrinxit.“

176 Dazu hat Schreckenberger im Zusammenhang mit der Meinung von Lock auf eine analoge Struktur zwischen Ethik und Naturwissenschaft hingewiesen und zwar kann man sie wie folgt formulieren: „Gott als Gesetzgeber und Schöpfer der Welt“. Schreckenberger [172, S. 93].

177 Thomasius [203, S. 46–50] lib. 1. cap. 2. §. 74–97.

wenn die Existenz Gottes vorausgesetzt wird.[178] PUFENDORF sah „Gesellschaftlichkeit“ (*socialitas*) als das Prinzip des Naturrechts an: „Also soll es das grundlegende Gebot der Natur sein, dass solche friedliche Gesellschaftlichkeit anderen Menschen gegenüber von jedem Menschen beachtet und erhalten werden sollte, die der Anlage und dem Zweck des Menschen im Allgemeinen entspricht.“[179]

Während THOMASIUS PUFENDORF zustimmte, der von anderen kritisiert wurde,[180] fügte er eine neue Idee hinzu und diese Abänderung verursachte einen erneuten Streit im Zusammenhang mit der Gesetzgebung. Zwar stimmte THOMASIUS sowohl GROTIUS als auch PUFENDORF dahingehend zu, dass die Erhaltung des „gesellschaftlichen Zusammenlebens“ (*socialitas*) eine Quelle des Naturrechts sei, er glaubte aber, dass sie eigentlich kein Prinzip des Naturrechts sei und man dieses Prinzip im Willen Gottes finden müsse.[181] Seiner Meinung nach lässt sich das Gebot der vernünftigen Gesellschaft nur dadurch begründen, dass Gott es so will.[182] Deshalb ist die Voraussetzung, die von GROTIUS vorgelegt worden ist, bei THOMASIUS ganz und gar falsch, dass es das Naturrecht auch ohne Gott gibt. THOMASIUS kritisierte jedoch ausdrücklich weder GROTIUS noch PUFENDORF.[183]

---

178 THOMASIUS führte verschiedene Meinungen an, beispielsweise ARISTOTELES, EPIKUR, das Justinianische Recht etc. THOMASIUS [203, S. 82] lib. 1. cap. 4. §. 11–48. THOMASIUS bemühte sich aber besonders die Meinung von Valentin ALBERTI (1637–1697) abzulehnen, dass das Naturrecht seinen Ursprung im unschuldigen Zustand von ADAM und EVA habe. Vgl. THOMASIUS [203, S. 59–64]. Diese theologische Meinung quälte damals Juristen, die sich mit dem Naturrecht beschäftigen wollten, weil das Naturrecht nicht zur Rechtswissenschaft sondern zur Theologie gehören müsste, wenn ALBERTI recht gehabt hätte. Vgl. dazu THOMASIUS [203, S. 33] lib. 1. cap. 2. §. 16.

179 PUFENDORF [146, S. 148] lib. 2. cap. 2. §. 15. „Inde fundamentalis lex naturae isthaec erit: cuilibet homini, quantum in se, colendam et conservandam esse pacificam adversus alios socialitatem, indoli et scopo generis humani in universum congruentem.“

180 Vgl. zu dem Streit THOMASIUS [198, S. 90–124] cap. 6. §. 14–48.

181 THOMASIUS [203, S. 17] lib. 1. cap. 1. §. 85. „At ius hominis ultimo a voluntate Dei, et ingenere a voluntate superoris est deducendum, quae quatenus libertatem laxat, ius producit, quatenus coarctat, lex dicitur et obligationis origo est.“

182 THOMASIUS [203, S. 69–70; 83] lib. 1., cap. 3., §. 73–75. und lib. 1. cap. 4. §. 54.

183 LUDOVICI kritisierte GROTIUS in diesem Punkt namentlich. LUDOVICI [116, S. 66] §. 104. „Et licet Grotius homines ad observanda juris naturae praecepta obligatos esse censeat, etiamsi ponamus, Deum non existere; hoc tamen nihil aliud fuit, quam flosculus Scholasticorum, qui Viro Summo excidit, quem tamen neque Pufendorffius, neque alii approbarunt.“ Dagegen versuchte er durch Auslegungen PUFENDORF und COCCEJI, die die Meinung von THOMASIUS vertraten, miteinander in Einklang zu bringen. Vgl. Ludovici [116, S. 64–65] §. 101. Hier möchte ich mich zurückhalten darüber zu urteilen.

Dies führt zur folgenden These: „Ein Gesetz ist der Wille des Gesetzgebers und die Quelle aller Gesetze ist der Wille Gottes."[184] Der erste Schwerpunkt dieser Formulierung besteht darin, dass THOMASIUS aus der Definition des Gesetzes andere Bestandteile des Gesetzes ausgeschlossen hat.[185] LEIBNIZ kritisierte THOMASIUS dafür nicht direkt,[186] sondern den Samuel von COCCEJI,[187] der wahrscheinlich von THOMASIUS beeinflusst wurde und sich später mit der Gesetzgebung in Preußen auseinandersetzte. Im Jahr 1699 veröffentlichte Samuel von COCCEJI die Dissertation *De principio iuris naturalis unico, vero, et adaeqvato* unter der Leitung seines Vaters Heinrich von COCCEJI und er schrieb:[188] „Dass keine solchen Dinge entstehen sollten, die die menschliche Gesellschaft zerstören. Dies kommt aber nicht aus dem Prinzip der Gesellschaftlichkeit sondern aus dem Willen des Schöpfers, der die Gesellschaft zwischen Menschen aufgestellt hat. Erst durch diesen Schöpferwillen verpflichten sich Menschen [für Gesetze]."[189] Auch der Teil des Titels „*unico, vero, et adaeqvato*" deutet an, dass THOMASIUS COCCEJI teilweise beeinflusst hat.[190] Auf diese Dissertation von COCCEJI reagierte LEIBNIZ sofort, aber inkognito, in der kurzen Abhandlung *Observationes de principio iuris* (1700): „Also sollte man erhabenere und bessere Prinzipien des Rechts nicht nur im Willen Gottes, sondern auch in seinem Verstand suchen, ebenfalls nicht nur in der Macht Gottes, sondern auch in seiner Weisheit."[191] Dagegen machte COCCEJI Einwände: „Deshalb ist es deutlich,

---

184 THOMASIUS [203, S. 47] lib. 1., cap. 2., §. 83. „Lex autem est voluntas legislatoris, et legum omnium fons est voluntas divina."

185 Man sollte jedoch diese Meinung von THOMASIUS nicht so auslegen, dass der Gesetzgeber ganz willkürlich Gesetze formulieren könnte, denn bei der Gründung der Gemeinschaft gab es ein Versprechen und der Inhalt des Rechts von Bürgern sollte dabei teilweise bestimmt werden, auch wenn THOMASIUS durch dieses Versprechen eher die Macht des Herrschenden verstärken wollte. Vgl. THOMASIUS [203, S. 294–295] lib. 3. cap. 1. §. 64. und §. 66. Dass es bei der Begründung ein soziales oder gesellschaftliches Versprechen gab, glaubte auch SVAREZ, um Rechte und Pflichte im Staat zu begründen. Vgl. SVAREZ [187, S. 639–640].

186 Die Thomasianische Philosophie gefällt LEIBNIZ gar nicht. Vgl. dazu WOLF [318, S. 386–387].

187 Dazu vgl. SCHNEIDER [169, S. 93–97].

188 Diese Dissertation wurde allerdings damals eher als ein Werk seines Vaters angesehen. Vgl. LUDOVICI [116, S. 58] §. 88.

189 COCCEJI [33, S. 19] §. 33. „Sed hoc ipsum, qvod non possint ea fieri, qvibus societas humana destruitur, non est ex principio societatis, sed ex voluntate Creatoris, qvi societatem inter homines constituit, [...] Hac demum voluntate Creatoris homines obligantur."

190 THOMASIUS [203, S. 73] lib. 1., cap. 4., §. 3. „Tria ergo erunt requisita, ad quae tanquam ad Lydium lapidem principium eiusmodi examinabimus, ut sit 1. verum, 2. adaequatum, 3. evidens."

191 LEIBNIZ [108, S. 375] §. 9. „Alia ergo sublimiora et meliora juris principia qvaerenda sunt, non tantum in voluntate divina, sed et in intellectu, nec tantum in potentia Dei, sed et in sapientia."

dass das Naturrecht ausschließlich aus dem Willen Gottes entsteht, der wesentlich am gerechtesten, heiligsten und weisesten ist."[192] Kurz gesagt kann der Wille Gottes nicht ungerecht sein, weil Gott immer gerecht ist. COCCEJI nahm jedoch hier diesen anonymen Absatz nicht ernst, weil er wahrscheinlich den echten Namen des Verfassers nicht kannte.[193]

Wofür ist diese Diskussion nützlich? Wenn man auf einen Hinweis von LEIBNIZ achtet, dann stellt sich heraus, dass sie sich auf die Gesetzgebung bezieht. Zuerst schrieb COCCEJI: „Aus diesem Grund kann jedes Volk auf das Recht zur Selbsterhaltung und für Nützlichkeiten seiner Gemeinschaft **aus eigenem Willen** [Hervorhebung nicht im Original] verzichten und deshalb kann die universale Gemeinschaft des Menschen noch auf freiere Weise auf das Recht zur Selbsterhaltung verzichten."[194] Gerade an dieser Stelle übte LEIBNIZ Kritik: „Zwar gestehe ich ein, dass die Erhaltung der Gesellschaft kein Prinzip der Gerechtigkeit ist, denn auch die Gesellschaft zwischen Gott und uns Menschen ist vorhanden, die vor der menschlichen Gesellschaft bevorzugt werden sollte. Ich glaube jedoch, dass es gerecht ist, eine Gesellschaft **durch die Nutzung der Vernunft** [Hervorhebung nicht im Original] zu erhalten. Allerdings widerspricht dies §. 16. [von COCCEJI]. Dass jede Gesellschaft eigene Nützlichkeiten aufgeben kann, bedeutet nichts anderes, dass **jeder nicht weise Gesetzgeber alberne und unbillige Gesetze erlassen könne** [Hervorhebung nicht im Original]."[195] LEIBNIZ wies auf die Gefahr hin, dass ein Gesetzgeber willkürlich den Inhalt eines Gesetzes bestimmen kann, wenn man die Gültigkeit nur im Willen finden will (der Absolutismus des Willen des Gesetzgebers).

Auch LUDOVICI, ein Schüler von THOMASIUS, der später an einer gescheiterten Gesetzgebungsarbeit der Halle Universität teilnahm, verteidigte die Meinung von THOMASIUS gegen verschiedene Einwände,[196] und vor allem folgte er seiner

---

192 COCCEJI [35, S. 21] ad Obs. 9. „Igitur evidens hinc est, Jus naturae oriri ex sola voluntate Dei, quae sua essentia est justissima, sanctissima, sapientissima etc."

193 SCHNEIDER [169, S. 96].

194 COCCEJI [33, S. 10] §. 16. „Qua ratione igitur populus liber jus ad custodiam et utilitatem suae Civitatis constitutum sua voluntate abolere potest, eadem multo magis universa humana societas jus ad ejus custodiam constitutum poterit."

195 LEIBNIZ [108, S. 377] §. 11. „Fateor eqvidem humanae societatis custodiam non esse principium justitiae. Nam est etiam cum Deo societas nobis, qvae humanae praevalere debet. Sed tamen putem justum esse, qvod societatem ratione utentum perficit. Qvod vero objicitur §. 16. Societatem utilitati suae renuntiare posse, nihil aliud est, qvam legislatorem insipientem posse ferre leges ineptas et iniqvas."

196 LUDOVICI [116, S. 42–58] §. 68–86. Dabei zitierte LUDOVICI nicht nur das erste Hauptwerk *Institutiones jurisprudentiae divinae* (1688) sondern auch die Dissertation *De fundamentorum definiendi causas matrimoniales hactenus receptorum insufficientia* (1698). LUDOVICI [116, S. 56–58] §. 83–86. Wie dieser Titel zeigt, handelt es sich dabei auf den ersten Blick um die Ehe, aber THOMASIUS und sein Kandidat BUHLE haben viele Seiten geschrieben, um das Prinzip des Naturrechts zu erklären, und sie haben geglaubt, dass man beim Urteil über die Ehe auf den Willen Gottes achten solle. BUHLE (Resp.) [219, S. 27–28] §. 84.

Voraussetzung des Naturrechts, nämlich dem Voluntarismus,[197] obwohl er einst LEIBNIZ zugestimmt hatte.[198]

## 2.3 Rechtsquellen zur Gesetzgebung bei THOMASIUS

Nun ist festzustellen, welche Rechtsarten THOMASIUS bei der Gesetzgebung in Betracht gezogen hat, und man sollte mit dem Naturrecht beginnen, das er als Wille Gottes bezeichnet hat.

### 2.3.1 Naturrecht als Wille Gottes

Über das Naturrecht zeigt sich der zweite Schwerpunkt im Zusammenhang mit dem Voluntarismus, ob der Wille Gottes alle Gesetzgeber zwingt, das Naturrecht bei der Gesetzgebung unbedingt zu beachten und aufzunehmen. Wenn man die These von THOMASIUS, dass ein Gesetz der Wille des Gesetzgebers und die Quelle aller Gesetze der Wille Gottes ist, wörtlich versteht, dann muss man sagen, dass auch solche Gesetze, die von Menschen gegeben werden, allen Regeln des Naturrechts bzw. dem Willen Gottes entsprechen müssen. THOMASIUS sah es jedoch nicht so. Zuerst löste er das Problem in *Institutiones jurisprudentiae divinae* (1688) dadurch, dass er den Unterschied zwischen „vollkommenem Recht" (*ius perfectum*) und „unvollkommenem Recht" (*ius inperfectum*) einführte. Man kann nämlich mit einem vollkommenen Recht andere Leute zwingen, etwas zu erfüllen, wohingegen kein unvollkommenes Recht Prozesse oder Kriege begründet.[199] Nach diesem Kriterium sollte man urteilen, welche Rechte man durchsetzen kann und welche nicht,[200] und dies führt dazu, dass ein Gesetzgeber unvollkommene Rechte ignorieren darf, beispielsweise den Anspruch auf Dankbarkeit.[201]

Dieser Unterschied wurde allerdings später von THOMASIUS selbst aufgegeben und zwar kam er in *Fundamenta juris naturae et gentium* (1705) zu dem Schluss,

197 LUDOVICI [116, S. 65] §. 102. „Patet ergo Socialitatem non venditari pro principio ultimo, sed voluntati Dei subordinato, aut quod clarius est, pro principio cognoscendi et demonstrandi voluntatem divinam ex lumine rationis."

198 RÜPING [154, S. 96].

199 THOMASIUS [203, S. 20] lib. 1. cap. 1. §. 104–105. Wie THOMASIUS deutlich zitierte, hatte GROTIUS zwar darauf Einfluss, THOMASIUS lehnte aber die Meinung von GROTIUS ab, dass diese Einteilung des Rechts aus der Aristotelischen Gerechtigkeitslehre abgeleitet werde. THOMASIUS [203, S. 20] lib. 1. cap. 1. §. 106.; GROTIUS [74, S. 32–33] lib. 1. cap. 1. §. 8., n. 1.

200 Zwischen gleichen Bürgern können nur vollkommene Rechte durchgesetzt werden und über unvollkommene Rechte, die sich normalerweise auf „Menschlichkeit" (*humanitas*) begründen, sollte man dagegen jedem einzelnen Menschen überlassen, ob er die entsprechenden Pflichten erfüllen will oder nicht. THOMASIUS [203, S. 21] lib. 1. cap. 1. §. 109.

201 THOMASIUS [203, S. 135] lib. 2. cap. 6. §. 56.

dass ein solches Recht, das man nicht durchsetzen kann, eigentlich kein Recht ist: „Noch dazu stellt sich heraus, dass die grotianische Einteilung des Rechts in vollkommenes und unvollkommenes Recht nicht gut vorgenommen werden kann. Denn alle Rechte sind vollkommen, und unvollkommenes Recht hat kein entsprechendes Unrecht. Unvollkommenes Recht richtet sich auf nichts anderes als auf solche Dinge, die man aufgrund der Anständigkeitsregeln verlangt, jedoch nicht aufgrund der Gerechtigkeitsregeln."[202]

Diese Begriffe „Anständigkeit" (*decorum*) und „Gerechtigkeit" (*justum*) spielen nun eine wichtige Rolle an Stelle der Unterscheidung zwischen dem vollkommenen und dem unvollkommenen Recht. Die beiden Wörter unterscheiden sich im moralischen Relativismus: „Du hast zugleich die Quellen der drei Regeln des Guten, nämlich Ehrlichkeit, Anständigkeit und Gerechtigkeit. Gerechtigkeit steht dem extremen Bösen gegenüber, sodass es Unrecht genannt wird. Ehrlichkeit ist das ausgezeichnete Gute an sich, dessen Gegenteil Schamlosigkeit ist, weil es schamlos ist, sich der Lust (auch mit Qual) zu unterwerfen. Anständigkeit ist das Gute an sich auf normalem Niveau (das unvollkommene Gute), und Unanständigkeit ist das Böse auf normalem Niveau (das unvollkommene Böse)."[203] THOMASIUS definierte diese Begriffe „das extreme Gute" (*bonum eminens*), „das Gute und Böse auf normalem Niveau" (*bonum et malum medii generis*) und „das extreme Böse" (*malum extreme*): „Aus den genannten Dingen folgt, dass Handlungen in gute, böse und normale unterteilt werden können. Extrem gute Handlungen sind solche, die den inneren Frieden intendieren, extrem böse Handlungen sind solche, die den äußeren Frieden zerstören, und normale Handlungen sind entweder solche, die den äußeren Frieden zwar nicht zerstören, ihn aber auch nicht fördern, oder solche, die sich zwar auch auf den äußeren Frieden beziehen, aber ohne die passenden Sorgen für den inneren Frieden zu berücksichtigen."[204] Kurz gesagt beziehen sich alle Rechte, die

---

202 Nach der Übersetzung des Verfassers, s. THOMASIUS [202, S. 150] lib. 1., cap. 5., §. 23. „Patet porro, divisionem juris Grotianam in perfectum et imperfectum non bene se habere. Nam omne jus est perfectum, et jus imperfectum non habet oppositam injuriam: jus imperfectum non ulterius tendit, quam ad ea, quae ab altero peto ex regulis decori, non justi."

203 Nach der Übersetzung des Verfassers, s. THOMASIUS [202, S. 141] lib. 1., cap. 4., §. 89. „Habes simul fontes triplicis boni, honesti, decori, justi. Justum opponitur malo extremo, ut quod injustum dicitur. Honestum est ipsum bonum eminens, cujus oppositum turpe est, turpe enim est, succumbere (etiam cum dolore) cupiditatibus. Decorum est ipsum bonum medii generis, et indecorum malum medii generis, scilicet bonum imperfectum et malum imperfectum."

204 Nach der Übersetzung des Verfassers, s. THOMASIUS [202, S. 141] lib. 1. cap. 4. §. 87. „Fluit etiam ex dictis distinctio actionum in bonas, malas et medias. Extreme bonae sunt, quae tendunt ad acquirendam pacem internam, extreme malae, quae turbant pacem externam, mediae, quae quidem non turbant pacem externam, nec tamen eam promovent, vel quae etiam quaerunt pacem externam, sed sine debita cura internae."

laut THOMASIUS immer durchgesetzt werden können, auf die Zerstörung des äußeren Friedens, beispielsweise auf Körperverletzung, Mord, Beleidigung, schädliche Lügen, Diebstahl, sonstige Schäden und das Nichteinhalten von Versprechen.[205] Möglicherweise kann man alle diese Beispiele unter dem Begriff „Schaden" (*damnum*) zusammenfassen.[206]

THOMASIUS wandte diese Meinung auch auf seine Gesetzgebungslehre an. In der Dissertation *De statuum Imperii potestate legislatoria contra ius commune* (1703) behauptete er: „Das Naturrecht im engeren Sinne, das heißt, das Prinzip der Gerechtigkeit ist unveränderlich und man kann kein Volk finden, das durch Gesetze oder Gewohnheiten etwas, was dem Naturrecht widerspricht, aufnimmt, z. B. die Ermordung unschuldiger Menschen als Lust von anderen, den Diebstahl, den Raub, die Beleidigung, das Brechen von Versprechen. Denn die allgemeine Vernunft aller Menschen weist darauf hin, dass es unmöglich ist, mit der Erlaubnis solcher Verbrechen eine Gesellschaft aufrechtzuerhalten. Deswegen ist es auch dumm zu fragen, ob ein herrschender Stand gegen das Naturrecht Gesetze erlassen darf, weil es dumm ist vorauszusetzen, dass es früher ein herrschender Stand so wollte oder in Zukunft will, so etwas in der eigenen Gesellschaft einzuführen."[207] Kein Gesetzgeber

---

205 THOMASIUS [202, S. 181] lib. 1. cap. 6. §. 63. Diese hier benannten Gegenstände wurden schon in *IJD* (1688) behandelt. Vgl. THOMASIUS [203, S. 119; 122; 126; 136; 159] lib. 2. cap. 4. §. 11., lib. 2. cap. 5. §. 11., ibid. §. 47., lib. 2. cap. 7. §. 1. und lib. 2. cap. 8. §. 40. Dabei verband THOMASIUS sie jedoch mit der „Gleichheit" (*aequalitas*). Vgl. THOMASIUS [203, S. 117] lib. 2. cap. 3. §. 30–33.

206 THOMASIUS [201, S. 27–28] cap. 5. §. 53. „Porro cui alteri damnum dat delictis, vel violatione fidei, aequum, est ut damnum illud datum resarciat, etiamsi ille inde nullum acquisiverit lucrum." Diese Formulierung entspricht auch dem Eudemonismus von THOMASIUS, der die Nachwelt stark beeinflusst hat. Diesen Eudemonismus legte THOMASIUS schon in *IJD* im Zusammenhang mit dem Zweck der Gemeinschaft vor, aber sein früher Eudemonismus bezieht sich nicht auf die Glückseligkeit einzelner Menschen sondern auf die der Gemeinschaft an sich. Vgl. THOMASIUS [203, S. 288] lib. 3. cap. 1. §. 17. Dagegen korrigierte er diese Meinung und zwar schrieb er in *FJNG*, dass nicht nur die Gemeinschaft sondern auch Einzelne das Recht hätten glücklich zu sein. Vgl. THOMASIUS [202, S. 172–173] lib. 1. cap. 6. §. 21., §. 26. und §. 27. Der Begriff „Glückseligkeit" (*felicitas*) als Zweck des Rechts zeigt sich auch bei SVAREZ. Vgl. SVAREZ [187, S. 584] „Da der Mensch von seinem großen Urheber zur Glückseligkeit geschaffen und diese der letzte Zweck seines Daseins ist, so hat ihn auch die Natur mit Kräften, Fähigkeiten und andern Gütern ausgerüstet, die er als Mittel zur Erreichung jenes Zwecks anwenden soll. Unter diesen sind einige so beschaffen, daß ohne sie Glückseligkeit gar nicht möglich ist."

207 HOLZSCHUHER (Resp.) [245, S. 19] §. 32. „Jus naturae stricte dictum, i.e. quoad principia justi, est immutabile, nec ulla gens reperietur, quae legibus aut moribus aliquid eidem contrarium publice receperit, e.g. interfectio hominum innocentum ad libidinem aliorum hominum, furta, rapinae, injuriae, violatio pactorum, cum communis omnium ratio dictitet, talibus criminibus admissis non posse consistere

sollte Gesetze erlassen, die dem Naturrecht widersprechen, laut THOMASIUS will niemand, dass so etwas passiert. Diese Voraussetzung bedeutet, dass man niemals versucht, sich dem Willen Gottes entgegenzustellen, und dass der Wille Gottes immer absolut durchgesetzt wird.

## *Die Geschichte des Naturrechts*

THOMASIUS führte die historische Betrachtungsweise auch ins Naturrecht ein (= das historische Naturrecht).[208] Schon im Jahr 1701 veröffentlichte LUDOVICI den Aufsatz *Delineatio historiae juris divini naturalis et positivi universalis*, in dem er die historische Erforschung des Naturrechts für erforderlich hielt, um es detailliert zu verstehen.[209] Wenn man seinem Vorwort vertraut, dann sollte man glauben, dass er nicht von THOMASIUS sondern unmittelbar von BEYER motiviert worden ist, diesen Aufsatz zu schreiben, da BEYER im Jahr 1693 angekündigt hatte, dass er in Zukunft *De historia juris universi divini et humani* herausgeben wollte.[210] In diesem Aufsatz beschrieb LUDOVICI vor allem die Zeit nach der Reformation und auch nach dem Wirken von GROTIUS, und kam zu dem Schluss, dass erst THOMASIUS die Grenze zwischen dem Naturrecht, das man durch Schlussfolgerungen erkennen könne, und dem göttlichen positiven Recht, über das man nur durch Offenbarungen Kenntnisse haben könne, klar gemacht habe.[211] Wie LUDOVICI schrieb, hatte schon GROTIUS die Einteilung zwischen dem Naturrecht und dem göttlichen Willensrecht vorgelegt.[212] THOMASIUS veröffentlichte seine *Historia juris naturalis* erst im Jahr 1719. Es ist interessant, dass er dieses Werk schon im Jahr 1694 geplant hat, das heißt, gerade nach der obigen Ankündigung von BEYER, aber er sagte, dass er zu beschäftigt gewesen sei.[213] Obwohl er früher selbst glaubte, dass das Werk von LUDOVICI schon für Anfänger genügte, setzte er sich später selbst mit der Geschichte des Naturrechts auseinander, als er ein Vorwort für die deutsche Übersetzung des grotianischen

---

civitatem. Et hoc intuitu etiam stultum esset quaerere: an Status Imperii possint Leges contra jus Naturae ferre, quia stultum esset praesumere, quod unquam Status Imperii voluerint, vel imposterum [sic! aber *in posterum*?] velint, tale quid in Republica sua introducere."

208 WIEACKER [312, S. 317].

209 LUDOVICI [116, S. 2] §. 2.

210 LUDOVICI [116, S. v–vi] Vorwort. Dieses angekündigte Werk könnte möglicherweise *Delineatio juris divini, naturalis et positivi universalis* (1712) bedeuten, aber meines Erachtens enthält dieses kleine Buch keine Geschichtsforschung und mir scheint, dass er dabei vielmehr *IJD* (1688) und *FJNG* (1705) von THOMASIUS in Betracht gezogen hat. Von Anfang an hat BEYER vorausgesetzt, dass die These von THOMASIUS ein Ausgangspunkt ist, dass der Begriff „Herrschende" (*imeprans*) erforderlich ist, um den anderen Begriff „Recht" (*ius*) zu verstehen. BEYER [19, S. 1] cap. 1. §. 1.

211 LUDOVICI [116, S. 70–71] §. 113–114.

212 LUDOVICI [116, S. 69] §. 110.

213 THOMASIUS [198, S. 1–2].

Hauptwerks *De jure belli ac pacis* schrieb.[214] Dabei hat er dargestellt, warum der Mensch heute so unglücklich sei. Er schrieb diese Schuld vor allem zwei „allgemeinen Fehlern“ (*errores communi*) zu, nämlich der Orthodoxie und der Mystik.[215] Im Zusammenhang mit der Gesetzgebungslehre warf er sie eher der Orthodoxie und dem Katholizismus vor.[216] Die Voraussetzung, dass der Mensch im Elend lebt und ein Grund dafür in den allgemeinen Fehlern besteht, verbindet sich mit der Gesetzgebungslehre: „Da es jedoch für die Klugheit im Allgemeinen weder Gebote noch Regeln gibt, gibt es sie für die Klugheit zur Gesetzgebung auch nicht, nur einige Beobachtungen und nützliche Hinweise tragen dazu bei, allgemeine Fehler zu vermeiden.“[217]

## 2.3.2 Völkergemeinrecht als gemeinsame Sitten vieler Völker

### *Die Lücken des Naturrechts und die Ergänzung durch das Völkergemeinrecht*

Die These, dass man das Naturrecht bei der Gesetzgebung unbedingt in Betracht ziehen und niemand diese Regeln übertreten sollte, ist nur ein Grund für ein vollständiges Gesetz. Denn das Naturrecht, das THOMASIUS aus dem Willen Gottes abgeleitet hat, deckt lediglich einen kleinen Bereich ab. Wer sollte zum Beispiel die elterliche Gewalt haben, Vater oder Mutter? Diese Frage kann man anhand des Naturrechts im engeren Sinne nicht lösen, weil das Kriterium des Naturrechts darauf nicht anwendbar ist, ob die elterliche Gewalt des Vaters den Frieden der Gemeinschaft stört oder nicht. Denn es ist nicht vorstellbar, dass es zu familienrechtlichen Fragen nur eine einzige richtige Antwort gäbe und andere Möglichkeiten den Frieden des Staates stören würden.

Deshalb brauchte THOMASIUS noch andere Mittel, um die Lücken des Naturrechts zu ergänzen. Es gibt dabei verschiedene Rechtsquellen, beispielsweise das *ius gentium*, das Gewohnheitsrecht, römisches Recht, deutsches Recht etc. Das erste Ergänzungsmittel ist das *ius gentium*. Auch wenn das Wort *ius gentium* verschiedene Bedeutungen hat,[218] kommt hier nur solches *ius gentium* in Betracht, das sich aus

214 THOMASIUS [198, S. 11].

215 THOMASIUS [198, S. 12]. Zu Definitionen darüber siehe THOMASIUS [198, S. 32] cap. 3. §. 26.

216 THOMASIUS [201, S. 162] cap. 10. §. 17.

217 THOMASIUS [201, S. 162] cap. 12. §. 4. „Quia vero prudentiae in genere nulla dari possunt praecepta et regulae, ita nec legislatoriae, sed saltem observationes quaedam et cautelae utiles erunt ad evitandos errores communes.“

218 THOMASIUS wies auf die Vieldeutigkeit des Wortes *ius gentium* hin. THOMASIUS [203, p. 50–51] lib. 1. cap. 2. §. 102–103. Erstens bedeutet das Wort Naturrecht. Zweitens bedeutet es die Befugnisse, die Völker mit natürlicher Erlaubnis haben. Drittens bedeutet es „Sitten vieler Völker“ (*mores plurium gentium*). Viertens bedeutet es „natürliche Gesetze“. Fünftens bedeutet es ein bürgerliches Recht, das

„Sitten von vielen Völkern“ (*mores gentium plurium*) zusammensetzt und sich auf die „Anständigkeit“ (*decorum*) bezieht, nämlich das Völkergemeinrecht.[219] Viele Völker vermeiden zum Beispiel die Ehe unter Verwandten.[220]

Schon in der Dissertation *De statuum Imperii potestate legislatoria contra ius commune* (1703) hat THOMASIUS sogar darauf hingewiesen, dass sich die Sitten von vielen Völkern der Pluralität unterwerfen: „Allerdings ändert sich das das Prinzip der Anständigkeit enthaltende Naturrecht im weiteren Sinne von Völkern zu Völkern, weil es verschiedene Umstände gibt. Etwas, was ein Volk für unanständig hält, wird bei einem anderen Volk als anständig angesehen.“[221] Das kann man beispielsweise so verstehen, dass die Sitten von vielen europäischen Ländern anders sein können als die Sitten von vielen asiatischen Ländern, beides aber als „Sitten von vielen Völkern“ (*mores gentium plurium*) bezeichnet werden kann, sofern man die

viele Völker benutzen – Wahrscheinlich zog THOMASIUS hier „gemeines Recht“ (*ius commune*) in Betracht. Schließlich bedeutet es das Recht, das die Beziehungen zwischen Völkern regelt (Völkerrecht). Die in *IJD* vorgelegte Erklärung wurde von THOMASIUS in *Fundamenta juris naturae et gentium* (1705) geändert, die vierte Bedeutung verschwand. THOMASIUS [202, S. 159–160]. Es ist unnötig, das *ius gentium*, das ein Synonym des Naturrechts ist, zu erklären, weil alles, das man über das Naturrecht sagen kann, auch hier gelten müsste. Über das andere *ius gentium*, das die „Befugnisse und Attribute der Person, die vielen Völkern gemeinsam sind“ (*facultas et attributum personae multis gentibus communi*) bedeutet, hat THOMASIUS in *IJD* kein Beispiel angeführt, aber in *FJNG* die Sklaverei, die in *IJD* zur dritten Bedeutung gehört. THOMASIUS [202, S. 160] lib. 1. cap. 5. §. 69.; THOMASIUS [203, p. 51] lib. 1. cap. 2. §. 103. (n). Das *ius gentium* in diesem Sinne vielmehr zum öffentlichen Recht gehört. Dann enthält das andere *ius gentium*, das die „Sitten vieler Völkern“ in *IJD* bedeutet, nämlich das Völkergemeinrecht, z. B. Eigentum, Krieg, Sklaverei und Verträge, aber die Sklaverei wurde in *FJNG* ausgeschlossen. THOMASIUS [203, p. 51] lib. 1. cap. 2. §. 103. (n); THOMASIUS [203, S. 160] lib. 1. cap. 5. §. 69. THOMASIUS fügte in *FJNG* das Verbot des Inzests hinzu. THOMASIUS [202, S. 160] lib. 1. cap. 5. §. 70. Das gemeinsame bürgerliche Recht ist z. B. das Justinianische Recht. THOMASIUS [203, p. 51] lib. 1. cap. 2. §. 103. (p); THOMASIUS [202, S. 160] lib. 1. cap. 5. §. 68. Das eigentliche *ius gentium*, das die Beziehungen zwischen Völkern regelt, ist z. B. ein diplomatisches Privileg. THOMASIUS [203, p. 51] lib. 1. cap. 2. §. 103. (q); THOMASIUS [202, S. 160] lib. 1. cap. 5. §. 67.

219 THOMASIUS [202, S. 160] lib. 1. cap. 5. §. 70. THOMASIUS hat selbst anerkannt, dass ein Gesetzgeber sowohl die Anständigkeit als auch die Ehrlichkeit in Betracht zieht. THOMASIUS [201, S. 164] cap. 12. §. 15. Der Begriff *ius gentium* in diesem Sinne ist ganz anders als der mittelalterliche Begriff *commune jus gentium*, „das von Gott der menschlichen Vernunft für irdische Zwecke eingepflanzt sei und aus ihr hervorgehe.“ Vgl. zu diesem Begriff EBEL [51, S. 103–104].

220 THOMASIUS [202, S. 160] lib. 1. cap. 5. §. 70. (†).

221 HOLZSCHUHER (Resp.) [245, S. 19] §. 33. „At jus Naturae laxius dictum, principia decori comprehendens, variat inter Gentes ob variantes circumstantias, et quod uni Genti decorum est, apud aliam pro non decoro, rursus apud aliam indecorum habetur.“

Definition von THOMASIUS beachtet. Deshalb sollte man hier eigentlich nicht von dem „Völkergemeinrecht“ sondern von „Völkergemeinrechten“ sprechen.

Gesetzgeber können wegen der Unterschiedlichkeit der Sitten bestimmen, ob man in einem Gesetzbuch von fremden Sitten abweichen sollte oder nicht, sofern dieses Gesetzbuch nicht gegen die Gerechtigkeit verstößt: „Auch wenn es also eine deutliche herrschende Meinung ist, dass ein Herrschender nichts gegen das Naturrecht einwenden kann, bin ich jedoch der Meinung, dass ein Herrschender gegen das Naturrecht viele Dinge einwenden könnte, aber nur über die Autorität der Doktoren und die Sitten mancher Völker, nicht aber über die allgemeinen Regeln der Gerechtigkeit.“[222] THOMASIUS bezeichnete dabei den Herrschenden als Autor und Führer von Anständigkeit und Sitten in seinem Staat.[223]

Gibt es bei der Auswahl von verschiedenen Sitten eine bestimmte Regel? Darauf antwortete THOMASIUS im Zusammenhang mit dem Gewohnheitsrecht.

### 2.3.3 Gewohnheitsrecht

#### *Die Definition des Gewohnheitsrechts*

THOMASIUS führte das Gewohnheitsrecht in der Dissertation *De iure consuetudinis et observantiae* (1699) aus,[224] und er definierte zuerst das Wort „Gewohnheit“ (*consuetudo*):[225] „Also sind die Gewohnheiten und die Beachtung, mit denen ich mich auseinandersetzen möchte, mehrere einheitliche Handlungen von solchen Menschen, die in einer bürgerlichen Gesellschaft leben, die größer als eine Familie ist, insofern sie in dieser Gesellschaft leben.“[226] THOMASIUS fügte dieser Definition verschiedene Anmerkungen hinzu.[227] Der wichtigste Punkt besteht darin, dass es in der natürlichen Gesellschaft, die hier die internationale Gesellschaft bedeutet,

---

222 HOLZSCHUHER (Resp.) [245, S. 21] §. 35. „Scilicet, etsi communiter dicatur indistincte, Principem nihil posse contra jus Naturae, nos tamen in ea opinione sumus, Principes multa posse contra jus naturae cerebrinum, in auctoritatibus saltem Doctorum aut moribus quorundam populorum fundatum, non vero in communibus Justitiae regulis. [...]“.

223 HOLZSCHUHER (Resp.) [245, S. 21] §. 35. „Etenim Princeps, uti omnibus decori et omniummorum in Republica autor et director est.“

224 Diese Dissertation hatte einen so großen Einfluss, dass man sie noch im späteren 19. Jahrhundert zitierte. Beispielsweise übernahm FRENKEN die Definition der Gewohnheit von THOMASIUS, wohingegen er die Auslegung, die THOMASIUS über D 1.3.39 vorschlug, ablehnte. FRENKEN [65, S. 2–7].

225 Vgl. zu diesem Thema SCHRÖDER [174, S. 108–110].

226 HERFF (Resp.) [240, S. 7] §. 16. „Consvetudo igitur et observantia, de qua nos sumus solliciti sunt actiones plures uniformes hominum in una societate civili familia majore viventium, quatenus in illa societate vivunt.“

227 Zum Beispiel erklärte er, dass der Vater der Familie über Gewohnheiten die Aufsicht führen darf und man deswegen in der Definition die Bedingung „größer als eine Familie“ benötigt. HERFF (Resp.) [240, S. 8] §. 21.

kein Gewohnheitsrecht gibt,[228] weil Gewohnheiten nur dann als eine Rechtsquelle gelten können, wenn der Herrschende sie anerkennt.[229]

Dann teilte THOMASIUS Gewohnheiten in zwei Arten ein, nämlich in „gerichtliche Gewohnheiten" (*consuetudo judicialis*) und „außergerichtliche Gewohnheiten" (*consuetudo extrajudicialis*).[230] Die erste Gewohnheitsart entspricht dem Begriff „Präjudiz" (*observantia*), wohingegen das Wort „Gewohnheit" (*consuetudo*) im engeren Sinne nur die letztere Art bedeutet.[231]

### *Das Gewohnheitsrecht ist das Freiheitsrecht*

Dann stellt sich die Frage, ob eine Gewohnheit als Recht zu gelten hat oder nicht. Zunächst unterteilte THOMASIUS den Begriff „Recht" (*ius*) in drei Arten, nämlich das „Recht etwas gültig zu machen" (*ius efficaciae*), das „Recht auf Unschuld" (*ius impunitatis*) und „Verpflichtendes Recht" (*ius obligationis*).[232] Wenn man etwas gültig machen kann, dann hat man ein Recht etwas gültig zu machen, es ist von THOMASIUS auch „Fähigkeit" (*facultas*) genannt worden.[233] Wenn man etwas ohne Strafe machen darf, dann hat man ein Recht auf Unschuld, es ist auch das „Recht auf Erlaubnis" (*ius licentiae*) genannt worden.[234] Wenn man sich schließlich verpflichtet, nichts zu machen, was den Gewohnheiten widerspricht, dann gibt es ein verpflichtendes Recht bzw. ein „juristisches Recht" (*ius legale*), das dieser Obligation entspricht.[235] Laut THOMASIUS entsteht aus Gewohnheiten kein verpflichtendes Recht an sich.[236] Er führte keinen Grund dafür an, aber meines Erachtens entspricht diese These konsequent seinem Voluntarismus, nämlich dass sich jedes Recht, das man tatsächlich durchsetzen kann, immer auf den Willen des Gesetzgebers begründen muss.[237]

---

228 HERFF (Resp.) [240, S. 8] §. 22.

229 THOMASIUS [203, S. 51] lib. 1. cap. 2. §. 109. Diese Voraussetzung „die stillschweigende Stimmung des Gesetzgebers" war die damalige herrschende Meinung. Vgl. dazu SCHRÖDER [174, S. 108]. Ich vermute hier, dass die noch ältere Formulierung des Gewohnheitsrechts, das heißt, das Recht, das ein Erzeugnis des Volkes und ohne Zustimmung des Gesetzgebers wirksam ist, bei THOMASIUS als „Sitten" (*mores*) bezeichnet wird. Vgl. zu der älteren Vorstellung SCHRÖDER [174, S. 108]. Wenn meine Vermutung richtig ist, dann kann man sagen, dass sich das Gewohnheitsrecht und die Sitten des Volkes voneinander in der Gesetzgebungsmacht unterscheiden.

230 HERFF (Resp.) [240, S. 9] §. 24.

231 HERFF (Resp.) [240, S. 9] §. 25.

232 HERFF (Resp.) [240, S. 9] §. 27. THOMASIUS wiederholte diese These in der Dissertation *De arrhis emtionum* (1702). Albrecht (Resp.) [209, S. 4] §. 9.

233 HERFF (Resp.) [240, S. 9] §. 27.

234 HERFF (Resp.) [240, S. 9] §. 27.

235 HERFF (Resp.) [240, S. 9] §. 27.

236 HERFF (Resp.) [240, S. 11] §. 37.

237 THOMASIUS deutete diese Meinung schon in *IJD* (1688) im Zusammenhang mit dem Gewohnheitsrecht an. THOMASIUS [203, S. 51] lib. 1. cap. 2. §. 109.

Dagegen glaubte THOMASIUS, dass das Recht etwas gültig zu machen und das Recht auf Unschuld aus Gewohnheiten auch ohne Anerkennung von Herrschenden entstehen.[238] Auf den ersten Blick widerspräche zwar diese Erklärung dem Voluntarismus, aber es gibt hier keinen Widerspruch. Denn Untertanen ändern ihren Zustand nicht in Sklaven, wenn sie eine Monarchie gründen, und deswegen behalten sie die Freiheit, die sie im natürlichen Zustand haben.[239] Kurz gesagt entsteht aus Gewohnheiten nichts anderes, was Untertanen schon haben, nämlich die Freiheit. Deshalb wird man nicht gezwungen Gewohnheiten zu folgen, aber man sollte sie möglicherweise beachten, damit man von anderen nicht für einsam, unhöflich, dumm oder unanständig gehalten wird.[240]

### *Das Gewohnheitsrecht kann unvernünftig sein*

THOMASIUS hat bei Gewohnheiten keine Begründung gefordert, denn auch nicht begründbare Gewohnheiten bewirken die Freiheit.[241] Man hat auch die Freiheit, aus einer Gewohnheit heraus etwas Törichtes zu machen. Zwar sollten Doktoren andere Leute vor unvernünftigen Gewohnheiten warnen, aber diese Aufgabe ist etwas anderes als bei Richtern.[242] THOMASIUS glaubte, dass diese Meinung durch einige Quellen von *Decretum Gratiani* (can. 3–9. dist. 8.) gestützt werde, und seiner Meinung nach beziehe sich die These von AUGUSTINUS nicht auf Richter, sondern nur auf Doktoren, dass die Gewohnheit weder der „Wahrheit" (*veritas*) noch der „Vernunft" (*ratio*) widersprechen sollte.[243] Demnach sollten Richter Gewohnheiten

---

238 HERFF (Resp.) [240, S. 23] §. 72.

239 HERFF (Resp.) [240, S. 24] §. 73.

240 HERFF (Resp.) [240, S. 14] §. 45. Hier zeigt sich die Vermischung zwischen der Meinung, die THOMASIUS in *IJD* (1688) vorgelegt hat, und der neuen Idee, die er in *FJNG* (1705) veröffentlicht hat. Denn er hielt sich noch an den Begriff „vollkommenes Recht" (*ius perfectum*), den er in *FJNG* aufgab, wohingegen er zugleich das neue Kriterium „Anständigkeit" (*decorum*) benutzte. Da sich THOMASIUS selbst wahrscheinlich dieses Problems bewusst war, benutzte er in *Notae ad Inst.* (1712) nicht mehr den Ausdruck das „**Recht** auf Unschuld" (***ius** impunitatis*) und schrieb einfach: „Dauernde Sitten einer Bevölkerung (Inst Iust 1.2.9) produzieren die ‚Unschuldigkeit' (*impunitas*), und wenn man Richter in Betracht zieht, dann produzieren sie sogar eine Obligation, das heißt, Richter verpflichten sich, aufgrund von Sitten der Gesellschaft zu urteilen (D 1.3.32)." THOMASIUS [196, S. 9] „Mores diuturni populi (in §. 9.) producunt impunitatem et obligationem intuitu judicum qui obligati sunt, ut secundum mores civitatis judicent l. 32. de LL." Allerdings zeigt sich der Ausdruck das „Recht auf Unschuld" (*ius impunitatis*) noch einmal im Nachlass *Lectiones de prudentia legislatoria* (1740). THOMASIUS [202, S. 51] cap. 5. §. 138.

241 HERFF (Resp.) [240, S. 12] §. 36.

242 HERFF (Resp.) [240, S. 22] §. 66.

243 HERFF (Resp.) [240, S. 32] §. 90. AUGUSTINUS meinte tatsächlich, dass Gewohnheiten immer der „Wahrheit" (*veritas*) weichen müssen, und deswegen sollte man

in Betracht ziehen, auch wenn diese Gewohnheiten unvernünftig sind: „Deshalb sollte angesichts der vorliegenden Frage der Richter, der über eine Gewohnheit urteilen möchte, nach den vorliegenden Regeln urteilen. Das heißt, der Richter sollte nicht nur beurteilen, dass ein Mann, der etwas nach Gewohnheit gemacht hat, es nach seinem Recht gemacht hat, und deswegen seine Tat nicht strafbar ist, sondern auch beurteilen, dass ein anderer Mann, der bei der Ausführung dieser Fähigkeit jenen hat stören wollen, unrecht gehandelt hat. Außerdem sollte der Richter auch beurteilen, dass derjenige, der sich nicht an eine Gewohnheit hält, unschuldig ist, ausgenommen jedoch der Fall, dass die Handlungen[, die als Gewohnheit festgestellt worden sind,] überall einheitlich sind und lange genug andauern, und der Beklagte sein Recht auf Freiheit durch andere deutlichere Beweise nicht zeigen kann.“[244]

---

seiner Meinung nach solche Gewohnheiten, die der Wahrheit oder der Vernunft widersprechen, nicht beachten. LEISCHING [111, S. 8]. Die wahre bzw. vernünftige Gewohnheit wurde von AUGUSTINUS als ergänzendes Recht verstanden, weil man durch geschriebene Gesetze nicht alles bestimmen kann, und auch hier sollte man jede Gewohnheit überprüfen, ob sie der Wahrheit und der Vernunft entspricht oder nicht. LEISCHING [111, S. 10–11]. THOMASIUS kritisierte sein Argument. HERFF (Resp.) [240, S. 32] §. 91.

244 HERFF (Resp.) [240, S. 18] §. 53. „Igitur et in nostra qvaestione judex de consvetudine judicaturus judicabit ex dictis regulis. Scilicet eum, qvi secundum consvetudinem egit, jure suo hoc fecisse pronunciabit, adeoqve non solum impunem esse, sed et alterum, qvi eum in exercitio hujus facultatis turbare voluit, injuste fecisse. Porro eum, qvi diversum qvid et contrarium consvetudini egit, impune id fecisse, nisi actus omnimodo uniformes et valde diuturni fuerint, et reus jus libertatis aliis evidentibus probationibus docere nequeat.“ THOMASIUS glaubte, dass seine Meinung dem römischen Recht entspricht (Inst Iust 1.2.3, 1.2.9, 1.2.10, 4.11.7, D 1.3.1, 1.3.7, 1.3.32–39, C 8.52.1–3). HERFF (Resp.) [240, S. 26–31] §. 80–88. In diesem Zusammenhang ist vor allem D 1.3.39 für THOMASIUS problematisch: „Was nicht kraft Rechtsvernunft, sondern zunächst irrtümlich eingeführt ist und dann kraft Gewohnheit Geltung erlangt hat, hat in anderen ähnlichen Fällen keine Geltung.“ Diese Übersetzung aus BEHRENDS et al. [12, S. 116] D 1.3.39 „Quod non ratione introductum, sed errore primum, deinde consuetudine optentum est, in aliis similibus non optinet.“ THOMASIUS behauptete, dass sich diese Quelle eigentlich auf Präjudize beziehe. HERFF (Resp.) [240, S. 30] §. 85. „Qvod non ratione seu rationabili interpretatione introductum, sed errore seu erroneo intellectu primum, deinde consvetudine seu continuata observantia judiciali obtendum est, nullum jus facit, et in aliis similibus non obtinet, sed errore cognito impune a consvetudine et observantia illa recedi potest.“ Diese Interpretation wurde allerdings von anderen Juristen nicht unterstützt, weil es ungebräuchlich ist, das lateinische Wort *consuetudo* als Präjudiz zu benutzen. FRENKEN [65, S. 6–7]. SAVIGNY legte später die andere Auslegung vor. SAVIGNY [156, S. 178] §. 29. (1) „Das heißt: wenn die Gewohnheit ausging nicht von einer gemeinsamen Rechtsüberzeugung, sondern sogar erweislich von einem Irrthume (der jene Überzeugung nothwendig ausschließt), so ist deshalb kein Gewohnheitsrecht anzunehmen, und wir finden

### *Die Erweiterung der Erklärung von Sitten*

Thomasius wendete diese Erklärung über das Gewohnheitsrecht auch auf „Sitten" (*mores*) an, und zwar behauptete er in der Dissertation *De arrhis emtionum* (1702), dass Sitten an sich das „Recht auf Unschuld" (*ius impunitatis*) hervorbringen würden,[245] sofern die Sitten als „Völkergemeinrecht" (*ius gentium*) zu verstehen seien.[246] Außerdem glaubte Thomasius, dass gemeinsame Sitten vieler Völker normalerweise vernünftig seien und man deswegen den Beweis auslassen könne: „Um dieses Völkergemeinrecht zu erkennen, ist es also unnötig, die Geschichte von jedem Volk und die Deskriptionen der Stile im Detail zu erforschen. Denn etwas, was bei Völkern gemeinsam benutzt wird, hat einen gemeinsamen Ursprung, der oft auch durch die Vernunft gefunden oder zumindest in vielen Punkten unterstützt werden kann."[247] Daher zeigt sich jetzt das Merkmal von guten Sitten: Wenn es eine Sitte in verschiedenen Ländern gibt, dann ist sie vermutlich eine gute Sitte, die man bei der Gesetzgebung in Betracht ziehen sollte.

Tatsächlich benutzte Thomasius diese Art des Beweises oft in *Notae ad Inst.* und *Notae ad Pand.* Wenn er sich nämlich auf die Wörter „gemeinsame Sitten von Völkern" (*mores gentium communes*) oder einfach „Völkergemeinrecht" (*ius gentium*) berief, dann brachte er vorher keinen anderen Beweis mehr.[248] Beispiele möchte ich in den folgenden Kapiteln anführen.

---

also darin keinen Grund, die künftigen Fälle gleicher Art nach dieser Regel zu beurtheilen."

245 Albrecht (Resp.) [209, S. 4] §. 9. Dass es eine Kontinuität zwischen Sitten und Gewohnheiten gibt, ist auch in *FJNG* (1705) wie folgt angedeutet worden: „[...] ita tamen, quousque haec prohibitio sit extendenda, determinabit lex civilis, quia pro diversitate morum casus consuetudinis ejusmodi quotidianae variant." Thomasius [202, S. 258] lib. 3. §. 3. §. 38.

246 Albrecht (Resp.) [209, S. 3] §. 8. Siehe auch oben 2.3.2.

247 Albrecht (Resp.) [209, S. 5] §. 11. „In hoc igitur Jure gentium cognoscendo non opus est, singularum gentium historias, et rituum descriptiones inspicere ad minutias usque. Nam quae communem usum apud gentes habent, communiter etiam ex communi causa ortum ducunt, quae etiam saepius ratiocinatione vel indagari vel certe multum adjuvari potest."

248 Beispielsweise Thomasius [196, S. 66]; Thomasius [197, S. 107]. Dazu sind französische Sitten am wichtigsten und meines Erachtens könnte der Grund darin bestehen, dass französische und deutsche Sitten einen gleichen oder ähnlichen Ursprung hätten, auch wenn Thomasius dies nicht erklärt hat. Diese Voraussetzung kann man noch bei Feuerbach lesen. Vgl. Feuerbach [63, S. 21–22]. Dagegen erkannte Heineccius solche aposteriorische Argumentation ganz und gar nicht an. Vgl. dazu Reibstein [149, S. 257–258].

## 2.3.4 Moses' Recht: Ein Vorbild der Gesetzgebung

THOMASIUS glaubte nicht, dass die Gesetzgebung alle Probleme allein lösen könne. Vielmehr betonte er im Zusammenhang mit der Geschichte des Kirchenrechts deutlich, dass die Gesetzgebung ohne Vorbilder von Herrschenden nicht funktioniere.[249] Die Wichtigkeit des Vorbildes wurde noch einmal in *Lectiones de prudentia legislatoria* erwähnt: „Um gute Gewohnheiten einzuführen, ist es besser, dass Herrschende ohne Gesetze Vorbilder geben, als dass es tausende Gesetze ohne Vorbilder gibt."[250]

THOMASIUS war Christ und war überzeugt, dass seiner Meinung nach alle Weisheiten in der Bibel gefunden werden können.[251] Er zweifelte nicht daran, dass die Geschichten, die man besonders im Alten Testament liest, wirklich passiert sind.[252] Im Zusammenhang mit der Gesetzgebungslehre ist die Thora am wichtigsten, in der sich „Moses' Recht" (*lex Mosaica*) zeigt. THOMASIUS behauptete in *Cautelae circa praecognita iurisprudentiae* (1710), dass solche Regeln des mosaischen Rechts, die sich nicht auf religiöse Zeremonien sondern auf die Justiz bezogen, weiser seien als alle anderen Gesetze.[253] THOMASIUS schrieb, dass er dafür schon in seinen privaten Vorlesungen Gründe angeführt hatte.[254] THOMASIUS fand darin ein Vorbild, dass MOSE durch seine Gesetze sein verdorbenes Volk verbessert hatte,[255] und dies entsprach bei THOMASIUS deutlich dem Ziel der Gesetzgebung. Die Sitten des israelitischen Volkes änderten sich jedoch nach dem Tod von JOSUA bis zu Lebzeiten

249 THOMASIUS [204, S. 9]. An dieser Stelle kritisierte er hauptsächlich Doktoren der Politik.

250 THOMASIUS [201, S. 163] cap. 12. §. 7. „Ad bonos vero mores introducendos plus valet exemplum principis absque legibus, quam mille leges absque exemplo."

251 THOMASIUS [195, S. 35] cap. 2. §. 63.

252 Dies bedeutet daher, dass Gott zunächst ADAM und EVA erschuf und sich ihre Abkömmlinge auf der Erde vermehrten. THOMASIUS [198, S. 13–14] cap. 2. §. 2. Dies ist vor allem bei der Erklärung des Eigentumsursprungs wichtig. THOMASIUS [203, S. 195–197] lib. 2. cap. 10. §. 105–118. Auch die Sage, dass die Weltsprache nach dem Zusammenbruch des Turms zu Babel verloren wurde, war für THOMASIUS wahr. THOMASIUS [203, S. 156–157] lib. 2. cap. 8. §. 20.

253 THOMASIUS [195, S. 35] cap. 2. §. 62.

254 THOMASIUS [195, S. 35] cap. 2. §. 62. (s) THOMASIUS erwähnte nicht, wann er diese Vorlesungen gehalten hatte, aber es könnte sein, dass sich diese Anmerkung auf die Vorlesung, die er im Jahr 1707 unter dem Thema „*Commendatio librorum Ulrici Huberi de Jure Civitatis. Index Summarius meditationum mearum de prudentia legislatoria*" ankündigte, bezog. THOMASIUS [208, S. 580–585]. In dieser Ankündigung behauptete er, dass Moses' Staat am besten sei. THOMASIUS [208, S. 583].

255 THOMASIUS [201, S. 151] cap. 11. §. 19.

von Jesus CHRISTUS erneut zum Schlechten,[256] auch wenn die Sitten des Volkes noch einmal von ESRA und NEHEMIA korrigiert wurden.[257]

Dies bedeutet jedoch nicht, dass die Zehn Gebote perfekt wären. Schon in der Dissertation *De crimine bigamiae* (1685) hat er darauf hingewiesen, dass die Zehn Gebote nicht alle moralischen Regeln enthalten,[258] und er hat diese Meinung später wiederholt.[259] Außerdem enthalten die Zehn Gebote in sich nicht alle Regeln des Naturrechts, denn sie befehlen beispielsweise nicht, Versprechen zu erfüllen.[260] Warum sind diese Gebote trotz der Knappheit weiser als andere Gesetze? Seiner Meinung nach tragen diese Gebote dazu bei, die Grundlagen echter Politik zu erkennen und allgemeine Fehler zu entdecken,[261] und dies bedeutet, dass man durch sie ein Ziel der Gesetzgebung erreichen kann.[262]

War THOMASIUS der Meinung, dass man Moses' Recht bei der Gründung und Verbesserung des Staates einführen sollte? Schon in der Ankündigung einer Vorlesung im Jahr 1707 fragte er sich, ob der Herrschende bei der Gründung des Staates Moses' Gesetze einführen oder sich etwas Neues ausdenken sollte, um ihn zu verbessern, aber es gab darauf leider keine Antwort.[263] Im Nachlass *Lectiones de prudentia legislatoria* (1740) findet sich seine Antwort und zwar „Nein". Seiner Meinung nach gibt es verschiedene Gründe, die die Verdorbenheit eines Volks verursachen können,[264] und außerdem kann man „gerichtliche Gesetze" (*leges forenses*) von „zeremoniellen Gesetzen" (*leges ceremoniales*) nicht gut trennen, die mit der levitischen Kultur

256 THOMASIUS [200, S. 106] cap. 8. §. 18. „[...] ut ista corruptio quotidie magis magisque augeretur usque ad adventum Christi et mox subsecutam eversionem totius reipublicae."

257 THOMASIUS [200, S. 103–105] cap. 8. §. 12–14. THOMASIUS fand auch hier ein Vorbild der Gesetzgebung. „Maxime vero considerari merentur facta Esdrae et Nehemiae in reformatione populi Israelitici, ut exemplar reformandae Reipublicae corruptae, non solum legibus et rigore, sed et benignitate, precibus et bono exemplo." THOMASIUS [200, S. 103–104] cap. 8. §. 12.

258 BEYER (Resp.) [215, S. 14–15] §. 20. An dieser Stelle behauptete er auch, dass die Zehn Gebote nicht nur das Naturrecht sondern auch das göttliche positive Recht (G. 9. und 10.) enthalten.

259 THOMASIUS [203, S. 31] lib. 1. cap. 2. §. 3. (b); THOMASIUS [201, S. 62] cap. 7. §. 16.

260 THOMASIUS [201, S. 64] cap. 7. §. 21.

261 THOMASIUS [200, S. 78] cap. 6. §. 10.

262 THOMASIUS kritisierte auch hier Priester, die das Evangelium vor den Zehn Geboten bevorzugten, um ihr Auslegungsprivileg über die Bibel zu erhalten (siehe auch oben 2.2.1). THOMASIUS [201, S. 77] cap. 8. §. 3.

263 THOMASIUS [208, S. 584–585].

264 THOMASIUS [201, S. 152–153] cap. 11. §. 20. Hier hat er dies mit der Beziehung zwischen Krankheiten und Medikamenten verglichen, das heißt, man sollte gegen jede Krankheit ein richtiges Medikament finden, es gibt jedoch kein universales Medikament.

stark verbunden waren.[265] Es sei deshalb noch schlechter, wenn man behaupte, dass Moses' gerichtliches Recht noch heute nicht abgeschafft werden sollte, wie Priester sagten, um das Papsttum zu bewahren.[266] Kurz gesagt ist die Thora zwar ein Vorbild bzw. ein gutes Beispiel für die Gesetzgebung und die Verbesserung eines Volks, aber sie ist kein Spezifikum für das germanische Volk.[267]

Jetzt sollte man nach den eigenen Ursachen suchen, die zur Verdorbenheit des germanischen Volkes beitrugen.[268] Das erste Problem besteht darin, dass sich Rechtsgelehrte zum Justinianischen Recht bekannt und keine Rechtssätze geprüft haben, die dieses Recht einschließt.[269] THOMASIUS bezeichnete diese Tendenz als die „extreme Liebe zum römischen Recht" (*nimius amor juris Romani*),[270] und er beschwerte sich über die damalige Lage, dass jemand, der etwas anderes als das Justinianische Recht vorlegen wolle, von anderen Juristen ungerecht behandelt worden sei.[271] Diese halsstarrigen Rechtsgelehrten waren vor allem Naturrechtslehrern feindselig gesinnt.[272]

Das zweite Problem zeigte sich in kanonischem Recht. Laut THOMASIUS versuchten katholische Priester im 17. Jahrhundert durch ihre Lehre über die Gerechtigkeit und das Recht, die Autorität der Kirche zu verstärken,[273] und auch nach der Reformation folgten protestantische Theologen in diesem Punkt der katholischen

---

265 THOMASIUS [201, S. 155] cap. 11. §. 24. THOMASIUS hat diese Kultur so eingeschätzt, dass sie dem heutigen Christentum widerspricht. THOMASIUS [201, S. 153] cap. 11. §. 21. Er führte ein Beispiel zum Missbrauch des Rechts MOSES in *Notae ad Institutiones* (1712) an und zwar die katholischen Anforderungen an die Ehe. THOMASIUS [196, S. 40] „[...] quoniam quaestiones matrimoniales voluerunt definire ex lege Mosaica, cujus tamen multa capita haud applicari poterant ad mores Christianorum."

266 THOMASIUS [201, S. 156–157] cap. 11. §. 28.

267 Deshalb hat THOMASIUS bei der Erklärung über deutsches Recht seltener Moses' Recht erwähnt, eine Ausnahme bezieht sich zum Beispiele auf Feiertage. Vgl. THOMASIUS [197, S. 55–56].

268 THOMASIUS betonte es auch in *Notae ad Pandectas* (1713), dass man nun den „Ursprung von Krankheiten" (*origo morborum*) genau erkennen sollte. THOMASIUS [197, S. 5] praefatio §. 5.

269 THOMASIUS [198, S. 64] cap. 5. §. 10.; THOMASIUS [201, S. 157] cap. 11. §. 29. Diese These wurde von THOMASIUS in verschiedenen Dissertationen wiederholt. Beispielsweise zu *Lex Aquilia*, zu *ius vitae et necis*, usw., vgl. AREND (Resp.) [210, S. 48] §. 64.; VERPOORTENN (Resp.) [289, S. 34–35] cap. 2. §. 12.

270 THOMASIUS [197, S. 174]; KRESS (Resp.) [251, S. 59] cap. 2. §. 19.

271 THOMASIUS [201, S. 157] cap. 11. §. 30.

272 THOMASIUS führte in *Historia juris naturalis* (1719) aus, wie GROTIUS, HOBBES und PUFENDORF aus diesem Grund kritisiert wurden. Vgl. THOMASIUS [198, S. 77–130] cap. 6. §. 8–52.

273 THOMASIUS [198, S. 63–64] cap. 5. §. 9.

Morallehre.[274] THOMASIUS glaubte, dass sich im Kirchenrecht das „politische Geheimnis des Papsttums“ (*arcana politica papatus*) verbarg.[275]

### 2.3.5 Deutsches Recht

Zwar kann man das Wort *ius Germanicum* unterschiedlich verstehen, es ist aber zum vorliegenden Thema wichtig festzustellen, was THOMASIUS darunter verstanden hat. Ich möchte zuerst über den Geltungsvorrang zwischen verschiedenen Rechtsquellen einen Überblick geben (Stadtrechte, Landrechte, Reichsrechte in Deutschland), und dann möchte ich auf die Meinung von THOMASIUS eingehen.

#### *Der Geltungsvorrang zwischen Stadtrechten und Landrechten*

Grundsätzlich hatten im 16. Jahrhundert Städte die Macht, eigene Stadtrechte festzusetzen, und diese Stadtrechte wurden immer bevorzugt, sofern sie nicht offensichtlich ein Landrecht verletzten.[276]

Die Selbstständigkeit von Städten verschwand jedoch seit dem 17. Jahrhundert langsam und der Landesherr wollte auch Stadtrechte selbst formulieren.[277] Dies führte dazu, dass man die vorherige oder nachträgliche Zustimmung des Landesgesetzgebers bekommen musste, wenn man ein neues Stadtrecht einführen wollte. Natürlich blieb das Prinzip, dass gültiges Stadtrecht in der Anwendung Landrecht brach.[278]

Diese geschichtliche Entwicklung entspricht der Meinung von THOMASIUS. Denn er erklärte bei der Gesetzgebung kaum Stadtrechte und meines Erachtens gründete dieses Übersehen der Städte im Vorrang, den er allen absoluten Herrschern zubilligte.[279]

#### *Der Geltungsvorrang zwischen Landrechten und Reichsrechten*

Der Vorrang des neuen Reichsrechts war schon im 16. Jahrhundert zweifelhaft.[280] Obwohl der Kaiser diese Regel überall durchsetzen wollte, protestierten Kursachsen

---

274 THOMASIUS [198, S. 47–48] cap. 5. §. 12. Diese These wurde von THOMASIUS schon in *Notae ad Inst.* (1712) geäußert. Vgl. THOMASIUS [196, S. 39–40].

275 THOMASIUS [198, S. 81] cap. 6. §. 10.

276 SCHRÖDER [174, S. 21–22].

277 SCHRÖDER [174, S. 116].

278 SCHRÖDER [174, S. 116].

279 LUIG [121, S. 253] „Diese Art von Argumentation wird auch zur Ausschaltung der landständlichen Befugnisse bei der Gesetzgebung verwendet. Grundlage ist das Prinzip, daß der Fürst nur dem Naturrecht im engeren Sinne verpflichtet ist. So muß er zwar dem >>dictamen rectae rationis<< folgen, aber eben nur dem Diktat seiner eigenen Ratio. Ebenso wie der Fürst keine weitere Bindung von außerhalb seines Staates anerkennt, ist er auch frei von der Bindung an irgendein Kollegium im Staat.“ Vgl. HOLZSCHUHER [245, S. 42–45] §. 60–63.

280 SCHRÖDER [174, S. 22].

und die sächsischen Herzöge dagegen.[281] Die Unsicherheit wurde im 17. Jahrhundert durch den Westfälischen Frieden noch verstärkt.[282]

Es ist für den fürstlichen Absolutismus entscheidend, ob ein Reichsabschied Landrechte abschaffen kann oder nicht.[283] THOMASIUS beschäftigte sich mit diesem Problem in der Dissertation *De statuum Imperii potestate legislatoria contra ius commune* (1703).[284] Man sollte hier die Frage nicht formulieren, ob ein Kaiser selbst Landrechte abschaffen kann. Denn kein Kaiser hatte schon im 16. Jahrhundert die selbstständige Gesetzgebungsmacht gegen Kurfürsten und dies wurde besonders im Westfälischen Frieden wieder festgestellt (IPO VIII §.1.).[285] Zur richtig formulierten Frage gab es einen berühmten Streit um den Reichsabschied am 22. April 1529. Der Speyerer Reichsabschied lautet: Wenn nur Nichten und Neffen an der gesetzlichen Erbfolge teilnehmen können, dann sollen sie nicht nach Stämmen sondern nach Köpfen erben.[286] Trotz dieses Abschiedes führte Kursachsen durch Konstitutionen von 1572 eine andere Regel ein (Teil 3 Cap. 18. §. >>Wir wollen aber<<).[287]

Darum haben Rechtsgelehrte miteinander gestritten, aber ich möchte hier nur die Meinung von THOMASIUS zusammenfassen. Laut THOMASIUS war es die herrschende

281 SCHRÖDER [174, S. 22–23].

282 SCHRÖDER [174, S. 117].

283 Wenn man nicht auf den Geltungsvorrang zwischen Landrechten und Reichsrechten an sich, sondern auf das Gerichtssystem achtet, dann kann man die Frage auch wie folgt formulieren: „Dieser ganze Nachweis der Unabhängigkeit der Territorialgesetzgebung vom Reich hat nur Sinn, wenn die Beanstandung von Territorialgesetzen durch das Reichskammergericht von den Ständen ignoriert werden kann." LUIG [121, S. 245]. Dazu gab es einen berühmten Fall über die Erbschaft in Sachsen. LUIG [121, S. 245]. Auch THOMASIUS erwähnte diesen Fall. Vgl. auch HOLZSCHUHER [245, S. 48–49] §. 70.

284 HOLZSCHUHER (Resp.) [245, S. 34] §. 51. Schon in der früheren Dissertation *De vagabundo, seu eo, qui est sine domicilio, occasione l. 27. §. 2. ad municip.* (1681) erwähnte THOMASIUS die Beziehung zwischen dem Reich und anderen Ständen und er schrieb dabei, dass kein Stand das Einwanderungsrecht von solchen Leuten, die andere Religionen haben, vernichten darf, „weil die Stände des Reichs in Bezug auf das ganze Reich als niedrige Ämter angesehen werden sollten." ([...] qvia status Imperii in respectu ad Imperium totum pro magistratibus inferioribus sunt habendi [...]).

285 Ein Gesetz ist nur dann gültig, wenn Stände im Reich dem Kaiser zustimmen, und die Bedingungen der Gültigkeit sind immer in jeder Wahlkapitulation festgelegt worden. MOHNHAUPT [131, S. 91].

286 KUHN (Hrsg.) [101, S. 1305] Nr. 148. „Wann ainer untestiert abstirbt und nach ime kain brueder oder schwester, sonder seiner brueder oder schwester kinder in ungleicher zal verlest, daz alsdann dieselben seins brueder oder schwester kinder in die heubter und nit in die stemme erben und dem verstorben irer vater oder mueter brueder oder schwester dermaßen zu succedieren und zuegelassen werden sollen." Vgl. auch SCHRÖDER [174, S. 22–23].

287 LUIG [121, S. 245] Anm. 110.

Meinung, dass das Reich weder durch Wahlkapitulationen noch durch den Westfälischen Frieden die Gesetzgebungsmacht verloren habe und deswegen Landrechte ungültig seien, wenn sich ein Reichsabschied ausdrücklich gegen sie durchsetzen wolle.[288] Eines der berühmtesten Beispiele, das auch THOMASIUS anführte, war der obige Reichsabschied im Jahr 1529.[289] Jedoch war die herrschende Meinung laut THOMASIUS unbedingt zu widerlegen. THOMASIUS stellte dagegen die These, dass Stände im Reich solche Gesetze erlassen dürften, die das Reich durch Reichsabschiede verneinen wolle.[290] Wenn ein Stand aber einen Reichsabschied anerkenne, dann gelte der Reichsabschied natürlich in diesem Stand.[291] Seiner Meinung nach sei der Beschluss im Reichstag in diesem Kontext für die Stände sinnlos gewesen, die Gegenstimmen abgegeben hätten. THOMASIUS versuchte die These wie folgt nachzuweisen:[292] Viele Stadtrechte, Landrechte und Gewohnheitsrechte wurden schon durch Reichsgesetze anerkannt und deswegen hat jeder Stand ein „erworbenes Recht" (*ius quaesitum*), z. B. der Kurfürst Sachsen hat Sächsisches Recht.

### *Sachsenspiegel und Schwabenspiegel*

Da THOMASIUS bei der Gesetzgebung Sitten betont hat, sollte man feststellen, wie man Sitten in Deutschland erkennen kann. Im Jahr 1703 äußerte er eine Antwort darauf: „Wir überblicken ein bisschen ausführlicher deutsche Sitten, die unserer Zeit noch nah sind, und es gibt keinen besseren Weg sie zu erkennen, als aus dem Schwabenspiegel und dem Sachsenspiegel, weil es in diesen Büchern Sitten des gesamten deutschen Rechts gibt."[293]

Dann wurde die Relevanz des Schwabenspiegels später von THOMASIUS selbst abgelehnt und er begann den Sachsenspiegel über den Schwabenspiegel zu stellen, denn seiner Meinung nach war der Schwabenspiegel durch römisches Recht beeinflusst worden: „Der Schwabenspiegel hat zwar den gleichen Artikel des Sachsenspiegels in c. 218. § 1. aufgegriffen. In der Zeit der Herausgabe des Schwabenspiegels ist jedoch ein anderes Recht bezüglich vergrabener Schätze eingeführt worden,

288 HOLZSCHUHER (Resp.) [245, S. 33–34; 37] §. 51. und §. 55.
289 HOLZSCHUHER (Resp.) [245, S. 33] §. 51.
290 HOLZSCHUHER (Resp.) [245, S. 37] §. 55.
291 HOLZSCHUHER (Resp.) [245, S. 37] §. 55.
292 HOLZSCHUHER (Resp.) [245, S. 38–39] §. 56.
293 AREND (Resp.) [210, S. 27] §. 39. „Videamus paulo distinctius mores Germanorum paululum propiores temporibus nostris, quos non melius poterimus cognoscere, quam ex speculis Juris Suevici et Saxonici, utpote in quibus collecti sunt mores totius Juris Germanici." Diese Reihenfolge „aus dem Schwabenspiegel und dem Sachsenspiegel" deutet an, dass THOMASIUS im Jahr 1701 vielleicht der Meinung von SCHILTER gefolgt hat. Tatsächlich erklärte er in dieser Dissertation zuerst den Schwabenspiegel und dann den Sachsenspiegel. Vgl. AREND (Resp.) [210, S. 27–31] §. 39–40. Im Jahr 1713 schrieb er nicht mehr „Schwabenspiegel und Sachsenspiegel" sondern „Sachsenspiegel und Schwabenspiegel". Vgl. THOMASIUS [197, S. 77] „Multa disponunt specula Saxonicum et Svevicum [...]".

dies zeigen c. 388. und 389. [...] Es ist hier zu sehen, dass ein Vermischen zwischen deutschen Sitten und dem römischen Recht schon in jener Zeit beachtet worden ist."[294] Laut THOMASIUS wich der Schwabenspiegel auch in anderen Schwerpunkten unangemessen vom Sachsenspiegel ab.[295] Für THOMASIUS war die beste Quelle also der Sachsenspiegel, um deutsche Sitten aufzuzeigen.[296] Es könnte sein, dass THOMASIUS wegen der obigen historischen Forschung den Sachsenspiegel bevorzugte.[297] Vielleicht hörte THOMASIUS aus diesem Grund auf, den Schwabenspiegel öfters zu zitieren.[298] Sogar THOMASIUS meinte, dass der Verfasser des Schwabenspiegels den Sachsenspiegel in einigen Punkten unangemessen änderte.[299] Jedoch ignorierte THOMASIUS den Schwabenspiegel nicht vollständig.[300]

Diese Voraussetzung von THOMASIUS ist laut dem heutigen Forschungsstand der zwei Rechtsbücher teilweise falsch, denn der Verfasser des Sachsenspiegels, Eike von REPGOW, hat nicht das allgemeine deutsche Recht in Betracht gezogen, dessen Existenz sowieso zweifelhaft ist, sondern „sächsisches Recht, das Recht der engeren Heimat Eikes, Ostfalens."[301] Außerdem hat REPGOW auch andere Rechtsquellen benutzt, vor allem das *Decretum Gratiani*, das kein deutsches Recht ist, und seine eigenen Gedanken hinzugefügt.[302] Es ist sogar bekannt, dass sich die sogenannte

---

294 THOMASIUS [196, S. 145] „Jus Svevicum quidem eundem articulum juris Saxonici repetit c. 218. §. 1. Sed tamen tempore collectionis Svevicae aliud jus circa thesauros in Germania fuisse introductum, docent alia capitula 388. 389. [...] Vides hic mixturam morum Germaniae et juris Romani jam eo tempore obtinuisse."

295 THOMASIUS [196, S. 160] „Compilator autem juris Svevici cap. 265. mentionem facit triennii item decennii et vicennii, quasi et hae praescriptiones pertineant ad mores Germanorum."; THOMASIUS [197, S. 257] „Sed si accuratius rem inspicias, jus Saxonicum loquitur de tutore adultae virginis et viduae. Postea juris Svevici collector impertinenter id extendit etiam ad pupillos quosvis."

296 THOMASIUS [196, S. 145]. In *Notae ad Inst.* (1712) bezeichnete THOMASIUS den Verfasser des Sachsenspiegels REPGOW als der „beste Sammler" (*optimus collector*).

297 Es ist merkwürdig, dass THOMASIUS trotzdem weder zum Sachsenspiegel noch zum Schwabenspiegel einen Kommentar geschrieben hat, und diese Tatsache wird dadurch auffällig, dass sich viele Rechtsgelehrte direkt mit den beiden Spiegeln auseinandergesetzt haben, z. B. SCHILTER in *Codex iuris Alemannici feudalis* oder der Thomasianische Schüler LAHR in *Speculi Alemannici ius provinciale et feudale.*

298 Beispielsweise erwähnte THOMASIUS in *Notae ad Pandectas* (1713) häufig den Sachsenspiegel, dagegen taucht der Schwabenspiegel nicht so oft auf. S. bspw. THOMASIUS [197, S. 214; 243; 245; 252; 257; 259].

299 THOMASIUS [197, S. 257] „Postea juris Svevici collector impertinenter id extendit etiam ad pupillos quosvis."

300 THOMASIUS [197, S. 259]; NESEN (Resp.) [261, S. 3] prooem. 6.

301 CONRAD [41, S. 352]. LANDAU bestimmte den Ort noch genauer und zwar muss REPGOW vom Kloster Altzella entscheidend beeinflusst worden sein. LANDAU [104, S. 98]. Zum heutigen Forschungsstand vgl. CONRAD [41, S. 351–353]; KROESCHELL [96, S. 232–244]; KROESCHELL [98, S. 261–265].

302 CONRAD [41, S. 352]; LANDAU [104, S. 89–90].

Calefornia-Stelle direkt auf das Justinianische Recht richtet (Landrecht II. 63 §. 1., D 3.1.1.5).[303] Demnach sollte man „aufhören, Eike primär als Bewahrer uralter Traditionen zu verstehen, er war viel eher ein Erfinder rechtspolitischer Konstruktionen".[304]

Man kann auch daran zweifeln, ob man mehr Wert auf den Sachsenspiegel als auf den Schwabenspiegel legen sollte oder nicht, wenn der Sachsenspiegel früher als der Schwabenspiegel herausgegeben worden ist und der Schwabenspiegel viele Regeln aus dem Sachsenspiegel entlehnt hat. Denn diese höhere Bewertung des Sachsenspiegels ist noch heute umstritten.[305]

Angesichts dieser Tatsachen muss man feststellen, dass THOMASIUS seine Erforschung deutschen Rechts auf die Voraussetzung gestützt hat, dass sich alte deutsche Sitten im Sachsenspiegel widerspiegeln würden. Wenn man jedoch auf den Forschungsstand des Sachsenspiegels in der Zeit von THOMASIUS achtet, dann stellt sich heraus, dass es für THOMASIUS absolut unmöglich gewesen ist, etwas Sicheres über den Sachsenspiegel zu sagen, und eine solche Forschung ist derart schwierig, dass man noch heute nur im Großen und Ganzen die Entstehung des Sachsenspiegels bestimmen kann.[306]

Es gab in der Zeit von THOMASIUS außerdem einen Streit um die Entstehung des Sachsen- und des Schwabenspiegels und zwar fragte man sich, ob der Sachsenspiegel früher als der Schwabenspiegel herausgegeben wurde oder umgekehrt. SCHILTER behauptete, dass der Schwabenspiegel früher als der Sachsenspiegel verfasst worden sei,[307] THOMASIUS jedoch wies im Werk *Historia juris feudalis Germanici* nach, das in *Selecta feudalia Thomasiana* (1708) aufgenommen wurde,[308] dass der Sachsenspiegel früher als der Schwabenspiegel herausgegeben worden war.[309] Und diese Meinung

303 LANDAU [104, S. 96].

304 LANDAU [104, S. 100].

305 DERSCHKA [47, S. 7].

306 CONRAD [41, S. 351–352]. Eine Tatsache zeigt, dass der Verfasser wahrscheinlich nicht früher als 1215 dieses Rechtsbuch fertig gestellt und nicht später als 1235 geschrieben hat, weil er das 4. Laterankonzil von 1215 erwähnt und den Mainzer Reichslandfrieden von 1235 nicht in Betracht gezogen hat. CONRAD [41, S. 352]. KROESCHELL engte den Zeitraum zwischen 1220 und 1230 ein. KROESCHELL [98, S. 261]. Ich kann keine Stelle finden, in der THOMASIUS ersichtlich den Lebenslauf von REPGOW erwähnt hat, aber mir scheint, dass sich auch THOMASIUS bei der Erklärung des Lehnsrechts im Schwabenspiegels für die Zeit von KARL dem Großen interessiert hat. Vgl. THOMASIUS [194, S. 50–51; 54–55] §. 34. und §. 38–39.

307 SCHILTER [161, S. 17] prae. §. 17. „Caeterum utrum vetustius sit, Jus Alamannicum an Saxonicum, praesertim feudale, non difficile est, ni fallor, definire ex ipsa utriusque inspectione et collatione. Est enim Saxonicum quoad stylum diductius ac recentius, atque cum exemplaribus Alamannici Juris recentioribus magis convenit; [...]".

308 LIEBERWIRTH [112, S. 95].

309 THOMASIUS [194, S. 85] §. 62. „Similiter collector Speculi Svevici diu post collectionem Saxonicam, ut hactenus satis defensum est, [...]" Laut einer Dissertation

von THOMASIUS entspricht dem heutigen Forschungsstand.[310] Solche philologischen Probleme wurden später von LAHR, der ein Schüler von THOMASIUS war, in *Speculi Alemannici ius provinciale et feudale* zusammengefasst.[311]

Auf jeden Fall verstand THOMASIUS „deutsches Recht" (*ius Germanicum*) oder „deutsche Sitten" (*mores Germanorum*) nicht wortwörtlich, sondern er glaubte, dass man einfach anhand des Sachsenspiegels und teilweise auch des Schwabenspiegels diesen Gegenstand erkennen könne.[312] Vielleicht führte dies bei THOMASIUS dazu, dass er lokale Rechte kaum erwähnte.[313] Die interessante und zugleich problematische Methode von THOMASIUS lässt sich in den folgenden Kapiteln überall finden.

## *Zitaten aus* Germania *von* TACITUS

Neben dem Sachsenspiegel und dem Schwabenspiegel zitierte THOMASIUS auch das berühmte Werk *Germania* von TACITUS, vor allem im Zusammenhang mit dem Personenrecht. Er erklärte in der anderen Dissertation *De hominibus propriis et liberis Germanorum* (1701), warum und wie man das Werk lesen sollte. THOMASIUS gestand hier ein, man sollte es nicht deswegen lesen, weil die Nachrichten von

---

sei er der erste Entdecker dieser Tatsache gewesen. NESEN (Resp.) [261, S. 3] prooem. 6.

310 Die Urkunden des Sachsenspiegels stammen aus den Jahren 1209–1233, wohingegen die Entstehung des Schwabenspiegels auf 1275/1276 datiert werden muss. Siehe dazu *HRG* [59, col. 1229; 1548] zu „Sachsenspiegel" (EBEL) und „Schwabenspiegel" (TRUSEN).

311 LAHR [103, S. 13b–17b] §. 9–18. Dabei glaubte LAHR, dass die Edition des Schwabenspiegels, die SCHILTER herausgegeben hatte, in manchen Anmerkungen Fehler enthalte. LAHR [103, S. 31b] §. 51. „Denique videns, Schilterum in translatione latina non frequentissime solum a textu originali discedere, sed quandoque etiam verum ejus sensum non invenisse, prius in notis hinc inde observavi; [...]" LAHR wies darauf hin, dass auch THOMASIUS bei der Zeitbestimmung über *Auctor Vetus de Beneficiis* Fehler machte, das heißt, THOMASIUS glaubte, dass dieses Rechtsbuch im 10. Jahrhundert geschrieben worden sei. LAHR [103, S. 31b] §. 52. „Nonnullas ipsi passim adjeci notas, inter alia partim demonstrantes vetustatem, huic Tractatui a Dn. Thomasio assertam, nimirum quod seculo decimo fuerit contextus, dubio non carere, sed varia huic opinioni obstare." Heute wird erklärt, dass das Werk *Auctor Vetus de Beneficiis* vielleicht die originale Version des Lehnsrechts vom Sachsenspiegels sein soll. Vgl. KROESCHELL [97, S. 34].

312 Wenn man einige Schriften von anderen Juristen heranzieht, dann wirkt diese Tatsache noch merkwürdiger. Zum Beispiel erwähnte LUDEWIG in der Dissertation *Iuris Romani et Germanici differentias* (1712) 18 Länder, nämlich Sachsen, Österreich, Böhmen, Schlesien, Brandenburg, Anhalt, Bayern, Schwaben, Franken, Hessen, Westfahlen, Rheinpfalz, Kleve, Niedersachsen, Mecklenburg, Holstein, Pommern und Borussia, und er benannte einige Juristen für jedes Land, die seine heimischen Rechte erforscht hatten. LUDEWIG [115, S. 1–3].

313 Man kennt zum Beispiel in *Notae ad Pand.* nur einige Ausnahmen, beispielsweise *ius Hamburgensis* oder *ius Prutenticum*. Vgl. THOMASIUS [197, S. 129].

Tacitus alte Sitten in Deutschland am ausführlichsten und am besten beschreiben würden, sondern nur deswegen, weil das germanische Volk keine andere Urkunde besäße, die die Sitten überlieferten.[314]

Laut Thomasius sollte man demnach beim Lesen darauf achten, dass Tacitus manchmal wegen der schlechten Überlieferung oder des schwammigen Vergleichs germanische Sitten fehlerhaft darstellte. Es gibt dafür drei Gründe: (1.) Da Tacitus geschrieben habe, um römische und germanische Gewohnheiten miteinander zu vergleichen, lasse sich in diesem Werk nicht alles finden, was germanische Völker damals beachteten. (2.) Tacitus habe nicht alle germanischen Gewohnheiten erfahren und (3.) manche Sitten unbeabsichtigt missverstanden.[315] Dies führte vermutlich dazu, dass Thomasius in den späteren Büchern *Notae ad Inst.* und *Notae ad Pand.* die Überlieferungen von Tacitus kaum benutzte, wohingegen Heineccius ihn in *Elementa juris Germanici* (1736–1737) sehr oft zitierte.[316]

### 2.3.6 Römisches Recht

Da das Justinianische Recht in vielen Bereichen rezipiert wurde, musste Thomasius natürlich auch dieses Recht erforschen. Es ist heute bekannt, dass die Rezeption des Justinianischen Rechts von Territorium zu Territorium unterschiedlich war,[317] und deswegen möchte ich meinen Blick auf Kursachsen und Brandenburg-Preußen werfen, wo Thomasius tätig war. In Kursachsen bedauerte man die gegensätzlichen Meinungen zwischen den Schöppenstühlen, zu denen die juristischen Fakultäten Wittenberg und Leipzig gehörten, und dem Landesgericht.[318] Aus dem Ausgleich der unterschiedlichen Meinungen, der durch das Reskript vom 21.04.1572 durchgesetzt wurde, entstand ein reifes Ergebnis, dass „das von einer gemeinsamen Anstrengung aller Vertreter des sächsischen Rechtslebens getragene Werk auch das Ansehen in Deutschland erlangte, das diesem Lande als dem eigentlichen Hort des mos Italicus in Deutschland und zugleich des von der italienischen Lehrart geschonten, wenn auch nicht immer mit sachlichem Verständnis behandelten Sachsenrechtes zukam.“[319]Auch in Brandenburg wurde zur Romanisierung im Jahr 1506 die märkische Landesuniversität Frankfurt an der Oder gegründet und dann wurde im Jahr 1540 eine märkische Kammergerichtsordnung erlassen.[320] Man begann jedoch schon im Jahr 1527 vom römischen Recht abzuweichen und zwar wurde die *Constitutio Joachimica* erlassen, die weder am römischen Recht noch am magdeburgischen Recht anknüpft: „Man hat mit Recht >das begrenzte Maß der Romanisierung< und

314 Lahr (Resp.) [254, S. 3] §. 5.
315 Lahr (Resp.) [254, S. 3] §. 6.
316 Zum Beispiel vgl. VerPoortenn (Resp.) [288, S. 19] cap. 2. §. 5–7. und Heineccius [76, S. 14–33; 98–109].
317 Wesenberg=Wesener [310, S. 91–108].
318 Wesenberg=Wesener [310, S. 101].
319 Wesenberg=Wesener [310, S. 101].
320 Wesenberg=Wesener [310, S. 92].

die um Lücken unbekümmerte Art der Gesetzestechnik als das Charakteristische an diesem Landrecht bezeichnet. Die *Constitutio Joachimica* vertritt also einen frühen Typ des Landrechtes des 16. Jahrhunderts."[321] Dagegen galt im Ordensland Preußen „kulmisches Recht, das auf dem Sachsenspiegel und Magdeburgischem Stadtrecht beruhte (›Der alte Culm‹)" und im Jahr 1620 das Landrecht des Herzogtums Preußen, das im Jahr 1684 und 1721 revidiert wurde.[322]

Schon früher versuchte Thomasius einigen Kommentaren, die berühmte Juristen veröffentlicht hatten, eigene Anmerkungen hinzuzufügen, z. B. *Annotationes theoretico practicae in Johannis Strauchii dissertationes* (1683) oder *Praelectiones iuris civilis Ulrici Huberi* (1685).[323] Er schrieb später selbst *Notae ad Inst.* (1712) und *Notae ad Pand.* (1713). Außerdem bezogen sich manche Dissertationen auf römisches Recht.

Was die Geschichte des Justinianischen Rechts betrifft, hat er das umfangreiche Werk *Naevi jurisprudentiae Romano-Germanicae forensis deducti ex historia juris* (1695) geschrieben und in dieser Schrift wollte er 26 Fehler aufzeigen, die das Recht, das vor Inkrafttreten des Justinianischen Rechts galt, besaß, auch wenn er eigentlich 60 Fehler angekündigt hatte – Dieser frühere Plan misslang gerade deswegen, weil er am Anfang die schlechte Lage, die damals die germanischen Länder belastete, darstellen wollte, aber sie in Wirklichkeit nur bis zur Justinianischen Zeit beschrieb.[324] Sein Ziel bestand darin: „Je mehr Vorurteile bzw. allgemeine Fehler es gibt, die nicht nur der Untersuchung der Wahrheit über die Zeit von Justinianus und das Justinianische Recht, sondern auch den höheren Fakultäten und schwierigeren Streitbarkeiten als Vorurteil dienten, desto nützlicher ist meiner Meinung nach dieses Werk."[325] Diese Voraussetzung, dass die Geschichtsforschung dazu beiträgt, „allgemeine Fehler" (*errores communi*) zu entdecken, zeigt sich auch in der Geschichte des römischen Rechts.[326] Dann schrieb er im Jahr 1704 auch einen Aufsatz über die Geschichte des römischen Rechts, als Beyer das berühmte Buch *Antitribonianus sive dissertatio de studio legum* (1567) von Franciscus Hotomanus

---

321 Wesenberg=Wesener [310, S. 92].

322 Wesenberg=Wesener [310, S. 93].

323 Die Anmerkungen zu den Dissertationen von Johann Strauch waren sein erstes großes Werk und dies wurde von anderen Juristen gelobt. Lieberwirth [112, S. 13]. Dagegen hielt de Mayans die Anmerkungen auf das Werk von Ulrick Huber für frech, sie wurden aber trotzdem von Huber selbst in einer neuen Ausgabe aufgenommen. Lieberwirth [112, S. 14].

324 Lieberwirth [112, S. 54–56].

325 Thomasius [193, S. iii] Vorwort, n. 4. „Atque eo magis utilem arbitror esse ejusmodi operam, quo plura adhuc in doctrina de fide historica restant praejudicia seu errores communes, magnum praejudicium facienda non solum inquisitioni veritatis in vita Justiniani et historia juris Justinianei, sed et in altioribus facultatibus et controversis gravioribus."

326 Ein Beispiel ist *lex Rhodia de jactu*. Vgl. Thomasius [197, S. 176].

neu druckte.[327] Dieser Aufsatz von THOMASIUS begeisterte andere Rechtsgelehrte dermaßen, sodass Christian Gottfried HOFFMANN im Jahr 1718 ein Buch schrieb, in dem er diese thomasianische Abhandlung als eine Zusammenfassung hinzufügte, und auch HEINECCIUS sie als Einzelausgabe zweimal veröffentlichte, und zwar im Jahr 1718 und 1735.[328]

### 2.3.7 Kanonisches Recht

Über die Beziehung zwischen Kirche und Staat ist THOMASIUS vom rationalen Territorialismus ausgegangen, „welcher der Kirche die äußeren Machtmittel abspricht, Glaubensabweichungen für straflos erklärt und so die friderizianische Toleranz in Glaubensfragen theoretisch vorbereitet."[329] In diesem Bereich veröffentlichte THOMASIUS *Cautelae circa praecognita jurisprudentiae ecclesiasticae* (1712) sowohl auf Latein als auch auf Deutsch.[330] Dieses Werk wurde schon im Jahr 1710 angekündigt und der Zweck bestand darin, dass er seine *Summarischen Grundlehren* (1699) ergänzen wollte.[331] THOMASIUS beschränkte den Inhalt allerdings meistens auf die historische Erforschung des Kirchenrechts,[332] und noch später versuchte er in *Historia contentionis inter imperium et sacerdotium breviter delineata usque ad saeculum XVI* (1722) die Beschreibung bis zum 17. Jahrhundert zu erweitern.[333]

---

327 LIEBERWIRTH [112, S. 84]. Dieses Ereignis wurde auch von HOFFMANN mitgeteilt. HOFFMANN [79, S. 10] Vorwort. In diesem Werk glaubte HOFFMANN, dass die Geschichtsforschung zur Gesetzgebung beitragen kann. HOFFMANN [79, S. 5] Vorwort „Necesse sane est, ut romanarum legum interpres in numerato habeat rerum vicissitudines, quas populus romanus a suis incunnabulis est expertus, ut noverit, penes quem omni tempore legislatoria fuerit potestas, qua ratione leges conditae, quam autoritatem habuerint, qua intentione conceptae, quem ad praecedentia sancita habuerint respectum, quo modo principiis legislatoriae prudentiae convenerint: haec absque omnibus affectuum praejudiciis, seposito ineptissimo omnia in jure romano vel culpandi vel laudandi studio, considerari debent." HOTMAN ist davon ausgegangen, dass der heutige Staat, (gemeinte ist hier Frankreich), etwas anderes ist als das römische Reich und man deswegen Justinianisches Recht nicht direkt anwenden kann. HOTMAN [81, S. 46–49] cap. 3. Aber er glaubte nicht, dass die Forschung römischen Rechts zur Rechtswissenschaft in Frankreich beitragen könne, in diesem Punkt wich THOMASIUS von ihm ab. HOTMAN [81, S. 49] cap. 3. „Primum enim, remp. quod attinet, notitia status Romani inservire non potest, cum formae utriusque reip. nulla ex parte sibi sint similes. Secundo, haec notitia ex libris Justiniani non potest acquiri, quibus nulla accurata disquisitio de statu libertatis popularis aut de statu principatus vere Romani, aut denique Constantinopolitani continetur."

328 LIEBERWIRTH [112, S. 84].

329 STOLLEIS [178, S. 288].

330 LIEBERWIRTH [112, S. 105–106].

331 LIEBERWIRTH [112, S. 107].

332 LIEBERWIRTH [112, S. 107].

333 LIEBERWIRTH [112, S. 138].

Genauso wie THOMASIUS kanonisches Recht, z. B. über Ketzerei, Hexerei und Folter stark kritisierte,[334] kritisierte er in diesem neuen Buch auch sehr feindselig die Kirche, die mit säkular Herrschenden um die Macht gestritten hatte, und er schätzte PUFENDORF und HOBBES hoch ein.[335] Man erinnert sich sofort daran, dass HOBBES in seinem Hauptwerk *Leviathan* (1651) heftige Kritik gegen die Kirche geübt hat. Die wichtigste These ist hier, dass die Kirche in der Republik und nicht die Republik in der Kirche ist, und deshalb sollte sich die Kirche der Staatsgewalt unterwerfen und nicht umgekehrt (Territorialsystem).[336]

### 2.3.8 Billigkeit

Man kann sicher davon ausgehen, dass THOMASIUS die Billigkeit nicht als Rechtsquelle angesehen hat, denn er hat den Begriff nicht im Zusammenhang mit Rechtsquellen erklärt, sondern die Billigkeit einer restriktiven Interpretation zugeordnet.[337] Hier ist die geschichtliche Entwicklung dieser Meinung bei Naturrechtslehrern festzustellen.

#### *Die frühere Meinung: Die Billigkeit bricht strenges Recht*

Wann entstand die Meinung, dass Billigkeit keine Rechtsquelle sei? Im Jahr 1536 schrieb DE PHEDERICIS in *De interpretatione iuris* deutlich, dass Billigkeit nur dann als ein Recht angesehen wird, wenn irgendein Recht fehlerhaft ist.[338] Er hat unter dem Ausdruck „wenn irgendein Recht fehlerhaft ist“ (*ubi lex deficit*) die Bedingung verstanden, dass ein geschriebenes Recht dann zu Problemen führt, wenn man es wörtlich auslegt. In diesem Werk hat DE PHEDERICIS den Begriff definiert: „Die Billigkeit ist nämlich die Aufrichtigkeit des Urteils, die sich in den natürlichen Grund fügt (D 47.4.1.1; D 16.3.31 pr).“[339]

Man kann per Definition nicht schließen, dass die Billigkeit nur die restriktive Auslegung begründet. Vielmehr scheint sie auch die extensive Interpretation oder sogar die Aufhebung des Rechts zu rechtfertigen. DE PHEDERICIS selbst erklärte nicht, ob die Billigkeit nur zur restriktiven Interpretation führe oder nicht. Meines Erachtens spielt hier nicht die Interpretationsmethode sondern die „Strenge des

334 WOLF [318, S. 409]. Meines Erachtens ist dieser Charakter etwas übertrieben. Zwar kritisierte THOMASIUS auch im Zusammenhang mit privatem Recht kanonisches Recht, z. B. das Erfordernis „*bona fides*“ bei der Ersitzung (Siehe unten 3.5.4). THOMASIUS [197, S. 160]. Aber er bestätigte beispielsweise über Delikt, dass kanonisches Recht dem Naturrecht entspricht. AREND (Resp.) [210, S. 22–26] §. 31–37.

335 LIEBERWIRTH [112, S. 138].

336 WOLF [318, S. 410–411].

337 THOMASIUS [203, S. 241–242] lib. 2. cap. 12. §. 112.

338 DE PHEDERICIS [60, S. 185] „Nam etiam aequitas ubi lex deficit, pro lege obseruatur. l. scire oportet. §. sufficit. ff. de excus. tuto cum similibus.“

339 DE PHEDERICIS [60, S. 106] „Aequitas enim est rectitudo iudicii naturalem sequens rationem. l. i. §. quod quis. ff. si quis test. lib. esse iu. et l. bona fides. ff. deposi.“

Rechts" (*rigor iuris*) eine wichtige Rolle, weil DE PHEDERICIS meinte, dass die Billigkeit strenges Recht abschaffe.[340]

### *Der Vorrang des geschriebenen Gesetzes bei CONNANUS*

Die These, dass die Billigkeit nicht vom strengen Recht abhängt und sogar die Gültigkeit dieses Rechts in Frage stellen kann, ist aber spätestens von CONNANUS geändert worden. GROTIUS muss sein Werk *Commentaria juris civilis* (1557) gelesen haben, weil er im Zusammenhang mit der Gültigkeit des Versprechens seine These kritisiert hat, die in diesem Buch geäußert worden ist.[341]

Zuerst sollte man bei CONNANUS auf die Unterscheidung zwischen „Recht" (*ius*) und „Gesetz" (*lex*) achten. Seiner Definition nach bedeutet das Wort „Recht" (*ius*) im Allgemeinen manchmal alle Gebote und Verbote bezüglich der Tugenden, aber manchmal nur solche Gebote und Verbote, die sich auf das Vermögen anderer beziehen.[342] Folglich beschränkt sich der Begriff „Recht" (*ius*) bei CONNANUS nicht auf ein solches Recht, das man in einer Gemeinschaft oder in einem Staat mittels der Justiz durchsetzen kann. Dagegen bedeutet „Gesetz" (*lex*) lediglich einen Befehl des Herrschers.[343]

Das Wort „Recht" (*ius*) in diesem Sinne unterteilt sich in „natürliches Recht" (*ius naturale*) und „bürgerliches Recht" (*ius civile*). Bürgerliches Recht wird von CONNANUS wiederum in geschriebenes und ungeschriebenes Recht eingeteilt, und das Letztere umfasst sowohl Sitten als auch die Billigkeit.[344] Wie sollte man die Beziehung zwischen dem geschriebenen und dem ungeschriebenen Recht verstehen? Kann die Billigkeit, die bei CONNANUS ein ungeschriebenes bürgerliches Recht

340 DE PHEDERICIS [60, S. 106] „Quarta regula est, quod lex continens aequitatem, derogat legi continenti rigorem. l. placuit C. de iudic. l. i. C. de legib. l. dist. c. ponderet. et utrobiqve notatur. de re iud. c. sane. §. fi." Auch vgl. de Phedericis [60, S. 185] „Fallit secundo, ubi statutum maiori aequitate subnixum est, quam lex communis. Ad hoc facit, quia ubi est rigor scriptus ex una parte, et ex alia aequitas scripta, quod aequitas praeferetur. l. placuit. C. de iudic. l. quid si Ephesi. ff. de eo quod certo loco."

341 Grotius [74, S. 326] lib. 2., cap. 11., §. 1.; Connanus [40, S. 32] lib. 1. cap. 8. n. 12. „Reliquis contractibus, quos iam innominatos uocant, nullam dederunt potestatem, nisi quantum re praesenti transigerentur, hoc est, nisi συνάλλαγμα interuenisset, [...]".

342 CONNANUS [40, S. 11] lib. 1. cap. 2. n. 10. „Quemadmodum autem iustitia, ita et ius est duplex. Generale unum, quod omnia omnium praecepta uirtutum exigit. Alterum quod huius iustitiae specialis praescripta continet: et est in alienis bonis, quia nemo sibi iustus aut iniustus esse."

343 CONNANUS [40, S. 44] lib. 1. cap. 8. n. 7. „Mihi ea uidetur esse uerissima, quam Agricola iuri attribuit, ut lex sit commune iussum maioris potestatis ad tuendum ciuitatis statum ex aequo et bono constitutum."

344 CONNANUS [40, S. 40] lib. 1. cap. 8. n. 1. „Prima iuris ciuilis diuisio est in scripti et non scripti ratione. Scripto iuri lex attribuitur, non scripto mos et aequitas."

ist, geschriebenes Recht abschaffen wie DE PHEDERICIS behauptet hat? CONNANUS lehnte den Vorrang der Billigkeit ab und meinte, dass Gesetze, die von Gesetzgebern geschrieben worden seien, von der Billigkeit abweichen könnten.[345] CONNANUS glaubte, dass ungerechte Gesetze zwar keine Gesetze seien, aber man ihnen gehorchen müsse, bis sie korrigiert werden würden.[346] Also sah auch CONNANUS die Billigkeit als Rechtsquelle an, aber die Billigkeit verlor dabei die Funktion, die Juristen in Rom und DE PHEDERICIS anerkannten, um strenges Recht abzuschaffen.

Außerdem lässt sich bei CONNANUS schon die neue Meinung finden, dass man die Billigkeit nur bei der Auslegung von bürgerlichen Gesetzen braucht. CONNANUS zog dabei den berühmten Unterschied zwischen der natürlichen und der bürgerlichen Billigkeit im Justinianischen Recht nicht in Betracht.[347] CONNANUS achtete auf die Etymologie und schrieb, dass die Billigkeit eine Adjustierung von geschriebenen Gesetzen durch vernünftige Vorschriften sei.[348] Man setze bei der Gesetzgebung die Billigkeit immer voraus, denn es sei unmöglich, alles in einem Gesetz zu formulieren.[349] Im Gegenteil sei die Billigkeit aufgrund der menschlichen Unfähigkeit notwendig und deswegen könne man vermuten, dass sie nur in bürgerlichen Gesetzen in Betracht komme, weil im Naturrecht eine solche Unfähigkeit des Menschen nicht vorausgesetzt sei. Diese Beziehung zwischen der Billigkeit und geschriebenen

---

345 CONNANUS [40, S. 55] lib. 1. cap. 10. n. 3. „Si scripto confirmetur, legis uim et nomen obtinebit. Sunt enim huius non scripti iuris partes duae, consuetudo et aequitas: quarum utraqve literis obliteratur, et cum scriptura naturam legis assumit, et amittit suam, si modo ab iis scribatur qui potestatem habent ferendae legis, et eo animo scribatur ut lex sit, hoc est ut certa sit et perpetua." Auch vgl. CONNANUS [40, S. 56] lib. 1. cap. 10. n. 3. „Quod similiter de aequitate dici potest, ut pro lege si scribatur, lex sit."

346 CONNANUS [40, S. 45] lib. 1. cap. 8. n. 8. „Haec igitur disputationis nostrae summa sit, iniustam legem, legem non esse, et uel tollendam esse errore cognito, uel certe corrigendam: dum id fiat, parendum ei esse."

347 Zum Beispiel überlieferte ULPIANUS (D 47.4.1.1) die Meinung von LABEO: „Haec autem actio, ut Labeo scripsit, naturalem potius in se quam civilem habet aequitatem, [...]" Es gibt zwar in diesem Werk den Ausdruck *aequitas naturalis*, aber er zeigt sich in der Äußerung, die von anderen Juristen behauptet worden ist und CONNANUS abgelehnt hat. Vgl. CONNANUS [40, S. 33] lib. 1. cap. 6. n. 12. „Sed occurritur nobis, nihil esse tam congruum aequitati naturali, quam fidem seruare, ut respondit Vlpianus cap. 1. De pactis."

348 CONNANUS [40, S. 64] lib. 1. cap. 11. n. 1. „Aequitas etiam ipsa iuris pars est, quae scripto non continetur, hinc appellata Latinis, quod summum ius ad aequabilitatem reuocet. Graeci melius, qui eam επιέικειαν nominarunt, quasi quae omnia moderetur ex praescripto rationis, et de suo iure facile cedat iustitiae et bonitati."

349 CONNANUS [40, S. 64] lib. 1. cap. 11. n. 2. „Huic autem aequitati dederunt legislatores locum in iudiciis, quod omnia nec possent nec uellent scripto comprehendere."

Gesetzen trägt dazu bei, dass die Billigkeit nicht nur als eine selbstständige Rechtsquelle sondern auch als eine Interpretationsmethode angesehen wird.[350]

Wie weit hatte in diesem Punkt CONNANUS Einfluss auf andere Juristen? WESENBECK griff zwar in *In Pandectas* (1583) die Meinung auf, dass die Billigkeit eine Rechtsquelle sei, und verbreitete sie in Deutschland,[351] aber er lehnte stillschweigend die feste Beziehung zwischen der Billigkeit und geschriebenen Gesetzen ab, die CONNANUS vorgelegt hatte.[352] GROTIUS zitierte das Werk von WESENBECK im Zusammenhang mit dem Vertretungsrecht.[353] Dagegen folgte BOCER in *De iuris arte* (1595) noch genauer der Meinung von CONNANUS und zwar sei die Billigkeit bei ihm ein ungeschriebenes Recht, das Fehler in geschriebenen Gesetzen und Gewohnheitsrechten korrigieren könne.[354] WESENBECK und BOCER haben jedoch die wichtige Idee von CONNANUS nicht berücksichtigt, dass die Billigkeit sich auf die Interpretation bezieht. WESENBECK hat sogar angedeutet, dass die Billigkeit als Rechtsquelle etwas anderes als die Auslegung des Rechts ist, denn er gesagt hat, dass die Billigkeit als Rechtsquelle erst dann Gesetze ergänze, wenn man weder durch Wörter noch durch die Absicht des Rechts noch durch andere Schlussfolgerungen

350 CONNANUS [40, S. 65] lib. 1. cap. 11. n. 3. „Atque haec expositio est quam Iurisconsulti benignam appellant, quod non interclusa sit uerborum angustiis, et angulis literarum: nec restricte ducta, sed, ut nostri dicunt, largo modo. Cicero laxamentum legis uocat, pro Cluentio: Non modo causae, sed ne legi quidem quicquam per tribunos plebis laxamenti datum est, id est, summo iure egerunt. Sic aequitas dicitur benigna et liberalis, quod plus praestet ipsa, quam uerba legis concedant." Auch vgl. CONNANUS [40, S. 56] lib. 1. cap. 10. n. 3. „[...] sin ab aliquo uiro consulto et perito iuris, interpretationi legum adiiciatur, cum ista interpretatio non sit facta ab eo qui posset et uellet legem condere: aequitas maneat eadem, quae antea fuerat: [...]" Das Wort *benignitas* kommt vielleicht von D 1.3.17 her. Obwohl CELSUS an der Stelle die Billigkeit nicht erwähnte, interpretierte auch FORSTER, dass es sich dabei um die Billigkeit handele. Vgl. FORSTER [64, S. 329–330] lib. 2. cap. 3. n. 20.

351 SCHRÖDER [174, S. 18]; WESENBECK [309, S. 10] lib. 1. tit. 1. n. 18. „Et consequenter, aequitas quoque haec tam scripta quam non scripta eodem referri, atque ita pertinere ad ius ἄγραφον. [...] Tertius, vt in his quae nec ex verbis, nec de sententia legis, nec ratiocinationis argumento definiri possunt, pro regula iudicii atque iuris valeat. Hic enim quod aequitas suggerit, vt ait I. C. erit sequendum." Hier hat WESENBECK bemerkt, dass das Wort *aequitas* verschiedene Bedeutungen hat.

352 WESENBECK [309, S. 10] lib. 1. tit. 1. n. 18. „Eodem refertur a Cicerone Aequitas: quae tamen potius ad normam naturalem, quam ad ciuile Ro. ius videtur pertinere: vnde et a I.C. aequitas naturalis, seu ratio naturalis appellatur."

353 GROTIUS [74, S. 253] lib. 2., cap. 5. §. 20. Anm. 3.

354 BOCER (Präs.) [21, S. 18] §. 53. „Sequitur de Aequitate: Aequitas est ius non scriptum, quod in defectum scripti et moribus recepti iuris, ratio humanitatis, benignitatis et iustitiae suggerit."

zum richtigen Urteil gelange.[355] Diese Meinung von Wesenbeck deutet an, dass Richter geschriebene Gesetze korrigieren können, indem sie sich lediglich auf die Billigkeit berufen.

### *Die Billigkeit als die restriktive Interpretation bei Forster*

Die Lage änderte sich im frühen 17. Jahrhundert. Forster definierte in *De interpretatione iuris* (1613) die Billigkeit wie folgt: „Also lässt sich aus der Billigkeit ein Urteil finden, das restriktiver ist, als [das Gesetz] buchstabengetreu auszulegen, denn etwas, was im Allgemeinen geschrieben worden ist, wird in gewissen Fällen gerade wegen der Allgemeingültigkeit als unbillig angesehen."[356] Hier verband Forster die Billigkeit plötzlich mit einer restriktiven Interpretation. Er hat dabei den Namen von Calefati genannt und es gibt tatsächlich in seinem Kommentar *Enarrationes* (1564) den folgenden Satz: „Denn Wörter eines Gesetzes, die absolut und unterschiedslos vorgeschrieben werden, sollten eingeschränkt werden, sodass das Gesetz keine Unbilligkeit enthält."[357]

Ich vermute jedoch, dass die Erklärung eine eigene Idee von Forster sein könnte, weil Forster nur Calefati zitierte und Calefati in der zitierten Stelle keine Definition der Billigkeit vorgelegt hat. Er erklärte dabei nur die Beziehung zwischen den zwei Quellen römischen Rechts (D 2.14.7.2, D 2.14.7.3).[358] In D 2.14.7.2 sagte Ulpianus, dass Pflichten auch aus solchen Vereinbarungen entständen, die keinen eigenen Vertragsnamen hätten, sich aber auf Gründe stützten, wohingegen er in D 2.14.7.3 erklärte, dass es keine Pflicht gebe, auch wenn zwei Parteien darin vereinbarten, keine Verbrechen zu begehen. Calefati legte diese Quellen in obiger Weise so aus, dass die allgemeine These in D 2.14.7.2 durch die Ausnahme in D 2.14.7.3 beschränkt werde, um eine Unbilligkeit zu vermeiden. Calefati hat in dieser Stelle nicht die Absicht gehabt, „Billigkeit" (*aequitas*) zu definieren, und deshalb kann man die Idee Forster zuschreiben, dass die Billigkeit sich nur auf die restriktive Interpretation bezieht, obwohl Calefati ihm darauf einen Hinweis gegeben haben könnte.

### *Die Billigkeit als die restriktive Interpretation bei Grotius*

Und dann veröffentlichte endlich Grotius sein Hauptwerk *De jure belli ac pacis* (1625). Leider ist momentan keine Beziehung zwischen Forster und Grotius

---

355 Wesenbeck [309, S. 10] lib. 1. tit. 1. n. 18. „Tertius, vt in his quae nec ex verbis, nec de sententia legis, nec ratiocinationis argumento definiri possunt, pro regula iudicii atque iuris valeat."

356 Forster [64, S. 332–333] lib. 2., cap. 3., §. 22. „Depraehenditur igitur ex aequitate sententia verbis angustior, cum quod generaliter scriptum est, quibusdam in causis eiusdem generis, iniquum videtur."

357 Calefati [27, S. 205] in §. Si ob maleficium. n. 3. „[...] quod verba legis absolute et indistincte prolata debent restringi ne contineant iniquitatem: [...]".

358 Calefati [27, S. 205] in §. Si ob maleficium. n. 2. und n. 3.

festzustellen, weil GROTIUS nur antike Werke über die Billigkeit zitiert hat.[359] Er hat die Richtung des neuzeitlichen Naturrechts zu diesem Thema bestimmt, und zwar hat er gemeint, dass sich die Billigkeit auf die restriktive Interpretation bezieht.

GROTIUS teilte zuerst die restriktive Interpretation in zwei Arten ein, nämlich in das „Erlöschen des Grundes“ (*cessatio rationis*) und die „Billigkeit“ (*aequitas*).[360] Seiner Meinung nach erlischt der Grund des Rechts in solchen Fällen, in denen der einzige und entscheidende Grund für ein Recht verschwindet, wohingegen bei der Billigkeit Notstände in Betracht gezogen werden.[361]

Wichtiger als die Einteilung ist jedoch, dass GROTIUS den Begriff „Billigkeit“ (*aequitas*) unter dem Titel *De interpretatione* behandelt hat.[362] GROTIUS sah das Thema „Billigkeit“ als ein Interpretationsproblem an und diese Richtung wurde von Naturrechtslehrern aufgenommen, beispielsweise von PUFENDORF und THOMASIUS,[363] jedoch hatte seine Meinung auf solche Rechtsgelehrten kaum Einfluss, die sich mit dem Justinianischen Recht beschäftigten.[364]

---

359 Vgl. GROTIUS [74, S. 422] lib. 2. cap. 16. §. 26.

360 GROTIUS [74, S. 421–422] lib. 2. cap. 16. §. 22. und §. 26. n. 1. Beides ist die herrschende Lehre in der frühneuzeitlichen Interpretationsliteratur. Vgl. SCHRÖDER [174, S. 65–67].

361 Die Billigkeit funktionierte jedoch auch als extensive Auslegung besonders bei „Sonderrechten“ (*iura singularia*), die „mitleidswürdigen Personen“ (*personae miserabiles*) gegeben wurden: „Da einer dieser Fälle dann vorlag, wenn die *aequitas* dies gebot, lief das Verbot der extensiven Auslegung bei den durch die aequitas definierten *iura singularia* weitgehend leer: [...]“ DUVE [50, S. 263].

362 GROTIUS nannte bei der Zuordnung von verschiedenen Rechten die Billigkeit nicht. Vgl. GROTIUS [74, S. 34; 40–41] lib. 1., cap. 1., §. 9. §. 13. und §. 14.

363 PUFENDORF [146, S. 539–540] lib. 2. cap. 12. §. 21.; THOMASIUS [203, S. 241–242] lib. 2. cap. 12. §. 112. Dagegen folgte ihm WOLFF nicht.

364 Dagegen hatte GROTIUS nicht so großen Einfluss auf die Juristen, die römisches Recht erklärten. Zum Beispiel hielt sich HARPPRECHT in seinem Kommentar *Commentaria Johannis Harpprechti* (2. Aufl., 1658) an die alte Meinung, dass die Billigkeit eine Rechtsquelle ist, die geschriebenes Recht korrigieren kann. HARPPRECHT [75, S. 149] Tom. 1. §. 9. n. 54. „Definitur autem aequitas sive aequum bonum, jus non scriptum, quo legis vitium seu defectus suppletur, et emendatur.“ Außerdem hat beispielsweise BRUNNEMANN in *Commentarius in duodecim libros Codicis Iustinianei* (1663) weder mit CONNANUS noch mit GROTIUS übereingestimmt, das heißt, die Billigkeit ist sowohl eine allgemeine Interpretationsmethode, wenn ein Recht unklar ist, als auch eine Rechtsquelle, wenn man kein Recht bzgl. eines umstrittenen Falls hat, aber sie kann ganz deutlich geschriebenes Gesetz nicht korrigieren, weil nur der Gesetzgeber für die Korrektur eines Gesetzes zuständig ist. BRUNNEMANN [23, S. 162] lib. 3. tit. 1. n. 8. „Ergo quando obscura declaranda, generales Regulae ad factum applicandae, vel decisiones legum ad casus similes extendendae, vel restringendae, vel contraria concilianda, vel ubi jure expresso distituimur, et jus supplendum [...] Juris inquam aequitatem potius quam strictum jus Judicem sequi oportet, aliud vero si de jure emendando sermo sit, ubi ipse rigor in lege expressus, seu aliud est quando casus diserte sub lege continetur,

Warum begann man damals die Billigkeit auf die restriktive Auslegung zu beschränken? ARISTOTELES hatte darauf einen entscheidenden Einfluss.[365] In der Nikomachischen Ethik schrieb ARISTOTELES: „Die Kraft und die Natur der guten Billigkeit ist also die Korrektur des Gesetzes, das [per se] mangelhaft ist, weil es [etwas nur] im Allgemeinen vorschreibt." (*Denique haec aequi boni vis ac natura est ut legis correctio sit, qua aliquid ei deest propterea quod generaliter loquitur.*)[366] Wenn man die Definition wortwörtlich liest und auch andere Stellen damit verbindet,[367] bemerkt man, dass die Definition nur zur restriktiven Interpretation des geschriebenen Gesetzes führt. Zwar ist im Zusammenhang mit der Billigkeit ARISTOTELES von anderen Juristen erwähnt worden, etwa von CONNANUS,[368] dieser hat aber die Aristotelische Definition, die nur die restriktive Auslegung andeutet, nicht in Betracht gezogen, obwohl CONNANUS dabei die Allgemeinheit des geschriebenen Gesetzes erläutert hat.[369]

### *PUFENDORF*

PUFENDORF stimmte GROTIUS zu. Er definierte die Billigkeit wie folgt: „Aber ARISTOTELES definierte in der Nikomachischen Ethik 5.14 (auch *magnor. moral.* 2.1 und 2.2) die Billigkeit richtigerweise als die Korrektur eines Falles, in dem ein Recht aufgrund seiner Allgemeinheit unangemessen ist, das heißt, als die richtige Interpretation eines Rechts, über das sich aus einem natürlichen Grund herausstellt, dass ein spezieller Fall durch dieses allgemeine Recht nicht abgedeckt werden kann, sonst entstünde daraus eine Absurdität."[370]

PUFENDORF stellte hier auch fest, dass man im Naturrecht keine solche Interpretation benötige, denn die Billigkeit trage zur Korrektur der von den Menschen

---

nam tunc contra Legislatoris voluntatem nulla aequitas consideranda, nisi in foro conscientiae, [...]".

365 WESENER [311, S. 93].

366 Nach der Übersetzung des Verfassers, s. ARISTOTELES (lateinisch) [5, S. 563a] lib. 5. cap. 14.; PUFENDORF [146, S. 539–540] lib. 5. cap. 12. §. 21. „Bene autem Idem ad Nicom. l. 5. c. 14. (add. Idem magnor. moral. l. 2. c. 1. 2.) definit aequitatem per correctionem ejus, in quo lex deficit ob universalitatem; [...]".

367 Beispielsweise ARISTOTELES [5, S. 315] lib. 5. cap. 10. §. 4. „The reason for this is that law is always a general statement, yet there are cases which it is not possible to cover in a general statement."

368 CONNANUS [40, S. 64] lib. 1. cap. 11. n. 1. „[...] ut scribit ARISTOTELES lib. 5. De moribus." und lib. 1. cap. 11. n. 2. „[...] ut tradit ARISTOTELES lib. 1. Rhet."

369 CONANNUS [40, S. 65] lib. 1. cap. 11. n. 2. „Altera scribendae legis ratio est, ut generatim loquatur: in quo maxime scilicet elucet aequitas."

370 PUFENDORF [146, S. 539–540] lib. 5. cap. 12. §. 21. „Bene autem Idem ad Nicom. l. 5. c. 14. (add. Idem magnor. moral. l. 2. c. 1. 2.) definit aequitatem per correctionem ejus, in quo lex deficit ob universalitatem; seu per dextram legis interpretationem, qua ex naturali ratione ostenditur, casum quendam peculiarem sub lege universali non comprehendi, eo quod alias absurdi quid inde sequeretur."

als unvollständig angesehenen Regeln bei, und dass es solche unvollkommenen Regeln im Naturrecht nicht gebe.[371] Diese Voraussetzung ähnelt der Meinung von CONNANUS, dass man aufgrund der menschlichen Unfähigkeit die Billigkeit braucht.

### *THOMASIUS*

Auch THOMASIUS wiederholte in *IJD* die fast gleiche Definition, fügte aber eine wichtige Idee hinzu. Er änderte den von PUFENDORF formulierten Satz „sonst entstünde daraus eine Absurdität" zu „sonst, wenn man die Wörter eines Rechts buchstabengetreu beachtet hat, entstünde daraus etwas, das dem Naturrecht und dem göttlichen Recht widerspricht."[372] Hier hat THOMASIUS klar gemacht, dass das Naturrecht die Billigkeit begründet und nicht umgekehrt.[373] Ein negatives Beispiel kann man in der Dissertation *De aequitate cerebrina l. II. C. de rescind. vendit. et eius usu practico* (1705) finden, in der THOMASIUS die „Verkürzung über die Hälfte" (*laesio enormis*) abgelehnt hat.[374] Es gibt jedoch das Problem, dass THOMASIUS manchmal die „Billigkeit des Naturrechts" (*aequitas juris naturalis*) erwähnt hat, die unbedingt etwas anderes ist als die Billigkeit im Sinne einer Interpretationsmethode, er hat sogar jene Billigkeit benutzt, um deutsches Recht zu begründen.[375] Leider kann ich diese Frage zurzeit nicht beantworten, weil THOMASIUS nicht erklärt hat, was die Billigkeit des Naturrechts bedeutet.

### *WOLFF*

WOLFF hat den grotianischen Unterschied zwischen dem vollkommenen und dem unvollkommenen Recht wieder aufgenommen,[376] und den Begriff „gerecht" (*iustum*) mit dem vollkommenen Recht verbunden, wohingegen der andere Begriff „billig" (*aequum*) nur das „unvollkommene Recht" bedeutet: „Ungerecht ist das, das gegen ein vollkommenes Recht einer anderen Person verstößt, unbillig ist das jedoch, das gegen ein unvollkommenes Recht verstößt."[377] Dann hat WOLFF die

---

371 PUFENDORF [146, S. 540] lib. 5. cap. 12. §. 21.

372 THOMASIUS [203, S. 242] lib. 2. cap. 12. §. 112. „[...] eo quod alias, et si literam legis praecise quis sequatur, orietur inde aliquid legibus naturalibus et divinis repugnans, [...]".

373 Diese negative Meinung über die Billigkeit beeinflusste später Ludewig J. F. HÖPFNER (1743–1797), ein überaus einflussreicher Vertreter der deutschen Naturrechtslehre. WESENER [311, S. 94–95].

374 Vgl. dazu EBNER [52, S. 130–138].

375 Vgl. beispielsweise THOMASIUS [197, S. 80–81].

376 WOLFF [324, S. 41] par. 1. cap. 3. §. 80.

377 WOLFF [324, S. 43] par. 1. cap. 3. §. 83. „Injustum dicitur, quidquid fit contra jus perfectum alterius: iniquum vero, quod contra imperfectum."

Regel formuliert: „Wir sollten allen Menschen etwas Billiges und keinem etwas Ungerechtes gewähren."[378]

Diese Formulierung der Billigkeit bezieht sich nicht mehr auf die Interpretation sondern auf das bürgerliche Leben. Zwar ist auch WOLFF bewusst gewesen, dass man Wörter aus Rechtsquellen manchmal noch enger als wortwörtlich interpretieren müsste, aber er hat diese Auslegungsweise nicht als „billig" (*aequum*) bezeichnet, sondern er hat einfach geglaubt, dass man die Bedeutung eines Wortes beschränken sollte, wenn die wörtliche Anwendung dem Naturrecht widerspricht.[379]

## *Der Einfluss auf die Kodifikationen*

Im späteren 18. Jahrhundert war der sogenannte „Höhepunkt judizieller Restriktion" auch bei damaligen Gesetzgebungen erreicht, beispielsweise im josephinianischen Gesetzbuch: „Auch soll kein Richter unter Vorschützung einer von der Strenge der Rechte zu unterscheidenden Billigkeit von der klaren Vorschrift der Gesetze abgehen. In denjenigen Fällen aber, wo der Richter durch die Gesetze selbst angewiesen wird, auf Person, Zeit, Ort und ander Umstände zu sehen, obliegt ihm, alle diese bey der Handlung unterlaufende Umstände nach der natürlichen Billigkeit zu beurteilen." (I §. 24.).[380] Diese Vorschrift entspricht teilweise der obigen Meinung der Naturrechtslehrer, teilweise aber auch nicht, weil es sich dabei nicht um die restriktive Auslegung, die die Naturrechtslehrer „Billigkeit" genannt haben, sondern um die Interpretation im Allgemeinen handelt.

Wenn man jedoch den Einfluss von THOMASIUS in Betracht zieht, dann sollte man den *CMBC* nicht vergessen. Der Verfasser KREITTMAYR wurde zur Auslegungstheorie deutlich von THOMASIUS beeinflusst und zwar kam er zu dem Schluss, dass man nur unklare und zweifelhafte Gesetze auslegen dürfe,[381] und die „gelehrte Auslegung" (*interpretatio doctrinalis*) beachten sollte, wohingegen die „authentische Auslegung" (*interpretatio authentica*) und die „gebräuchliche Auslegung" (*interpretatio usualis*) keine eigentlichen Auslegungen seien.[382]

378 WOLFF [324, S. 45] par. 1. cap. 3. §. 86. „[...] aequos nos omnibus, iniquos nemini praebere debemus [...]".

379 WOLFF [323, S. 394] par. 6. cap. 3. §. 536. „Si casus ermergit, quo verba sequi illicitum esset, seu legi naturae repugnaret; casus hic xcipiendus est. [...] nemo sese obligare potest ad id faciendum, quod legi naturae repugnat."

380 WESENER [311, S. 99–100].

381 KREITTMAYR [92, S. 14] th. 1. cap. 1. §. 9. „Deutliche Gesetze und Ordnungen leiden keine Auslegung, denn die Interpretation supponiert ihrer Natur nach allzeit etwas dunkles, und unverständliches. Thomasius Vernunft=Lehre C. 3. §. 32." THOMASIUS [205, S. 165–166] cap. 3. §. 32. „Alle Auslegung hat mit dunckelen Reden zu thun/ denn wenn sie schon klar und deutlich wären/ brauchten sie keiner Auslegung."

382 SCHOTT [171, S. 166] „Diese Einteilung ist von Kreittmayr in den Codex civilis übernommen worden und zwar so, daß wiederum nach dem Vorbild des Thomasius die Doktrinalauslegung ausführlicher in einem eigenen Paragraphen behandelt wird." Vgl. dazu THOMASIUS [205, S. 202–203] cap. 3. §. 98–99. Aber KREITTMAYR

## 2.3.9 Die Methode von THOMASIUS beim Rechtsvergleich

Es war keine eigene Idee von THOMASIUS, verschiedene Rechtsquellen zu vergleichen und in jedem Thema zu bestimmen, welches Recht man anwenden sollte. Schon im 17. Jahrhundert setzten sich Juristen mit dieser Aufgabe durch die sogenannte Differentien-Literatur auseinander, ohne dass dieses Verfahren methodisch reflektiert wurde.[383] Im 18. Jahrhundert erhob sich der Vergleich zum Mittel der Erkenntnis auch im Bereich des Rechts.[384]

Da THOMASIUS beim Vergleich eine künftige Gesetzgebung in Betracht zog, war die Vergleichsweise etwas anderes als *Usus modernus*. Für solche Juristen, die nur jeweilig anwendbare Rechte finden wollten, war es ganz typisch, dass keine Rede von solchen Rechten war, die zurzeit nicht anwendbar waren. Zum Beispiel erklärte HOPPE zwar bei der Auslegung der *Institutiones Justiniani* oft den „heutigen Gebrauch" (*usus hodiernus*) und fragte sich dabei nicht, ob ein jetzt geltendes Recht auch in Zukunft angewendet werden solle oder nicht. Beispielsweise erklärte HOPPE bei der Ersitzung, dass das Kirchenrecht überall beachtet wurde, das „guten Glauben" (*bona fide*) bei der Ersitzung verlange.[385] THOMASIUS sah dieses Erfordernis zwar als eine feststehende Praxis, kritisierte sie allerdings.

Ein Unterschied zeigt sich auch zwischen THOMASIUS und anderen Naturrechtslehrern. Da GROTIUS und PUFENDORF das Naturrecht in Bezug auf internationale Beziehungen erläuterten,[386] ging es in ihren Hauptwerken manchmal nicht darum, welche Regeln man im Staat einführen sollte. Ich möchte hier nur ein Beispiel

---

zitierte über die Einteilung nicht THOMASIUS sondern Gottlieb Gerhard TITIUS (1661–1714), der ein Schüler von THOMASIUS war. Vgl. KREITTMAYR [92, S. 14] th. 1. cap. 1. §. 9. „Die Auslegung ist theils Usualis, theils Doctrinalis, theils Authentica. L. 11. 32. 37. ff. de Leg. Titius ibi. §. 3." Auch THOMASIUS setzte voraus, dass die drei Auslegungsarten keine eigene Meinung seien. Vgl. THOMASIUS [205, S. 202] cap. 3. §. 98. „Ferner pflegt man insgemein von dreyerley Arten der Auslegung zu reden/ de authentica, usuali, und doctrinali." Auf jeden Fall zitierte KREITTMAYR bei der Erläuterung der gelehrten Auslegung häufig THOMASIUS. Vgl. KREITTMAYR [92, S. 15–19] th. 1. cap. 1. §. 10.

383 MOHNHAUPT [130, S. 3–4].

384 MOHNHAUPT [130, S. 5].

385 HOPPE [80, S. 335] ad Inst Iust 2.6 pr „Moribus hodiernis ubique fere locorum ad ductum Juris Canonici toto remporis [sic!] decursu requiritur bona fides ad omnem praescriptionem, [...]".

386 GROTIUS [74, S. 5] proleg. 1. „[...] at ius illud, quod inter populos plures aut populorum rectores intercedit, sive ab ipsa natura profectum, [...] sive moribus et pacto tacito introductum attigerunt pauci, universim ac certo ordine tractavit hactenus nemo: [...]" PUFENDORF [146, S. 119] lib. 2. cap. 2. §. 4. „[...] et insuper amplissimi inter mortales fastigii instar habetur, totius civitatis viribus subnixum, in hisce terris neminem superiorem agnoscere. Sic ut civitates earumque rectores statum suum eximie libertatis naturalis nomine insignire queant, quippe qui istis viribus sunt succincti, ut eam secure exercere queant."

anführen. Zwar erwähnten GROTIUS und PUFENDORF die Regel des Justinianischen Rechts „Verkürzung über die Hälfte" (*laesio enormis*) und glaubten, dass diese Regel dem Naturrecht nicht ganz entspreche, aber sie erklärten nicht, ob man sie im Staat einführen solle.[387] Die Lage änderte sich auch bei WOLFF nicht, der nicht nur internationale Beziehungen sondern ein universales Recht aufbauen wollte.[388] Dagegen überprüfte THOMASIUS, ob die Regel in Deutschland eingeführt werden sollte, und er behauptete, dass diese Regel nicht dem Naturrecht entspreche und in Deutschland nicht benutzt werden solle (siehe unten 4.2.2).

387 GROTIUS [74, S. 347] lib. 2. cap. 12. §. 12. n. 2. „Hi vero qui legibus civilibus subiecti non sunt, id sequi debent quod aequum esse ipsis ratio recta dictat: imo et illi qui legibus subiecti sunt, quoties de eo quod fas piumque est agitur, si modo leges non ius dant aut tollunt, sed iuri duntaxat ob certas causas auxilium suum denegant."; PUFENDORF [146, S. 472] lib. 5. cap. 3. §. 9. „Imo etiam in civitatibus, ubi dicta lex observatur, salva conscientia emtor non potest subterfugere suppletionem laesionis enormis, infra dimidium adhuc subsistentis: quippe cum lex illa non tam lucrum cum detrimento alterius voluerit confirmare, quam praetorem litium multitudine sublevare. Eadem tamen lex efficit, ne ex laesione ista adversus concivem jus aut actio detur."

388 WOLFF [320, S. 639] par. 4. cap. 4. §. 926. „Laesio ultra dimidium, quae et enormis dicitur, inventum juris civilis est, de quo plura suo loco."

# 3. Sachenrecht

## 3.1 Sachen – *res*

### 3.1.1 Die Stellung des Themas[389]

Die Klassifikation der Sachen ist so wichtig, dass man ohne sie kein Sachenrecht erklären kann. Deshalb erläuterte Kaiser JUSTINIANUS seine Gliederung vor dem Sachen- und Schuldrecht (Inst Iust 2.1). Auch THOMASIUS glaubte, dass man die Klassifikation der Sachen vor Sachen-, Schuld- und sogar Personenrecht festlegen sollte.

### 3.1.2 Die Klassifikation der Sachen im römischen Recht

Man sollte hier das Wort „Sachen“ (*res*) nicht im alltäglichen Sinne, sondern in der Rechtssprache verstehen, das heißt, „alles, was Gegenstand eines (privaten) Rechts oder eines Zivilprozesses sein kann (Rechtsobjekt, z. B. auch Sklaven und in bestimmten Beziehungen Hauskinder), zuweilen ein „Vermögen als ganzes“ (*patrimonium, bona*) also einen Inbegriff geldwerter Gegenstände.“[390] Viele Begriffe, die man noch heute benutzt, stammen aus dem Justinianischen Recht, beispielsweise „Sachen, die allen gemeinsam zustehen“ (*res communes omnium*), „Sachen, die Eigentum eines Staates sind“ (*res publicae*), „bewegliche“ (*res mobiles*) und „unbewegliche Sachen“ (*res immobiles*), „vertretbare“ (*res fungibiles*) und „nicht vertretbare Sachen“ (*res non fungibiles*) etc.[391]

### 3.1.3 Die Klassifikation der Sachen im Naturrecht

Während GROTIUS und PUFENDORF in ihren Büchern *De jure belli ac pacis* und *De jure naturae et gentium* zur ausführlichen Einteilung der Sachen keine Stellung bezogen, sondern nur einige spezielle Fragen behandelt haben, etwa ob man einen Teil des Ozeans oder Meeres okkupieren darf oder nicht,[392] ist THOMASIUS auf die

389 Zu jedem Thema gibt es eine kurze Zusammenfassung des Forschungsstandes über das römische Recht in der klassischen Zeit, damit man diese Zusammenfassung mit den Interpretationen von THOMASIUS vergleichen kann. Dabei sollte der Begriff „gemeines Recht“ (*ius commune*) vermieden werden, weil THOMASIUS ihn in seinen Werken selten gebraucht, und er stattdessen immer wieder versucht hat, die richtigen Auslegungen des klassischen römischen Rechts zu entdecken. Diese richtigen Auslegungen entsprechen offensichtlich nicht dem „gemeinen Recht“ (*ius commune*) bzw. den „herrschenden Meinungen“ (*sententiae communes*). Vgl. zu einem Beispiel THOMASIUS [196, S. 238–239].

390 KASER [88, S. 119].

391 KASER [88, S. 119–122].

392 GROTIUS [74, S. 208] lib. 2. cap. 3. §. 8.; PUFENDORF [146, S. 374] lib. 4. cap. 5. §. 8.

Einteilung der Sachen ausführlich eingegangen. Für ihn bezieht sich die Einteilung der Sachen eigentlich nicht auf den Rechtserwerb oder die Verpflichtung, sondern auf die Beschreibung der Welt.[393] THOMASIUS benutzte diese Anmerkung, um Unverständliches im deutschen Recht zu verteidigen. Dieser Mangel der Einteilung sei natürlich nichts unrechtes, weil sich die Einteilung der Sachen eigentlich nicht auf die Rechtswissenschaft beziehe.[394]

THOMASIUS erwähnte weder in *Institutiones jurisprudentiae divinae* (1688) noch in *Fundamenta juris naturae et gentium* (1705) seine Klassifikation der Sachen. Erst in der Dissertation *De rerum differentiis, intuitu juris Germanici privati* (1721) führte er sie aus. Es ist wichtig, dass THOMASIUS und sein Kandidat NESEN dabei nur selten etwas zitiert haben. Meines Erachtens gibt es dafür drei Gründe. THOMASIUS sah erstens das Thema nicht als ein rechtswissenschaftliches an. Zudem glaubte er, dass man ohne Zitate etwas erklären könne, wenn die Erklärung ganz natürlich sei.[395] Außerdem gebe es seiner Meinung nach dazu keine positiven deutschen Rechte.[396] Kurz gesagt hat er gemeint, dass sich die Klassifikation der Sachen im deutschen Recht nicht zeigt und dass man deshalb die Lücke durch natürliche Schlussfolgerungen ergänzen muss.

THOMASIUS glaubte, dass mit dem Wort *res* nur solche Sachen gemeint seien, mit denen man handeln darf (*res in commercio*) und zwar: „Die Sache bedeutet alles, was meines oder deines werden kann."[397] Trotzdem hat er auch solche Sachen erklärt, mit denen man gar nicht oder nur teilweise handeln darf. Diese Sachen lassen sich in zwei Untergruppen einteilen, nämlich in solche Sachen, mit denen niemand handeln darf (z. B. Gott, die Engel, der Teufel, die Seelen an sich, der Himmel, das Licht und die Luft an sich, die Sonne, der Mond, die Sterne, die Erdkugel und das offene Meer),[398] und in solche, die Privatpersonen allein nicht gehören können (z. B. Küstenmeere und Flüsse).[399] Zwischen den zu behandelnden Sachen unterscheidet man feudale und private Sachen.[400] Da die erste Gruppe nach feudalem Recht geregelt wurde, erläuterte THOMASIUS nur die letztere.[401] Private Sachen lassen sich in

---

393 NESEN (Resp.) [261, S. 5–6] §. 1.

394 NESEN (Resp.) [261, S. 5–6] §. 1.

395 NESEN (Resp.) [261, S. 3] prooem. 5.

396 NESEN (Resp.) [261, S. 5–6] §. 1.

397 Nach der Übersetzung des Verfassers, s. NESEN (Resp.) [261, S. 6] §. 2.

398 NESEN (Resp.) [261, S. 7] §. 5–7. Die Seele an sich bedeutet hier eine Seele, die an keinem Körper gebunden ist. Das Licht und die Luft können insofern als Eigentum angesehen werden, wenn man sie als zugehörige Sachen von Häusern interpretiert.

399 NESEN (Resp.) [261, S. 8] §. 11. Die Sachen, die sich nicht im Besitz von Privatpersonen befinden, kann man noch einmal unterteilen, nämlich in solche Sachen, mit denen Privatpersonen nicht handeln dürfen, und in solche, die nur bestimmten Privatpersonen gehören. NESEN (Resp.) [261, S. 7] §. 8–9.

400 NESEN (Resp.) [261, S. 9] §. 15.

401 NESEN (Resp.) [261, S. 9] §. 15.

zwei Gruppen einteilen, das heißt, eine Sache gehört entweder nur einer Person (*res propria*) oder einigen Personen gemeinsam (*res communis*).[402] Die Haupteinteilung im Privatrecht ist daher das Alleineigentum und das Miteigentum.

Wenn einige Leute zusammen eine Sache besitzen, aber sie diese Situation nicht mehr wollen, dann müssen sie die Sache teilen. Es gibt Sachen, die sich aus wirklichen Teilen zusammensetzen (*res dividuae*). Diese lassen sich in der Tat teilen. Andere, an sich unteilbare Sachen – etwa nicht stoffliche – können nur mit Hilfe des Rechts geteilt werden (*res individuae*).[403] Während die teilbare Sache aus realen Teilen besteht, enthält die unteilbare Sache den Verstand betreffende Teile.[404] Es ist hier wichtig, dass der Unterschied zwischen den realen und den den Verstand betreffenden Teilen nicht davon abhängt, zu welcher Gattung eine Sache gehört, sondern nur davon, auf welche Weise Leute sie gemeinsam besitzen. Zum Beispiel hat ein Haus, das zwei Männer gemeinsam besitzen, normalerweise zwar nur den Verstand betreffenden Teile, aber dieses Haus kann zwei reale Teile haben, wenn beispielsweise einer von ihnen das Erdgeschoss und der andere den ersten Stock besitzt.[405]

Dann nannte THOMASIUS noch sechs Einteilungen, die voneinander so gut wie unabhängig sind und mit der Haupteinteilung zwischen dem Alleineigentum und dem Miteigentum nichts zu tun haben (universal-einzeln, gleich-verschieden, körperlich-unkörperlich, beweglich-unbeweglich, vertretbar-unvertretbar und *principalis-accessoria*). Die Beziehung zwischen universalen und einzelnen Sachen ist einfach, das heißt, universale Sachen sind solche Sachen, die aus einigen oder vielen einzelnen Sachen bestehen.[406] Seiner Meinung nach betreffen universale Sachen auch Stiftungen, aber nicht Gesellschaften, die von Menschen gebildet werden.[407]

Wenn zwei Sachen vorhanden sind, sind sie entweder gleich oder verschieden.[408] Diese Einteilung trägt dazu bei, bei Vermächtnissen, Verträgen oder beim Erfüllen die Gegenstände zu bestimmen.[409] Wenn man die Gleichheit und die Unterschiedlichkeit juristisch erkennen möchte, dann kann man beides durch die Begriffe Gattung und Individuum festlegen.[410]

---

402 NESEN (Resp.) [261, S. 9] §. 16.
403 NESEN (Resp.) [261, S. 10] §. 20. THOMASIUS hat hier keine Beispiele angeführt, aber ich vermute, dass beispielsweise Forderungen zu *res individuae* gehören könnten.
404 NESEN (Resp.) [260, S. 10] §. 22.
405 NESEN (Resp.) [261, S. 10] §. 22.
406 NESEN (Resp.) [261, S. 12] §. 31.
407 NESEN (Resp.) [261, S. 12] §. 32.
408 NESEN (Resp.) [261, S. 12] §. 33.
409 NESEN (Resp.) [261, S. 12] §. 33. (i).
410 NESEN (Resp.) [261, S. 12] §. 33. THOMASIUS hat hier dazu keine Beispiele angeführt, aber man könnte möglicherweise zwei Hunde vorstellen, die als Individuen zwar voneinander verschiedene Hunde sind, aber in Bezug auf die Gattung gleich sind.

Zwar liegt der natürliche Unterschied zwischen „körperlichen“ (*res corporales*) und „unkörperlichen Sachen“ (*res incorporales*) darin, ob man eine Sache sehen und berühren kann oder nicht,[411] das juristische Kriterium zeigt sich jedoch darin, ob es sich dabei um Rechte handelt oder tatsächlich um solche Sachen, die man normalerweise so bezeichnet.[412]

THOMASIUS erklärte die vierte Einteilung zwischen „beweglichen“ (*res mobiles*) und „unbeweglichen Sachen“ (*res immobiles*) ausführlicher als die anderen. Auch wenn sich alle Sachen eigentlich irgendwie bewegen lassen, unterscheidet man normalerweise beides voneinander.[413] THOMASIUS schlug hier ein interessantes Kriterium vor, und zwar kann man bewegliche Sachen ohne Veränderung ihrer Substanz in Bewegung setzen, wohingegen unbewegliche Sachen durch andere Namen als die vorherigen Sachen bezeichnet werden, wenn man sie irgendwie bewegen möchte.[414] Zu den unbeweglichen Sachen gehören nicht nur Grundstücke oder Gebäude sondern auch Pflanzen und Bäume, die mit der Erde durch Wurzeln fest verbunden sind.[415] Grundstücke lassen sich in „ländliche“ (*praedia rustica*) und „städtische“ (*praedia urbana*) unterteilen.[416] Ländliche Grundstücke sind solche, die zur Landwirtschaft und Viehzucht beitragen, alle sonstigen werden unter dem Begriff städtische zusammengefasst[417] – Wenn man diese Definition wörtlich versteht, dann ist es gar nicht wichtig, ob ein Grundstück in einer Stadt liegt. NESEN hat hier die andere Dissertation *De iure statuum Imperii, dandae civitatis* (1696) zitiert und daraus ergibt sich, dass THOMASIUS diese Unterteilung vielleicht als ein deutsches Recht angesehen hat, weil es den folgenden Satz in der betreffenden Stelle gibt: „Aus diesen Aussagen bekommen wir jetzt das Material zur Definition des Dorfes und der Stadt lediglich unter Berücksichtigung Deutschlands.“ (*Habemus jam ex dictis materiam definiendorum vicuum et urbium saltem intuitu Germaniae*).[418] NESEN hat hinzugefügt, dass unbewegliche Sachen entweder von Anfang an unbeweglich sind, z. B. Grundstücke, oder erst durch Bauarbeiten unbeweglich werden, das heißt, Gebäude und daran befestigte Sachen.[419]

Bewegliche Sachen werden in zwei Arten eingeteilt, nämlich in solche Sachen, die sich selbst in Bewegung setzen, und in solche, die eine Kraft brauchen, die von außen auf sie wirkt.[420] Zu der ersten Gruppe gehören lediglich Sklaven und Tiere.[421]

411 NESEN (Resp.) [261, S. 12] §. 34.
412 NESEN (Resp.) [261, S. 13] §. 35.
413 NESEN (Resp.) [261, S. 16] §. 50.
414 NESEN (Resp.) [261, S. 16] §. 50. Leider hat THOMASIUS keine Beispiele angeführt, was der Ausdruck „si moveantur, in aliud nomen transeunt“ bedeutet.
415 NESEN (Resp.) [261, S. 16–17] §. 51. und §. 58. (u).
416 NESEN (Resp.) [261, S. 16] §. 51.
417 NESEN (Resp.) [261, S. 16] §. 52.
418 Nach der Übersetzung des Verfassers, s. CLUSIUS (Resp.) [221, S. 31] cap. 33.
419 NESEN (Resp.) [261, S. 16] §. 53.
420 NESEN (Resp.) [261, S. 16] §. 54.
421 NESEN (Resp.) [261, S. 16] §. 54.

Tiere werden noch einmal unterteilt, nämlich in gezüchtete und wilde Tiere.[422] Solche Tiere, die in den Meeren leben oder die fliegen können, sind außer einigen Ausnahmen in der Regel wild und deswegen ist die Erklärung von TRIBONIANUS, dass die Erhaltung des Eigentums davon abhängt, ob ein Tier den Willen zur Rückkehr aufgibt oder nicht (Inst 2.1.15), sinnlos.[423] Bei gezüchteten Tieren gibt es drei verschiedene Arten, je nachdem wofür man sie benutzt, das heißt, *armenta*, die Waffen tragen oder auf denen Soldaten reiten (z. B. Pferde), *jumenta*, die schwierige Arbeiten vollziehen müssen (z. B. Esel), und *pecudes*, die normalerweise in Herden aufgezogen werden (z. B. Kühe).[424] Auch solche Pflanzen und Bäume, die vom Boden getrennt worden sind, zählen zu den beweglichen Sachen.[425] Zuletzt sind leblose Sachen natürlich beweglich, z. B. Gold, Silber, Kleider, Möbel, usw.[426] THOMASIUS und sein Kandidat NESEN gaben eine Anmerkung, dass das lateinische Wort „*mobilium*" manchmal nur Möbel bedeutet, wie auf Französisch „meubles".[427]

Die fünfte Einteilung zwischen „fungiblen" (*res fungibiles*) und „nicht fungiblen Sachen" (*res non fungibiles*) ist problematisch. Die Definition von THOMASIUS lautet: Fungible Sachen sind solche, die man ohne Konsum nicht gebrauchen kann, wohingegen nicht fungible Sachen solche sind, die man auch ohne Konsum benutzen kann.[428] Aus dieser Definition geht hervor, dass die lateinischen Wörter „*fungibiles*" und „*non fungibiles*" bei ihm den deutschen Übersetzungen „vertretbar" und „unvertretbar" im juristischen Sinne nicht genau entsprechen, denn es handelt sich dabei nicht um eine Vertretbarkeit sondern um einen Konsum. Die Anmerkung wird besonders dann wichtig, wenn man die Tatsache berücksichtigt, dass PUFENDORF die Vertretbarkeit als das entscheidende Merkmal der Einteilung angesehen hat: „Aber solche Sachen, die als Darlehen gegeben werden, werden vertretbar genannt, das heißt, solche, deren Funktionen sich in eigenen Gattungen befinden, weil jede Sache aufgrund der Übereinstimmung der Gattung eine andere Sache vertreten kann, sodass man denkt, als ob eine gleiche Sache zurückgegeben werden würde, wenn man eine Sache aus der gleichen Gattung [wie die zum Darlehen gehörende Sache] zurückgibt, die im Wert und in der Qualität mit ihr gleich ist."[429] THOMASIUS kritisierte diese Formulierung in der Dissertation *De pretio affectionis in res fungibiles*

422 NESEN (Resp.) [261, S. 16–17] §. 55.
423 NESEN (Resp.) [261, S. 17] §. 56.
424 NESEN (Resp.) [261, S. 17] §. 57.
425 NESEN (Resp.) [261, S. 17] §. 58. (u).
426 NESEN (Resp.) [261, S. 17] §. 58.
427 NESEN (Resp.) [261, S. 17] §. 58.
428 NESEN (Resp.) [261, S. 17] §. 59. Vgl. auch D 7.1.1.
429 Nach der Übersetzung des Verfassers, s. PUFENDORF [146, S. 493] lib. 5. cap. 7. §. 1. „Vocantur autem res, quae mutuo dantur, fungibiles, seu quae functionem in suo genere recipiunt ideo, quia quodlibet ex isto genere vice alterius ita fungitur, seu alterius vicem subit, ut qui ex eodem genere, eadem qualitate et quantitate receperit, idem recepisse censeatur." Vgl. auch D 12.1.2.1.

*non cadente* (1701).[430] Dort behauptete er, dass die Definition, die PUFENDORF und viele andere Juristen verwendet hatten, nicht eindeutig sei, und führte ein Gegenbeispiel an, bei dem die Funktion der Sache keine Rolle spiele: Wenn man sich ein Pferd borge, müsse man genau dieses Pferd zurückgeben, auch wenn man ein anderes Pferd besitze, das die gleiche Funktion erfülle.[431]

In der letzten Einteilung handelt es sich um die Verbindung, nämlich in „hauptsächliche" (*res principales*) und „zusätzliche Sachen" (*res accessoriae*).[432] – Es ist unklar, ob THOMASIUS hier auch eine Vermischung und eine Verarbeitung in Betracht gezogen hat oder nicht, weil sich alle angeführten Beispiele nur auf die Verbindung bezogen haben. THOMASIUS stimmte hier dem Prinzip zu: „Hauptsächlichen Sachen beziehen zusätzliche ein." (*accessorium sequatur principale*)[433] Wie kann man jedoch bestimmen, welche Sachen hauptsächlich und welche Sachen zusätzlich sind? THOMASIUS definierte beides nicht und führte nur einige Beispiele an: Ein Lagerhaus, das einem Haus angegliedert wird, ist ein zusätzlicher Teil des Hauses, ein Bauwerk, das sich auf einem Grundstück befindet, ist ein zusätzlicher Teil des Grundstücks, und ein Sattel, der auf einem Pferd liegt, ist ein zusätzlicher Teil des Pferdes.[434] THOMASIUS glaubte sogar, dass es unmöglich sei, die Einteilung durch eine einfache These zusammenzufassen, weil sie nicht von der Natur sondern von Menschen bestimmt werden müsse.[435] Weder die Regel „Jede Sache, die normalerweise zum Verzieren mit einer anderen Sache verbunden wird, gehört ihr" (*quicquid ornandae rei gratia comparari solet, ei cedit*) noch die andere „Man sollte oft die Sache für hauptsächlich halten, ohne die die andere nicht vorhanden sein kann" (*sine quo aliquid esse non potest, id pro principali saepe habetur*) lassen sich nicht von vielen Ausnahmen befreien, das heißt, bei der ersten Formulierung gibt es das Problem, dass man ein Ornament nicht für zusätzlich halten muss, wenn das Ornament von der geschmückten Sache einfach getrennt werden kann, und bei der letzteren Formulierung kann man nicht erklären, warum eine bemalte Tafel dem Eigentümer des Gemäldes gehören soll, obwohl das Gemälde ohne die Tafel nicht existieren kann.[436] Dagegen ist die Beziehung zwischen Gebäuden und Grundstücken so deutlich, dass man ein Gebäude auf dem Land normalerweise als *res accessoria* oder zumindest nicht als *res principalis* ansehen sollte, wohingegen solche Gebäude, die in Städten liegen und an Häuser angrenzen, diesen Häusern zuzurechnen sind.[437] Hier erklärte THOMASIUS nicht,

430 HECHT (Resp.) [239, S. 13] cap. 1. §. 16. Aus dieser Stelle ergibt es sich, dass die Definition von PUFENDORF vielleicht aus dem römischen Recht entlehnt worden ist, und die obige Definition besteht eigentlich aus zwei Erfordernissen, das heißt, aus der Vertretbarkeit und der Gleichwertigkeit.

431 HECHT (Resp.) [239, S. 14] cap. 1. §. 16.

432 NESEN (Resp.) [261, S. 19] §. 63.

433 Nach der Übersetzung des Verfassers, s. NESEN (Resp.) [261, S. 19] §. 63.

434 NESEN (Resp.) [261, S. 19] §. 63.

435 NESEN (Resp.) [261, S. 19] §. 64.

436 NESEN (Resp.) [261, S. 19–20] §. 65–66. (siehe auch unten 3.7.2).

437 NESEN (Resp.) [261, S. 20] §. 69.

warum sich ein solcher Unterschied zwischen dem Land und den Städten aufzeigen lässt, aber der Grund könnte darin bestehen, dass man auf dem Land mehr Wert auf solche Grundstücke legt, mit denen man eine Ernte einbringen kann.

Wenn man eine Sache nicht nur besitzen sondern auch aus ihr etwas Nützliches erzielen möchte, dann entsteht der neue Begriff der „Frucht" (*fructus*),[438] und THOMASIUS hat ihn definiert: „Früchte sind Nutzen von Sachen ([nicht nur von körperlichen sondern] auch von unkörperlichen Sachen wie Zuständigkeiten), die man aus diesen Sachen an sich oder [mittelbar] durch sie erhält." (*Fructus sunt utilitates rei, (etiam incorporalis, ut fructus jurisdictionis,) quae ex re, vel occasione rei percipiuntur.*)[439] Früchte werden in zwei Arten unterteilt, nämlich in „natürliche Früchte" (*fructus naturales*) und „bürgerliche Früchte" (*fructus civiles*).[440] Das Wort „natürliche Früchte" bedeutet nicht, dass sie von Natur aus entstünden.[441] Viele natürliche Früchte benötigen nämlich das Bemühen des Menschen, damit sie wirklich erzeugt werden können. Deshalb lässt sich der Begriff „natürliche Früchte" noch einmal in „echte natürliche Früchte" (*fructus naturales simpliciter*) und „Früchte der Arbeit" (*fructus industriales*) unterteilen.[442] THOMASIUS gestand jedoch ein, dass die letztere ausführliche Einteilung unnützlich sei, weil man besonders bei Obst nur schwierig beurteilen könne, welche Früchte das Bemühen der Menschen benötigten und welche nicht.[443] Dann erklärte THOMASIUS bürgerliche Früchte, und er versuchte, sie mit dem anderen Wort „Interesse" (*interesse*) zu vergleichen. Ist beides gleich? THOMASIUS verneinte dies und zwar besteht der Unterschied darin, dass bürgerliche Früchte weder „wegfallenden Vorteil" (*lucrum cessans*) noch „entstehenden Schaden" (*damnum emergens*) umfassten, wohingegen Interesse alles bedeute.[444] Zwar verstehe man unter dem Wort „Interesse" normalerweise nur Zinsen, aber die Terminologie habe ihren Ursprung nicht in der Theorie sondern in der Praxis, dass sowohl ein entstehender Schaden als auch ein wegfallender Vorteil nicht einfach bewiesen werden könne und man darum oft nur Zinsen verlange.[445] Es gibt auch eine andere Einteilung von Früchten, nämlich in „hängende Früchte" (*fructus pendentes*), die sich noch mit Bäumen oder Ranken verbinden, und „geerntete Früchte" (*fructus percepti*).[446] Wenn Früchte schon auf den Boden gefallen sind aber noch nicht von Menschen geerntet werden, dann nennt man sie „zu erntende Früchte" (*fructus percipiendi*).[447] Geerntete Früchte werden weiter unterteilt, nämlich in „einfach geerntete Früchte" (*fructus percepti simpliciter*), die noch nicht gelagert

438 NESEN (Resp.) [261, S. 21] §. 70.
439 NESEN (Resp.) [261, S. 21] §. 71.
440 NESEN (Resp.) [261, S. 21] §. 71.
441 NESEN (Resp.) [261, S. 21] §. 72.
442 NESEN (Resp.) [261, S. 21] §. 72.
443 NESEN (Resp.) [261, S. 21] §. 73.
444 NESEN (Resp.) [261, S. 22] §. 76.
445 NESEN (Resp.) [261, S. 22] §. 76.
446 NESEN (Resp.) [261, S. 22] §. 77.
447 NESEN (Resp.) [261, S. 22] §. 79.

werden, und „vollständig geerntete Früchte" (*fructus percepti plene*), die ins Lagerhaus schon eingebracht worden sind.[448] Aus dieser Erklärung geht sofort hervor, dass THOMASIUS hier den Vorgang der Ernte in Betracht gezogen hat und dies dazu beiträgt, Eigentümer zu bestimmen. Man kann jedoch von einem anderen Gesichtspunkt aus Früchte einteilen, nämlich in „vorhandene Früchte" (*fructus extantes*) und „konsumierte Früchte" (*fructus consumti*).[449] Das Wort „konsumierte Früchte" bedeutet hier nicht nur solche, die man tatsächlich irgendwie konsumiert (*consumptio naturalis*), sondern auch solche, die man veräußert (*consumptio civilis*).[450] Wenn man eine Frucht schätzen will, dann sollte man auch die entstandenen Kosten ausgleichen.[451] Hier nannte THOMASIUS drei Kosten, nämlich „nötige Kosten" (*impensae necessariae*), „Vergnügungskosten" (*impensae voluptuariae*) und „nützliche Kosten" (*impensae utiles*).[452] Er zögerte allerdings, diese Einteilung vorzunehmen, weil es seiner Meinung nach vor allem bei Sachen der Arbeit schwierig sei, die Art der Kosten eindeutig zu bestimmen.[453]

Nachdem THOMASIUS seine Klassifikation der Sachen erklärt hatte, setzte er sich in der gleichen Dissertation mit der Einteilung des Rechts an sich auseinander. Ich möchte hier nur einen Überblick geben. Das Recht lässt sich in zwei Arten einteilen, nämlich in „Recht an einer Sache" (*ius in re*) und „Recht zu einer Sache" (*ius ad rem*).[454] Der Unterschied besteht darin, gegen wen man das Recht durchsetzen kann, das heißt, man kann bei allen Besitzenden das Recht an der Sache vollstrecken, um die Sache zurückzubekommen, wohingegen man nach dem Recht zur Sache nur von demjenigen, der eine entsprechende Pflicht hat, etwas verlangen kann.[455] Zum Recht an der Sache zählen „Eigentum" (*dominium*), „Dienstbarkeit" (*servitus*) und

448 NESEN (Resp.) [261, S. 22] §. 77.

449 NESEN (Resp.) [261, S. 22] §. 78. Hier zeigt sich plötzlich der Ausdruck *fructus recepti* ohne Definition, aber meiner Meinung nach ist er ein Druckfehler.

450 NESEN (Resp.) [261, S. 22] §. 78.

451 NESEN (Resp.) [261, S. 22] §. 80.

452 NESEN (Resp.) [261, S. 22] §. 80. Im Jahr 1762 definierte WIESAND in seinem Wörterbuch diese Kosten: „Man theilet die Kosten, welche auf eine Sache verwendet werden, in verschiedene Arten. Es giebt 1) nöthige (*impensae necessariae*), welche nemlich auf die nothwendige Erhaltung einer Sache verwendet worden, z. B. zur Unterstützung eines baufälligen Hauses. 2) Nützliche (*vtiles*), wodurch die Nutzung einer Sache befördert oder erhöhet worden, als wenn ein Haus einen Stock höher erbauet worden, um mehr Miethzinse daraus zu ziehen. 3) Solche, die blos zur Lust und zum Vergnügen aufgewendet worden, als wenn ein bloses Lusthaus wo gebauet, oder ein Lustgarten angeleget worden (*voluptariae*)." WIESAND [313, S. 647] zu Kosten §. 1.

453 NESEN (Resp.) [261, S. 22] §. 81.

454 NESEN (Resp.) [261, S. 13] §. 36.

455 NESEN (Resp.) [261, S. 13] §. 36.

„Pfand“ (*pignus*),[456] dagegen entsteht das Recht zur Sache aus dem Versprechen, dem Delikt und der natürlichen Billigkeit.[457]

Auch WOLFF behandelte die Frage der Einteilung der Sachen ausführlich. Seine Methode ist sehr interessant, wenn man sie mit der von THOMASIUS vergleicht. Während THOMASIUS meinte, dass sogar *dominium* zu *res* gehöre, und deswegen zuerst *res* dann *dominium* erklärte, erläuterte WOLFF die Sachen mit Hilfe des Eigentums. Zum Beispiel definierte WOLFF das Wort „*res communes*“ wie folgt: „Deshalb bezeichnet man solche Sachen als ‚gemeinsame‘ (*communes*), bei denen einige Leute ein gleiches [sachenrechtliches] Recht haben“.[458] Auch das Wort *res singulares* lässt sich bei WOLFF durch die Lage des Eigentums definieren: „Als ‚einzelne Sachen‘ (*res singulares*), oder wie man genauer sagt, ‚Sachen von einzelnen Menschen‘ (*res singulorum*) bezeichnet man solche Sachen, bei denen jemand das ‚Alleineigentum‘ (*ius proprium*) hat, das heißt, bei denen das ganze Recht jemandem allein gehört.“[459] Man kann hier ohne Eigentum beides nicht definieren. Die Methode von WOLFF zeigt einen Fortschritt in der Rechtswissenschaft, weil man alle unnötigen Einteilungen ausschließen kann, wenn man nur die Einteilungen, die sich auf *dominium* oder andere Sachenrechte beziehen, in Betracht zieht.

### 3.1.4 Die Klassifikation der Sachen im deutschen Recht

Da THOMASIUS meinte, dass es im deutschen Recht keine Klassifikation der Sachen gebe, musste diese Lücke durch das oben erklärte Naturrecht geschlossen werden. Jedoch erwähnte THOMASIUS zu diesem Thema einige Regeln des deutschen Rechts. Zum Beispiel sagte THOMASIUS, dass die Einteilung zwischen natürlichen und industriellen Sachen im deutschen Recht nur eine kleine Rolle spiele, sie sei auch im Naturrecht unwichtig und deshalb entspreche beides einander.[460]

Vielmehr ist es wichtig, dass Deutsche einen speziellen Begriff über bürgerliche Früchte haben, nämlich „Zins“ (*census*).[461] Dieses Wort bedeute nicht nur Zinsen im heutigen Sinne, sondern auch „Zinß=Güter“ oder „Erb=Zinß=Güter“.[462] THOMASIUS glaubte, diese deutschen Wörter „Zinß=Güter“ und „Erb=Zinß=Güter“ seien etwas anderes als „ewiges Pachtrecht“ (*emphytheutica*) im römischen Recht, obwohl viele Rechtsgelehrte alles durcheinander gebracht hätten.[463]

---

456 NESEN (Resp.) [261, S. 13] §. 37.
457 NESEN (Resp.) [261, S. 14] §. 40.
458 Nach der Übersetzung des Verfassers, s. WOLFF [319, S. 3] par. 2. cap. 1. §. 4. „*Hinc res communes dicuntur, ad quas pluribus idem jus competit.*“
459 Nach der Übersetzung des Verfassers, s. WOLFF [319, S. 3] par. 2. cap. 1. §. 5. „Res singulares aut, si mavis, res singulorum dicuntur, ad quas jus proprium cuidam competit, hoc est, ad quas homini cuidam in singulari soli jus aliquod competit.“
460 NESEN (Resp.) [261, S. 21] §. 73.
461 NESEN (Resp.) [261, S. 21] §. 75.
462 NESEN (Resp.) [261, S. 21–22] §. 75.
463 NESEN (Resp.) [261, S. 22] §. 75.

Gab es jedoch im deutschen Recht tatsächlich keine eigene Klassifikation von Sachen? Auch BEYER erklärte eine solche Einteilung nicht.[464] Dagegen legte HEINECCIUS eine deutsche Klassifikation vor.[465] Er hat außerdem das Wort „Sache" etwas anders als THOMASIUS definiert, und zwar bedeutet es bei ihm alles Seiende außer Personen.[466] HEINECCIUS wies dann aus der Überlieferung von TACITUS darauf hin, dass Germanen beispielsweise die römische Einteilung in göttliche und menschliche Sachen früher nicht gekannt hatten.[467] Auch ist es nicht zu übersehen, dass HEINECCIUS bei der Erklärung der deutschen Klassifikation der Sachen verschiedene Rechtsquellen und Rechtsgelehrte zitiert hat. Die Lage hat sich bei ENGAU nicht geändert,[468] jedoch gibt es einen interessanten Unterschied zwischen HEINECCIUS und ENGAU, das heißt, ENGAU hat das Wort „Sache" definiert: „Alles, was Vermögen werden kann, hat den Namen *Sache*."[469] Kurz gesagt definierte HEINECCIUS diesen Begriff naturwissenschaftlich, wohingegen THOMASIUS und ENGAU versuchten, ihn juristisch zu formulieren. Auf jeden Fall könnte man angesichts der Bücher der anderen deutschen Juristen vermuten, dass die obige Klassifikation, die THOMASIUS vorgeschlagen hat, seine Erfindung ist.

## 3.2 Eigentum – *dominium*

### 3.2.1 Das Eigentum im römischen Recht

Bei den Rechtsgelehrten, die sich mit römischem Recht beschäftigten, war es eine ziemlich schwierige Frage, wie man das Wort „Eigentum" (*dominium*) definieren sollte.[470]

Sie mussten zuerst die zwei Wörter „Eigentum" (*dominium*) und „Proprietät" (*proprietas*, das Recht auf Veräußerung) genau voneinander unterscheiden. Wie PRATEJUS und ZIEGLER betont haben, kann man nicht beides miteinander gleichsetzen, insofern man den Nießbrauch im römischen Recht betrachtet (Vgl. D 7.9.4, D 41.1.13.1 und C 4.19.4).[471] Es gab eine berühmte Formulierung im 16. und 17.

---

464 Vgl. dazu BEYER [20, S. 129–235].

465 HEINECCIUS [76, S. 363–388].

466 HEINECCIUS [76, S. 363] lib. 2. tit. 1. §. 1. „Res nobis hic sunt omnia, quae exsistunt, solis exceptis personis."

467 HEINECCIUS [76, S. 363] lib. 2. tit. 1. §. 1. „Prima rerum diuisio iure Romano est, quod quaedam divini, quaedam hvmani ivris esse censeantur. [...] Germani vetustissimi templis carebant, [...]".

468 ENGAU [57, S. 269] lib. 2. tit. 1. §. 3.

469 Nach der Übersetzung des Verfassers, s. ENGAU [57, S. 268] lib. 2. tit. 1. §. 1. „*Quicquid in bonis esse potest, rei uenit nomine.*"

470 Es trägt auch dazu bei, dass sich der Begriff *dominium* oder *proprietas* im römischen Recht langsam entwickelte und es auch bei Juristen in Rom keine einzige Formulierung gegeben hat. Dazu siehe KASER [88, S. 137–140].

471 PRATEJUS [142, p. 450b]; ZIEGLER [326, S. 216].

Jahrhundert:[472] „Proprietät" (*proprietas*) + „Nießbrauch" (*ususfructus*) = „Eigentum" (*dominium*). Diese Definition ist so deutlich, dass man sie ohne Mühe verstehen kann, und außerdem scheint sie alle wichtigen Rechtswirkungen des Eigentums abzudecken. Allerdings zeigt sich hier ein Problem, das heißt, wenn man die Formulierung wörtlich nimmt, dann lässt sich feststellen, dass das Eigentum kein Recht, sondern eine Kombination zweier verschiedener Rechte ist.

Man kann noch eine andere Formulierung finden und zwar kann das Eigentum auch durch den Begriff „verfügen" (*disponere*) definiert werden. Ein typisches Beispiel ist: „Eigentum ist das Recht, über eine Sache vollständig zu verfügen, insofern dies durch Gesetze nicht verboten ist (ALCIATUS ad C 2.3.20). BARTOLUS gesagt hat, dass das Eigentum das Recht sei, über eine körperliche Sache zu verfügen, insofern dies durch kein Gesetz verboten sei."[473] Auch bei dieser Definition gibt es das Problem, dass man anhand von ihr verschiedene Rechtswirkungen des Eigentums nicht so klar einteilen kann, wie es bei der ersten Formulierung der Fall ist.

### 3.2.2 Das Eigentum im Naturrecht

Mit den obigen zwei Definitionen setzten sich neuzeitliche Naturrechtslehrer auseinander. Einige davon versuchten, den Unterschied zwischen Proprietät und Eigentum zu verneinen. GROTIUS ignorierte den Unterscheid zwischen „Proprietät" (*proprietas*) und „Eigentum" (*dominium*) in seinem Buch *De jure belli ac pacis*, und schrieb einfach: „Proprietät, die Rechtsgelehrte Eigentum nennen".[474] Dieser Satz lässt allerdings Leser in Verlegenheit geraten, denn es ist kaum glaublich, dass GROTIUS von dem terminologischen Streit nichts gewusst haben soll. Auch ZIEGLER, der einen wichtigen Kommentar zu GROTIUS schrieb, machte sich Sorgen darum und kam zu dem Schluss, dass die Identifizierung nicht unangemessen sei, weil viele Juristen Eigentum und Proprietät miteinander vermischten.[475]

---

472 PRATEJUS [142, p. 450b]; *Genfer* [299, p. 809b]; SCHARD [159, p. 323b]; CALVINUS [28, p. 757b–758a]; OBERLÄNDER [136, p. 574]. Jedoch waren nicht alle Rechtsgelehrten davon überzeugt. ANGELUS [32, fol. 245va] „Proprietas proprie capitur pro dominio. Et ideo idem est dicere causa proprietatis sic causa dominii."; ANTONIUS [4, p. 540b] „Proprietarius idem est quod dominus. s. qui cuiusque rei proprietatem habet."

473 Nach der Übersetzung des Verfassers, s. SPIEGEL [177, col. 219] „Dominium, est ius de re corporali perfecte (quod salva legum prohibitione fiat [)] disponendi. Alciat. in l. traditionibus. C. de Pact. Dominium, inquit Bart. Est ius de re corporali perfecte disponendi, nisi lege prohibeamur." Vgl. auch ANGELUS [32, fol. 68vb]; PRATEJUS [142, p. 181a]; *Genfer* [299, p. 339b–p. 340a]; WEHNER [308, p. 88b–89a]; RÖSNER [153, p. 300b]; SABELLUS [155, p. 432a]; OBERLÄNDER [136, p. 228b]; HERMANN [78, p. 330b]; SVAREZ [187, S. 310].

474 Nach der Übersetzung des Verfassers, s. GROTIUS [74, S. 186] lib. 2. cap. 2. §. 1. „([...] proprietatis, quod dominium Iurisconsulti vocant, [...]".

475 ZIEGLER [326, S. 217].

Grotius hatte durch Ziegler einen großen Einfluss auf Pufendorf. Auch Pufendorf glaubte, dass es keinen Unterschied zwischen Proprietät und Eigentum gebe, und argumentierte über die Richtigkeit seiner Meinung nicht, als ob sie selbstverständlich wäre.[476] Er verwendete eine abstrakte Formulierung: „Und dann ist Proprietät bzw. Eigentum das Recht, nach dem die Substanz einer Sache einem Menschen derart gehört, dass sie im Ganzen keinem anderen in gleicher Weise gehört."[477] Diese Definition ist jedoch problematisch, weil aus ihr nicht hervorgeht, was der Eigentümer machen darf oder nicht. Zwar hat Pufendorf den wichtigsten Effekt des Eigentums genannt, nämlich das Recht zu verfügen und andere Leute davon auszuschließen,[478] aber es ist unklar, wie diese Wirkung aus der obigen Formulierung abzuleiten ist.

Die Lage bei Thomasius war komplizierter. Er folgte in seinem ersten Hauptwerk *Institutiones jurisprudentiae divinae* (1688) zum Teil Pufendorf und zwar definierte er: „Infolgedessen sollte man genauer beschreiben, dass das Eigentum das Recht ist, nach dem eine Sache zu einer Proprietät eines Menschen wird. Proprietät entsteht dann, wenn die Substanz einer Sache einem Menschen derart gehört, dass sie keinem anderen in gleicher Weise gehört."[479] Es ist hier bemerkenswert, dass Thomasius nur das Eigentum als ein Recht und die Proprietät als einen Zustand der Sache angesehen hat, wohingegen Pufendorf beides miteinander gleichgesetzt hatte. Außerdem erwähnte Thomasius seinen ursprünglichen Gedanken: „Nachdem wir uns mit dem Begriff ‚Sprache' beschäftigt haben, sollten wir thematisch zum Eigentum wechseln, weil der größte Effekt des Eigentums in der Befugnis zum Gebrauch von Sachen besteht, über die man ein bisschen ausführlicher nachdenken sollte."[480]

---

476 Pufendorf [146, S. 354] lib. 4. cap. 4. §. 2. „Sunt enim dominium et proprietas nobis unum et idem."

477 Pufendorf [146, S. 354] lib. 4. cap. 4. §. 2. „Et porro proprietas seu dominium jus, quo alicujus rei velut substantia ita ad aliquem pertinet, ut eodem modo in solidum non pertineat ad alium hominem." Ich vermute, dass Pufendorf den Begriff „verfügen" (*disponere*), den Rechtsgelehrte bei römischem Recht manchmal betont hatten, auf seine Naturrechtslehre angewandt hat. Vgl. dazu Angelus [32, fol. 68vb]; Spiegel [177, col. 219]; Pratejus [142, p. 181a]; *Genfer* [299, S. 339b–p. 340a].

478 Pufendorf [146, S. 354] lib. 4. cap. 4. §. 2. „Caeterum ea est vis dominii, ut de rebus, quae tanquam propriae ad nos pertinent, pro arbitrio nostro disponere, et ab earundem usu quosvis alios arcere possimus." Auch vgl. Pufendorf [146, S. 401] lib. 4. cap. 9. §. 1.

479 Nach der Übersetzung des Verfassers, s. Thomasius [203, S. 186] lib. 2. cap. 10. §. 37. „Quapropter rectius describitur, quod sit ius, quo res aliqua alicui est propria. Proprietas vero est, quando alicuius rei veluti substantia ita ad aliquem pertinet, ut eodem modo non pertinet ad alium."

480 Nach der Übersetzung des Verfassers, s. Thomasius [203, S. 182] lib. 2. cap. 10. §. 1. „Postquam de sermone diximus, pergendum nunc est ad dominium, cuius cum potissimum effectus in potestate utendi rebus consistat, de hac quaedam paulo altius erunt repetenda."

Die These, dass der Gebrauch für den Eigentümer am wichtigsten ist, hat sich in der Dissertation *De dominio et eius natura in genere intuitu iuris Germanici privati* (1721) anhand folgender Formulierung gezeigt: „Wenn du das Eigentum ohne die Doktrin römischen Rechts, auch ohne verschiedene Beschränkungen, die aus Regeln von bürgerlichen Rechten oder aus vereinbarten Übereinkommen entstehen, betrachten willst, dann ist die Proprietät (vom Gesichtspunkt des Eigentümers aus) die Befugnis, seine Sachen willkürlich zu benutzen und (von dem Gesichtspunkt der anderen Menschen aus) die anderen Menschen alle von dem Gebrauch auszuschließen."[481] Kurz gesagt ist das Eigentum das absolute Gebrauchsrecht.

Dazu stellt sich jedoch die Frage, ob man tatsächlich aus dem Begriff „Gebrauch" (*usus*) allein alle juristischen Wirkungen des Eigentums ableiten kann. Es ist am schwierigsten, die Veräußerung zu begründen, weil sie auf den ersten Blick etwas anderes als der Gebrauch ist. THOMASIUS legte zur Lösung dieses Problems die folgende Definition vor: „Die Befugnis der Veräußerung, das heißt, die Befugnis, einem anderen Menschen den ganzen Gebrauch der Sache für immer zu übertragen".[482] Warum kann man die zeitlich uneingeschränkte Übertragung des Gebrauchs mit der Veräußerung gleichsetzen? THOMASIUS fuhr fort: „Ich habe gesagt, dass man beurteilen sollte, dass eine Sache veräußert wird, wenn man die ganze Befugnis des Gebrauchs einem anderen für immer überträgt, denn Sachen, die [vom Übertragenden] nicht genutzt werden können, unterliegen von Natur aus dem Eigentum nicht."[483] Aufgrund dieser Argumentation besteht der Unterschied zwischen der Veräußerung und der Leihe nur darin, ob der Eigentümer einem anderen Menschen den Gebrauch seiner Sache für immer überlässt oder ihm lediglich eine Frist gewährt. Die Grenze wird besonders dann unklar, wenn man eine Sache für ziemlich lange Zeit verleiht. In diesem Fall sollte man das Eigentum als „uneigentliches Eigentum" (*dominium improprie*) bezeichnen.[484] Die These, dass das Eigentum das absolute Gebrauchsrecht sei, führte bei THOMASIUS weiter dazu, dass die „Eigentumsklage" (*rei vindicatio*) nur eine zusätzliche Folge des Eigentums sei und sich deshalb solche Juristen irren würden, die die Eigentumsklage als ein Wesen des Eigentums ansähen.[485]

Die vollkommene Definition des Eigentums wurde schließlich von WOLFF dargelegt. Er kehrte zum römischen Recht zurück und versuchte, das Veräußerungsrecht,

---

481 Nach der Übersetzung des Verfassers, s. FRANCK (Resp.) [226, S. 8–9] §. 16. „Si dominium consideres, abstrahendo a doctrina juris Romani, item a restrictionibus variis, ortis vel ex dispositione legum civilium vel ex pactis conventis, proprietas est potestas (intuitu domini) pro lubitu utendi rebus (sive corporalibus sive incorporalibus) et (intuitu reliquorum hominum) alios quoscunque ab eo usu arcendi."

482 Nach der Übersetzung des Verfassers, s. FRANCK (Resp.) [226, S. 13] §. 27. „[...] alienandi, hoc est eius usum omnem ad alium transferendi in perpetuum [...]".

483 Nach der Übersetzung des Verfassers, s. FRANCK (Resp.) [226, S. 13] §. 28. „Dixi, translata potestate omni in alium utendi re in perpetuum, rem censeri esse alienatam, quia res nullius usus natura sua non est capax dominii."

484 FRANCK (Resp.) [226, S. 14] §. 29.

485 FRANCK (Resp.) [226, S. 14] §. 30.

das man normalerweise „Proprietät“ (*proprietas*) nannte, das Gebrauchsrecht und das Vergnügungsrecht, die beide zu „Nießbrauch“ (*ususfructus*) zusammengefasst wurden, durch den Begriff „verfügen“ (*disponere*) zu vereinheitlichen. Zuerst definierte WOLFF das Eigentum: „Und das Recht bezüglich der Proprietät, über eine Sache willkürlich zu verfügen, nämlich wie es [dem Eigentümer] gefällt, wird Eigentum genannt, und derjenige, der das Eigentum über eine Sache hat, wird Eigentümer genannt.“[486] Dann legte WOLFF drei Wirkungen des Eigentums dar: „Das Eigentum umfasst drei Rechte, nämlich das Recht über die Substanz einer Sache zu verfügen, das Recht über den Nutzen einer Sache zu verfügen und das Recht über die Früchte einer Sache zu verfügen. Das erste Recht heißt Proprietät, das zweite Gebrauchsrecht und das letzte Vergnügungsrecht. Im Zusammenhang mit Gebrauchs- und Vergnügungsrecht bezeichnet man dies als Nießbrauch.“[487] Hier bekommt man ein wunderbares Ergebnis, das neuzeitliche Naturrechtsdenker erzielt haben.

### 3.2.3 Das Eigentum im deutschen Recht

Angesichts des Titels *De dominio et eius natura in genere intuitu iuris Germanici privati* (1721) stellt sich die Frage, ob THOMASIUS dabei tatsächlich deutsches Recht vorgelegt oder das Naturrecht, das die Lücke des deutschen Rechts schließt, erklärt hat. Meines Erachtens sollte man voraussetzen, dass die dort gezeigten Erklärungen in der Regel zum Naturrecht gehören, weil THOMASIUS weder durch Zitate noch durch Quellen nachgewiesen hat, dass sie aus deutschem Recht ableitbar seien.

Gab es überhaupt eine eindeutige Definition des Eigentums im deutschen Recht? Wenn man das Thema in einigen Büchern, die zur Erläuterung des deutschen Rechts geschrieben worden sind, nachschlägt, dann findet man sofort heraus, dass sich die Autoren nicht darüber einig waren. Zum Beispiel definierte BEYER: „Eigentum ist das Recht, bei dem eine Sache uns gehört, das heißt, nach dem die Sache nur uns und nicht anderen in gleicher Weise gehört, oder, wenn man klarer sagen möchte, dann ist Eigentum das Recht, andere Leute von der uns gehörenden Sache auszuschließen.“[488] Der erste Satz dieser Formulierung wurde wahrscheinlich von PUFENDORF beeinflusst. POLAC hat zwar die eigene Meinung geäußert, dass der größte Effekt des Eigentums das Recht sei Früchte einzubringen, und diese Erklärung entspricht zum Teil der Definition von THOMASIUS, aber POLAC hat gemeint, dass die

---

486 Nach der Übersetzung des Verfassers, s. WOLFF [324, S. 109] par. 2. cap. 1. §. 195. „Atque hoc jus proprium de re pro arbitrio suo disponendi, prouti scilicet sibi visum fuerit, dominium appellatur, is vero, qui dominium in re habet, dominus.“

487 WOLFF [324, S. 111] par. 2. cap. 1. §. 198 „[...] dominium involvit jus triplex, nimirum jus disponendi de substantia rei, jus disponendi de usu rei et jus disponendi de fructu rei: quorum illud proprietas, istud jus utendi, hoc denique jus fruendi dicitur. Jus utendi et fruendi conjunctim vocatur jus utendifruendi.“

488 Nach der Übersetzung des Verfassers, s. BEYER [20, S. 171] lib. 2. cap. 10. §. 1. „Dominium est jus, quo res aliqua nostra est, sive quo non eodem modo ad alium ac ad nos spectat, aut, si explicatius loqui velimus, est jus alios a re aliqua excludendi.“

wichtigste Wirkung durch eine natürliche Schlussfolgerung abgeleitet werde und es keine alten Gesetze darüber gebe.[489] ENGAU entlehnte seine Idee vermutlich aus dem gemeinen Recht: „Eigentum ist die Befugnis, über eine Sache und ihre Früchte rechtmäßig zu verfügen, und andere Leute von diesem Recht auszuschließen."[490] Auch bei HEINECCIUS lässt sich die Formulierung, die man eigentlich zur Auslegung römischen Rechts vorgelegt hat, finden, und zwar: „Deshalb war Eigentum für Deutsche das Recht über eine Sache willkürlich zu verfügen, aus ihr allen Nutzen zu ziehen, andere Leute vom Gebrauch der Sache auszuschließen, und sie außerdem von jemandem zurückzubekommen, aber nur insofern, dass diese Befugnis weder durch Gesetze noch durch Vereinbarungen eingeschränkt wird."[491] Kurz gesagt kann man keine konkreten Quellen finden, die das Eigentum innerhalb des deutschen Rechts definieren, und deswegen sollte man festhalten, dass die obige Formulierung des Eigentums, die THOMASIUS in jener Dissertation vorgelegt hat, kein deutsches Recht, sondern Naturrecht ist, das die zu dieser Thematik vorhandene Lücke in Deutschland ergänzt.

Trotzdem behauptete THOMASIUS ausdrücklich, dass es nach deutschem Recht zwei Arten gebe, auf die der Eigentümer einer anderen Person einen Teil des Gebrauchsrechts übertragen könne. Einerseits könne man einem anderen Menschen eine Sache derart verleihen, dass er sie nicht verändern dürfe, auch wenn diese Veränderung zu einer Aufwertung beitrage, und zu dieser Gruppe gehörten beispielsweise „Nießbrauch" (*ususfructus*) sowie „Miete und Pacht" (*locatio conductio*).[492] Andererseits könne man eine Sache auch in der Weise borgen, dass der Borger sie aufwerten darf, und diese Erlaubnis zeige sich z. B. beim „Erbbaurecht" (*superficies*),

---

489 POLAC [140, S. 89] lib. 2. cap. 2. §. 1. „Potissimus dominii effectus est fructuum perceptio, hi enim naturali ratione ad rei dominium spectant, ita ut cum Legibus antiquis nihil peculiare inveniatur dispositum; [...]" Er verstand unter dem Ausdruck „alte Gesetze" (*leges antiquae*) vielleicht solche Gesetze, die früher in germanischen Ländern gegolten hatten. Freilich glaubte POLAC, dass die „Eigentumsklage" (*rei vindicatio*) in *Lex Salica* festgelegt worden sei. POLAC [140, S. 89] lib. 2. cap. 2. §. 1. „Sequitur ergo alter dominii effectus, vindicatio, sive, vi cujus dominus rem suam contra quemcunque, ubi eam modo invenerit, vindicat. Pertinet huc integer titulus 39. Legis SALICAE de vestigio minando." Vgl. SCHILTER [163, S. 74–75] tit. 39.

490 Nach der Übersetzung des Verfassers, s. ENGAU [57, S. 289] lib. 2. tit. 2. §. 52. „Dominium est potestas de re quadam illiusque fructibus libere, legitime tamen, disponendi, et alios ab eodem iure excludendi."

491 Nach der Übersetzung des Verfassers, s. HEINECCIUS [76, S. 390] lib. 2. tit. 2. §. 32. „Itaque dominium Germanis fuit ius de re pro lubitu disponendi, omnem vtilitatem inde capiendi, aliosque vsu istius excludendi, quin et eamdem ab alio quocumque vindicandi, nisi ea facultas vel lege, vel conuentione, restringeretur."

492 FRANCK (Resp.) [226, S. 16] §. 36. Zwar umfasst das lateinische Wort *locatio conductio* auch den Werkvertrag und den Dienstvertrag, aber meiner Meinung nach hat THOMASIUS hier diese Verträge nicht in Betracht gezogen, weil es sich dabei nicht um Eigentum handelt.

bei der „Erbpacht“ (*emphyteusis*) und beim „Lehen“ (*feudum*).[493] Auf letztere Weise lasse sich das Eigentum in zwei Teile einteilen, nämlich in „direktes Eigentum“ (*dominium directum*), das der Eigentümer noch behalte, und in „nutzbares Eigentum“ (*dominium utile*), das der Borger bekomme. Aus diesem Grund kam THOMASIUS zu dem Schluss, dass es zwischen römischem und deutschem Recht im Nießbrauch einen Unterschied gebe, er legte jedoch eine ausführliche Erklärung zum jetzigen Zeitpunkt noch nicht dar.[494] Obwohl er offensichtlich diese Erklärung später nicht abgab, hatte er sie bereits in *Notae ad Inst.* erwähnt. Der erste Unterschied bestehe in der Übersetzung ins Deutsche und zwar werde das Wort „*ususfructus Germanicus*“ auf „Deutsche Leibe“ oder „Leibgeding“ genannt, wohingegen man normalerweise das Wort „*ususfructus Romanus*“ ins Deutsche als „völliger Gebrauch“ oder „Nießbrauch“ übersetze.[495] Dann habe der deutsche Nießbrauch seinen Ursprung im Recht an sich, der römische jedoch in Testamenten.[496] Schließlich sei der deutsche Nießbrauch ein nutzbares Eigentum, aber der römische eine Dienstbarkeit, und dies führe dazu, dass der deutsche Nießbraucher die ausgeliehene Sache aufwerten dürfe.[497] Meinten dies auch andere Juristen? BEYER erklärte, dass man nutzbares Eigentum z. B. im Lehen habe, und sich dieses Recht vom römischen Nießbrauch auf drei Arten unterscheide, das heißt, man könne von dem Besitzenden ein Grundstück zurückfordern, von dem Hinterlassenden erben und den Boden verändern.[498] Dann fügte BEYER hinzu, dass man nutzbares Eigentum als „Nießbrauch deutschen Rechts“ (*ususfructus juris Germanici*) bezeichne.[499] Da BEYER hier einige Rechtsquellen von positiven deutschen Gesetzen zitiert hat, kann man feststellen, dass THOMASIUS in jener Dissertation tatsächlich deutsches Recht erläutert hat. Auch HEINECCIUS stimmte THOMASIUS zu.[500]

### 3.2.4 Die Veräußerung im römischen Recht

Im klassischen Recht gab es drei Übertragungsweisen des Eigentums, nämlich *mancipatio*, *in iure cessio* und *traditio*. Die erste und die zweite Weise verlangten sowohl

493 FRANCK (Resp.) [226, S. 15] §. 34.
494 FRANCK (Resp.) [226, S. 16] §. 36.
495 THOMASIUS [196, S. 157].
496 THOMASIUS [196, S. 157].
497 THOMASIUS [196, S. 157–158].
498 BEYER [20, S. 172] lib. 2. cap. 10. §. 13. „2) In feudo, respectu vasalli, cui ius rem vindicandi, 2. F. 8. ad heredes transmittendi, 2. F. 23. in fin. et faciem feudi mutandi, 2. F. 28. vers. Si vasallus. competit, quae omnia usufructuario denegantur §. 3. Inst. de usufr. l. 44. et 61. ff. l. 14. C. de usufr.“
499 BEYER [20, S. 173] lib. 2. cap. 10. §. 16–17. „Non obstat, quod dotalium ususfructus vocetur ab interpretibus, [...] Eodem enim modo ususfructus dicitur, quo feudum, 2. F. 23. in fin. nempe ususfructus juris Germanici.“
500 HEINECCIUS [76, S. 391–392] lib. 2. tit. 2. §. 33. und vor allem Anm. *) „Nimirum Romanis vsusfructus erat seruitus, id est, ius in re aliena; Germanis dominium vtile. Quod adeo verum est, vt et feudum vsusfructus nomine veniat: [...]“.

vom Übertragenden als auch vom Empfangenden spezielle förmliche Handlungen und waren abstrakt, das heißt, die Gültigkeit der Übertragung hing nicht vom Veräußerungsgrund ab.[501] Dagegen erfolgte die „formfreie Übergabe" (*traditio*) nur aus einem „Rechtsgrund" (*iusta causa*) und ist deshalb kausal.[502] In der nachklassischen Zeit wurden *mancipatio* und *in iure cessio* nicht mehr verwendet und zugleich vermischte man die Eigentumsübertragung an sich mit Veräußerungsgründen, beispielsweise im Zusammenhang mit einem Kauf.[503] Während der Kaiser JUSTINIANUS *mancipatio* und *in iure cessio* weiterhin ignorierte, orientierte er sich an der klassischen Zeit, sofern man durch die formfreie Übergabe das Eigentum übertrug, die sich von Veräußerungsgründen unterschied.[504]

### 3.2.5 Die Veräußerung im Naturrecht

Neuzeitliche Naturrechtslehrer bezweifelten das Erfordernis „Übergabe" (*traditio*). GROTIUS glaubte, dass man nach dem Naturrecht ohne Übergabe etwas veräußern könne.[505] Jedoch bemühte er sich, seine Theorie möglichst an das römische Recht anzugleichen. Er wies nämlich darauf hin, dass es auch im römischen Recht viele Ausnahmen gebe, bei denen man ohne Übergabe Sachen veräußern dürfe, das heißt, (1.) wenn man bei der Veräußerung den Nießbrauch behält (C 8.53.28), (2.) wenn der Empfänger die Sache schon vor der Veräußerung besitzt (D 41.1.21.1), (3.) wenn man einem Borger oder einem Aufbewahrenden die geliehene oder aufbewahrte Sache veräußert (Inst Iust 2.1.44) und (4.) wenn man irgendwelchen Menschen etwas schenkt (D 41.1.9.7).[506] Außerdem hat GROTIUS gemeint, dass die Übergabe eine wichtige Rolle spielt, auch wenn sie kein Erfordernis für die Veräußerung ist. Diese Rolle bestehe darin, dass man den Empfänger bevorzugen solle, dem die Sache tatsächlich übergeben worden sei, wenn der Eigentümer sie zwei verschiedenen Leuten verkauft habe.[507] GROTIUS sah also die Übergabe als einen Beweis an, um die nicht eindeutige Form beim Doppelkauf zu klären.

Die Meinung von GROTIUS wurde in der nächsten Generation falsch interpretiert. Besonders ZIEGLER kritisierte, dass sich GROTIUS in Widersprüche verwickelt hätte: „Wozu trägt jedoch die Übergabe hier bei, wenn das Eigentum beim Vertrag sofort übertragen wird wie GROTIUS vorausgesetzt hat? Deshalb ist es aus Rücksicht auf diese Meinung von GROTIUS besser, dass beim Doppelkauf der erste Kauf immer zu bevorzugen ist, weil das Eigentum schon durch den ersten Kauf übertragen

---

501 KASER [88, S. 150–151].
502 KASER [88, S. 151].
503 KASER [88, S. 153].
504 KASER [88, S. 153]. Die Mankipation wurde im Justinianischen Recht sinnlos, weil Kaiser JUSTINIANUS „mankipatische Sachen" (*res mancipi*) nicht mehr kategorisierte, für die die Mankipation ausgeübt worden war. Vgl. dazu KASER [88, S. 120].
505 GROTIUS [74, S. 261] lib. 2. cap. 6. §. 1. n. 2.
506 GROTIUS [74, S. 308] lib. 2. cap. 8. §. 25.
507 GROTIUS [74, S. 349] lib. 2. cap. 12. §. 15. n. 2.

worden ist."[508] ZIEGLER vermischte das Erfordernis und den Beweis der Veräußerung miteinander. Das Missverständnis hatte auf PUFENDORF einen mittelbaren Einfluss. PUFENDORF zitierte nämlich GROTIUS und schrieb: „Hier weiß ich nicht, ob er [= GROTIUS] sich in Widersprüche verwickelt oder nicht. Zwar ist das Versprechen des Kaufs etwas anderes als der Kauf an sich. Aber er selbst hat an der gleichen Stelle behauptet, dass die Übertragung des Eigentums beim Vertrag auch ohne Übergabe sofort entstehen kann. Infolgedessen bleibt nach dem Abschluss des Verkaufs dem Verkäufer keine andere moralische Befugnis übrig, als die, die dazu beiträgt, die Sache dem Käufer in die Hand zu legen."[509] Hier zitierte PUFENDORF nicht die obige Stelle von ZIEGLER, er las sie aber sicher.[510] Diese Aussage führte dazu, dass der erste Käufer unbedingt bevorzugt werden solle, wenn der Eigentümer zwei Personen etwas verkaufe.[511]

THOMASIUS äußerte erst in dem Kommentar *Annotationes theoretico practicae in Johannis Strauchii dissertationes* (1683) seine Meinung über diese Thematik. Hier stellte er zuerst zwei Fragen, die man seiner Meinung nach vorsichtig voneinander trennen sollte: (1.) Ob die Übergabe nach dem Naturrecht „Erwerbsweise" (*modus acquirendi*) sei und (2.) ob die Übergabe nach dem Naturrecht zur Veräußerung erforderlich sei.[512] THOMASIUS zweifelte nicht daran, dass die Übergabe nach dem Naturrecht als „Erwerbsweise" (*modus acquirendi*) erfolge (Inst Iust 2.1.40).[513] Die zweite Frage ist dagegen umstritten. Wenn man eine Stelle römischen Rechts (C 2.14.20) wörtlich liest, dann gelangt man zu der Erkenntnis, dass die Übergabe

---

508 ZIEGLER [326, S. 351] ad lib. 2. cap. 12. §. 15. „Sive per traditionem, sive aliter ) At si ipso contractus momento transfertur dominium, quae est hypothesis Grotii, quorsum hic faciet traditio? Sic enim potius ex mente Grotii ex duabus venditionibus semper et ubique prior erit valitura, quippe per quam dominium jam est translatum."

509 Nach der Übersetzung des Verfassers, s. PUFENDORF [146, S. 486] lib. 5. cap. 5. §. 5. „Ubi nescio, an Is satis sibi constet. Equidem promissio de vendendo venditio non est. Ipse tamen d. l. asseruerat, dominii translationem fieri posse ipso contractus momento, etiam citra traditionem. Ergo tali venditione celebrata nihil facultatis moralis circa eam rem remanet penes venditionem, quam quod tantummodo tendit ad curandum, ut res in manus emtoris perveniat."

510 Vgl. PUFENDORF [146, S. 484] lib. 5. cap. 5. §. 3.

511 PUFENDORF [146, S. 486] lib. 5. cap. 5. §. 5. „Quod si autem quis eandem rem duobus vendiderit, ubi eadem neutri adhuc erit tradita, sine dubio praevalebit emtor, qui prior contractum inivit. Nec minus, si priori jam res fuerit tradita."

512 THOMASIUS [190, S. 74] ad diss. 6. thes. 35. „De traditione duo qvaeruntur: (1.) an traditio sit modus acqvirendi dominium de jure Gentium? (2.) an ad acqvisitionem in rebus, qvae alterius fuerunt, de jure Gentium necessaria sit traditio, an vero etiam ex sola promissione et voluntate per verba declarata dominium transire possit."

513 THOMASIUS [190, S. 74] ad diss. 6. thes. 35. „De priore nullum est dubium: [...] qvod per traditionem jure naturali res nobis acqvirantur (qvae est assertio §. 40. Inst. de R. D.)".

unbedingt erforderlich ist, jedoch dachte THOMASIUS, dass die Übergabe nur eingeführt worden sei, um die Veräußerung besser zu verdeutlichen.[514] Obwohl diese Funktion der Übergabe schon von GROTIUS geäußert worden war, kritisierte ihn THOMASIUS, denn GROTIUS habe die obigen zwei Fragen miteinander vermischt.[515] Da THOMASIUS dabei den Namen von ZIEGLER erwähnte, wurde seine vollständige Erklärung vermutlich von ZIEGLER beeinflusst.[516] THOMASIUS nahm in *Institutiones jurisprudentiae divinae* (1688) diese Diskussion auf, ohne dass er dabei jedoch GROTIUS kritisierte.[517] Auf jeden Fall stimmte THOMASIUS der Meinung von GROTIUS zu, dass die Übergabe die Veräußerung beim Doppelkauf verdeutlichen könne, und deshalb wich er in diesem Punkt von PUFENDORF ab.

WOLFF schlug eine andere Lösung vor. Zwar meinte er, dass nach dem Naturrecht die Übergabe zur Veräußerung nicht erforderlich sei,[518] aber er folgte weder der neueren Meinung von PUFENDORF, dass man den Abschluss des Vertrags mit dem Veräußerungswillen gleichsetzen könne, noch der gemilderten Aussage von GROTIUS und THOMASIUS, dass die Übergabe zum Beweis des Veräußerungswillens beitragen könne. WOLFF hielt den alltäglichen Geschäftsverkehr für wichtig und zwar sei es entscheidend, wann der Verkäufer in der Regel das Eigentum übertragen wolle. Seiner Vermutung nach habe der Verkäufer grundsätzlich die Absicht, dass er die Sache erst dann aufgeben möchte, wenn der Käufer den Preis tatsächlich bezahle.[519] Der Kaufvertrag sei deshalb auch ohne Erklärung so bedingt, dass die Veräußerung erst bei der Bezahlung entstehe. Da der innere Wille lediglich vermutet werde, können der Verkäufer und der Käufer ausdrücklich miteinander übereinkommen, den Zeitpunkt der Veräußerung zu ändern.[520] Jedoch gelte die Regel beim Tausch

---

514 THOMASIUS [190, S. 74] ad diss. 6. thes. 35. „[...] cum ita dominii translatio non ita facile probari potuisset, qvam per accessionem traditionis, lites nimium qvantum fuissent multiplicatae, qvod evitare boni est principis."

515 THOMASIUS [190, S. 74] ad diss. 6. thes. 35. „Ergo qvando Grotius l. 2. c. 8. §. 25. [...] revera legibus Romanis non contradicit, sed qvaestionem primam cum secunda confundit, cum ab eo, qvod per traditionem jure naturali res nobis acqvirantur [...] ad id, qvod naturali jure traditio ad dominii translationem praecise reqviratur, non valeat conseqventia."

516 Vgl. ZIEGLER [326, S. 293].

517 THOMASIUS [203, S. 203] lib. 2. cap. 10. §. 156–161.

518 WOLFF [324, p. 169–170] par. 2. cap. 5. §. 317. „Ex hactenus dictis intelligitur, naturaliter transferri dominium, vel ius quoddam in acceptantem, nuda volunate domini sufficienter declarata (§. 314. 316.)".

519 WOLFF [322, p. 659] par. 4. cap. 4. §. 958. „Venditor enim dat rem, ut emtor pretium rei, seu pecuniam, qua aestimatur (§. 937. 938.), consequenter non vult dare rem, nisi emtor dat pretium. Quamobrem patet eum in emtorem dominium rei venditae non transferre nisi sub hac conditione, ut pretium solvatur (§. 955.)".

520 WOLFF [321, p. 6] par. 3. cap. 1. §. 11. „A domini unice voluntate pendet, quomodo dominium sive ius quoddam suum in alterum transferre velit." Auch vgl. WOLFF [322, p. 659–660] par. 4. cap. 4. §. 960. „Quodsi vero venditor consentit in dilationem pretii, cum repugnet velle, ut dominium non transferatur, nisi pretio soluto,

nicht, das heißt, die Veräußerungen der ausgetauschten Sachen entstünden normalerweise sofort nach dem Vertragsabschluss und die Tauschenden übernähmen nur die Pflicht, sich einander die Sachen zu übergeben.[521] Worin besteht der Unterschied zwischen Kauf und Tausch? Er besteht in der Besonderheit des Geldes. WOLFF wies darauf hin, dass Geld erst dann der Gegenstand des Tausches im weiteren Sinne werden könne, wenn man nicht nur den Betrag sondern auch die zu zahlende Münze bestimme.[522] Während zu leistende Gegenstände im Tausch im engeren Sinne schon bei Vertragsabschluss klar sind, kann man im Kauf bei dem Abschluss des Vertrags noch nicht feststellen, mit welchen Münzen der Käufer bezahlt.

### 3.2.6 Die Veräußerung im deutschen Recht

Es ist schwierig zu beantworten, welches Recht THOMASIUS zu diesem Thema als deutsches Recht angesehen hat. Viele berühmte Rechtsgelehrte, z. B. SCHILTER, STRYK und HOPPE, zweifelten nicht daran, dass für das römische Recht zur Veräußerung eine Übergabe notwendig war, und es auch in Deutschland rezipiert worden war.[523] SCHILTER hat sogar darauf hingewiesen, dass diese Regel dem *Jus Longobardicum* entspricht (lib. 2. tit. 1. cap. 5.).

Meinte dies auch THOMASIUS? THOMASIUS stimmte einst dem römischen Recht hinsichtlich der Veräußerung zu. Eine Stelle, die die Vermutung nachweisen kann, zeigt sich zunächst in *Notae ad Inst.* (1712): „Eigentum wird auch durch fiktive Übergabe übertragen, wenn man z. B. einen Schlüssel übergeben hat wie Inst Iust

---

et tamen rem vendere adeoque dare emtori (§. 937.), solutione pretii in diem dilato, quoniam aliud est vendere, aliud promittere, quod vendere velis certo tenpore, proinde omnino est, ac si pecuniam numerasset adeoque pretium solvisset emtor (§. 957.), et illam mutuo eidem dedisset, seu credidisset venditor (§. 514.). Quamobrem dominium statim transit in emtorem per demonstrata n. 1. Et pecunia, qua aestimatur res vendita, quasi accepta mutuo data intelligitur emtori."

521 WOLFF [324, S. 322] par. 2. cap. 12. §. 582. „Et cum datio sit translatio dominii (§. cit.), id vero transeat in acceptantem nuda voluntate domini sufficienter declarata (§. 317.); permutatio naturaliter perficitur mutuo consensu (§. 27.), quamprimum scilicet in rem pro re tradendam consentitur, permutatio perfecta est, consequenter contrahentes sibi invicem obligantur ad res tradendas (§. 320.), quamvis mutuo consensu traditio differri possit in certum tempus (§. 314.)".

522 WOLFF [324, S. 322] par. 2. cap. 12. §. 583. „Cum in permutatione res omnes dari possint (§. 582.), pecunia vero tanquam corpus considerata, non tanquam pretium rei, aequiparetur rei; pecunia quoque numerata tanquam corpus considerata permutari potest."

523 SCHILTER [166, S. 59] ad D 41.1 §. 38. „Ad dominii translationem ius Romanum requirit TRADITIONEM, [...]"; SRTYK [182, col. 822] ad D 41.1 §. 30. „Traditione etiam transfertur dominium, modo sequentia requisita concurrant: [...]"; HOPPE [80, S. 302] ad Inst Iust 2.40 „Quae in h. §. traduntur, illa omnia adhuc in viridi sunt observantia; [...]".

2.1.44“[524] Wenn THOMASIUS geglaubt hätte, dass die Übergabe zur Veräußerung nach deutschem Recht unnötig wäre, dann hätte er diesen Satz nicht geschrieben. Jedoch gibt es in der Dissertation *De dominio et eius natura in genere intuitu iuris Germanici privati* (1721) eine andere Quelle, die andeutet, dass THOMASIUS nicht durch das römische Recht, sondern durch das Naturrecht zu diesem Schluss gekommen ist: „Wenn also der Eigentümer seine Sache veräußern möchte, dann ist es nötig, dem Empfänger den Besitz einer Sache mit einer so genügenden Erklärung zu übergeben, dass der Empfänger die Sache mit seinem Willen besitzt, sie zu behalten.“[525] Diese Aussage begründet sich auf die andere These: „Eigentum scheint vielmehr vom Besitz abzuhängen, weil es mit dem Besitz beginnt, [...]“.[526] THOMASIUS und sein Kandidat FRANCK wollten sagen, dass auch die Veräußerung von der Übergabe bzw. vom Besitz abhängt, weil der Erwerb des Eigentums damit beginnt. Diesen ganz systematischen Gedanken haben die Römer allerdings nicht gekannt und deshalb kann man relativ sicher schließen, dass THOMASIUS hier eher das Naturrecht erklärt hat als römisches Recht. Der Streit, ob man die Übergabe durch deutsches Recht oder durch Naturrecht begründen sollte, zeigte sich auch bei anderen Rechtsgelehrten. HEINECCIUS glaubte etwa, dass die Übergabe zur Veräußerung bei Deutschen schon früher förmlich erforderlich war, wenn man unbewegliche oder teure Sachen veräußern wollte.[527] Dagegen meinte ENGAU, dass die Veräußerung durch die Übergabe eine natürliche Erwerbsweise darstelle.[528]

Einige Juristen wiesen darauf hin, dass die Übergabe der Grundstücke durch „Aufgabe“ (*resignatio*) vor Gericht bestätigt werden müsse, wenn man auf deutsches positives Recht achte, nämlich auf den Sachsenspiegel (Landrecht, lib. 1. art. 34. 52. und lib. 2. art. 30., Weichbild art. 20. und 60.) und auf Lübisches Recht (lib. 3. tit. 6. art. 1. n. 3.).[529] Auch THOMASIUS erkannte diese Regel an, ohne aber Lübisches Recht zu erwähnen, und er zählte sie zu deutschem Recht, wobei er hier nur den

524 Nach der Übersetzung des Verfassers, s. THOMASIUS [196, S. 148] „Transfertur dominium etiam traditione ficta, v.g. si claves traditae sint §. 44. hic; [...]“.

525 Nach der Übersetzung des Verfassers, s. FRANCK (Resp.) [226, S. 18] §. 41. „Ergo si dominus velit rem suam alienare, necesse erit, ut possessionem rei in alium transferat cum declaratione sufficienti, ut alter possideat rem cum animo sibi habendi.“

526 FRANCK (Resp.) [226, S. 4] §. 4. „[...] videatur potius dominium a possessione dependere, quia a possessione incipit, [...]“.

527 HEINECCIUS [76, S. 423] lib. 2. tit. 3. §. 72. „Vt iam porro ad modum adquirendi deriuatiuum, puta traditionem, progrediamur: ea apud veteres Germanos sollemnissime fiebat, si bona immobilia, aliaeque res pretiosae, tradendae essent.“

528 ENGAU [57, S. 421] lib. 2. tit. 17. §. 331. „Modi, quibus adquiri potest dominium, uel naturales sunt uel ciuiles. Ad eos pertinent accessio, traditio, occupatio; ad hos uero, praescriptio et inuestitura.“

529 STRYK [182, col. 823] ad D 41.1 §. 31. „Jure autem saxonico et lubecensi intuitu rerum immobilium consensus ille privatorum non sufficit, sed actus quidam judicialis intervenire debet, quem resignationem vocare consueverunt.“; ENGAU [57, S. 427] lib. 2. tit. 17. §. 343. „Quid quod (c) in prouinciis, ubi Ius Saxonicum, aut Lubecense uiget, extraiudicialem traditionem sequi debet solemnis resignatio

Sachsenspiegel zitierte.[530] Dies ist ein Beispiel dafür, dass THOMASIUS unter dem Wort „deutsches Recht“ (*ius Germanicum*) nur solche deutschen Sitten verstanden hat, die seiner Meinung nach der Sachsenspiegel darlegt.

Die Regel „Hand wahre Hand“ ist noch heute bekannt und auch THOMASIUS hat sie in *Notae ad Inst.* erwähnt, aber er wollte die Erklärung später abgeben.[531] Er fing diese Arbeit jedoch nie an. Was verstand man damals unter obigem Sprichwort? BEYER legte die Regel im Zusammenhang mit der Eigentumsklage aus, und zwar stelle das Sprichwort eine Ausnahme von der Kraft des Eigentums dar, die eigene Sache zurückzubekommen.[532] BEYER formulierte demnach: Wenn man jemandem wissentlich seine Sache übergibt, dann kann man sie nur von diesem zurückbekommen.[533] Aus dieser Formulierung geht hervor, dass sich der Ausdruck „Hand wahre Hand“ nicht auf den Erwerb des Eigentums sondern nur auf die Beschränkung der Klage bezieht. Hier erklärte BEYER nicht, wie man die Lage des Eigentums beurteilen sollte. Seiner Meinung nach unterwirft man sich nach dem Völkergemeinrecht nicht dieser Regel,[534] und sie lässt sich auf unterschiedliche Weise in einigen positiven Rechten finden, nämlich dem Sachsenspiegel (Landrecht, lib. 2. art. 60.), dem Lübischen (lib. 3. tit. 2. art. 1. und 2.) und dem Hamburgischen Recht (lib. 2. tit. 2. art. 7.).[535] BEYER glaubte dabei, dass die Regel zur Nützlichkeit und zur Sicherheit des Handels beitrage.[536] Auch KREITTMAYR verband diese Regel mit der Eigentumsklage.[537] Die Lage, von der er ausging, war einfach: A borgt B seine

et inuestitura, [...]“ HEINECCIUS fügte auch „teure Sachen“ (*res pretiosae*) hinzu. HEINECCIUS [76, S. 423] lib. 2. tit. 3. §. 72.

530 THOMASIUS [196, S. 147].

531 THOMASIUS [196, S. 148] „Unde vetus proverbium: Hand muß Hand wahren, i.e da jemand seinen Glauben gelassen, da muß er ihn wieder suchen, de cuius tamen explicatione alibi prolixius agendi dabitur locus.“

532 BEYER [20, S. 169] lib. 2. cap. 9. §. 2.

533 BEYER [20, S. 169] lib. 2. cap. 9. §. 3. „[...] unde discimus eum, qui sciens volens alicui rem suam tradit, eam non nisi ab eodem repetere posse.“

534 BEYER [20, S. 169] lib. 2. cap. 9. §. 1.

535 BEYER [20, S. 169] lib. 2. cap. 9. §. 3–5.

536 BEYER [20, S. 170] lib. 2. cap. 9. §. 7. „Rationem hujus rei in commerciorum utilitate et securitate non abs re quaerit MEV. ad jus Lub. d. art. 2. n. 5. 6.“ MEVIUS [127, S. 61] lib. 3. art. 2. n. 5. „Non caret hoc ratione, uti non nullis visum est. Prospectum enim hac iure est commerciorum utilitati et securitati, cui Lubecensis Jurisprudentia contra merum jus laxe opitulatur, quia nempe ad summum Reipublicae, cui Leges conduntur, pertineat.“

537 KREITTMAYR [93, S. 212–213] tit. 2. cap. 2. §. 7–8. n. 2. „[D]afern aber (b) res deposita, commodata, pignorata, locata nicht mehr in jener Hand, welcher wir sie auf diese Art übergeben haben, sondern etwa schon in manibus tertii ist, so fragt sich, ob wir uns dem ungeachtet an unseren Mann, mit dem wir selbst immediate zu thun gehabt haben, actione personale halten müssen, oder gleich den Dritten, als Inhabern der Sache actione reali et vindicatoria angehen können? Die erste Meinung ist zwar dem alten teutschen Recht juxta vulgatum: Hand muß Hand

Sache und dann gibt B sie C ohne Erlaubnis. In diesem Fall stellt sich die Frage, ob A gegen C mit *rei vindicatio* klagen kann oder ob er gegen B aufgrund des Vertrages klagen muss. Manche Juristen behaupteten, dass A nur gegen B klagen könne, denn Hand müsse Hand wehren. Andere Juristen verteidigten die Regel des römischen Rechts, dass A auch gegen C *rei vindicatio* durchsetzen könne. Dagegen verstand THOMASIUS unter dem Sprichwort „Hand wahre Hand" eine spezielle Erwerbsweise, denn er erklärte: „Wenn der Eigentümer eine Sache veräußern möchte, dann muss die Sache von dem Eigentümer selbst oder von jemand anderem übergeben werden, der nach dem Willen des Eigentümers die Befugnis hat (Inst Iust 2.1.42). Man sollte diese Regel entsprechend nach deutschen Sitten ebenfalls als ein Prinzip der richtigen Vernunft beachten, weil jemand, der kein Eigentum an der Sache hat, sie niemandem veräußern kann. Allerdings ist sie durch allgemeines deutsches Recht dermaßen eingeschränkt worden, dass der Eigentümer seine bewegliche Sache nicht zurückbekommen kann, wenn er sie einem anderen als Pfand gegeben, geliehen oder irgendwie freiwillig übergeben hat und der Borger oder der Gläubiger sie noch einmal veräußert hat. (Sachsenspiegel, Landrecht, lib. 2. art. 60. und lib. 3. art. 22.; Schwabenspiegel cap. 244. §. 1.)"[538] Aus dieser Stelle geht hervor, dass das Sprichwort „Hand wahre Hand" bei THOMASIUS eine Ausnahme der Regel darstellt, dass jede bewegliche Sache nur von ihrem Eigentümer veräußert werden kann.[539]

Nun ergibt sich die Frage, ob man nach dem Völkergemeinrecht bzw. römischen Recht die Kraft des Eigentums durchsetzen kann oder sie nach dem deutschen Recht beschränken sollte. BEYER glaubte, dass die Strenge der Regel „Hand wahre Hand" durch natürliche Billigkeit abgelehnt worden sei.[540] KREITTMAYR sagte, dass bayerisches Landrecht von dem deutschen Recht abweiche,[541] das heißt, der folgende Artikel (t. 2. cap. 6. §. 21. n. 5.) legte seine Meinung dar: „Daher wenn dem Creditori das Pfand aus der Hand kommt, so kann Debitor den Pfand=Inhaber nicht mittels

---

wehren, ganz gemäß, [...] Die letztere Meinung hingegen ist in jure Romano communi mehr fundirt, und außer denen Orten, wo keine besondere Statuten darüber vorhanden sind, in foro durchaus recipirt." Zu dieser Formulierung vgl. *HRG* [45, col. 698–699] zu „Hand wahre Hand" (OGRIS).

538 Nach der Übersetzung des Verfassers, s. THOMASIUS [196, S. 148] „Si dominium transferri debet, res tradenda est a domino ipso, vel ab alio eius voluntate §. 42. h. MORIBUS itidem obtinuit regula tanquam principiis rectae rationis conveniens, quod qui dominium non habet, id in alium transferre nequeat, quae tamen communi jure Germanico limitata fuit, ut si dominus res mobiles pignori dederit vel commodaverit, vel quocunque modo volens possessionem in alium transtulerit, eas vindicare nequeat, si commodatarius aut creditor etc. eas iterum alienaverit, Jus Provinc. Sax. L. 2. art. 60. et L. 3. art. 22. Svevic. c. 244. §. 1."

539 THOMASIUS erklärte zwar in *Notae ad Pandectas* (1713) diese Regel wieder, aber er beschrieb die Lage des Eigentums nicht ausführlich. THOMASIUS [197, S. 168].

540 BEYER [20, S. 238] lib. 3. cap. 1. §. 22. und §. 27.

541 KREITTMAYR [93, S. 212–213] tit. 2. cap. 2. §. 7–8. n. 2. „[...] womit unser cod. cap. seq. 6. §. 21. n. 5. ebenfalls übereinstimmt."

gegenwärtiger Action [= *actio pignoratitia*] belangen, sondern er muß gleichwohl von Pfand=Herrschaftswegen die einem jeden Eigentümer in der Rechten vergönnten, und oben cap. 2. §. 7. 9. et seq. vorgeschriebenen Mittel und Wege [= *rei vindicatio*] an Hand nehmen." Dagegen scheinen Thomasius und Heineccius die obige deutsche Regel eingeführt zu haben.[542]

## 3.3 Besitz – *possessio*

### 3.3.1 Die Stellung des Themas

Thomasius hatte die Ansicht, eine Abhandlung „über den Besitz und solche Rechte, die aus dem Besitz entstehen" (*de possessione et iure inde oriundo*) zu verfassen, und die Abhandlung würde an die Dissertation *De dominio et ejus natura in genere intuitu juris Germanici privati* (1721) anschließen, wenn er noch weiter gelebt hätte.[543] Aber es ist nicht einfach zu beurteilen, ob Thomasius die geplante Abhandlung dem ersten Kapitel in seiner *Institutiones jurisprudentiae Germanicae* hat hinzufügen wollen. Denn er kündigte im Vorwort der Dissertation *De rerum differentiis, intuitu juris Germanici privati* (1721) an, dass er die Einteilung der Sachen, das Eigentum und seine Rechtsfolgen im ersten Kapitel ausführen werde. Dabei erwähnte Thomasius den Besitz gar nicht. Meiner Meinung nach gehört der Titel trotzdem zum ersten Kapitel, denn Thomasius hat wahrscheinlich den Besitz und die aus diesem abgeleiteten Rechte als Grundlage des Eigentums angesehen.[544]

### 3.3.2 Der Besitz im römischen Recht

Da das Thema so kompliziert ist, dass man es nicht mehr überblicken kann, möchte ich nur einige Diskussionen, die mit Thomasius etwas zu tun haben, vorstellen.[545] Laut Savigny ist der wichtigste Punkt zu diesem Thema die Einteilung zwischen „natürlichem Besitz" (*possessio naturalis*) und „bürgerlichem Besitz" (*possessio civilis*).[546] Bruns schrieb, dass es bei Glossatoren zwei Meinungen über diese Begriffe gab, die in den nachfolgenden Jahrhunderten vorherrschend blieben: „Es sind

542 Heineccius [76, S. 391] lib. 2. tit. 2. §. 32. Anm. *. „[...] 2.) aliquando facultatem vindicandi res commodatas et depositas, quae in alterius possessionem peruenerint, vti Lubecae, Hamburgi, aliisque locis, in quibus obtinet paroemia iuris: Hand mu. hand wahren: [...]".

543 Man kann den folgenden Satz in dieser Dissertation finden: „Modi acquirendi dominii singuli peculiares meditationes merentur, si prius de possessione et iure inde ori undo paulo distinctius actum fuerit, quod aliorum diligentiae relinquo." Franck (Resp.) [226, S. 22] §. 56.

544 Siehe dazu Franck (Resp.) [226, S. 4; 9; 18] §. 4., §. 18. und §. 41.

545 Überhaupt hat der Besitz zwei Ursprünge (*ius civile* und *ius honorarium*). Dies macht die Diskussion noch komplizierter. Kaser [88, S. 123].

546 Savigny [158, S. 69].

dieses die von PLACENTINUS, namentlich in ihrer Ausbildung durch BASSIANUS, und die von AZO."[547]

AZO sagte: „Es ist bekannt, dass man eine Sache auf natürliche Weise nicht nur dann besitzt, wenn man sie berührt, sondern auch dann, wenn man sie zwar nicht berührt aber sieht. Denn man erlangt den natürlichen Besitz auch durch den Gesichtssinn (D 41.2.18.2). Deshalb kommt man in diesen Besitz definitiver, wenn man die Sache in der Hand hat. Dagegen spricht man vom bürgerlichen Besitz dann, wenn man eine Sache weder berührt noch sieht. Infolgedessen glaubt man nicht, dass man eine Sache auf natürliche und zugleich bürgerliche Weise besitzen könnte."[548] Wie BRUNS bemerkt hat, hat AZO bei der Erklärung über den bürgerlichen Besitz stillschweigend vorausgesetzt, dass der Begriff „bürgerlicher Besitz" (*possessio civilis*) keine unmittelbare Detention umfasst.[549] Demnach kann man diese Meinung von AZO wie folgt formulieren:

- körperlich und geistig → natürlicher Besitz
- nur geistig → bürgerlicher Besitz

PLACENTINUS schrieb: „Es kann nämlich sein, dass jemand sowohl auf bürgerliche als auch natürliche Weise etwas besitzt, oder jemand nur auf bürgerliche Weise etwas besitzt. Dagegen kann es nicht sein, dass man etwas nur auf natürliche Weise besitzt, wenn man die Gesetze exakt beachtet und sie tatkräftig befolgt, als ob man selbst der Beklagte wäre. Siehe folgendes Beispiel: Wenn man einen Ring trägt, dann besitzt man ihn sowohl auf bürgerliche Weise, nämlich geistig, als auch auf natürliche Weise."[550] Man kann diese Erklärung in der folgenden Form zusammenfassen:[551]

547 BRUNS [25, S. 107].

548 Nach der Übersetzung des Verfassers, s. AZO [6, fol. 285rb–285va] ad C 7.32, n. 15. „Et nota quod sive aliquis sit in re: sive non sit in re rem tantum videat nihilominus dicitur possidere naturaliter: nam et naturalem acquirit propter visum: ut ff. eod. l. quod meo. §. si venditorem: ergo multomagis retinet. Civiliter autem dicitur possidere quis cum nec est in re nec res est in conspectu: et ita secundum hoc non videtur quod eodem tempore possideat quis civiliter et naturaliter: [...]".

549 BRUNS [25, S. 110] „Diese Azonische Theorie beruht nun hauptsächlich darauf, daß Azo die beiden Bestandtheile des Besitzes, animus und corpus, nicht so trennt, wie Placentin und Bassian. Er nimmt zwar natürlichen Besitz auch nur bei unmittelbarer körperlicher Detention an; allein er faßt den Willen gleich als wesentlich nothwendige Zuthat zu dieser Detention auf, und läßt daher den Civilbesitz erst dann entstehen, wenn man nach Verlust der unmittelbaren Detention noch solo animo fortbesitzt."

550 Nach der Übersetzung des Verfassers, s. PLACENTINUS [139, S. 332] ad C 7.32 „Fieri enim potest, ut quis possideat et ciuiliter et naturaliter, et ciuiliter solummodo. Vt autem quis possideat tantum naturaliter, legibus subtiliter inspectis, et ad uiuum consideratis (ut reor) esse non potest. Ecce enim siquis anulum suum habet in digito, et ciuiliter possidet, id est animo, et naturaliter."

551 BRUNS [25, S. 107].

- körperlich und geistig → bürgerlicher und natürlicher Besitz
- nur geistig → bürgerlicher Besitz

Wenn man den Streit zwischen Azo und Placentinus genau beachtet, dann stellt sich heraus, dass es sich nur um die Terminologie über körperlichen und geistigen Besitz handelt.

Dagegen vertrat Bassianus die dritte Meinung, die nur durch Zitate von Accursius und Odoferdus rekonstruiert werden konnte:[552] „Dies gilt auch bei Lehnsmännern und Erbpächtern. R. hat gesagt, dass diese beiden aufgrund des Rechts über einen bürgerlichen Besitz verfügen, weil sie Sachen berühren [= sich auf Grundstücken befinden]. Bassianus hat aber gesagt, dass sie keinen bürgerlichen Besitz haben, sondern lediglich einen natürlichen, und der Eigentümer sowohl den bürgerlichen als auch den natürlichen Besitz behält, auch wenn er auf den Markt geht. Dies geht daraus hervor, dass dem Eigentümer das *interdictum vnde vi* gewährt wird, wenn seine Heimkehr abgelehnt wird (D 43.16.1.3 und D 43.16.3.13)."[553] Besonders aus dem Abschnitt, dass „der Eigentümer sowohl den bürgerlichen als auch den natürlichen Besitz behält, auch wenn er auf den Markt geht", stellt sich heraus, dass diese Erklärung von Bassianus nicht in Einklang mit der obigen These von Azo steht. Denn laut Azo ist es unmöglich, auf natürliche und zugleich auf bürgerliche Weise etwas zu besitzen oder in Abwesenheit etwas auf natürliche Weise zu besitzen. Bei Bassianus ist es eher entscheidend, dass eine Person als Eigentümer eine Sache besitzt und dass ihm das *interdictum vnde vi* dann gewährt wird, wenn die Person davon mit Gewalt ausgeschlossen wird.

Diese Theorien verloren ihren Einfluss spätestens im 17. Jahrhundert. Schilter erwähnte sie nicht mehr und schlug eine neue Formulierung vor: „Dann entsteht dieser eigentliche Besitz selbst entweder hinsichtlich des Eigentümers oder des Rechts einer anderen Person, z. B. eines Pfandgläubigers oder eines Erbberechtigten bei der ‚Schenkung von Todes wegen' (*donatio mortis causa*), die ich später erläutern möchte. Denn im ersten Fall [= Pfandgläubiger] besitzt der Gläubiger eine Sache einer anderen Person als Garantie, aber im letzten Fall [= Erbberechtigter] besitzt jemand, der eine Sache besitzt, ausschließlich für sich selbst [= als Eigentümer]. Der erste Besitz wird natürlicher, der letzte bürgerlicher Besitz genannt."[554] Hier spielen

552 Bruns [25, S. 108] Anm. 1.

553 Nach der Übersetzung des Verfassers, s. Accursius [2, col. 412] ad D 41.2.3.5, n. g. „Item feudatarium et emphyteutam. Quos dixit R. habere ciuilem ratione iuris quod habent in re: dixit Ioan. nullam ciuilem habere, sed naturalem tantum. et dominus tam ciuilem quam naturalem retinet, etiam si ad nundinas eas. quod patet: quia datur ei interdictum vnde vi, si reuersi non admittantur: vt. I. de vi et vi ar. l. i. §. hoc. interdictum. et l. iii. §. vnde vi." Die abgewiesene Stelle „l. iii. §. Vnde vi." ist D 43.16.3.13 in der heutigen Verfassung. Vgl. Accursius [1, fol. 110ra].

554 Nach der Übersetzung des Verfassers, s. Schilter [165, S. 43–44] ad D 5.5, §. 55. „Ceterum et haec ipsa proprie dicta possessio iterum aut fit intentione dominii, aut alterius iuris, veluti pignoris, aut successionis in casum mortis, de quo infra:

die zwei Charakteristika „körperlich" (*corpore*) und „absichtlich" (*animo*) keine Rolle, vielmehr ist es entscheidend, ob man als Eigentümer etwas besitzt oder nicht. Auch STRAUCH, der auf THOMASIUS Einfluss hatte, stimmte dieser Einteilung zu: „Also entspricht bürgerlicher Besitz der Handlung eines Mannes, der sich als Eigentümer einer Sache ansieht. [...] Natürlicher Besitz entspricht der Handlung eines Mannes, der sich nicht als Eigentümer einer Sache ansieht."[555]

### 3.3.3 Der Besitz im Naturrecht

Neuzeitliche Naturrechtslehrer interessierten sich nicht besonders für den Besitz. GROTIUS erklärte ihn in *De jure belli ac pacis* nicht, obwohl er z. B. die berühmte Regel benutzte: „Unter gleichen Bedingungen ist die Lage des Besitzenden besser."[556] Ein wichtiger Grund besteht darin, dass es zwischen Staaten keinen Prozess über den Besitz gibt: „Es ist jedoch zu beachten, dass aus Völkern oder aus hohen Machthabern gewählte Vermittler nicht über den Besitz sondern über Hauptsachen urteilen müssen. Denn Prozesse über Besitz gehören zu den bürgerlichen Rechten. Nach dem Völkerrecht folgt das Recht des Besitzes dem Eigentum."[557]

Wie sollte man jedoch etwa die Regel „Unter gleichen Bedingungen ist die Lage des Besitzenden besser" anwenden, wenn man tatsächlich über den Besitz nicht urteilen kann? PUFENDORF bemerkte dieses Problem und korrigierte die obige Meinung von GROTIUS: „Obwohl es nach dem Naturrecht und Völkergemeinrecht unnötig zu sein scheint, dass jemand, der den eigenen Besitz verloren hat, zunächst die Sache sofort zurückbekommt, bis man zu einer besseren Erkenntnis über den betreffenden Fall gelangt, besonders wenn sich ein Urteil darüber sobald fällen lässt, sollte der Vermittler aber zuerst wissen, wer der Besitzende ist, um zu verstehen, wer die Beweislast tragen sollte."[558] Deshalb musste PUFENDORF im Folgenden den

posteriori enim modo creditor possidet sibi rem alienam pro securitate: priori vero si quis rem possidet, PRO SVO sibi possidet, ista vocatur possessio naturalis, haec civilis."

555 Nach der Übersetzung des Verfassers, s. STRAUCH [179, S. 74–75] diss. 6. §. 13–14. „Itaque civilis, est actus rem sibi habentis animo domini. [...] Naturalis possessio est habentis rem citra animum domini."

556 Nach der Übersetzung des Verfassers, s. GROTIUS [74, S. 575] lib. 2. cap. 23. §. 11. „Quanquam vero in causa dubia pars utraque tenetur quaerere conditiones quibus bellum vitetur, magis tamen id tenetur qui petit quam qui possidet. Ut enim in pari causa melior sit possidentis conditio, non civili tantum iuri, sed et naturali convenit."

557 Nach der Übersetzung des Verfassers, s. GROTIUS [74, S. 844] lib. 3. cap. 20. §. 48. „Illud tamen observandum est arbitros lectos a populis aut summis potestatibus de principali negotio pronuntiare debere, non de possessione. nam possessoria iudicia iuris civilis sunt: Iure gentium possidendi ius dominium sequitur."

558 Nach der Übersetzung des Verfassers, s. PUFENDORF [146, S. 547] lib. 5. cap. 13. §. 6. „Etsi jure naturae et gentium non videatur necessarium, ut qui possessione sua dejectus est, statim in eam reducatur, antequam ulterior causae cognitio

Besitz definieren. PUFENDORF versuchte, die Formulierung von AZO und die im 17. Jahrhundert vorherrschende Meinung miteinander in Einklang zu bringen, und dazu benutzte er die Begriffe „Weise“ (*modus*) und „Form“ (*forma*).[559] PUFENDORF erklärte zuerst mit Rücksicht auf die „Weise“ (*modus*) den Besitz: „Im ersten Fall spricht man von natürlichem Besitz, wenn man sich nicht nur geistig sondern auch sozusagen körperlich und tatsächlich die Sache berührt, die man stets in der Hand hält. Bürgerlichen Besitz in diesem Sinne erhält man aber geistig nur dann, wenn man die Sache bereits körperlich aufgegeben hat.“[560] Diese Erklärung entspricht deutlich der alten vorherrschenden Meinung von AZO. „Im letzteren Fall [= mit Rücksicht auf die Form] entsteht natürlicher Besitz dann, wenn man die Sache sowohl wissentlich als auch gefühlt hat, aber es keine gerechte, durch legitime Gründe bewiesene Überzeugung gibt, dass man ihr Eigentümer wäre. Bei bürgerlichem Besitz hat man dagegen nicht nur das Gefühl [sie zu besitzen] sondern auch einen überzeugenden Grund für dieses Gefühl.“[561] Man kann hier eine neue Idee finden, die SCHILTER und STRAUCH vorgelegt haben.

THOMASIUS versuchte schon 1683 im Kommentar zu STRAUCH, den Besitz einzuteilen, und folgte darin PUFENDORF, aber etwas philosophischer. Anfangs stellte er fest, dass man das Wort „Besitz“ nicht als Substanz sondern nur als „Akzidenz“ (*accidens*, das nicht Essentielle) behandeln sollte und es deshalb keinen einzigen Begriff sondern nur verschiedene Erscheinungen gebe, z. B. gerechter, ungerechter, natürlicher und bürgerlicher Besitz.[562] Dann fügte THOMASIUS hinzu, dass man sowohl natürlichen Besitz als auch bürgerlichen Besitz in zwei Untergruppen einteilen

---

suscipiatur, praesertim quando causae decisio statim sequi possit: in multis tamen controversiis arbitro prius dispiciendum, uter possessor sit, ut intelligat, cuinam potissimum probandi onus incumbat.“

559 PUFENDORF [146, p. 403] lib. 4. cap. 9. §. 7. „Per possessionem ergo intelligimus non quamvis rei detentionem, qualem v. g. custos, administrator, commodatarius, aut usufructuarius circa rem alienam habet; sed talem, quae coniuncta est cum adfectione, et animo sibi habendi. Eam dividunt in naturalem et civilem; quae divisio iterum accipitur vel de modo possidendi seu detinendi, vel de ipsa forma possessionis.“

560 Nach der Übersetzung des Verfassers, s. PUFENDORF [146, p. 403] lib. 4. cap. 9. §. 7. „Priori modo naturalis possessio dicitur, quando non animo solum, sed et corpore velut, ipsoque actu insistimus rei a nobis semel adprehensae. Civilis autem possessio hoc sensu animo duntaxat retinetur, quando quis eadem corpore iam excidit.“

561 PUFENDORF [146, p. 403] lib. 4. cap. 9. §. 7. „Posteriori modo naturalis possessio est, ubi animus quidem et affectus rem sibi habendi adest, citra tamen iustam persuasionem dominii, ex legitimo titulo conceptam. Civilis autem possessio et affectum et probabilem affectus causam obtinet; […]“.

562 THOMASIUS [190, S. 64] ad diss. 6. thes. 12. „Erunt ergo divisiones possessionis reales non eo sensu, qvasi non possint esse in uno subjecto (nam recte notant Biccius et Magnif. D. Born, unam possessionem diverso tempore et justam et injustam esse posse, qvod item procedet in naturali et civili,) sed qvod accidentia inter se iterum per alia accidentia soleant dividi realiter.“

könne, nämlich aufgrund der „Form" (*forma*) und der „Weise" (*modus*),[563] wie PUFENDORF schon erklärt hatte. THOMASIUS überließ hinsichtlich der Form des Besitzes STRAUCH die Erklärung. Dagegen legte THOMASIUS seine Meinung über die „Weise" (*modus*) des Besitzes dar, das heißt, natürlicher Besitz bedeute nun, dass ein Besitzer körperlich und tatsächlich eine Sache habe, wohingegen bürgerlicher Besitz bedeute, dass ein Besitzer ausschließlich geistig eine Sache habe.[564]

In *Notae ad Pand.* (1713) erklärte THOMASIUS den Begriff noch ausführlicher. Er hörte nun auf, alle Stellen des römischen Rechts darüber miteinander zu verbinden. Wenn man in *Digesta* einen Widerspruch finde, dann müsse man diesen der uneinheitlichen Terminologie der römischen Juristen zuschreiben.[565] Ein scheinbarer Widerspruch lässt sich besonders in der Einteilung in natürlichen und in bürgerlichen Besitz finden, aber seiner Meinung nach kann man diese Begriffe nicht auf zwei sondern auf vier Weisen formulieren. (1.) Man besitze bei natürlichem Besitz eine Sache unwissentlich, dass man über sie verfüge, wohingegen man bei bürgerlichem Besitz eine Sache wissentlich besitze. Kurz gesagt ist hier entscheidend die „Absicht für sich selbst zu besitzen" (*animus sibi habendi*).[566] Es ist bemerkenswert, dass diese Erklärung mit der Meinung von PLACENTINUS oder BASSIANUS vergleichbar ist. (2.) Der Besitz beziehe sich auch darauf, ob der Besitzende wisse, dass er nicht der Eigentümer einer Sache sei, das heißt, natürlicher Besitz sei *possessio malae fidei* und bürgerlicher sei *possessio bonae fidei*.[567] (3.) Die dritte Einteilung entspricht der obigen Einteilung, die PUFENDORF und THOMASIUS selbst früher durch den Begriff „Weise" (*modus*) erläutert haben, das heißt, wenn man eine Sache körperlich und tatsächlich habe, dann besitze man sie auf natürliche Weise, wohingegen man etwas auf bürgerliche Weise besitze, wenn man es nur geistig aufbewahren wolle.[568] (4.) Wer das „Recht an der Sache" (*ius in re*) habe, außer Eigentümer zu sein, beispielsweise die Dienstbarkeit oder das Pfand habe, verfüge über natürlichen Besitz, aber der Besitz desjenigen, der die Sache habe, mit der „Absicht Eigentümer zu sein"

---

563 THOMASIUS [190, S. 64] ad diss. 6. thes. 12.

564 THOMASIUS [190, S. 64] ad diss. 6. thes. 12. „[...] vel ratione modi possidendi, et tunc naturalis est, qvando corpore et facto ipso possessionem apprehendimus eiqve insistimus: civilis vero qvando animo retinemus possessionem (ita naturaliter aedes suas, qvi in aedibus est; civiliter vero possidet eas, qvi v.g. peregre abest) [...]".

565 THOMASIUS [197, S. 311].

566 THOMASIUS [197, S. 311] „(1.) Naturalis possessio vocatur nuda detentio rei physica, absque animo sibi habendi, civilis vero seu juridica possessio stricte dicta nudae detentioni opposita, conjuncta cum animo sibi habendi."

567 THOMASIUS [197, S. 311–312] „Atque haec posterior (2) dicitur vel naturalis, m. f. possessoris, id est, absque opinione dominii, vel civilis, domini vel b. f. possessoris conjuncta cum opinione dominii."

568 THOMASIUS [197, S. 312] „Quodsi omnes has quatuor species considerem ratione conservandae possessionis, vocatur (3) possessio naturalis, si quis actualiter rem detineat corporaliter, divilis, si quis actu rem non teneat, sed animo possideat."

(*animus dominii*), sei bürgerlicher Besitz.[569] Diese Definition ähnelt deutlich der von SCHILTER und STRAUCH vorgelegten Erklärung, die PUFENDORF und THOMASIUS durch die „Form" (*forma*) des Besitzes zusammengefasst haben.

Aus diesen Einteilungen geht nicht hervor, welche Art des Besitzes zu welcher juristischen Wirkung führt, und THOMASIUS hat dies in diesem Werk nicht erklärt. In der Dissertation *De dominio et eius natura in genere intuitu iuris Germanici privati* (1721) zeigt sich jedoch ein Beispiel, das sich teilweise auf die erste Einteilung bezieht. THOMASIUS sagte: „Deshalb ist es für die Übergabe des physischen Besitzes nicht genug, das Eigentum zu übertragen, auch wenn dieser Besitz zur Macht über den Genuss des Nutzens der Sache beiträgt, wie dies normalerweise bei der Miete, der Pacht, der Leihe usw. geschieht, jedoch ist es auch nötig, dass man die Absicht hat, das Eigentum aufzugeben. Dagegen ist es zur Veräußerung ungenügend, dass man lediglich im Geist die Absicht hat das Eigentum zu übertragen oder dies einfach verspricht, und man muss überdies den Besitz übergeben wie beim Kauf."[570] Im ersten Satz dieser Erklärung erwähnte THOMASIUS die erste Einteilung des Besitzes, und zwar ist der natürliche Besitz im ersteren Sinne, das heißt, die physische Detention zur Veräußerung, unzulänglich. Deswegen können weder Mieter, noch Pächter noch Borger das Eigentum an der Sache bekommen. Im zweiten Satz fügte THOMASIUS hinzu, dass es jedoch notwendig ist, dass der Empfänger über den Besitz der zu veräußernden Sache verfügt, um das Eigentum tatsächlich zu erlangen, allerdings ist es unklar, welchen Besitz THOMASIUS hier in Betracht gezogen hat.[571] Zwar verbindet sich die Überlassung des Besitzes mit der Veräußerung, aber diese Thematik sollte erst zukünftig behandelt werden.[572]

Bei WOLFF spielte die ausführliche Einteilung, die PUFENDORF und THOMASIUS entwickelt hatten, keine Rolle mehr, um die einander widersprechenden Regeln römischen Rechts miteinander in Einklang zu bringen. WOLFF definierte: „Die

569 THOMASIUS [197, S. 312] „Denique, quoniam possessio est modus, a quo incipiunt, et per quem conservantur jura in re, haec vero non uno eodemque modo res incorporales afficiunt, hinc dicitur (4) possessio naturalis illius rei, in qua praetendo vel habeo jus in re dominio ignobilius, v.g. servitutis, pignoris; civilis autem, cum quis possidet animo dominii, [...]".

570 Nach der Übersetzung des Verfassers, s. FRANCK (Resp.) [226, S. 18] §. 41. „Uti ergo ad translationem dominii non sufficit translatio possessionis physicae, etsi illa cunjuncta sit cum potestate utilitates rei percipiendi, (ut v.g. in locatione, commodato etc. fieri solet) sed insuper et animus abdicandi dominii requiritur, ita vice versa solus animus et intentio ac promissio transferendi dominii non sufficit ad actualem dominii translationem, sed insuper etiam requiritur translatio possessionis, ut in emtione."

571 Auf den ersten Blick könnte man meinen, dass der hier erwähnte Besitz die physikalische Detention wäre, weil der andere Besitz, den THOMASIUS im ersten Satz erklärt hat, gerade diese Detention ist. Freilich widerspricht diese Vermutung der Meinung, die er in *Notae ad Institutiones* hatte, dass auch die symbolische Übergabe zur Veräußerung ausreichend ist. Vlg. THOMASIUS [196, S. 148–149].

572 FRANCK (Resp.) [226, S. 18] §. 43.

Detention der Sache, die jemand für seine eigene Sache hält oder über die jemand andere Leute nur überzeugen möchte, als ob er der Eigentümer wäre, wird Besitz genannt, und er selbst, der diese Sache mit solcher Absicht hat, die man gebräuchlich die ‚Absicht die Sache zu behalten' (*aminus rem sibi habendi*) nennt, ist der Besitzende."[573] Aus dieser Stelle geht hervor, dass Wolff zumindest über das Naturrecht nur einen solchen Besitz anerkannt hat, der sowohl körperlich als auch geistig entsteht, und er die komplizierte Diskussion über römisches Recht ignoriert hat. Dies führt dazu, dass Wolff diesen Begriff durch das Wort „physische Macht" (*potentia physica*) charakterisiert hat.[574]

### 3.3.4 Der Besitz im deutschen Recht

Aus den obigen Erklärungen geht schon hervor, dass es bei Thomasius in deutschem Recht keine eigenen Regeln über den Besitz gegeben hat. Auch für Thomasius ging daraus hervor, dass deutsches Recht in diesem Punkt römisches Recht rezipiert habe, weil römisches Recht bei diesem Thema dem Naturrecht entspreche.[575]

Dachten auch andere Rechtsgelehrte so? Ich erwähnte schon oben, dass Schilter und Strauch ihre Erklärungen durch römisches Recht begründeten (siehe oben 3.3.2). Plac und Heineccius definierten dagegen das Wort nicht und erläuterten nur einige Schwerpunkte, z. B. wie der *bonae fidei possessor* oder der *malae fidei possessor* dem Eigentümer geerntete Früchte zurückgeben sollte.[576] Man kann demnach sagen, dass damalige Rechtsgelehrte, die sich mit deutschem Recht über den Besitz auseinandersetzten, zögerten, eine neue Idee vorzuschlagen, und lieber römischem Recht folgten.

## 3.4 Servitut – *servitus*

### 3.4.1 Die Stellung des Themas

Auch wenn das „Servitut" (*servitus*) und den „Nießbrauch" (*ususfructus*) im Rechtssystem sehr wichtig sind, ist es bei Thomasius unklar, wie er das Thema im ersten Kapitel von *Institutiones jurisprudentiae Germanicae* darlegen wollte. Man kann

---

573 Nach der Übersetzung des Verfassers, s. Wolff [324, S. 112] par. 2. cap. 1. §. 200. „Detentio rei tanquam suae, sive quis eam suam esse putet, sive saltem suam esse et ab aliis pro tali haberi velit, possessio dicitur, et qui rem eo animo (qui vulgo animus rem sibi habendi vocatur) detinet, possessor."

574 Wolff [324, S. 112] par. 2. cap. 1. §. 200. „Quamobrem cum res in potestate nostra esse dicatur, si nobis est potentia physica de ea disponendi pro arbitrio nostro, possessione res in potestate nostra constituitur, ac per consequens sine possessione dominium exerceri nequit (§. 195.)".

575 Thomasius [197, S. 311].

576 Polac [140, S. 120–121] lib. 2. cap. 11. §. 2.; Heineccius [76, S. 439] lib. 2. tit. 3. §. 92.

nur wie folgt vermuten: An der ersten Stelle steht „Sachen“ (*res*) und dann folgen „Eigentum“ (*dominium*) und „Besitz“ (*possessio*), „Pfand“ (*pignus*) kommt an sechster Stelle und „Vermehrung“ (*accessio*) folgt diesem Pfand, deswegen stehen „Servitut“ (*servitus*) und „Nießbrauch“ (*ususfructus*) an der vierten bzw. fünften Stelle. Ich möchte hier das Thema „Servitut“ (*servitus*) vor „Ersitzung“ (*usucapio*) behandeln, denn THOMASIUS hat dies in seinem Buch *Institutiones jurisprudentiae divinae* ebenso durchgeführt.[577]

### 3.4.2 Reales Servitut im römischen Recht

KASER beschreibt das Wesen des Servituts des römischen Rechts wie folgt: „Eine Sache, zumeist ein Grundstück, kann zugunsten eines Berechtigten so belastet werden, daß der jeweilige Eigentümer eine bestimmte Einwirkung des Berechtigten auf die Sache zu dulden oder eine bestimmte eigene Einwirkung zu unterlassen hat.“[578] Diese Rechtswirkungen entsprechen heute der sogenannten Dienstbarkeit.[579]

Der Unterschied zwischen „Feldservituten“ (*iura praediorum rusticorum*) und „Gebäudeservituten“ (*iura praediorum urbanorum*) wurde von den Schuljuristen der klassischen Zeit eingeführt, und die zwei Servitutenarten unterschieden sich voneinander, je nach dem landwirtschaftlichen oder städtischen Zweck.[580] Wie unten angeführt, beschäftigte sich THOMASIUS hauptsächlich mit dieser Einteilung und er fragte sich, welche Servitutenarten in Deutschland rezipiert worden waren.

### 3.4.3 Reales Servitut im Naturrecht

Neuzeitliche Naturrechtslehrer hielten sich bei diesem Thema ebenso stark wie beim Besitz an römisches Recht. GROTIUS erwähnte die Servitute von Grundstücken, als er den Unterschied zwischen dem „realen Recht“ (*ius reale*) und dem „persönlichen Recht“ (*ius personale*) erklärte, aber nicht eingehend.[581] PUFENDORF verwandte nur einen Artikel darauf: „Wenn man denjenigen, für den das Servitut aufgestellt worden ist, in Betracht zieht, dann ist es das Recht, bestimmte Gewinne oder Nutzen zu bekommen, oder das Recht, dem Eigentümer zu verbieten, die Sache auf alle Weisen zu benutzen. Wenn dagegen derjenige, der das Servitut gewährt, in Betracht kommt, dann verpflichtet er sich dabei zu dulden, dass eine andere Person aus seiner Sache Gewinne erzielt, oder sich zum Vorteil dieser Person zurückzuhalten, die Sache auf die eine oder andere Weise zu benutzen.“[582] Dieses Servitut lässt sich in zwei

577 THOMASIUS [203, S. 204–205] lib. 2. cap. 10. §. 169–171.; THOMASIUS [203, S. 207] lib. 2. cap. 10. §. 191.

578 KASER [88, S. 174].

579 KASER [88, S. 175].

580 KASER [88, S. 175].

581 GROTIUS [74, S. 31] lib. 1. cap. 1. §. 4.

582 PUFENDORF [146, S. 397] lib. 4. cap. 8. §. 6. „Servitutes, intuitu ejus, cui debentur, sunt jura certum emolumentum aut commodum ex re aliena percipiendi, aut

Arten einteilen, nämlich in „persönliches Servitut“ (*servitus personales*), das den „Nießbrauch“ (*ususfructus*), das „Gebrauchsrecht“ (*usus*), das „Wohnrecht“ (*habitatio*) und die „Arbeiten der Sklaven“ (*operae servorum*) umfasst, und in „sachliches Servitut“ (*servitus reales*),[583] das man heute unter dem deutschen Begriff Dienstbarkeit versteht.

In *Institutiones jurisprudentiae divinae* definierte THOMASIUS: „Die Übertragung der Sache entsteht entweder so, dass sie sich nur auf persönliche Pflichten richtet und derjenige, der den Gewinn der eigenen Sache zur Verfügung stellt, keine Last trägt, beispielsweise bei der Leihe, der Miete, der Pacht etc., oder so, dass eine Person in Rücksicht auf ihren Nutzen ein Sachenrecht über unsere Sache bekommt und wir Eigentümer bleiben. [...] Auf letztere Weise bezieht man sich manchmal auf die Versicherung desjenigen, der uns einen Nutzen so anbietet, dass niemand zu Schaden kommen sollte, und dieses Recht wird Hypothek oder Pfand genannt. Manchmal bezweckt man einen weiteren Nutzen, und dieses Recht wird Servitut genannt.“[584] Die Einteilung zwischen persönlichen und realen Servituten nahm auch THOMASIUS vor.[585] Er glaubte hier, dass römisches Recht der richtigen Vernunft entspreche und deswegen viele europäische Länder die Regeln des römischen Rechts auf öffentliche Probleme verwandten, und man solle nur darauf achten, einige Regeln, die nur für die Römer galten, davon zu unterscheiden.[586]

WOLFF definierte: „Wenn ein Recht über eine Sache so geschaffen wird, dass der Eigentümer der Sache für den Nutzen eines anderen Menschen etwas hinnehmen oder nicht tun sollte, dann wird dieses Recht Servitut genannt.“[587] Auch WOLFF erklärte dieses Recht nicht ausführlich und setzte sich eher mit der Unterteilung des Servitutes auseinander.[588]

---

prohibendi, ne dominus sua re omnibus modis utatur. Intuitu autem ejus, qui eas debet, sunt obligationes alteri emolumentum ex sua re concedendi, aut in alterius commodum abs certo usu suae rei abstinendi.“

583 Vgl. dazu PUFENDORF [146, S. 397–401] lib. 4. cap. 8. §. 6–12.

584 Nach der Übersetzung des Verfassers, s. THOMASIUS [203, S. 204–205] lib. 2. cap. 10. §. 168. und §. 170. „Fit vero haec translatio ita, ut saltem intendatur obligatio personalis, ac nullum onus ipsi rei commoditatem illam praebenti imponatur, quod fit v. g. in commodato, locatione etc. vel ut alter intuitu istius utilitatis ius aliquod in re nostra, salva tamen nobis manente proprietate, nascatur. [...] Quo pacto vel intenditur in specie securitas eius, qui utilitatem nobis aliquam attulit, ut indemnis servetur, et vocatur ius hypothecae vel pignoris; vel alia quaedam quaecunque utilitas, et dicitur servitus.“ Vgl. auch NESEN [260, S. 13] §. 37.

585 THOMASIUS [203, S. 205] lib. 2. cap. 10. §. 171–172.

586 THOMASIUS [203, S. 205] lib. 2. cap. 10. §. 176. Er schrieb bspw. in *Notae ad Pand.*, dass das Verzichten auf den Nießbrauch im römischen Recht der Natur entspreche. THOMASIUS [197, S. 117].

587 Nach der Übersetzung des Verfassers, s. WOLFF [324, S. 418] par. 2. cap. 15. §. 708. „Si jus in re aliena constituitur, quo ejus dominus ad alterius utilitatem aliquid pati, vel non facere tenetur, id servitus vocatur, [...]“.

588 WOLFF [324, S. 418] par. 2. cap. 15. §. 709–712.

### 3.4.4 Reales Servitut im deutschen Recht

Ebenso wie THOMASIUS über das Naturrecht glaubte, dass die Dienstbarkeit römischen Rechts in vielen Fällen gelten solle und nur einige spezielle Regeln davon ausgeschlossen werden sollten, wiederholte er diese These auch bei dem deutschen Recht.[589] Daher möchte ich lediglich feststellen, welche römischen Regeln man von deutschem Recht ausschließen oder zumindest korrigieren sollte.

#### *Die Unterschiede zwischen dem Justinianischen und dem deutschen Recht*

THOMASIUS wollte einige Regeln ablehnen, die im Justinianischen Recht deutlich geschrieben wurden oder aus denen Interpretationen entstanden. (1.) Die erste Regel zeigt sich in D 8.2.28, und zwar hat man diese Quelle interpretiert, dass das Ziel der Dienstbarkeit, die sich auf Grundstück bezieht, nicht zeitlich begrenzt sondern „zeitlich unbegrenzt“ (*perpetua*) sein muss, und etwa SCHILTER hat an diesem Erfordernis festgehalten.[590] THOMASIUS legte dagegen diese Stelle des römischen Rechts dahingehend aus, dass PAULUS unter dem lateinischen Wort *perpetua* nicht Dauerhaftigkeit sondern Natürlichkeit verstanden habe.[591]

(2.) Dann musste die Wirkung der Dienstbarkeit im römischen Recht für alle Teile des Grundstücks gelten (D 8.3.23.3). THOMASIUS kritisierte hier auch SCHILTER, der sich an das römische Recht hielt.[592]

---

589 THOMASIUS [197, S. 122–123].

590 SCHILTER [165, S. 93] ad D 8.2, §. 13. „Similiter deprehendere licet, naturam seruitutum moribus nostris etiam circa causam fuisse extensam.“ STRYK lehnte dagegen im Zusammenhang mit der Dienstbarkeit Lagerhäuser zu verbieten diese Regel ab. STRYK [181, col. 339] ad D. 8.2, §. 18. „[...] hodie vero hanc scrupulositatem de perpetuitate caussae non attendi, [...]“.

591 WINCKLER (Resp.) [294, S. 20] §. 28. „Continet Pauli doctrina evidentissime illas theses: (1.) Omnes servitutes praediorum perpetuas causas habere. (2.) Quod manu fit, perpetuam causam non habere[.] (3.) Quod ex naturali causa fit, habere perpetuam causam, [...]“ Auch vgl. THOMASIUS [197, S. 122].

592 THOMASIUS [197, S. 129]. Schon BRUNNEMANN zweifelte an den Regeln, weil sie unbillig aussähen, weil dies entgegen dem Willen des Eigentümers geschieht. BRUNNEMANN [24, S. 386b] ad D 8.3.23.3 „Qvod affirmatur hic, qvia servitus praedialis est in toto fundo tota et in qvalibet parte. Sed an hoc aeqvitati naturali conveniat, ut ex una servitute invito Domino fundi servientis fiant plures? De eo merito dubitatur.“ SCHILTER widerlegte gerade diese Erkärung und sagte, dass der Eigentümer selbst die Dienstbarkeit gewähre und deswegen es nichts gebe, was gegen den Willen des Eigentümers passiere. SCHILTER [165, S. 56a] ad D 8.2, §. 27. „Verum id neminem debet turbare. Neque enim inuito domino fundi servientis id fit, quod ipse concessit, hoc est, vt totus fundus Tusculanus gauderet seruitute hac per suum fundum: [...]“.

(3.) Die dritte Regel lautet, dass man nach dem Justinianischen Recht keine Frist über die Entstehung der Dienstbarkeit festlegen kann. THOMASIUS glaubte, dass diese Regel von Interpretatoren aus der ersten Regel abgeleitet worden sei.[593] THOMASIUS hat sie zwar ohne Erklärung abgelehnt,[594] aber der Grund ist bereits klar, weil die dritte Regel automatisch abgelehnt werden muss, wenn die erste Regel nicht richtig ist.

(4.) Außerdem kann der Eigentümer, der jemandem einen Nießbrauch anerkennt, nach dem römischen Recht keine Dienstbarkeit schaffen, auch wenn der Nießbraucher dies anerkennt (D 7.1.15.7). Diese Regel wurde nicht nur von THOMASIUS sondern auch von anderen Rechtsgelehrten abgelehnt, weil sie in der Praxis nicht beachtet wurde.[595]

(5.) Die fünfte Regel schreibt vor, dass man weder aufgrund des Wohlwollens noch aufgrund des Genusses eine Dienstbarkeit einführen darf.[596] Dies hat THOMASIUS nicht weiter ausgeführt, aber meiner Meinung nach wollte THOMASIUS sagen, dass man nach dem römischen Recht nur aus einer Notwendigkeit Dienstbarkeiten einführen kann, aber diese Beschränkung in Deutschland nicht beachtet worden ist.

(6.) Kann die Dienstbarkeit auch aus Tätigkeiten bestehen? Dieser Streit ist für *Usus modernus Pandectarum* bekannt gewesen und der Ausgangspunkt zeigt sich in D 8.1.15.1: „Das Wesen der Dienstbarkeit besteht nicht darin, daß jemand etwas tun muß, zum Beispiel daß er Grünanlagen beseitigt oder für eine angenehmere Aussicht sorgt oder zu dem gleichen Zweck für Malereien an seinem Haus, sondern daß er etwas dulden oder unterlassen muß."[597] STRYK fragte sich, ob man in Deutschland eine Dienstbarkeit, die aus Tätigkeiten bestehe, gerade deswegen einführen dürfe, weil man nach deutschem Recht aufgrund einer bloßen Vereinbarung dagegen Klage erheben könne.[598] STRYK stellte sich den Fall folgendermaßen vor: „Wenn ein Nachbar mir verspricht, dass er jedes Jahr mit Hilfe seiner Pferde das gesamte Holz befördern wird, das der Besitzende meines

---

593 WINCKLER (Resp.) [294, S. 19] §. 27. „[...] quamvis conclusio ex hac observatione oriunda, quod servitus ad tempus vel conditionem constitui nequeat, [...]".

594 THOMASIUS [197, S. 122].

595 BRUNNEMANN [24, S. 337b] ad D 7.1.15, n. 4. „Et si talis casus contingeret, dubitari posset, an juxta hanc legem spinosam, ob rationem impervestigabilem, et procul dubio scrupulosiorem, responderi debeat? imo nostris moribus non observari credo cum Dn. Groenvvegen ad h. l. in fine. Vid. Wesenb. in tit. Cod. de Servit. num. 33."; SCHILTER [165, S. 85a] ad D 7.1, §. 46.; SCHOEPFFER [170, S. 178] ad D 7.1, n. 6.

596 THOMASIUS [197, S. 122].

597 Nach der Übersetzung von BEHRENDS et al. [12, S. 668] D 8.1.15.1 „Servitutium non ea natura est, ut aliquid faciat quis, veluti viridia tollat aut amoeniorem prospectum praestet, aut in hoc ut in suo pingat, sed ut aliquid patiatur aut non faciat."

598 STRYK [181, col. 325] ad D 8.1, §. 3. „[...] inde certum est, jure civili nullam servitutem in faciendo consistere posse: sed an usu fori aliud obtineat, inde dubitatur, quod hodie pacta qualiacumque super negotio licito validam producant actionem."

Grundstücks benötigt, dann stellt sich die Frage, ob man dies nach unseren Sitten Dienstbarkeit nennen sollte oder nicht."[599] STRYK antwortete, dass diese Vereinbarung keine Dienstbarkeit sei, weil nicht ein Sachenrecht sondern nur eine Forderung aus diesem Versprechen entstehe.[600] Obwohl diese Erklärung auf den ersten Blick überzeugend aussieht, hat dagegen THOMASIUS geschrieben: „Wenn ich nämlich dir verspreche, dass ich jedes Jahr mit Hilfe meiner Pferde das gesamte Holz befördere, das du für dein Grundstück benötigst, dann stelle ich einfach fest, dass nur eine persönliche Pflicht entsteht, die mein Erbe nicht zu erfüllen hat. Wenn ich dir jedoch verspreche, dass alle, die mein Grundstück besitzen, das Holz zu befördern haben, dann finde ich keinen Grund dafür, dass keine Dienstbarkeit entstehen könnte."[601] Aus dieser Meinung geht hervor, dass THOMASIUS geglaubt hat, dass man durch ein solches Versprechen ein Sachenrecht verschaffen könne und sich alle Besitzende des betroffenen Grundstücks für diese Dienstbarkeit verpflichteten, obwohl es die berühmte Regel gibt, dass man einer dritten Person keine Pflicht auferlegen kann.[602]

(7.) Jetzt stellt sich die Frage, ob man eine Dienstbarkeit ersitzen kann. Im Justinianischen Recht zeigt sich ein Widerspruch und zwar hat ULPIANUS gesagt, dass man weder städtische noch ländliche Dienstbarkeiten ersitzen könne, weil sie unkörperliche Sachen seien und man sich keinen dauernden Besitz darüber vorstellen könne (D 8.1.14 pr). Dagegen bestimmte Kaiser JUSTINIANUS, dass man durch die

---

599 Nach der Übersetzung des Verfassers, s. STRYK [181, col. 325] ad D 8.1, §. 3. „Quapropter si vicinus mihi promittat, se suis equis omne lignum quotannis advecturum, quo possessor aedium mearum opus habet, quaeritur annon moribus nostris dici debeat servitus?".

600 STRYK [181, col. 326] ad D 8.1, §. 3. „Sed resp. ratione promissoris pactum hoc personale est, cum hic successorem singularem aedium ad facti praestationem obligare nequeat, pactum enim rem non afficit, sed personam [...]".

601 Nach der Übersetzung des Verfassers, s. THOMASIUS [197, S. 122–123] „Si enim promittam tibi, quod equis meis omne lignum quotannis advehere velim, quo in praedio tuo opus habiturus sis, facile largior, solum obligationem personalem constitutam esse, qua non teneatur successor constitutam esse, qua non teneatur successor meus singularis, in tantum, ut dubitem, an ex hac cinventione teneatur heres meus. At vero, si promiserim tibi, quod omnes possessores praedii mei lignum possessoribus tui praedii advehere debeant, nullam causam video, cur servitus non debeat esse constituta." TITIUS, dessen Abhandlung THOMASIUS hier zitierte, stand weder auf STRYK noch auf THOMASIUS, das heißt, seiner Meinung nach entstehe auch in dem ersten Fall eine Dienstbarkeit. DICEL und TITIUS [48, S. 30] §. 43. „Si vicinus promittat, quod in usum praedii nostri certam ligni quantitatem ex sylva sua equis suis advehere velit, ex hoc pacto, accedente possessione, [...] sive breviter, servitus faciendi oritur."

602 THOMASIUS [197, S. 122] „Quod hanc ultimam subtilitatem attinet, inanis est ratio, quod praedium serviens non possit aliquid facere, altera vero, quod nemo possit tertio jus et obligationem acquirere, si crude accipiatur et secundum subtilitates Romanas, etiam petit principium."

„Ersitzung nach längerer Zeit" (*longi temporis praescriptio*) Dienstbarkeiten ersitzen kann (C 7.33.12.4), nämlich zwischen Personen, die sich vor Ort befinden (= *inter praesentes*, in derselben Provinz leben), nach 10 Jahren, zwischen Personen, die sich nicht vor Ort befinden (= *inter absentes*, nicht in derselben Provinz leben), nach 20 Jahren.[603] Zwar sieht man heute diesen Widerspruch als eine historische Entwicklung des römischen Rechts an,[604] aber er ist für frühere Juristen dermaßen problematisch gewesen, dass sie ein geltendes Recht finden mussten. Laut STRYK lösten sie das Problem dadurch, dass sie die „Ersitzung nach längerer Zeit" (*longi temporis praescriptio*) auf städtische Dienstbarkeiten beschränkten und die Erklärung von ULPIANUS bei Grundstücken auf dem Land gelten solle, weil man bei städtischen Dienstbarkeiten eine bestimmte Lage dauernd bekommen könne, wohingegen man Dienstbarkeiten auf dem Land normalerweise nur zeitweise benutze.[605] Jedoch bedeute dies nicht, dass man in Deutschland keine ländliche Dienstbarkeit ersitzen könne, sondern nur, dass man darüber die „unvordenkliche Ersitzung" (*praescriptio immemorialis*) in Betracht ziehen sollte (D 43.20.3.4), und diese andere Ersitzung sei im Reichskammergericht aufgenommen worden.[606] Dagegen behauptete THOMASIUS, dass die andere noch speziellere Regel, die in Sachsen, Hamburg und Preußen gelte, deutschen Sitten entspreche, das heißt, man könne nach 31 Jahren und einem Tag Dienstbarkeiten ersitzen. THOMASIUS interpretierte hier einen Artikel des

603 KASER [88, S. 177].

604 In der klassischen Zeit wurde nämlich die *lex Scribonia*, die die Ersitzung der Dienstbarkeit anerkannte, abgeschafft (D 41.3.4.28), aber gegen Ende dieses Zeitalters begann man, an Provinzialgrundstücken *longi temporis praescriptio* anzuwenden, und schließlich erweiterte Kaiser JUSTINIANUS diese neue Regel auf alle Grundstücke. KASER [88, S. 177].

605 STRYK [182, col. 328] ad D 8.1, §. 6. „Sed si usum fori hic respiciamus, reducta ex parte, quantum ad servitutes rusticas, dispositio l. 14. ff. h. t. [...] solas continuas, sive urbanas longo tempore acquiri, per d. l. fin. c. de praescript. long. temp. non discontinuas seu rusticas, [...]".

606 STRYK [182, col. 328] ad D 8.1, §. 6. „[...] sed hic adhuc opus esse praescriptione immemoriali, per l. hoc jure 3. §. ductus aquae. 4. ff. de aq. quot. et aest. quam praxin camera imperialis recepit [...]" Die unvordenkliche Verjährung des Wegerechts wird heute in der deutschen Praxis nicht mehr anerkannt. Vgl. LUIG [118, S. 95–98]. LUIG kritisierte diese Praxis jedoch wie folgt: „Entscheidend für meine Kritik ist, daß das OLG seinem Urteil die falschen Rechtssätze zugrundegelegt hat. Ursache für diesen Fehler ist mangelndes historisches Verständnis in zweifacher Hinsicht, sowohl für die Situation des 19. Jahrhunderts, in der die heute zu beurteilende Servitutenersitzung stattgefunden haben kann, als auch für die historisch begründete soziale Aufgabe des Privatrechts im Zeitpunkt der Urteilsfällung." LUIG [118, S. 114].

Sachsenspiegels falsch und korrigierte dies später.[607] Diese Meinung von THOMASIUS reflektierte sich im *ALR* überhaupt nicht.[608]

Wenn die Person *A* schon einer Person *B* bereits einen Nießbrauch seines Grundstücks gewährt hat und die Person *A* trotzdem noch für eine weitere Person *C* eine Dienstbarkeit in Bezug auf sein Grundstück bestellen möchte, wie ist dies rechtlich möglich? In römischem Recht konnte man die Dienstbarkeit nicht bestellen, weil damals die Regel galt: „Der Inhaber des Eigentums kann nicht einmal mit Zustimmung des Nießbrauchers [das Gut] mit einer Dienstbarkeit belasten." (*proprietarius potest non consentiente usufructuario servitutem imponere*, D 7.1.15.7).[609] Dagegen glaubte THOMASIUS, dass diese Regel dem römischen Recht eigentümlich sei. Nach deutschen Sitten dürfe der Eigentümer, ohne dass das Einverständnis des Nießbrauchers vorliege, nur dann eine Dienstbarkeit bestellen, wenn ihr Inhalt vom vorhandenen Nießbrauch unabhängig sei.[610]

### *Unterschiede zwischen der städtischen und der ländlichen Dienstbarkeit*

In *Notae ad Inst.* setzte sich THOMASIUS mit der Einteilung in „städtische Dienstbarkeit" (*servitus urbana*) und „ländliche Dienstbarkeit" (*servitus rustica*) auseinander,[611] und er fragte sich, ob die drei Unterschiede zwischen diesen Dienstbarkeiten, die Interpretatoren des römischen Rechts behaupteten, tatsächlich existierten oder nicht.[612]

(1.) Der erste Unterschied besteht darin, dass die ländliche Dienstbarkeit automatisch erlöscht, wenn man die Dienstbarkeit über eine lange Zeit nicht ausübt, wohingegen es bei der städtischen Dienstbarkeit darüber hinaus noch notwendig ist, dass derjenige, dem die Dienstbarkeit bestellt worden ist, etwas machen muss,

---

607 THOMASIUS [197, S. 129]. Über die gleiche Regel legte STRYK eine andere Frist dar, nämlich 31 Jahre, 6 Wochen und 3 Tage. STRYK [182, col. 328] ad D 8.1, §. 7. SCHILTER erklärte zwar sächsisches Recht, erwähnte jedoch keine Zahl sondern nur eine „längere Zeit" (*longior spatium*) als bei römischem Recht. SCHILTER [164, S. 91b] ad D 8.1, §. 7. „Plane iure Germanico veteri, hodieque Saxonibus retento res caret difficultate, et vt longiori spatio praescriptio definita est, ita sine distinctione obtinet." Siehe auch unten 3.5.4.

608 Zu *ALR* vgl. LUIG [118, S. 105–108].

609 Nach der Übersetzung von BEHRENDS et al. [12, S. 602].

610 THOMASIUS [197, S. 128].

611 THOMASIUS [196, S. 151].

612 Hier zog THOMASIUS besonders *Tractatus de servitutibus personalibus et realibus* (1637) von WAIZENEGGER in Betracht. Vgl. WINCKLER (Resp.) [294, S. 10] §. 15. Meines Erachtens war die von THOMASIUS kritisierte Theorie in der zweiten Hälfte des 17. Jahrhunderts schon veraltet, weil SCHILTER und STRYK, die THOMASIUS oft zitierte, die Unterschiede nicht erwähnten. Vgl. SCHILTER [165, S. 91b] ad D 8.1, §. 7.; STRYK [181, S. col. 356–358] ad D 8.6, §. 2–3.

um die Dienstbarkeit aufzugeben (D 8.2.6).[613] Dagegen meinte THOMASIUS, dass man aus D 8.2.6 diesen Unterschied nicht ableiten könne.[614] Seiner Meinung nach sei es der wesentliche Fehler der alten Interpretation, dass sie den Ausdruck „nicht in jedem Fall" (*non omnimodo*) als „in keinem Fall" (*nullo modo*) ausgelegt hätten.[615] Auf jeden Fall wollte THOMASIUS über die Aufgabe der Dienstbarkeit nur diesen Unterschied ablehnen, und er fügte hinzu, dass die sonstigen Regeln, die in D 8.6 aufgenommen worden waren, auch in Deutschland täglich anzuwenden seien.[616]

(2.) Der zweite Unterschied besteht darin, dass man zwar mittels der städtischen Dienstbarkeit einen „Einspruch gegen ein neues Bauwerk" (*operis novi nunciatio*)[617] erwirken kann (D 8.2.15, D 8.5.6.1, D 8.5.6.7, D 39.1.5 pr seqq.), aber nicht aufgrund der ländlichen Dienstbarkeit (D 39.1.14).[618] Allerdings ist diese Beschränkung offensichtlich eine Interpretation der unterschiedlichen Stellen. Besonders D 43.25.1.3

613 WAIZENEGGER [306, S. 355] diss. 3. cap. 1. §. 17. „Seruitutes rusticae solo non vsu, siue sola eius, cui debentur, cessatione amittuntur. l. si partem. 19. §. 1. ff. quem admodum seruit. amit. vrbanae non pereunt solo non vsu, sed praeterea opus est facto eius, cuius praedium seruit. l. haec autom iura. 6. ff. de seruit. vrban. praed." Vgl. KASER [88, S. 178]. Hier stellt sich die schwierige Frage, wie lange die Frist dazu erforderlich sei. Eine mögliche Antwort lautet, dass die oben erwähnte Regel über die Ersitzung der Dienstbarkeit gelten solle, nämlich bei städtischen Dienstbarkeiten 10 oder 20 Jahre (= *tempus longe*), bei ländlichen *tempus immemoriale*. STRYK meinte dagegen, dass für alle Dienstbarkeiten nur *tempus longe* erforderlich sei, denn man solle immer die Freiheit beachten. STRYK [182, col. 358] ad 8.6, §. 3. „Verum cum jura nostra faveant liberationibus l. 47. ff. d. o. a. et in praxi quoque odiosae sint servitutes, non credendum est, recepta opinione, de tempore immemoriali ad praescribendam servitutem necessaria, tantum tempus etiam ad ejus amissionem exactum fuisse, cum res facilius ad pristinam libertatem redeat, et satis spatii concessum ad repetendum servitutis usum, cui 10. vel 20. anni a jure indulti sunt, [...]" THOMASIUS kritisierte die beiden Meinungen und zwar solle auch hier die einheitliche deutsche Regel angewendet werden, die er im Zusammenhang mit der *praescriptio* erklärte. THOMASIUS [197, S. 131].

614 THOMASIUS [196, S. 151–152].

615 THOMASIUS [196, S. 152]; WINCKLER (Resp.) [294, S. 17] §. 24. Vgl. die Übersetzung von BEHRENDS et al. [12, S. 671] D 8.2.6 „Auch diese Dienstbarkeiten erlöschen wie die an ländlichen Grundstücken, wenn sie eine bestimmte Zeit über nicht ausgeübt werden. Es besteht aber der Unterschied, daß sie nicht in jedem Falle durch Nichtausübung erlöschen, sondern nur dann, wenn der Nachbar zugleich die Lastenfreiheit ersitzt. [...]".

616 THOMASIUS [197, S. 131].

617 Zu diesem Einspruch siehe KASER [88, S. 144].

618 WAIZENEGGER [306, S. 355] diss. 3. cap. 1. §. 17. „Vrbanarum seruitutum nomine, opus nouum nuntiare potest is, cuius praedio debentur, vt nemo dubitat. l. de pupillo. 5. §. Et belle. l. non solum. 8. in princ. l. si priusquam. 15. ff. de nou. op. nunc. rusticarum nomine nuntiatio permissa non est ex communi ac minus periculosa DD. sententia, l. qui viam. 14. ff. de noui operis nunc. vide dissert. 1. cap. 7. num. 30."

widerspricht dieser Interpretation, wie THOMASIUS gesagt hat.[619] Dagegen brachte THOMASIUS drei Möglichkeiten zur Auslegung vor.[620] Zuerst könne es sein, dass JULIANUS in D 39.1.14 nur *servitus viae* erklärt habe und deshalb seine Erklärung keine Regel sondern nur eine Ausnahme sei.[621] Die zweite Möglichkeit zeige sich darin, dass der problematische Bau noch nicht vollendet werden müsse, um *operis novi nunciatio* zu erheben, wohingegen JULIANUS einen schon fertigen Bau in Betracht gezogen habe. Es gibt noch eine Auslegung, die THOMASIUS als seine Meinung begründet hat, nämlich dass man bei Servituten diesen Einspruch nicht gegen den Eigentümer sondern nur gegen die dritte Person durchsetzen könne und JULIANUS nur diesen Grundsatz erklärt habe (D 43.25.1.4).[622]

(3.) Schließlich stellt sich die Frage, ob man städtische Dienstbarkeiten nicht zum Pfand geben dürfe, obwohl man ländliche Dienstbarkeiten zum Pfand geben darf (D 20.1.11.3 und D 20.1.12).[623] In D 20.1.11.3 sagte MARCIANUS: „Dienstbarkeiten an städtischen Grundstücken kann man nicht zum Pfand geben; daher kann man auch nicht vereinbaren, daß sie als besitzloses Pfand haften."[624] Obwohl dieser Satz auf den ersten Blick ganz deutlich zu sein scheint, hat THOMASIUS ihn nicht für so deutlich gehalten. Seine Auslegung ging davon aus, dass es sich an dieser Stelle nicht um die Verpfändung der schon bestellten Dienstbarkeit sondern um eine Dienstbarkeit handele, die von Anfang an als Garantie der Forderung des Nachbarn bestellt werde, weil es selbstverständlich sei, dass man keine Dienstbarkeit, die schon entstehe, ohne die Veräußerung des Grundstücks veräußern könne.[625] Demnach sei hier der folgende Fall vorstellbar: Eine Person, die von ihrem Nachbarn Geld borge, bestelle für diesen Nachbarn eine Dienstbarkeit unter der Bedingung, dass diese Dienstbarkeit nur insofern existiere, solange das geborgte Geld nicht zurückbezahlt werde.[626] Warum ist eine solche Vereinbarung bei städtischen Dienstbarkeiten verboten? Nach Auslegung von THOMASIUS bestehe der Grund darin, dass die städtischen Dienstbarkeiten, die als Garantie von Forderungen entstünden,

619 THOMASIUS [196, S. 153] Vgl. ACCURSIUS [2, col. 25] ad D 39.1.14, n. r. „Sed in reali videtur contra ˜S. de ser. vrb. praed. l. inter. §. fina. et si ser. vin. l. et si forte §. i. et §. fina. et ˜I. de remis. l. i. in fi. et ˜S. eod. l. de pupillo. §. imposititiam. Sed praedicta in vrbanis seruitutibus: haec in rustica. IOAN."

620 THOMASIUS [196, S. 153–154].

621 THOMASIUS [196, S. 153].

622 WINCKLER (Resp.) [294, S. 11] §. 16.

623 WAIZENEGGER [306, S. 355] diss. 3. cap. 1. §. 17. „Rusticae pignori dari possunt, vt omnes consentiunt: vrbanae non possunt, vt vulgo probabiliter docent per text. in l. si is qui 11. §. vlt. l. sed an viae. 12. ff. de pignorib. et hyp."

624 Nach der Übersetzung von BEHRENDS et al. [13, S. 616] D 20.1.11.3 „Iura praediorum urbanorum pignori dari non possunt: igitur nec convenire possunt, ut hypothecae sint."

625 WINCKLER (Resp.) [294, S. 11–12] §. 17.

626 WINCKLER (Resp.) [294, S. 12] §. 17.

Städte belasten könnten, wenn die Dienstbarkeiten durch Bezahlung erlöschen.[627] Wenn ein Schuldner z. B. *servitus tigni immittendi* als Garantie gewährt, dann ist es für das Haus aufgrund möglicher Instabilität gefährlich, den Balken wegzuräumen, wenn der Schuldner seine Schuld getilgt hat. Aus diesem Grund könne man schließen, dass eine solche Vereinbarung nicht verboten sei, wenn es keine Gefahr gebe, Städte zu beschädigen.[628]

Da die obigen Unterschiede zwischen der städtischen und der ländlichen Dienstbarkeit im deutschen Recht nicht vorhanden seien, schloss THOMASIUS, dass die Einteilung zwischen der städtischen und der ländlichen Dienstbarkeit an sich sinnlos sei.[629] Während THOMASIUS diese berühmte Unterteilung der Dienstbarkeit verneinte, stellte er fest, dass die andere Einteilung zwischen der „positiven Dienstbarkeit“ (*servitus affirmativa*) und der „negativen Dienstbarkeit“ (*servitus negativa*) sehr nützlich sei.[630] Der wichtige Unterschied bestehe darin, dass man eine positive Dienstbarkeit nicht nur durch Versprechen und Vereinbarungen, sondern auch aufgrund der wirklichen Duldung des Nachbarn bekommen könne.[631]

### *Einzelne Arten der Dienstbarkeit*

Zwar gab es im römischen Recht verschiedene Arten der Dienstbarkeit, aber nicht alle wurden in Deutschland rezipiert. Zuerst erwähnte THOMASIUS die „Dienstbarkeit, Gewicht zu tragen“ (*servitus oneris ferendi*). Damalige Interpretatoren des römischen Rechts glaubten, dass der Eigentümer gerade aufgrund der Dienstbarkeit die Kosten für die Reparatur eines Pfeilers oder einer Wand tragen solle, wenn der Schaden nicht durch eine ungewöhnliche Tat des Nachbarn entstanden sei (D 8.2.8, D 8.2.13.1 und D 8.2.33).[632] Dagegen behauptete THOMASIUS, dass diese Verteilung der Kosten nicht aus der Dienstbarkeit sondern aus der Stipulation zwischen dem Eigentümer und dem Nachbarn abzuleiten und diese Stipulation normalerweise in Rom abzuschließen sei.[633] Seiner Meinung nach sollte diese römische Gewohnheit in

---

627 THOMASIUS [196, S. 154]; WINCKLER (Resp.) [294, S. 14–15] §. 21.

628 THOMASIUS [196, S. 155].

629 THOMASIUS [197, §. 129].

630 THOMASIUS [196, S. 155].

631 THOMASIUS [196, S. 155]. Zur Entwicklung römischen Rechts vgl. KASER [88, S. 177]. Es ist hier interessant, dass THOMASIUS die Wörter *pacti et conventiones* benutzt, anstelle des originalen römischen Ausdrucks *pacti et stipulationes*, den Kaiser JUSTINIANUS in Inst Iust 2.4.4 aufgenommen hat. Diese Umschreibung deutet an, dass man in deutschem Recht keine Stipulation benutzt und alle formlosen Vereinbarungen gültig sind. Vgl. THOMASIUS [196, S. 214–215].

632 STRYK [181, col. 330] ad D 8.2, §. 2. „[...] quam servitutem vulgo ad anomalas referunt, dum serviens contra naturam ordinariam aliquid in suo facere, h.e. suis sumptibus murum servientem reficere tenetur. [...] cum tamen alias necessitas reficiendi incumbat domino praedii dominantis.“

633 THOMASIUS [197, S. 124]; WINCKLER (Resp.) [294, S. 42–43] §. 59. „Nam praesuppono, quod servitus tigni immittendi et oneris ferendi, respectu utilitatis, quam

Deutschland nicht rezipiert werden, jedoch sei es besser, wenn der Eigentümer und der Nachbar durch eine Vereinbarung bestimmten, wie die Kosten für die Reparatur verteilt werden sollten, weil sich viele Rechtsgelehrte an diese Regel des römischen Rechts halten wollten.[634]

Dann behauptete THOMASIUS, dass die „Dienstbarkeit, fließendes Wasser zu leiten" (*servitus fluminis non recipiendi*) und die „Dienstbarkeit, tropfendes Wasser zu leiten" (*servitus stillicidii non recipiendi*) in Deutschland nur selten bestellt wurden.[635] Man benutze anstelle des Wortes *recipiendi* das andere Wort *avertendi*.[636] Deshalb sollte es der Eigentümer *A* eines Grundstücks dulden, dass sein Nachbar *B* fließendes oder tropfendes Wasser, das auf *A*s Grundstück oder auf *A*s Haus vorhanden ist, auf *B*s Grundstück leitet.[637] Laut STRYK konnte man beides etwa in Amsterdam finden, wo Wasser als wertvoll angesehen wurde.[638]

Dann wurde die „Dienstbarkeit, einen höheren Bau zu dulden" (*servitus altius tollendi*) erläutert. Rechtsgelehrte stritten damals miteinander darum, was man von dem Nachbarn durch die Dienstbarkeit, einen höheren Bau zu dulden, überhaupt verlangen konnte. CARPZOV meinte, dass man mittels dieser Dienstbarkeit den Nachbarn zwingen könne, sein Haus höher zu bauen, um z. B. starken Wind zu

---

praedio dominanti afferunt, et respectu cujus alias servitutes differentias suas specificas sortiuntur, omnino non differant. [...] Quare differebant saltem formulis, quibus mancipari solebat servitus."

634 THOMASIUS [197, S. 124]; Vgl. STRYK [181, col. 331] ad D 8.2, §. 2. „[...] nullum enim dubium est, hoc incommodum in constitutione servitutis pacto a se avertere posse servientis praedii dominum, [...]".

635 THOMASIUS [197, S. 124–125].

636 STRYK [181, col. 331–332] ad D 8.2, §. 4. „Stillicidii avertendi est, [...] quae hinc etiam dicitur servitus stillicidii recipiendi [...]".

637 STRYK [181, col. 331–332] ad D 8.2, §. 4. „E contrario servitus stillicidii non avertendi est, quando vicinus pati tenetur, ut aquam fluviatilem ex ipsius aedibus vel fundo collectam, in meum derivare possim; [...]". Über die hier genannten Rechtsmittel gab es damals einen Streit und zwar zweifelte SCHILTER daran, dass sie tatsächlich zur römischen Dienstbarkeit gehörten. Denn seiner Meinung nach habe der Eigentümer des dienenden Grundstücks keine Last übernommen und deswegen solle beides eher aus der Notwendigkeit des Eigentümers abgeleitet werden. SCHILTER [165, S. 94b] ad D 8.2, §. 18–19. „[...] vicissim dominus aedificans tenetur stillicidium tecti sui recipere in suam aream, siue non auertere in vicinum, non iure seruitutis, quae heic non consistit, sed quia ius auertendi seu immittendi in vicinum fundum non habet, seruitute non constituta, igitur naturali necessitate, quae inest dominio, non aliter potest." THOMASIUS legte diese Erklärung so aus, dass SCHILTER beweisen müsse, dass die Römer diese Art der Dienstbarkeit nicht gekannt hätten, obwohl es in D 8.2.2 den Ausdruck *non avertendi* gebe – Meines Erachtens ist es jedoch zweifelhaft, ob dies SCHILTER so behaupten wollte.

638 STRYK [181, col. 332] ad D 8.2, §. 4. „[...] vel ubi aquae purae copia nec ex puteis haberi poterit, sicut Amstelodami conspicuum est, ubi aqua pluvia in pretio habetur, [...]".

vermeiden.[639] STRYK bezweifelte diese Erklärung und kritisierte CARPZOV: „Wenn jemand, der versprochen hat sein Haus höher zu bauen, es vor der Ausführung des Baues verkauft, dann verstehe ich nicht, mit welcher Klage der einzelne Erwerber [= der Käufer] gezwungen werden könne, das Versprechen zu erfüllen."[640] Kurz gesagt sah STRYK die Vereinbarung, die sich CARPZOV als Beispiel vorgestellt hatte, als keine Dienstbarkeit sondern als ein persönliches Versprechen an. STRYK legte einen anderen Fall vor, wo es heißt, eine Person könne durch die Art dieser Dienstbarkeit den Nachbarn zwingen, zu dulden, dass sie ihr Haus höher baue, indem sie Kosten und Arbeiten trage.[641] Eine andere Möglichkeit zeige sich in C 3.34.8 und zwar werde die Freiheit, ein Haus immer höher zu bauen, aufgrund der Last des Nachbarn beschränkt und deswegen bekomme man aufgrund der Zustimmung des Nachbarn diese Dienstbarkeit, um sich von dieser Beschränkung zu befreien.[642] THOMASIUS hat einfach gesagt, dass diese Dienstbarkeit in Deutschland kaum benutzt werde, und es ist in diesem Zusammenhang wichtig, dass THOMASIUS auch die Vereinbarung, die CARPZOV erklärt hatte, als eine Dienstbarkeit anerkannt hat.[643]

Dann kommt die „Dienstbarkeit, ein Fenster einzubauen" (*servitus luminum*) zur Sprache. Hier handelt es sich nicht darum, ob man nach deutschem Recht diese Dienstbarkeit benutzt hat, sondern nur darum, ob man das eingebaute Fenster irgendwie verdecken solle, sodass man nicht in das Haus des Nachbarn hineinsehen kann. STRYK glaubte, dass man diese Pflicht nicht habe, weil dies römisches Recht nicht gebiete, obwohl es in Deutschland einige Gesetze gebe, die das festlegten.[644] THOMASIUS kritisierte dagegen gerade diese Stelle und zwar schrieb er, dass er nicht verstehen könne, warum das römische Recht deutschen Sitten, die der Billigkeit entsprächen, vorzuziehen sei.[645] Gab es in deutschem Recht auch die „Dienstbarkeit,

639 CARPZOV [31, S. 691b] par. 2. cons. 41. def. 13. n. 7. TITIUS stimmte ihm zu. DICEL und TITIUS [48, S. 27–28] §. 38.

640 Nach der Übersetzung des Verfassers, s. STRYK [181, col. 332] ad 8.2, §. 6. „Et hinc si dominus aedium, qui se altius tollere velle promisit, antequam id fecerit, illas vendat, non video, qua actione compelli possit successor singularis, ad promissum hoc adimplemendum."

641 STRYK [181, col. 333] ad D 8.2, §. 7. „[...] quod sit jus vicini aedes opera sumptuque nostris altius evehendi, ita ut vicinus hoc pati teneatur: [...]".

642 STRYK [181, col. 333] ad D 8.2, §. 8. „In vicini ergo commodum si conceptum sit statutum, hoc patientiam promittente, nascitur illa servitus; [...]" Jedoch haben sich Kaiser DIOCLETIANUS und MAXIMIANUS in dieser Quelle nicht so geäußert und deshalb kann dies wahrscheinlich als eine Vermutung von STRYK angesehen werden.

643 THOMASIUS [197, S. 125].

644 STRYK [181, col. 334] ad D 8.2, §. 10. „Negandum hoc puto, cum nullibi id exigat jus nostrum: [...] Sed cum rarior quandoque sit haec humanitatis exhibitio, statutis plerumque caveri solet, ut fenestras muniat cancellis ferreis, sicuti cautum est statutis ulmensibus d. l. §. 3. Idem constitutum est de jure prutenico l. 3. tit. 2. art. 2. §. ult."

645 THOMASIUS [197, S. 125].

den Einbau eines Fensters zu verbieten“ (bei THOMASIUS *servitus non aperiendi*, bei STRYK *servitus lumina vel fenestras non habendi*)? – Laut STRYK hätten diese Dienstbarkeit viele Rechtsgelehrte übersehen.[646] THOMASIUS glaubte, dass sie auch in Deutschland angewendet werden könne, aber nur selten.[647] Es gab außerdem die „Dienstbarkeit zur Aussicht“ (*servitus ne prospectui officiatur*), und STRYK erklärte, dass diese Dienstbarkeit besser sei als die „Dienstbarkeit zur Beleuchtung“ (*servitus ne luminibus officiatur*), weil sie auf mehrere Fälle anwendbar sei.[648] Trotz dieser Bequemlichkeit meinte THOMASIUS, dass diese Dienstbarkeit in Deutschland nicht rezipiert worden sei, weil sie deutschen Sitten nicht entspreche.[649] Auch wenn man keine Dienstbarkeit hat, den Einbau eines Fensters zu verbieten, kann man das eigene Haus irgendwie so renovieren, dass der Nachbar nicht ins Haus hineinzusehen vermag.[650] Allerdings glaubten damalige Rechtsgelehrte aufgrund Nov 63.1, dass man diesen Umbau nicht aus dem Grund des Neides, den man gegenüber dem Nachbarn hege, machen solle und der Nachbar eine spezielle Klagemöglichkeit habe, wenn man gegen dieses Verbot verstoße, nämlich die „Klage gegen den Bauenden aus Neid heraus“ (*actio contra aedificantem ex aemulatione*).[651] Dagegen behauptete THOMASIUS, dass diese Ausnahme, die viele Juristen anerkannten, nicht der richtigen Vernunft entspreche, obwohl es in Ulm ein Stadtrecht gebe, das Bürgern diese Klage gewähre.[652] Außerdem zweifelte THOMASIUS an, ob der Klagende den Neid des Nachbarn beweisen könne.[653]

Seiner Meinung nach benutzte man auch nicht oft die „Dienstbarkeit, den Bau eines Lagerhauses zu verbieten“ (*servitus horreum non habendi*),[654] auch wenn diese Dienstbarkeit 1687 in Halle durch ein Gesetz bestimmt worden war.[655]

Die „Dienstbarkeit einer Öffnung in der Außenwand“ (*servitus foraminis*) benutze man in Deutschland nicht oft, in Belgien dagegen schon.[656] Im Gegensatz zu dieser Dienstbarkeit bezweifelte THOMASIUS den Gebrauch der „Dienstbarkeit

646 STRYK [181, col. 338] ad D 8.2, §. 15.

647 THOMASIUS [197, S. 125].

648 STRYK [181, col. 339] ad D 8.2, §. 17. „Proxima servituti, ne luminibus officiatur, est illa, ne prospectui officiatur; quae in eo amplior est priori, quia omne impedimentum tollit, quod gratiorem prospectum et liberum undiquaque impedire possit; illa vero continet hoc tantum, ne lumina mea fiant obscuriora [...]“.

649 THOMASIUS [197, S. 126].

650 STRYK [181, col. 342] ad D 8.2, §. 23.; THOMASIUS [197, S. 126–127]. Weder STRYK noch THOMASIUS haben den Grund dafür erwähnt, aber er ist hinreichend, das heißt, der Eigentümer kann aufgrund des Eigentums sein Haus frei renovieren.

651 STRYK [181, col. 342] ad D 8.2, §. 23.

652 THOMASIUS [197, S. 127]. Zu diesem Stadtrecht siehe STRYK [181, col. 342] ad D 8.2, §. 23.

653 WUNDER (Resp.) [296, S. 30–32] §. 44–45.

654 THOMASIUS [197, S. 126].

655 STRYK [181, col. 339] ad D 8.2, §. 16.

656 THOMASIUS [197, S. 126].

des Abflussgrabens“ (*servitus cloacae*), stellte jedoch die Frage, ob man in den Abflussgraben Exkremente einleiten dürfe oder nicht.[657] BRUNNEMANN verbot diesen Missbrauch ohne Ausnahme.[658] THOMASIUS stimmte ihm nur teilweise zu, und zwar glaubte er, dass man hier auf die Formulierung der Dienstbarkeit achten solle, das heißt, wenn man ohne Bedingungen die Dienstbarkeit des Abflussgrabens bestelle, dann dürfe man sogar Exkremente einleiten, und er begründete diese Unterscheidung mit der Berlinischen Bau=Ordnung (Art. 12.).[659] Es ist bei der Dienstbarkeit des Abflussgrabens wichtig, dass man kein Recht hat, Exkremente an einer Mauer zu hinterlassen, damit diese dort verbleiben, weil das Ziel dieser Dienstbarkeit darin besteht, Exkremente einzuleiten und nicht zu sammeln.[660]

Über die „Dienstbarkeit der Wasserversorgung“ (*servitus aquae ductus*), die „Dienstbarkeit der Wasserschöpfung“ (*servitus aquae haustus*) und die „Dienstbarkeit das Vieh ans Wasser zu führen“ (*servitus pecoris ad aquam appulsus*) glaubte THOMASIUS, dass diese Arten in Deutschland in der Regel zur städtischen Dienstbarkeit gehörten, wohingegen sie nach römischem Recht zur ländlichen Dienstbarkeit zählten.[661]

### 3.4.5 Persönliches Servitut im römischen Recht

Der Nießbrauch im römischen Recht „gibt einer bestimmten Person das Recht, die belastete Sache, gleichgültig wer ihr Eigentümer ist, auf jede Weise, mit der er ihre Substanz nicht verändert, zu gebrauchen und von ihr Früchte zu ziehen“.[662]

### 3.4.6 Persönliches Servitut im Naturrecht

Auch bezüglich der persönlichen Servitute hielten sich die Naturrechtslehrer an das Justinianische Recht. PUFENDORF zitierte in *De jure naturae et gentium* viele Quellen des Justinianischen Rechts und führte die Einteilung der persönlichen Servitute in

657 THOMASIUS [197, S. 126].

658 BRUNNEMANN [24, S. 371a] ad D 8.1.7 „Notandum tamen, per Cloacam non licere sordes, excrementa, aliaqve foetentia ejicere, sed civiliter hac servitute utendum.“

659 THOMASIUS [197, S. 126]. Es ist schwierig, seine Schlussfolgerung nachzuvollziehen, weil er seine Auslegung des Artikels nicht geäußert hat. Das Gesetz lautet: „Gleichfals träget sich zu/ daß zweene oder mehr Nachbarn bey einander wohnen/ und daß Regenwasser/ Brunnenwasser durch des andern Hoffschiesset/ oder fliesset/ alsdann müssen die Nachbarn keine Ascherade/ Seiffwasser/ oder Blutwasser durch auß an den Ort nicht außgiessen/ sondern gebühret ihnen ein Gatter dafür zu machen.“ Vgl. STRYK [180, S. 307] diss. 5. cap. 2. n. 42. Vielleicht hat THOMASIUS den Satz „keine Ascherade/ Seiffwasser/ oder Blutwasser“ als Numerus clausus angesehen und er hat gemeint, dass nur diese drei Arten verboten sind, wenn man ohne Beschränkung eine Dienstbarkeit des Abflussgrabens aufstellt.

660 THOMASIUS [197, S. 126]. Vgl. auch STRYK [181, col. 339–340] ad D 8.2, §. 19.

661 THOMASIUS [197, S. 127].

662 KASER [88, S. 179].

„Nießbrauch" (*ususfructus*), „Gebrauchsrecht" (*usus*), „Wohnrecht" (*habitatio*) und die „Arbeiten von Sklaven" (*operae servorum*) ein.[663] Auch WOLFF wurde bei diesem Thema durch das Justinianische Recht beeinflusst. Er betrachtete bei der Erklärung des Nießbrauchs beispielsweise die Formulierung der römischen Juristen, dass das Eigentum aus dem „Nießbrauch" (*ususfructus*) und der „Proprietät" (*proprietas*, das Recht auf Veräußerung) bestehe.[664] Es ist jedoch bemerkenswert, dass WOLFF die „Arbeiten von Sklaven" (*operae servorum*) nicht zu den persönlichen Servituten zählte und diesen Dienst in der Beziehung zwischen dem Herren und seinen Sklaven regelte, nämlich in der „Herr-und-Diener-Beziehung" (*societas herilis*).[665]

### 3.4.7 Persönliches Servitut im deutschen Recht

#### *Der Nießbrauch*

Obwohl THOMASIUS in *IJD* die Regeln des römischen Rechts über den Nießbrauch anerkannte, stellte THOMASIUS in *Notae ad Inst.* plötzlich fest, dass man in Deutschland einen eigenen Nießbrauch habe, der etwas anderes als *„ususfructus"* im Justinianischen Recht sei.[666] Worin unterscheidet sich das deutsche Recht vom römischen Recht? THOMASIUS legte vier Unterschiede dar.[667]

(1.) Der erste Unterschied bestehe im Namen, das heißt, der deutsche *ususfructus* wird „Leibgeding" genannt, wohingegen der römische *ususfructus* ins Deutsche als „völliger Gebrauch" oder „Nießbrauch" übersetzt werde. Germanische Völker hätten früher keinen Nießbrauch gekannt, der durch Testamente festzustellen sei, weil es damals in Deutschland kein Testament gegeben habe. Jedoch glaubte THOMASIUS, dass auch diese Art des Nießbrauchs in Deutschland rezipiert worden sei.[668] Ob man jemandem das deutsche „Leibgeding" oder den römischen Nießbrauch gewähren wolle, stelle sich aus der Formulierung eines Testamentes heraus.[669] Wenn der Hinterlassende in seinem Testament die Phrase „das Gut auf Lebenszeit zu nutzen und zu gebrauchen", „der völlige Gebrauch des Hauses" oder „der Nießbrauch" formuliert habe, dann solle man dieses Testament so auslegen, als wolle man das römische Recht beachten. Wenn der Hinterlassende jedoch die anderen Ausdrücke „das Gut zum Leibgedinge" oder „dasselbe nach Belieben und Gefallen zu brauchen"

---

663 PUFENDORF [146, S. 397–399] lib. 4. cap. 8. §. 6–10.

664 WOLFF [324, S. 425] par. 2. cap. 15. §. 713. (siehe auch oben 3.2.1).

665 WOLFF [324, S. 585–586] par. 3. sect. 1. cap. 6. §. 947. Laut THOMASIUS gebe es über das Justinianische Recht an sich den Streit, zu welcher Kategorie der Begriff *operae servorum* gehöhre. Vgl. THOMASIUS [197, S. 119].

666 THOMASIUS [196, S. 157]. Auf die Tatsache, dass es in Deutschland spezielle Arten des Nießbrauchs gab, wurde schon von SCHILTER hingewiesen, aber er sagte nicht, dass römisches Recht darüber nicht rezipiert wurde. Vgl. SCHILTER [165, S. 76b–80b] ad D 7.1, §. 3–22.

667 THOMASIUS [196, S. 157–158].

668 THOMASIUS [196, S. 156–157]; THOMASIUS [197, S. 111–112; 115].

669 THOMASIUS [197, S. 115].

benutzt habe, dann bedeute dies, dass er darauf das deutsche Recht anwenden wolle. (2.) Dann hat das „Leibgeding“ seinen Ursprung im Gesetz, aber der römische Nießbrauch im Testament.[670] (3.) Der dritte Unterschied zeige sich darin, dass das „Leibgeding“ kein Servitut sondern ein nützliches Eigentum sei. Daraus würden drei Wirkungen, die für deutsches Recht eigentümlich seien, abgeleitet werden, das heißt, (a) wenn der deutsche Nießbraucher Samen aussäe, dann bekomme sein Erbe das Recht, die Ernte einzubringen, (b) der deutsche Nießbraucher dürfe das Grundstück, auf dem der Nießbrauch entstehe, nicht nur verwalten sondern auch im Wert steigern, und (c) deshalb werde es nicht infrage gestellt, ob der Eigentümer durch die Vereinbarung mit dem deutschen Nießbraucher eine Dienstbarkeit bestellen könne oder nicht.[671] (4.) Schließlich müsse jemand, der ein deutsches „Leibgeding“ habe, keine Kaution geben, aber der römische Nießbraucher solle diese leisten. Diese Erklärung wurde in *Notae ad Pand.* teilweise geändert. Zwar gelte sie für *ususfructus tutorius* und *dotalitium*,[672] aber man könne auch die römische Kaution verlangen, wenn man es durch Testamente oder Vereinbarungen so bestimmt habe.[673]

---

670 THOMASIUS erklärte diese These in *Notae ad Pand.* noch ausführlicher. THOMASIUS hat Quellen analysiert, in denen es sich um *ususfructus* handelt, und ist zu dem Schluss gekommen, dass fast alle ein Testament voraussetzten, durch das ein Nießbrauch festgestellt werde. Laut THOMASIUS bedeute dies, dass der römische Nießbrauch zwischen Lebenden nicht oft benutzt worden sei. THOMASIUS fügte noch ein anderes Argument hinzu, dass man D 7.2, D 7.3, D 7.4, D 7.6, D 7.9 und *quasi ususfructus* nicht gebraucht hätte, wenn man den Nießbrauch täglich benutzt hätte. THOMASIUS [197, S. 113–114].

671 THOMASIUS [197, S. 113]. Hier schrieb THOMASIUS: „an usufructuarius consentiente proprietario“, aber man sollte diesen Satz in „an proprietarius consentiente usufructuario“ korrigieren. Vgl. D 7.1.15.7 und STRYK [181, col. 304–305] ad D 7.1, §. 7.

672 Die Beobachtung des Willens des Eigentümers zeige sich auch darin, dass der Hinterlassende dem Nießbraucher die Kaution erlassen könne, obwohl Kaiser SEVERUS und Kaiser ANTONINUS (CARACALLA) diesen Erlass verneint hätten (C 3.33.1). THOMASIUS [197, S. 120]. Schon früher hielten Rechtsgelehrte diese Stelle für absurd, weil es nicht überzeugend sei, dass der Hinterlassende die Kaution über den Nießbrauch einer Sache nicht erlassen dürfe, obwohl er die Sache an sich vermachen könne. STRYK [181, col. 324] ad D 7.9, §. 4. „Et si generalia juris nostri principia attendamus, vix quicquam resistit huic remissioni; nam si testator integram proprietatem sine contradictione haeredis legare potest extraneo, cur non et usumfructum ejusdem rei, remissa cautione de re finito usufructu restinuenda?“ THOMASIUS legte diese Quelle so aus, dass die Kaiser nur den Fall, den sie dabei behandelten und der eigentlich etwas mit *quasi ususfructus* zu tun habe, in Betracht gezogen hätten und man sie nicht auf andere Fälle anwenden könne. THOMASIUS [197, S. 120–121].

673 THOMASIUS [197, S. 121]. SCHILTER stimmte mit THOMASIUS dieser Auslegung im Zusammenhang mit der *dotalitio* zu. SCHILTER [165, S. 80ab] ad D 7.2 seqq. §. 21. „Si de vsufructu iuris Germanici, falsa est consecutio. Habet enim vidua in dotalitio ius dominii vtilis simile dominio ciuili iuris Romani, quod habet maritus

*Das Gebrauchs- und Wohnrecht*

Thomasius erklärte das „Gebrauchsrecht" (*usus*) und „Wohnrecht" (*habitatio*) einfacher als den „Nießbrauch" (*ususfructus*). Seiner Meinung nach seien diese zwei persönlichen Servitute in Deutschland nicht rezipiert worden. Zunächst sagte Thomasius über *usus*, dass nicht er sondern solche Rechtsgelehrte die Beweislast tragen sollten, die den Gebrauch des römischen Gebrauchsrechts in Deutschland voraussetzten.[674]

Was das Wohnrecht betrifft, sollte man auf das Deutsche achten.[675] Wenn man jemandem „das Hauß zu bewohnen", „meine Wohnung" oder „die Wohnung" vermacht habe, dann bedeute dies nicht das Vermächtnis des Wohnrechts sondern das Vermächtnis der Wohnung an sich. Wenn man jemandem „die Wohnung des Hauses" oder „eine Wohnung im Hause" vermacht habe, dann entstehe ein Recht, darin zu wohnen, aber dieses Recht sei beschränkter als im römischen Recht. Thomasius erklärte hier nicht, wie es beschränkt war.

## 3.5 Ersitzung – *usucapio*

### 3.5.1 Die Stellung des Themas

Es ist relativ sicher, dass Thomasius in *IJG* einen Absatz über dieses Thema schreiben wollte. Denn Thomasius zählte in seinem Buch *Institutiones jurisprudentiae divinae* die Ersitzung zu einer eigenen Art des Eigentumerwerbs.[676]

### 3.5.2 Die Ersitzung im römischen Recht

„Ersitzung" (*usucapio*) war ursprünglich nach römischem Recht eine Art, Eigentum zu erwerben, und dieser Eigentumserwerb wurde deshalb früher bei anderen Völkern im Gegensatz zu den Römern nicht erwähnt.[677] Dabei ist eine Reihenfolge der Erfordernisse bekannt: „ersitzungsfähige Sache, Erwerbstitel, Redlichkeit,

---

in fundo dotali." Dagegen verteidigte Stryk die Regel im römischen Recht, aber er gestand auch ein, dass die Kaution in der Praxis kaum geleistet werde. Stryk [181, col. 322] ad D 7.9, §. 1. „[...] ita hodie eandem in foro quoque praestandam esse, nullus dubito; unde etiamvidua dotalitio gaudens ad instar usufructuariae ad hanc cautionem praestandam obligatur, [...] Non tamen diffiteor, cautionem hanc ex liberalitate ab haeredibus saepius remitti, [...]".

674 Thomasius [196, S. 158]; Thomasius [197, S. 120]. Schilter und Beyer lehnten das Gebrauchsrecht im römischen Rechts aus dem Grund ab, dass es im Deutschen keinen Unterschied zwischen dem Wort *usus* und dem Wort *ususfructus* gebe. Schilter [165, S. 88b–89a] ad D 7.8, §. 62.; Beyer [18, S. 251] ad D 7.8, n. 1–2.

675 Thomasius [196, S. 159]; Thomasius [197, S. 120].

676 Thomasius [203, S. 207] lib. 2. cap. 10. §. 191.

677 Kaser [88, S. 155–156].

Eigenbesitz und Zeitablauf“ (*res habilis, titulus, fides, possessio, tempus*).[678] Später wurden verschiedene neue Ersitzungsweisen entwickelt,[679] und sowohl im Mittelalter als auch in der Neuzeit legten Juristen Rechtsquellen falsch aus, nämlich dass es nur ein einheitliches Rechtsmittel „Präskription“ (*praescriptio*) im römischen Recht gäbe und die Ersitzung eine „erwerbende Präskription“ (*praescriptio acquisitiva*) wäre.[680] Dies beeinflusste die Naturrechtslehrer und sie bezeichneten die Ersitzung manchmal auch als Präskription.

### 3.5.3 Die Ersitzung im Naturrecht

Bei diesem Thema sollte man auf zwei Punkte achten. Der erste Punkt bezieht sich auf das Subjekt der Ersitzung. Zur Ersitzung gibt es zwei Personen, zum einen den Eigentümer, der durch die Ersitzung sein Eigentum an einer Sache verliert, und zum anderen den Besitzenden, der das Eigentum an der Sache erhält. Die Formulierung der Ersitzung hängt deshalb davon ab, welche Person man hauptsächlich in Betracht zieht. Neuzeitliche Naturrechtslehrer richteten ihr Augenmerk auf den Eigentümer, und zwar bestehe der natürliche Grund der Ersitzung darin, dass der Eigentümer das Eigentum an seiner Sache stillschweigend aufgegeben haben müsse, wenn er sie lange Zeit nicht besitze.[681] Dies bedeute, dass der Besitzende die Sache, die durch die stillschweigende Aufgabe zu einer „herrenlosen Sache“ (*res nullius*) werde, auf natürliche Weise erwerbe.[682] Obwohl diese Formulierung auf den ersten Blick einfach ist, haben die Naturrechtslehrer miteinander um einige Erfordernisse gestritten. Grotius und Thomasius gingen davon aus, dass man zur Ersitzung nur den lange andauernden Besitz brauche, um die betroffene Sache für aufgegeben zu halten.[683] Dagegen dachten Pufendorf und Wolff über die Ersitzung moralisch nach, das heißt, sie verlangten vom Besitzenden den „guten Glauben“ (*bona fides*),

---

678 Kaser [88, S. 156].

679 Vgl. dazu Kaser [88, S. 157–158].

680 Kaser [88, S. 51].

681 Grotius [74, S. 221–222] lib. 2. cap. 4. §. 5. n. 1.; Pufendorf [146, S. 431] lib. 4. cap. 12. §. 8.; Thomasius [203, S. 208] lib. 2. cap. 10. §. 194.; Wolff [324, S. 241–242] par. 2. cap. 8. §. 450.

682 Grotius [74, S. 219] lib. 2. cap. 4. tit. „De derelictione praesumta et eam secuta occupatione: [...]“; Wolff [324, S. 241–242] par. 2. cap. 8. §. 450. „[...] nimirum non quia possidet, sed quia res possessa pro re nullius habetur (§. 203.) et ab ipso occupata (§. 448.)“. Der Erwerb, der aus der Vermutung der Eigentumsaufgabe entsteht, wird *usucapio* genannt, wohingegen die Erlöschung des Rechts beim früheren Eigentümer als *praescriptio* bezeichnet wird. Pufendorf [146, S. 426] lib. 4. cap. 12. §. 1.; Wolff [324, S. 242–243] par. 2. cap. 8. §. 452.

683 Grotius [74, S. 222] lib. 2. cap. 4. §. 5. n. 3. und §. 6. „Sed ut ad derelictionem praesumendam valeat silentium, duo requiruntur, ut silentium sit scientis, et ut sit libere volentis. [...] Ut haec igitur duo adfuisse censeantur, valent et aliae coniecturae: sed temporis in utrumque magna vis est.“; Auch Pufendorf [146, S. 434–435] lib. 2. cap. 12. §. 11.; Thomasius [203, S. 208] lib. 2. cap. 10. §. 195. „Unde huius

der vom Anfang bis zum Ende des Besitzes dauern müsse, weil der Besitzende, der den Eigentümer kenne, ihm die Sache zurückgeben solle.[684]

Der zweite Punkt geht aus der Frage hervor, auf welche Fälle die natürliche Ersitzung anwendbar ist. Da GROTIUS, PUFENDORF und THOMASIUS unter dem Begriff „Naturrecht" ein solches Recht verstanden haben, das im natürlichen Zustand gelte, und dieser Zustand heute nur zwischen Völkern bzw. Staaten bestehe,[685] kommt hier nur der Fall in Betracht, wo ein Staat oder ein Volk eine Sache eines anderen Staates oder Volkes ersitzt.[686] Dies führt bei GROTIUS und THOMASIUS dazu, dass jedes Volk eine betroffene Sache ziemlich lange besitzen müsse, nämlich eine „die Erinnerung überschreitende Zeit" (*tempus memoriam excedens*), etwa hundert Jahre seien genug.[687]

---

usucapionis fere unicum requisitum est possessio alterius quieta per longissimum tempus, [...]".

684 PUFENDORF [146, S. 428] lib. 4. cap. 12. §. 3. „Jure autem Canonico etiam per omne tempus intermedium bona fides requiritur. [...] Quae sententia magis ad sanctimoniam juris naturalis videtur accedere; [...]" WOLFF [324, S. 249] par. 2. cap. 8. §. 464. Es ist ein bisschen unklar, ob diese Naturrechtslehrer sogar *iusta causa* verlangt haben oder nicht. Meines Erachtens hielt PUFENDORF vielleicht den gerechten Grund für unnötig, wohingegen WOLFF in die Ersitzung dieses Erfordernis einführte. Vgl. PUFENDORF [146, S. 434] lib. 2. cap. 12. §. 11. „Ex hisce adparet, eos quoque, qui solo jure naturae et gentium utuntur, invicem posse opponere diuturnam, non interruptam, et bona fide possessionem." und WOLFF [324, S. 245–246] par. 2. cap. 8. §. 454–456.

685 PUFENDORF [146, S. 119] lib. 2. cap. 2. §. 4. „Igitur naturalis status actu ipso nunquam extitit, nisi temperatus, [...] Atque isthoc modo temperatus hicce status, inter eos maxime, qui in civitates coiverunt, illis quidem incommodis caret, quae mero statui naturali adhaerent; et insuper amplissimi inter mortales fastigii instar habetur, totius civitatis viribus subnixum, in hisce terris neminem superiorem agnoscere." THOMASIUS [203, S. 207–208] lib. 2. cap. 10. §. 192–194. Zwar erklärte GROTIUS dies nicht ausdrücklich, aber meiner Meinung nach änderte sich die Lage nicht, weil er immer Kriege in Betrach zog. Vgl. GROTIUS [74, S. 18] proleg. 34. „Liber secundus, cum omnes causas ex quibus bellum oriri potest exponendas sumserit, [...]".

686 Dies führt bei PUFENDORF dazu, dass die Dauer eines Bürgerkrieges nicht auf die Frist, die zur Ersitzung erforderlich sei, angerechnet werden solle, weil der Staat nicht wegen der Faulheit sondern wegen der Unordnung seine verlorene Sache nicht zurückbekommen könne. PUFENDORF [146, S. 429] lib. 4. cap. 12. §. 5. „[...] Bene tamen observandum, ut antiqui domini socordia possit praesumi, necessum esse, ut tempus ad agendum fuerit velut utile, et idoneum. Inde aequissimum est, ut ad praescriptionem non valeat illud tempus, quo civitas bellum intra sua viscera habuit."

687 GROTIUS [74, S. 223] lib. 2. cap. 4. §. 7.; THOMASIUS [203, S. 208] lib. 2. cap. 10. §. 196.

### 3.5.4 Die Ersitzung im deutschen Recht

Man sollte zunächst beachten, dass es damals bei der Erläuterung von *usucapio* oder *praescriptio* zwischen „Ersitzung" und „Verjährung" kaum einen Unterschied gegeben hat, worauf PUFENDORF und WOLFF hingewiesen haben. Die Lage änderte sich auch bei THOMASIUS nicht. Das Wort *praescriptio* bedeutet nämlich nicht nur den Erwerb eines Rechts auf Eigentum oder auf Dienstbarkeit etc., sondern auch den Wegfall eines Rechts oder einer Pflicht.[688] Die Tendenz, die Ersitzung und die Verjährung einheitlich zu erklären, begann schon im Mittelalter und blieb noch bis ins späte 18. Jahrhundert bestehen, aber erst im 19. Jahrhundert endete dieser unangemessene Erklärungsversuch. Dazu trug besonders SAVIGNY bei.[689] Ich übersetze das lateinische Wort hier deshalb mit „Ersitzung" oder „Verjährung", je nachdem was THOMASIUS in Betracht gezogen hat, aber in seinen originalen Texten liest man fast immer nur das Wort *praescriptio*.

Die Rechtsgelehrten, die sich mit *Usus modernus* auseinandersetzten, teilten die römische Ersitzung bzw. Verjährung in vier grundsätzliche Kategorien ein, indem sie auf die nötige Frist achteten, nämlich in (1.) die „Ersitzung nach 3 Jahren" (*praescriptio tricennii*), in (2.) die „Ersitzung nach längerer Zeit" (*praescriptio longi temporis*), die bei Personen, die sich vor Ort befanden (= *inter praesentes*, in derselben Provinz lebten), 10 Jahre, aber bei Personen, die sich nicht vor Ort befanden (= *inter absentes*, nicht in derselben Provinz lebten), 20 Jahre benötigte, in (3.) die „Ersitzung nach der längsten Zeit" (*praescriptio longissimi temporis*), die *inter praesentes* nach 30 Jahren, aber *inter absentes* nach 40 Jahren entstand, und in (4.) die „unvordenkliche Ersitzung" (*praescriptio immemorialis temporis*). Die damaligen Juristen erklärten die Ersitzung verschiedener Sachen mit diesen vier Kategorien und dabei zeigte sich folgender Grundsatz: Man braucht bei beweglichen Sachen drei Jahre, wohingegen die Ersitzung bei unbeweglichen Sachen nach längerer Zeit gelten soll (Inst Iust 2.6 pr).[690] Dagegen verwandte man die Ersitzung nach der längsten Zeit und die unvordenkliche Ersitzung auf spezielle Fälle, z. B. (1.) wenn der Hinterlassende eine Sache besaß aber wusste, dass er kein Eigentümer war, und der Erbe sie 30 Jahre

---

688 THOMASIUS benutzte dieses Wort z. B. einerseits bei der Ersitzung von bestohlenen Sachen, andererseits bei dem Verlust des Anspruches auf eine Klage. Vgl. THOMASIUS [196, S. 161]; THOMASIUS [197, S. 313].

689 KASER [88, S. 51]. Vgl. z. B. WIESAND [313, S. 1125] ad Verjährung „Ist die Erlangung gewisser Rechte, welche iemand eine bestimmte Zeit über verübet, wodurch er entweder das Eigenthum fremder Sachen erlanget, oder sich von gewissen Pflichten und Strafen frey gemacht."

690 SCHOEPFFER [170, S. 541] ad D 41.3, n. 22. „Usucapitur res mobilis tam inter praesentes, quam absentes triennio. pr. I. h. Immobilis inter praesentes 10. inter absentes 20. annis: d. pr."; STRYK [182, col. 838] ad D 41.3, §. 4. „Quod tempus usucapionis attinet, jure romano, quod in Marchia et alibi observatur, res mobiles triennio, immobiles vero decemnii, vel vicennii lapsu acquiruntur, prout is, contra quem praescribitur, vel praesens est, vel absens, pr. j. de usucap."

lang besaß und glaubte, dass er das Eigentum des Hinterlassenden bekommen hätte (D 44.3.11), (2.) wenn man eine solche Sache 30 Jahre lang besaß, die von einem anderen gestohlen wurde, (3.) wenn eine Person wissentlich eine Sache, die einer anderen Person gehörte, besaß und sie einer dritten Person ohne Erlaubnis des Eigentümers übergab (30 Jahre, Nov 119.7), (4.) wenn die Gegenstände früher den noch nicht freigelassenen Kindern gehörten (30 Jahre, *Liber Authenticorum* col. 4. tit. 1. cap. 24.), (5.) wenn solche Sachen, die dem Staat gehörten, ein Bürger besaß (40 Jahre, C 11.62.14.2), (6.) wenn solche unbeweglichen Sachen eine Person besaß, deren ursprünglicher Eigentümer die Kirche gewesen war (40 Jahre),[691] und (7.) wenn man ländliche Dienstbarkeiten ersitzen wollte (die unvordenkliche Ersitzung, D 43.20.3.4).

Es ist schon klar, dass die natürliche Ersitzung eine zu lange Zeit benötigt, um Streit zwischen Bürgern zu klären. Deshalb glaubte THOMASIUS in *Institutiones jurisprudentiae divinae* (1688), dass der Zweck der Ersitzung im bürgerlichen Recht ganz anders sei, als beim Naturrecht, das heißt, dass das bürgerliche Recht darauf abziele, solche Bürger zu benachteiligen, die die Verwaltung eigener Sachen versäumt hätten.[692] Deshalb hänge die Frist der Ersitzung davon ab, wie ein Gesetzgeber den Schutz dieser Leute beschränken möchte.[693] Da die Gesetzgeber normalerweise kurze Fristen festlegen wollten, sei es gefährlich, wenn man nur durch Besitz etwas erwerben könne, und deswegen seien von römischen Juristen die neuen Erfordernisse *iusta causa*, *bona fides* und *res habilis* eingeführt worden.[694]

THOMASIUS korrigierte jedoch in *Notae ad Inst.* (1712) seine Meinung und zwar insofern, als deutsches Recht über die Ersitzung unbeweglicher Sachen in Einklang mit dem Völkergemeinrecht stehe, das heißt, *bona fides*, *iusta causa* und *res habilis* seien dabei nicht erforderlich.[695] Man solle eine Sache freilich nicht 100 Jahre lang sondern nur 31 Jahre und 6 Wochen besitzen.[696] Obwohl diese Frist etwas länger als bei der Ersitzung der längsten Zeit (= 30 Jahre) war, nannten damalige Rechtsgelehrte auch diese sächsische Ersitzung lateinisch *„praescriptio temporis longissimi"* oder *„praescriptio tricennalis"*.[697] Hier stellt sich die Frage, ob diese Zeitdauer tatsächlich richtig ist oder nicht, weil STRYK die Zeitdauer „31 Jahre, 6 Wochen und

691 SCHOEPFFER [170, S. 541–542] ad D 41.3, n. 28–36.
692 THOMASIUS [203, S. 208] lib. 2. cap. 10. §. 199.
693 THOMASIUS [203, S. 208] lib. 2. cap. 10. §. 200.
694 THOMASIUS [203, S. 208] lib. 2. cap. 10. §. 201.
695 THOMASIUS [196, S. 160].
696 THOMASIUS [196, S. 159].
697 Vgl. z. B. CARPZOV [31, S. 350b] par. 2. const. 3. def. 7. n. 12. „Hoc tamen certissimum est, quod in praescriptione tricennali seu temporis longissimi, de jure civili pariter atque Saxonico [...]"; SCHILTER [166, S. 63a] ad D 41.3, §. 54. „Ceterum vtimur in foro nostro duabus illis [= Saxonicis] praescriptionum speciebus, annali in rebus mobilinus et tricennali in immobilibus, [...]".

3 Tage" erwähnt hat,[698] und es ergeben sich neue Rätsel, wenn man den Text des Sachsenspiegels, den THOMASIUS dabei zitiert hat, liest: „An eigen und Erb mag sich der Sachs verschweigen bey dreißig Jahren und Jahr und Tag, und eher nicht." (Landrecht, lib. 1. art. 29.).[699] Diese Zeitdauer muss „31 Jahre und einen Tag" sein, wenn man diesen Satz wortwörtlich nimmt, wie THOMASIUS im Zusammenhang mit der Dienstbarkeit so interpretiert hat (siehe oben 3.4.4). Wenn man jedoch auf einen Text, den man mit *Glossa* verbunden hat, achtet, ergibt sich noch eine andere Zeitdauer: „nach 31 Jahren, 6 Wochen und einem Tag" (*post tricesimum et vnum annum diemque et sex septimanas*).[700] Folglich gab es damals einen Streit, wie die Dauer der Frist zu interpretieren war.

THOMASIUS wies darauf hin, dass kanonisches Recht zwar von Rechtsgelehrten in Deutschland in Ordnung gebracht worden sei, indem dieses Recht auch bei der längsten Ersitzung eine solche *bona fides* verlangt habe, die von Anfang bis Ende dauere, dieses Erfordernis aber aus falscher Pietät eingeführt worden sei.[701] Da der Schwabenspiegel allerdings bei diesem Thema solche Fristen, die den Regeln des römischen Rechts glichen, erwähnte, suchten viele Juristen eine Übereinstimmung von beiden, was in Deutschland Probleme mit sich brachte.[702] Auf jeden Fall hat THOMASIUS hier aufgehört, das Erfordernis *bona fides* bei der längsten Ersitzung von deutschem Recht auszuschließen, und er hielt es für ausreichend, zu vermuten, dass der Besitzende die beiden Erfordernisse *bona fides* und *titulus justus* insofern erfülle, dass der andere das Gegenteil nicht beweisen könne.[703] Einige Juristen rechtfertigten diese Vermutung.[704]

---

698 STRYK [182, col. 838] ad D 41.3, §. 4. „In Saxonia autem loco praescriptionis triennalis in mobilibus praescriptio anni et diei, loco decemnalis et vicennalis in immobilibus triginta annorum, anni et diei surrogata est, v. Land-R. lib. 1. art. 28. [...] Pertinet haec praescriptio triginta annorum, anni et diei, ad jura quoque, actiones et servitutes, [...]" und STRYK [182, col. 328] ad D 8.1, §. 7. „Sic in Saxonia, postquam praescriptiones longi temporis extensae ad 31. annos, 6. septimanas et 3. dies, [...]".

699 SCHILTER, STRYK und THOMASIUS zitierten den gleichen Artikel. SCHILTER [166, S. 62a]; STRYK [182, col. 328]; THOMASIUS [197, S. 159–160]. Auch vgl. CARPZOV [31, S. 360a] par. 2. const. 4. def. 8.

700 *Sachsenspiegel* (1602, lateinisch) [151, S. 68] Landrecht, lib 1. art. 29.

701 THOMASIUS [196, S. 160]. Auch COCCEJI kritisierte kanonisches Recht. Vgl. COCCEJI [34, S. 11] sect. 1. §. 18. Dagegen erkannte STRYK dieses Recht ohne Kritik an. STRYK [182, col. 837] ad D 41.3, §. 2. „[...] hodie absque distinctione rerum mobilium et immobilium bona fides ab initio usque ad extremum usucapionis momentum semper requiritur, propter dispositionem juris canonici in c. f. x. de praescript. quod in praxi sequimur, [...]".

702 THOMASIUS [196, S. 160–161].

703 THOMASIUS [196, S. 161].

704 CARPZOV [31, S. 350b] par. 2. const. 3. def. 7. n. 12. „Hoc tamen certissimum est, quod in praescriptione tricennali seu temporis longissimi, de jure civili pariter atque Saxonico non sit opus aliqua probatione sive tituli sive bonae fidei, sed haec

Die Ersitzung von beweglichen Sachen war von Gesetz zu Gesetz unterschiedlich.[705] Die vorherrschende Meinung lautet, dass man nach dem Sachsenspiegel bewegliche Sachen nach „Jahr und Tag" (*anno et die*) ersitzen kann (Landrecht, lib. 1. art. 28.),[706] jedoch glaubten SCHILTER und THOMASIUS, dass sich dieser Artikel nur auf den speziellen Fall einer Erbschaft beziehe.[707] THOMASIUS äußerte sich nicht, ob man das Missverständnis korrigieren und die Praxis ändern sollte, wohingegen SCHILTER mitteilte, dass die Ersitzungsart über bewegliche Sachen, die nach nur einem Jahr und einem Tag entstehe, vor Gericht sicher benutzt worden sei.[708] Der Autor des Schwabenspiegels hat auch bei beweglichen Sachen römisches Recht erwähnt, nämlich die „Ersitzung nach 3 Jahren" (*praescriptio tricennii*), in der man 3 Jahre braucht, und die „Ersitzung nach längerer Zeit" (*praescriptio longi temporis*), in der 10 Jahre oder 20 Jahre verlangt werden, als ob diese Regel deutschen Sitten entspräche (Landrecht, cap. 265.)[709] Dies führte damals dazu, dass in den vom Kaiser beherrschten Ländern die römische Ersitzung galt, in anderen Ländern aber, die den

---

ambo praesumantur ex cursu longissimi temporis, [...]"; SCHOEPFFER [170, S. 540] ad D 41.3, n. 17. „Nisi quis rem per triginta annos possederit, sic enim praesumitur bona fides et justus titulus, [...]".

705 Stryk [182, col. 838–840] ad D 41.3, §. 4–6.;WIESAND [313, S. 1126–1127] ad Verjährung, §. 3.

706 Auch hier zeigt sich ein ähnliches Problem über die Zeitdauer wie bei unbeweglichen Sachen. Zwar bedeutet der Ausdruck „Jahr und Tag" genau „ein Jahr und einen Tag", wenn man ihn wortwörtlich liest, aber SCHOEPFER hat gesagt, dass die Frist „1 Jahr, 6 Wochen und 3 Tage" sein müsse. SCHOEPFFER [170, S. 541] ad D 41.3, n. 24. „Jure Saxonico res mobilis anno et die, h.e uno anno, 6. septimanis et 3. diebus usucapitur, [...]" Wenn man jedoch auf den originalen Artikel achtet, dann stellt sich heraus, dass dabei „1 Jahr und 6 Wochen" (per annum et sex septimanas) geschrieben worden ist: „[...] qui eas per annum et diem, hos est, per annum et sex septimanas integras, [...]" *Sachsenspiegel* (1602, lateinisch) [151, S. 66b] Landrecht, lib. 1. art. 28. Der Jurist CARPZOV, den SCHOEPFER zitierte, führte deswegen die Frist „1 Jahr und 6 Wochen" ein. Vgl. CARPZOV [31, S. 348] par. 2. const. 3. def. 3. n. 6–7. „In foro tamen Saxonico duae tantum reperiuntur expressae species praescriptionum: Una est Annalis, quae res mobiles respicit, et completur spatio unius anni et sex hebdomadarum (vulgo dicitur Jahr und Tag/ das ist/ ein jahr und 6. Wochen/ Landr. lib. 1. art. 28. in pr. lib. 2. art. 44. Gloss. Weichbild. art. 4. in verb. Jahr und Tag.)" Vgl. *Sächsisches Weichbild* [298, fol. 7va].

707 SCHILTER [166, S. 62a] ad D 41.3, §. 49. „Restringitur porro, quod tertio notandum, haec praescriptio ad res mobiles, diß ist aber geredt von fabrender Haab, h.e. de hereditate in mobilibus consistente, aut etiam de rebus singulis mobilibus, [...]"; THOMASIUS [196, S. 160].

708 SCHILTER [166, S. 63a] ad D 41.3, §. 54. „Caeterum vtimur in foro nostro duabus illis praescriptionum speciebus, annali in rebus mobilibus et tricennali in immobilibus, [...]".

709 THOMASIUS [196, S. 160]; SCHILTER [166, S. 62ab] ad D 41.3, §. 51. „Sueui enim inter seipsos praescriptione trienni vtebantur, vt constat ex cap. CCXV. §. 4. Die Ansprach magiener gehaben drey Jahr und nicht länger."

Sachsenspiegel einführten, die deutsche Ersitzung beachtet wurde.[710] Laut SCHILTER sei es auf jeden Fall ratsam, anhand einer kurzen Liste festzustellen, ob man eine Sache ersitzen könne oder nicht, denn es gebe verschiedene Möglichkeiten, je nachdem auf welches Recht man sich berufe.[711]

Im Zusammenhang mit der Ersitzung nach 3 Jahren, die das Justinianische Recht über bewegliche Sachen festgelegt hatte, fragte sich THOMASIUS, ob man Diebesgut ersitzen dürfe oder nicht.[712] Da man bei gestohlenen Sachen das Erfordernis „*res habilis*“ nicht erfülle, komme nun eine spezielle Ersitzung in Frage, nämlich die Ersitzung der längsten Zeit. SCHILTER meinte, dass man eine gestohlene Sache ersitzen könne, wenn man sie 40 Jahre lang besitze,[713] wohingegen viele Rechtsgelehrte glaubten, dass 30 Jahre dafür schon ausreichend seien, z. B. MEVIUS, CARPZOV, SCHOEPFER und HOPPE.[714] THOMASIUS äußerte sich nicht, welcher Meinung er zustimmte. Er sagte nur, dass die „Ersitzung nach 3 Jahren“ (*praescriptio tricennii*) lediglich selten entstehe.[715]

---

710 THOMASIUS [196, S. 161].

711 SCHILTER [166, S. 63a] ad D 41.3, §. 54. „Quum itaque varie tempora praescriptionum sint definita, et quae res vna specie non afficiuntur, praescribi possunt altera, itaque breui tabula res, quae praescribi possint, secundum hodiernum vsum coniectemus.“ Beispielsweise kann man bei SCHOEPFER eine solche Liste finden. Vgl. SCHOEPFFER [170, S. 541] ad D 41.3, n. 22–39.

712 THOMASIUS [196, S. 161].

713 SCHILTER [166, S. 63a] ad D 41.3, §. 54. „[...] in foro vero nostro res furtiua, amota, expilata praescribitur a tertio possessore temporis annorum XL, arg. l. 2. et vlt. C. de annal. praescr.“ Da SCHILTER jedoch dabei CARPZOV und MEVIUS zitierte, die nur eine Dauer von 30 Jahren verlangten, könnte die Zeitdauer falsch geschrieben worden sein.

714 MEVIUS [127, S. 292a] lib. 1. tit. 8. art. 1. n. 26–27. „[...] ita ut contra vindicantes res suas, sibi furto ablatas, non admittatur praescriptio, nisi forte 30. annorum, quam jus commune itidem admittit, l. fin. C. und. vi. ib. gloss. et Dd. l. 1. §. 1. ib. Gothofr. lit. h. C. de annal. except.“; CARPZOV [31, S. 353a] par. 2. const. 3. def. 16. n. 5. „Quare, licet res furtiva in foro Saxonico anno et die non praescribatur, ut reliquae res mobiles, attamen praescriptione tricennali comprehenditur, ita ut possessor rei furtivae effluxis 30. annis, anno et die eam haudquaquam restituere teneatur.“; SCHOEPFFER [170, S. 541] ad 41.3, n. 30. „(2) Si res vitiosa a bonae fidei possessore per 30. annos possessa sit; [...]“ HOPPE meinte sogar, dass der Dieb selbst nach 30 Jahren die Sache ersitzen dürfe. HOPPE [80, S. 330] ad Inst Iust 2.6.2 „Nam intellige de praescriptione longissimi temporis, seu 30. annorum acquiri possunt res furtivae et vi possessae, ita, ut non solum bonae fidei Possessori, sed ipsi quoque furi aliisque malae fidei possessoribus exceptio competat adversus Dominum repetentem, [...]“.

715 THOMASIUS [196, S. 162].

## 3.6 Pfand – *pignus*

### 3.6.1 Die Stellung des Themas

Es stellt sich zuerst die Frage, ob THOMASIUS das Pfand als ein Sachenrecht oder als einen Pfandvertrag angesehen hat. THOMASIUS hat darauf nicht unmittelbar geantwortet, man kann aber aus der Dissertation *De usu practico accuratae distinctionis inter emtionem cum pacto de retrovendendo et contractum pignoratitium* (1707) schließen, dass das Thema wahrscheinlich im Zusammenhang mit dem Sachenrecht erläutert werden muss. Der Respondent BASTINELLER hat hier eine Stelle des Manuskripts *Institutiones jurisprudentiae Germanicae* als Quelle zitiert und diese Stelle zeigt uns: „Inst. Jur. Germ. MSC. L. 1. Tit. 6. f. 30."[716] Das Wort „L. 1. Tit. 6." bedeutet, dass das Thema des Pfandes im ersten Band der *IJG* erschienen ist. THOMASIUS hielt es für ein Sachenrecht, unter der Voraussetzung, dass er damals schon die Reihenfolge der Kapitel im Kopf hatte, die er später in der Dissertation *De rerum differentiis intuitu iuris Germanici privati* (1721) vorlegte.

### 3.6.2 Das Pfand im römischen Recht

Die Römer haben das Rechtsmittel „Pfand" (*pignus*) schon früh systematisch entwickelt und man kann es wie folgt formulieren: „Das Pfand (*pignus*), an dem ein Pfandrecht als selbständiges beschränktes Sachenrecht bestellt wird, ist im klassischen wie im justinianischen Recht eine einheitliche Rechtseinrichtung, gleichgültig ob die Sache bei der Bestellung in den Besitz des Gläubigers gegeben wird (Besitzpfand, *pignus datum*), oder ob sie beim Verpfänder verbleibt (besitzloses Pfand, *pignus obligatum*)".[717]

### 3.6.3 Das Pfand im Naturrecht

Neuzeitliche Naturrechtsgelehrte erklärten das Pfand nicht ausführlich. Sie behandelten das Pfand anfangs nicht im Zusammenhang mit dem Sachenrecht, sondern mit dem Vertragsrecht. GROTIUS definierte diesen Begriff: „Auch die Übergabe des Pfandes an sich sieht man als eine unentgeltliche Handlung an. Jedoch bekommt auch das Pfand seine Natur aus dem Vertrag, für den es Sicherheit leistet."[718] Aus dieser Erklärung kann man entnehmen, dass man das Pfand immer im Zusammenhang mit dem Vertrag erläutern sollte.

PUFENDORF erklärte, dass das Ziel des Pfandes nicht nur darin bestehe, dass der Gläubiger durch das Pfand den Schuldner zur Bezahlung auffordern könne, sondern

716 BASTINELLER (Resp.) [211, S. 38] cap. 2. §. 29. (n).

717 KASER [88, S. 188].

718 Nach der Übersetzung des Verfassers, s. GROTIUS [74, S. 343–344] lib. 2. cap. 12. §. 6. „Pignoris quoque datio per se videtur actus liberalis, qua detentio rei conceditur. sed haec quoque naturam trahit ex contractu cui securitatem praestat."

auch darin, dass der Gläubiger das Pfand zu Geld machen und die nicht erfüllte Forderung ersetzen könne.[719] Aus diesem Ziel werde die Notwendigkeit abgeleitet, dass der Marktpreis der Sache, die als Pfand gegeben worden sei, dem Betrag der Forderung gleichen solle.[720]

WOLFF stimmte den früheren Zuordnungen von GROTIUS und PUFENDORF zu, und das Pfand wurde erst nach dem Vertragsrecht behandelt, außerdem definierte er klar: „Das Pfandrecht ist ein Recht, das man für den Gläubiger in einer eigenen Sache verwendet, sodass man mit dieser Sache die Schuld tilgen soll, wenn man nicht bezahlt hat."[721]

Dagegen erläuterte THOMASIUS in *Institutiones jurisprudentiae divinae* (1688) das Pfand nicht beim Vertragsrecht sondern beim Sachenrecht. Er hat solche Sachenrechte, die irgendwie zum Nutzen der Menschen beitragen, in zwei Arten eingeteilt, nämlich in das Pfand und das Servitut.[722] Allerdings erklärte THOMASIUS in diesem Buch das Pfand des Naturrechts nicht ausführlich.

Man kann vielmehr in der Dissertation *De usu practico accuratae distinctionis inter emtionem cum pacto de retrovendendo et contractum pignoratitium* (1707) eine eingehende Erklärung finden. THOMASIUS hat dabei das Pfand überprüft, das nach dem Völkergemeinrecht gelten solle, sowohl auf Erfordernisse als auch auf Rechtswirkungen. Ich möchte hier zuerst einen Überblick über die Erfordernisse und dann über die Rechtswirkungen geben – THOMASIUS selbst unterschied sie voneinander nicht. (1.) Erstens müsse der Gläubiger den Besitz der Sache erlangen, die als Pfand übergeben werden müsse.[723] THOMASIUS leitete das Erfordernis aus der Verpflichtung ab, dass der Schuldner aufgrund des Pfandes gezwungen werden solle, den Gläubiger zu besuchen, um wieder den Besitz der Sache zu erhalten.[724] (2.) Aus diesem Erfordernis schloss THOMASIUS weiter, dass der Wert der Sache mehr als der Betrag der Forderung sein müsse, denn sonst würde der Schuldner die Sache beim Gläubiger belassen.[725] Man solle das Erfordernis vor allem bei Zinsen beachten, weil

719 PFENDORF [145, S. 515] lib. 5. cap. 10. §. 13.

720 PFENDORF [145, S. 515] lib. 5. cap. 10. §. 13.

721 Nach der Übersetzung des Verfassers, s. WOLFF [324, S. 411–412] par. 2. cap. 15. §. 697. „Jus pignoris est jus creditori in re sua constitutum, ut, nisi debito tempore solvatur debitum, ex eadem ipsi satisfiat."

722 THOMASIUS [203, S. 205] lib. 2. cap. 10. §. 170. (siehe auch oben 3.4.3).

723 BASTINELLER (Resp.) [211, S. 8] cap. 2. §. 3.

724 BASTINELLER (Resp.) [211, S. 8] cap. 2. §. 3.

725 BASTINELLER (Resp.) [211, S. 8–9] cap. 2. §. 4. Die Argumentation ist für mich nicht überzeugend. Es ist zwar gut, dass der Wert des Pfandes mehr als die Forderung beträgt, weil der Gläubiger besser versichert wird, als wenn er eine andere Sache, die weniger als der Betrag der Forderung gilt, erhält. Aber wäre der Vorteil wirklich so wichtig, dass man die Entstehung des Pfandes verneinen müsste? Es könnte sicherer sein, dass ein Gläubiger nur eine Sache, die wenig wert wäre, besäße, als wenn er nichts bekäme.

die Forderung bereits mehr als der Wert des Pfandes betragen könne.[726] (3.) Dann sei es auch nach dem Völkergemeinrecht erforderlich, dass man eine Sache bei der Verpfändung nach dem gegenwärtigen Wert bestimmen müsse, das heißt, man dürfe weder den vergangenen noch den zukünftigen Wert der Sache in Betracht ziehen, denn der vergangene Wert sei für den Gläubiger nutzlos und der zukünftige unklar.[727] Was bedeutet aber der gegenwärtige Wert? THOMASIUS identifizierte ihn als „Marktpreis" (*pretium commune*).[728] (4.) Der Wert der Sache, die als Pfand übergeben wird, müsse unverändert bleiben,[729] d. h. man kann Sachen, deren Wert sich ändert, nicht als Pfand geben.

Dann kommen die Rechtswirkungen des Pfandes zur Sprache. (1.) Zunächst stellt sich die Frage, ob der Gläubiger die verpfändete Sache nutzen oder daraus Früchte bekommen dürfe. THOMASIUS hat hier die Gegenstände in solche Sachen eingeteilt, die keine Früchte erzeugen (*res sterilis*), und in solche, die welche erzeugen (*res non sterilis*). Über Sachen, die keine Früchte bringen, hat er gemeint, dass der Gläubiger diese nicht benutzen dürfe, weil die Aufbewahrung der Sache schon ausreiche, um seine Forderung aufrechtzuerhalten.[730] (2.) Dagegen hat THOMASIUS über Sachen, die Früchte erzeugen, geglaubt, dass der Gläubiger in der Lage sein müsse, diese Früchte selbst einzubringen, denn sonst würde es den Gläubiger belasten, dass er dem Schuldner die eingebrachten Früchte zurückgeben müsste.[731] Dies trägt dazu bei, dass man nach dem Völkergemeinrecht keine „Vereinbarung über den Ertrag" (*pactum antichreseum*) brauche (D 20.1.11.1; Inst Iust 4.1.6; C 4.24.1 ff.),[732] die Juristen nach römischem Recht verlangt hätten.[733] (3.) Sollte der Gläubiger die Früchte, die er selbst einbringt, mit der Forderung kompensieren? THOMASIUS lehnte diese Kompensation ab, denn seiner Meinung nach bemühe sich der Gläubiger selbst darum, Früchte zu ernten oder einen Gewinn zu erwirtschaften, und außerdem würde man sonst zu dem Schluss kommen, dass auch der Schuldner dem Gläubiger seinen Gewinn überlassen müsste, den ihm das Darlehen eingebracht hätte.[734] Die Auffassung, dass die Kompensation mit Früchten der natürlichen Billigkeit entspreche, sei eine Intrige der katholischen Kirche.[735] (4.) Anschließend sollte man

726 BASTINELLER (Resp.) [211, S. 9] cap. 2. §. 4.
727 BASTINELLER (Resp.) [211, S. 9] cap. 2. §. 5.
728 BASTINELLER (Resp.) [211, S. 9] cap. 2. §. 6.
729 BASTINELLER (Resp.) [211, S. 10–11] cap. 2. §. 7.
730 BASTINELLER (Resp.) [211, S. 11] cap. 2. §. 8.
731 BASTINELLER (Resp.) [211, S. 12] cap. 2. §. 9.
732 BASTINELLER (Resp.) [211, S. 13; 29] cap. 2. §. 10. und §. 25.
733 Zu dieser Vereinbarung im römischen Recht siehe KASER [88, S. 194]. WOLFF stimmte dem römischen Recht zu und deswegen werde seiner Meinung nach der Gebrauch der verpfändeten Sache verboten, ohne *res sterilis* und *res non sterilis* voneinander zu unterscheiden, insofern der Schuldner dies nicht anerkenne. Vgl. WOLFF [324, S. 414–415] par. 2. cap. 15. §. 702.
734 BASTINELLER (Resp.) [211, S. 14–15] cap. 2. §. 11.
735 BASTINELLER (Resp.) [211, S. 16–17] cap. 2. §. 12.

die Frage lösen, wann und wie der Gläubiger das Pfandobjekt abstoßen und den Preis mit der Forderung kompensieren könne. THOMASIUS suchte nach der Antwort darin, ob der Gläubiger und der Schuldner die „Einlösungsfrist" (*tempus ad reluitionem*) bestimmten oder nicht. Wenn die Beteiligten eine Einlösungsfrist vereinbart hätten, erhalte der Gläubiger das Eigentum am Pfandobjekt, wenn der Schuldner bis zum Ablauf der Frist seine Schuld nicht getilgt habe, das heißt, der Anspruch, diese Sache zurückzuerhalten, verfalle.[736] Der Gläubiger dürfe den Gewinn, den er durch den Verkauf des Pfandobjekts erzielt habe, im Ganzen behalten, auch wenn der Marktpreis höher als der Betrag der Forderung sei, denn er verkaufe die Sache nicht als Gläubiger sondern als Eigentümer.[737] (5.) Wenn die Beteiligten keine Frist eingehalten hätten, hänge es sowohl vom Gläubiger als auch vom Schuldner ab, wann der Schuldner das Pfandobjekt durch Tilgung der Schuld zurückbekommen solle.[738] Wenn der Gläubiger es nämlich ablehne, die Rückzahlung anzunehmen und die verpfändete Sache zurückzugeben, könne der Schuldner gegen den Gläubiger Klage führen, um diese Sache zurückzubekommen, und auch der Gläubiger habe die Möglichkeit zur Klage, wenn der Schuldner die Schuld nicht tilgen möchte.[739] Wollten Gläubiger und Schuldner keine Klage gegeneinander führen, dürfe der Schuldner einer anderen Person das Recht auf Einlösung einräumen und der Gläubiger könne auch einer anderen Person das Pfandrecht gewähren, damit er dadurch einen Gewinn erzielen könne[740] – Der Gläubiger darf das Pfandobjekt nicht an sich verkaufen, weil er noch kein Eigentümer ist. THOMASIUS glaubte, dass es keine anderen Möglichkeiten als die oben genannten gebe und der Gläubiger nach dem Völkergemeinrecht kein Recht habe, das Pfandobjekt an sich zu verkaufen und daraus die Forderung zu begleichen, wenn er und der Schuldner keine Einlösungsfrist

736 BASTINELLER (Resp.) [211, S. 17–18] cap. 2. §. 13. „Dum enim tempus reluendi pignus ista conventione fuit determinatum, alius sensus esse nequit, quam ut post illud tempus debitor juri reluendi renunciasse censeatur. Renunciatio reluitionis vero alium effectum habere nequit, quam ut pignus, jure dominii, apud creditorem maneat."

737 BASTINELLER (Resp.) [211, S. 18] cap. 2. §. 14. „Ex dictis porro sequitur, ut creditor, qui plenus et irrevocabilis dominus rei oppignoratae, ab illo tempore factus est, possit eam pro lubitu alii vendere, atque sic tanquam verus rei dominus, dominium in emtorem transferre. Neque adeo obligatus est, ut, si rem pluris vendiderit, excedentem summam restituat priori debitori, [...]".

738 BASTINELLER (Resp.) [211, S. 20] cap. 2. §. 16. „Igitur uti tum in arbitrio debitoris est, quocunque tempore velit, solutione debiti, reluere pignus, ita ut juri huic reluendi nunquam praescribi possit; ita et creditor poterit, quocunque tempore urgere debitorem, ut pignus reluat."

739 BASTINELLER (Resp.) [211, S. 20] cap. 2. §. 16. „Si creditor nolit admittere luitionem, debitor eum actione instituta, ad restituendum pignus adigere poterit. Similiter creditor debitorem, si sponte reluere nolit."

740 BASTINELLER (Resp.) [211, S. 20] cap. 2. §. 16. „Quod si via judicii illis displicuerit, uti debitor jus reluendi alii poterit vendere, ita creditor suum jus quod in pignore habet."

vereinbart hätten[741] – Denn der Gläubiger hat keine Gelegenheit, der Eigentümer zu werden. (6.) Die nächste Rechtswirkung beziehe sich auf solche Sachen, die Früchte erzeugen, und zwar bekomme der Gläubiger bei der Verpfändung der Sachen, die Früchte erzeugen, das Eigentum unter der Bedingung, dass das Eigentum dem Schuldner automatisch zurückgegeben werden solle, wenn der Schuldner seine Schuld tilge. THOMASIUS bezeichnete das Eigentum als „widerrufbares Eigentum" (*dominium revocabile*).[742] THOMASIUS erklärte seine Meinung nicht ausführlich, aber der Grund ist klar, das heißt, man sollte das Recht des Gläubigers als Recht auf Eigentum bezeichnen, weil er alle Früchte ohne Kompensation einbringen darf (siehe die dritte Rechtswirkung). (7.) Deswegen solle der Gläubiger als Eigentümer auch das Risiko tragen.[743] Gilt diese Regel auch bei der Verpfändung solcher Sachen, die keine Früchte erzeugen können (*res sterilis*)? Zwar besitzt der Gläubiger das Pfandobjekt in diesem Fall nicht als Eigentümer sondern lediglich als Gläubiger, aber trotzdem hat THOMASIUS gemeint, dass auch hier der Gläubiger das Risiko tragen solle, weil der Schuldner auch in anderen Geschäften für den Verlust der Sache nicht verantwortlich sei, solange keine Fahrlässigkeit vorliege.[744] (8.) Wenn einem Gläubiger für ein Pfand Kosten entstünden, wie sollte man dies beurteilen? THOMASIUS übte zuerst Kritik am römischen Recht, und zwar werde diese Frage durch die Einteilung zwischen „nötigen Kosten" (*impensae necessariae*), „nützlichen Kosten" (*impensae utiles*) und „Vergnügungskosten" (*impensae voluptuariae*) unklar, diese Einteilung sei ungebräuchlich und außerdem sei sie von römischen Juristen zur Lösung des Problems auserdacht worden, das sich auf den *bonae fidei possessor* und den *malae fidei possessor* bezogen habe.[745] Laut THOMASIUS sei es am billigsten, dass der Gläubiger, für den Kosten wegen eines Pfandes entstünden, selbst entscheiden könne, ob er die neue Sache behalte oder vom Schuldner verlange, diese Kosten auszugleichen.[746]

### 3.6.4 Das Pfand im deutschen Recht

In der Dissertation *De usu practico accuratae distinctionis inter emtionem cum pacto de retrovendendo et contractum pignoratitium* (1707) erklärte THOMASIUS das Thema ausführlich. Auch hier hat er gemeint, dass das „Pfand" (*pignus*) das Ziel habe, den

---

741 BASTINELLER (Resp.) [211, S. 20] cap. 2. §. 16. „Ulteriora remedia deficiunt, quibus creditor debitorem ad reluendum pignus adigat. [...] Neque enim, abstrahendo a lege positiva, prima, neque secunda, neque tertia denunciatio creditoris id efficient, ut per eas jus vendendi ipsius corporis oppignorati acquirat. Imo etsi centies denunciaverit."

742 BASTINELLER (Resp.) [211, S. 21] cap. 2. §. 17.

743 BASTINELLER (Resp.) [211, S. 21] cap. 2. §. 18.

744 BASTINELLER (Resp.) [211, S. 21] cap. 2. §. 18.

745 BASTINELLER (Resp.) [211, S. 22] cap. 2. §. 19. (siehe auch oben 3.1.3).

746 BASTINELLER (Resp.) [211, S. 23] cap. 2. §. 19. „Itaque electio creditoris est, utrum tollere velit rem, an justo pretio eam debitori relinquere."

Gläubiger abzusichern, es ist aber interessant, dass Thomasius den Zweck als ein Völkergemeinrecht angesehen hat.[747] Thomasius fügte hinzu, das Pfand sei ein zusätzlicher Vertrag und man benutze ihn vor allem beim Darlehen.[748]

Thomasius glaubte, dass deutsches Recht über das Pfand genau dem Völkergemeinrecht entspreche, vor allem in den Punkten, in denen das Völkergemeinrecht vom Justinianischen Recht abweiche.[749] Dies bedeutet, dass der Gläubiger bei der Verpfändung sowohl das Eigentum an der Sache bekomme als auch das Risiko trage.[750] Aus der Rechtswirkung, dass der Gläubiger das Eigentum am Pfandobjekt erhalte, werde die Folge abgeleitet, dass der Gläubiger die Früchte, die er aus der als Pfand übergebenen Sache erziele, behalten dürfe, ohne dass er gegen das Zinsverbot verstoße.[751] Um seine These nachzuweisen, zog Thomasius drei Artikel des Sachsenspiegels (Landrecht, lib. 2. art. 24.; lib. 2. art. 60.; lib. 3. art. 5.) und vier des Schwabenspiegels (Landrecht, cap. 243. n. 2–3.; cap. 244. n. 1.; cap. 248. n. 1.) hinzu.[752] Im ersten Artikel finde sich die Regel: „Jeder kann das Eigentum an Sachen rechtmäßig aufgeben, z. B. wenn man sie verkauft, verpfändet oder gerichtlich übergibt etc. In diesen Fällen gibt man auch den Besitz rechtmäßig auf."[753] Thomasius hat diese Quelle so ausgelegt, dass der Gläubiger bei der Verpfändung nach deutschem Recht das Eigentum an dem Pfandobjekt bekomme ähnlich wie beim Kauf,[754] und diese Interpretation findet man auch in der Glosse des Sachsenspiegels und bei anderen deutschen Rechtsgelehrten.[755] Dagegen behauptete Schilter, dass die Übertragung des Eigentums nach dem Sachsenspiegel nicht aus dem Wesen des Eigentums heraus sondern nur aufgrund einer beigefügten Vereinbarung entstehe,

---

747 Bastineller (Resp.) [211, S. 7] cap. 2. §. 1.

748 Bastineller (Resp.) [211, S. 7–8] cap. 2. §. 2.

749 Bastineller (Resp.) [211, S. 34] cap. 2. §. 28.

750 Bastineller (Resp.) [211, S. 38] cap. 2. §. 30.

751 Bastineller (Resp.) [211, S. 38] cap. 2. §. 30.

752 Bastineller (Resp.) [211, S. 37–38] cap. 2. §. 29.

753 Nach der Übersetzung des Verfassers, s. Bastineller (Resp.) [211, S. 37] cap. 2. §. 29. „Quilibet poterit bona sua juste amittere, ut puta, si ea vendat, OPPIGNORET vel judicialiter tradat etc. His casibus possessionem jure amittit." (aus lib. 2. art. 24.) Vgl. auch *Sachsenspiegel* (1602, lateinisch) [151, S. 213ab] lib. 2. art. 24. „Vnusquisque potest sua iusta bona etiam iure amittere seu alienare, si ab eo obligentur, vendantur, resignentur, [...]" und *Sachsenspiegel* (1731, deutsch) [150, S. 223] lib. 2. art. 24. „Es kann iedweder seines rechten Guths wohl mit Recht loß werden, als ob er es verkaufft, oder versetzet, oder aufläst, [...]".

754 Bastineller (Resp.) [211, S. 38] cap. 2. §. 30.

755 Z. B. *Sachsenspiegel* (1602, lateinisch) [151, S. 215b] Glosse ad lib. 2. art. 24. (i) „Vnde vendere aliquid et obligare, non alio differunt, nisi quia istud eximi potest, illud vero non: [...]"; *Sachsenspiegel* (1731, deutsch) [150, S. 222] Glosse ad lib. 2. art. 24. (†††) „Hie mercke, ichts zu pfande versetzen, und ichts verkäuffen, diese zwey scheidet nichts mehr, dann daß man das eine wieder lösen mag, das andere aber nicht, [...]"; Stryk [181, col. 927] ad D 20.1, §. 3.; Heneccius [76, S. 598] lib. 2. tit. 11. §. 319.; Engau [57, S. 588] lib. 3. tit. 14. §. 160.

man solle nämlich seiner Meinung nach die „Vereinbarung über den Rückkauf" (*pactum de retrovendendo*) benutzen, die einen Pfandvertrag in einen vorläufigen Kaufvertrag abändere[756] – Allerdings bezweifelte Heineccius, ob der Schwabenspiegel tatsächlich die These begründen könne,[757] und er wies sogar darauf hin, dass Schilter schon früher die Allgemeinheit der Regel deswegen abgelehnt habe, weil das westgotische, das alemannische und das friesische Recht in diesem Punkt dem römischen Recht gleichen würden[758] – Außerdem bemerkte Stryk, dass die Regel, die im Sachsenspiegel über das Pfand eingeführt worden sei, schon von August, Kurfürst von Sachsen, abgeschafft worden sei.[759] Wie Heineccius bemerkte,[760] war die Auslegung des Sachsenspiegels auch für Thomasius ungenügend und brauchte eine andere Quelle, nämlich *Capitularia regum Francorum* (1667).[761] Außerdem

756 Schilter [165, S. 299a] ad D 20.1, §. 4. „[...] sed ex Saxonum iure pignus sua natura non transferre dominium, nisi pactum aliquod accesserit, quod naturam eius alterat, supra cum de commodato egimus, fuit demonstratum." und Schilter [165, S. 191a] ad D 13.6, §. 6. „Ratio est in promtu, non ex natura commodati, sed ex pacto peculiari, qui vti mutuo et pignori, ita etiam commodato adiici consueuit: priori autem accedens, est pactum retrouenditionis, et transformat pignoris contractum in emtionem venditionem temporariam; [...]".

757 Heincessius [76, S. 600] lib. 2. tit. 11. §. 322. „Iure Svevico non adeo manifestum est, pignoris dominium transisse in creditorem."

758 Heincessius [76, S. 596–597] lib. 2. tit. 11. §. 316–318. Vgl. Schilter [165, S. 299a] ad D 20.1, §. 4. „Pariter et aliarum gentium Teutonicarum legibus pignore non transit dominium, veluti Alemannorum, Frisonum, sed et Scotorum."

759 Stryk [181, col. 928] ad D 20.1, §. 4.

760 Heineccius [76, S. 601] lib. 2. tit. 11. §. 323.

761 Bastineller (Resp.) [211, S. 34–37] cap. 2. §. 28. Das heißt, Baluze (Hrsg.) [7, col. 463; 475; 1551] *Formulae Monachi Marculfi Form.* 50. in Baluze (Hrsg.) [7, col. 463] „Subjungit de ambobus lateribus et ambobus frontibus terra lui, infra ipsa terminatione et mensura ad integrum, et usque annos tantos fructum quem ibidem Deus dederit, ad parte tua elidiatum habere debeas, et per temetipsum ipsa vinea condirgere facias; et quomodo ipso fructus tantos annos transactos habueris, [...]". *Formulae Sirmondicae Form.* 13. in Baluze (Hrsg.) [7, col. 475] „Ad meam petitionem vestra decrevit voluntas, ut mihi beneficium de rebus vestris illis inter annos tantos facere deberetis, quod et ista fecistis. Et ego pro hujus merito beneficii oppignoro tibi locellum rem proprietatis meae nuncupantem illum, situm in pago illo, cum omni sua integritate vel soliditate. Ea vero ratione, ut quomodo jam dicti anni adimpleti fuerint, et tu fructus ipsius terrae per quinque annos tantos exinde collegeris, ego supra dictum debitum tuum tibi desolvam, et rebus meis, una cum cautione mea de manibus tuis recipiam. Et si negligens aut tardus exinde apparuero, supra scriptum debitum tuum in DUPLUM partibus tuis sum redditurus." und *Actorum veterum* n. 148. in Baluze (Hrsg.) [7, col. 1551] „Sub ea scilicet lege ut si praedictam omnem convenientiam non adimplevero et non observavero, praefata omnia incurrant in vestra potestate sine aliqua contradictione ad faciendum quodcunque volueritis facere. Et sic de meo jure trado hoc totum secundum modum superius comprehensum in vestrum dominium et in vestram

bemerkte STRYK, dass die Regel, die im Sachsenspiegel über das Pfand eingeführt wurde, schon von AUGUST, Kurfürst von Sachsen, abgeschafft worden sei.[762] THOMASIUS erklärte trotzdem nicht, warum die dabei genannten Quellen deutschen Sitten entsprächen, wohingegen die alten deutschen Gesetze nicht in Betracht kämen. Aus diesem Hinweis stellt sich heraus, dass für THOMASIUS nur der Sachsenspiegel entscheidend gewesen ist, er hat andere Quellen nur verwendet, um die Regeln des Sachsenspiegels noch überzeugender zu verdeutlichen.

Da der Gläubiger nach dem Sachsenspiegel das Eigentum an der als Pfand übergebenen Sache bekomme, habe es in Deutschland früher keinen Unterschied zwischen dem Pfand und der Vereinbarung über den Rückkauf gegeben im Gegensatz zum römischen Recht, nämlich dass der Schuldner bei *pignus* das Eigentum an der als Pfand übergebenen Sache weiter behalte und es der Gläubiger bei *pactum de retrovendendo* dagegen bekomme.[763] Jedoch versuchte THOMASIUS hier mit anderen Rechtsgelehrten einen Kompromiss zu schließen, das heißt, er bestätigte die Tatsache, dass man nach der Rezeption des Justinianischen Rechts begonnen habe, das römische Pfand zu nutzen, und dies in der Praxis vorkomme.[764] Er hat auch das Verbot eines solchen Rückkaufs anerkannt, bei dem der Gläubiger ohne Kompensation Früchte einbringen kann.[765] Deshalb machte THOMASIUS nun zwei Vorschläge, um die Probleme zu lösen, mit denen man bei der Auslegung des römischen Rechts konfrontiert wurde.[766] (1.) Wenn zwar ein Gläubiger mit einem Schuldner einen Rückkauf vereinbart habe, es aber aus ihrer Absicht klar hervorgehe, dass der Rückkauf keine anderen Rechtswirkungen als ein Pfandvertrag habe, dann sei

---

potestatem." HEINECCIUS fügte noch einige Quellen hinzu. Vgl. HEINECCIUS [76, S. 601] lib. 2. tit. 11. §. 323.

762 STRYK [181, col. 928] ad D 20.1, §. 4.

763 BASTINELLER (Resp.) [211, S. 49] cap. 3. §. 9.; THOMASIUS [197, p. 199].

764 BASTINELLER (Resp.) [211, S. 60] cap. 4. §. 10.; THOMASIUS [197, p. 199].

765 BASTINELLER (Resp.) [211, S. 59–60] cap. 4. §. 10.

766 BASTINELLER (Resp.) [211, S. 59–60] cap. 4. §. 10. „Retroventitionem, si omnes effectus cum pignore communes habeat, non esse retroventitionem veram, sed re ipsa pignus. Si vero gaudeat effectibus, quibus retrovenditio a pignore secernitur, puta perceptionem fructuum absque redditione rationum, item potestatem redimendi ex certo tempore suspensam, esse quidem retroventitionem, sed usurariam et legibus imperii prohibitam ac illicitam. [...] In dubio praesumendum esse pro pignore licito, non pro retroventitione, quia regula bonae interpretationis est, in dubio contractus esse ita exponendos, ut evitetur sensus absurdus et iniquus, cum quilibet praesumatur esse bonus. Posteriori casu, si quidem retroventitionis vocabulum fuerit in contractu adhibitum, sed de effectibus tamen nihil expressum, praesumendus erit iterum contractus pignoris ex identitate rationis. Si vero effectus inveniantur in contractu expressi, quibus retrovenditio a pignore differt, tum ex regula practica usus practicus judicis eam suppeditabit regulam, voluisse quidem contrahentes celebrare contractum usurarium illicitum, sive vocem pignoris, sive retroventitionis adhibuerint, sed tamen illum contractum esse illicitum, et redigendum ad naturam pignoris liciti."

diese Vereinbarung kein unerlaubter Rückkauf sondern ein erlaubter Pfandvertrag. Wenn der Gläubiger und der Schuldner keinen anderen Vertrag als den Rückkauf vereinbart hätten, dann solle man diese Vereinbarung als nicht erlaubt ansehen. Freilich bedeutet dies bei THOMASIUS nicht, dass die Vereinbarung ungültig sei, sondern nur, dass man den Vertrag des Rückkaufes in einen erlaubten Pfandvertrag abändern solle. (2.) Wenn es unklar sei, ob ein Gläubiger und ein Schuldner einen erlaubten Pfandvertrag oder einen verbotenen Rückkauf vereinbart hätten, dann sollte man diese Vereinbarung als einen erlaubten Pfandvertrag ansehen, weil man die Beteiligten nicht für unlauter halten sollte. Diese Vermutung gelte auch in dem Fall, dass die Beteiligten zwar das Wort „Rückkauf" verwendet, aber über Rechtswirkungen nichts erwähnt hätten, weil es das „Versprechen über einen Rückkauf" (*pactum de retrovendendo*) im deutschen Recht nicht gebe.

## 3.7 Natürlicher Eigentumserwerb – *adquisitio naturalis*

### 3.7.1 Die Stellung des Themas

Im römischen Recht umfasst der Begriff „natürlicher Eigentumserwerb" verschiedene Erwerbsarten, die durch eine Theorie nicht vereinheitlicht werden können, nämlich „Aneignung" (*occupatio*), „Vermehrung " (*accessio*), „Verarbeitung" (*specificatio*) und den Erwerb der Früchte.[767] Diese Arten lassen sich heute durch den Begriff „ursprünglicher Rechtserwerb" erklären.[768] Die Naturrechtslehrer GROTIUS, PUFENDORF, THOMASIUS und WOLFF setzten sich je nach ihren Interessen unterschiedlich mit diesem Rechtsbegriff auseinander.

THOMASIUS schrieb in seinem Buch *Fundamenta juris naturae et gentium*: „Was ich in § 206. über den natürlichen Eigentumserwerb gelehrt habe, ist schon von mir im Manuskript *Institutiones jurisprudentiae Germanicae* und im Jahr 1704 bei einer offiziellen Vorlesung erklärt worden (lib. 1. tit. 7.)"[769] Aus diesem Zitat ergibt sich, dass auch in *Institutiones jurisprudentiae Germanicae* die Stelle lib. 1. tit. 7. den Titel *De adquisitione naturale* haben müsste. Wenn diese Vermutung richtig ist, kommt das Thema nach dem Pfand (lib. 1. tit. 6.), die Reihenfolge ist aber nicht relevant – THOMASIUS erklärte tatsächlich in seinem Buch *Institutiones jurisprudentiae divinae* die „Vermehrung" (*accessio*, Lib. 2. Cap. 10. §. 206.) erst nach dem „Pfand" (*pignus*, Lib. 2. Cap. 10. §. 170.) und die Reihenfolge wurde dadurch begründet, dass die Vermehrung eine zusätzliche Art des Erwerbs sei.[770] Wenn sich THOMASIUS an die Reihenfolge in *Institutiones jurisprudentiae divinae* noch hielte, müsste der erste Band der *Institutiones jurisprudentiae Germanicae* mit diesem Thema enden. Es ist

767 KASER [88, S. 159–165].
768 KASER [88, S. 159].
769 Nach der Übersetzung des Verfassers, s. THOMASIUS [203, S. 240.] lib. 2. cap. 10. §. 21. „*Quae §. 206. seq. de accessione doceo, distinctius a me sunt exposita in Instit. Juris German. MSC. et anno 1704. in lect. publ. explicatis lib. 1. tit. 7.*"
770 THOMASIUS [203, S. 209] lib. 2. cap. 10. §. 206.

sicher, dass THOMASIUS für das Thema einen Absatz im ersten Kapitel vorbereitet hat. Denn er hat in der Dissertation *De dominio et eius natura in genere intuitu iuris Germanici privati* (1721) angekündigt, nicht nur den Besitz an sich sondern auch seine Effekte zu erklären,[771] und „Aneignung" (*occupatio*) ist ein deutlicher Effekt davon.[772]

### 3.7.2 Aneignung – *occupatio*

#### *Allgemeine Erklärung*

Den Römern war bereits der Unterschied zwischen dem ursprünglichen und dem sukzessiven Eigentumserwerb bewusst, und auch neuzeitliche Naturrechtslehrer versuchten, beides voneinander zu trennen. Sie erläuterten zuerst eine natürliche Erwerbsweise, nämlich die „Aneignung" (*occupatio*).[773] Laut GROTIUS gebe es auch die „Okkupation der Macht" (*occupatio imperii*),[774] aber diese Aneignung der Macht gehört nicht hierher, weil sie sich nicht auf Sachenrecht sondern auf Personenrecht bezieht.[775] Dass der ursprüngliche Erwerb vor dem sukzessiven erläutert wurde, lag an den damaligen Kenntnissen über den Verlauf der Historie. Das heißt, man glaubte damals, dass sich die Abkömmlinge von ADAM und EVA nach der Vertreibung aus dem Paradies langsam auf der Erde vermehrten und dass damals normalerweise nur solche Sachen existierten, die niemandem gehörten und die deshalb durch Okkupation erworben werden konnten.[776]

Es gab bei GROTIUS, PUFENDORF, THOMASIUS und WOLFF keine Definition der Okkupation, als ob diese Erwerbsweise als selbstverständlich vorausgesetzt werden könnte.[777] Die Schwerpunkte, die die vier Rechtsgelehrten erläuterten, hingen von ihren eigenen Interessen ab. Da GROTIUS die Beziehungen zwischen Staaten bzw.

771 FRANCK (Resp.) [226, S. 22] §. 56.

772 Er hat schon in seinem Buch *Institutiones jurisprudentiae divinae* (1688) die Okkupation als ein eigenes Thema angesehen. THOMASIUS [203, S. 200] lib. 2. cap. 10. §. 140.

773 GROTIUS [74, S. 205] lib. 2. cap. 3. §. 1.; PUFENDORF [146, S. 377] lib. 4. cap. 6. §. 1.; THOMASIUS [203, S. 192–193] lib. 2. cap. 10. §. 90.; WOLFF [324, S. 117–118] par. 2. cap. 1. §. 210.

774 GROTIUS [74, S. 206] lib. 2. cap. 3. §. 4. n. 1.

775 Darauf wies schon PUFENDORF hin. PUFENDORF [146, S. 387] lib. 2. cap. 6. §. 14. „Id tamen dextre est explicandum. Nam imperium proprie in homines dicitur, [...]".

776 PUFENDORF [146, S. 377] lib. 4. cap. 6. §. 2.; THOMASIUS [203, S. 194] lib. 2. cap. 10. §. 99–100.

777 Diese Naturrechtslehrer haben zwar angedeutet, dass die Okkupation eine *res nullius* voraussetzt. Vgl. GROTIUS [74, S. 206] lib. 2. cap. 3. §. 4. n. 1. „In his autem quae proprie nullius sunt duo sunt occupabilia, [...]"; PUFENDORF [146, S. 377] „Illi sunt, quibus ab initio in rem aliquam proprietas introducitur; [...]";WOLFF [324, S. 118] par. 2. cap. 2. §. 210. „[...] cumque Modus acquirendi originarius dicatur, quo acquiritur dominium rerum nullius, [...]".

Völkern bestimmen wollte, interessierte er sich z. B. dafür, ob und wie man Flüsse oder Meere okkupieren könne.[778] PUFENDORF erläuterte dagegen solche Themen, die in Inst Iust 2.1 behandelt worden waren, beispielsweise die Okkupation von wilden Tieren (Inst Iust 2.1.12) oder vergrabenen Schätzen (Inst Iust 2.1.39),[779] obwohl auch er die internationalen Beziehungen beachtete. WOLFF schloss sich dieser Richtung an.[780] Das Interesse von THOMASIUS war noch etwas anderes als das von GROTIUS und PUFENDORF, das bedeutet, er wollte zunächst wissen, wie ADAM und EVA Sachen gemeinsam besessen hätten und warum Menschen begonnen hätten, Sachen zu okkupieren,[781] erst dann hat er einige Beispiele angeführt, ähnlich wie PUFENDORF und WOLFF.[782]

### *(1.) Bewegliche und unbewegliche Sachen*

Da solche Sachen, die niemandem gehören, Gegenstände der Okkupation sind, sollte man zuerst ermitteln, welche Sachen man sich auf welche Weise aneignen kann. Die vier Naturrechtslehrer waren sich darin einig, dass die Aneignung von unbeweglichen Sachen etwas anderes ist als die von beweglichen Sachen. GROTIUS und PUFENDORF glaubten, dass es von Herrschenden bzw. positiven Gesetzen abhänge, ob und wie man bewegliche Sachen okkupieren dürfe,[783] wohingegen es bei

---

778 GROTIUS [74, S. 207–208] lib. 2. cap. 3. §. 7–8.

779 PUFENDORF [146, S. 383–387] lib. 2. cap. 6. §. 10–13.

780 WOLFF [324, S. 120–123] par. 2. cap. 2. §. 217–223.

781 THOMASIUS [203, S. 194–195] lib. 2. cap. 10. §. 97–101.

782 THOMASIUS [203, S. 200–202] lib. 2. cap. 10. §. 141–155. THOMASIUS erklärte in der Dissertation *De dominio et eius natura in genere intuitu iuris Germanici privati* (1721) dieses Thema etwas ausführlicher. FRANCK (Resp.) [226, S. 10–11] §. 21–23. Es gebe nämlich zwei Aneignungsarten, das heißt, die „Okkupation des Miteigentums" (*occupatio communionis*) und die „Okkupation des Alleineigentums" (*occupatio dominii*). Diese Einteilung hat Einfluss auf die Erfordernisse der Aneignung. Wenn einige Leute eine Sache zusammen okkupieren möchten, dann dürften sie sie weder verteilen noch getrennt aufbewahren. Wenn man dagegen eine Sache allein okkupieren möchte, dann müsse man sie eingrenzen und getrennt aufbewahren. In beiden Fällen brauche man keine Vereinbarung mit anderen Menschen, weil alle Menschen ein gleiches Recht besäßen, nämlich *res nullius* zu okkupieren, und die Regel *„prior est potior"* dafür gelten solle. Freilich könne ein Miteigentümer nach der Okkupation ohne Teilung kein Alleineigentum erhalten und es sei deshalb für ihn notwendig, dass die Sache immer geteilt werde, um das Miteigentum in Alleineigentum umzuwandeln.

783 GROTIUS [74, S. 207] lib. 2. cap. 3. §. 5. „In loco autem cuius imperium iam occupatum est ius occupandi res mobiles anteverti posse lege civili supra diximus: Est enim hoc ius ex iure naturae permittente non praecipiente, ut liceat semper. Neque enim id requirit humana societas."; PUFENDORF [146, S. 379] lib. 4. cap. 6. §. 4. „Adeoque cui imperium est in terras et aquas, poterit vel promiscue quibusvis illas res adprehendi, et proprias faciendi jus concedere, vel civibus suis omnibus, aut certi ordinis, vel sibi soli id reservare."

unbeweglichen Sachen nach dem Naturrecht feste Regeln gebe.[784] Bei PUFENDORF gibt es aber auch für die Aneignung beweglicher Sachen grundsätzliche Regeln, wenn positives Recht fehlt.[785] THOMASIUS und WOLFF erwähnten die Willkür der Herrschenden über bewegliche Sachen nicht mehr.[786]

PUFENDORF und THOMASIUS erläuterten den Unterschied zwischen der Aneignung unbeweglicher und beweglicher Sachen ähnlich, und zwar könne man unbewegliche mit Füßen, bewegliche mit Händen okkupieren.[787] WOLFF beschreibt die Okkupation noch ausführlicher, das heißt, eine Person könne bewegliche Sachen okkupieren, indem sie diese Sachen greife, an ihren eigenen Platz lege oder in einem solchen Zustand lasse, in dem sie sie greifen könne,[788] wohingegen eine Person sich unbewegliche Sachen dadurch aneigne, dass sie diese Sachen mit Grenzen umschließe, auf nicht vorläufige Weise benutze oder auf einem bestimmten Grundstück stehe und zugleich erkläre, dass ihr dieses Grundstück gehöre.[789]

THOMASIUS verlangte außerdem bei beweglichen Sachen die andauernde Aufbewahrung.[790] Er führte ein Beispiel an: Wenn ein Vogel fliehe, der einmal von einem Menschen gefangen worden sei, dann gerate dieser Vogel noch nicht in eine Okkupation.[791] THOMASIUS hat dafür keine Begründung geschrieben, aber das zusätzliche Erfordernis wird wahrscheinlich daraus abgeleitet, dass man die Okkupation sonst nicht erkennen könnte. THOMASIUS selbst fügte hinzu, dass man keine Aufbewahrung brauche, wenn man ohne sie auch die Okkupation beweisen könne.[792] WOLFF korrigierte dieses Erfordernis „Aufbewahrung" in zwei Punkten.[793] Erstens gelte es nicht für alle beweglichen Sachen sondern nur für solche, die sich selbst bewegen könnten, nämlich Tiere. Zweitens verliere man nur dann ein okkupiertes Tier, wenn das Tier fliehe und man es nicht wieder fangen könne. Diese zweite Beschränkung entspricht dem Justinianischen Recht (Inst Iust 2.1.12).[794]

---

784 Vgl. GROTIUS [74, S. 207–208] lib. 2. cap. 3. §. 7–8. und PUFENDORF [146, S. 382–383] lib. 4. cap. 6. §. 8.

785 Vgl. PUFENDORF [146, S. 383] lib. 4. cap. 6. §. 9.

786 Vgl. THOMASIUS [203, S. 200–202] lib. 2. cap. 10. §. 141–155.; WOLFF [324, S. 118] par. 2. cap. 2. §. 212.

787 PUFENDORF [146, S. 382] lib. 4. cap. 6. §. 8. „[...] Igitur regulare est, ut occupatio rerum mobilium fiat manibus, rerum soli pedibus, [...]"; THOMASIUS [203, S. 200] lib. 2. cap. 10. §. 141. „Prout autem res ipsae variant; ita variat etiam rerum apprehensio. Hinc mobilia manibus, immobilia ingressione adeoque pedibus apprehenduntur."

788 WOLFF [324, S. 118] par. 2. cap. 2. §. 212.

789 WOLFF [324, S. 118–119] par. 2. cap. 2. §. 213.

790 THOMASIUS [203, S. 200–201] lib. 2. cap. 10. §. 142.

791 THOMASIUS [203, S. 200] lib. 2. cap. 10. §. 142. (s).

792 THOMASIUS [203, S. 200–201] lib. 2. cap. 10. §. 142.

793 WOLFF [324, S. 120–121] par. 2. cap. 2. §. 218.

794 KASER [88, S. 159].

Dann unterteilten die Naturrechtslehrer sowohl unbewegliche als auch bewegliche Sachen in verschiedene Arten – GROTIUS hat sich damit nicht ausgiebig auseinandergesetzt und der Grund besteht vermutlich darin, dass die Okkupation von Häusern und wilden Tieren, die PUFENDORF, THOMASIUS und WOLFF ausführlich erklärt haben, beim Krieg normalerweise nicht zur Sprache kommen. Die erste Unterteilung gibt es zwischen Grundstücken und Gebäuden. Laut THOMASIUS könne man Gebäude tatsächlich nur mit Füßen okkupieren, wenn sie niemandem gehörten.[795] Dagegen müsse man, seiner Meinung nach, bei Grundstücken seine Absicht auf Okkupation äußern, z. B. indem man ein Feld pflüge oder einen Grenzstein setze, weil es normalweise keine Grenze habe, anhand der andere Leute die Aneignung erkennen könnten.[796] Diese Begründung führt dazu, dass man diese Äußerung nicht brauche, wenn ein Grundstück schon vor der Okkupation eine deutliche Grenze habe, z. B. ein Hof oder ein durch Grenzsteine begrenztes Grundstück.[797] Während PUFENDORF das Erfordernis der Begrenzung nicht erwähnte, stimmte WOLFF darin THOMASIUS zu.[798]

Sollte diese Erklärung des Naturrechts auch für deutsches Recht gelten? THOMASIUS vereinfachte sie in der Dissertation *De dominio et eius natura in genere intuitu iuris Germanici privati* (1721): „Die Aneignung ist aber eine ursprüngliche Erwerbsweise und es gibt sowohl die Okkupation des Miteigentums als auch des Alleineigentums. Die Aneignung des Miteigentums entsteht, wenn einige Leute eine Sache in ihren Besitz aufnehmen. Sie brauchen weder diese Sache aufzubewahren und zu entfernen noch sie zu verteilen und so zu erläutern, dass sie beschlossen haben, diese Sache privat zu nutzen. Dagegen ist die Aneignung des Alleineigentums dann gültig, wenn sie entweder durch die private Aufbewahrung und Entfernung oder durch die Teilung entsteht, und diese Regel sollte sogar auch dann beachtet werden, wenn die Sache ausschließlich von einer Person okkupiert wird."[799] Kurz gesagt ist es bei der Aneignung eines Miteigentums ausreichend, dass einige Personen beginnen etwas zu besitzen, wohingegen bei der Aneignung eines Alleineigentums eine Person entweder etwas verwahren und entfernen oder es teilen muss. Es sei hier gleichgültig, ob ein zu okkupierender Gegenstand eine bewegliche Sache oder eine unbewegliche sei.[800]

---

795 THOMASIUS [203, S. 201] lib. 2. cap. 10. §. 145.

796 THOMASIUS [203, S. 201] lib. 2. cap. 10. §. 145–146.

797 THOMASIUS [203, S. 201] lib. 2. cap. 10. §. 145. (x).

798 PUFENDORF [146, S. 328] lib. 4. cap. 6. §. 8; WOLFF [324, S. 118–119] par. 2. cap. 2. §. 213.

799 Nach der Übersetzung des Verfassers, s. FRANCK (Resp.) [226, S. 10] §. 21. „Occupatio vero modus originarius est, et communionis, et dominii; Communionis, si plures rem aliquam occupent, absque custodia et separatione, aut divisione aliave declaratione rem ad peculiares usus destinandi; Dominii vero, si occupatio (etiam ab uno) fiat cum custodia et destinatione peculiari aut divisione."

800 Deutsche Rechtsgelehrte setzten sich eher mit der Okkupation im Krieg auseinander. THOMASIUS [196, S. 129]; HEINECCIUS [76, S. 412–414] lib. 2. tit. 3. §. 58–59.;

### *(2.) Wilde Tiere* – ferae

Die nächste Unterteilung zeigt sich bei beweglichen Sachen, nämlich zwischen solchen, die sich selbst bewegen können, z. B. Tiere, und solchen, die sich nur durch andere Wesen bewegen lassen, z. B. ein Stein.

Die Naturrechtslehrer konzentrierten sich besonders auf wilde Tiere. GROTIUS zählte die Okkupation wilder Tiere nicht zum Naturrecht, das lediglich durch Schlussfolgerungen abgeleitet werde, sondern zum Völkergemeinrecht, das Menschen willkürlich bestimmten und von allen Völkern beachtet werde.[801] Um sich ein wildes Tier anzueignen, verlangte GROTIUS den Erwerb des Besitzes und hielt eine Verletzung seines Körpers nicht für ausreichend.[802] Diese Erklärung findet sich schon bei GAIUS und JUSTINIANUS (D 41.1.5.1; Inst Iust 2.1.13). Auch PUFENDRORF fragte sich danach, ob wilde Tiere, die schon verletzt worden seien, einem sofort gehörten oder nicht, und römischen Juristen widersprechend antwortete er: „Jedoch möchte ich glauben, dass es im Allgemeinen zu sagen ist, dass ein verletztes Tier von keinem anderen Menschen [als dem Verletzenden] okkupiert werden kann, wenn es tödlich oder als Kennzeichen schwer verletzt wird, insofern der Verletzende dem Tier nachfolgt und das Recht hat, diese Gegend zu betreten."[803] In *Institutiones jurisprudentiae divinae* (1688) hat THOMASIUS seine Meinung nicht ausführlich geäußert, er scheint jedoch eher auf den tatsächlichen Fang eines Tieres zu achten wie bei dem römischen Recht und bei GROTIUS. Er verlangte nämlich vom Verletzenden grundsätzlich den Fang des verletzten Tieres und man könne nur ausnahmsweise durch andere Kennzeichen die Okkupation nachweisen.[804] THOMASIUS legte keine andere Regel vor als die, die er oben auf bewegliche Sachen im Allgemeinen anwendete. WOLFF beschreibt die Aneignung wilder Tiere durch die Möglichkeit des Fanges und durch die Unmöglichkeit der Flucht.[805] Diese Formulierung weicht von der pufendorfischen und thomasianischen Meinung darin ab, dass es bei WOLFF für

---

ENGAU [57, S. 424] lib. 2. tit. 17. §. 339. Ich vermute, dass ein Grund darin besteht, dass es heute so gut wie keine Sachen gibt, die von jemandem okkupiert werden können, weil sich fast alle Sachen schon im Besitz von privaten Leuten oder von Staaten befinden. Diese Vermutung entspricht der Tatsache, dass sich THOMASIUS, HEINECCIUS und ENGAU lediglich für wilde Tiere und herrenlose Sachen interessiert haben.

801 GROTIUS [74, S. 296] lib. 2. cap. 8. §. 2.

802 GROTIUS [74, S. 297] lib. 2. cap. 8. §. 3. „Requiritur autem corporalis quaedam possessio ad dominium adipiscendum; atque ideo volnerasse non sufficit, ut recte contra Trebatium placuit."

803 Nach der Übersetzung des Verfassers, s. PUFENDORF [146, S. 383–384] lib. 4. cap. 6. §. 10. „In universum tamen dicendum putaverim, si fera letaliter sit vulnerata, aut insigniter debilitata, non posse eam ab altero intercipi, quamdiu eam persequimur, dummodo jus nobis sit in isto solo versandi [...]" Vgl. Inst 2.1.13, D 41.1.5.1 und KASER [88, S. 159].

804 THOMASIUS [203, S. 200–201] lib. 2. cap. 10. §. 142.

805 WOLFF [324, S. 120] par. 2. cap. 2. §. 217.

eine Okkupation nicht genügt, als Kennzeichen des Besitzes ein wildes Tier schwer zu verletzen. Auf jeden Fall waren sich die Naturrechtsgelehrten darüber einig, dass man sich wilde Tiere nur in einer solchen Gegend aneignen dürfe, in der man ein sogenanntes Jagdrecht oder Fischereirecht habe.[806]

Laut THOMASIUS entspreche deutschen Sitten, nämlich dem Sachsenspiegel (Landrecht, lib. 2. art. 61.), eher die Meinung von TREBATIUS, der meinte, dass man nur durch die Verletzung das Eigentum eines Tieres erwerbe und die Okkupation andauere, solange man es verfolge (D 41.1.5.1).[807] Viele Rechtsgelehrte stimmten dieser Meinung zu.[808] Laut THOMASIUS sollte diese Erklärung so beschränkt sein, dass wilde Tiere nach dem Völkergemeinrecht zwar niemandem gehörten, nach römischem Recht und deutschen Sitten aber normalerweise der Staat bevorzugt werden solle, insofern kein Privileg einer privaten Person gewährt werde.[809] HEINECCIUS

---

806 Dies bedeutet, dass sich ausschließlich Herrscher das Recht auf Okkupation vorbehalten. GROTIUS [74, S. 298] lib. 2. cap. 8. §. 5. „Haec ergo locum habebunt si lex nulla civilis intervenerit: [...]"; PUFENDORF [146, S. 379] lib. 4. cap. 6. §. 5. „Ex hisce adparet, ab arbitrio ejus, qui summum imperium habet, non autem a naturali aliqua, et necessaria lege dependere, quidnam juris in civitate singulis competat citra collectionem rerum mobilium nondum occupatarum, circa venationem, aucupium, piscationem, et similia." und PUFENDORF [146, S. 380] lib. 4. cap. 6. §. 6. „Enimvero in plurimis locis venatio rectoribus civitatum relicta, [...]"; THOMASIUS [203, S. 202] lib. 2. cap. 10. §. 155. (q); WOLFF [324, S. 119] par. 2. cap. 2. §. 214. „Quamobrem cum jus occupandi res nullius sit res incorporalis (§. 121.); introductis dominiis jus quoque occupandi res nullius occupari potest, veluti jus venandi, aucupandi, piscandi in certo districtu."

807 THOMASIUS [196, S. 127].

808 SCHILTER [160, S. 136] ad Inst Iust 2.1.13 „Sed recte Glossa ibi annotat, Trebatii sententiam in foro nostro obtinere, non qvam Cajus et Justinianus approbat, ita, ut qvi feram qvam a me vulneratam perseqvor, intercipiat, furtum mihi committat. V. Jus Sax. Prov. l. 2. A. 61."; SCHULTZE [176, S. 79] ad Inst Iust 2.1.13, (k) „Hodie secundum Dd. Communiter fera bestia vulnerantis est. Quemadmodum et de Jure Saxon. ita * vulneratam persequi licet, quamvis distinctae sint suis terminis venationes, modo id fiat absque instatu corniculi veneratorii et incitatione canum per text. Landr. lib. 2. art. 61. junct. Gloss. Weichb. art. 21. in fin."; BEIER [15, col. 218; 220] ad Vulneratam persequi „Quibus casibus in suo venari licet, iisdem licet et vulneratam in suo persequi in alieno; sub temperamento tamen Autoris de cornu et canibus."; HOPPE [80, S. 263] ad Inst Iust 2.1.13 „Hodie si quis feram destiam in suo vulneraverit, daß es schweist/ ex consvetudine multorum locorum hoc juris consequitur, ut possit eandem persequi, [...]"; BEYER [20, S. 144] lib. 2. cap. 2. §. 74. „[...] feram tamen in fundo svo vulneratam persequi licet in fundum vicini per XXIV. horas; [...]".

809 THOMASIUS [196, S. 126–127]. Er zitierte drei Rechtsgelehrte. SCHULTZE [176, S. 77] ad Inst Iust 2.1.12, (h) „Jure Saxonico in fundo alieno venari non licet Gloss. Weichb. art. 121. [sic!] junct. Gloss. Landr. lib. 2. art. 62. vers. Wer wilde Thier."; SCHILTER [160, S. 135] ad Inst Iust 2.1.12 „Aliud nationibus Teutonicis placuit, et juxta regulam antea expositam dominium sylvarum, marium, et fluminum et

wies noch auf frühere deutsche Sitten hin, dass früher in Deutschland nicht nur „höhere Stände“ (*nobiles*) sondern auch „Freigeborene“ (*ingenui*) ein Jagdrecht gehabt hätten.[810] Er bestätigte allerdings auch, dass das Jagdrecht heute eingeschränkt worden sei.[811]

### *(3.) Aufgegebene Sachen* – res derelicta

Man kann sich auch solche Sachen aneignen, die vom Eigentümer absichtlich aufgegeben worden sind (Inst Iust 2.1.45–46), und man muss sie nur ausnahmsweise ersitzen.[812] THOMASIUS hielt jedoch die Erklärungsweise von TRIBONIANUS (Inst Iust 2.1.45–46) für irrational. Denn TRIBONIANUS schrieb zuerst: „Darüber hinaus überträgt bisweilen sogar der an eine unbestimmte Person gerichtete Wille des Eigentümers das Eigentum an einer Sache: Prätoren oder Konsuln zum Beispiel, die Geschenke unter das Volk werfen, wissen nicht, wer sie auflesen wird; doch weil sie wollen, daß das, was jeder auffängt, sein Eigentum wird, machen sie ihn sofort zum Eigentümer.“ (Inst Iust 2.1.46),[813] und dann fuhr er fort: „Aus diesem Grund erscheint es auch besser, daß jemand sofort Eigentümer wird, wenn er sich eine Sache aneignet, die der Eigentümer als aufgegeben betrachtet. Als aufgegeben wird das angesehen, dessen sich der Eigentümer in der Absicht entledigt hat, daß es nicht mehr zu seinem Vermögen gehört; und deshalb hört er sofort auf, Eigentümer zu sein.“ (Inst Iust 2.1.47).[814] Wie THOMASIUS den Kommentar von VINNIUS zitierte, wenn man die zwei Artikel in *Institutiones Justiniani* genau lese, dann müsse man zu

---

qvae in iis continentur, Vniversitati et Summae Reip. potestati manserunt, [...] nisi qvibus speciatim jura haec concessa sint, qvae Regalia ob id appellantur. Gloss. Weichb. Art. 122.“; HOPPE [80, S. 262] ad Inst Iust 2.1.12 „Hodie Princeps sibi vindicant jus venandi, tanquam Regale, tum propter translatam in eos a Populis potestatem. [...]“ Vgl. auch *Sachsenspiegel* (1602, lateinisch) [151, S. 297b] ad Landrecht, lib. 2. art. 62. Qui bestitas, etc.

810 HEINECCIUS [76, S. 55; 406] lib. 1. tit. 3. §. 77. und lib. 2. tit. 3. §. 51.

811 HEINECCIUS [76, S. 407] lib. 2. tit. 3. §. 52. ENGAU benutzt die Zitate von TACITUS, als ob sie die heutige Lage wäre. ENGAU [57, S. 371] lib. 2. tit. 12. §. 223. (**) „(5) pro nobili possessore equestris nemoris militet praesumtio, quod uenari possit, nisi constet, feudum ei de territorio dedisse principem, HEINECCIVS El. I. G. lib. 1. §. 64. 69.“

812 KASER [88, S. 160].

813 Nach der Übersetzung von BEHRENDS et al. [11, S. 59] Inst Iust 2.1.46 „Hoc amplius interdum et in incertam personam collocata voluntas domini transfert rei proprietatem: ut ecce praetores vel consules qui missilia iactant in vulgus ignorant quid eorum quisque excepturus sit, et tamen, quia volunt quod quisque exceperit eius esse, statim eum dominum efficiunt.“

814 Nach der Übersetzung von BEHRENDS et al. [11, S. 59–60] Inst Iust 2.1.47 „Qua ratione verius esse videtur et si rem pro derelicto a domino habitam occupaverit quis, statim eum dominium effici. pro derelicto autem habetur quod dominus ea mente abiecerit ut id rerum suaram esse nollet, ideoque statim dominus esse desinit.“

der Überzeugung gelangen, dass TRIBONIANUS den Erwerb der aufgegebenen Sache als eine Übergabe angesehen haben müsse, jedoch diese Erwerbsweise natürlich nicht zur Übergabe sondern zur Aneignung zähle.[815]

Auch Naturrechtslehrer zweifelten nicht daran, dass man sich nach dem Naturrecht die aufgegebenen Sachen aneignen könne,[816] jedoch stellt sich hier die Frage, von wem eine solche Sache okkupiert werden könne. GROTIUS und WOLFF glaubten, dass sich ein Volk oder der Herrschende einer Region das Recht vorbehalten dürfe, aufgegebene Sachen vorzugsweise zu okkupieren ähnlich wie bei wilden Tieren.[817] THOMASIUS erwähnte diese Meinung weder in *Institutiones jurisprudentiae divinae* (1688) noch in *Notae ad Inst.* (1712). In *Notae ad Inst.* zitierte THOMASIUS keine deutschen Quellen, er sagte einfach, dass man sich aufgegebene Sachen aneignen könne.[818] Auch HEINECCIUS konnte keine deutschen juristischen Quellen nennen. Er benutzte das Buch *Variae* von CASSIODOR, um seine These zu begründen.[819] Deshalb muss deutsches Recht bei diesem Thema durch das Naturrecht ergänzt werden.

Dann nannte HEINECCIUS nicht nur die „aufgegebene Sache“ (*res derelicta*) sondern auch die „Fundsache“ (*res amissa*), und er erläuterte, dass man nach der *Lex Baiuvariorum* (tit. 2. cap. 13. §. 2.) und langobardischem Recht (lib. 1. tit. 25. §. 1.) dann einen Diebstahl begehe, wenn man bei der Justiz eine Fundsache nicht anzeige.[820] ENGAU formulierte: „Wer aufgegebene Sachen ergreift, eignet sie sich an. Wer solche Sachen entdeckt, die von einem anderen Menschen verloren worden sind, erwirbt sie nicht, sondern verpflichtet sich wegen der Angst vor der Strafe auf Diebstahl dafür, sie dem Eigentümer zurückzugeben. Wenn man aber nicht weiß, wer der Eigentümer ist, dann verpflichtet man sich dafür, die Sachen bei der Justiz anzuzeigen, und man sollte mit einer Belohnung zufrieden sein, die die Burgunder

---

815 THOMASIUS [196, S. 149]; VINNIUS [303, S. 179a] ad Inst Iust 2.1.46 „Pertinet igitur hic modus acquirendi ad inventionem, ut supra quoque monuimus §. item lapilli. eod. Ad traditionem referri non potest, ut species superior: quia qui rem pro derelicto habet, quamvis intelligatur voluisse eam ejus fieri, qui primus eam sustulerit aut occupaverit, l. 5. §. 1. Pro derel. non tamen ea mente eam abjicit aut deserit, non laborat ut alius eam accipiat, quod facit is, qui pecuniam spargit.“

816 GROTIUS [74, S. 217] lib. 2. cap. 3. §. 19. n. 1.; PUFENDORF [146, S. 384] lib. 4. cap. 6. §. 12.; THOMASIUS [203, S. 202] lib. 2. cap. 10. §. 154.; WOLFF [324, S. 121] par. 2. cap. 2. §. 219.

817 GROTIUS [74, S. 217] lib. 2. cap. 3. §. 19. n. 2. „Sed illud simul notandum est, interdum primas acquisitiones a populo aut populi capite ita factas, ut non tantum imperium, in quo inest ius illud eminens de quo alibi egimus, sed et privatum plenumque dominium generaliter primum populo, aut eius capiti quaereretur: [...]“; WOLFF [324, S. 121] par. 2. cap. 2. §. 219. „[...] si vero jus occupandi occupatum est, eam acquirere nequit, [...]“.

818 THOMASIUS [196, S. 149].

819 HEINECCIUS [76, S. 414–415] lib. 2. tit. 3. §. 60.

820 HEINECCIUS [76, S. 415] lib. 2. tit. 3. §. 61.

‚wegium' nannten."[821] Außerdem wies ENGAU darauf hin, dass man nach dem Sachsenspiegel ein Drittel der Fundsache erwerben dürfe, wenn der Eigentümer sie nicht innerhalb von sechs Wochen verlange, und der Restwert in die Staatskasse abgeführt werden müsse (Landrecht, lib. 2. art. 37.).[822] Hier ist es unklar, warum THOMASIUS diesen Artikel des Sachsenspiegels ignoriert hat.

### 3.7.3 Teilung – *divisio*

Gibt es auch andere natürliche Erwerbsweisen im Naturrecht? Wenn man auf Hauptwerke von Naturrechtslehrern achtet, stellt sich zuerst die Frage, ob die „Teilung" (*divisio*) zum natürlichen Erwerb gehört oder nicht. GROTIUS schrieb ohne Erklärung nur, dass man anfangs auch durch Teilung Sachen auf natürliche Weise erworben habe, dies gelte jedoch heute nicht mehr.[823] GROTIUS war der Ansicht, dass es heute keine anderen natürlichen Erwerbsweisen gebe als durch Aneignung.[824] Da dieser Satz nicht klar war, musste man ihn interpretieren und PUFENDORF legte ihn so aus, dass die früheste Familie [von ADAM und EVA], die in der Bibel auftauche, sich in einige Familien getrennt und man dabei durch Teilung Sachen natürlich erworben habe.[825] Auf jeden Fall glaubten weder GROTIUS noch PUFENDORF, dass die Teilung einer Sache noch heute als ein natürlicher Eigentumserwerb gelten solle. WOLFF ordnete die Teilung von Sachen ausdrücklich dem sukzessiven Eigentumserwerb zu.[826]

THOMASIUS schrieb in *Institutiones jurisprudentiae divinae* (1688), dass der Begriff „natürlicher Eigentumserwerb" heute nur die Aneignung bedeute.[827] Er sagte im Zusammenhang mit verbundenen, vermischten, vermengten oder verarbeiteten Sachen sogar, dass die Teilung solcher Sachen keinen Eigentumserwerb darstelle, sondern lediglich vom Urteil des Richters abhänge.[828] Jedoch hat THOMASIUS seine Meinung in der Dissertation *De dominio et eius natura in genere intuitu iuris Germanici privati* (1721) geändert, und zwar zeigt sich dabei seine These, dass nicht nur die

---

821 ENGAU [57, S. 425] lib. 2. tit. 17. §. 340. „Qui res derelictas capit, suas facit; qui uero res ab alio amissas inuenit, eas non acquirit sibi, sed sub poena furti domino restituere, aut si hunc ignoret, ad iudicem deferre tenetur, contentus aliquo praemio, quod wegium uocarunt Burgundi."

822 ENGAU [57, S. 425] lib. 2. tit. 17. §. 340. Vgl. auch *Sachsenspiegel* (1602, lateinisch) [151, S. 246b–247a] Landrecht, lib. 2. art. 37.

823 GROTIUS [74, S. 205] lib. 2. cap. 3. §. 1. „Originaria acquisitio olim cum genus humanum coire posset, fieri potuit etiam per divisionem, [...]".

824 GROTIUS [74, S. 205] lib. 2. cap. 3. §. 4. n. 1. „De occupatione ergo quae post prima illa tempora solus est naturalis et originarius modus videndum est nobis."

825 PUFENDORF [146, S. 377] lib. 4. cap. 6. §. 2. „[...] ita est explicandum: cum primum genus mortalium in plures familias dividi coepisset, distincta rerum dominia provenere ex divisione; [...]".

826 WOLFF [324, S. 181–182] par. 2. cap. 5. §. 343.

827 THOMASIUS [203, S. 200] lib. 2. cap. 10. §. 140.

828 THOMASIUS [203, S. 210] lib. 2. cap. 10. §. 218.

Aneignung sondern auch die Teilung zum natürlichen Eigentumserwerb gehöre.[829] Hier findet man die Definitionen zweier Rechtsmittel: „Die Aneignung ist eine ursprüngliche Erwerbsweise, die man sowohl auf das Miteigentum als auch auf das Alleineigentum anwenden kann. Dagegen kann man die Teilung nur auf das Alleineigentum anwenden, obwohl sie immer ein Miteigentum voraussetzt."[830] THOMASIUS nahm bereits an, dass seine Erklärung möglicherweise zu einem Missverständnis führen könne, und deshalb fügte er hinzu: „Wenn ein Mann jedoch behauptet, dass die Teilung trotzdem keine ursprüngliche Erwerbsweise, sondern eine sukzessive Erwerbsweise wäre, weil ein durch die Aneignung erworbenes Miteigentum schon vorausgesetzt werden würde, dann möchte ich mit ihm über diese Terminologie nicht streiten, wenn er und ich in der Tatsache vereinbaren, dass die Teilung angesichts des Alleineigentums auf jeden Fall eine ursprüngliche Erwerbsweise sein muss."[831] Kurz gesagt bedeutet die Teilung von Sachen bei THOMASIUS nicht die Aufteilung des Miteigentums, sondern die Schaffung neuen Alleineigentums. Zwar gebe es noch einen anderen Unterschied zwischen der Aneignung und der Teilung, das heiße, bei der Aneignung achte man normalerweise auf die Nützlichkeit der zu okkupierenden Sachen, wohingegen man bei der Teilung hauptsächlich den Ausschluss der anderen Leute in Betracht ziehe, aber dieser Unterschied sei lediglich theoretisch und deswegen nicht nützlich.[832]

Und die Sachen, die geteilt werden sollten, könnten in zwei Arten eingeteilt werden, nämlich in die Sachen, die einfach physisch geteilt werden könnten, und in die anderen, die physisch nur schwierig zu teilen seien.[833] Wenn ein Richter eine Sache einfach physisch teilen könne, dann solle er es so tun.[834] Wenn ein Richter diese Lösung nicht anerkennen könne, das heißt, eine Sache physisch nicht oder nur schwierig geteilt werden könne, dann solle der Betroffene, der mehrere Sachen miteinander verbunden, vermischt, vermengt oder verarbeitet habe, den Wert der Sache bezahlen.[835] Aber diese Regel betreffe nur „vertretbare Sachen" (*res fungibiles*).[836] Man müsse den Wert jeder vertretbaren Sache nur auf die Höhe des

---

829 FRANCK (Resp.) [226, S. 11] §. 24.

830 Nach der Übersetzung des Verfassers, s. FRANCK (Resp.) [226, S. 11] §. 24. „Occupatio est modus acquirendi originarius, qui et in dominio communi, et in singulari locum habere potest. Contra divisio est saltem modus originarius dominio singulari proprius, cum semper praesupponat dominium commune."

831 Nach der Übersetzung des Verfassers, s. FRANCK (Resp.) [226, S. 11] §. 24. „Quodsi tamen quis urgeat, eo ipso divisionem esse modum acquirendi non originarium, sed derivativum, cum jam praesupponat dominium commune per occupationem acquisitum, de terminis cum ipso non litigabimus, modo in re conveniamus, et quod tamen intuitu dominii singularis divisio sit modus acquirendi originarius."

832 FRANCK (Resp.) [226, S. 12] §. 26.

833 THOMASIUS [203, S. 211] lib. 2. cap. 10. §. 221–222.

834 THOMASIUS [203, S. 211] lib. 2. cap. 10. §. 221.

835 THOMASIUS [203, S. 211] lib. 2. cap. 10. §. 222.

836 THOMASIUS [203, S. 211] lib. 2. cap. 10. §. 222. (x).

„Marktpreises" (*pretium commune*) berechnen und THOMASIUS glaubte, diese Regel werde in Deutschland als eine Sitte aufgefasst. Wenn ein Richter „unvertretbare Sachen" (*res non fungibiles*) nicht teilen könne, könne man dazu keine eindeutigen Antworten geben, weil es viele verschiedene Umstände gebe.[837] Die philosophische Regel bringe keine allgemeine Lösung mit sich, die vielleicht auch römische Juristen anerkannt hätten, dass „eine solche Sache für hauptsächlich gehalten werden sollte, ohne die die andere Sache nicht existieren kann" (*quod id debeat pro principali haberi, sine quo alterum esse non potest*);[838] denn es passiere bei einer „Verarbeitung" (*specificatio*), dass beide Sachen für die Entstehung der vermischten Sache unbedingt notwendig seien, weil *forma* und *materia* voneinander abhängig seien.[839] Außerdem müsse der Richter den Wert der Sache auf verschiedene Weisen schätzen und die Sache, die mehr Wert habe als die andere, solle bevorzugt werden.[840] THOMASIUS fügte hinzu, die letzte Regel sei eine deutsche Sitte für das Eigentum an Büchern, wohingegen Kaiser JUSTINIANUS diese Regel im Zusammenhang mit dem Eigentum an Gemälden eingeführt hatte.[841]

## 3.7.4 Sonstige natürliche Erwerbsweisen – *accessio*

### *Was ist „Vermehrung"* (accessio)*?*

Auch um die Verbindung, Vermischung, Vermengung, etc. stritten die Naturrechtslehrer. GROTIUS nannte in diesem Zusammenhang nur die natürliche Änderung von Flussläufen und benutzte dabei häufig das Wort „vermehren" (*accedere*), um diesen Eigentumserwerb zu charakterisieren.[842] Er erklärte dabei nicht die Beziehungen zwischen Bürgern sondern nur die Grenzen zwischen Völkern.[843] PUFENDORF hat ein eigenes Kapitel (*De jure naturae et gentium* 4.7) für die „Vermehrung" (*accessio*) gestellt, mit der sich beispielsweise Sand am Ufer eines Flusses vermehrt, und die Änderung von Flussläufen darin eingereiht.[844] Unter dem Wort *accessio* verstand er verschiedene Erwerbsweisen: „Manche Sachen dehnen sich nämlich innerlich in ihrer eigenen Substanz aus, darunter fallen äußerliche Knospen. Andere Sachen bekommen Früchte, die durch Kreuzung erzeugt werden. Bei vielen Sachen steigt ihr Wert aufgrund der durch menschliche Bemühung erzeugten ‚Veredelung'

---

837 THOMASIUS [203, S. 211] lib. 2. cap. 10. §. 223.

838 Nach der Übersetzung des Verfassers, s. THOMASIUS [203, S. 211] lib. 2. cap. 10. §. 224.

839 THOMASIUS [203, S. 211] lib. 2. cap. 10. §. 225.

840 THOMASIUS [203, S. 211] lib. 2. cap. 10. §. 226.

841 THOMASIUS [203, S. 211] lib. 2. cap. 10. §. 226.

842 GROTIUS [74, S. 215–217] lib. 2. cap. 3. §. 16–18.

843 GROTIUS [74, S. 215–217] lib. 2. cap. 3. §. 16. n. 1. „Frequens est inter vicinos populos contentio, quoties flumen cursum mutavit, an simul et imperii terminus mutetur, et an quae flumen adiecit eis cedant quibus adiecta sunt: quae controversiae ex natura et modo acquisitionis definiendae sunt."

844 PUFENDORF [146, S. 393–394] lib. 4. cap. 7. §. 11.

(*superinducta*). Diese Fälle lassen sich alle mit dem Wort *accessio* erfassen und vor allem in zwei Klassen unterteilen. Das heißt, manche Sachen vermehren sich ohne Handlungen des Menschen nur aus der Natur der Sachen an sich heraus, aber andere Sachen werden teilweise oder komplett durch Handlungen und Bemühung des Menschen hergestellt."[845] Man sollte diese Erklärung so auslegen, dass die erste Klasse solche Früchte umfasst, die ohne das Bemühen von Menschen erzeugt werden, z. B. Obst, und die zweite Klasse künstliche Werke umfasst, z. B. Gemälde.[846] Zwar hat sich PUFENDORF nicht dazu geäußert, ob die Verbindung, Vermischung, Vermengung, etc. zum natürlichen Eigentumserwerb zählt, meiner Meinung nach kann man dies aber so annehmen, weil PUFENDORF gerade dieses Thema nach dem Kapitel über die Aneignung behandelt und erst dann den sukzessiven Eigentumserwerb erklärt hat.

THOMASIUS nannte hier verschiedene Erwerbsweisen des Eigentums „Vermehrung" (*accessio*), nämlich (1.) die zusätzliche Okkupation solcher beweglichen Sachen, die an einer bereits okkupierten unbeweglichen Sache vorhanden seien,[847] (2.) Früchteerwerb,[848] (3.) Verbindung, Vermischung und Verarbeitung[849] – WOLFF formulierte diese Gegenstände im Zusammenhang mit dem natürlichen Eigentumserwerb einheitlich: „Die ‚Vermehrung' (*accessio*) ist die Hinzufügung einer Sache zu solch einer anderen Sache, die bereits eine feste Form hat, indem sich jene Sache mit dieser anderen verbindet oder sie sich in diese andere integriert."[850] THOMASIUS stellte zunächst fest, dass man sich bei diesem Thema drei verschiedene Situationen vorstellen kann. Erstens verbinde oder vermische eine Person eine eigene Sache mit einer anderen eigenen und das fertige Produkt solle ihr weiterhin gehören.[851]

---

845 Nach der Übersetzung des Verfassers, s. PUFENDORF [146, S. 388] lib. 4. cap. 7 §. 1. „Quaedam enim intrinsece suam substantiam dilatant: quibusdam extrinseca incrementa accedunt; aliae heterogeneis fructibus exuberant; multis per formam industria hominum superinductam pretium accrescit. Quae omnia uno vocabulo accessionum comprehendi possunt, et in duas potissimum classes dividuntur. Quaedam enim citra factum hominis ex sola natura istarum rerum proveniunt; quaedam facto et industria hominum in solidum, aut ex parte procurantur."

846 Diese Interpretation entspricht der Reihenfolge der zu erklärenden Gegenstände. Vgl. PUFENDORF [146, S. 388–393] lib. 4. cap. 7. §. 2–10. Vgl. auch PUFENDORF [146, S. 393–395] lib. 4. cap. 7. §. 11–12.

847 THOMASIUS [203, S. 201] lib. 2. cap. 10. §. 148.

848 THOMASIUS [203, S. 209] lib. 2. cap. 10. §. 209–210.

849 THOMASIUS [203, S. 210–212] lib. 2. cap. 10. §. 212–229.

850 Nach der Übersetzung des Verfassers, s. WOLFF [324, S. 242–243] par. 2. cap. 2. §. 242. „Accessio est adjectio rei cujusdam ad alteram, quae certam formam jam habet, ut eidem quomodocunque cohaereat, vel inexistat."

851 THOMASIUS [203, S. 210] lib. 2. cap. 10. §. 213. Auch PUFENDORF [146, S. 391] lib. 4. cap. 7. §. 10. „Si enim materia fuerit nostra, continuabitur dominium specie nova introducta." WOLFF glaubte, dass man die neue Form, die durch Verarbeitung geschaffen worden sei, als Früchte ansehen solle, die demjenigen gehören würden, der die Sache verarbeite. WOLFF [324, S. 126–127] par. 2. cap. 2. §. 231.

Im zweiten Fall verbinde oder vermische man eine eigene Sache mit einer anderen Sache, die niemandem gehöre, und dieser Fall lasse sich nicht durch Vermehrung sondern durch Okkupation regeln.[852] Die dritte Situation handelt von solchen Sachen, die jeweils verschiedenen Personen gehören. In dieser Situation würden die verbundenen oder vermischten Sachen zu Miteigentum werden.[853]

### *Bebauen und Bepflanzen* – aedificatio *und* plantatio

Auf die Bepflanzung und die Bebauung wendete THOMASIUS früher die römische Regel an: „Zusätzliche Sachen folgten dem Eigentum der hauptsächlichen Sache" (*accessorium sequitur dominium rei principalis*).[854] Dann fuhr er fort: „Man sollte aber solche herrenlosen Sachen für zusätzliche halten, die in unbeweglichen Sachen enthalten sind oder ohne unbewegliche Sachen nutzlos sind."[855]

THOMASIUS korrigierte freilich in *Notae ad Inst.* (1712) diese Regel und glaubte, dass sie dem Völkergemeinrecht nicht immer entspreche.[856] Erstens stellte er sich bei der Bebauung zwei verschiedene Situationen vor. (1.) Einerseits könne man sich die Situation vorstellen, dass eine Person auf einem Grundstück einer anderen

---

852 THOMASIUS [203, S. 210] lib. 2. cap. 10. §. 214.

853 THOMASIUS [203, S. 210] lib. 2. cap. 10. §. 216. Auch GROTIUS [74, S. 306] lib. 2. cap. 8. §. 19. n. 2.; PUFENDORF [146, S. 392] lib. 4. cap. 7. §. 10. „De caetero in universum est, quod tradit Grotius d. l. §. 19. cum res constent materia et specie tanquam suis partibus, si alterius sit materia, alterius species, sequitur, naturaliter rem communem fieri pro rata ejus, unumquodque est."; WOLFF [324, S. 137] par. 2. cap. 2. §. 254.

854 Nach der Übersetzung des Verfassers, s. THOMASIUS [203, S. 209] lib. 2. cap. 10. §. 206.

855 Nach der Übersetzung des Verfassers, s. THOMASIUS [203, S. 201] lib. 2. cap. 10. §. 148. „Pro accessoriis autem habenbuntur omnes res nullius, quae in rebus immobilibus continentur, aut quarum sine immobilibus non est usus, [...]" GROTIUS glaubte dagegen, dass sich diese Regel nicht auf dem Naturrecht begründe, und behauptete, dass ein Miteigentum an der Bepflanzung und an der Bebauung entstehen solle. GROTIUS [74, S. 307] lib. 2. cap. 8. §. 22. „Plantata et consita ut solo cedant, similiter est iuris constituti, [...] Quare et hic communio locum habebit: nec minus in aedificio, [...]" PUFENDORF kritisierte GROTIUS in diesem Punkt und zwar hielt er die römische Regel für natürlich. PUFENDORF [146, S. 389] lib. 4. cap. 7. §. 5–6. „Enimvero his non obstantibus ratio legibus Romanis constat. [...] igitur in universum placuit, insita solo cedere, ut tamen dominus soli pretium seminis aut plantae alteri, ubi bona fide egit, persolvat. [...] Eadem fere ad aedificia, quae in alieno solo, aut ex aliena materia in proprio solo extruuntur, possunt adplicari. Equidem si aedificium sit mobile, non est dubium, quin in id dominus soli nullum jus habeat; [...]" Es ist interessant, dass PUFENDORF sich dabei eher mit der Frage auseinandersetzte, ob man sich der früheren Eigentumssituation bewusst sei oder nicht. WOLFF stimmte GROTIUS zu. WOLFF [324, S. 129–130] par. 2. cap. 2. §. 237–238.

856 THOMASIUS [196, S. 136].

Person etwas baue. In diesem Fall sollte man noch einmal über zwei unterschiedliche Versionen nachdenken, nämlich ein „ödes Grundstück" (*solum simpliciter dictum*) und ein „fruchtbares Grundstück" (*fundus*). THOMASIUS beurteilte, dass die obige römische Regel auch nach dem Völkergemeinrecht für ein „fruchtbares Grundstück" (*fundus*) gelte, aber nicht für ein „ödes Grundstück" (*solum simpliciter dictum*), weil der Wert des Bauwerkes normalerweise teurer sei als der Wert eines öden Grundstückes.[857] Es ist jedoch interessant, wie THOMASIUS selbst bemerkt hat, dass der Sachsenspiegel dem Völkergemeinrecht lediglich teilweise entspreche, wenn man aus eigenen Materialien etwas auf einem fremden Grundstück baue, das heißt, der Eigentümer des Grundstücks dürfe sich nur Tore, Zäune und Häuser behalten, und der Bauende könne sonstige von ihm gebaute Sachen wieder abreißen bzw. wegnehmen (Sachsenspiegel, Landrecht, lib. 2. art. 53.).[858] Dies ist ein Beispiel, bei dem der Sachsenspiegel, den THOMASIUS normalerweise als die wichtigste Quelle deutschen Rechts angesehen hat, durch das Völkergemeinrecht bzw. die Sitten vieler Völker korrigiert worden ist. (2.) Andererseits könne man auch solche Fälle finden, in denen eine Person aus solchen Materialien etwas auf ihrem eigenen Grundstück baue, die einer anderen Person gehörten. In diesem Fall zweifelte THOMASIUS nicht daran, dass der neue Bau dem Bauenden [= dem Eigentümer des Grundstücks] gehören solle, wie beim römischen Recht, und der Bauende den Wert der Baustoffe zurückzahlen müsse.[859] In diesem Fall stünden laut THOMASIUS Völkergemeinrecht, römisches und deutsches Recht miteinander im Einklang, er zitierte aber keine deutschen Quellen.[860]

Über die Bepflanzung legte THOMASIUS eine andere Regel vor als im römischen Recht.[861] THOMASIUS wies zuerst darauf hin, dass sich einige Artikel im Justinianischen Recht darüber einander widersprächen (Inst Iust 2.1.31; D 39.2.9.2; D 41.1.7.13; D 41.1.26.1; D 47.7.6.2), und dann kam er zu dem Schluss, dass man solche Pflanzen, die auf einem fremden Grundstück gepflanzt worden seien, nicht zurückerhalten und von dem Eigentümer des Grundstückes nur ihren Gegenwert verlangen könne, weil sie vertretbare Sachen seien.[862] Aus dieser Begründung stellt sich heraus, dass man sowohl Pflanzen, die man auf einem fremden Grundstück anbaue, als auch Früchte, die die Pflanzen trügen, zurückerhalten könne, wenn sie unvertretbar

---

857 THOMASIUS [196, S. 136–137].

858 THOMASIUS [196, S. 137]; HEINECCIUS [76, S. 418–419] lib. 2. tit. 3. §. 66.; ENGAU [57, S. 422–423] lib. 2. tit. 17. §. 335. Zur Auslegung des deutschen Textes hilft die latainische Version. vgl. *Sachsenspiegel* (1602, lateinisch) [151, S. 280a] Landrecht, lib. 2. art. 53.

859 THOMASIUS [196, S. 138].

860 THOMASIUS [196, S. 138].

861 THOMASIUS behandelte bei der Bepflanzung nicht nur solche Pflanzen, die von jemandem angebaut worden seien, sondern auch solche, deren Wurzeln in das Grundstück eines Nachbarn hineinwüchsen oder deren Äste über einen Zaun ragten. Vgl. dazu THOMASIUS [196, S. 141–142].

862 HECHT (Resp.) [239, S. 76] cap. 3. §. 62.

seien.[863] HEINECCIUS stimmte bei dieser Thematik namentlich THOMASIUS zu.[864] Außerdem solle man nach deutschen Sitten bzw. nach dem Sachsenspiegel nicht auf Wurzeln sondern auf Zäune achten, die zwischen Nachbarn stünden, das heißt, jeder Nachbar dürfe solche Früchte ernten, die die Zweige trügen, die über sein Grundstück gewachsen seien, um den Schaden zu ersetzen, der durch zu lang gewachsene Zweige entstehe (Sachsenspiegel, Landrecht, lib. 2. art. 52.).[865] Deshalb spielt die obige römische Regel keine Rolle mehr. Außerdem fügte THOMASIUS in *Notae ad Inst.* den anderen Grund hinzu, dass kein Volk die römische Regel rezipiert habe.[866] THOMASIUS hat hier deutlich die Voraussetzung im umgekehrten Sinne benutzt, dass Sitten vieler Völker vermutlich gut seien, das heißt, er hat hier angedeutet, dass solche Sitten, die kein Volk hat, nicht anerkannt sind.

### *Früchteerwerb*

Hier stellen sich vor allem zwei Fragen. (1.) Wenn jemand auf einem fremden Grundstück sät, darf derjenige dann die Samen oder die Ernte zurückbekommen? (2.) Kann der Erbe des Nießbrauchers oder des Pächters „hängende Früchte" (*fructus pendentes*) ernten, die der Hinterlassende gezogen hat? Auf die erste Frage antwortete JUSTINIANUS einfach, dass die Samen dem Eigentümer des Grundstücks gehörten (Inst Iust 2.1.32), und er meinte zur zweiten Frage, dass man „hängende Früchte" (*fructus pendentes*) des Hinterlassenden nicht erben könne (Inst Iust 2.1.26).

THOMASIUS stellte zuerst im Allgemeinen fest, dass natürliche Früchte dem Eigentümer der erzeugenden Sache gehörten, weil solche Früchte immer ein Teil eines Baumes, eines Strauches, etc. seien.[867] Wegen des gleichen Grundes gehöre ein Kind, dessen Mutter eine Sklavin ist, dem Herrn der Mutter.[868] Man sollte jedoch nicht

863 THOMASIUS [196, S. 142]. Hier hat THOMASIUS keine Beispiele angeführt, aber meiner Meinung nach könnte man sich das Beispiel vorstellen, dass man eine ziemlich seltene Blume auf einem fremden Grundstück pflanzt, die sich normalerweise nicht auf dem Markt finden lässt.

864 HEINECCIUS [76, S. 421–422] lib. 2. tit. 3. §. 69–70.

865 THOMASIUS [196, S. 142]; HOPPE [80, S. 286–287] ad Inst Iust 2.1.31; HEINECCIUS [76, S. 421] lib. 2. tit. 3. §. 69.; ENGAU [57, S. 423–424] lib. 2. tit. 17. §. 338.; *Sachsenspiegel* (1602, lateinisch) [151, S. 278b–279a] Landrecht, lib. 2. art. 52.

866 THOMASIUS [196, S. 141].

867 THOMASIUS [203, S. 209] lib. 2. cap. 10. §. 209. Auch PUFENDORF [146, S. 388] lib. 4. cap. 7. §. 3. „[...] Utrique naturaliter pertinent ad eum, qui est dominus rei, ex qua proveniunt."

868 THOMASIUS [203, S. 209] lib. 2. cap. 10. §. 210. GROTIUS sah diese Regel als eine Eigentümlichkeit römischen Rechts an und zwar sollte der Eigentümer der Mutter nach dem Naturrecht das Kind mit dem Eigentümer des Vaters teilen, wenn es festgestellt werden könne, wer der Vater sei. GROTIUS [74, S. 305–306] lib. 2. cap. 8. §. 18. „At si probabili ratione de eo constaret, cur non partus ex parte ad eum pertineat nihil potest afferri. Nam et patris partem esse quod nascitur certum est." PUFENDORF kritisierte diese Meinung und sagte, dass ein Kind ausschließlich

schlussfolgern, dass man Meeresprodukte als Früchte des Meers ansehen könne.[869] Thomasius setzte sich dann mit den obigen zwei Fragen des römischen Rechts auseinander und sagte zuerst, dass die Regel, die von Justinianus bezüglich des Samens verfasst worden war, dem Völkergemeinrecht entspreche, aber nach deutschen Sitten es besser sei zu unterscheiden, ob der Säende die Eigentumsverhältnisse gekannt habe oder nicht.[870] Wenn der Säende wisse, dass er kein Eigentümer des Grundstücks sei, dann solle er sowohl die Samen als auch die Ernte aufgeben und sogar ein Bußgeld bezahlen (Sachsenspiegel, Landrecht, lib. 2. art. 46.; Schwabenspiegel, Landrecht, cap. 219. §. 1–2.)[871] – Carpzov und Hoppe lehnten diesen Artikel des Sachsenspiegels ab und wollten das römische Recht durchsetzen.[872] Wenn der Säende aber glaube, dass er der Eigentümer wäre, dann könne er die Samen sowie die Ernte zurückerhalten, indem er dem wahren Eigentümer Geld in Form von Miete bezahle (Sachsenspiegel, Landrecht, lib. 2. art. 46.; Schwabenspiegel, Landrecht, cap. 219. §. 3.).[873] Auch Schilter hielt diese deutsche Regel für billiger als das römische Recht (D 6.1.53).[874]

---

ein Teil der Mutter sei und der Vater keinen Teil daran habe. Pufendorf [146, S. 389] lib. 4. cap. 7. §. 4. „Cujus non ista solum ratio est, quod pater plerunque ignoratur; sed quid foetus aliquando pars matris, nunquam pars patris fuit; [...]" Wolff stimmte Pufendorf und Thomasius zu. Wolff [324, S. 127] par. 2. cap. 2. §. 233.

869 Thomasius [203, S. 209] lib. 2. cap. 10. §. 211. Thomasius kritisierte hier Grotius und Ziegler, der einen Kommentar über Grotius schrieb, diese Rechtsgelehrten dächten, dass Meeresprodukte dem Eigentümer des Meers gehörten. Thomasius [203, S. 209] lib. 2. cap. 10. §. 211. (m). Mir scheint jedoch, dass Grotius und Ziegler kein Meer sondern nur ein „Reservoir" (*stagnum*) in Betracht gezogen haben. Vgl. Grotius [74, S. 296–297] lib. 2. cap. 8. §. 2. und Ziegler [326, S. 315–316] ad lib. 2. cap. 8. §. 2.

870 Thomasius [196, S. 142].

871 Thomasius [196, S. 142]; Schultze [176, S. 87] ad Inst Iust 2.1.32 „Jure Sax. qui fundum alienum bona fide colit, vel seminat, fructus lucratur, ita tamen, ut ei, qui agrum obtinet, censum sive pensionem praestet, qui vero mala fide non item, per tex. in Landr. lib. 2. art. 46. junct. ibid. Gloss."; *Sachsenspiegel* (1602, lateinisch) [151, S. 267b] die zweite Glosse ad Landrecht, lib. 2. art. 46. „In articulo praesenti duo tanguntur. Primum, si agrum alienum quis arat scienter, idque sibi antehac interdictum sit, vel per eum cuius ager est, vel per alium quemcumque nomine ipsius accusatus super eo, perdit laborem: est enim malae fidei possessor: [...]".

872 Hoppe [80, S. 287] ad Inst Iust 2.1.32.

873 Thomasius [196, S. 142]; *Sachsenspiegel* (1602, lateinisch) [151, S. 267b] die zweite Glosse ad Landrecht, lib. 2. art. 46. „Secundum, quod hic tangitur, est, quod ille qui pro eo accusatus non sit, vel actione nondum mota seminauerit, iste retinet sata soluendo censum."

874 Schilter [165, S. 66a] D 6.1, §. 58. „Haec iuris Saxonici aequitatem iuris Romani regulae praefert legislator Prutenorum lib. 3. t. 3. §. 10."

### *Vermengung* – confusio *und* commixtio

Die Vermengung teilt sich nach dem römischen Recht in zwei Arten ein, nämlich in die „Vermischung fester Stoffe" (*commixtio*) und in die „Vermischung von Flüssigkeiten oder geschmolzenen Materialien" (*confusio*)[875] – THOMASIUS hat eigentlich die Verbindung, die „Vermengung" (*commixtio*, *confusio*) und die „Verarbeitung" (*specificatio*) nicht voneinander unterschieden.[876] JUSTINIANUS regelte diese Fälle so einfach, dass das Miteigentum über das Gemisch das Verhältnis der Anteile widerspiegeln solle (Inst Iust 2.1.27).[877] In *IJD* stimmte THOMASIUS dieser Meinung zu: Wenn die Eigentumslage der vermischten Sachen also nachgewiesen werden könne, dann solle man die Fertigware als ein Miteigentum ansehen,[878] insofern die physikalische Teilung schwierig sei.[879] Wenn man eine verbundene, vermischte oder verarbeitete Sache teilen möchte, müsse man gegen den Miteigentümer einen Prozess führen, wie die Sache zu teilen sei.[880]

Auch über deutsches Recht dachte THOMASIUS grundsätzlich ebenso in dieser Weise.[881] Ausnahmsweise wies er allerdings auf zwei Unterschiede zwischen dem römischen und dem deutschen Recht hin. Wenn jemand erstens ohne Vereinbarung eine eigene Sache mit einer anderen Sache, die einer anderen Person gehöre, vermische und das Gemisch an Wert verliere, dann solle derjenige die Differenz allein tragen.[882] Der zweite Hinweis besteht darin, dass die Regel der Vermengung auch auf vertretbare Sachen angewendet werden solle, obwohl JUSTINIANUS und einige römische Juristen darüber etwas anders geurteilt hätten.[883]

---

875 KASER [88, S. 163]. Auch vgl. WOLFF [324, S. 128] par. 2. cap. 2. §. 235.

876 Vgl. dazu THOMASIUS [203, S. 210] lib. 2. cap. 10. §. 219.

877 KASER [88, S. 163].

878 THOMASIUS [203, S. 210] lib. 2. cap. 10. §. 216. Auch GROTIUS [74, S. 306] lib. 2. cap. 8. §. 19. n. 2.; PUFENDORF [146, S. 392] lib. 4. cap. 7. §. 10. „De caetero in universum est, quod tradit Grotius d. l. §. 19. cum res constent materia et specie tanquam suis partibus, si alterius sit materia, alterius species, sequitur, naturaliter rem communem fieri pro rata ejus, unumquodque est."; WOLFF [324, S. 137] par. 2. cap. 2. §. 254.

879 THOMASIUS [203, S. 211] lib. 2. cap. 10. §. 221.

880 THOMASIUS [203, S. 210] lib. 2. cap. 10. §. 218.

881 THOMASIUS [196, S. 135].

882 THOMASIUS [196, S. 135]. Ich möchte diese Stelle mit dem folgenden Beispiel auslegen: Wenn *A* z. B. eine Sache, die einen Wert von 100 EUR hat, mit einer anderen Sache, die *B* gehört und einen Wert von 50 EUR besitzt, ohne Erlaubnis vermischt und der Wert des Gemisches nur 120 EUR beträgt, dann soll *A* der Person *B* unbedingt 50 EUR zurückbezahlen und den Schaden von 30 EUR allein tragen.

883 THOMASIUS [196, S. 136]. ULPIANUS schrieb dagegen über vermischtes Getreide, dass jeder Eigentümer nicht *actio communi dividundo* sondern *rei vindicatio* führen könnte, insofern sein Getreide ohne Vereinbarung vermischt worden sei (D 6.1.5 pr). PAULUS meinte, dass das Schweißen zur Vermischung beitrage und die Eigentümer weder *actio ad exhibendum* noch *rei vindicatio* sondern *actio in factum*

*Verarbeitung* – specificatio

Das Wort „Verarbeitung" (*specificatio*) bedeutet im römischen Recht, dass jemand aus fremden Materialien eine neue Sache herstellt, z. B. Wein aus Trauben, ein Schiff aus Brettern, ein Gefäß aus Gold.[884] Ob man etwas verarbeitet oder nicht, hängt in der Regel davon ab, ob eine hergestellte Sache einen eigenen neuen Namen hat oder nicht (Inst Iust 2.1.25).[885] Römische Juristen stritten miteinander bezüglich der Zugehörigkeit der verarbeiteten Sache und zwar behauptete PROCULUS, dass der Verarbeitende der neue Eigentümer werden solle, weil sie vor der Verarbeitung nicht vorhanden gewesen sei, wohingegen SABINUS und CASSIUS glaubten, dass der Eigentümer des Materials dieses neue Produkt zurückerhalten könne, weil das neue Produkt eindeutig aus dem Material hergestellt worden sei (D 41.1.7.7).[886] JUSTINIANUS stimmte weder SABINUS noch PROCULUS zu und verfügte, dass der Eigentümer des Materials nur dann weiter Eigentümer bleibe, wenn die hergestellte Sache in die Ausgangsmaterialien zurückverwandelt werden könne (Inst Iust 2.1.15).[887]

THOMASIUS setzte in *Institutiones jurisprudentiae divinae* (1688) bei dem Thema „Verarbeitung" (*specificatio*) die Regel durch, die er anhand des Naturrechtes über die Vermengung erklärte.[888] THOMASIUS änderte jedoch diese Meinung in der Dissertation *De pretio affectionis in res fungibiles non cadente* (1701), und zwar solle

---

führen müssten (D 6.1.23.5). Laut JAVOLENUS urteilte GAIUS über Münzen, dass der Empfänger das Eigentum an den bezahlten Münzen erhalten solle, wenn die Münzen mit anderen vertauscht worden seien und es nicht mehr möglich sei, sie voneinander zu unterscheiden (D 46.3.78).

884 KASER [88, S. 164].

885 KASER [88, S. 164].

886 Über den philosophischen Hintergrund der Meinungen siehe KASER [88, S. 164–165]. THOMASIUS fasste diesen Streit zwischen SABINUS und PROCULUS noch philosophischer auf, das heißt, er fand den Unterschied zwischen den beiden Thesen darin, dass SABINUS das „Materie" (*materia*) für hauptsächlich gehalten habe, wohingegen PROCULUS die „Forma" (*forma*) als das Wesen der hergestellten Sache angesehen habe. THOMASIUS [196, S. 133]. Meiner Auslegung nach zeigt sich jedoch eine solche aristotelische Vorstellung im Artikel D 41.1.7.7 nicht ausdrücklich. Deswegen erscheint mir die Kritik von THOMASIUS zweifelhaft zu sein, dass der Unterschied zwischen der *Forma* und der *Materia* zu dieser Diskussion nichts beitragen könne, weil ohne *Forma* keine *Materia* und ohne *Materia* keine *Forma* existiere (siehe oben 3.1.3). HECHT (Resp.) [239, S. 67] cap. 3. §. 43.

887 THOMASIUS glaubte, dass diese Regel bei künstlichen Sachen nicht angewendet werden könne. Beispielsweise solle jemand, der eine eiserne Uhr hergestellt habe, diese erhalten, obwohl man die Uhr zerdrücken und in einen Klumpen Eisen zurückverwandeln könne. HECHT (Resp.) [239, S. 66] cap. 3. §. 42.

888 THOMASIUS [203, S. 210] lib. 2. cap. 10. §. 216. und §. 219. Auch GROTIUS [74, S. 306] lib. 2. cap. 8. §. 19. n. 2.; PUFENDORF [146, S. 392] lib. 4. cap. 7. §. 10. „De caetero in universum est, quod tradit GROTIUS d. l. §. 19. cum res constent materia et specie tanquam suis partibus, si alterius sit materia, alterius species, sequitur, naturaliter

die verarbeitete Sache unbedingt dem Verarbeitenden gehören.[889] Kurz gesagt behielt THOMASIUS die wirtschaftliche Nützlichkeit im Auge.[890] THOMASIUS ergänzte deutsches Recht durch die korrigierte obige Regel des Naturrechts.[891]

### *Gemälde und Schriften* – pictura *und* scriptura

Nach der Vorstellung vieler damaliger Rechtsgelehrten seien Gemälde und Schriften spezielle Fälle, wie Kaiser JUSTINIANUS (Inst Iust 2.1.33–34). Er erklärte, dass Schriften dem Eigentümer des Papiers, auf das sie geschrieben wurden, gehörten (Inst Iust 2.1.33), wohingegen der Maler sein Gemälde behalten dürfe (Inst Iust 2.1.34).

THOMASIUS legte bei dieser Thematik die einfache Regel vor, dass der billigere Gegenstand dem Eigentümer des teureren Gegenstandes gehören solle, das heißt, dass der Maler und der Schriftsteller bevorzugt werden sollten. Er wies bereits darauf hin, dass diese Regel über Schriften auch deutschen Sitten entspreche.[892] Diese Regel entlehnte er vermutlich aus PAULUS (D 6.1.23.3).[893]

Er wiederholte diese Regel in *Notae ad Inst.*, aber änderte seine Begründung, und zwar müsse man durch die „Vermehrung“ (*accessio*) das Eigentum an der bemalten Tafel und dem beschriebenen Papier verlieren, weil diese Materialien vertretbare

---

rem communem fieri pro rata ejus, unumquodque est.“; WOLFF [324, S. 137] par. 2. cap. 2. §. 254.

889 HECHT (Resp.) [239, S. 67] cap. 3. §. 43.

890 THOMASIUS meinte schon in *Institutiones jurisprudentiae divinae* (1688), dass der Wert der Sache bei diesem Thema eine wichtige Rolle spiele. Vgl. THOMASIUS [203, S. 211] lib. 2. cap. 10. §. 226.

891 THOMASIUS [196, S. 134]. HEINECCIUS stimmte namentlich dieser Meinung zu. HEINECCIUS [76, S. 418] lib. 2. tit. 3. §. 65.

892 THOMASIUS [203, S. 211] lib. 2. cap. 10. §. 226. PUFENDORF urteilte über Schriften und Gemälde gleich wie THOMASIUS, und zwar solle ein Papier demjenigen gehören, der es beschrieben habe, eine Tafel demjenigen, der sie bemalt habe. PUFENDORF [146, S. 390] lib. 4. cap. 7. §. 7–8. PUFENDORF wollte wie THOMASIUS, dass das Eigentum an einer verarbeiteten Sache dem Eigentümer des Ausgangsmaterials gehören solle. PUFENDORF [146, §. 391] lib. 4. cap. 7. §. 9. WOLFF wendete auch auf die von THOMASIUS genannten Gegenstände die Regel an, dass diese Gegenstände den Eigentümern der Materialien anteilmäßig gehören sollten. WOLFF [324, S. 126–127; 130] par. 2. cap. 2. §. 231. und §. 239.

893 Auch andere Rechtsgelehrte bemerkten, dass die Meinungen von JUSTINIANUS und PAULUS einander widersprächen. Vgl. HUBER [82, S. 131b–132a] „Maxime vero id mirum, citari ex Paulo in d. l. 23. §. 3. hanc regulam, [...] cum nihil tale sed contrarium potius in loco extet.“; HOPPE [80, S. 289] ad Inst Iust 2.1.34 „Sed obst. L. 23. §. 3. ff. de R. V. Nos breviter respondemus, dubitasse de hac quaestione veteres JCtos, Paulum puta et Cajum; sed Imperatorem hic, repudiata sententia Pauli, eam, quam Cajus tenebat, [...]“.

Sachen seien.[894] THOMASIUS kritisierte SCHILTER und HOPPE, die das römische Recht bevorzugten.[895]

## *Die Anhäufung von Sand* – alluvio

Wenn es unklar sei, wem die Sache gehöre, dann solle man vermuten, dass sie niemandem gehöre und deswegen eine Okkupation möglich sei, und THOMASIUS erwähnte hierfür die „Anhäufung von Sand" (*alluvio*) und „vergrabene Schätze" (*thesaurus*).[896]

Auf die Anhäufung von Sand bezieht sich beim deutschen Recht folgender Artikel des Sachsenspiegels (Landrecht, lib. 2. art. 56.):[897] „Was das Wasser abnimmt dem Lande, das hat der verlohren, des das Land ist." Da dieser Artikel nur den vorherigen Eigentümer erwähnt, der durch Wegschwemmen einen Teil des Grundstückes verloren hat, stellt sich die Frage, wer den weggeschwemmten Sand okkupiert, und es gibt zwei Auslegungsmöglichkeiten: HOPPE dachte nämlich, dass der Sand von dem privaten Eigentümer des Grundstückes okkupiert werden solle, insofern es kein spezielles Gesetz gebe,[898] wohingegen SCHILTER und BEIER der

---

894 THOMASIUS [196, S. 143]. THOMASIUS erwähnte hier HUBER und der folgende Satz muss ihn beeinflusst haben: „Niemand sollte heute sagen, dass das Material, mit dem man Schriften beschreibt, teurer als Papier wäre. Was ist nämlich billiger als Tinte?" Wenn man folglich die obige Regel beachtet, die THOMASIUS früher für natürlich gehalten hat, dann muss man feststellen, dass Schriften dem Eigentümer des Papiers gehören (wie JUSTINIANUS erklärte), weil heute Tinte billiger als Papier ist. Dies widerspricht der Meinung von THOMASIUS.

895 THOMASIUS [196, S. 143].

896 THOMASIUS [203, S. 210] lib. 2. cap. 10. §. 215. (p). Dagegen stritten Naturrechtslehrer sich miteinander um die Anhäufung von Sand. GROTIUS urteilte gleich wie THOMASIUS. GROTIUS [74, S. 303] lib. 2. cap. 8. §. 11. „[...] quia unde veniant nescitur (alioqui enim naturaliter dominium non mutabunt) certum haberi debet hanc quoque esse populi, si modo populus flumen dominio occupaverit, quod in dubio credendum est; alioqui occupantis." PUFENDORF kritisierte das römische Recht und stellte sich verschiedene Situationen vor. PUFENDORF [146, S. 393–394] lib. 4. cap. 7. §. 11. WOLFF schrieb einfach, dass die Lösung nur davon abhänge, ob der Eigentümer den angeschwemmten Sand aufgebe oder nicht. WOLFF [324, S. 133–134] par. 2. cap. 2. §. 245–246.

897 THOMASIUS [196, S. 130].

898 MEVIUS führte dafür verschiedene Gründe an. MEVIUS [128, S. 1176b–1177a]; HOPPE [80, S. 269] ad Inst Iust 2.1.20 „Moribus hodiernis quamvis multi alluvionum jura cessare contendant, et quicquid ita adjectum Principi, seu Reipublicae adscribant, id tamen universaliter verum esse non puto, sed adhuc hodie ubicunque non in specie diversum quid vel constitutum, vel consvetudine introductum, [...] alluviones pertinere ad privatos, existimo cum Mev. par. 7. dec. 301. Id quod de Saxonica clarum est ex Jure Provinc. Sax. L. 2. art. 56. vers. Was das Wasser."

Meinung waren, dass der Herrschende über dieses Gebiet bestimmen könne, wem der Sand gehöre.[899]

## *Vergrabene Schätze* – thesaurus

Auf „vergrabene Schätze" (*thesaurus*) wendete THOMASIUS die gleiche Regel an, die er bei der „Anhäufung von Sand" (*alluvio*) gebrauchte, das heißt, der Eigentümer des Grundstücks allein bekomme einen vergrabenen Schatz.[900]

THOMASIUS änderte in *Notae ad Inst.* (1712) seine Meinung über das Naturrecht nicht.[901] Jedoch bedeutet dies nicht, dass das Naturecht in diesem Punkt deutsches Recht ergänzen würde. THOMASIUS glaubte, dass in Deutschland von Anfang an vergrabene Schätze dem Souverän gehörten und auch andere Völker es in dieser Weise regelten:[902] „Alle Schätze unter der Erden begraben, tieffer, dann ein Pflug gehet, gehören zu der souveränen Gewalt." (Sachsenspiegel, Landrecht, lib. 1. art.

---

899 SCHILTER [160, S. 142] ad Inst Iust 2.1.20 „[...] haec vero qvum jure gentium sit populi non privatorum, §. 4. supra, conseqvens est, primario et originarie alluvione publico acqviri, cujus proinde etiam est ripas munire, Carpz. 3, 31, def. 13."; BEIER [15, col. 232] ad Per alluvionem „Ideo jus hoc particulare reputamus, quod quilibet Princeps constituere potest, conf. Carpzov. ad p. 3. C. 31. d. 12. [sic!] Incertum tamen utrum omnes ita constituerint." Es ist wichtig, dass BEIER diese Regel weder für allgemein noch für natürlich gehalten hat. Vgl. auch CARPZOV [30, S. 1223b–1224a] par. 3. const. 31. def. 13. „Attamen per modum condendae legis Princeps commoda fluuji, ius scilicet alluuionis et Insulae vicinis praedijs auferre, sibique vel suis praefecturis assignare, et ita in jure quaerendo subditis suis omnino praeiudicare potest, [...]".

900 THOMASIUS [203, S. 210] lib. 2. cap. 10. §. 215. GROTIUS, PUFENDORF und WOLFF folgten nicht dieser Meinung und glaubten, dass der Entdecker den vergrabenen Schatz bekomme. GROTIUS [74, S. 299] lib. 2. cap. 8. §. 7. „[...] quare et thesauri naturaliter fiunt inventoris, id est eius qui loco moverit apprehenderitque."; PUFENDORF [146, S. 386] lib. 4. cap. 7. §. 13. „Thesaurus naturaliter, et citra diversam dispositionem legum civilium fit inventoris, i.e. ejus qui eum adprehenderit, locoque moverit."; WOLFF [324, S. 122–123] par. 2. cap. 2. §. 223. „[...] naturaliter est inventoris, [...]". SCHILTER kritisierte GROTIUS. SCHILTER [160, S. 162] ad Inst Iust 2.1.38 „Caeteroqvin naturaliter est pars soli, et conseqventer novum dominum acqvisivit eundem, qvi est soli. Qvare naturaliter solius inventoris non est in universum, ut putat Grot. 2.8.7. et qvi eum seqvuntur, nisi sit et dominus soli."

901 THOMASIUS [196, S. 144]. SCHILTER stimmte dieser Meinung zu. SCHILTER [166, S. 56] ad D 41.1, §. 26. „Ita scilicet naturalis ratio thesaurum inuentum domino soli relinquit, [...]".

902 THOMASIUS [196, S. 144]. Auch SCHILTER [166, S. 56b]. Sogar GROTIUS bemerkte, dass einige Völker der Regel nicht folgten, die er für natürlich hielt, nämlich Deutschland, Frankreich, England, Spanien und Dänemark. Vgl. GROTIUS [74, S. 299] lib. 2. cap. 8. §. 7. „Germaniae populi thesauros, ut et alia ἀδέσποτα, addixerunt principi: atque id nunc ius commune est, et quasi gentium. Nam et in Germania, et Gallia, et Anglia, et Hispania, et in Dania id observatur."

35.). In diesem Kontext kritisierte Thomasius den Autor des Schwabenspiegels. Laut Thomasius habe dieser Herausgeber römisches Recht in deutsches Recht eingefügt, und deswegen fänden sich im Schwabenspiegel nicht nur der Artikel des Sachsenspiegels (cap. 218. §. 1.), sondern auch die Regel des eingefügten römischen Rechts (cap. 388. und 389.).[903] Thomasius fuhr fort: „Du siehst hier, dass man schon in jener Zeit beachtet hat, deutsche Sitten und römisches Recht miteinander zu vermischen. Da danach auch sächsische Rechtsgelehrte eher den unangemessenen Auslegungen von Glossatoren gefolgt haben, als der Meinung des besten Herausgebers Repgows, und die Rechtsgelehrten begonnen haben, an dem Justinianischen Recht festzuhalten, so ist es nicht überraschend, dass diese Rechtsgelehrten sogar den Kurfürst überredet haben, das Staatsvermögen als etwas Unbilliges zu ignorieren und anhand des Justinianischen Rechts vergrabene Schätze privaten Leuten zu überlassen, obwohl die Ansicht vorgeherrscht hat und festgestellt worden ist, dass vergrabene Schätze nach ‚fast allen europäischen Sitten' (*moribus fere totius Europae*) fast immer der Staatskasse gehören."[904]

903 Thomasius [196, S. 145].

904 Nach der Übersetzung des Verfassers, s. Thomasius [196, S. 145] „Vides hic mixturam morum Germaniae et juris Romani jam eo tempore obtinuisse. Postea cum et ipsi JCti Saxonici magis sequerentur ineptias glossatorum, quam sententiam optimi collectoris Repkovii, et ipsimet jam inciperent adhaerere Justinianeo juri, [...] non mirandum, quod, etsi sentirent ac confiterentur, moribus fere totius Europae thesauros pertinere ad regalia, [...] tamen Electori suo persvaserint, regale hoc tanquam aequitati adversum esse omittendum, et privatis thesauros juxta jus Justinianeum esse relinquendos."

# 4. Schuldrecht

## 4.1 Allgemeine Vertragslehre

### 4.1.1 Die Definition von Vertrag

*Im römischen Recht*

Es gab im römischen Recht einen großen Unterschied zwischen *pactum* und *contractus*. Das Wort *pactum* heißt „auch in der Rechtssprache zumeist (wenngleich untechnisch) die nicht nach *ius civile* klagbaren Schuldverträge."[905] Dagegen bedeutet das Wort „*contrahere*", das die Verbalform von *contractus* ist, nicht nur den Vertrag sondern alle haftungsbegründeten Verhältnisse, aber in der klassischen Zeit wurde die Bedeutung auf den Schuldvertrag beschränkt.[906] Die Vertragstypen sind nach dem klassischen Recht eingeschränkt und zwar gilt dabei der sogenannte Typenzwang,[907] den neuzeitliche Naturrechtslehrer ablehnen wollten.

*Bei Grotius*

Zuerst stellte Grotius fest, dass es in unserer Welt verschiedene Handlungen gebe, mit denen sich man für andere Leute nützlich mache, und dann klassifizierte er diese verschiedenen Handlungsarten in zwei Gruppen, nämlich in gegenwärtige- und zukünftige Handlungen.[908]

Die gegenwärtigen Handlungen seien solche, die man sofort abschließe und aus denen sich keine rechtlichen Folgen ergäben – Man kann einen solchen Handkauf derart einordnen, den der Käufer mit dem Verkäufer sofort abschließt. Grotius hat hier nur ein Beispiel angeführt, nämlich die *donatio*, die jedoch nicht eine Schenkung, sondern eine gegenwärtige Veräußerung im Allgemeinen bedeutet.[909]

Die zukünftigen Handlungen seien dagegen solche, die nicht sofort sondern in der Zukunft abgeschlossen werden würden. Grotius hat diese Gruppe noch einmal in zwei Arten unterteilt, nämlich in „Versprechen zum Geben" (*promissio dandi*), bei denen man anderen Leuten in der Zukunft etwas geben möchte, und in „Versprechen zum Machen bzw. Tun" (*promissio faciendi*), bei denen man etwas für andere Leute in der Zukunft machen möchte.[910]

---

905 Kaser [88, S. 240]. Einige davon konnten eingeklagt werden, weil Prätoren oder nachklassische Kaiser es so bestimmten. (*pacta praetoria* und *pacta legitima*). Vgl. dazu Kaser [88, S. 240].

906 Kaser [88, S. 237].

907 Vgl. dazu Kaser [88, S. 238–239].

908 Grotius [74, S. 340–341] lib. 2. cap. 12. §. 1. und §. 2.

909 Grotius [74, S. 341] lib. 2. cap. 12. §. 2.

910 Grotius [74, S. 341] lib. 2. cap. 12. §. 2.

Welche Handlungen gehören zum „Vertrag" (*contractus*)? GROTIUS definierte den Begriff wie folgt: „Alle Handlungen, die anderen Leuten nützlich sind, außer den rein wohltätigen Handlungen werden als Vertrag bezeichnet."[911] Daraus folgt, dass das Wort *contractus* hier nicht nur Versprechen sondern auch Handlungen an sich bedeutet, und zwar hat GROTIUS nicht versucht, Verpflichtungen (z. B. Versprechen zum Kauf) von gegenwärtigen Handlungen (z. B. Kauf an sich) zu unterscheiden.

### *Bei PUFENDORF*

PUFENDORF zeigte bei diesem Schwerpunkt einen inhaltlichen Fortschritt auf. Er erwähnte zuerst das lateinische Wort *pactum* wie folgt: „Also bestehen ‚von Menschen erfundene Obligationen' (*obligationes adventitiae*) entweder aus einseitigen Pflichten oder aus zweiseitigen Pflichten, und die erste Pflicht ist ein ‚einseitiges Versprechen' (*promissio*), die letztere ist ein ‚zweiseitiges Versprechen' (*pactum*)."[912] Diese Formulierung ist deshalb so wichtig, weil PUFENDORF sowohl ein „einseitiges Versprechen" (*promissio*) als auch ein „zweiseitiges Versprechen" (*pactum*) nicht als gegenwärtige Handlungen an sich sondern als Verpflichtungen angesehen hat.

Er definierte das andere Wort *contractus* folgendermaßen: „Es gefällt uns bestens, die Grenze zwischen ‚zweiseitigem Versprechen' (*pactum*) im engeren Sinne und dem ‚Vertrag' (*contractus*) im Gegenstand zu suchen, und zwar werden solche zweiseitigen Versprechen als Vertrag bezeichnet, in denen es sich um Sachen und im Geschäft stehende Tätigkeiten handelt und die deshalb das Eigentum und den Preis von Sachen voraussetzen, wohingegen solche zweiseitigen Versprechen, bei denen Leute andere Dinge vereinbaren, im Allgemeinen als *pactum* bezeichnet werden."[913] Wichtig ist hier nicht die Grenze zwischen dem „Vertrag" (*contractus*) und dem „zweiseitigen Versprechen" (*pactum*), sondern die Tatsache, dass der Begriff „Vertrag" (*contractus*) bei PUFENDORF lediglich eine Verpflichtung bedeutet und die Vermischung der Verpflichtung mit der gegenwärtigen Handlung nicht mehr anerkannt worden ist.[914]

---

911 GROTIUS [74, S. 344] lib. 2. cap. 12. §. 7. „Omnes autem actus aliis utiles, extra mere beneficos, contractuum nomine appellantur."

912 PUFENDORF [146, S. 262] lib. 3. cap. 5. §. 1. „Provenire igitur obligationes adventitias constat ex actu vel μονοπλεύρῳ, vel διπλεύρῳ, quorum ille promissio gratuita, hic pactum est."

913 PUFENDORF [146, S. 462–463] lib. 5. cap. 2. §. 4. „Nobis discrimen pactorum in specie, et contractuum ab obiecto potissimum petere placet; sic ut contractus vocentur, qui versatur circa res et actiones in commercium venientes, adeoque dominia et pretia rerum praesupponunt; quae circa alia ineuntur conventiones, communi pactorum nomine censentur."

914 Mir scheint aber, dass PUFENDORF den Unterschied zwischen ihm selbst und GROTIUS nicht bemerkt hat. Denn er hat die Meinung von GROTIUS beim Kaufvertrag missverstanden und zwar hat er gedacht, dass GROTIUS die Veräußerung mit der Verpflichtung zwischen Käufern und Verkäufern gleichgesetzt hätte, weil GROTIUS schrieb: „De venditione et emptione notandum etiam sine traditione, ipso

## *Bei* THOMASIUS

THOMASIUS folgte der Meinung von PUFENDORF und zwar vermied er die Vermischung zwischen Verpflichtungen und gegenwärtigen Handlungen an sich. Am Anfang hielt er sich jedoch in *IJD* (1688) zurück, diese wichtigen Wörter *promissio*, *pactum* und *contractus* genau zu definieren. Er begründete dies damit, dass er sich dafür noch nicht vorbereitet habe.[915] Deshalb legte er nur die bekannte Definition von dem *pactum* vor: „*Pactum* ist eine Vereinbarung von zwei Personen in gleicher Angelegenheit, um etwas zu geben oder etwas zu machen."[916] Die Lage änderte sich sogar nicht in *FJNG* (1705).

In *Notae ad Inst.* (1712) lehnte THOMASIUS es ab, in Deutschland zwischen *contractus* und *pactum* zu unterscheiden.[917] Es ist jedoch noch unklar, was dies für ein Vertrag sein solle. In der Dissertation *De rerum differentiis intuitu iuris Germanici privati* (1721) definierte er das Wort *promissum*, das das passive Perfekt von *promittere* ist, und das Wort *acceptatum*, das das passive Perfekt von *acceptare* ist, wie folgt: „*Promissum* ist nach dem Völkergemeinrecht und nach deutschem Recht etwas, das von solchen Personen gemacht wird, die die eigenen Sachen frei verwalten können, wohingegen *acceptatum* von jemandem gemacht wird, dem etwas versprochen wird."[918] Aus dieser Definition kann man drei wichtige Äußerungen entnehmen. Erstens glaubte THOMASIUS, dass die Definition von *promissio* sowohl beim Völkergemeinrecht als auch beim deutschen Recht gleich sei. Zweitens definierte er hier den Begriff „Vertrag" (*contractus*) mittels des Sachenrechtes und dies lieferte den Grund dafür, das Sachenrecht vor dem Schuldrecht zu erläutern genau wie im nicht vollendeten Buch *IJG*. Schließlich gelang es THOMASIUS, die Vereinbarung des Schuldners und die Vereinbarung des Gläubigers voneinander zu trennen, nämlich in das „Versprochene" (*promissum*) und das „Erworbene" (*acceptatum*).[919]

---

contractus momento, transferri dominium posse, atque id esse simplicissimum." GROTIUS [74, S. 349] lib. 2. cap. 12. §. 15. §. 1.; PUFENDORF [146, S. 486] lib. 5. cap. 5. §. 5. Aber man sollte hier daran erinnern, dass bei GROTIUS das Wort *contractus* auch gegenwärtige Handlungen an sich bedeutet. Es könnte sein, dass PUFENDORF das Wort *contractus* ausschließlich als Verpflichtungen ausgelegt und sich irritiert hat, ob GROTIUS sich widersprochen hätte. Meines Erachtens gibt es aber den Widerspruch nicht bei GROTIUS selbst sondern zwischen GROTIUS und PUFENDORF.

915 THOMASIUS [203, S. 223] lib. 2. cap. 11. §. 69.

916 THOMASIUS [203, S. 136] lib. 2. cap. 7. §. 4. „Pactum est duorum in idem placitum de dando aliquo vel faciendo consensus."

917 THOMASIUS [196, S. 61–62].

918 NESEN (Resp.) [261, S. 14] §. 41. „Promissa jure Gentium et Germanico sunt, quae fiunt ab iis, qui liberam rerum suarum administrationem habent, et acceptata sunt ab eo, cui quid promittitur, [...]".

919 Zwar bemerkte schon GROTIUS, dass die „Einwilligung" (*acceptatio*) erforderlich sei, um ein Recht wirklich zu übertragen. Vgl. GROTIUS [74, S. 335] lib. 2. cap. 11. §. 14. „Ut autem promissio ius transferat, acceptatio hic non minus quam in dominii translatione requiritur, [...]". Man sollte jedoch hier vorsichtig sein, weil

## *Nach* THOMASIUS

WOLFF definierte zuerst das Wort *promissio*: „*Promissio* bedeutet die Erklärung eines Willens, einer anderen Person eine Leistung zu erbringen, sodass diese Person einen Rechtsanspruch hat, zwingend diese Leistung zu erhalten."[920] Das Wort *pactum* wird wie folgt formuliert: „Eine Vereinbarung, bei der zwei oder mehrere Personen ein gleiches oder einige gleiche ‚Versprechen' (*promissiones*) miteinander eingehen, wird *pactum* oder *pactio* genannt."[921] Meines Erachtens kann man dieses Wort im Deutschen als verpflichtende Vereinbarung bezeichnen. Schließlich bedeutet das Wort *contractus* bei WOLFF: „Solche Handlungen, die vollkommene Pflichten hervorbringen, werden ‚Verträge' (*contractus*) genannt. Aus diesem Grund gibt es keinen naturrechtlichen Unterschied zwischen einer ‚verpflichtenden Vereinbarung' (*pactum*) und einem ‚Vertrag' (*contractus*)."[922]

Nicht nur WOLFF sondern auch BEYER und HEINECCIUS lehnten einen Unterschied zwischen *pactum* und *contractus* ab.[923] Man sollte hier jedoch darauf achten, dass THOMASIUS, BEYER und HEINECCIUS nur deswegen die Einteilung abgelehnt haben, weil in Deutschland ihrer Meinung nach der Unterschied nicht bekannt gewesen sei, wohingegen WOLFF ihn aufgrund des Naturrechts verweigert hat.

---

diese Aussage etwas anderes als die Meinung von THOMASIUS ist. GROTIUS sah nämlich die Einwilligung nicht als ein Erfordernis für die Gültigkeit des Versprechens an und zwar sei das Versprechen ohne Einwilligung nicht ungültig sondern nur widerruflich. Vgl. GROTIUS [74, S. 336] lib. 2. cap. 11. §. 16. „Sequitur hinc ante acceptationem, quippe iure nondum translato, revocari promissum posse sine iniustitia, [...]". Die Einwilligung bezieht sich erst bei PUFENDORF auf die Gültigkeit des Versprechens. Vgl. PUFENDORF [146, S. 284] lib. 3. cap. 6. §. 15. „Caeterum et hoc addendum est, ut promissio sit valida, requiri non solum consensum ejus, qui promittit, sed et ejus, cui promittitur, sed et ejus, cui promittitur (l. 19. §. 2. D. de donation.); [...]". Zwar verlangte WOLFF eine „Einwilligung" (*acceptatio*), aber diese Einwilligung funktionierte bei ihm lediglich als eine Bestätigung der Übergabe des Rechts. Vgl. dazu WOLFF [324, S. 169–170] par. 2. cap. 7. §. 316–317.

920 WOLFF [324, S. 199–200] par. 2. cap. 7. §. 379. „Declaratio haec voluntatis de quodam alteri praestando, conjuncta cum juris a se exigendi, ut praestetur, in ipsum translatione, Promissio dicitur."

921 WOLFF [324, S. 233] par. 2. cap. 7. §. 438. „Conventio, qua duo vel plures in eandem, vel easdem promissiones consentiunt, Pactum, sive Pactio appellatur."

922 WOLFF [324, S. 277] par. 2. cap. 11. §. 514. „Actus, qui perfectum obligationem producunt, dicuntur Contractus. Quamobrem pacta et contractus naturaliter non differunt."

923 BEYER [20, S. 246] lib. 3. cap. 3. §. 16.; HEINECCIUS [76, S. 606] lib. 2. tit. 12. §. 330.

### 4.1.2 Die Einordnung von Verträgen

*Das Justinianische Recht*

Es ist bei der Einordnung von verschiedenen Verträgen das Justinianische Recht heranzuziehen, um die geschichtliche Veränderung in der Neuzeit festzustellen:

1. *Quibus modis re contrahitur obligatio* (Inst Iust 3.14)
   a. „Darlehen" (*mutuum*)
   b. „Leihe" (*commodatum*)
   c. „Aufbewahrung" (*depositum*)
   d. „Pfand" (*pignus*)
2. *De verborum obligatione = stipulatio* (Inst Iust 3.15)
3. *De litterarum obligatione* (Inst Iust 3.21)
4. *De consensu obligatione* (Inst Iust 3.23–26)
   a. „Kauf" (*emptio venditio*)
   b. „Miete, Pacht, Werkvertrag und Anstellung" (*locatio conductio*)
   c. „Gesellschaftsvertrag" (*societas*)
   d. „Auftrag" (*mandatum*)

*Grotius*

Da Grotius unter dem Wort *contractus* nicht Pflichten sondern verpflichtende Handlungen verstand, beschrieb seine Einordnung von Verträgen nicht die Einteilung von Pflichten sondern von verpflichtenden Handlungen.

Grotius teilte zuerst verschiedene Handlungen in zwei Gruppen ein, nämlich in „einfache Handlungen" (*actus simplicis*), die man mit einem typischen Vertragsnamen bezeichnen könne, beispielsweise Darlehen, und in „vermischte Handlungen" (*actus mixtus*), bei denen man einige einfache Handlungen miteinander verbinde, z. B. ein solches Darlehen, das durch eine Bürgschaft garantiert werde.[924]

Einfache Handlungen werden noch einmal in zwei Arten untergeteilt, nämlich in „tauschende Handlungen" (*actus permutatorius*) und in „wohltätige Handlungen" (*actus beneficus*).[925] Über wohltätige Handlungen achtete Grotius auch auf Pflichten und zwar gebe es sowohl „rein wohltätige Handlungen" (*actus beneficus merus*) und „wohltätige Handlungen mit gewisser zweiseitiger Pflicht" (*actus beneficus cum mutua quadam obligatione*).[926] Obwohl Grotius hier keine Definition vorgelegt hat, kann man den ersten Begriff relativ einfach verstehen, das heißt, rein wohltätige Handlungen sind solche, bei denen sich der Gläubiger für nichts verpflichtet, beispielsweise Schenkung. Dagegen braucht man drei Beispiele (Leihe, Auftrag und zum Auftrag gehörende Aufbewahrung) und eine ergänzende Stelle

---

924 Grotius [74, S. 341] lib. 2. cap. 12. §. 3. n. 1.; Grotius [74, S. 343] lib. 2. cap. 12. §. 5–6.

925 Grotius [74, S. 341] lib. 2. cap. 12. §. 2.

926 Grotius [74, S. 343] lib. 2. cap. 12. §. 2.

von PUFENDORF, um den letzteren Begriff genau auszulegen. Man soll nämlich bei diesen Handlungen manchmal etwas ausgleichen, etwa wenn der Schuldner Geld ausgibt, und GROTIUS muss eine solche zusätzliche Pflicht als „gewisse zweiseitige Pflicht" (*obligatio quaedam mutua*) bezeichnet haben.[927]

Über „tauschende Handlungen" (*actus permutatorius*) zog GROTIUS keine Pflicht mehr in Betracht sondern lediglich Leistungen, die zwei Parteien miteinander eingehen müssten, obwohl sein Wort *contractus* beide Bedeutungen hatte. Verschiedene Leistungsarten würden in drei Formen zusammengefasst werden, nämlich in „Ich gebe dir, sodass du mir gibst" (*do ut des*), „Ich gebe dir, sodass du für mich tust" (*do ut facies*) und „Ich tue für dich, sodass du für mich tust" (*facio ut facies*). GROTIUS folgte hier nicht der Zuordnung, die Kaiser JUSTINIANUS in seinen *Institutiones* vorgelegt hatte, sondern derjenigen, die der römische Jurist PAULUS formuliert hatte und die in *Digesta* aufgenommen wurde (D 19.5.5).[928] Zur ersten Form zählen der Tausch, der Kauf, der Geldwechsel, die „Miete und Pacht" (eine Art der *locatio conductio*) und das Darlehen,[929] zur zweiten Form der Werkvertrag, die „Anstellung" (eine Art der *locatio conductio*) und die Versicherung,[930] und über die dritte Form hat GROTIUS kein Beispiel angeführt, aber er hat einfach geschrieben, dass dazu verschiedene Vertragstypen gehörten, je nachdem was man tun solle.[931] Gerade in dieser Einordnung spielt die Voraussetzung eine wichtige Rolle, dass GROTIUS nicht Pflichten sondern Leistungen in Betracht gezogen hat. Denn GROTIUS hat gemeint, Darlehen ohne Zinsen, das nach heutiger Rechtswissenschaft normalerweise zu den unentgeltlichen Verträgen zählt, gehöre vielmehr zu den „tauschenden Verträgen" (*contractus permutatorius*), weil beim Darlehen sowohl ein Gläubiger als auch ein Schuldner einander etwas, das in der Gattung gleich sei, geben müssten.[932]

1. wohltätige Handlungen
   a. ohne bestimmte Pflichten beim Gläubiger
      i. gegenwärtige Veräußerung ohne Entgelt
   b. mit bestimmten Pflichten beim Gläubiger
      i. Leihe
      ii. Auftrag (inkl. Aufbewahrung)
2. tauschende Handlungen
   a. „Ich gebe dir, sodass du mir gibst" (*do ut des*)
      i. Tausch
      ii. Kauf
      iii. Geldwechsel

927 Vgl. dazu PUFENDORF [146, p. 464] lib. 5. cap. 2. §. 9.
928 GROTIUS [74, S. 341] lib. 2. cap. 12. §. 3. n. 1.
929 GROTIUS [74, S. 342] lib. 2. cap. 12. §. 3. n. 4.
930 GROTIUS [74, S. 343] lib. 2. cap. 12. §. 3. n. 5.
931 GROTIUS [74, S. 343] lib. 2. cap. 12. §. 3. n. 5.
932 GROTIUS [74, S. 343] lib. 2. cap. 12. §. 3. n. 4.

iv. Miete und Pacht
v. Darlehen
b. „Ich gebe dir, sodass du für mich tust“ (*do ut facies*)
i. Werkvertrag
ii. Anstellung
iii. Versicherung
c. „Ich tue für dich, sodass du für mich tust“ (*facio ut facies*)

### *Pufendorf*

Pufendorf stimmte bei dieser Thematik grundsätzlich Grotius zu, änderte allerdings in zwei Punkten die Einordnung der Verträge von Grotius. Zum einen bezeichnete Pufendorf solche Verträge, die Grotius „tauschenden Vertrag“ (*contractus permutatorius*) nannte, als „lästigen Vertrag“ (*contractus onerosus*).[933] Meines Erachtens ändert sich die Bedeutung hierbei nicht.

Zum anderen wies er darauf hin, dass es eigentlich vier Formen der lästigen Verträge gebe, nämlich „Ich gebe dir, sodass du mir gibst“ (*do ut des*), „Ich gebe dir, sodass du für mich tust“ (*do ut facies*), „Ich tue für dich, sodass du mir gibst“ (*facio ut des*) und „Ich tue für dich, sodass du für mich tust“ (*facio ut facies*), wohingegen Grotius die dritte Form übersah.[934] Wo liegt der Unterschied zwischen der *do-ut-facies-* und der *facio-ut-des*-Form? Darauf antwortete Pufendorf, dass dabei unterschieden werde, welches Versprechen zuerst erfüllt werden müsse, „Geben“ (*dare*) oder „Tun“ (*facere*). Pufendorf hat hier vorausgesetzt, dass „Ich“ zuerst leisten müsse und erst danach „Du“ leisten müssest.[935] Bei diesem Hinweis bemerkte Pufendorf, dass der Prozess jedes Vertrages normalerweise bestimmt sei, beim Kauf etwa fange der Käufer an.[936]

Bei wohltätigen Verträgen ist es lediglich wichtig, dass Pufendorf die „Aufbewahrung“ (*depositum*) als einen selbstständigen Vertrag angesehen hat,[937] wohingegen Grotius sie zu den Aufträgen eingeordnet hat.

Bei lästigen Verträgen gibt es kaum einen Unterschied zwischen Grotius und Pufendorf. Pufendorf zählte nämlich zur *do-ut-des*-Form den Tausch, den Kauf, den Geldwecksel, die „Miete und Pacht“ (eine Art der *locatio conductio*) und das

933 Pufendorf [146, S. 464] lib. 5. cap. 2. §. 8.
934 Pufendorf [146, S. 464] lib. 5. cap. 2. §. 9.
935 Pufendorf [146, S. 464] lib. 5. cap. 2. §. 9. „Nisi quod in do ut facias contractus velut incipiat a traditione rei, quam praestatio operae sequatur; in altero autem praestatio operae praecedat, sequatur rei datio; adeoque in uno faciens sit velut autor contractus, in altero dans.“
936 Pufendorf [146, S. 464] lib. 5. cap. 2. §. 9. „Sic regulariter contractus emtionis incipit ab emtore, locationis a conductore, etc.“ Erstaunlicherweise findet man dieses Ereignis noch heute, z. B. beim Internetkauf, weil der Käufer normalerweise zuerst bezahlen soll und erst dann der Verkäufer die Ware zusenden möchte.
937 Pufendorf [146, p. 478] lib. 5. cap. 4. §. 7.

Darlehen,[938] und zur *do-ut-facies*-Form den Werkvertrag, die Anstellung und die Versicherung.[939] Über die *facio-ut-des-* und die *facio-ut-facies*-Form nannte PUFENDORF keine typischen Vertragsnamen.[940]

1. wohltätige Verträge
   a. Leihe
   b. Auftrag
   c. Aufbewahrung
2. lästige Verträge
   a. „Ich gebe dir, sodass du mir gibst" (*do ut des*)
      i. Tausch
      ii. Kauf
      iii. Geldwechsel
      iv. Miete und Pacht
      v. Darlehen
   b. „Ich gebe dir, sodass du für mich tust" (*do ut facies*)
      i. Werkvertrag
      ii. Anstellung
      iii. Versicherung
   c. „Ich tue für dich, sodass du mir gibst" (*facio ut des*)
   d. „Ich tue für dich, sodass du für mich tust" (*facio ut facies*)

### *THOMASIUS*

THOMASIUS legte seine Einordnung in *Notae ad Inst.* (1712) vor, und folgte dabei nur teilweise den obigen Meinungen von GROTIUS und PUFENDORF.[941]

Zuerst werden alle Verträge in zwei Gruppen eingeteilt, nämlich in „hauptsächlichen Vertrag" (*contractus principalis*) und „zusätzlichen Vertrag" (*contractus accessorius*), zur letzteren Gruppe gehören die Bürgschaft und das Pfand.[942] Der

---

938 PUFENDORF [146, S. 465] lib. 5. cap. 2. §. 9.
939 PUFENDORF [146, S. 465] lib. 5. cap. 2. §. 9.
940 PUFENDORF [146, S. 465] lib. 5. cap. 2. §. 9.
941 Auch bei THOMASIUS wurde die Einteilung zwischen *pactum* und *contractus* abgelehnt, aber der Grund dafür war kein Naturrecht, sondern eine deutsche Sitte. Vgl. dazu THOMASIUS [197, S. 61]. Diese Argumentation findet sich schon bei STYRK, der anhand einer Überlieferung von TACITUS (*de mor. Germ.* c. 24.) alle Versprechen druchsetzen wollte (sog. *fides semel data*). Vgl. dazu LUIG [124, S. 100–101].
942 THOMASIUS [196, S. 211]. THOMASIUS erwähnte noch eine andere Einteilung der Verträge, nämlich in *contractus bonae fidei* und *contractus stricti juris*. THOMASIUS [197, S. 146– 147]. Aber er glaubte, dass alle Verträge in Deutschland *contractus bonae fidei* seien. THOMASIUS [196, S. 226]. STRYK glaubte sogar, dass man in Deutschland schon seit der Zeit von TACITUS die Gültigkeit aller Versprechen anerkannt habe. STRYK [181, col. 156] ad D 2.14, §. 3. „[...] et quidem praecipue ex moribus Germanorum ea dicenda, quibus fidem et in alea datam violasse quondam

hauptsächliche Vertrag beinhaltet „lästigen Vertrag“ (*contractus onerosus*) und „wohltätigen Vertrag“ (*contractus beneficus*).[943]

Bei THOMASIUS spielten die Einteilungen „Ich gebe dir, sodass du mir gibst“ etc. keine Rolle mehr, und er konzentrierte sich auf die Unterteilungen von wohltätigen Verträgen, nämlich in eine „Vereinbarung zum Geben“ (*conventio de dando*: dazu Schenkung!), eine „Vereinbarung über den gebührenfreien Gebrauch einer Sache“ (*conventio de usu rei gratuito*: dazu Darlehen ohne Zinsen, Leihe und Bittleihe),[944] und in eine „Vereinbarung über die gebührenfreie Abwickelung eines fremden Geschäftes“ (*conventio de negotio alterius gratis expediendo*: dazu Auftrag und Aufbewahrung).[945] Hierbei sind zwei Punkte wichtig. Erstens hat THOMASIUS die Schenkung, die GROTIUS und PUFENDORF mit der wohltätigen Veräußerung an sich identifizierten, endlich als eine selbstständige Vertragsart angesehen,[946] und zweitens zählte er das Darlehen nicht mehr zu den lästigen Verträgen sondern zu den wohltätigen Verträgen, sofern der Schuldner keine Zinsen bezahlen musste. THOMASIUS modernisierte die Vertragseinordnung sehr stark.

1. hauptsächliche Verträge
   a. wohltätige Verträge
      i. Schenkung
      ii. Leihe
      iii. Darlehen ohne Zinsen
      iv. Auftrag
      v. Aufbewahrung

religio fuit, teste Tacito de morib. German. c. 24. unde sub germana fide quicquam promisisse, infallibilis obligationis indicium fuit.“ THOMASIUS zitierte diese Stelle und kam zu dem Schluss, dass in diesem Punkt das Kirchenrecht deshalb keinen Einfluss auf deutsches Recht gehabt habe. THOMASIUS [197, S. 61].

943 THOMASIUS [196, S. 211]. Es gibt in seiner Erklärung einen wichtigen Satz: „Auch die Vereinbarungen, ein Darlehen zu gewähren, etwas zu verleihen oder etwas aufzubewahren, werden jedoch heute beim Gericht als *contractus beneficius* bezeichnet.“ (Nach der Übersetzung des Verfassers) Vgl. den originalen Text bei THOMASIUS [196, S. 212] „Sed conventiones etiam de mutuo et commodato dando et deposito accipiendo sunt usu fori hodierno etiam contractus benefici.“ Im römischen Recht hatte ein solches Versprechen keine rechtliche Gültigkeit. ZIMMERMANN [327, S. 163]. Wenn ein Gläubiger verspricht, Geld als Darlehen zu geben, dann verpflichtet sich nicht nur sein Schuldner, sondern auch er selbst und zwar sind die Obligationen zweiseitig. Deswegen bedeutet das Wort *contractus beneficus* bei THOMASIUS nicht, dass sich nur eine Partei für etwas verpflichtet, sondern dass eine Partei für die andere wohltätig handelt.

944 Die spezielle römische Art der Leihe *precarium* sei laut THOMASIUS in Deutschland identisch mit der normalen Leihe. THOMASIUS [197, S. 326].

945 THOMASIUS [196, S. 211].

946 Zur Existenz dieses Vertrags siehe THOMASIUS [197, S. 164].

b. lästige Verträge
  i. Tausch
  ii. Geldwechsel
  iii. Kauf
  iv. Miete, Pacht, Werkvertrag und Anstellung (*locatio conductio*)
  v. Darlehen mit Zinsen
  vi. Gesellschaft
  vii. sonstige unbenannte Verträge

2. zusätzliche Verträge
  a. Bürgschaft
  b. Pfand

Später bezog sich THOMASIUS jedoch in der Dissertation *De rerum differentiis intuitu iuris Germanici privati* (1721) auf eine andere Einordnung,[947] die er von ULPIANUS entlehnte: „Alles Recht befaßt sich mit dem Erwerb, dem Schutz oder der Veräußerung. Denn es geht entweder darum, wie jemand etwas erwirbt, oder darum, wie jemand seine Sache oder sein Recht schützt, oder darum, auf welche Weise er sie veräußert oder verliert."[948] (D 1.3.41). Außerdem benutzte er den Ausdruck „Verträge über Sachen, die mir oder dir gehören, um Eigentum zu erwerben, zu schützen oder zu veräußern" als Überschrift eines Kapitels in *IJG*.[949] Auch wenn THOMASIUS die *IJG* nicht geschrieben hat, ist diese Einordnung von Verträgen wichtig, weil auch SVAREZ diese in Betracht gezogen hat.

### *WOLFF*

WOLFF kehrte auf die Einordnung der Verträge von GROTIUS und PUFENDORF zurück. WOLFF ging davon aus, dass es zwei Arten von Handlungen gebe, nämlich „wohltätige Handlungen" (*actus beneficus*) und „tauschende Handlungen" (*actus permutatorius*).[950] Da WOLFF verpflichtende Handlungen als „Vertrag" (*contractus*)

---

947 NESEN (Resp.) [261, S. 2] prooem. 4. (b) „Totum autem jus consistit aut in ACQUIRENDO, aut in conservando, aut in minuendo. Aut enim hoc agitur, quemadmodum QUID CUJUSQUE FIAT, aut quemadmodum quis rem vel jus SUUM conservet; aut quomodo alienet vel amittat." Diese Einordnung wurde schon 1718 in *FJNG* als eine später hinzugefügte Anmerkung vorgenommen, aber nicht so systematisch wie in der obigen Dissertation. Vgl. dazu THOMASIUS [202, S. 220] lib. 2. cap. 7. §. 5. †.

948 Nach der Übersetzung von BEHRENDS et al. [12, S. 116] D 1.3.41 „Totum autem ius constitit aut in adquirendo aut in conservando aut in minuendo: aut enim hoc agitur, quemadmodum quid cuiusque fiat, aut quemadmodum quis rem vel ius suum conservet, aut quomodo alienet aut admittat."

949 NESEN (Resp.) [261, S. 4] prooem. 10. „De contractibus circa res, quae ad meum et tuum aut ad dominium vel acquirendum, vel conservandum, vel transferendum pertinent."

950 WOLFF [324, S. 250–251] par. 2. cap. 9. §. 466–467.

bezeichnete, wurden Verträge auch in „wohltätige Verträge“ (*contractus beneficus*) und „tauschende Verträge“ (*contractus permutatorius*) eingeteilt. Wolff schrieb für diese Vertragstypen zwei Kapitel in *Institutiones juris naturae et gentium* (par. 2. cap. 11. und cap. 12.). Er verwendete hier sowohl die Terminologie von Grotius als auch die von Pufendorf, bei denen „tauschender Vertrag“ (*contractus permutatorius*) auch als „lästiger Vertrag“ (*contractus onerosus*) bezeichnet werden konnte.[951] Zwar hat er noch die Einteilung in „Ich gebe dir, sodass du mir gibst“ (*do ut des*) etc. erwähnt,[952] aber er hat nicht mehr erklärt, welcher Vertrag zu welcher Form gehört:[953]

1. gegenwärtige wohltätige Handlung = Schenkung
2. wohltätige Verträge
   a. Leihe
   b. Aufbewahrung
   c. Darlehen
   d. Auftrag
   e. Bürgschaft
3. tauschende bzw. lästige Verträge
   a. Tausch
   b. Kauf
   c. Miete, Pacht, Werkvertrag und Anstellung (*locatio conductio*)
   d. Gesellschaftsvertrag

## *Der Zeitgenossene Beyer und der Schüler Heineccius von Thomasius*

Um die geschichtliche Stellung von Thomasius noch klarer zu verdeutlichen, möchte ich noch zwei andere Rechtsgelehrte anführen, nämlich Beyer (1665–1714), der zwar sein Schüler, aber fast gleichaltrig mit Thomasius gewesen ist, und Heineccius (1681–1741), der deutlich der nächsten Generation angehört hat.

Da Beyer wahrscheinlich sowohl durch das Justinianische Recht als auch von Grotius und Pufendorf beeinflusst worden ist, ist seine Einordnung der Verträge so kompliziert, dass man sie keiner einzelnen Erklärung zuordnen kann. Genauer gesagt teilte Beyer Verträge zuerst nach Zielen in die „Veräußerung“, den „Gebrauch“ und die „Tätigkeit“ ein, und dann verwendete er auf jede Kategorie den Unterschied zwischen dem wohltätigen und dem lästigen Vertrag an:[954]

---

951 Wolff [324, S. 251] par. 2. cap. 12. §. 580.

952 Wolff [324, S. 251] par. 2. cap. 9. §. 468. Hier bemerkte Wolff, dass die *do-ut-facies*-Form und die *facio-ut-des*-Form, die beide Pufendorf voneinander trennte, gleich seien.

953 Wolff [324, S. 255] par. 2. cap. 9. §. 475.; Wolff [324, S. 255; 277; 290; 297; 312] par. 2. cap. 11. §. 515. §. 539. §. 551. und §. 569.; Wolff [324, S. 322; 324; 349–350; 362] par. 2. cap. 12. §. 582. §. 587. §. 620. und §. 639.

954 Beyer [20, S. 247–249] lib. 3. cap. 3. §. 35–58.

1. Versprechen zum Rechtserwerb
   a. wohltätige Veräußerung = Schenkung (§. 36.)
   b. lästige Veräußerung (§. 37.)
      i. Sachen gegen Geld = Kauf (§. 39.)
      ii. Sachen gegen Sachen = Tausch (§. 40.)
      iii. Geld gegen Geld = Geldwechsel (§. 41.)
      iv. Sachen gegen Arbeiten = *do ut facies* (§. 42.)
      v. Besitz einer fremden Sache = Pfand (§. 43.)
2. Versprechen zum Borgen
   a. wohltätiges Borgen
      i. wohltätiges Borgen ohne Frist = *precarium* (§. 45.)
      ii. wohltätiges Borgen mit Frist oder zum bestimmten Ziel = Leihe (§. 46.)
      iii. wohltätiges Borgen mit Verbrauch = Darlehen (§. 47.)
   b. lästiges Borgen = Miete und Pacht (§. 51.)
3. Versprechen zum Tun
   a. wohltätige Tätigkeit
      i. Aufbewahrung (§. 54.)
      ii. Auftrag (§. 55.)
   b. lästige Tätigkeit
      i. Versprechen zum Tun gegen Geld = Werkvertrag und Anstellung (§. 56.)
      ii. Versprechen zum Tun gegen Sachen = *facio ut des* (§. 57.)
      iii. Versprechen zum Tun gegen Tun = *facio ut facies* (§. 58.)

Dagegen ähnelt die Einordnung von HEINECCIUS noch eher der Meinung von THOMASIUS als der von PUFENDORF: „In gleicher Weise sollte uns nicht vorgeworfen werden, wenn wir die Einteilung zwischen benannten und unbenannten Verträgen, dann zwischen Realverträgen, Konsensualverträgen, mündlichen und schriftlichen Verträgen und zuletzt zwischen „Verträgen im guten Glauben" (*contractus bonae fidei*) und „Verträgen auf strenges Recht" (*contractus stricti iuris*) in die deutsche Rechtswissenschaft einführen. Deshalb möchten wir nun zunächst die hauptsächlichen Verträge und zwar genauer die unentgeltlichen Verträge erklären."[955] Anschließend legte HEINECCIUS seine Einordnung dar:[956]

---

955 HEINECCIUS [76, S. 624] lib. 2. tit. 13. §. 352. „[...] multoque minus essemus excusandi, si distinctiones inter contractus nominatos et innominatos, itemque reales, verbales, litteralem, et consensvales, ac denique inter contractus bonae fidei et stricti ivris, in iurisprudentiam Germanicam inferremus. Potius itaque, naturalem sequuti conuentionum diuisionem, iam primo de conventionibvs principalibvs, et quidem de beneficis, agemus."

956 HEINECCIUS [76, S. 624] lib. 2. tit. 13. §. 353. In dieser Stelle erwähnte er auch *precarium*, aber er erklärte in einer anderen Stelle, dass es in Deutschland keinen Unterschied zwischen *precarium* und Leihe gebe. HEINECCIUS [76, S. 646] lib. 2. tit. 13. §. 380.

1. hauptsächliche Verträge
    a. wohltätige Verträge
        i. Schenkung
        ii. Leihe
        iii. Darlehen
        iv. Auftrag
    b. lästige Verträge
        i. Kauf
        ii. Miete, Pacht, Werkvertrag und Anstellung (*locatio conductio*)
        iii. Tausch
        iv. Gesellschaft
        v. sonstige namenlose Verträge
    c. zusätzliche Verträge
        i. Bürgschaft

Wie HEINECCIUS namentlich THOMASIUS erwähnt hat,[957] entspricht diese Liste der Meinung von THOMASIUS, ausgenommen der Punkt, dass das Darlehen laut HEINECCIUS sowohl mit Zinsen als auch ohne Zinsen zu den unentgeltlichen Verträgen zählen solle,[958] wohingegen THOMASIUS das Darlehen mit Zinsen für lästig und ohne Zinsen für wohltätig gehalten hat (siehe oben).

Anhand der obigen Erklärungen folgt, dass die Generation, zu der THOMASIUS gehört hat, von GROTIUS und PUFENDORF stark beeinflusst worden ist, und THOMASIUS auf die nächste Generation durch die Korrektur einen großen Einfluss ausgeübt hat.[959]

### *KREITTMAYR und der* Codex Maximilian Bavaricus Civilis *(1756)*

Bei damaligen Gesetzgebungen folgte man dagegen nicht so einfach den Naturrechtslehrern. KREITTMAYR ignorierte die Reihenfolge, die sich die neuzeitlichen Naturrechtslehrer ausdachten, und nahm teilweise die Einteilung vor, die in *Institutiones Justiniani* eingeführt wurde,[960] nämlich in „benannte Verträge" (*contractus nominatus*) und „unbenannte Verträge" (*contractus innominatus*) oder in „Realverträge" (*contractus reales*), „Konsensualverträge" (*contractus consensuales*), „mündliche Verträge" (*contractus verbales*) und „schriftliche Verträge" (*contractus litterales*):[961]

957 HEINECCIUS [76, S. 606] lib. 2. tit. 12. §. 329.

958 HEINECCIUS [76, S. 625] lib. 2. tit. 12. §. 353. (*).

959 ENGAU [57, S. 512] lib. 3. tit. 1. §. 3. „Principales iterum in beneficas et onerosas non immerito diuidit Thomasius, [...]".

960 Vgl. dazu LUIG [120, S. 66].

961 KREITTMAYR [95, S. 8–9] tit. 4. cap. 1. §. 4. Zwar hat KREITTMAYR die Einteilung in einseitige und zweiseitige Verträge erwähnt, aber dies ist etwas anderes als die Einteilung in entgeltliche und unentgeltliche Verträge. Außerdem kritisierte

1. Konsensualverträge
   a. Kauf (tit. 4. cap. 3–4.)
   b. Miete und Pacht (tit. 4. cap. 6.)
   c. Emphyteusis und Superficies (tit. 4. cap. 7.)
   d. Gesellschaft (tit. 4. cap. 8.)
   e. Auftrag (tit. 4. cap. 9.)
   f. Bürgschaft (tit. 4. cap. 10.)
2. schriftliche Verträge (tit. 4. cap. 11.)
3. unbenannte Verträge (tit. 4. cap. 12.)

Dies bedeutet aber nicht, dass KREITTMAYR immer dem Justinianischen Recht gefolgt ist. Beispielsweise hat er auch die Wichtigkeit der alten deutschen Sitten betont und hat den Unterschied zwischen „Kontrakt" (*contractus*) und „Vereinbarung" (*pactum*) abgelehnt.[962]

## SVAREZ *und* Allgemeines Landrecht für die Preußischen Staaten *(1794)*

Bei *ALR* sollte man darauf achten, dass SVAREZ in der theoretischen Ebene die Naturrechtslehre in Betracht gezogen, sie aber bei der Gesetzgebung nicht beachtet hat. Er erwähnte einerseits die „[E]inteilung der Verträge in gleiche oder lästige und in ungleiche oder wohltätige"[963] und schrieb im Zusammenhang mit *ALR*: „Die Grundsätze des Naturrechts von Verträgen sind Eurer Königlichen Hoheit sowohl in dieser Wissenschaft selbst schon bekannt gemacht, als von mir bei der Materie von Verträgen unter den Völkern anderweit in Erinnerung gebracht worden. [...] Vorher muß ich aber auch noch an den Unterschied zwischen lästigen und wohltätigen Verträgen erinnern, da derselbe von manchen praktischen Folgen ist."[964] Andererseits verwendete SVAREZ diese Erklärung auf die Gesetzgebung nicht. Er legte dabei eine andere Einteilung vor, ähnlich der Formulierung von ULPIANUS und der Einteilung von THOMASIUS in der Dissertation *De rerum differentiis intuitu iuris Germanici privati* (1721). Das heißt, SVAREZ hat auf den Unterschied zwischen dem Rechtserwerb und der Rechtserhaltung geachtet, und er hat Verträge so ein, dass solche Verträge geordnet, die zum Rechtserwerb führen, an erster Stelle stehen, dann solche folgen, die zur Rechtserhaltung beitragen, und zuletzt solche aufgelistet werden, die sich weder auf den Rechtserwerb noch auf die Rechtserhaltung beziehen:[965]

---

er auch die erste Einteilung, weil es unklar sei, ob ein Vertrag als einseitig oder zweiseitig anzusehen sei. KREITTMAYR [95, S. 9] tit. 4. cap. 1. §. 4.

962 LUIG [120, S. 65]. Dies ist vor allem im Zusammenhang mit „unbenannten Verträgen" (*contractus innominatus*) wichtig, „weil es für sie neu ist." LUIG [120, S. 67].

963 SVAREZ [187, S. 157].

964 SVAREZ [187, S. 271].

965 SVAREZ [187, S. 307–311]. Diese Tatsache lässt sich auch anhand einiger Überschriften oder Artikel des *ARLs* nachweisen. Zum Beispiel: „Von den Titeln zur Erwerbung des Eigentums, welche sich in Verträgen unter Lebendigen gründen" (thl. 1. tit. 11.) oder: „Das Eigentum der Sachen und Rechte wird durch den Besitz

1. Verträge zum Rechtserwerb (thl. 1. tit. 11.)
   a. Kauf (Abs. 1.)
   b. Tausch (Abs. 2.)
   c. Darlehen (Abs. 7.)
   d. *do ut facies* oder *facio ut facies* (Abs. 8.)
   e. Schenkung (Abs. 9.)
   f. Auftrag (thl. 1. tit. 13. Abs. 1.)
2. Verträge zur Rechtserhaltung (thl. 1. tit. 14.)
   a. Verwahrung (Abs. 1.)
   b. Bürgschaft (Abs. 2.)
3. sonstige Verträge
   a. Gesellschaft (thl. 1. tit. 17. Abs. 3.)
   b. Leihe, Miete und Pacht (thl. 1. tit. 21. Abs. 3.)

Warum ordnete SVAREZ die Verträge so ein? Meines Erachtens hatte seine Definition des Begriffes „Kontrakt" darauf einen Einfluss. SVAREZ formulierte ihn unter der Überschrift „Entwicklung des Begriffs der Kontrakte" folgendermaßen: „Da über Sachen und Rechte, die sich in jemands Eigentum befinden, ohne des Eigentümers Einwilligung in der Regel nicht verfügt werden kann, so sind Kontrakte das gewöhnlichste Mittel, wodurch die Rechte der Mitglieder der bürgerlichen Gesellschaft untereinander bestimmt werden können."[966] Aus dieser Erklärung folgt, dass sich bei SVAREZ der Begriff „Kontrakt" mit dem Eigentum stark verbunden hat, und dies begründet die Hypothese, dass SVAREZ auch bei der Einordnung der Verträge diese Voraussetzung in Betracht gezogen haben muss.[967]

---

derselben, und durch alle die Mittel erhalten, welche die Gesetze zur Erhaltung der Besitzrechte an die Hand geben." (thl. 1. tit. 14. §. 1.)

966 SVAREZ [186, S. 32].

967 Meine These lässt sich auch durch den folgenden Satz nachweisen: „Zu der persönlichen Fähigkeit der Kontrahenten, als dem zweiten Hauptferfordernisse eines gültigen Vertrags, gehört ferner, daß ein solcher Kontrahent berechtigt sei, über den besonderen Gegenstand des Kontrakts, von welchem die Rede ist, so wie es durch den Kontrakt geschehen soll, zu verfügen. Es kann demnach niemand über Sachen oder Rechte, die ihm selbst nicht gehören, einen gültigen Kontrakt schließen als insofern er dazu durch eine Vollmacht des Eigentümers oder durch einen in den Gesetzen gegründeten Auftrag der Obrigkeit die Befugnis erhalten hat. Wenn ausdrücklich über Sachen oder Handlungen eines Dritten ein Kontrakt geschlossen worden ist, so entsteht daraus für den Versprechenden in der Regel nur die Verbindlichkeit, seine Bemühungen zur Bewirkung der versprochenen Handlung oder zur Herbeischaffung der Sache anzuwenden." SVAREZ [186, S. 34] Vgl. *ALR* thl. 1. tit. 5. §. 46.

## 4.2 Die Preislehre

### 4.2.1 Das Wesen des Preises

Auch wenn die Rechtswissenschaft heute die Preistheorie nicht mehr enthält, hat die wirtschaftliche Forschung bei Rechtsgelehrten in der Neuzeit ein eigenes Gebiet gebildet. In der Regel hatten sie kein Interesse daran, durch die Studien die wirtschaftliche Lage zu verbessern, sie beschäftigten sich vielmehr mit juristischen Fragen, etwa wie der Preis einer Sache bestimmt werden sollte und wie man bei Verträgen die Gleichwertigkeit der Leistungen beachten sollte. GROTIUS glaubte zum Beispiel, dass der Preis einer Sache hauptsächlich durch die „Nachfrage" (*indigentia*) bestimmt werde, aber auch verschiedene zusätzliche Umstände vorhanden seien, die den Preis erhöhen oder senken könnten.[968] Er verband diese These mit seiner juristischen Ansicht, dass man bei solchen Verträgen, in denen festgelegt sei, wie man etwas gegen etwas anderes tausche, die Gleichwertigkeit von Leistungen beachten solle, etwa bei einem Kaufvertrag.[969]

Auch PUFENDORF und THOMASIUS interessierten sich für die Preistheorie und gingen davon aus, dass das Sachenrecht und die Preistheorie vor der Vertragslehre behandelt werden müssten. Begründet wird dies dadurch, dass man einen Vertrag nicht abschließen könne, ohne das Eigentum und den Preis zu kennen.[970] PUFENDORF und THOMASIUS begannen mit einer historischen Beschreibung der Preisentwicklung. Der Ausgangspunkt von PUFENDORF und THOMASIUS bestand darin, dass die Menschen am Anfang keine Verträge gekannt hätten (außer einigen wenigen Verträgen, die man sich auch ohne Eigentum und Preis vorstellen könne) und erst dann verschiedene Verträge mit Eigentum und Preis erfunden hätten, zu der Zeit als ADAM und EVA aus dem Paradies vertrieben worden seien und ihre Nachkommen solche Verträge brauchten, um sicherer etwas verwalten zu können oder miteinander zu handeln.[971] THOMASIUS bemerkte bereits, dass eine solche Beschreibung nicht juristisch, sondern eher anhand der christlichen Geschichte, d. h. historisch zu sehen sei.[972]

PUFENDORF und THOMASIUS führten weiter aus, dass man zwei Arten des Preises erfunden habe, nämlich den „normalen Preis" (*pretium vulgare*) und den „speziellen Preis" (*pretium eminens*).[973] Der normale Preis sei derjenige, der nicht aus Münzen

968 GROTIUS [74, S. 348–349] lib. 2. cap. 12. §. 14.

969 GROTIUS [74, S. 346] lib. 2. cap. 12. §. 12. n. 1.

970 PUFENDORF [146, S. 445] lib. 5. §. 1. §. 1.; THOMASIUS [203, S. 213–214] lib. 2. cap. 11. §. 1–2.

971 PUFENDORF [146, S. 360–362] lib. 4. cap. 4. §. 8–9.; PUFENDORF [146, S. 445] lib. 5. cap. 1. §. 1.; THOMASIUS [203, S. 193–194] lib. 2. cap. 10. §. 96.; THOMASIUS [203, S. 213] lib. 2. cap. 11. §. 1.

972 THOMASIUS [203, S. 189] lib. 2. cap. 10. §. 59.

973 PUFENDORF [146, S. 455–456] lib. 5. §. 1. §. 11–12.; THOMASIUS [203, S. 214] lib. 2. cap. 11. §. 6.

bestehe, d. h. hier komme beispielsweise die Gegenleistung beim Tausch im engeren Sinne in Betracht, wohingegen der spezielle Preis mit Geld oder Münzen bestimmt werde. Thomasius deutete schon in *IJD* (1688) an, dass die Erfindung des Geldes für böse gehalten werden sollte, und zwar glaubte Thomasius eher, dass die Leute, die nur den normalen Preis benützten, tugendhafter gewesen seien als die Menschen, die die Münzen erfunden hätten, und der „spezielle Preis" (*pretium eminens*) aufgrund von menschlichen Begierden eingeführt worden sei.[974] Der Grund liegt wahrscheinlich darin, dass Thomasius das Wort „Einfachheit" (*simplicitas*) als eine Tugend angesehen hat.[975]

Die Ansicht, dass das Geld eine böse Erfindung der Menschen sei, wurde später in den zwei Dissertationen *De pretio affectionis in res fungibiles non cadente* (1701) und *De aequitate cerebrina l. II. C. de rescind. vendit. et eius usu practico* (1706) noch verstärkt. Thomasius legte in der ersten Dissertation dar, dass Münzen ihren Ursprung im Luxus und in der Habgier hätten.[976] Diese Meinung verband sich in der letzteren Dissertation mit dem Verhältnis von Angebot und Nachfrage: „Die Begierde der Menschen ist die erste Quelle des Preises von Sachen und die zweite Quelle ist die Seltenheit. Wenn du die Begierde verlierst, dann werden alle Sachen als nichtig eingeschätzt. Wenn die Begierde vorhanden ist, steigert die Seltenheit von Sachen den Preis und der Überschuss senkt ihn."[977] Ich möchte hier zwar nicht behaupten, dass Thomasius schon die moderne Theorie über die Preisbildung durch Angebot und Nachfrage aufgestellt hätte, aber er hat dazu beigetragen, verschiedene Gründe der Preisbildung lediglich auf zwei Faktoren zurückzuführen, nämlich auf die Begierde der Käufer und die Menge der vorhandenen Waren.[978]

### 4.2.2 Die Ablehnung des gerechten Preises

#### iustum pretium *im römischen Recht*

Über die Preisbestimmung kennt man aus heutiger Sicht im römischen Recht vier Erfordernisse, ohne die kein Kauf gültig ist. Zuerst muss jeder Preis in Geldwerten

---

974 Thomasius [203, S. 214–215] lib. 2. cap. 11. §. 9–10.
975 Thomasius [203, S. 214] lib. 2. cap. 11. §. 8. (e).
976 Hecht (Resp.) [239, S. 8–9] cap. 1. §. 8.
977 Stützing (Resp.) [283, S. 50] cap. 2. §. 16. „Cupiditas hominum primus fons est pretii rerum, secundus raritas. Si cupiditatem auferas, res plane nullius pretii aestimantur. Haec si adsit, raritas et copia rerum pretia rerum augent et minuunt."
978 Diese Tatsache wird durch den Vergleich mit anderen Naturrechtslehrern noch merkwürdiger. Grotius und Pufendorf nannten nämlich verschiedene Faktoren der Preisbildung, fassten sie jedoch nicht zusammen. Vgl. Grotius [74, S. 348–349] lib. 2. cap. 12. §. 14.; Pufendorf [146, S. 453–454] lib. 5. cap. 1. §. 10. Bei Wolff ist die naturrechtliche Preistheorie sogar rückwärts gewandt, weil er die Preisbildung noch einmal mit der Moral in Verbindung bringen wollte. Vgl. Wolff [320, S. 227–228] par. 4. cap. 2. §. 303.

festgelegt werden.[979] Darin waren sich auch GROTIUS, PUFENDORF, THOMASIUS und WOLFF einig.[980] Niemand von ihnen brachte den Kauf gegen Geld mit dem Tausch von Waren durcheinander.

Dann muss man den Preis ernsthaft bestimmen, das heißt, Juristen in Rom haben in diesem Zusammenhang getarnte Schenkungen verboten (D 18.1.36).[981] GROTIUS und PUFENDORF hatten kein Interesse daran und auch THOMASIUS erwähnte dieses Erfordernis nur beiläufig.[982]

Drittens muss jeder Preis einen bestimmten Betrag haben.[983] Dieses Erfordernis scheint zwar auf den ersten Blick selbstverständlich, weil man sonst die Höhe der Forderung nicht bestimmen kann. Dennoch zweifelte WOLFF daran. Solange Vertragsparteien noch keinen festen Preis vereinbart hätten, der Verkäufer seine Ware trotzdem schon übergeben habe, dann werde der Kaufvertrag so ausgelegt, dass die Vertragsparteien mit dem Marktpreis der übergebenen Sache einverstanden seien.[984]

Erst Kaiser DIOCLETIANUS hat gefordert, dass jeder Preis gerecht sein müsse (C 4.44.2 und C 4.44.8).[985] Selbst heute noch wird an den Quellen gezweifelt, in denen man etwas über die so genannte „Verkürzung über die Hälfte" (*laesio enormis*) finden kann, ob dies tatsächlich von Kaiser DIOCLETIANUS erlassen worden ist oder nicht, denn es gibt diese Quellen im *Codex Theodosiani* nicht, und die Formulierungen in C 4.44.2 und C 4.44.8 wirken gekünstelt.[986] GROTIUS, PUFENDORF und WOLFF gingen davon aus, dass diese Regel tatsächlich römisches Recht gewesen sei,[987] wohingegen THOMASIUS glaubte, sie sei eine Interpolation von TRIBONIANUS.[988]

### *Gerechter Preis im Naturrecht: GROTIUS, PUFENDORF und WOLFF*

Neuzeitliche Naturrechtsdenker stritten sich über die Begriffe „gerechter Preis" (*pretium iustum*) bzw. „echter Preis" (*pretium verum*) an sich nicht. GROTIUS, PUFENDORF und WOLFF glaubten einfach, dass der gerechte Preis gleich dem „Marktpreis"

---

979 ZIMMERMANN [327, S. 250–252].

980 GROTIUS [74, S. 342] lib. 2. cap. 12. §. 2. n. 4.; PUFENDORF [146, S. 465] lib. 5. §. 2. §. 9.; WOLFF [320, S. 662] par. 4. cap. 4. §. 963. THOMASIUS erklärte den Schwerpunkt nicht, aber er unterschied in der Dissertation *De aequitate cerebrina l. II. C. de rescind. vendit. et eius usu practico* (1706) den „Kauf" (*emptio venditio*) deutlich von dem „Tausch" (*permutatio*). Vgl. STÜTZING (Resp.) [283, S. 55] cap. 2. §. 28.

981 ZIMMERMANN [327, S. 252].

982 STÜTZING (Resp.) [283, S. 60] cap. 2. §. 32.

983 ZIMMERMANN [327, S. 253].

984 WOLFF [320, S. 674] par. 4. cap. 4. §. 980.

985 ZIMMERMANN [327, S. 259].

986 ZIMMERMANN [327, S. 259–260].

987 GROTIUS [74, S. 346–347] lib. 2. cap. 12. §. 7. §. 2.; PUFENDORF [146, S. 472] lib. 5. cap. 3. §. 9.; WOLFF [320, S. 639] par. 4. cap. 4. §. 926.

988 STÜTZING (Resp.) [283, S. 45] cap. 2. §. 11.

(*pretium commune*) sei und man ihn bei Tauschverträgen im weiteren Sinne oder lästigen Verträgen beachten solle.[989]

Diese Naturrechtslehrer stritten jedoch miteinander darum, wie man den gerechten Preis bzw. den Marktpreis beachten solle. Veräußert ein Verkäufer z. B. eine Sache für 99 EUR, deren Marktpreis normalerweise 100 EUR beträgt, kann er dann vom Käufer die Differenz von 1 EUR verlangen oder sogar diesen Kaufvertrag anfechten? GROTIUS meinte, dass man die Gleichwertigkeit bei Tauschverträgen nur moralisch beachten solle und schuldrechtlich gesehen jede Sache sowohl billiger kaufen als auch teurer verkaufen dürfe.[990] Er begründete dies mit dem Argument, dass sonst Richter unter viel zu vielen Klagen zu leiden hätten.[991] Dagegen bestätigte PUFENDORF einerseits, dass man wegen einer kleinen Differenz keine Klage erheben könne, aber er war anderer Meinung als GROTIUS und behauptete, dass man einen lästigen Vertrag anfechten könne, wenn die Differenz „schwer" (*graviter*), d. h. zu hoch sei.[992] Er verstand unter dem Kriterium „schwer" (*graviter*) nicht mehr als die Hälfte des gerechten Preises wie beim römischen Recht, denn seiner Meinung nach könne man auch dann die Gleichwertigkeit durchsetzen, wenn der Betrag der Differenz unter der Hälfte des gerechten Preises liege.[993] Das unterste Limit ist demnach unklar. WOLFF folgte weder GROTIUS noch PUFENDORF und zwar schrieb er, dass man nach dem Naturrecht die Differenz zwischen dem bezahlten Preis und dem echten Wert verlangen könne, aber den Vertrag an sich nicht ablehnen dürfe.[994]

### *Die Meinung von THOMASIUS*

Obwohl THOMASIUS wie oben zu dem Schluss gekommen ist, dass der Preis durch Angebot und Nachfrage bestimmt werde, hat er manchmal seine Meinung über die Gleichwertigkeit zwischen Leistung und Gegenleistung beim Vertrag geändert. Seine erste Meinung findet man in *IJD* (1688) und dabei hat THOMASIUS geglaubt, dass der „Marktpreis" (*pretium commune*) der „gerechte Preis" (*pretium iustum*) sei, und er hat die römische Regel der *laesio enormis* nicht kritisiert.[995] Später kann man auch noch in der Dissertation *De pretio affectionis in res fungibiles non cadente* (1701) diese Regel finden: „Beim Kauf lässt sich kein Vertrag aufgrund der Verletzung [der

---

989 GROTIUS [74, S. 346–349] lib. 2. cap. 12. §. 12. und §. 14.; PUFENDORF [146, S. 453; 467] lib. 5. cap. 1. §. 9. und lib. 5. cap. 3. §. 1.; WOLFF [320, S. 622; 639] par. 4. cap. 4. §. 905. und §. 926. Diese Diskussion war überhaupt nicht neu. Vgl. dazu DECOCK [46, S. 71–72].

990 GROTIUS [74, S. 356] lib. 2. cap. 12. §. 26. n. 1.

991 GROTIUS [74, S. 357] lib. 2. cap. 12. §. 26. n. 3.

992 PUFENDORF [146, S. 472] lib. 5. cap. 3. §. 9.

993 PUFENDORF [146, S. 472] lib. 5. cap. 3. §. 9.

994 WOLFF [320, S. 639–640] par. 4. cap. 4. §. 926. und §. 929.

995 THOMASIUS [203, S. 219–220] lib. 2. cap. 11. §. 47–48.

Gleichwertigkeit] anfechten, sofern die Verletzung nicht über der Hälfte des echten Preises liegt (C 4.44.2)."[996]

Er zweifelte erst in der Dissertation *De statuum Imperii potestate legislatoria contra ius commune* (1703) an, ob *laesio enormis* die richtige Regel sei. Hier behauptete sein Respondent HOLZSCHUHER, dass das Magdeburgische Statut, in dem der Gesetzgeber die „*laesio enormis*" in einigen Fällen ablehnte, angebracht und nützlich sei, obwohl sich viele Juristen über das Statut beschwert hätten.[997] Diese Erklärung liefert uns noch eine wichtige Information, warum THOMASIUS begonnen hat, die *laesio enormis* zu kritisieren. Die Kritik trat nämlich am Anfang im Zusammenhang mit der Magdeburgischen Polizeiordnung cap. 22. §. 12. auf.[998] Diese Rechtsquelle zeigt sich auch noch einmal in der Dissertation *De aequitate cerebrina l. II. C. de rescind. vendit. et eius usu practico* (1706).[999] Die Wahrscheinlichkeit ist daher hoch, dass THOMASIUS die Regel „*laesio enormis*" kritisiert hat, um die Polizeiordnung und die lokale Gesetzgebungsmacht zu verteidigen. Wenn die Vermutung richtig ist, dann ist der Streit damals keine rein theoretische Diskussion gewesen, sondern es hat sich dabei um ein Gesetzgebungsproblem gehandelt.[1000]

Es ist bekannt, dass THOMASIUS in der Dissertation *De aequitate cerebrina l. II. C. de rescind. vendit. et eius usu practico* (1706) die *laesio enormis* abgelehnt hat[1001] – Dass THOMASIUS die Dissertation tief beeinflusst hat, lässt sich durch einige Zitate nachweisen.[1002] Er fragte sich, ob der Preis überhaupt ohne eine menschliche Vereinbarung existent sei, und er glaubte, dass es auf der Welt keinen objektiven Preis gebe.[1003] Seiner Meinung nach entstehe ein Preis einer Sache erst dann, wenn die Vertragsparteien mit einem gewissen Betrag einverstanden seien, und er bezeichnete gerade den vereinbarten Preis als den „gerechten Preis" (*iustum pretium*), weil die Gerechtigkeit vorschreibe, dass man den vereinbarten Preis bezahlen müsse.[1004] Diese Erklärung entspricht seiner Definition von Gerechtigkeit, die eine Störung

---

996 HECHT (Resp.) [239, S. 35] cap. 2. §. 13. „In emtione autem et venditione non aliter contractus rescinditur ob laesionem, nisi sit ultra dimidium veri pretii. l. 2. C. de Resc. Vend."

997 HOLZSCHUHER (Resp.) [245, S. 54] §. 76. Folglich ist es relativ sicher, dass THOMASIUS seine Meinung zwischen den zwei Dissertationen geändert hat, nämlich zwischen 17.09.1701 und 14.04.1703.

998 HOLZSCHUHER (Resp.) [245, S. 54] §. 76.

999 STÜTZING (Resp.) [283, S. 75–76] cap. 3. §. 11.

1000 Es ist zur Zeit unklar, wie THOMASIUS über die Polizeiordnung gedacht hat, bevor er die *laesio enormis* abgelehnt hat. Die Regel der Polizeiordnung wurde schon 1688 in einer Sammlung veröffentlicht. *Magdeburgische Polizeyordnung* [300, S. 202].

1001 HEINECCIUS führte dazu einige deutsche positive Rechtsquellen an, in denen der Rücktritt vom Kaufvertrag wegen der Ungleichwertigkeit abgelehnt wurde (Leg. Wisig. lib. 5. tit. 4. §. 7. und Leg. Baivvar. tit. 15. cap. 9. §. 1.) HEINECCIUS [76, S. 657] lib. 2. tit. 14. §. 395.

1002 THOMASIUS [197, S. 204]; THOMASIUS [199, S. 343].

1003 STÜTZING (Resp.) [283, S. 49] cap. 2. §. 15.

1004 STÜTZING (Resp.) [282, S. 54] cap. 2. §. 27.

des Friedens verbietet, denn es ist sicher, dass es dann zu einem Streit führt, wenn man den vereinbarten Preis nicht bezahlt.

Trotz dieser Tatsache kann man jedoch nicht behaupten, dass alle Inhalte dieser Dissertation von THOMASIUS geschrieben worden wären. Wenn man einige Thesen, die in der Dissertation geäußert worden sind, mit seinen anderen Büchern vergleicht, dann findet man sofort heraus, dass es Widersprüche gibt. Zum Beispiel kann man in der Dissertation den Satz finden: „Außerdem soll man die Preisbestimmung weder aus den Regeln der Anständigkeit noch aus der Humanität ableiten. Denn beides wird nur auf solche Geschäfte, welche sich auf die Freigiebigkeit oder die Wohltätigkeit beziehen, aber nicht auf den Handel oder den Tausch von Waren angewendet."[1005] THOMASIUS schrieb dagegen in *FJNG* (1705), dass die Regeln der Anständigkeit auch im natürlichen Zustand bei der Preisbestimmung gelten könne.[1006]

Ein anderer Widerspruch, den man in *Notae ad Inst.* (1712) und in *Notae ad Pand.* (1713) finden kann, ist nur durch Interpretation zu lösen. Im ersten Buch schrieb THOMASIUS: „Die erste Regel besagt, dass das ‚beiderseitige Gleichgewicht' (*aequalitas mutua*) bei wohltätigen Verträgen nicht so zu beachten ist wie bei lästigen Verträgen."[1007] Diese Aussage könnte voraussetzen, dass man bei lästigen Verträgen den objektiven Wert beachten müsste. Dagegen zitierte er in *Notae ad Pand.* die obige Dissertation als sein Werk und lehnte wieder die *laesio enormis* sowie die Existenz des objektiven Preises von Sachen ab.[1008] Es ist eine mögliche Auslegung, dass das beiderseitige Gleichgewicht von Vertragsparteien die Freiheit der Preisbestimmung nicht beschränkt.

Eine dritte Schwierigkeit besteht darin, dass THOMASIUS 1721 selber in seinem Werk *Ernsthaffte aber doch muntere und vernünftige Thomasische Gedanken u. Erinnerungen über allerhand außerlesene juristische Händel* gezweifelt hat, ob er seine Meinung in diesem Punkt ändern solle, aber leider hat THOMASIUS hier undeutlich geschrieben: „Vielleicht ändere ich mich etwa in meinen alten Tagen, und belehre mich, daß ich von denen gefährlichen Neuerungen, die ich nach vieler ihrer Meinung bißher ausgebreitet, abstehe, und mich wieder in den Schoß der lieben Antiquität werffe. Ich mag selbst dazu nichts weiter sagen, sondern überlasse das Urtheil hievon dem Leser, wenn er gegenwärtigen Handel wird erwogen haben."[1009]

---

1005 Nach der Übersetzung des Verfassers, s. STÜTZING (Resp.) [283, S. 53] cap. 2. §. 25. „Neque determinatio pretii ante conventionem petenda est ex regulis decori aut humanitatis. Hujus enim regulae locum habent in negotiis, quae ad liberalitatem aut beneficentiam pertinent, non in rerum commerciis et permutationibus."

1006 THOMASIUS [202, S. 240–241] lib. 2. cap. 11. §. 1. „[...] et in §. 17. loco verborum: si licentiam externam spectes, dicendum; si non spectes regulas decori sed justi."

1007 Nach der Übersetzung des Verfassers, s. THOMASIUS [196, S. 212] „Prima regula est: In contractibus beneficis non spectatur aequalitas mutua, ut in onerosis."

1008 THOMASIUS [197, S. 204–205].

1009 THOMASIUS [199, S. 344]. Vgl. dazu LUIG [122, S. 124–127].

Hier kann man jedoch ein interessantes Verhalten von KREITTMAYR feststellen, denn er hat die Preislehre von THOMASIUS für so wichtig gehalten, dass er dabei weder GROTIUS, PUFENDORF noch WOLFF zitiert sondern nur die Meinung von THOMASIUS dargelegt hat.[1010] Diese Tatsache ist umso erstaunlicher, wenn man die Zitate von KREITTMAYR überblickt. KREITTMAYR strengte sich nämlich nicht an, verschiedene Meinungen von Naturrechtsdenkern miteinander zu vergleichen. Er zitierte meistens nur WOLFF.[1011]

Es ist auch bekannt, dass die Gesetzgeber des *Code civil* seine Dissertation *Dissertatio de aequitate cerebrina L. II. C. de rescind. vendit. et eius usu practico* (1706) erwähnt und miteinander darüber gestritten haben, ob die „*laesio enormis*" auch in den *Code civil* aufgenommen werden soll oder nicht.[1012]

## 4.3 Fahrlässigkeit – Culpa

### 4.3.1 Die Stellung des Themas

Der Begriff „Culpa" ist für Juristen immer eine schwierige Frage. Auch THOMASIUS gestand ein, dass Culpa eins der schwierigsten Themen sei und es Juristen Kummer bereitet habe, die sich mit römischem Recht auseinandersetzten.[1013]

### 4.3.2 Die Culpa im römischen Recht

Im römischen Recht entwickelte sich die Culpa-Haftung langsam und zwar kannten klassische Juristen in Rom nur die Alternative, dass man entweder für den „Vorsatz" (*dolus*) oder für die „Bewachung" (*custodia*) haftete, und während der klassischen Zeit führten sie auch noch die „Fahrlässigkeit" (*culpa*) in die Vertragshaftung ein.[1014]

---

1010 KREITTMAYR [95, S. 168–169] tit. 4. cap. 3. §. 4–8. n. 6.

1011 Es gibt natürlich Ausnahmen und zwar hat KREITTMAYR beispielsweise im Zusammenhang mit *accessio* GROTIUS, PUFENDORF und WOLFF miteinander verglichen, aber THOMASIUS ist dabei nicht zitiert worden. KREITTMAYR [93, S. 415–416] tit. 2. cap. 3 §. 9.

1012 SAVIGNY [157, S. 87].

1013 KREß (Resp.) [251, S. 5] cap. 1. §. 1.

1014 KASER [88, S. 226]. Der Begriff *custodia* bedeutet hier, dass man solche Sachen bewachen soll, die man aus dem Vermögen des Gläubigers zum eigenen Vorteil erhält. Diese Haftung beinhaltet sowohl *dolus* als auch *culpa*. Vgl. dazu KASER [88, S. 225].

### 4.3.3 Die Culpa im Naturrecht

Grotius, Pufendorf und Wolff ignorierten die Regeln, die zu diesem Thema im römischen Recht auf komplizierte Art und Weise festgestellt worden waren, und legten einige einfache Thesen vor, die durch ihr Naturrecht unterstützt werden sollten.

Grotius erklärte: „Unrecht wird hier jede Schuld [d. h. *culpa* im weiteren Sinne] genannt, bestehe sie im Handeln oder Unterlassen, die dem widerspricht, was die Menschen überhaupt oder nach ihrer besonderen Eigenschaft zu tun haben. Aus einer solchen Schuld entspringt naturrechtlich die Verbindlichkeit, den verursachten Schaden zu ersetzen."[1015] Der kurze Satz zeigt uns zwei wichtige Merkmale. Erstens definierte Grotius den Begriff „Culpa" durch den Widerstand gegen die Pflichten, die die Menschen im Allgemeinen erfüllen sollen. Deshalb kann man im Naturrechtssystem von Grotius ohne die Bestimmung der Verpflichtungen nicht darauf antworten, was er unter Culpa verstanden hat. Man sollte zweitens darauf achten, dass sich seine Äußerung lediglich auf Delikte bezieht, weil Grotius vor der Formulierung schrieb: „Über die Verträge ist das Nötige gesagt worden, und wir kommen nun zu den Verbindlichkeiten, welche nach dem Naturrecht aus unrechten Handlungen entstehen."[1016] Nur bei der Erklärung des Irrtums beim Vertragsabschluss erwähnte er die Culpa wie folgt: „Wenn der Versprechende in Untersuchung der Sache oder in der Erklärung seines Willens nachlässig gewesen ist und der andere dadurch Schaden erlitten hat, so muß der Versprechende diesen ersetzen, aber nicht aus dem Versprechen, sondern aus der schuldhaften Schadenszufügung, wie später erörtert wird."[1017] Aus dem Satzglied „nicht aus dem Versprechen, sondern aus der schuldhaften Schadenszufügung" folgt, dass für Grotius der Schwerpunkt der Culpa nicht bei den Verträgen gelegen hat, sondern hauptsächlich bei den Delikten.

Pufendorf orientierte sich an der Richtung, die Grotius vorgab. Er erklärte nämlich den Begriff der Culpa im Kontext von Delikten genauso wie Grotius: „Mit Schadensersatz haftet nicht nur, wer einem anderen vorsätzlich schadet, sondern auch derjenige, der ohne unmittelbare Absicht in leicht zu vermeidender Weise

1015 Nach der Übersetzung von Schätzel [73, S. 303] lib. 2. cap. 17. §. 1. Vgl. den originalen Text bei Grotius [74, S. 427] lib. 2. cap. 17. §. 1. „Maleficium hic appellamus culpam omnem, sive in faciendo, sive in non faciendo, pugnantem cum eo quod aut homines communiter, aut pro ratione certae qualitatis facere debent. Ex tali culpa obligatio naturaliter oritur si damnum datum est, nempe ut id resarciatur."

1016 Nach der Übersetzung von Schätzel [73, S. 303] lib. 2. cap. 17. §. 1. Vgl. den originalen Text bei Grotius [74, S. 427] lib. 2. cap. 17. §. 1. „De pactionibus satis tractatum. Veniamus ad id quod ex maleficio naturaliter debetur."

1017 Nach der Übersetzung von Schätzel [73, S. 239] lib. 2. cap. 11. §. 6. n. 3. Vgl. den originalen Text bei Grotius [74, S. 332] lib. 2. cap. 11. §. 6. n. 3. „Quod si promissor negligens fuit in re exploranda, aut in sensu suo exprimendo, et damnum inde alter passus sit, tenebitur id resarcire promissor, non ex vi promissionis, sed ex damno per culpam dato, de quo capite infra agemus."

sorglos oder fahrlässig handelt."[1018] Was bedeutet das für die Culpa? PUFENDORF beschrieb es so: „Oft ist man aufgrund einer besonderen Verpflichtung zur Einhaltung ganz großer Sorgfalt genötigt. Ja, sogar die geringste Fahrlässigkeit kann schon zur Begründung einer Schadensersatzpflicht ausreichen, falls nicht die Natur der Sache eine ganz genaue Einhaltung der Sorgfalt geradezu verhindert. Oder auch, wenn die Schuld mehr bei dem liegt, der den Schaden erlitten hat, als beim Schädiger und auch, wenn eine große Verwirrung oder andere Umstände eine genaue Sorgfaltsanwendung nicht gestatten; beispielsweise wenn ein Soldat im hitzigen Gefecht den neben ihm kämpfenden Soldaten beim Ausholen mit der Waffe verletzt."[1019] Kurz gesagt kann man die Inhalte der Fahrlässigkeit nur anhand der Umstände bestimmen.

In *IJD* (1688) behandelte THOMASIUS dieses Thema noch ausführlicher als GROTIUS und PUFENDORF, und zwar erklärte er den Begriff der Culpa zunächst im Zusammenhang mit dem Delikt im Allgemeinen:[1020] „Schaden wird entweder mit ‚Vorsatz' (*dolus*) bzw. Absicht oder durch ‚Fahrlässigkeit' (*culpa*) bzw. Nachlässigkeit, d. h. Unachtsamkeit hervorgerufen."[1021] Dann wies THOMASIUS in Konnexität mit Verträgen darauf hin, dass man lediglich eine solche Culpa in Betracht ziehen solle, die der Natur eines betroffenen Vertrags entspreche.[1022] Diese Erklärungen wurden jedoch später in *FJNG* (1705) widerrufen und THOMASIUS zitierte dabei zwei Dissertationen, in denen es sich um deutsches Recht handelte.[1023] Deshalb möchte ich dies weiter unten behandeln.

WOLFF definierte das Wort Culpa sehr abstrakt: „Wenn es einer Handlung an Ehrlichkeit mangelt, was durch Verständnis hätte behoben werden können, dann wird dieser Mangel als ‚Fahrlässigkeit' (*culpa*) bezeichnet. Wenn man einen solchen Mangel willentlich oder ablehnend hätte beheben können, dann wird dieser Mangel als ‚Vorsatz' (*dolus*) bezeichnet."[1024] Diese Definition bezieht sich eher auf das alltägliche Leben als auf die Rechtswissenschaft, denn die Bedeutung verbindet

---

1018 Nach der Übersetzung von LUIG [143, S. 75] lib. 1. cap. 6. §. 9. Vgl. den originalen Text bei PUFENDORF [144, S. 75] lib. 1. cap. 6. §. 9. „Ad repalationem damni tenetur non solum, qui dolo malo alteri nocuit; sed et qui praeter directam intentionem per negligentiam seu culpam, quam evitare facile erat."

1019 Nach der Übersetzung von LUIG [143, S. 75–76] lib. 1. cap. 6. §. 9. Vgl. den originalen Text bei PUFENDORF [144, S. 34] lib. 1. cap. 6. §. 9. „Quin et saepe ex peculiari obligatione quis ad accuratam diligentiam adhibendam adstringitur. Imo et levissima culpa ad reparationis necessitatem sufficere potest, si modo negotii natura exactissimam diligentiam non ultro velut adspernetur, aut ejus magis, quid damnum accipit, quam qui dat, culpa versetur: aut nisi magna perturbatio vel negotii circumstantia accuratam circumspectionem non admittat: [...]".

1020 Vgl. dazu THOMASIUS [203, S. 122] lib. 2. cap. 5. §. 11. vor allem *„citra tuum pactum"*.

1021 THOMASIUS [203, S. 123] lib. 2. cap. 5. §. 20. „Datur vel dolo seu ex proaeresi, vel culpa sive ex omissione dilligentiae debitae."

1022 THOMASIUS [203, S. 124] lib. 2. cap. 5. §. 35.

1023 THOMASIUS [202, S. 216] lib. 2. cap. 5. §. 7–8.

1024 WOLFF [324, S. 9] par. 1. cap. 1. §. 17. „Dicitur autem defectus rectitudinis actionis vincibilis quoad intellectum Culpa; quoad voluntatem et noluntatem Dolus."

sich nicht mit der juristischen Pflicht. WOLFF wandte den Begriff Culpa nicht nur auf Delikte sondern auch auf Verträge an, weil er „Leihe" (*commodatum*) als ein Beispiel anführte.[1025]

### 4.3.4 Die Culpa im deutschen Recht

*Culpa bei Verträgen*

Während die obigen Naturrechtslehrer es vermieden, auf das römische Recht einzugehen, glaubte THOMASIUS in der Dissertation *De usu practico doctrinae difficillimae iuris Romani de culparum praestatione in contractibus* (1705), dass man vor allem die Regeln ausführlich erforschen müsse, die sich auf das römische Recht gründeten. Aufgrund dieser Forschungen kam er zu dem ersten Schluss, dass die Regeln, die im *Corpus juris civilis* aufgenommen wurden, eine uneinheitliche Sammlung von Thesen bildeten, mit denen sich die Juristen in Rom gegenseitig verteidigt hatten,[1026] und deswegen ließen sie sich nicht miteinander in Einklang bringen.[1027]

Seiner Meinung nach legten außerdem die Juristen ihre Erklärungen über den Begriff der Culpa manchmal nur theoretisch dar und deshalb könne man sie in der Praxis nicht anwenden.[1028] Die Juristen in Rom setzten beispielsweise Bedingungen voraus, die zu kompliziert gewesen seien, um Fälle damit zu lösen, obwohl man die Wirklichkeit nicht mehr genau rekonstruieren könne.[1029] THOMASIUS führte hier zwei Beispiele an, die ALFENUS in D 9.2.52.1 und D 9.2.52.2 vorgestellt hatte, und ich möchte hier das erste Beispiel herausgreifen.[1030] In der Nacht stahl ein Mann eine Lampe, aber der Eigentümer ertappte und verfolgte ihn sofort. Doch der Dieb wollte nicht auf die Lampe verzichten und zwischen ihnen entstand ein heftiger Streit. Schließlich ließ der Angriff des Eigentümers mit einem Prügel den Dieb erblinden. Soll der Eigentümer den Schaden, der durch die Prügelattacke entstanden ist, wiedergutmachen? ALFENUS antwortete, der Eigentümer sei nur dann dazu verpflichtet, wenn nicht der Dieb sondern er ihn zuerst angegriffen hätte. THOMASIUS zweifelte daran, ob der Richter den Tathergang feststellen könne, wenn dieser in der Nacht passierte.[1031]

THOMASIUS kritisierte in der gleichen Dissertation auch das sogenannte Utilitätsprinzip beim Vertrag. Laut der Formulierung von KÜBLER lässt sich dieses Prinzip folgendermaßen zusammenfassen: „Hatten beide Teile einen Nutzen, so haftete

---

1025 WOLFF [324, S. 279–280] par. 2. cap. 11. §. 520.
1026 KREß (Resp.) [251, S. 18] cap. 1. §. 18.
1027 KREß (Resp.) [251, S. 26] cap. 1. §. 26.
1028 KREß (Resp.) [251, S. 53] cap. 2. §. 4–5.
1029 KREß (Resp.) [251, S. 29–30] cap. 1. §. 32.
1030 KREß (Resp.) [251, S. 30–31] cap. 1. §. 33.
1031 KREß (Resp.) [251, S. 31] cap. 1. §. 33. Es ist unklar, ob THOMASIUS recht hatte oder ob ALFENUS einen solchen Fall erklärt hat, der tatsächlich passiert ist und den er darüberhinaus noch begutachtet hat.

der Verantwortliche für die ‚Fahrlässigkeit' (*culpa*); hatte er allein einen Nutzen bei dem Geschäfte, so steigerte sich seine Haftung bis zur Kustodia, bisweilen darüber hinaus bis zur Zufallshaftung, d. h. er trug das ganze Risiko, jede Gefahr. Hatte er dagegen an dem Geschäfte gar keinen Nutzen, so haftete er nicht für Fahrlässigkeit, sondern nur für Vorsatz oder Arglist."[1032] THOMASIUS glaubte, dass diese Regel von AFRICANUS erfunden und von anderen Juristen in Rom kaum unterstützt worden sei.[1033] Wenn man die komplizierte Unterteilung in Wirklichkeit anwenden wolle, bemerke man sofort, dass es aussichtlos sei,[1034] weil es in Wirklichkeit unzählige Möglichkeiten und viele Ausnahmen gebe.[1035] Dieser Schluss ist jedoch nach der heutigen Forschung falsch, weil nachgewiesen worden ist, dass dieses Prinzip nach und nach von verschiedenen Juristen entwickelt und nicht erst von AFRICANUS erfunden worden ist.[1036]

Aus diesen Erklärungen schloss THOMASIUS, dass man in Deutschland den Begriff der Culpa nicht im römischen Sinne auslegen dürfe.[1037] Laut THOMASIUS gebe es im deutschen Recht nur eine „einzige Fahrlässigkeit" (*culpa una*).[1038] THOMASIUS formulierte sowohl in der obigen Dissertation als auch in *Notae ad Pand.* (1713) auf unterschiedliche Art und Weise: (1.) „Die einzige Culpa bedeutet, dass man etwas nicht tut, das man hätte tun müssen, oder etwas tut, das man nicht hätte tun dürfen."[1039] (2.) „Die einzige Culpa bedeutet, dass man etwas übersieht, das man durch Aufmerksamkeit nicht hätte übersehen dürfen."[1040] (3) „Man kennt im deutschen Recht nur eine einzige Culpa, die deshalb den Vorsatz, die schwierige Fahrlässigkeit und die leichte Fahrlässigkeit im römischrechtlichen abstrakten Sinne enthält, aber eine solche Vorsicht gar nicht abdeckt, die man nach der Platonischen Idee von Hausvätern verlangt hat."[1041] Da THOMASIUS dies nicht weiter ausgeführt hat, hat er wahrscheinlich geglaubt, dass die drei Formulierungen in ihrer Aussage

---

1032 KÜBLER [99, S. 73]. Zur eigenen Definition von THOMASIUS siehe KRESS (Resp.) [251, S. 6] cap. 1. §. 2.

1033 KRESS (Resp.) [251, S. 35–36] cap. 1. §. 40.

1034 KRESS (Resp.) [251, S. 53] cap. 2. §. 5.

1035 KRESS (Resp.) [251, S. 54] cap. 2. §. 8–9. Man bestätigt auch heute, dass das Utilitätsprinzip nicht keine Ausnahmen hat. Vgl. KASER [88, S. 226].

1036 NÖRR [135, S. 116–117]. Auch ZIMMERMANN setzt bei der Erklärung der Culpa voraus, dass das Utilitätsprinzip eine grundlegende Lehre gewesen sei. Vgl. ZIMMERMANN [327, S. 198–199].

1037 KRESS (Resp.) [251, S. 51] cap. 2. §. 2.

1038 KRESS (Resp.) [251, S. 57] cap. 2. §. 16.

1039 KRESS (Resp.) [251, S. 57] cap. 2. §. 16. „[...] una culpa est, id non fecisse quod facere debuissem, aut id fecisse quod debuissem omittere [...]".

1040 KRESS (Resp.) [251, S. 57] cap. 2. §. 16. „[...] culpa est, quod, cum a diligente provideri poterit, non esset provisum [...]".

1041 THOMASIUS [197, S. 169–170] „Jus Germanicum unam saltem culpam agnovit, quae adeo comprehendit dolum, culpam latam et levem Romanorum in abstracto, ad exactissimam vero aliquam diligentiam patrisfamilias secundum ideas Platonicas neminem adstrinxerunt."

gleich sind.[1042] Hier ist es wichtig, dass THOMASIUS diese Regel als Völkergemeinrecht angesehen hat.[1043]

Wenn man diese einzige Culpa nicht theoretisch sondern praktisch versteht, dann kann man daraus einen wichtigen Schluss ziehen. Das Aufbewahren von Sachen ist von THOMASIUS wie folgt zusammengefasst worden, nämlich dass man bei der Aufbewahrung die Sachen, die Eigentum anderer Personen seien, aufmerksamer behandeln solle, als die eigenen Sachen.[1044] Dies führte auch dazu, dass die römische Einteilung in „Leihe" (*commodatum*) und „Bittleihe" (*precarium*) nicht mehr anerkannt worden sei. Zwar müsse man nach römischem Recht bei der Leihe wegen der „kleinsten Fahrlässigkeit" (*culpa levissima*) den Schaden ersetzen, bei der „Bittleihe" (*precarium*) aber nur wegen „schwerer Fahrlässigkeit" (*culpa lata*).[1045]

## *Culpa bei Delikt*

Während sich THOMASIUS bei Verträgen noch an die Culpa-Haftung hielt, war er mit seiner Meinung in Bezug auf die Culpa-Haftung bei Delikten wesentlich radikaler. THOMASIUS und sein Kandidat AREND behaupteten, dass man bei einem Delikt auch ohne „Fahrlässigkeit" (*culpa*) den Schaden wiedergutmachen müsse, sofern der Schadensersatz nach dem Völkergemeinrecht geregelt werde: „Außerdem muss man bei einer Klage über einen hervorgerufenen Schaden nach dem Völkergemeinrecht lediglich nachweisen, dass der Beklagte diesen Schaden verursacht hat, und es ist nicht zu beweisen, ob er diesen mit Vorsatz oder nachlässig getan hat, weil es bei der Wiedergutmachung des vorhandenen Schadens gleichgültig ist und der Kläger das nicht nachzuweisen hat, was [beim Schadensersatz] nicht in Frage kommt."[1046]

---

1042 Aber die Aspekte, die in jeder Form aufgenommen wurden, waren ganz unterschiedlich. Die erste Definition stützt sich auf die Verpflichtungen, die man bei Verträgen leisten muss. Dann begründet sich die zweite Form auf Ereignisse, die man nicht vorhergesehen hat, aber hätte vorhersehen sollen. Sie stammt aus D 9.2.31. KRESS (Resp.) [251, S. 57] cap. 2. §. 16. (b). Schließlich bestimmte THOMASIUS bei der dritten Definition den Umfang der Fahrlässigkeit dadurch, dass er die verschiedenen Niveaus der römischen Fahrlässigkeit untereinander vereinheitlichte. Kurz gesagt enthielt die deutsche Fahrlässigkeit alle Niveaus außer dem Niveau der *culpa levissima*, die THOMASIUS als „Platonische ideale Fahrlässigkeit" bezeichnete.

1043 KRESS (Resp.) [251, S. 57–58] cap. 2. §. 17.

1044 KRESS (Resp.) [251, S. 57–58] cap. 2. §. 17. Vgl. zu einzelnen Vertragstypen THOMASIUS [197, S. 168] über *commodatum*; THOMASIUS [197, S. 191] über *depositum*; THOMASIUS [197, S. 193–194] über *mandatum*; THOMASIUS [197, S. 195] über *societas*; THOMASIUS [197, S.209] über *locatio conductio*; THOMASIUS [197, S. 326] über *precarium*.

1045 THOMASIUS [197, S. 326].

1046 AREND (Resp.) [210, S. 9–10] §. 8. „Porro Jure Gentium in actione de damno dato nihil probandum est ulterius, quam quod reus damnum dederit, utrum dolo vel negligentia id factum fuerit, non probandum est, quia quoad restitutionem damni

In diesem Zusammenhang ist es interessant, dass sich THOMASIUS nicht auf das Naturrecht, sondern auf das Völkergemeinrecht bezog.[1047]

Glaubte THOMASIUS auch, dass diese Regel im deutschen Recht gelten solle? In der obigen Dissertation erklärten THOMASIUS und AREND darüber nichts, vielmehr hielten sie sich damit zurück zu behaupten, dass man auch im bürgerlichen Recht die Regel unbedingt beachten solle.[1048] Er erwähnte auch in *Notae ad Pand.* (1713) den Schwerpunkt nicht, obwohl er dabei zu einem anderen Thema die Dissertation zitierte.[1049] Kurz gesagt ist es unklar, ob THOMASIUS bei der Gesetzgebung in Deutschland den Ausschluss der Culpa-Haftung in Betracht gezogen hat oder nicht.

Eine noch wichtigere Meinung von THOMASIUS zeigt sich darin, dass der Verletzte nach dem Völkergemeinrecht von demjenigen, der ihn verletzt habe, verlangen könne, nur den Schaden wiedergutzumachen (*actio persecutoria*), und denjenigen nicht bestrafen könne (*actio poenalis*).[1050] Während Juristen in Rom um den Zweck der Klage von *lex Aquilia* gestritten hatten und Kaiser JUSTINIANUS bestimmt hatte, dass die Klage von *lex Aquilia* zur *actio poenalis* gehöre (Inst Iust 4.3.9),[1051] glaubte THOMASIUS, dass deutsches Recht in diesem Punkt dem Völkergemeinrecht entspreche, und zwar dass die Klage auf Schadensersatz nur die Schadenswiedergutmachung bezwecke (Schwabenspiegel, Landrecht, cap. 393. usw.).[1052]

---

dati hic nihil interest, quod vero in quaestionem non venit, ejus probatione actor non est onerandus." Hier sollte man darauf achten, dass THOMASIUS dem Beklagten eine Ausrede ermöglicht hat, das heißt, jeder Beklagte habe eine Gelegenheit, zu beweisen, dass auch der Kläger den Schaden verursacht habe. AREND (Resp.) [210, S. 8] §. 5. Deshalb fügte THOMASIUS auch in seinem Buch *Fundamenta juris naturae et gentium* das Wort *aliquando* hinzu. THOMASIUS [202, S. 216] lib. 2. cap. 5. §. 8.

1047 Meines Erachtens kann man jedoch diese Regel auch auf das Naturrecht anwenden, weil er in *FJNG* (1705) diese Dissertation zitiert und seine Meinung korrigiert hat, die er in *IJD* (1688) geäußert hatte. Vgl. THOMASIUS [202, S. 216] lib. 2. cap. 5. §. 8. und THOMASIUS [203, S. 124] lib. 2. cap. 5. §. 37.

1048 AREND (Resp.) [210, S. 10] §. 8. „[...] posito etiam, quod tales concurrant circumstantiae, quae reum a restitutione damni liberent, aut quod lege civili id cautum sit, ut casu dans damnum non conveniri efficaciter possit, sufficit, quod hic praesumtionem pro se habeat actor, cum plerumque, et ita regulariter, damna fiant culpa dantium."

1049 THOMASIUS [197, S. 133].

1050 AREND (Resp.) [210, S. 12] §. 12.

1051 AREND (Resp.) [210, S. 17–19] §. 21–23.

1052 AREND (Resp.) [210, S. 30–31] §. 41. Dagegen hat SCHILTER einen Schaden, der aus *culpa* ensteht, von einem solchen Schaden, der mit „Vorsatz" (*dolus*) hervorgerufen wird, unterschieden, und SCHILTER zählte die erste Schadensart zur *actio persecutoria*, die letztere zur *actio poenalis*. SCHILTER [165, S. 113a] Vgl. zur Widerlegung von THOMASIUS AREND (Resp.) [210, S. 31–32] §. 43.

## 4.4 Wohltätige Verträge

### 4.4.1 Allgemeine Regeln über unentgeltliche Verträge

Thomasius erklärte in *Notae ad Inst.* (1712) vier allgemeine Regeln über den „wohltätigen Vertrag“ (*contractus beneficus*), und er behauptete, dass diese Regeln dem deutschen Recht entsprächen.[1053] (1.) Das beiderseitige Gleichgewicht, das man bei lästigen Verträgen beachten müsse, werde auf wohltätige Verträge nicht angewandt.[1054]

(2.) Man könne jeden wohltätigen Vertrag willkürlich anfechten, sofern er noch nicht erfüllt sei, und außerdem könne man ihn auch nach der Erfüllung wegen Notwendigkeit auflösen.[1055] Die Vereinbarung müsse nämlich den Namen „wohltätig“ (*beneficus*) dann verlieren, wenn der Wohltäter gezwungen werde, etwas zu leisten.[1056]

(3.) Bei wohltätigen Verträgen solle niemand Schaden erleiden und dies solle man sowohl in Bezug auf den Wohltäter als auch den Empfänger der Wohltat beachten.[1057] Was den Wohltäter betreffe, führe diese Regel zunächst zu der Voraussetzung, dass der Empfänger der Wohltat den Wohltäter nicht zur Wohltat zwingen könne, wenn der Wohltäter in Not gerate[1058] – Dies gleicht der zweiten Regel. Der Empfänger der Wohltat müsse außerdem Vertragskosten für den Wohltäter tragen.[1059] Was den Empfänger der Wohltat betreffe, könne er erst dann vom Wohltäter den Schadensersatz verlangen, wenn der Wohltäter diesen Schaden mit „Vorsatz“ (*dolus*) oder durch „Fahrlässigkeit“ (*culpa*) verursacht habe.[1060] Außerdem solle nicht der Empfänger der Wohltat sondern der Wohltäter solche Kosten tragen, die aufgrund der speziellen Natur der Vereinbarung dem Wohltäter zugeschrieben werden sollten.[1061] Die Wichtigkeit der dritten Regel besteht darin, dass Thomasius den Unterschied zwischen zweiseitigen und teilweise zweiseitigen Verträgen, die

1053 Thomasius [196, S. 212].

1054 Thomasius [196, S. 212]. Schon von Grotius wurde darauf hingewiesen, dass es einen Unterschied zwischen entgeltlichen und unentgeltlichen Verträgen gebe, das heißt, man solle bei entgeltlichen Verträgen die Gleichwertigkeit der Leistungen beachten, aber bei unentgeltlichen brauche man das nicht. Grotius [74, S. 347] lib. 2. cap. 12. §. 13. n. 1. Auch Pufendorf und Wolff bestätigten diesen Unterschied. Pufendorf [146, S. 471] lib. 5. cap. 3. §. 7.; Wolff [324, S. 321] par. 2. cap. 12. §. 580. (siehe zum Problem über die Regel oben 4.2.2).

1055 Thomasius [196, S. 212].

1056 Thomasius [196, S. 212].

1057 Thomasius [196, S. 213].

1058 Thomasius [196, S. 213].

1059 Thomasius [196, S. 213].

1060 Thomasius [196, S. 213].

1061 Thomasius [196, S. 213].

Grotius und Pufendorf in das Naturrechtssystem eingeführt hatten,[1062] auf den Schadensersatz und die Kostenverteilung zurückgeführt hat.

(4.) Da niemand gezwungen werden könne, einen Gefallen anzunehmen, folge daraus die letzte Regel, dass der Wohltäter alle Kosten selbst tragen solle, wenn die Person, die durch die Wohltat einen Vorteil bekomme, ihm verboten habe, diesen Gefallen zu tun.[1063] Wenn man jedoch später diesen Geschäftsabschluss bestätige, dann solle man nach der obigen dritten Regel Kosten und Schaden verteilen.[1064] Auch wenn es hier Thomasius nicht ausdrücklich erklärt hat, wird deutlich vorausgesetzt, dass sich die vierte Regel hauptsächlich nicht auf Verträge, die eine Vereinbarung brauchen, sondern auf die „Geschäftsführung" (*negotium gestum*) bezieht.

### 4.4.2 Schenkung – *donatio*

#### *Schenkung im römischen Recht*

Im klassischen römischen Recht verwendeten Juristen das Wort *donatio* nicht nur in der Bedeutung von Schenkung sondern auch für solche Geschäfte, in denen eine Person für eine andere etwas ohne Entgelt gemacht hat, z. B. einen Erlass.[1065] Außerdem gab es damals keine Notwendigkeit, eine Definition dafür festzulegen, denn diese Geschäfte bildeten keinen Vertrag.[1066] Wenn der Begriff *donatio* sich nicht auf eine juristische Wirkung bezöge, dann gäbe es kein Problem. In der Wirklichkeit hatte jedoch auch *donatio* verschiedene Wirkungen, beispielsweise rechtfertigte eine vollzogene Schenkung die Veräußerung der Sache und wegen des „Schenkungsgrundes" (*causa donationis*) hatte der Schenkende kein Recht, sie zurückzubekommen.[1067] Im nachklassischen Recht entwickelte sich *donatio* zu einem selbstständigen Handgeschäft.[1068]

Ziemlich problematisch für neuzeitliche Naturrechtsdenker war die teilweise Rückkehr von Justinianus zum klassischen Recht. Der Kaiser wollte nämlich den Begriff *donatio* sowohl als einen Grund der Veräußerung als auch als eine Art des Versprechens ansehen: „Eine weitere Erwerbsart ist die Schenkung." (Inst Iust 2.7 pr).[1069] *Donatio* in diesem Sinne wurde deshalb von Justinianus nicht im schuldrechtlichen Kontext sondern im rechtlichen Kontext in Bezug auf Sachen erklärt.

1062 Grotius [74, S. 341] lib. 2. cap. 12. §. 2.; Pufendorf [146, S. 463] lib. 5. cap. 2. §. 5.
1063 Thomasius [196, S. 213].
1064 Thomasius [196, S. 213].
1065 Zimmermann [327, S. 479].
1066 Zimmermann [327, S. 480].
1067 Kaser [87, S. 294]; Zimmermann [327, S. 481].
1068 Kaser [87, S. 280].
1069 Nach der Übersetzung von Behrends et al. [11, S. 69] Inst Iust 2.7 pr „Est enim aliud genus adquisitionis donatio. [...]" Vgl. dazu Kaser [87, S. 396].

## *Schenkung im neuzeitlichen Naturrecht*

Obwohl Naturrechtsdenker die Stelle nicht ausdrücklich zitierten, hatte die Erklärung von JUSTINIANUS einen Einfluss auf neuzeitliche Naturrechtsdenker. Wenn man nämlich hier der Meinung von GROTIUS und PUFENDORF folgt, ist *donatio* kein Vertrag sondern eine Veräußerung an sich.[1070] Genauer gesagt darf man das Wort *donatio* hier nicht als eine Schenkung, die man heute darunter versteht, sondern als eine unentgeltliche Veräußerung übersetzen. Dies führt bei GROTIUS und PUFENDORF dazu, dass es in ihren Büchern kein eigenes Kapitel über die Schenkung gibt.

Auch WOLFF folgte teilweise GROTIUS und PUFENDORF. Er definierte zwar *donatio* in dem Text unter dem Titel eines Kapitels „über die rein wohltätigen Handlungen, die auf der Stelle erledigt werden" (*De actibus mere beneficis in praesens absolutis*) wie folgt: „Die unentgeltliche Veräußerung kann man *donatio* nennen."[1071] Demnach stimmte er mit dieser Definition der Ansicht von GROTIUS und PUFENDORF zu. Er ergänzte aber: „Jedoch ergibt es sich, dass solche Regeln, die über die Veräußerung festgestellt worden sind, auch auf *donatio* anwendbar sind, und deshalb sind auch solche Regeln auf *donatio* anzuwenden, die über ein Versprechen manifestiert worden sind."[1072] Der erste Teil der Aussage, „dass solche Regeln, die über die Veräußerung festgestellt worden sind, auch auf *donatio* anwendbar sind", stimmt mit der Meinung von GROTIUS und PUFENDORF überein, weil *donatio* ihrer Meinung nach eine unentgeltliche Veräußerung ist. Dagegen drückt das letzte Satzglied des Paragraphen „sind auch solche Regeln auf *donatio* anzuwenden, die über ein Versprechen manifestiert worden sind" etwas Neues aus und das Versprechen der Schenkung nimmt dadurch eine eigene Stelle im Naturrecht ein. Dies ermöglicht bei WOLFF die Einführung einiger Regeln, in denen es sich um das Versprechen der Schenkung handelt.[1073]

## *Schenkung im deutschen Recht*

Während im Justinianischen Recht *donatio* als eine Veräußerungsart bezeichnet wurde und andere Naturrechtslehrer dieser Definition folgten, ordnete THOMASIUS *donatio* deutlich in wohltätige Verträge ein.[1074] An einer anderen Stelle erklärte er

---

1070 GROTIUS [74, S. 341] lib. 2. cap. 12. §. 2. „In praesens absolvitur factum utile, de quo nihil loqui necesse est, quando utilitatem quidem parit, sed nullum iuris effectum: item donatio, qua dominium transfertur, qua de re egimus supra cum de dominii acquisitionibus ageretur."; PUFENDORF [146, S. 48] lib. 1. cap. 12. §. 13. „Inter vivos facto prioris domini res transeunt vel gratis, vel interposito contractu. Prioris generis translationes vocantur donationes."

1071 WOLFF [321, S. 255] par. 2. cap. 9. §. 475. „Datio gratuita Donatio appellatur."

1072 WOLFF [321, S. 255] par. 2. cap. 9. §. 475. „Patet vero, quae de datione demonstrata sunt, ea quoque ad donationem applicanda esse, consequenter etiam quae de promissione demonstrata."

1073 Vgl. dazu WOLFF [321, S. 255–264] par. 2. cap. 9. §. 475–492.

1074 THOMASIUS [196, S. 211].

außerdem, dass *donatio* in keiner Weise etwas mit der Veräußerung zu tun habe, obwohl Justinianus in Inst Iust 2.7 pr so gedacht hatte.[1075] Demnach kann man erst bei Thomasius das Wort *donatio* als Schenkung ins Deutsche übersetzen. Auch Heineccius stimmte Thomasius zu, dass die Schenkung zu den „wohltätigen Verträgen" (*contractus beneficus*) gehöre.[1076] Sogar Beyer glaubte, dass die Schenkung eine Art von *pacta* sei.[1077] Kurz gesagt gilt die Aussage „*donatio = datio gratuita*" bei den Juristen nicht, die deutsches Recht beachtet haben. Ich vermute, dass ein Grund dafür darin besteht, dass es in positiven deutschen Rechten die Schenkung als Vertrag gab und deswegen Thomasius, Beyer und Heineccius die Aussage „die Schenkung = die unentgeltliche Veräußerung an sich" nicht anerkennen konnten. Es war für sie zufällig vorteilhaft, dass sie sich nicht streng an *Institutiones Justiniani* hielten.[1078]

Thomasius glaubte, dass es nach deutschen Sitten drei verschiedene Erfordernisse für die Schenkung zwischen Lebenden gebe, und er zitierte Schultze.[1079] Schultze erklärte tatsächlich in seinem Buch *Synopsis Institutionum* (1672) die drei deutschen Erfordernisse und zwar müsse (1.) ein Schenkender gesund sein, (2.) wenn er eine unbewegliche Sache schenken möchte, dann brauche er die Erlaubnis eines Gerichtshofs und (3.) die Schenkung müsse von den erwarteten Erben anerkannt werden.[1080]

---

1075 Thomasius [196, S. 163] „Quamvis in princ. hic donatio appelletur modus acquirendi dominium, neutiquam tamen revera talis est, sed titulus saltem; si vero fit cuncta cum traditione, traditio quidem est modus acquirendi, sed juris gentium, de quo jam actum fuit in tit. de R. D. non civilis."

1076 Heineccius [76, S. 624].

1077 Beyer [20, S. 247] lib. 3. cap. 3. §. 36.

1078 Vgl. dazu Heineccius [76, S. 626–627].

1079 Thomasius [196, S. 164].

1080 Schultze [176, S. 119–121] ad Inst Iust 2.7, (b) „Jure Saxonico, ut donatio inter vivos valeat, haec tria sequentia requiruntur: I. Ut donans non sit constitutus in adversa valetudine, ita ut decumbat per tex. praeal. Weichb. art. 65. v. kein Mann aber. Gl. Landr. lib. 1. art. 52. sup. verb. wer in Kranckheit. [...] II. Ut donatio rerum immobilium cujuscunque valoris fuerint, fiat apud acta judicii, coram eo judice, sub quo bona sita sunt, per textum Landrecht. lib. 1. art. 52. et ibi gloss. ord. super verb. in allen Städten. Weichbild. art. 20. et 61. cum gloss. [...] Novell. Elect. Aug. p. 2. const. 14. §. so aber. III. Ut accedat consensus haeredum, Landr. lib. 1. art. 34. et art. 52. Weichb. art. 20. 61. et 65. Addit. glos. ad d. art. 52. in pr. [...] Nov. Elect. Aug. p. 2. const. 12. §. derowegen. [...] Novell. suis d. p. 2. const. 12." Heineccius fragte sich weiter, ob man das ganze Vermögen jemandem schenken könne, und sagte, dass die Schenkung des gesamten Vermögens nach französischem und sächsischem Recht gültig sei, es jedoch eine Bedingung gebe, das heißt, dass der Schenkende aufgrund der Armut seinen Lebensunterhalt nicht mehr bestreiten könne und vom Empfänger durch die Schenkung eine Unterstützung verlange. Heineccius [76, S. 630] lib. 2. tit. 13. §. 359. Heineccius stellte sich hier ein zweiseitiges Geschäft vor, nämlich die Veräußerung des gesamten Vermögens als

## *Die Auflösung der Schenkung wegen Undankbarkeit*

Wenn jemand, der eine Schenkung angenommen hat, dem Schenkenden gegenüber undankbar ist, stellt sich die Frage, ob der Schenkende die Schenkung auflösen kann oder nicht. Schon im römischen Recht hat Kaiser JUSTINIANUS das Auflösungsrecht anerkannt, und er hat dabei vier Fälle angeführt (C 8.55.10 pr),[1081] nämlich (1.) man verletzt die Ehre des Wohltäters, (2.) man begeht eine Respektlosigkeit, (3.) man wirft etwas ins Haus des Wohltäters, oder (4.) man erfüllt nicht die Absprache mit dem Wohltäter. Diese Rechtsquelle führte jedoch zu einem Problem bei der Auslegung. SCHILTER fragte sich, ob man die Gründe der Anfechtung auf die vier Arten der Undankbarkeit beschränken solle oder nicht.[1082] Er glaubte, dass die von JUSTINIANUS genannten vier Fälle keinen Numerus clausus hätten. Herrscher oder Leute, die in Provinzen die Gesetzgebungsmacht hätten, behielten sich das Recht vor festzustellen, welche Gründe zur Auflösung der Schenkung anzuerkennen seien.[1083] Dagegen meinte HOPPE, dass die Arten der Undankbarkeit, die die Anfechtung der Schenkung rechtfertigten, auf C 8.55.10 pr beschränkt werden solle.[1084] Auch STYRK meinte, dass es nur vier Gründe gebe.[1085]

Naturrechtslehrer zweifelten in der Neuzeit daran, ob man tatsächlich aufgrund der Undankbarkeit wohltätige Verträge auflösen könne. PUFENDORF glaubte, dass man bei wohltätigen Handlungen nichts erwarten könne und einen Gefallen nur aus humanitären Gründen tun sollte.[1086] THOMASIUS verhielt sich am Anfang in *IJD* (1688) noch zurückhaltender, und zwar schrieb er wie folgt: „Man fragt sich, ob man aufgrund von leichter Undankbarkeit klagen kann oder nicht, was einen Kampf unter Gewaltausübung nicht rechtfertigt. Ich urteile, dass einer solchen Klage nicht einfach stattgegeben werden soll. Es ist jedoch unzweifelhaft, dass man der Klage stattgeben kann, [wenn ein Gesetzgeber es so will,] und sie sogar früher bei einigen Völkern anerkannt worden ist."[1087] Später änderte THOMASIUS seine Meinung teilweise und er äußerte in *FJNG* (1705), dass das Verbot der Undankbarkeit mit der Gerechtigkeit nichts mehr zu tun habe, und in *Notae ad Inst.* (1712) schrieb er schließlich: „Denn man kann hier den Hass auf die Undankbarkeit nicht zum

---

Gegenleistung für die Unterstützung. Aber funktionierte das System? HEINECCIUS wies darauf hin, dass eine solche Schenkung für Schenkende meistens ungünstig ausgehen werde. HEINECCIUS [76, S. 630] lib. 2. tit. 13. §. 359.

1081 Vgl. dazu ZIMMERMANN [327, S. 497–498].

1082 SCHILTER [166, S. 27] ad D 39.6, §. 20–21.

1083 SCHILTER [166, S. 28] ad D 39.5, §. 22.

1084 HOPPE [80, S. 354].

1085 STYRK [182, col. 790] ad lib. 39. tit. 5. §. 16.

1086 PUFENDORF [146, S. 255] lib. 3. cap. 3. §. 17.

1087 THOMASIUS [203, S. 135] lib. 2. cap. 6. §. 56. „De simplici, quae belli causa non est, quaeritur, an ob eam actio dari possit? Non facile concedendam esse arbitror. Concedi tamen posse, imo et apud quosdam populos concessam fuisse, non est dubium."

Vorwand nehmen, weil der Hass bei der Verletzung der Treue noch stärker ist [d. h. man muss die Schenkung auch in diesem Fall als gültig anerkennen,] und die ‚Klage gegen die Undankbarkeit' (*actio ingrati*) im Völkergemeinrecht unbekannt ist."[1088] Auch WOLFF schloss sich der Ansicht von PUFENDORF und THOMASIUS an.[1089]

Das Problem zeigt sich auch bei solchen Rechtsgelehrten, die sich nicht mit dem Justinianischen Recht, sondern mit dem deutschen Recht beschäftigten. BEYER äußerte sich dazu etwas undeutlich, das heißt, er schrieb, dass die Schenkung zwar aufgrund der Undankbarkeit angefochten werden könne, aber nicht alle Arten der Undankbarkeit zur Auflösung der Schenkung führten.[1090] Dagegen stimmte HEINECCIUS der Meinung von THOMASIUS zu und sagte, dass Deutsche großzügiger seien als Römer, denn das germanische Volk schenke aus reinem Wohlwollen, wohingegen die Römer dabei immer etwas erwarten würden.[1091]

### *Die „Schenkung von Todes wegen"* (donatio mortis causa)

THOMASIUS glaubte, dass man zwar vor der Rezeption des Justinianischen Rechts keine „Schenkung von Todes wegen" (*donatio mortis causa*) gekannt habe, sie jedoch durch die Rezeption dieses Rechtsmittels übernommen worden sei.[1092]

## 4.4.3 Leihe – *commodatum*

### *Die Stellung des Vertrages*

Während die römischen Juristen „Leihe" (*commodatum*), „Darlehen" (*mutuum*) und „Bittleihe bzw. Leihe mit Widerrufsrecht" (*precarium*) scharf voneinander trennten, meinte THOMASIUS, dass man nach deutschem Recht diese drei Vertragstypen unter dem Begriff „Leihe" oder „Borgung" zusammenfassen könne.[1093] Zwar handelt es sich beim Darlehen um vertretbare Sachen und bei der Leihe um unvertretbare Sachen, aber THOMASIUS hat diesen Unterschied durch den Vergleich mit dem Kauf abgelehnt. Wie man nämlich sowohl die Veräußerung vertretbarer Sachen gegen Geld als auch die Veräußerung unvertretbarer Sachen gegen Geld „Verkauf" (*venditio*) nennen könne, könne man sowohl die wohltätige Ausleihe vertretbarer Sachen als auch unvertretbarer Sachen als ein gleiches Geschäft ansehen.[1094]

---

1088 THOMASIUS [196, S. 165] „Neque enim odium ingratitudinis hic opponi potest, cum fortius sit odium violatae fidei et quia juri gentium plane incognita est actio ingrati."

1089 WOLFF [324, S. 256] par. 2. cap. 9. §. 476.

1090 BEYER [20, S. 313] lib. 3. cap. 24. §. 2.

1091 HEINECCIUS [76, S. 625] lib. 2. tit. 13. §. 354.

1092 THOMASIUS [196, S. 163] (siehe auch unten 5.3.4).

1093 THOMASIUS [197, S. 164].

1094 THOMASIUS [197, S. 164–165].

### *Allgemeine Regeln über Leihe, Darlehen und Bittleihe*

Dies führte bei THOMASIUS dazu, dass es einige allgemeine Regeln über die drei Vertragsarten gibt. (1.) Der Borger müsse bei diesen Verträgen einst die geborgte Sache zurückgeben, auch wenn er und der Verleiher keine Frist vereinbart hätten.[1095] Denn der Borger für immer die Sache behalten dürfe, dann sei diese Vereinbarung kein Borgen mehr sondern eine Veräußerung.[1096] (2.) Die nächste Regel lautet, dass der Borger die Sache immer ohne deren Wert zu verändern zurückgeben müsse.[1097] Diese Regel hat besonders mit Münzen zu tun. (3.) Der Verleiher könne immer willkürlich die Rückgabe verlangen, wenn er und der Borger keine Frist vereinbart hätten.[1098] Ein Grund dafür bestehe darin, dass niemand gezwungen werden dürfe, jemandem einen Gefallen zu tun.[1099] (4.) Wenn der Borger und der Verleiher eine Frist vereinbart hätten, dann könne der Verleiher die Rückgabe vor Ablauf der Frist normalerweise nicht verlangen.[1100] Die Rückgabe vor dem Ablauf der Frist werde jedoch ausnahmsweise anerkannt, wenn der Verleiher in Not gerate.[1101] Diese Ausnahme begründe sich darauf, dass niemand bei wohltätigen Verträgen Schaden erleiden solle.[1102] Allerdings fügte THOMASIUS hinzu, dass solche Fälle in Deutschland nicht oft vorkämen.[1103] (5.) Wenn der Borger etwas zu einer bestimmten Nutzung empfange, aber keine Leihfrist vereinbart worden sei, dann könne der Verleiher die Rückgabe verlangen, wann immer er möchte, sofern der Borger und der Verleiher dies nicht ausgeschlossen hätten.[1104] Denn man sollte wohltätige Verträge immer zu Gunsten des Wohltäters auslegen.[1105] (6.) Der Borger solle nicht nur für seine Fahrlässigkeit sondern auch für Zufälle verantwortlich sein, weil keine Wohltat

---

1095 THOMASIUS [197, S. 165].

1096 THOMASIUS [197, S. 165].

1097 THOMASIUS [197, S. 165–166].

1098 THOMASIUS [197, S. 166]. SCHOEPFFER erkannte diese Regel nur bei *precarium* an (D 43.26.12 pr). SCHOEPFFER [170, S. 248] ad D 13.6, n. 4.

1099 THOMASIUS [197, S. 166].

1100 THOMASIUS [197, S. 166]. Schon STRYK legte diese Regel vor, aber er suchte den Grund im römischen Recht. STRYK meinte nämlich, dass man bei der Miete aufgrund der Notwendigkeit die Rückgabe auch vor der vereinbarten Frist verlangen dürfe (C 4.65.3) und diese Regel auf die Leihe erweitert werden solle. STRYK [181, col. 600] ad D 13.6, §. 1. „Verum quemadmodum ob necessitatem vel aliam justam causam recedi potest ante tempus praestitutum a locato, tum a parte conductoris, tum locatoris, l. 3. c. locat. non video, cur hodie non idem dici possit de commodato, [...]".

1101 THOMASIUS [197, S. 166].

1102 THOMASIUS [197, S. 166].

1103 THOMASIUS [197, S. 166].

1104 THOMASIUS [197, S. 166]. SCHOEPFFER war der umgekehrten Ansicht. SCHOEPFFER [170, S. 248] ad D 13.6, n. 4. „In effectu differunt, quod (1.) commodatum ante finitum usum revocari non possit, precarium quandocunque; [...]".

1105 THOMASIUS [197, S. 166–167].

schädlich sein dürfe,[1106] wohingegen nach römischem Recht grundsätzlich der Verleiher das Risiko trägt (D 44.7.1.4). Diese Regel habe jedoch eine Bedingung, das heißt, wenn die Sache, die geborgt worden sei, verloren gegangen wäre, auch ohne dass sie ausgeborgt worden wäre, habe der Eigentümer das Risiko zu tragen.[1107] THOMASIUS berief sich hier auf gemeinsame Sitten vieler Völker,[1108] nämlich auf die hebräische (Exod. 22.14),[1109] die schottische[1110] und die deutsche Sitte (Sachsenspiegel, Landrecht, lib. 3. art. 5.).[1111] In diesem Zusammenhang betonte THOMASIUS wieder, dass die Lehre der Fahrlässigkeit, die die Juristen in Rom entwickelt hatten, in Deutschland nicht eingeführt worden sei.[1112] Er kritisierte hier nicht nur CARPZOV, der der Interpretation von ACCURSIUS folgte,[1113] sondern auch SCHILTER, der das deutsche und das römische Recht miteinander in Einklang zu bringen versuchte, aber noch an dem Begriff „Fahrlässigkeit" (*culpa*) im römischen Sinne festhielt.[1114]

---

1106 THOMASIUS [197, S. 167].

1107 THOMASIUS [197, S. 167]. Schon PUFENDORF kritisierte D 44.7.1.4 und unterschied, ob die Sache auch ohne sie auszuleihen verloren gegangen wäre oder nicht. PUFENDORF [146, S. 478] lib. 5. cap. 4. §. 6.

1108 THOMASIUS [197, S. 167].

1109 SCHILTER [165, S. 193a] ad D 13.6, §. 16.

1110 SCHILTER [165, S. 193b] ad D 13.6, §. 17.

1111 SCHILTER [165, S. 193a] ad D 13.6, §. 14. „Verum praedicta sententia eo magis nobis sequenda est, quod principiis iuris Saxonici conformior: quippe quo regulariter, contra quam iure Romano, casum fortuitum praestare tenetur commodatarius, [...]" Vgl. auch *Sachsenspiegel* (1602, lateinisch) [151, S. 329a] glossa ad lib. 3. art. 5. „Tertio, quia si custodis rem commodatam, prout melius potes, custodia tamen debet esse maior, quam tuas res custodire soles: et si aliquid eueniat praeter tuam culpam aut negligentiam, soluere non teneris, nisi specialiter in commodato expressum sit: vt Institu. eod. titu. §. et is quidem. et ff. de deposit. l. i. C. eod. titu. l. si in cursu. [...] Secundum ius vero nostrum Saxonicum, vt articulus praesens habet, res commodata integre restitui debet, vel in valore solui." CARPZOV legte jedoch umgekehrt aus. CARPZOV [29, S. 646a] par. 2. const. 26. def. 7. n. 1. „Stat ergo in foro etiam Saxonico Regula: Quod Depositarius, Conductor, Commodatarius, Creditor et similes personae non teneantur de morte vel totali interitu rerum sibi concessarum, si fortuito casu perierint, art. 5. §. Stirbet aber etc. lib. 3. Landr." (siehe auch oben 4.3.4).

1112 THOMASIUS [197, S. 167].

1113 CARPZOV [29, S. 646] par. 2. const. 26. def. 7. n. 7–8. „Illud vero expeditum est, quod Commodatarius teneatur de casu fortuito, si re commodata ad alium vsum, quam destinatum vtatur, veluti si quis equum ad vecturam commodatum ad bellum duxerit, vel pocula argentea ad caenam parandam commodata peregre secum portauerit, [...] Hic certe tenebitur etiam de casu, quem culpa praecessit, Gloß. in dict. l. 18. verb. praestari. l. item quaeritur. 13. §. Si quis seruum 3. ff. locati. Coler. dict. decis. n. 25."

1114 SCHILTER wollte das römische und das deutsche Recht miteinander dadurch in Einklang bringen, dass man annehmen solle, dass der Borger fahrlässig gehandelt habe, wenn eine teure Sache zufällig verloren gegangen sei. SCHILTER [165,

*Spezielle Regeln über die Leihe*

THOMASIUS beschäftigte sich nur mit zwei privatrechtlichen Schwerpunkten,[1115] die sich allein auf die Leihe bezogen. Erstens fragte er sich, ob man unbewegliche Sachen als Gegenstände der Leihe ansehen könne oder nicht. THOMASIUS glaubte, dass man in Deutschland unbewegliche Sachen nur selten unentgeltlich verleihe und solche Verträge nicht als „Leihe" (*commodatum*) bezeichnet werden könnten: „Man sagt nimmer: Ich habe ihm ein Hauß geliehen/ sondern: eingeräumet auff Wiederruff oder Bittweise."[1116]

THOMASIUS behauptete zweitens, dass der Leihende das Eigentum erhalten solle,[1117] wie SCHILTER korrekt ausgeführt habe.[1118] Denn die Regel „Hand wahre Hand" sei auf die Leihe anzuwenden.[1119] HEINECCIUS meinte auch, dass es in diesem Fall eher um die deutsche Regel „Hand wahre Hand" handele.[1120]

## 4.4.4 Darlehen – *mutuum*

*Die Klage aufgrund des Darlehens*

Einer der größten Schwerpunkte bei Darlehen war damals die Art der Klage, wenn der Gläubiger vom Schuldner die Rückzahlung verlangte. Nach gemeinem Recht bekam man bei Darlehen nur eine *condictio certi*,[1121] und SCHILTER verteidigte diese

---

S. 194a] ad D 13.6, §. 19. „Nihilominus tamen in quaestione §. X. proposita eo tutius a sententia Accursiana recedimus: quum et iuris Romani et patrii principia, alias diuersa, heic coincidant, atque id conficiant, vt commodatarius, qui pretiosa sua ex incendio vel naufragio eripuit, res commodatas perditas restituere teneatur: quum vtroque iure culpa heic praesumatur." In *IJD* legte THOMASIUS eine ähnliche Meinung dar. THOMASIUS [203, S. 124] lib. 2. cap. 5. §. 38.

1115 Es gibt zwar noch einen Schwerpunkt, aber er bezieht sich auf das Strafrecht, das heißt, ob der Borger dann einen Diebstahl begeht oder nicht, wenn er eine geliehene Sache auf andere Weise benutzt als vereinbart worden ist. THOMASIUS stimmte SCHILTER zu und meinte, dass der Missbrauch der geliehenen Sache zwar nach dem Justinianischen Recht ein Diebstahl sein könne (Iust 4.1.6), aber nach dem deutschen Recht kein Diebstahl sei (Sachsenspiegel, Landrecht, lib. 3. art. 22.). THOMASIUS [197, S. 168]; SCHOEPFFER [170, S. 249] ad D 13.6, n. 17. „Imo si commodatarius re aliter utatur, quam ei concessum, furtum committit: §. 6. I. de Oblig. quae ex delict." Vgl. auch *Sachsenspiegel* (1602, lateinisch) [151, S. 360b] Landrecht, lib. 3. art. 22. „[...] in his vero debitor furtum aut rapinam dici non poterit commisisse; [...]".

1116 THOMASIUS [197, S. 168].

1117 THOMASIUS [197, S. 164].

1118 SCHILTER [165, S. 191] ad D 13.6, §. 5.

1119 THOMASIUS [197, S. 168].

1120 Vgl. dazu HEINECCIUS [76, S. 637] lib. 2. tit. 13. §. 368.

1121 KASER [88, S. 244].

römische Ansicht.[1122] Dagegen behauptete THOMASIUS, dass nach deutschen Sitten die Klage eine *actio bonae fidei* sei.[1123] THOMASIUS betonte hier, dass sich diese Ablehnung des römischen Rechts auf „natürliche Billigkeit" (*aequitas naturalis*) begründe.[1124]

Da THOMASIUS alle Verträge für „Konsensualverträge" (*contractus consensualis*) gehalten hat,[1125] kann man auch das „Versprechen zur Gewährung eines Darlehens" (*promissio de mutuo dando*) einklagen.[1126] Ich zweifele allerdings daran, ob THOMASIUS diese Meinung wirklich konsequent vertreten hat. Denn bei THOMASIUS galt bezüglich wohltätiger Verträge im Allgemeinen die Regel, dass man jeden wohltätigen Vertrag willkürlich anfechten dürfe, sofern dieser Vertrag noch nicht erfüllt sei (siehe oben 4.4.1). Wenn der künftige Schuldner deshalb bei einem „Versprechen zur Gewährung eines Darlehens" (*promissio de mutuo dando*) die Übergabe einer vereinbarten Sache verlangt, dann müsste es nach Meinung von THOMASIUS möglich sein, dass der künftige Gläubiger das Versprechen widerrufen kann, und demzufolge ist die obige Klage nicht sinnvoll.

### *Die Veränderung des Münzwertes*

Es ist schon seit dem Mittelalter ein großes Problem, dass der Wert von Münzen nicht unveränderlich ist und sich ständig ändert (Münzveränderung).[1127] Man kann dieses Problem von zwei Aspekten aus behandeln. Einerseits ändert sich der Metallgehalt, das Gewicht oder die Form. Die Änderung dieser Elemente der Münzen wurden von Rechtsgelehrten der „innere Wert" (*bonitas intrinseca*) genannt. Andererseits ändert sich auch das Verhältnis einer bestimmten Münze zu anderen Münzen und dieser Wert ist als der „äußere Wert" (*bonitas extrinseca*) bezeichnet worden.[1128]

Dieses Problem führt beim Darlehen zu der Frage, wie der Schuldner diesen Betrag errechnen und bezahlen soll, und die vorherrschende Meinung im Mittelalter lautet:[1129]

- Wenn der Schuldner und der Gläubiger gegenseitig vereinbart haben, mit welcher Münzsorte die Schulden zurückbezahlt werden sollen, dann muss der Schuldner

1122 SCHILTER [160, S. 420] ad Inst Iust 3.15 pr „Et vicissim Jus et actio ad tantundem repetendum, qvae vocatur condictio certi ex mutuo."

1123 THOMASIUS [196, S. 213; 226]; THOMASIUS [197, S. 147].

1124 THOMASIUS [197, S. 147].

1125 THOMASIUS [196, S. 226].

1126 THOMASIUS [196, S. 213].

1127 COING [38, S. 471].

1128 COING [38, S. 471–472]. Diese Definition wurde auch von Naturrechtslehrern vorgelegt. Vgl. PUFENDORF [146, S. 495] lib. 5. cap. 7. §. 6. und WOLFF [324, S. 287] par. 2. cap. 11. §. 534.

1129 COING [38, S. 472].

zwar den gleichen inneren Wert zurückbezahlen, der äußere Wert spielt jedoch keine Rolle.

- Wenn es keine solche Vereinbarung gibt, dann kann der Schuldner nach den im Allgemeinen anerkannten Gewohnheiten die Art der zurückzugebenden Münzen auswählen, der Gläubiger darf jedoch keinen Schaden erleiden. Das bedeutet, dass der Schuldner bei der Rückzahlung den inneren Wert in Betracht zu ziehen hat.

Man soll also nur den inneren Wert von Münzen beachten. Auch *Usus modernus* folgte dieser Meinung.[1130]

Naturrechtslehrer setzten sich ebenfalls mit dem Problem auseinander. PUFENDORF antwortete über den inneren Wert einfach, dass man beim Darlehen Sachen in der Weise zurückgeben solle, die den vorher gegebenen Sachen nicht nur in der Menge sondern auch im Wert entsprächen, und deshalb die Differenz des Wertes immer auszugleichen sei.[1131] Über den äußeren Wert behauptete PUFENDORF, dass der Borger sowohl den Schaden zu tragen habe, als auch den Gewinn erhalten solle.[1132] PUFENDORF pflichtete der vorherrschenden Meinung bei, dass beim Darlehen nur der innere Wert in Betracht komme.[1133]

THOMASIUS hat in *Notae ad Pand.* (1713) eine modernere Lösung vorgeschlagen, nämlich dass man auf die Anzahl der geborgten Münzen achten solle und der Borger so viele Münzen zurückgeben müsse, wie er geborgt habe, weil „was einmal gleich ist, ist immer gleich" (*Quod semel idem est, semper est idem*).[1134]

## *Zinsen*

Man sollte das Thema zuerst vom kanonischen Recht aus betrachten, weil dieses Recht Zinsforderungen verbietet. Dieses Verbot soll auch im Bereich des weltlichen Rechts durchgesetzt werden.[1135] Dagegen wurden im römischen Recht bei Darlehen Zinsen anerkannt, und es wurde lediglich die Obergrenze der Zinsen festgelegt.[1136]

Schon GROTIUS glaubte, dass man nach dem Naturrecht Zinsen verlangen dürfe.[1137] Aber seine Äußerung bedeutet nicht, dass GROTIUS die Annahme der Zinsen ohne Vorbehalt anerkannt hätte. Denn er fügte danach hinzu, dass das göttliche Gesetz sie verböte und nicht nur Juden sondern auch Christen dieses Verbot beachten

1130 COING [38, S. 473].

1131 PUFENDORF [146, S. 495] lib. 5. cap. 7. §. 6. PUFENDORF führte hier ein Beispiel an: Wenn man 100 Münzen geborgt hat und der Wert dieser Münzart um ein Viertel gesunken ist, dann muss der Borger nicht 100 Münzen sondern 125 Münzen zurückgeben.

1132 PUFENDORF [146, S. 495–496] lib. 5. cap. 7. §. 7.

1133 Auch WOLFF [324, S. 288–289] par. 2. cap. 11. §. 536.

1134 THOMASIUS [197, S. 165–166].

1135 COING [38, S. 478].

1136 Dazu siehe ZIMMERMANN [327, S. 166–170].

1137 GROTIUS [74, S. 352] lib. 2. cap. 12. §. 20. n. 1.

müssten.[1138] GROTIUS hat jedoch einen Ausweg gesucht, damit der Gläubiger keinen Schaden erleidet. Man könne nämlich mehr als die geborgte Summe verlangen, indem man die Differenz als Schadensersatz ansehe, und nach GROTIUS solle man diesen Schadensersatz nicht als Zinsen bezeichnen.[1139] Das Wort „Schaden" (*damnum*) bedeute hier nicht nur, dass der Gläubiger beim Darlehen einen Verlust an Geld hinnehmen müsse, sondern auch, dass er aufgrund des Darlehens die Gelegenheit verliere, dieses Geld zu vermehren.[1140]

PUFENDORF hielt Zinsen für noch besser. Er sah Zinsen als „Belohnung" (*emolumentum*) für das ausgeborgte Darlehen an.[1141] Laut PUFENDORF widersprächen diese Zinsen nicht dem Naturrecht, wenn man sie als Dank auffasse.[1142] Ihr Betrag müsse beispielsweise dem Gewinn, den der Schuldner durch das Darlehen bekomme, oder dem Schaden, den der Gläubiger wegen des Darlehens zu erleiden habe, entsprechen.

THOMASIUS erklärte diese Thematik erst in *Notae ad Pand.* (1713) und schrieb folgendermaßen: „Wie es deutlich ist, dass man gegen unvertretbare Sachen und gegen den Gebrauch von unvertretbaren Sachen ein ‚Entgelt' (*merces*) geben kann, so ist es auch deutlich, dass man über vertretbare Sachen nach den gesunden Regeln der Gerechtigkeit Zinsen verlangen darf."[1143] THOMASIUS erkannte es jedoch nicht an, dass man Zinsen ohne Beschränkungen verlangen dürfte. Er sagte, dass der Staat – wie bei den Römern – die Aufsicht darüber führen solle.[1144] THOMASIUS hatte demnach hier nur die Absicht, das absolute Verbot abzulehnen, das das kanonische Recht festgestellt hatte.[1145]

Wie der Staat die Grenze ziehen sollte, führte THOMASIUS nur in einigen Beispielen an. Seiner Meinung nach dürften zum Beispiel Kaufleute nach deutschem Recht keine „acht Prozent pro Jahr" (*usurae bessales*), die das Justinianische Recht

---

1138 GROTIUS [74, S. 352–353] lib. 2. cap. 12. §. 20. n. 3. „Christianos quoque obligant, quippe vocatos ad maiora virtutum specimina: [...]".

1139 GROTIUS [74, S. 353–354] lib. 2. cap. 12. §. 21.

1140 GROTIUS [74, S. 354] lib. 2. cap. 12. §. 21.

1141 PUFENDORF [144, S. 54] lib. 1. cap. 15. §. 11. „[...] vel cum aliquo emolumento, quod usurae vocabulo insignitur."

1142 PUFENDORF [144, S. 54] lib. 1. cap. 15. §. 11. „Quae nihil habet naturali juri repugnans, siquidem fuerit modica, et respondens lucro, quod alter ex pecunia, aut alia re credita facit, meoque damno, aut lucro cessanti; [...]".

1143 THOMASIUS [197, S. 224] „Scilicet quemadmodum evidens est, de rebus non fungibilibus et earum usu posse dari mercedem, ita etiam evidens est, de usu rerum non fungibilium posse salvis regulis justitiae postulari foenus vel usuras." Meiner Meinung nach muss die Stelle „*de usu rerum non fungibilium posse*" korrigiert werden und zwar muss man das Wort *non* weglassen. Ansonsten wäre die Erklärung nicht verständlich, weil man in der Regel bei *res fungibiles* Zinsen verlangt.

1144 THOMASIUS [197, S. 224–225].

1145 THOMASIUS [197, S. 225–226].

erlaubt hatte (C 4.32.26.2), sondern lediglich „zwei Prozent pro Jahr" (*usurae quinquagesimae*) fordern.[1146]

Darf man einen „Zinseszins" (*anatocismus*) annehmen? THOMASIUS glaubte, dass man nach dem Naturrecht den Zinseszins verlangen dürfe, man sich jedoch zurückhalten solle, ihn anzunehmen, weil diese Art des Zinses der Pietät widerspreche.[1147] THOMASIUS wiederholte diese These in der Dissertation *Emendationem administrationis iustitiae neque facilem, neque impossibilem, valde tamen difficlem esse et caute suscipiendam* (1717).[1148] Die Regel beschränkt sich allerdings auf das Folgende: „Nur wenn der gegebene Grund nicht verschwindet" (*modo non cesset ratio allata*).[1149] Laut THOMASIUS bestehe dieser Grund darin, dass der Schuldner durch den Zinseszins unter seiner schweren Schuld leiden müsse.[1150] In welchen Fällen verschwindet der Grund? THOMASIUS führte zwei Beispiele an: nämlich die Abwechselung des Gläubigers und die Kaufleute.[1151]

PAPINIANUS teilte in D 22.1.9 pr mit: „Ich habe gutachtlich entschieden, daß ein Rückzahlungsversprechen über ein verzinsliches Darlehen, das für den Fall, daß der Geld zu einem bestimmten Termin nicht zurückzahlt sein würde, das Doppelte vorsah, nicht wirklich ist, soweit das Doppelte der gesetzlichen Zinssatz überschreitet. Daher wird die Stipulation wirksam, wenn für die einzelnen Zahlungsperioden die über das erlaubte Maß hinausgehende Beträge abgezogen werden."[1152] Muss man auch in Deutschland ein solches Versprechen verbieten, bei dem der Schuldner Zinsen bezahlen soll, die der Höhe des Kapitals entsprechen oder sogar darüber hinaus gehen (*usurae ultra alterum tantum*, Nov. 121 und 138)? THOMASIUS meinte, dass man diese Aufgabe dem Herrscher überlassen sollte und die Leute sich deshalb irren würden, die ein solches Versprechen zwangsläufig für unstatthaft hielten.[1153]

### 4.4.5 Aufbewahrung – *depositum*

#### *Ist die Verwaltung eines Hauses eine Aufbewahrung oder ein Auftrag?*

Soll man den Vertrag einer Hausverwaltung als „Aufbewahrung" (*depositum*) einordnen oder als „Auftrag" (*mandatum*)? Zu dieser Diskussion bot die Rechtsquelle von ULPIANUS (D 16.3.1 pr) folgenden Anlass: „Zur Verwahrung hinterlegt, deponiert,

1146 THOMASIUS [197, S. 226].
1147 THOMASIUS [197, S. 226].
1148 KUHN (Resp.) [252, S. 80] cor. 12.
1149 THOMASIUS [197, S. 226].
1150 THOMASIUS [197, S. 226].
1151 THOMASIUS [197, S. 226–227].
1152 Nach der Übersetzung von BEHRENDS et al. [14, S. 90] „Pecuniae faenebris, intra diem certum debito non soluto, dupli stipulatum in altero tanto supra modum legitimae usurae respondi non tenere: quare pro modo cuiuscumque temporis superfluo detracto stipulatio vires habebit."
1153 THOMASIUS [197, S. 227].

ist, was in die Obhut eines anderen gegeben worden ist, benannt danach, daß etwas hingelegt wird."[1154] Wenn man diese Quelle wörtlich liest, dann stellt man fest, dass sich die Gegenstände des Depositums nur auf bewegliche Sachen beziehen können, weil man nur solche Sachen „geben" (*dare*) kann.[1155] THOMASIUS löste das Problem dadurch, dass die Rechtsfolgen bei einer „Aufbewahrung" (*depositum*) und einem „Auftrag" (*mandatum*) gleich seien und deshalb die Frage per se sinnlos sei.[1156]

### *Die Arten des Depositums*

Die Einteilung zwischen der „einfachen Aufbewahrung" (*depositum simplex*) und der „dringenden Aufbewahrung" (*depositum miserabile*) verschwand zuerst im Rechtssystem von THOMASIUS.[1157] Die einfache Aufbewahrung ist eine Aufbewahrung, aus freiem Willen, und die dringende Aufbewahrung ist eine spezielle Aufbewahrung, aus der Not heraus.[1158] THOMASIUS zeigte in *Notae ad Inst.*, dass es für diese Einteilung keinen Grund gebe, und er zitierte die Dissertation *De usu actionum poenalium iuris Romani in foris Germaniae* (1693).[1159]

THOMASIUS erklärte weiter den Unterschied zwischen der „regulären Aufbewahrung" (*depositum regulare*) und der „irregulären Aufbewahrung" (*depositum irregulare*). Die reguläre Aufbewahrung ist ein normales Depositum, in dem man eine Sache aufbewahren lässt, und die irreguläre Aufbewahrung ist ähnlich einem Darlehen, in dem der Aufbewahrende die betroffene Sache konsumieren kann.[1160] THOMASIUS glaubte, dass die irreguläre Aufbewahrung kein Depositum sondern gerade ein Darlehen an sich sei.[1161] Die Relevanz der Aussage liegt darin, dass STRYK die Kompensation bei der irregulären Aufbewahrung verweigert hat,[1162] wohingegen das Kompensationsverbot bei THOMASIUS nicht vorhanden ist, weil die irreguläre Aufbewahrung überhaupt nicht existiert.[1163] Der Begriff der „irregulären

---

1154 Nach der Übersetzung von BEHRENDS et al. [13, S. 330] D 16.3.1 pr „Depositum est, quod custodiendum alicui datum est, dictum ex eo quod ponitur: [...]".

1155 ZIMMERMANN [327, S. 215]. Aber ZIMMERMANN zweifelt an der Auslegung und vermutet, dass man in Rom vielleicht das Depositum der Häusern oder Grundstücken nicht benutzt habe. Vgl. dazu ZIMMERMANN [327, S. 215].

1156 THOMASIUS [197, S. 191–192]. Dagegen glaubte zum Beipsiel GLÜCK, dass die Aufsicht über Häuser keine Aufbewahrung sondern ein Auftrag sei. GLÜCK [71, S. 146] „Frage ich also Jemandem die Aufsicht über mein Haus während meiner Abwesenheit auf, so ist dieses Geschäft zwar ein Mandatum, aber kein Depositum."

1157 THOMASIUS [197, S. 192].

1158 WIESAND [313, S. 247].

1159 HAKE (Resp.) [237, S. 64] cap. 3. §. 32.

1160 WIESAND [313, S. 247].

1161 THOMASIUS [197, S. 192].

1162 STRYK [181, col. 696] ad D 16.3, §. 2. „Nam compensationem omnem excludit depositum, [...]".

1163 THOMASIUS [197, S. 192].

Aufbewahrung“ (*depositum irregulare*) wurde trotz der Kritik von THOMASIUS noch in den Motiven des *BGB* als sogenannter Hinterlegungsvertrag erwähnt.[1164]

### *Die Beweislast der Fahrlässigkeit*

Es ist bereits klar, dass THOMASIUS nur eine einzige Art der Fahrlässigkeit anerkannt hat, aber im Zusammenhang mit der Aufbewahrung hat er sich danach gefragt, wer die Existenz der Fahrlässigkeit zu beweisen hat. Laut THOMASIUS müsse nach dem römischen Recht der Eigentümer beweisen, dass der Aufbewahrer aufgrund seiner Fahrlässigkeit etwas Falsches gemacht habe,[1165] wohingegen deutsches Recht regele, dass der Aufbewahrende das Fehlen der Fahrlässigkeit zu beweisen habe.[1166] THOMASIUS fügte jedoch hinzu, dass der Aufbewahrende nach dem deutschen Recht lediglich mit einem Eid beschwören könne, dass er nicht fahrlässig gehandelt habe (Sachsenspiegel, Landrecht, lib. 3. art. 5.; Schwabenspiegel, Landrecht, cap. 243.).[1167] SCHILTER legte jedoch diese Stelle des Sachsenspiegels etwas anders aus, und zwar fügte er die Bedingung hinzu, dass der Eid nur dann gültig sei, wenn es klar sei, dass derjenige, der Sachen für einen anderen aufbewahre, auf diese nicht weniger aufmerksam sei als auf seine eigenen Sachen.[1168]

## 4.4.6 Auftrag – *mandatum*

### *Die Rezeption des Vertragstyps*

In *Notae ad Pand.* betonte THOMASIUS, dass man in Deutschland den Vertragstyp als Völkergemeinrecht benutze und man deshalb nur solche Regeln des römischen Rechts ausschließen solle, die außer den Römern niemand sonst angewandt habe.[1169] Beispielsweise sei die Klage über einen „Auftrag“ (*mandatum*) nach deutschen Sitten

---

1164 Vgl. dazu *Motive* [91, S. 577] §. 618.

1165 THOMASIUS zitierte hier die Meinung von LAUTERBACH. THOMASIUS [197, S. 192] Vgl. LAUTERBACH [107, S. 1068] „Ergo non praesumitur; sed probari debet.“

1166 THOMASIUS [197, S. 192].

1167 THOMASIUS [197, S. 192].

1168 SCHILTER [165, S. 229a] D 16.3, §. 49. „[...] quare allegatus textus iuris Sax. lib. 3. a. 5. regulam continens, hac exceptione est declarandus, nisi constet, minorem custodiam adhibitam, quam in propriis.“ Es ist interessant, dass SCHILTER diese Regel als Naturrecht angesehen und PUFENDORF zitiert hat. Laut PUFENDORF solle der Aufbewahrer auf die aufzubewahrenden Sachen eine solche Aufmerksamkeit richten, die er normalerweise auf seine eigenen Sachen richtet. Vgl. PUFENDORF [146, S. 479– 480] lib. 5. cap. 4. §. 7. „Unde sufficit, si eandem in locum commodum incluserim, et non nisi quando peculiaris aliqua ratio suaserit inspiciam; sicut circa res proprias facere solemus, corruptionis periculo non obnoxias, quibus ad usus nostros non indigemus.“

1169 THOMASIUS [197, S. 193].

keine „infamierende Klage“ (*actio famosa*), vielmehr sei in der Fahrlässigkeit kein Unterschied zwischen diesem Auftrag und der Geschäftsführung festzustellen.[1170]

## 4.5 Lästige Verträge

### 4.5.1 Tausch – *permutatio*

*Die Stellung des Vertrages*

Ein „Tausch“ (*permutatio*) ist im engeren Sinne ein solcher Vertrag, in dem zwei Parteien einander Sachen geben mit Ausnahme von Geld. Im römischen Recht war der Tausch kein „Vertrag“ (*contractus*) und eine Person, die tauschte, konnte nur dann eine Gegenleistung einklagen, wenn er seine Leistungspflicht bereits erfüllte.[1171]

Neuzeitliche Naturrechtslehrer versuchten dagegen, den Tausch in den Rang eines Vertrages zu heben. Dazu trug die Vertragsform „Ich gebe dir, sodass du mir gibst“ (*do ut des*) bei. Grotius schrieb: „Die Klasse ‚ich gebe, damit der andere gebe‘, enthält folgende Fälle, 1. daß eine Sache für eine andere gegeben wird, wie bei dem Tausch, dem offenbar ältesten Vertrag“.[1172] Pufendorf legte dies in *De jure naturae et gentium* (1672) mit dem Titel *De conractibus onerosis in specie, et primo quidem de permutatione, emtione et venditione* (lib. 5. cap. 5.) dar.[1173] Auch Thomasius glaubte, dass in Deutschland die römische Vertragseinteilung zwischen benannten- und unbenannten Verträgen nicht rezipiert worden sei.[1174]

Über Erfordernisse und Rechtsfolgen erläuterten neuzeitliche Naturrechtslehrer kaum etwas. Pufendorf fügte beispielsweise hinzu, dass der Begriff *permutatio* im engeren Sinne nur den Tausch von „bestimmten Sachen“ (*res certa*) bedeute.[1175] Wolff schrieb, dass beide Parteien sofort Eigentümer der getauschten Sachen würden, wenn

1170 Thomasius [197, S. 193–194] (siehe auch oben 4.3.4).

1171 Zimmermann [327, S. 532–533].

1172 Nach der Übersetzung von Schätzel [73, S. 246] lib. 2. cap. 11. §. 3. n. 4. Vgl. den originalen Text bei Grotius [74, S. 342] lib. 2. cap. 12. §. 3. n. 4. „Dicemus proinde dari ut detur, statim quidem rem pro re, ut in ea quae specialiter dicitur permutatio, antiquissimum haud dubie commercii genus: […]“.

1173 Vgl. auch Pufendorf [146, S. 480] lib. 5. cap. 5. §. 1. „Inter contractus onerosus merito primus locus defertur permutationi, quia antiquissimis temporibus ante inventam pecuniam commercia per istam solam exerceantur.“

1174 Thomasius [197, S. 212].

1175 Grotius [74, S. 342] lib. 2. cap. 12. §. 3. n. 4. „[…] statim quidem rem pro re, ut in ea quae specialiter dicitur permutatio, […]“; Pufendorf [146, S. 465] lib. 5. cap. 2. §. 9. „Quando autem species certa datur pro certa, v.g. hic bos pro hoc equo, permutatio est.“; Wolff [324, S. 322] par. 2. cap. 12. §. 582. „Contractus onerosus, quo res datur pro re, sive corporis, sive incorporalis, permutatio est.“

sie miteinander vereinbart hätten, sie zu tauschen.[1176] Dies führt dazu, dass die beiden Parteien nur verpflichtet seien, sich einander diese Sachen zu übergeben.[1177]

## *Ist Cambium ein Tausch?*

Thomasius fragte sich in *Notae ad Pand.*, ob *cambium* eine Art des Tausches sei oder nicht, und er glaubte, dass dieser Vertrag im Völkergemeinrecht zum Tausch gehöre, aber in Deutschland erst durch Universitäten aus Italien eingeführt worden sei.[1178]

Was verstand Thomasius unter dem Wort *cambium*? Die Antwort ergibt sich aus einem Zitat von ihm. Er zitierte eine Stelle aus dem *Usus modernus Pandectarum* von Stryk, und Stryk stellte dabei zwei verschiedene Bedeutungen vor. Einerseits habe *cambium* früher in Deutschland den Wechsel bedeutet, und zwar seien *cambium* und „Tausch" (*permutatio*) in diesem Sinne gleich.[1179] Auch Heineccius wies auf die alte Synonymie hin.[1180] Thomasius muss diese Bedeutung nicht in Betracht gezogen haben, weil der Wechsel der Sachen nicht durch die Universitäten eingeführt worden sei, sondern es ihn schon früher in Deutschland gegeben hatte. Andererseits bedeute *cambium* lediglich ein solches Geschäft, in dem eine Person *A* einer anderen Person *B* eine Geldsumme gebe, damit *A* selbst oder die dritte Person *C* an einem bestimmten Tag die Summe zurückbekomme.[1181] Wolff bezeichnete dieses

1176 Wolff [324, S. 322] par. 2. cap. 12. §. 582. „Et cum datio sit translatio dominii (§. cit.), id vero transeat in acceptantem nuda voluntate domini sufficienter declarata (§. 317.); permutatio naturaliter perficitur mutuo consensu (§. 27.), [...]".

1177 Wolff [324, S. 322] par. 2. cap. 12. §. 582. „[...] consequenter contrahentes sibi invicem obligantur ad res tradendas (§. 320.), [...]".

1178 Thomasius [197, S. 212].

1179 Stryk [181, S. 918] §. 4. „[...] a dd. tamen ad permutationem communiter referri solet, quia cambire nihil aliud est, quam commutare, unde etiam Germanis ein Wechsel dicitur, [...]".

1180 Heineccius [76, S. 654]. Er sagte, germanische Leute hätten manchmal statt *cambium* das andere Wort *concambium* benutzt. Wiesand hat in seinem Wörterbuch *concambium* aufgenommen und erklärt, dass es die Vertauschung von Sachen bedeutet. Wiesand [313, S. 214].

1181 Stryk [181, S. 918] §. 4. „[...] cum qua convenit lagium, vulgo lage, pecunia scilicet ista deducta, quam sibi campsores vel ob varietatem monetarum tamquam interesse, vel ob mercedem, quae ipsis propter permutationem vor das Geld umbsetzen et pecuniae transmissionem exsolvitur, reservant, [...]". Coing beschreibt die Lage genauer: „Der Wechsel des Mittelalters und der frühen Neuzeit ist die Ausführung eines Geldwechselgeschäftes. Die Parteien (A und B) vereinbaren, daß B gegen Zahlung einer Geldsumme (der „Valuta") an einem anderen Ort und regelmäßig in einer anderen Währung seinerseits einen bestimmten Betrag zur Verfügung stellen soll. Der Vertrag wird dadurch ausgeführt, daß A die Valuta zahlt und B einem Faktor oder Geschäftsfreund (C) an dem betreffenden anderen Ort durch Brief die Weisung erteilt, an den Begünstigten (D) – zumeist ein Faktor oder Geschäftsfreund des A – die vereinbarte Summe zu zahlen. Diesen Brief übergibt er dem A." Coing [38, S. 537]. Daraus findet man heraus, dass normalerweise vier

Geldwechselgeschäft als den „trassierten Wechselbrief“ (*cambium trassatum*).[1182] STRYK zählte *cambium* im letzteren Sinne zum Tausch, weil zwei Personen einander Geld gäben.[1183] Hier wies STRYK jedoch darauf hin, dass *cambium* keinen einfachen Geldwechsel bedeute, und der einfache Geldwechsel einen eigenen Vertrag, das heißt, *collybus* bilde.[1184] THOMASIUS zog den letzteren Sinn in Betracht.

Wofür ist die Einordnung des Geldwechselbriefes als Tauschgeschäft nützlich? Die Nützlichkeit liegt darin, dass *cambium* als ein Tauschgeschäft gegen kein Zinsverbot verstößt, weil *cambium* kein Darlehen ist.[1185] Wenn man diese damals vorherrschende Meinung mit der obigen Erklärung von THOMASIUS verbindet, dann folgt, dass *cambium* nach dem Völkergemeinrecht keinem Zinsverbot unterliegt.[1186]

### 4.5.2 Kauf – *emptio venditio*

#### *Die Stellung des Vertrages*

THOMASIUS stellte fest, dass man in Deutschland durch den Kauf römisches Recht rezipiert habe, sofern dieses Recht dem Völkergemeinrecht entspreche.[1187] Deshalb möchte ich hier nur einige Schwerpunkte behandeln, in denen laut THOMASIUS das römische Recht von gemeinsamen Sitten vieler Völker abweicht.

#### *Handgeld*

Im ersten Schwerpunkt handelt es sich um „Handgeld“ (*arrha*). Um die Auslegung des römischen Rechts vor allem über Inst Iust 3.23 pr haben damalige Rechtsgelehrte gestritten und es ist in Frage gestellt worden, ob der Käufer durch den Verzicht auf das Handgeld den Vertrag widerrufen kann. Die damalige vorherrschende Meinung

---

Personen am Wechselgeschäft teilnehmen, und auch WOLFF hat die Rollen dieser vier Personen erklärt. WOLFF [324, S. 373] par. 2. cap. 12. §. 656.

1182 WOLFF [324, S. 373] par. 2. cap. 12. §. 656.

1183 STRYK [181, S. 918] §. 5. „Convenit itaque cambium cum permutatione in eo, quod utrinque detur res, id est, in hoc loco solvatur pecunia, quae ab accipiente in alio loco certo quodam et praefinito tempore iterum exsolvenda est.“

1184 STRYK [181, S. 918] §. 4. Auch GROTIUS, PUFENDORF und THOMASIUS nannten den einfachen Geldwechsel nicht *cambium* sondern *collybus*. GROTIUS [74, S. 342] lib. 2. cap. 12. §. 3. n. 4.; PUFENDORF [146, S. 465] lib. 5. cap. 2. §. 9.; THOMASIUS [196, S. 211]. Dagegen benutzte WOLFF zur Erklärung des Geldwechsels das Wort *cambium*, genauer *cambium manuale*. WOLFF [324, S. 371] par. 2. cap. 12. §. 655.

1185 Vgl. dazu COING [38, S. 538–539].

1186 Es kann jedoch auch sein, dass THOMASIUS den wirtschaftlichen Mechanismus von *cambium* nicht genau verstanden hat und deswegen bei dieser Gelegenheit *cambium* einfach erwähnt hat. Denn COING wies darauf hin: „Daß de facto in den Gewinn der Wechselkaufleute auch Zinsen eingingen, ist von den Juristen und Theologen der Zeit nicht klar gesehen worden.“ COING [38, S. 539].

1187 THOMASIUS [197, S. 199–200].

besagte, dass man aufgrund des Handgeldes nur einen „nicht perfekten Kauf" (*emptio imperfecta*) aufheben könne, und sich ein „perfekter Kauf" (*emptio perfecta*) nicht aufheben lasse.[1188] Bei dieser Erklärung kommt sofort Zweifel auf, warum der Käufer beim perfekten Kauf ein Handgeld gibt. Darauf antwortete HOPPE, dass man das Handgeld zum Beweis des Vertrages gebe.[1189]

THOMASIUS kritisierte diese Interpretation. Seiner Meinung nach gebe es zwei Situationen, in denen ein Kauf noch nicht perfekt sei: (1.) Wenn der Käufer und der Verkäufer sich noch nicht im Preis geeinigt hätten, oder (2.) wenn sie eine Unterzeichnung des Vertrages für erforderlich hielten und noch nicht unterschrieben hätten.[1190] Laut THOMASIUS sei das Handgeld in beiden Fällen sinnlos, weil sowohl der Käufer als auch der Verkäufer willkürlich den Vertrag ablehnen könnten, ohne auf das Handgeld zu verzichten oder den doppelten Betrag zu zahlen.[1191] Aus dieser Voraussetzung schloss THOMASIUS, dass das Handgeld nur beim perfekten Kauf eine juristische Funktion habe, nämlich den Widerruf des bereits abgeschlossenen Kaufvertrages.[1192] THOMASIUS meinte, dass diese Regel nicht nur eine korrekte Auslegung des römischen Rechts, sondern auch ein Völkergemeinrecht sei,[1193] weil diese Regel in Spanien, Frankreich und Deutschland beachtet worden sei.[1194] HEINECCIUS

---

1188 REGNERUS [148, S. 841] disp. 18. th. 5. „Verum ad d. pr. et §. 1. quaeritur, an saltem cum dispendio arrharum a venditione resilire liceat? Nos distinguimus, ut ab imperfecta liceat."; ECHT [53, S. 523a] disp. 28. th. 8. „Contrariam sententiam satis perspicue probat Cynus in dict. l. 17. numer. 11. et Bartolus ibidem in §. illud."; VOET [305, S. 234] ad Inst Iust 2.24, n. 10. „Unde licet paenitentiae locus sit, et ab emptione nondum perfecta altero invito resilire liceat, non tamen id licebit sine dispendio arrarum [sic!]. in princ. hic."; WISSENBACH [315, S. 254b] ad C 4.21.17 „In fine Justinianus adspergit, ab emptione imperfecta impune recedere licere, nisi jam arrharum nomine aliquid datum sit: hoc enim casu emptor recedens, amittit datas: venditor duplicatas restituit, [...]"; HOPPE [80, S. 714] ad Inst Iust 3.24 pr „Loqvitur hic Imperator de Contractus Emtionis nondum perfecto, [...]" THOMASIUS nannte noch mehrere Juristen. Vgl. ALBRECHT (Resp.) [209, S. 28–29] §. 54. THOMASIUS verstand unter den Wörtern „perfekter Kauf" (*emptio perfecta*) und „nicht perfekter Kauf" (*emptio imperfecta*), dass sowohl der Käufer als auch der Verkäufer nach dem Völkergemeinrecht jeden nicht perfekten Kauf einseitig widerrufen könnten, wohingegen ein perfekter Kauf nicht angefochten werden dürfe. ALBRECHT (Resp.) [209, S. 12–13] §. 22–23.

1189 HOPPE [80, S. 714] ad Inst Iust 3.23 pr.

1190 THOMASIUS [196, S. 227].

1191 THOMASIUS [196, S. 227–228].

1192 ALBRECHT (Resp.) [209, S. 14–15] §. 26. und §. 28.

1193 ALBRECHT (Resp.) [209, S. 21] §. 45.

1194 ALBRECHT (Resp.) [209, S. 34] §. 63. VOET lehnte es jedoch ab, dass diese Regel auch in den Niederlanden als eine Sitte gelten solle. VOET [305, S. 234] ad Inst Iust 2.23, n. 11. „Doctorum communis opinio est posse quam contrahentium altero invito ab emptione perfecta si nondum fuerit consummata, sub arrarum dispendio discedere. Quod Galliae moribus, non itidem nostris, [...]".

stimmte THOMASIUS darin zu, dass das Handgeld nach deutschem Recht ausschließlich beim perfekten Kauf zu geben sei (Lex Baivvar. tit. 15. cap. 10.).[1195] Auf jeden Fall wies THOMASIUS darauf hin, dass die Regel nur ein Völkergemeinrecht und kein zwanghaftes Recht sei. Deshalb dürfe jeder Herrschende das Handgeld etwas anders bestimmen, nämlich in der Weise, die er für gut hielte.[1196]

Trotz der Übereinstimmung zwischen dem Völkergemeinrecht und dem deutschen Recht merkte THOMASIUS an, dass es keine einheitlichen Regelungen bzgl. des Handgeldes in Deutschland gebe.[1197] Er suchte den Grund darin, dass frühere Gesetzgeber das römische Recht und die deutschen Sitten miteinander unangemessen in Einklang bringen wollten,[1198] das heißt, sie hätten die deutschen Wörter „Gottespfenning", „Weinkauff", „Leykauff", „Haffgeld", „Herdgeld" und „Reukauff" als *arrha* im römischen Recht angesehen, diese Begriffe seien jedoch keine *arrha.*[1199] THOMASIUS definierte diese Wörter wie folgt:[1200]

- Gottespfennig: Das Geld, das in den Gotteskasten gelegt wird, als ein Zeugnis des vollkommenen Vertrages.
- Weinkauff: Das Geld, das Freunden, die mit dem Käufer zusammen den Wein probiert haben, nach dem Abschluss eines Weinkaufs gegeben wird.
- Leykauff: Das Geld, das der Frau und den Kindern eines Verkäufers gegeben wird, damit diese weniger Not leiden, die der Kauf verursachen kann.
- Haffgeld: Ein Leykauff. Es wird besonders der Frau eines Verkäufers gegeben.
- Herdgeld: = Haffgeld
- Reukauff: = sog. *Arrha* im römischen Sinne

Laut THOMASIUS entspreche folglich nur das Wort „Reukauff" dem Begriff „Handgeld" (*arrha*).[1201] Aus dieser Erklärung folgt, dass deutsche Sitten für THOMASIUS bei der Gesetzgebung wichtiger gewesen sind als deutsche positive Rechte.

### *Der Irrtum beim Kauf*

Es ist eines der schwierigsten Probleme für Rechtsgelehrte, den Begriff „Irrtum" (*error*) im Justinianischen Recht einheitlich zu verstehen. Während sich römische Juristen mühevoll mit Rechtsquellen auseinandersetzten, vermieden neuzeitliche Naturrechtslehrer sich ebenfalls damit auseinanderzusetzen, und sie versuchten,

1195 HEINECCIUS [76, S. 656] lib. 2. tit. 14. §. 394.
1196 ALBRECHT (Resp.) [209, S. 34–35] §. 65.
1197 ALBRECHT (Resp.) [209, S. 38; 40–41] §. 68. und §. 70.
1198 ALBRECHT (Resp.) [209, S. 40–41] §. 70.
1199 THOMASIUS [196, S. 228].
1200 THOMASIUS [196, S. 228–229]. Vgl. auch ALBRECHT (Resp.) [209, S. 40–44] §. 70–75.
1201 ALBRECHT (Resp.) [209, S. 44] §. 75.

eine einfache Regel vorzuschlagen, die sich nicht mehr auf komplizierte Auslegungen des römischen Rechts bezog.[1202]

Der erste Vorschlag wurde von GROTIUS unterbreitet, und seine Meinung besagte: „Demgemäß wird ein Versprechen naturrechtlich keine Wirkung haben, wenn es auf der Voraussetzung einer Tatsache beruht, die sich nicht so verhält."[1203]

PUFENDORF folgte zwar der Argumentation von GROTIUS, erklärte dieses Thema jedoch noch ausführlicher. Er fragte sich zunächst, ob man durch einen Irrtum zum Vertragsabschluss motiviert werde oder lediglich etwas über einen Gegenstand missverstehe, beispielsweise eine Qualität. (1.) Im ersten Fall sollte man eine weitere Unterteilung einführen, ob der aus einem falschen Motiv heraus abgeschlossene Vertrag noch gar nicht erfüllt oder bereits etwas geleistet worden sei. (1–1.) Wenn noch nichts erfüllt worden sei, dann könne derjenige, der sich geirrt habe, gerade aufgrund seines Irrtums diesen Vertrag aufheben, (1–2.) wohingegen er die Erfüllung des Versprechens nicht mehr ablehnen dürfe, wenn bereits etwas geleistet worden sei.[1204] (2.) Im zweiten Fall könne derjenige, der sich geirrt habe, eine von zwei Möglichkeiten auswählen, nämlich den gesamten Vertrag zu widerrufen oder eine ergänzende Leistung zu verlangen, der Grund dafür bestehe jedoch nicht mehr im Irrtum sondern darin, dass eine Bedingung, die der sich Irrende beim Vertragsabschluss vorausgesetzt habe, nicht erfüllt worden sei.[1205] Die Wahl der beiden Möglichkeiten müsse innerhalb einer Frist erfolgen, die ein „guter Mann" (*vir bonus*) bestimme.[1206] Über die zwei Möglichkeiten und die festgelegte Frist wurde

---

1202 Vgl. dazu GROTIUS [74, S. 331] lib. 2. cap. 11. §. 6. n. 1.; THOMASIUS [203, S. 140] lib. 2. cap. 7. §. 38.

1203 Nach der Übersetzung von SCHÄTZEL [73, S. 239] lib. 2. cap. 11. §. 6. n. 6. Vgl. den originalen Text bei GROTIUS [74, S. 332] lib. 2. cap. 11. §. 6. n. 2. „Similiter ergo dicemus, si promissio fundata sit in praesumtione quadam facti quod non ita se habeat, naturaliter nullam eius esse vim: [...]".

1204 PUFENDORF [146, S. 275] lib. 3. cap. 6. §. 7. „Si ex errore ad paciscendum aut contrahendum fuerim impulsus, eumque re integra, et quando nihil adhuc fuit praestitum, deprehendero; aequum sane fuerit, ut facultas poenitendi mihi concedatur; [...] Verum ubi res non amplius est integra, et ubi error patuerit, quando jam pactum est impletum ex toto aut ex parte; qui erravit rescissionem contractus urgere non poterit, [...]".

1205 PUFENDORF [146, S. 275] lib. 3. cap. 6. §. 7. „Ast ubi error contigerit circa ipsam rem, de qua convenitur, pactum vitiatur non tam ob errorem quam quia legibus pacti non fuit satisfactum. [...] Unde defectu deprehenso, qui laedendus foret vel a contractu resilire potest, vel alterum ad supplendum defectum adigere; [...]".

1206 PUFENDORF [146, S. 275] lib. 3. cap. 6. §. 7. „Idque fieri poterit non solum, ubi defectus statim fuit deprehensus, sed etiam, si post intervallum. Quod intervallum, ubi leges civiles deficiunt, arbitrio boni viri est definiendum, ut neque alterius fraudi, neque hujus supinae negligentiae in re exploranda indulgeatur." Meines Erachtens stimmt diese Regel jedoch nicht mit seiner Meinung über die Gewährleistung für Sachmängel überein, weil PUFENDORF bei der Gewährleistung nur den Anspruch

PUFENDORF vermutlich durch die Gewährleistungsregeln für Sachmängel im römischen Recht beeinflusst.[1207]

THOMASIUS stimmte weder GROTIUS noch PUFENDORF zu. Er hat so weit wie möglich versucht, dass der Vertrag seine Gültigkeit nicht verliert. Seine frühere Meinung lässt sich wie folgt formulieren: „Der Irrtum soll demjenigen, der sich geirrt hat, immer dann zugeschrieben werden, wenn sich der Irrtum nicht beweisen lässt" (*error in dubio semper nocere debet erranti*).[1208] THOMASIUS verschärfte diese Regel später im Zusammenhang mit dem Kauf und sah sie sowohl als Völkergemeinrecht als auch als deutsches Recht an: „Über den beim Kauf entstehenden Irrtum ist die Regel allgemein: Der Irrtum soll demjenigen, der sich geirrt hat, zugeschrieben werden. Ich glaube, dass diese Regel in Deutschland als Völkergemeinrecht eingeführt worden ist."[1209] THOMASIUS hat allerdings keine Quellen angegeben, die seine Aussage verifizieren können.

Die nächste Generation behandelte das Thema unterschiedlich. WOLFF kam auf GROTIUS zurück: „Wenn ein Versprechen auf einem Irrtum beruht, dann soll dieses Versprechen unter der Bedingung verstanden werden, die da lautet ‚wenn das, das wegen des Irrtums für wahr gehalten wird, tatsächlich wahr wäre' und wenn diese Bedingung, unter der das Versprechen gemacht worden ist, nicht erfüllt werden kann, dann gilt das Versprechen nicht, das auf einem Irrtum beruht."[1210] HEINECCIUS erwähnte in *Elementa juris Germanici* (1736) den Irrtum nicht mehr.[1211] Es ist in diesem Moment unklar, ob er von THOMASIUS beeinflusst worden ist oder sich aus einem anderen Grund, z. B. aufgrund schlecht durchgeführter Forschung, mit der Erklärung zurückgehalten hat.[1212] Dagegen erwähnte ENGAU dieses Thema, als er

---

auf die Ergänzung anerkannt hat. Vgl. dazu PUFENDORF [146, S. 472] lib. 5. cap. 3. §. 9.

1207 Vgl zu Gewährleistung im römischen Recht KASER [88, S. 267–273].

1208 THOMASIUS [203, S. 140] lib. 2. cap. 7. §. 39.

1209 THOMASIUS [197, S. 198] „De errore in emtione venditione obveniente generalis est regula: Error nocet erranti. Et hanc regulam puto receptam esse apud Germanos, tanquam quae juris gentium est."

1210 WOLFF [324, S. 213] par. 2. cap. 7. §. 405. „Quoniam, si error det causam promisso, promissio facta intelligitur sub hac conditione, si verum sit, quod per errorem pro vero sumitur, consequenter conditio, sub qua facta promissio, non existit; promissio, cui error causam dedit, valida non est (§. 396.)." Über den Irrtum beim Kauf vgl. WOLFF [324, S. 334–335] par. 2. cap. 12. §. 604.

1211 Vgl. HEINECCIUS [76, S. 605–623] lib. 2. tit. 12. §. 328–351.

1212 HEINECCIUS war vermutlich der Ansicht, dass die römische Regel über den Irrtum als Naturrecht oder Völkerrecht übernommen wurde, weil er anhand eines Zitates von THOMASIUS schrieb, dass solche Regeln des römischen Rechts, die sich auf das Vertragsrecht beziehen und dem Naturrecht oder Völkergemeinrecht entsprechen würden, in Deutschland rezipiert worden seien. HEINECCIUS [76, S. 614] lib. 2. tit. 12. §. 341. Die von HEINECCIUS zitierte Stelle lautet allerdings, dass die Regeln im deutschen Recht schon vor der Rezeption des Justinianischen Rechts beachtet worden seien und die Übereinstimmung zwischen dem römischen und

erklärte, wer einen Vertrag nicht abschließen könne.[1213] Das heißt, ENGAU sah den Vertrag, der wegen eines Irrtums abgeschlossen wurde, als ungültig an.

### *Rückkauf*

In deutschem Recht gebe es laut THOMASIUS keinen Unterschied zwischen Pfand und Rückkauf und diese Regel sei ein Völkergemeinrecht.[1214]

## 4.5.3 Miet-, Pacht- Werkvertrag, Anstellung – *locatio conductio*

### *Die Stellung des Vertrages*

Während THOMASIUS beim Kauf viele Regeln des römischen Rechts anerkannte, lehnte er bei der *locatio conductio* eine solche umfangreiche Rezeption ab.[1215] Da er jedoch trotz der Ablehnung nicht ausführlich erklärt hat, welchen Regeln man in Deutschland nicht zustimmen sollte, ist es aus heutiger Sicht unmöglich, seine Lehre über die *locatio conductio* vollständig zu rekonstruieren.

Warum meinte THOMASIUS, dass man bei der *locatio conductio* das römische Recht nicht anerkennen sollte? Ein Grund bestehe darin, dass die Römer solche Regeln, die dem Völkergemeinrecht entsprächen, mit eigenem Recht vermischt hätten.[1216] Außerdem gebe es in Deutschland solche Verträge, die zwar zur *locatio conductio* zählten, aber für die Römer ganz fremd gewesen seien, z. B. Churmede, Landsiedeley, Erbpacht, Meyergüter, Eisern Vieh.[1217] Dagegen äußerte HEINECCIUS später, dass diese Vertragsarten dem römischen Recht ähnelten.[1218]

### *Unterschiede zwischen dem römischen und dem deutschen Recht*

Auch wenn sich THOMASIUS darüber beschwerte, dass Juristen in Deutschland ohne Weiteres römisches Recht auf Verträge anwenden wollten und die Korrektur für ihn sehr mühevoll gewesen sei,[1219] führte er in diesem Zusammenhang einige Unterschiede zwischen dem deutschen und dem römischen Recht an.

---

dem deutschen Recht nur deswegen entstanden sei, weil sie beide den gleichen natürlichen Regeln folgten. THOMASIUS [197, S. 61].

1213 ENGAU [57, S. 513] lib. 3. tit. 1. §. 5.

1214 THOMASIUS [197, S. 199] (siehe auch oben 2.3.2).

1215 THOMASIUS [197, S. 209–210] „Ceterum etsi locatio conductio sit contractus juris gentium, multa tamen ibi sunt immixta ad jus Romanum in specie pertinentia, neque apta ad mores Germanorum."

1216 THOMASIUS [197, S. 209–210].

1217 THOMASIUS [197, S. 210].

1218 HEINECCIUS [76, S. 663–664] „[...] nec alia est multorum colonorum Germanorum ratio, veluti der curmeden, landsiedeler, meyer, et similium, [...]".

1219 THOMASIUS [197, S. 210].

Der erste Unterschied liegt im Vertragsgegenstand. Um eine *locatio conductio* abzuschließen, müssen *X* und *Y* miteinander nach römischem Recht vereinbaren, dass *X* eine Sache borgen oder eine Arbeit leisten soll und *Y* dafür Geld bezahlen muss. Somit umfasst der Vertragstyp Miete, Pacht, Dienst- und Werkvertrag.[1220] Auch GROTIUS, PUFENDORF und WOLFF meinten, dass die *locatio conductio* aus dem Borgen einer Sache und einer Geldzahlung bestehe.[1221] Dagegen glaubte THOMASIUS, dass es in Deutschland kein solches Erfordernis gebe, das heißt, zur *locatio conductio* gehörten auch solche Verträge, in denen beide Vertragsparteien einander Sachen borgten oder füreinander Arbeiten leisteten.[1222] THOMASIUS führte hier drei Gründe an, warum die Römer *locatio conductio* auf die zweiseitigen Leistungen zwischen Geld und Sachen oder Arbeiten beschränkt hätten und warum man in Deutschland diese Beschränkung nicht rezipieren sollte.[1223] Erstens müssten die Römer bei einer Klage beurteilen, welches Formular dem Kläger gegeben werden solle, wohingegen man sich in Deutschland darum nicht kümmere.[1224] Der zweite Grund lässt sich darin finden, dass man zwar im römischen Recht die Fahrlässigkeit in unterschiedliche Klassen eingeteilt habe, aber THOMASIUS diese Klassen vereinheitlichte und ausschließlich alle Formen der Fahrlässigkeit als äquivalent ansah. Während man drittens nach römischem Recht „unbenannte Verträge" (*contractus innominatus*),

---

1220 KASER [88, S. 274–275; 280–281].

1221 GROTIUS [74, S. 342] lib. 2. cap. 12. §. 3. n. 4. „[...] aut usum rei pro pecunia, quod postremum locatio conductio dicitur."; PUFENDORF [146, S. 489] lib. 5. cap. 6. §. 1.„Locatio conductio, qua pro mercede alteri usus rei aut opera addicitur, [...]"; WOLFF [324, S. 349–350] par. 2. cap. 12. §. 620. „Locatio conductio vocatur contractus onerosus, quo certus rei usus conceditur, aut certa opera praestatur pro certa mercede."

1222 THOMASIUS [196, S. 229] „Apud nos cum non obtineat differentia inter contractus nominatos et innominatos, per supra dicta ad §. 2. de Obligat. cessat et subtilitas Romana, quod si in locatione operarum aliud quid quam pecunia numerata interveniat, tunc degeneret in contractum innominatum do ut facias."

1223 THOMASIUS [197, S. 210].

1224 THOMASIUS entlehnte dieses Argument aus BEYER. Vgl. BEYER [18, S. 458–459] ad D 19.2, §. 25. Dieser Grund sieht jedoch für mich nicht angemessen aus. Zwar verlor die Einteilung zwischen *contractus nominatus* und *contractus innominatus* bei Naturrechtsdenkern die Rolle, die es früher in Rom gegeben hatte. Vgl. GROTIUS [74, S. 342] lib. 2. cap. 12. §. 3. n. 3. „At ius naturae ignorat haec discrimina: neque vero qui innominati ab illis dicuntur contractus, aut minus sunt naturales, aut minus antiqui." Aber dies bedeutet nicht, dass man verschiedene Vertragstypen miteinander vermischen und unter einem gleichen Namen verstehen sollte. Die Frage, ob man solche Verträge, in welchen Parteien einander Sachen borgen oder Arbeiten leisten, ins Vertragssystem einführen sollte, ist etwas anderes als die Frage, ob man diese Verträge *locatio conductio* nennen sollte. Tatsächlich hatte die Meinung von THOMASIUS keinen Einfluss auf die Nachwelt. Vgl. HEINECCIUS [76, S. 663]; WOLFF [324, S. 349–350]; WIESAND [313, S. 738].

zu denen auch die zweiseitige Ausleihe gehört, widerrufen konnte, sofern diese noch nicht erfüllt waren, verbot THOMASIUS diesen Widerruf.

Als zweiter Unterschied gibt es bei diesem Thema die „stillschweigende Erneuerung" (*relocatio tacita*). Wenn ein Mieter oder Pächter eine geborgte Sache nach Ablauf des Mietvertrages weiter benutzt, dann entsteht nach römischem Recht eine „stillschweigende Erneuerung" (*relocatio tacita*), und er muss dafür den Zins bezahlen (D 19.2.13.11).[1225] THOMASIUS schrieb, dass damalige Juristen über diese römische Rechtsquelle unterschiedlich diskutiert hätten, und er glaubte, dass diese Diskussion für deutsches Recht sinnlos sei, denn es habe in Deutschland verschiedene lokale Rechte darüber gegeben und diese Rechte sollten gegenüber dem römischen Recht bevorzugt werden.[1226] Diese Kritik ist merkwürdig, weil er normalerweise auf die Einheitlichkeit des Rechts geachtet und deutsche lokale Gesetze nicht besonders geschätzt hat.

Der letzte Unterschied zeigt sich in der „Erbpacht" (*contractus emphyteuticus*). Dieser Vertrag war ein neuer Vertrag im oströmischen Reich, der von Kaiser ZENO durch ein Gesetz geregelt und danach von Kaiser JUSTINIANUS in die *Institutiones* aufgenommen wurde.[1227] Der wesentliche Inhalt des Vertrages besteht darin, dass der Erbpächter die Lasten der Sache tragen und dem Eigentümer den vereinbarten Jahreszins bezahlen soll.[1228] THOMASIUS war der Ansicht, dass die Erbpacht im römischen Sinne in Deutschland nicht benutzt worden sei, weil man anstelle dieses Vertrages den *contractus censitus* rezipiert habe.[1229] Auf jeden Fall gehört dieses Thema nicht zum Privatrecht sondern zum Lehnsrecht.[1230]

### *Kauf bricht nicht Miete*

THOMASIUS erwähnte die berühmte Regel „Kauf bricht nicht Miete" (vgl. BGB § 566.) in *Notae ad Pand.* Dabei benutzte er jedoch nicht diesen Ausdruck an sich. Im Titel der Dissertation von ZOLL, die er zitiert hat, steht „Kauf hebt Miete nicht auf". Den Anlass zur Diskussion gab C 4.65.9: „Der Käufer eines Grundstücks ist nicht verpflichtet, mit dem Pächter, den der vorherige Eigentümer eingesetzt hat, den Pachtvertrag fortzuführen, es sei denn, er hätte es unter dieser Bedingung gekauft. Wird ihm jedoch nachgewiesen, dass er aufgrund einer Vereinbarung eingewilligt

1225 KASER [88, S. 278].

1226 THOMASIUS [197, S. 208]. Vgl. auch STRYK [181, col. 899] „Hinc probabilior mihi semper visa est sententia, haec verba intelligenda esse de tempore quo quis habitare solitus est, vel quo moris est in illo loco habitare; [...]"; HOPPE [80, S. 726–727] ad Inst Iust 3.25 „Unde, si alicubi moris, ut praedia urbana ad semestre, vel quadrantem anni locentur, etiam ad tantum usqve tempus reconductio censebitur facta: [...]".

1227 KASER [88, S. 185].

1228 KASER [88, S. 185].

1229 THOMASIUS [196, S. 229–230].

1230 THOMASIUS [196, S. 230].

hat, dass der Pächter die Pacht weiter ausüben könne, selbst wenn es auch nur mündlich vereinbart worden wäre, so wird er durch eine Klage guten Glaubens angehalten, der Vereinbarung nachzukommen."[1231]

Auf den ersten Blick scheint diese Rechtsquelle, dass der Kauf die Miete breche. Aber es gab Meinungsverschiedenheiten. So hat ZOLL im Jahr 1687 daran gezweifelt und legte drei Gründe vor. (1.) Der erste Grund besteht darin, dass der Käufer gegen den Mieter die *rei vindicatio* nicht durchführen könne. Denn seiner Meinung nach erhalte der Käufer sein Eigentum noch nicht, weil der Verkäufer den „sicheren Besitz" (*possessio vacua*) nicht übergeben könne, sofern der Mieter den Umzug verweigere (vgl. C 4.49.8).[1232] (2.) Der Einwand, der gegenüber dem Vermieter aufgrund eines Mietvertrages dem Mieter gewährt wird, werde deshalb auch gegenüber dem Käufer anerkannt, wenn dieser Käufer den Mieter nicht übernehmen wolle.[1233] (3.) Laut ZOLL handele es sich in C 4.65.9 nicht darum, ob der Käufer einen solchen Mieter verweigern könne, der schon über den Besitz des Gegenstandes verfüge, sondern nur darum, ob der Käufer einen solchen Mieter, der noch kein Besitzer sei, ablehnen könne.[1234]

Dagegen verteidigte ZAUNSCHLIFFER im Jahr 1688 die vorherrschende Meinung „Kauf geht vor Miete" und er wendete gegen das erste Argument von ZOLL ein, dass der Mieter nach römischem Recht überhaupt kein Besitzer sei.[1235] In diesem Punkt hat ZAUNSCHLIFFER recht, weil diese These dem heutigen Forschungsstand entspricht.[1236] Deshalb entfällt auch das zweite Argument, und gegenüber dem Käufer darf kein Einwand erhoben werden.[1237] Über das dritte Argument hat ZAUNSCHLIFFER

---

1231 Nach der Übersetzung des Verfassers, s. C 4.65.9 „Emptori quidem fundi necesse non est stare colonum, cui prior dominus locavit, nisi ea lege emit. verum si probetur aliquo pacto consensisse, ut in eadem conductione maneat, quamvis sine scripto, bonae fidei iudicio ei quod placuit parere cogitur."

1232 ZOLL [329, S. 3] §. 6. „Nam rei vindicationem (quam forte intendere conatur) quod attinet, illa in praesenti casu, ubi Venditor vacuam possessionem rei venditae tradere nequit, Emptori non comperit, siquidem Dominium rei venditae non aliter transit in Emptorem, quam si venditor rei venditae vacuam possessionem tradiderit, [...]".

1233 ZOLL [329, S. 4] §. 7. „Et posito non concesso, dominium in Emptorem hoc casu transferri posse, ipsi tamen adversus Conductorem agenti non minus exceptio contractus Locationis et Conductionis cum Venditore initi obstabit, quam si ipse Venditor eum expellere conaretur [...]".

1234 ZOLL [329, S. 6] §. 10. „Sed illud Rescriptum potius pertinet ad eum casum, quo quis Fundum, quem antea cuidam locaverat, antequam ipsi fundum tradat, alii vendidit, eique simul tradidit, hoc enim modo Emptor istius fundi, quippe qui cum Conductore non contraxit, necesse non habet eidem stare eumque in Colonum admittere."

1235 ZAUNSCHLIFFER [325, S. 13] „Aut resistit quidem conductor, sed superatur, et certum est nullum ei remedium possessorium dari, cum non possideat. l. 15. C. locati [...]".

1236 KASER [88, S. 124].

1237 ZAUNSCHLIFFER [325, S. 16] „[...] cum satis constet, tum contractum cum dominio venditoris esse finitum [...] itaque nec exceptionem dari contra novum dominum: [...]".

nicht nur geschrieben, dass es unmöglich sei, angesichts der römischen Terminologie zwischen einem besitzenden und einem Mieter ohne Besitz zu unterscheiden, sondern auch, dass der Kaiser in C 4.65.9 den Ausdruck „den ersten Eigentümer" (*dominus prior*) benutzt hat, der deutlich einen zweiten bzw. neuen Eigentümer vorausgesetzt habe, das heißt, dass der Käufer bereits der Eigentümer sei.[1238]

Wie reagierten andere Juristen auf diese Diskussion? STRYK stellte anhand des Zitates von ZAUNSCHLIFFER fest, dass man unter Umständen die vorherrschende Meinung bezweifeln dürfe, sie aber „im Gericht" (*in foro*) als eine gängige Praxis ausgelegt werde. [1239] Deshalb solle man mit Hilfe einer besonderen Hypothek die Ablehnung der neuen Miete vermeiden.[1240] Dies ist ein typisches Beispiel, dass der *Usus modernus* die Justiz nicht korrigiert hat, sondern ein Ratgeber gewesen ist, der die Praxis beachtet hat. Dagegen schrieb BEYER, dass zwar die vorherrschende Meinung in Deutschland eine durchgeführte Praxis sei, aber „im Hinblick auf das Recht" (*in puncto juris*) die Meinung von ZOLL besser sei.[1241] Dieser Ausdruck „in Hinblick auf das Recht" (*in puncto juris*) weist auf eine neue Richtung hin, die etwas anderes als *Usus modernus* ist, das heißt, man sollte der Praxis nicht blind gehorchen, sondern sie durch richtiges Recht verbessern. THOMASIUS erwähnte einfach diese Meinung von BEYER.[1242]

Im Jahr 1762 behandelte WIESAND das Thema, allerdings erwähnte er nicht die beiden Juristen, sondern zitierte zwei Stellen aus dem sächsischen Landrecht (lib. 2. art. 59.; lib. 3. art. 77.).[1243] Es ist zur Zeit unklar, warum THOMASIUS diese Quellen nicht erwähnt hat.

## *Geister im Hause*

THOMASIUS führte in der Dissertation *De non rescindendo contractu conductionis ob metum spectrorum* (1711) eines dieser Themen an, die in sich den Gedanken der Aufklärung gut reflektierten, und zwar fragte er sich: „Kann der Mieter eines Hauses

1238 ZAUNSCHLIFFER [325, S. 20] „Verba ergo prior dominus opponuntur domino mox futuro, vel cui possessio jam tradita (de quo plura §. 5.) vel jus cessum."

1239 STRYK [181, col. 911] ad D 19.2, §. 81. „In foro tamen ita invaluit, ut de ejus veritate practica dubitandum non sit. Dn. Zaunschleiffer spec. dissert. ad l. 9. c. locat. [...] Quapropter utile est ipsi conductori, ut non solum pacto sibi consulat de re pendente conductione non vendenda, sed simul hypothecam sibi constitui curet, per quam ius in re conducta consequitur, quod emptori explusuro opponere potest." Selbst ZOLL bestätigte auch, dass sich die Praxis an der vorherrschenden Meinung orientierte. ZOLL [329, S. 1] §. 1.

1240 STRYK [181, col. 911] ad D 19.2, §. 81.

1241 BEYER [18, S. 460–461] ad D 19.2, §. 30. „Neqve diffitemur, hujus sententiam in nostro et multis Germaniae foris obtinere, ubi conductor expellitur, salvo tamen regressu contra locatorem ad omne interesse; sed in puncto juris opinio Zollii potior videtur, [...]".

1242 THOMASIUS [197, S. 209].

1243 WIESAND [313, S. 741].

aufgrund seiner Furcht vor einer ,Vision' (*spectrum*) den Mietvertrag anfechten, ohne die vereinbarte Miete zu bezahlen?"[1244] Was bedeutet hier das Wort „Vision" (*spectrum*)? THOMASIUS und sein Kandidat HAMILTON verstanden unter dem Wort, dass man im Hause einen Geist sah.[1245] Also kann man die Frage so formulieren: Wenn ein Mieter in dem Haus, das er mietet, einen Geist sieht, kann er dann den Mietvertrag wegen seiner Furcht auflösen?[1246]

Ich möchte hier zuerst die Situation im Naturrecht zusammenfassen. Der Begriff „Furcht" (*metus*) spielte eine wichtige Rolle bei neuzeitlichen Naturrechtslehrern, und zwar fragten sie sich, ob die Furcht die Gültigkeit eines Vertrages verhindere oder nicht. Darauf antworteten sie unterschiedlich. GROTIUS hielt an der Gültigkeit des Vertrages fest: „Wenn ich von den positiven Gesetzen absehe, welche die Verbindlichkeiten aufheben oder beschränken können, so trete ich denen bei, welche annehmen, daß ein aus Furcht gegebenes Versprechen gültig ist. Denn die Einwilligung ist hier vorhanden. Sie ist auch nicht bedingt wie im Falle des Irrtums, sondern unbedingt. [...] Andererseits ist es richtig, daß, wer ohne Recht bei dem Versprechenden Furcht hervorruft, mag sie auch noch so gering sein, und dadurch das Versprechen erlangt, ihn auf dessen Erfordern vom Versprechen freilassen muß, und zwar nicht, weil das Versprechen ungültig wäre, sondern wegen der Schadenszufügung überhaupt."[1247] Dagegen glaubte PUFENDORF, dass ein solcher Vertrag, der aus einer Furcht heraus abgeschlossen worden ist, ungültig sei, weil diese Furcht den Willen einschränke und dies dem Naturrecht widerspreche.[1248]

---

1244 HAMILTON (Resp.) [238, S. 28] §. 16. „An conductor aedium possit recedere a conductione, non soluta mercede de qua convenit, praetendens metum spectrorum?".

1245 HAMILTON (Resp.) [238, S. 3] §. 2.

1246 Wahrscheinlich geschah es damals öfters, dass ein Mieter wegen seiner Furcht seinen Vertrag anfechten wollte. Zum Beispiel erwähnte WIESAND, dass ein Mieter aufgrund der Pest oder aufgrund von Räubern von seinem Mietvertrag zurücktreten konnte. WIESAND [313, S. 740]. Deshalb sollte man hier davon ausgehen, dass diese Dissertation auch im Zusammenhang mit der Eingrenzung der Furcht, die zur Aufhebung von Verträgen führt, geschrieben worden ist.

1247 Nach der Übersetzung von SCHÄTZEL [73, S. 239] lib. 2. cap. 11. §. 7. n. 2. Vgl. den originalen Text bei GROTIUS [74, S. 332–333] lib. 2. cap. 11. §. 7. n. 2. „Ego omnino illorum accedo sententiae qui existimant, seposita lege civili quae obligationem potest tollere aut minuere, eum qui metu promisit aliquid, obligari: quia consensus hic adfuit, nec conditionalis, ut modo in errante dicebamus, sed absolutus. [...] Sed illud simul verissimum censeo, si is cui promittitur metum intulerit non iustum, sed iniustum, quamvis levem, atque inde secuta sit promissio, eum teneri ad liberandum promissorem, si promissor velit; non quod inefficax fuerit promissio, sed ob damnum iniuria datum."

1248 PUFENDORF [146, S. 279] lib. 3. cap 6. §. 10. „Igitur ille demum metus obligationem producendam elidit, qui in altero ponit vitium, quod ineptum ipsum reddit ad jus adquirendum. Quod vitium est injuria; quae sane id efficere non potest, ut per eam producatur id, cui ipsa quam maxime repugnat. Cum enim lex naturae jubeat praestare, id ad quod alteri jus est; absurdum utique videtur, per injuriam,

Thomasius teilte verschiedene Fälle detailliert ein und zu jedem Fall prüfte er, ob ein Vertrag gültig ist oder nicht. Die erste Einteilung besteht in der Bedeutung von „Furcht" (*metus*). Er teilte die Furcht in zwei Klassen ein, nämlich in das „Misstrauen" (*suspicio*) und die „heftige Angst der Seele" (*vehemens animi terror*) und legte zwei verschiedene Regeln vor. (1.) Wenn der Schuldner trotz des Misstrauens gegenüber dem Gläubiger etwas versprochen habe, dann müsse der leichtsinnige Schuldner dieses Versprechen einhalten.[1249] Wenn der Schuldner jedoch nach dem Versprechen noch mit einem Zeugnis sein Misstrauen ausreichend nachweisen könne, dann habe er das Versprechen solange nicht zu erfüllen, bis der Gläubiger das Fehlen des Misstrauensgrundes versichere.[1250] Ich vermute, dass Thomasius hier etwas Ähnliches wie eine Einrede des nicht erfüllten Vertrages in Betracht gezogen hat. (2.) Über die Aussage „heftige Angst der Seele" (*vehemens animi terror*) fragte sich Thomasius, mit wem der Bedrohte einen Vertrag abgeschlossen habe, und Thomasius meinte, dass das Versprechen vollständig gültig sei, wenn der Bedrohte nicht mit dem Drohenden sondern mit einer dritten Person beispielsweise die Miete für den Schlupfwinkel vereinbart habe, um sich zu retten.[1251] Dagegen werde kein Vertrag gelten, wenn der Bedrohte dem Drohenden unmittelbar etwas versprochen habe.[1252] Ist der Vertrag gültig, wenn nicht der Bedrohte sondern eine andere Person mit dem Drohenden vereinbart hat, den Bedrohten zu retten, beispielsweise mittels eines Lösegeldes? Thomasius glaubte, dass man diese Vereinbarung durchsetzen müsse.[1253]

Obwohl man in *IJD* (1688) keine Erklärung finden kann, die auf den obigen Fall der Geister anwendbar ist, hat Thomasius in jener Dissertation dieses Thema als „Furcht" (*metus*) behandelt.[1254] Thomasius kam zu dem Schluss, dass der Mietvertrag aufgrund der Erscheinung eines Geistes nicht widerrufen werden könne,[1255] weil die Beispiele, die man zum Beweis der Existenz von Geistern vorgelegt habe, meistens Märchen seien.[1256] Kurz gesagt lehnte Thomasius die Anfechtung des Vertrages nicht deswegen ab, weil die „Furcht" (*metus*) kein Grund dafür wäre, sondern lediglich deswegen, weil die Furcht vor Geistern normalerweise eine Fantasievorstellung ist.

Wofür griff Thomasius das Thema auf? Er äußerte sich dazu nicht, aber deutete an, dass er die Macht der Kirche verringern wollte. Er sagte nämlich, dass säkulare

id est, facto legi naturali contrario produci aliquid, cui ipsa lex naturalis firmitatem communicet, utque adeo ipsa ad sui destructionem inserviat."

1249 Thomasius [203, S. 143] lib. 2. cap. 7. §. 54.

1250 Thomasius [203, S. 143] lib. 2. cap. 7. §. 55.

1251 Thomasius [203, S. 143] lib. 2. cap. 7. §. 57.

1252 Thomasius [203, S. 143] lib. 2. cap. 7. §. 60. Diese Regel gelte jedoch nicht bei einem Friedensvertrag zwischen Staaten, und zwar sei der Friedensvertrag unbedingt gültig. Vgl. dazu Thomasius [203, S. 145] lib. 2. cap. 7. §. 69.

1253 Thomasius [203, S. 143] lib. 2. cap. 7. §. 58. (u).

1254 Er verglich es sogar mit *quod metus causa* im römischen Recht. Vgl. dazu Hamilton (Resp.) [238, S. 35] §. 21.

1255 Hamilton (Resp.) [238, S. 28] §. 16.

1256 Hamilton (Resp.) [238, S. 18] §. 11.

Gerichte über einen solchen Fall urteilen sollten und nicht die Kirche.[1257] Außerdem wies er darauf hin, dass die Leute, die die *locatio conductio* anfochten, meistens Priester waren.[1258] THOMASIUS wiederholte diese These noch einmal in *Notae ad Pand.* (1713).[1259]

Die Dissertation muss damals einen großen Einfluss auf andere Juristen gehabt haben. Beispielsweise zitierte WIESAND sie in seinem Wörterbuch *Juristisches Hand=Buch* (1762) und er bestätigte das Ergebnis von THOMASIUS.[1260]

### 4.5.4 Gesellschaft – *societas*

#### *Die Stellung des Vertrages*

Es war eine Aufgabe für neuzeitliche Naturrechtslehrer, die Vertragsart „Gesellschaft" (*societas*) genau dem naturrechtlichen Vertragssystem zuzuordnen. GROTIUS meinte, dass der Vertragstyp zwar kein wohltätiges Geschäft, aber auch kein Tauschvertrag im weiteren Sinne sei, sondern ein „gemeinschaftlicher Vertrag" (*contractus communicatorius*).[1261] PUFENDORF übernahm diese Einteilung.[1262] Dies bedeutet, dass sich die Leistungsbeziehungen, die aus *do ut des* etc. bestehen, im Gesellschaftsvertrag nicht finden lassen. Dagegen zählte THOMASIUS ihn einfach zu den lästigen Verträgen.[1263]

Der Vertragstyp „Gesellschaft" (*societas*) sei laut THOMASIUS ein solcher Begriff, der in Deutschland früher nicht bekannt gewesen sei, aber heute benutzt werde, weil der Gesellschaftsvertrag meistens dem Völkergemeinrecht entspreche.[1264] THOMASIUS merkte jedoch an, dass es sicherer sei, deutsche Sitten in Betracht zu ziehen.[1265] Er führte in *Notae ad Pand.* zwei Unterschiede zwischen dem römischen und dem deutschen Recht über die Gesellschaft an.

Erstens gebe es in Deutschland keine „universale Gesellschaft aller Vermögen" (*societas universalis omnium bonorum*),[1266] die alle gegenwärtigen und künftigen Vermögen von Teilhabenden zum Gegenstand habe und die Erwerbsweise nicht in Betracht gezogen werde.[1267] Vielleicht wurde THOMASIUS in diesem Punkt von BEYER

1257 HAMILTON (Resp.) [238, S. 39] §. 24.
1258 HAMILTON (Resp.) [238, S. 30] §. 18.
1259 THOMASIUS [197, S. 209].
1260 WIESAND [313, S. 740] „Die Furcht der Gespenster scheinet nicht hinlänglich zu seyn von dem Vertrag abzugehen. THOMASIUS in d. de contract. locat. conduct. ob met. spector. Non rescindend."
1261 GROTIUS [74, S. 343] lib. 2. cap. 12. §. 4.
1262 PUFENDORF [146, S. 465–466] lib. 5. cap. 2. §. 9.
1263 THOMASIUS [196, S. 211].
1264 THOMASIUS [197, S. 194–195].
1265 THOMASIUS [197, S. 195].
1266 THOMASIUS [197, S. 195].
1267 HOPPE [80, S. 740] ad Inst Iust 3.26 pr. HOPPE unterteilte hier zunächst mit Rücksicht auf die Vereinbarung von Teilhabenden die Gesellschaft in zwei Arten, nämlich in eine „zufällige Gesellschaft" (*societas incidens*), die ohne Vereinbarung

beeinflusst.[1268] THOMASIUS glaubte sogar, dass auch in Rom die Gesellschaft aller Vermögen selten vereinbart worden sei,[1269] er begründete diese Meinung jedoch nicht.[1270] Zwar lasse sich die „Gesellschaft aller Vermögen bei der Ehe" (*societas conjugium omnium bonorum*) oft in Deutschland finden, aber sie sei in diesem Fall eine spezielle.[1271]

Zweitens gebe es im Justinianischen Recht einen Widerspruch in Bezug auf die Fahrlässigkeit von Gesellschaftern. Kaiser JUSTINIANUS hat nämlich geregelt, dass sich jeder Gesellschafter lediglich so vorsichtig um die Sachen, die die anderen Gesellschafter geleistet haben, kümmern muss, wie um seine eigenen Sachen (Inst Iust 3.25.9), wohingegen ULPIANUS diese Beschränkung nicht erwähnt und einfach geschrieben hat, dass man beim Gesellschaftsvertrag für die Fahrlässigkeit verantwortlich ist (D 17.2.52.2). Die Meinung von GAIUS entspricht der Erklärung von JUSTINIANUS (D 17.2.72). Auf diesen Widerspruch reagierten Rechtsgelehrte unterschiedlich, und zwar versuchten viele Juristen, alle Quellen miteinander in Einklang zu bringen.[1272] Dagegen kam THOMASIUS zu dem einfachen Schluss, dass sich auch die Juristen in Rom miteinander um dieses Thema gestritten hätten und dass es deshalb unmöglich sei, alle

---

entstehe, und in eine „konsensuale Gesellschaft" (*societas conventionalis*), die durch eine Vereinbarung entstehe. Wenn Teilhabende miteinander vereinbarten, dass alle gegenwärtigen und künftigen Vermögen, die sie irgendwann erwerben würden, eine Gesellschaft bildeten, dann nannte HOPPE diese Gesellschaft eine „Gesellschaft aller Vermögen" (*societas omnium bonorum*), die THOMASIUS hier behandelte. Wenn Teilhabende dagegen bestimmten, dass nur solche Vermögen, die sie durch Handel bekommen würden, eine Gesellschaft bildeten, dann sei diese Gesellschaft eine „Gesellschaft normaler Vermögen" (*societas simpliciter bonorum*). Schließlich gebe es auch eine „Gesellschaft bestimmter Vermögen" (*societas particularis*), die ausschließlich einige schon bestimmte Sachen enthalte.

1268 BEYER [18, S. 295] ad D 17.2, §. 12. „Unde infero: rarissimam hodie et nullius prope exempli esse societatem universalem."

1269 THOMASIUS [197, S. 194].

1270 Wenn man lediglich auf seine These an sich achtet, dann könnte sie richtig sein, denn dieser Vertragstyp hat seinen Ursprung im Familienrecht und die Römer haben aufgrund der Handelsentwicklung bereits in der klassischen Zeit begonnen, den familienrechtlichen Charakter zu vereinfachen. ZIMMERMANN [327, S. 452–453]. Tatsächlich ist es gefährlich, einen Handel als eine Gesellschaft aller Vermögen zu betreiben, weil die Teilhabenden sowohl eine Erbschaft als auch persönliche Geschenke zusammen besitzen können. Vgl. HOPPE [80, S. 740] ad Inst Iust 3.26 pr.

1271 THOMASIUS [197, S. 195].

1272 Dieser Versuch führte jedoch zu einer Unordnung. SCHILTER glaubte zum Beispiel, dass die Meinung von ULPIANUS der Ausgangspunkt der Auslegung sei, wohingegen HOPPE die Fahrlässigkeit mildern wollte genau wie GAIUS. Vgl. SCHILTER [160, S. 488] ad Inst Iust 3.26, §. 6. „Praestat ex obligatione hujus contractus socius socio dolum et culpam latam et levem non levissimam, qvandoqve tamen et casum et fortuitum, l. 52. §. 4. l. 60. sq. π h. t."; HOPPE [80, S. 746–747] ad Inst Iust 3.26 „Culpa tamen levis hic non in abstracto consideratur, sed in concreto, pro indole nim. electi socii, ut adeo, qui parum diligentem socium sibi adsumit, de se queri, sibique hoc debeat imputare. h. §. fin. et L. 52. §. 2. ff. h. t."

Quellen einheitlich zu erklären.[1273] Auch hier wollte THOMASIUS die These verwirklichen, dass es nach deutschem Recht nur ein einziges Niveau der Fahrlässigkeit gebe.[1274]

### *Gewinne und Verluste*

In römischem Recht soll man grundsätzlich sowohl Gewinne verteilen als auch Verluste miteinander tragen, wie Gesellschafter dies mit Vereinbarungen festgelegt haben.[1275] Auch wenn eine Vereinbarung als unfair anzusehen ist, muss man sie beachten.[1276] Die einzige verbotene Ausnahme ist die sogenannte „Löwengesellschaft" (*societas leonina*), in der ein Gesellschafter keinen Gewinn erhält und lediglich den Verlust zu tragen hat (D 17.2.29.2).[1277]

Das Beachten dieser Vereinbarung bestätigte auch GROTIUS, und er meinte im Zusammenhang mit dem Naturrecht: „Daß einer der Gesellschafter am Gewinn teilhat, aber vom Schaden frei bleibt, ist zwar gegen die Natur des Gesellschaftsvertrages, jedoch kann es ausgemacht werden. Es entsteht dann ein gemischter Kontrakt, teils eine Gesellschaft, teils eine Assekuranz, in welchem die Gleichheit dadurch hergestellt wird, daß der, welcher den Schaden übernimmt, dafür einen größeren Gewinn als ohnedies erhält. Daß aber jemand nur den Schaden und keinen Anteil am Gewinn erhalte, ist unzulässig, weil die Gemeinschaft des Nutzens der Gesellschaft so wesentlich ist, daß sie ohne ihn nicht bestehen kann."[1278] Anhand dieser Erklärung sollte man zwar bei Gesellschaftern die Gleichwertigkeit beachten, aber trotzdem kann man das Verhältnis dadurch ändern, dass man sich auf einen Versicherungsvertrag beruft, der bei der Gesellschaft hinzugefügt worden ist. GROTIUS stimmte den römischen Juristen auch darin zu, dass die Löwengesellschaft ungültig sei, weil solch ein Geschäft kein Gesellschaftsprinzip enthalte.[1279] PUFENDORF und WOLFF folgten der bisherigen Erklärung von GROTIUS.[1280] THOMASIUS erwähnte

---

1273 KRESS [251, S. 23–34] cap 1. §. 24.

1274 THOMASIUS [197, S. 195] (siehe auch oben 4.3.4).

1275 ZIMMERMANN [327, S. 458].

1276 ZIMMERMANN [327, S. 458].

1277 ZIMMERMANN [327, S. 459].

1278 Nach der Übersetzung von SCHÄTZEL [73, S. 255] lib. 2. cap. 12. §. 24. n. 3. Vgl. den originalen Text bei GROTIUS [74, S. 355] lib. 2. cap. 12. §. 24. n. 3. „Ut autem sociorum aliquis lucri sit particeps, immunis damni est, quidem praeter naturam societatis: potest tamen ita conveniri sine iniuria. fiet enim mixtus contractus ex societate et ex contractu aversi periculi, in quo ita servabitur aequalitas si tanto plus lucri ferat quam alioqui laturus fuerat qui in se damnum recepit. Ut autem quis damnum sentiat sine lucro, ideo admittendum non est, quia ita naturalis est societati utilitatum communio, ut sine ea nequeat societas consistere." Vgl. auch GROTIUS [74, S. 354–355] lib. 2. cap. 12. §. 24. n. 1.

1279 GROTIUS [74, S. 355] lib. 2. cap. 12. §. 24. n. 3.

1280 PUFENDORF [146, S. 504] lib. 5. cap. 8. §. 3.; WOLFF [324, S. 363; 365] par. 2. cap. 12. §. 640 und §. 645.

zwar das Thema weder in *Notae ad Inst.* (1712) noch in *Notae ad Pand.* (1713), aber meiner Meinung nach hat er das römische Recht anerkannt.[1281]

Wie soll man Gewinne verteilen und Verluste tragen, wenn es keine spezielle Vereinbarung gibt? Kaiser JUSTINIANUS sagte: „Und wenn über die Gewinn- und Verlustanteile nichts ausdrücklich vereinbart ist, versteht es sich, daß die Anteile an Gewinn und Verlust als gleich anzusehen sind. [...]" (Inst Iust 3.25.1).[1282] Wenn man diese Stelle wörtlich interpretiert, dann lautet sie, dass man den Gewinn und den Verlust nach der Personenzahl aufteilen solle. Wenn z. B. 100 Münzen auf vier Gesellschafter verteilt werden sollen, dann gibt man jedem von ihnen 25 Münzen, ohne das Verhältnis der Geldanlage in Betracht zu ziehen.[1283] SCHILTER und HOPPE lehnten jedoch diese Auslegung ab, und zwar meinten sie, dass der Begriff „gleiche Anteile" (*aequales partes*) das Verhältnis zum Betrag bedeute.[1284] THOMASIUS sah diese Korrektur als die „vorherrschende Meinung" (*communis sententia*) an und stimmte ihr zu.[1285] Auf jeden Fall fügte THOMASIUS hinzu, dass heute so gut wie keine Gesellschaft ohne eine Vereinbarung über die Verteilung entstehen könne.[1286]

1281 Vgl. dazu THOMASIUS [197, S. 195].

1282 Nach der Übersetzung von BEHRENDS et al. [11, S. 195] Inst Iust 3.25.1 „Et quidem si nihil de partibus lucri et damni nominatim convenerit, aequales scilicet partes et in lucro et in damno spectantur. [...]".

1283 HUBER griff diese Meinung auf und erwähnte dabei D 17.2.29 pr von ULPIANUS. HUBER [82, S. 408b] „Ex his sequitur, cum nihil de partibus dictum est, contrahentes sine respectu ad collationem aequales habere partes arithmetice non geometrice, ut loquuntur d. §. 1. et d. l. 29. pr."

1284 SCHILTER [160, S. 484] ad Inst Iust 3.26.1 „Regulam de partibus aeqvalibus et l. 29. pr. π h. t. confirmat, qvae tamen limitatur, si sors utrinqve est aeqvalis, itemqve opera."; HOPPE [80, S. 741] ad Inst Iust 3.26.1 „Socii ibi partes aequales accipiant, habita ratione sortis, quam quisque in societatem contulit, vel operarum, aut suscepti periculi, [...]".

1285 THOMASIUS [196, S. 230]. Er kritisierte HUBER in seiner Anmerkung, die er ins Buch von HUBER hinzufügte, dass TRIBONIANUS bei der Herausgabe von *Digesta* die Meinung von ULPIANUS falsch übernommen habe – THOMASIUS sah in manchen Punkten TRIBONIANUS als Herausgeber des Justinianischen Rechts an. THOMASIUS ad HUBER [82, S. 409a] „In hunc locum incidens Tribonianus dum Institutiones colligeret [...]" Dagegen widersprach HUBER, dass diese Vermutung nicht überzeugend sei. HUBER [82, S. 409a] „Cur Tribonianus ab Ulpiano dissenserit, nihil causae profertur a Thomasio, nisi quod in fine non adjecit limitationem, si modo; [...]".

1286 THOMASIUS [196, S. 231].

# 5. Erbrecht

## 5.1 Die Stellung des Themas

Es ist eine schwierige Frage, wie man im Rechtssystem das Erbrecht zuordnen sollte. Kaiser JUSTINIANUS hat es im Zusammenhang mit dem Sachenrecht (Inst Iust 2.10 ff.) erklärt und deshalb steht es vor dem Schuldrecht (Inst Iust 3.13 ff.). Außerdem hat der Kaiser erbrechtliche Themen so aneinandergereiht, dass das Testament vor der Intestaterbfolge behandelt worden ist.

Diese Reihenfolge hatte auch einen großen Einfluss auf neuzeitliche Naturrechtslehrer. GROTIUS behandelte in *De jure belli ac pacis* erst die Erbfolge durch Testamente und dann die Intestaterbfolge.[1287] PUFENDORF folgte ihm mit seiner Darlegung in *De jure naturae et gentium*.[1288]

Auch THOMASIUS griff dies in *IJD* (1688) auf, und er unterschied das Testament von der Intestaterbfolge dadurch, dass das Testament eine ausdrückliche Veräußerung sei,[1289] wohingegen die Erbschaft bei der Intestaterbfolge stillschweigend veräußert werde.[1290] Diese Meinung änderte er jedoch später in der Dissertation *De origine successionis testamentariae* (1705), und zwar kam er zu dem Schluss, dass die Intestaterbfolge grundsätzlich sei und das Testament nur durch positive Rechte geregelt werden solle. Er schlug sogar in der Dissertation *De rerum differentiis intuitu iuris Germanici privati* (1721) vor, das Erbrecht erst nach dem Schuldrecht zu erklären. Demnach ähnelte die Reihenfolge bei THOMASIUS sehr dem heutigen Rechtssystem.

Hat dieser neue Gedanke die Nachwelt beeinflusst? Einer der wichtigsten Nachfolger ist Samuel von COCCEJI, der namentlich THOMASIUS zitiert hat und die Grundsätzlichkeit der Intestaterbfolge bei seinem Gesetzgebungsprojekt umsetzen wollte.[1291] Dagegen hielt HEINECCIUS an der Reihenfolge des Justinianischen Rechts fest.[1292] WOLFF folgte THOMASIUS nur teilweise, das heißt, er erklärte zwar zunächst das Schuldrecht und erst dann das Erbrecht, aber er hielt die Intestaterbfolge nicht für grundsätzlich.[1293] Ich möchte in diesem Kapitel die Reihenfolge von THOMASIUS beachten.

---

1287 Vgl. dazu GROTIUS [74, S. 266; 269–270] lib. 2. cap. 6. §. 14. und lib. 2. cap. 7. §. 3.

1288 Vgl. dazu PUFENDORF [146, S. 406; 413] lib. 4. cap. 10. §. 1. und lib. 4. cap. 11. §. 1.

1289 THOMASIUS [203, S. 203] lib. 2. cap. 10. §. 162.

1290 THOMASIUS [203, S. 205] lib. 2. cap. 10. §. 178.

1291 Vgl. dazu COCCEJI [37, S. 6–7; 144–145] Vorrede §.11–12. und part. 2. lib. 6. tit. 2. §. 1–2.

1292 Vgl. dazu HEINECCIUS [76, S. 495; 526] lib. 2. tit. 7. §. 1. und lib. 2. cap. 9. §. 1.

1293 Vgl. dazu WOLFF [324, S. 574–575; 578–579] par. 3. sect. 1. §. 5. §. 927. und §. 933.

## 5.2 Intestaterbfolge

### 5.2.1 Ist die Intestaterbfolge ein Naturrecht?

Neuzeitliche Naturrechtslehrer beschäftigten sich vor allem mit der Frage, ob die Intestaterbfolge auch im Naturrecht anerkannt werde und warum dies so sei. GROTIUS, PUFENDORF und WOLFF bejahten im Naturrecht dieses Rechtsmittel, und da sie bei der Veräußerung den Willen des Eigentümers für erforderlich hielten, kamen sie zu dem Schluss, dass die Intestaterbfolge eine natürliche Annahme sei, durch die man den letzten Willen mehr oder weniger berücksichtigen könne.[1294]

Die Meinung von THOMASIUS ist nicht so klar wie bei den obigen Rechtsgelehrten. Zwar behandelte er in *IJD* (1688) die Intestaterbfolge, aber er schrieb nur, dass die Intestaterbfolge von verschiedenen Völkern rezipiert worden sei und dies als eine allgemeine Regel für die Völker aufzufassen sei.[1295] Durch diese Quelle wird deutlich, dass die Intestaterbfolge kein Naturrecht sondern ein Völkergemeinrecht ist, das viele Völker benutzen. THOMASIUS glaubte sogar, dass es keinen entscheidenden Grund gebe, um den erbrechtlichen Vorzug zwischen Eltern und Geschwistern des Hinterlassenden zu bestimmen,[1296] obwohl PUFENDORF ohne Zweifel die Eltern bevorzugt hatte.[1297] Auch diese Erklärung deutet an, dass sich die Intestaterbfolge im Naturrecht nicht finden lässt.

### 5.2.2 Die Ordnung der Intestaterbfolge im Naturrecht

Es ist wichtig, dass man das römische Recht in Betracht zieht, wenn man die Intestaterbfolgeordnung im Naturrecht verstehen möchte, weil neuzeitliche Naturrechtslehrer mehr oder weniger versucht haben, die Schwerpunkte des Justinianischen Rechts anhand des Naturrechts zu erklären. Im gemeinen Recht war die wichtigste Quelle über die Intestaterbfolge weder *Institutiones* noch *Digesta*, sondern eine Konstitution, die Kaiser JUSTINIANUS im Jahr 543 erlassen hatte und die in die *Novellae* aufgenommen worden war (Nov 118).[1298] Vor allem die folgenden Schwerpunkte mussten damals erläutert werden:

1. Sollte man auch im Naturrecht die Kinder des Hinterlassenden gegenüber anderen Verwandten bevorzugen wie im Justinianischen Recht? Wenn man dies bejaht, dann mit welcher Begründung?
2. Wenn keine Kinder vorhanden sind, wie sollte man nach dem Naturrecht unterschiedliche Verwandtschaftsgrade zur Erbfolge bestimmen?

---

1294 GROTIUS [74, S. 269–270] lib. 2. cap. 7. §. 3.; PUFENDORF [146, S. 413] lib. 4. cap. 11. §. 1.; WOLFF [324, S. 578–579] par. 3. sect. 1. cap. 5. §. 933. WOLFF stritt sogar mit seinen Schülern über dieses Problem. Vgl. dazu SCHRÖDER [174, S. 105].

1295 THOMASIUS [203, S. 206] lib. 2. cap. 10. §. 179.

1296 THOMASIUS [203, S. 207] lib. 2. cap. 10. §. 188.

1297 PUFENDORF [146, S. 420] lib. 4. cap. 11. §. 13.

1298 COING [38, S. 602–603].

Über den ersten Schwerpunkt glaubten GROTIUS, PUFENDORF, WOLFF und früher sogar auch THOMASIUS, dass man die Kinder des Hinterlassenden gegenüber allen anderen Verwandten bevorzugen solle. Da die Naturrechtslehrer das *ius repraesentationis* wie beim römischen Recht anerkannten,[1299] führte der erste Rang der Kinder dazu, dass die Abkömmlinge sowohl vor den Aszendenten als auch vor der Verwandtschaft in der Seitenlinie bevorzugt werden müssten – Über dieses Recht wies HEINECCIUS darauf hin, dass es nur im Recht der Westgoten und im langobardischen Recht anerkannt worden sei und sonstige germanische Völker es lange Zeit nicht gekannt hätten.[1300] Die Gründe dafür sind bei diesen Rechtsgelehrten jedoch unterschiedlich. GROTIUS suchte den Grund darin, dass Kinder ohne Unterhalt nicht überleben könnten und normalerweise länger lebten als die Aszendenten.[1301] Diese Meinung wurde auch von PUFENDORF geteilt.[1302] THOMASIUS stimmte dieser Begründung nur bedingt zu, und zwar sei sie nur dann richtig, wenn die Kinder noch nicht erwachsen seien.[1303] Deshalb hielt THOMASIUS nicht die Notwendigkeit zum Unterhalt sondern die universale Liebe zu den Kindern für wichtig.[1304] WOLFF lehnte sowohl die Meinung von GROTIUS als auch die von THOMASIUS ab und glaubte, dass es zwischen Eltern und Kindern ein „fiktives Versprechen" (*quasi pactum*) gebe, dass die Eltern auch nach ihrem Tod ihren Kindern mit der Erbschaft Unterhalt gewähren müssten.[1305]

Sind keine Nachkommen vorhanden, dann glaubte GROTIUS, dass die Justinianische Regel billig sei,[1306] auch wenn dies bürgerliche Gesetze unterschiedlich regelten.[1307] Laut PUFENDORF und WOLFF solle man jedoch in diesem Fall zuerst die Eltern des Hinterlassenden für die Erbfolge festlegen, denn Kinder sollten Eltern pflegen, oder das Vermögen des Hinterlassenden habe normalerweise seinen Ursprung im Vermögen seiner Eltern.[1308] THOMASIUS stimmte in *IJD* (1688) weder GROTIUS noch PUFENDORF zu, das heißt, es gebe keinen natürlichen Grund, um dieses Problem zu

---

1299 GROTIUS [74, S. 273–274] lib. 2. cap. 7. §. 6.; PUFENDORF [146, S. 420] lib. 4. cap. 11. §. 12.; THOMASIUS [203, S. 206] lib. 2. cap. 10. §. 186.; WOLFF [324, S. 573] par. 3. sect. 1. cap. 573. §. 923.

1300 HEINECCIUS [76, S. 536–538] lib. 2. tit. 9. §. 229–231.

1301 GROTIUS [74, S. 272–273] lib. 2. cap. 7. §. 5. n. 1–2. „[...] nam liberi cum nascuntur nihil secum afferunt unde vivant: adde quod vivendum diutius habent quam parentes: [...] Hinc fit ut etiam citra auxilium legis civilis, prima bonorum successio liberis deferatur; [...]".

1302 PUFENDORF [146, S. 414–415] lib. 4. cap. 11. §. 3–4.

1303 THOMASIUS [203, S. 207] lib. 2. cap. 10. §. 187.

1304 THOMASIUS [203, S. 206] lib. 2. cap. 10. §. 186.

1305 WOLFF [324, S. 573] par. 3. sect. 1. cap. 5. §. 924. Vgl. auch WOLFF [324, S. 571–572] par. 3. sect. 1. cap. 5. §. 921.

1306 GROTIUS [74, S. 277] lib. 2. cap. 7. §. 9. n. 3.

1307 GROTIUS [74, S. 276] lib. 2. cap. 7. §. 9. n. 1.

1308 PUFENDORF [146, S. 420] lib. 4. cap. 11. §. 13.; WOLFF [324, S. 572] par. 3. sect. 1. cap. 5. §. 922.

lösen, und es hänge von der Entscheidung des Gesetzgebers ab, ob erstens nur die Geschwister des Hinterlassenden zur Erbfolge herangezogen werden wie beim alten römischen Recht, ob zweitens die Eltern vor den Geschwistern bevorzugt werden wie beim Sachsenspiegel, oder ob drittens beide gleich behandelt werden sollten wie beim Justinianischen Recht.[1309] THOMASIUS kritisierte dabei namentlich PUFENDORF, dass dessen obige Begründung für den Unterhalt der Eltern nicht immer richtig sei.[1310]

### 5.2.3 Die Ordnung der Intestaterbfolge im deutschen Recht

Die Intestaterbfolge war bei THOMASIUS ein Gesetzgebungsproblem.[1311] Hier kann man sicher davon ausgehen, dass THOMASIUS eine Konstitution des Kaiser JUSTINIANUS grundsätzlich berücksichtigt hat, die dieser Kaiser im Jahr 543 erlassen hatte und in die *Novellae* aufgenommen worden war (Nov 118),[1312] weil er sie für entscheidend hielt.[1313] THOMASIUS schrieb in *Notae ad Inst.* (1712) wie folgt: „Da alle Fragen dazu schon von anderen Juristen ausführlich und vollständig erklärt worden sind, ist es für uns besser, nur wichtige oder solche Fragen, um die noch gestritten wird, hier zu betrachten."[1314] Demnach braucht man nur solche Regeln festzustellen, die in Deutschland vom Justinianischen Recht abweichen und später durch den Sachsenspiegel korrigiert worden sind.[1315] THOMASIUS zitierte dabei besonders das Werk *Tractatus de successione ab intestato* (1687) von STRYK.[1316]

1309 THOMASIUS [203, S. 207] lib. 2. cap. 10. §. 188.

1310 THOMASIUS [203, S. 207] lib. 2. cap. 10. §. 188. (q).

1311 Dagegen ging HEINECCIUS davon aus, dass germanische Völker schon zu Lebzeiten von TACITUS die Intestaterbfolge kennengelernt hätten (*de mor. Germ.* cap. 20.), die mehr oder weniger mit dem römischen Recht übereingestimmt habe. HEINECCIUS [76, S. 527] lib. 2. tit. 9. §. 216. „Ex quo loco iam colligimus, I. veteres Germanos eosdem habuisse successionis gradus, quos Romanum ius inculcat, [...]".

1312 Vgl. dazu KASER [88, S. 410–411].

1313 THOMASIUS [196, S. 204–205].

1314 THOMASIUS [196, S. 205] „Cumque jam ab aliis fuse ac plene omnes eo pertinentes quaestiones traditae sunt, nos potiora saltem momenta aut quae in utramque partem disputantur, hic considerabimus."

1315 THOMASIUS versuchte dabei überhaupt nicht, verschiedene deutsche Rechtsquellen miteinander zu vergleichen. Zum Beispiel bevorzugt der Sachsenspiegel Söhne vor Töchtern (Landrecht, lib. 1. art. 5.), wohingegen der Schwabenspiegel sie gleich behandelt (Landrecht, cap. 279.). HEINECCIUS [76, S. 540–541; 544] lib. 2. tit. 9. §. 234. und §. 239. Dagegen stimmen sowohl der Sachsenspiegel als auch der Schwabenspiegel darin miteinander überein, dass die Abkömmlinge der Söhne das *ius repraesentationis* bekommen, aber die Abkömmlinge der Töcher nicht. HEINECCIUS [76, S. 545] lib. 2. tit. 9. §. 240. Diese methodische Voraussetzung von THOMASIUS kann noch merkwürdiger werden, wenn man die Methode von HEINECCIUS heranzieht. HENECCIUS zog verschiedene Gesetze in Betracht und verglich sie miteinander. Vgl. HEINECCIUS [76, S. 526ff] lib. 2. tit. 9. §. 214 ff.

1316 THOMASIUS [196, S. 204–206].

Es handelte sich zuerst um eine Lücke des Justinianischen Rechts, und zwar fragte sich THOMASIUS, ob die Enkel des Hinterlassenden die Erbschaft „nach der Kopfzahl" (*in capita*) aufteilen sollten oder „nach Stämmen" (*in stirpes*). THOMASIUS stimmte der Meinung von STRYK zu, dass die Aufteilung „nach Stämmen" (*in stirpes*) vorgenommen werden solle, weil die Enkel ihr Erbrecht von ihren verstorbenen Eltern erhalten würden, bei denen das Verhätnis der Aufteilung „nach Stämmen" (*in stirpes*) errechnet werde.[1317]

JUSTINIANUS erklärte auch nicht, wie man die Erbschaft aufteilen solle, wenn lediglich die Aszendenten und die Kinder von Geschwistern des Hinterlassenden noch lebten, zum Beispiel der Vater und ein Neffe des Hinterlassenden. THOMASIUS zitierte dabei einfach STRYK.[1318] STRYK wies zunächst darauf hin, dass Kaiser JUSTINIANUS sowohl Neffen als auch Nichten in Nov 118 von der Erbfolge ausgeschlossen habe, sofern noch Aszendenten vorhanden seien, er sie aber in Nov 127 wieder zur Erbfolge bestimmt habe, auch wenn noch Aszendenten vorhanden seien.[1319] Deshalb stellt sich nun die Frage, wie Aszendenten, Neffen und Nichten das hinterlassene Vermögen untereinander aufteilen sollten. STRYK meinte, dass man zuerst die Erbschaft nach der Kopfzahl der lebenden Aszendenten und der verstorbenen Geschwister aufteilen solle und dann die Kinder der Geschwister je einen Anteil „nach Stämmen" (*in stirpes*) erhalten sollten.[1320] Wenn ein Vater *A*, ein Neffe *B* und eine Nichte *C* (= *B*s Schwester) als Erben vorhanden sind, dann erhält *A* die Hälfte der Erbschaft, *B* und *C* erhalten die andere Hälfte zu gleichen Teilen, d. h. je ein Viertel.

Während die obigen zwei Schwerpunkte sich gerade auf die Auslegung des römischen Rechts beziehen, kommt nun deutsches Recht in Betracht. Die erste Regel laute, dass nach dem sächsischen Recht der Vater und die Mutter des Hinterlassenden die Erbschaft zu je zwei gleichen Teilen bekämen und die Verwandtschaft in der Seitenlinie von der Erbfolge ausgeschlossen werden würden.[1321] Die Gleichheit zwischen dem Vater und der Mutter wurde allerdings nicht durch den Sachsenspiegel,[1322] sondern durch eine Konstitution des sächsischen Kurfürsten AUGUST (1526–1586)

---

1317 THOMASIUS [196, S. 205]; STRYK [183, S. 81] diss. 1. cap. 2. §. 35. „[...] si Nepotes vel Pronepotes soli inter se qvoad successionem Avi concurrant, ubi non numerus Nepotum, sed stirpium in hereditatis divisione attendendus [...]".

1318 THOMASIUS [196, S. 205].

1319 STRYK [183, S. 193] diss. 2. cap. 1. §. 29. „Hinc dicendum; fratrum filios ab ascendentibus per Nov. 118. exclusos, sed per Nov. 127. c. 1. ad successionem vocatos fuisse."

1320 STRYK [183, S. 193] diss. 2. cap. 1. §. 30. „Succedunt vero hoc casu fratrum filii in stirpes, [...]" Vgl. auch STRYK [183, S. 192] diss. 2. cap. 1. §. 29. „Succedunt autem Fratres Germani cum Parentibus aeqvaliter in capita; [...]".

1321 THOMASIUS [196, S. 205].

1322 Laut STRYK regele dies der Sachsenspiegel umgekehrt, und zwar bekomme der Vater die ganze Erbschaft, wenn die Eltern zur Erbfolge bestimmt worden seien (Landrecht, lib. 1. art. 17.). STRYK [183, S. 209] diss. 2. cap. 3. §. 1.

anerkannt (P. 3. Const. 17.).[1323] Wie regelte dies der Sachsenspiegel, den THOMASIUS normalerweise als eine Sammlung von guten deutschen Sitten ansah? In dem Spiegel heißt es, dass zuerst der Vater alles erhalten solle (Landrecht, lib. 1. art. 17.): „Stierbt ein mann ohn kind: sein vater nimmt sein erbe.",[1324] die Mutter jedoch das Recht habe „nützliche Sachen" (*res utiles*) zu erhalten (Landrecht, lib. 1. art. 27.).[1325] Das bedeutet, THOMASIUS betonte die Gleichheit zwischen dem Vater und der Mutter in Deutschland etwas überschätzend wie bei dem Personenrecht (siehe 6.2.1 und 6.3.4).

Die Verwandtschaften in der Seitenlinie habe das Justinianische Recht derart kompliziert geregelt, dass sich Juristen miteinander um die korrekte Auslegung gestritten hätten.[1326] Dagegen gebe es dazu in Sachsen nur eine Regel: „Nähere Verwandschaft in der Seitenlinie schließt weitere aus" (*proximior excludit remotiorem*).[1327] Obwohl ein Reichsabschied das Justinianische Recht durchsetzen wollte, behauptete THOMASIUS, dass der sächsische Kurfürst diese heimische Regel noch anwenden dürfe, weil der Kurfürst in seinem Territorium die eigene Gesetzgebungsmacht habe.[1328]

Hat der Ehemann oder die Ehefrau die Möglichkeit, an der Erbfolge teilzunehmen? Die Römer verneinten früher das Erbrecht der Ehegatten, und zwar rief der Praetor sie nur dann zur Erbfolge, wenn es weder „agnatische Verwandte" (*agnati*) noch „Blutsverwandte" (*cognati*) gab, nämlich „von wo der Ehemann und die Ehefrau" (*unde vir et uxor*, D 38.11.1),[1329] Kaiser JUSTINIANUS bestätigte aber ihr Erbrecht unter einigen Bedingungen und bevorzugte sie sogar gegenüber Blutsverwandten (Nov 53. cap. 6., Nov 117. cap. 5.).[1330] Über deutsches Recht war THOMASIUS ganz anderer Ansicht und zwar schrieb er, dass es sich bei diesem Thema nicht um das Erbrecht sondern um das „Versprechen über eine Mitgift" (*pacta dotalia*) handele.[1331] Dann erklärte er kurz „sächsisches Recht" (*ius Saxonicum*). Der Mann solle sowohl mit einem Versprechen als auch ohne ein Versprechen über eine Mitgift bewegliche Sachen bekommen, die zur Erbschaft gehörten, aber er solle die Obligationsteile für die Kinder abziehen.[1332] Wenn es keine beweglichen Sachen gebe

---

1323 STRYK [183, S. 210] diss. 2. cap. 3. §. 1.

1324 HEINECCIUS [76, S. 550] lib. 2. tit. 9. §. 250.

1325 HEINECCIUS [76, S. 551] lib. 2. tit. 9. §. 251.

1326 THOMASIUS stellte sieben wichtige Fragen, beantwortete sie jedoch nicht. THOMASIUS [196, S. 205–206].

1327 THOMASIUS [196, S. 206].

1328 THOMASIUS [196, S. 206] (siehe auch oben 2.3.5).

1329 KASER [88, S. 409].

1330 STRYK [183, S. 297] diss. 4. cap. 1. §. 3. Zur damaligen Auslegung vgl. STRYK [183, S. 297] diss. 4. cap. 1. §. 4. „Hinc et hodie conjuges, si deficientibus collateralibus succedere velint invicem, Praetorio beneficio opus habebunt."

1331 THOMASIUS [196, S. 207].

1332 THOMASIUS [196, S. 207].

und alles unbeweglich sei, dann solle der Mann ein Viertel davon erhalten.[1333] Bei dieser Erklärung zitierte THOMASIUS keine Quelle, aber meines Erachtens verstand THOMASIUS unter dem Wort „sächsisches Recht“ (*ius Saxonicum*) gerade den Sachsenspiegel. Mein erstes Argument mache ich darin geltend, dass der Mann auch nach dem Sachsenspiegel bewegliche Sachen, die zur Erbschaft seiner Frau gehören, erhalten soll (Landrecht, lib. 1. art. 31., lib. 3. art. 76.).[1334] Außerdem ist der Sachsenspiegel auch mit der obigen Erklärung konform, dass die Obligationsteile von Kindern abgezogen werden.[1335]

## 5.3 Testament

### 5.3.1 Die Stellung des Themas

THOMASIUS zeigte uns in der Dissertation *Prima initia successionis testamentariae apud Romanos* (1705) die Vorgehensweise, wie er das Thema behandeln wollte:[1336]

1) Der Ursprung von Testamenten
2) Römisches Recht
   a) Der Ursprung von Testamenten in Rom
   b) Von der Zeit der römischen Republik bis zum Kaisertum
      i) Vor der Christianisierung
      ii) Von der Christianisierung bis zur Zeit von Kaiser JUSTINIANUS
      iii) Welche Punkte änderte Kaiser JUSTINIANUS?
3) Kanonisches Recht: In welchen Punkten änderte sich das kanonische Recht?
4) Deutsches Recht

1333 THOMASIUS [196, S. 207].

1334 STRYK [183, S. 342] diss. 4. cap. 3. §. 7. „Maritus regulariter omnia defunctae uxoris mobilia capit, unde et Heres Mobiliaris appellatur.“; CARPZOV [30, S. 1153b–1154a] par. 3. const. 23. def. 18. n. 1. „Etsi Iure Saxonico, maritus superstes omnia mobilia Vxoris defunctae pleno iure lucretur, Landtr. lib. 1. art. 31. et lib. 3. art. 76.“ Vgl. auch *Sachsenspiegel* (1602, lateinisch) [151, S. 478b] ad lib. 3. art. 76. „Vnde dicitur in textu: Maritus omne ius mulieris retinet in mobilibus.“; PECK [138, S. 163] lib. 1. cap. 45. §. 13. „[...] ideo quod maritus titulo haereditario in rebus mobilibus ab intestato vxori succedit, et propterea haeres mobiliaris vxoris vbique appellatur, [...]“.

1335 STRYK [183, S. 345] diss. 4. cap. 3. §. 12. „(2.) Lucrum bonorum mobilium restringendum, qvoties liberi ex bonis immobilibus legitimam salvam habere non possunt, tunc enim legitima ex mobilibus bonis supplenda liberis.“; CARPZOV [30, S. 1154a] par. 3. const. 23. def. 18. n. 2–3. „Attamen si Vxor omnino nulla reliquerit bona immobilia, vel non tanta, quanta ad liberorum legitimam sufficere queant, tunc liberi ex bonis etiam mobilibus legitimam suam, vel saltem huius supplementum petere haud prohibentur, Gloß. lat. ad text. german. Landtr. lib. 3. art. 76. lit. B.“

1336 GEHWOLFF (Resp.) [229, S. 5].

a) Wie wurde das kanonische Recht in Deutschland rezipiert?
b) Wie änderte sich die Lage in Deutschland durch die Rezeption des römischen Rechts?
   i) Bis zur Zeit von Kaiser MAXIMILIAN I.
   ii) Welche Punkte änderte Kaiser MAXIMILIAN I.?
   iii) Die fehlende Klarheit des Testamentes in Deutschland bis heute

Wie viele Schwerpunkte davon löste THOMASIUS wirklich? Wenn man nur Dissertationen in Betracht zieht, dann hat sich THOMASIUS mit der römischen Geschichte nur bis zum Zwölftafelgesetz beschäftigt und hat einige römische Regeln mit dem kanonischen Recht verglichen. Er erklärte nämlich in der Dissertation *De origine successionis testamentariae* (1705) den Ursprung des Testamentes im Allgemeinen, in der *Prima initia successionis testamentariae apud Romanos* (1705) den Ursprung des römischen Testamentes, in der *De sensu legis decemviralis testamentariae* (1705) das „Zwölftafelgesetz" (*tabulae duodecim*) und schließlich in der *De differentiis iuris civilis et canonici in doctrina de testamentis* (1707) die Unterschiede zwischen dem römischen- und dem kanonischen Recht. Dann hörte er plötzlich auf, sich mit dem Thema auseinanderzusetzen und beschäftigte sich in Dissertationen mit dieser Forschung nicht mehr.

## 5.3.2 Das Testament im römischen Recht

Aus der obigen Auflistung ist es ersichtlich, dass sich THOMASIUS bei dieser Thematik sehr für die Geschichte des römischen Rechts interessiert hat.[1337] Man wendete jedoch im Mittelalter das römische Testamentsrecht nicht an, weil für viele mittelalterliche Rechte die folgende Regel galt: „Nicht Menschen sondern nur Gott kann Erben bestimmen" (*Deus solus heredem facere potest, non homo*).[1338] Auch nach der Rezeption des Justinianischen Rechts in Deutschland beschäftigten sich Juristen damit, fremdes Recht mit lokalen Gewohnheiten und Statuten zu vergleichen, und wurden dabei auch bedeutsam durch das kanonische Recht beeinflusst.[1339] Demnach vermischten sich die verschiedenen Rechte miteinander und die Gesetzgebungsmethode von THOMASIUS spielte hier eine wichtige Rolle, um sie einzuordnen und ein einheitliches Gesetz zu schaffen.

## 5.3.3 Das Testament im Naturrecht

Der Ausgangspunkt der Forschung liegt bei THOMASIUS in der Frage, ob das Testament auch im Naturrecht existiere oder nicht, das heißt, ob es ein Naturrecht gebe, mit dem man die römischen Regeln über das Testament korrigieren oder ergänzen

---

1337 Die Ergebnisse wurden auch in seinem eigenen Werk aufgenommen. Vgl. dazu THOMASIUS [196, S. 174–177].
1338 COING [38, S. 559–560].
1339 COING [38, S. 560–561].

könne. Was bedeutet das für ein Testament überhaupt? GROTIUS antwortete: „Das Testament ist aber nur eine Veräußerung auf den Todesfall, die bis dahin [d. h. bis zu dem Todesfall] widerrufbar ist und bei der einstweilen der Nießbrauch zurückbehalten worden ist."[1340] Die Eigentümlichkeit dieser Definition besteht darin, dass GROTIUS das Testament als eine schon geschehene, aber widerrufliche Veräußerung angesehen hat, und gerade dieses hat PUFENDORF kritisiert, denn eine Veräußerung entstehe erst, wenn der Hinterlassende tatsächlich sterbe.[1341] PUFENDORF definierte deswegen wie folgt: „Einfacher und entsprechend der Meinung von römischen Juristen möchte ich die Natur des Testaments erklären, indem ich es als eine Erklärung meines Willens bezeichne, bei der es sich um die Erwerber [d. h. die Erben] meines Vermögens nach dem Tod handelt. Diese Erklärung des Willens lässt sich durch meine Beliebigkeit ändern und widerrufen, und aus ihr entsteht bei anderen Leuten erst nach meinem Tod ein Erbrecht."[1342] WOLFF folgte der Pufendorf'schen Formulierung genau so.[1343]

Dagegen ging THOMASIUS in der Dissertation *De origine successionis testamentariae* (1705) von einer ganz anderen Voraussetzung aus,[1344] das heißt, es gebe im Naturrecht kein Testament und das Recht Testamente zu machen sei von einigen positiven Rechten erfunden worden. Wie kam er zu diesem Schluss? Der erste Grund besteht darin, dass die Verfügungsfähigkeit nur zu Lebzeiten gewährt werde und es deshalb unmöglich sei, ein Testament zu verfassen, in welchem man eine Verfügung nach dem Tode festlege.[1345] In *Notae ad Inst.* (1712) schrieb THOMASIUS:

---

1340 Nach der Übersetzung von SCHÄTZEL [73, S. 195] lib. 2. cap. 6. §. 14. n. 1. Vgl. den originalen Text bei GROTIUS [74, S. 266] lib. 2. cap. 6. §. 14. n. 1. „Alienatio autem in mortis eventum, ante eam revocabilis, retento interim iure possidendi ac fruendi, est testamentum."

1341 PUFENDORF [146, S. 406] lib. 4. cap. 10. §. 2. „Ergo non potest eo tempore alienatio dici facta, quando alienanti res nulla amplius aliena aut sua dici potest."

1342 PUFENDORF [146, S. 407] lib. 4. cap. 10. §. 3. „Simplicius, et ad mentem JCtorum Romanorum, naturam testamenti exprimemus, si illud vocemus declarationem voluntatis nostrae circa successores in bona nostra post mortem nostram; quae tamen ante mortem pro lubitu nostro sit mutabilis et revocabilis, et ex qua aliis demum ab excessu nostro jus nascatur."

1343 WOLFF [324, S. 574–575] par. 3. sect. 1. cap. 5. §. 927.

1344 Anfangs erkannte auch THOMASIUS die Freiheit des Testaments grundsätzlich an. THOMASIUS [203, S. 204] lib. 2. cap. 10. §. 164. Aber letztendlich lehnte er das Testament grundsätzlich ab. Es ist bemerkenswert, dass er schon in *Institutiones jurisprudentiae divinae* das Testament nicht als *ius omnium gentium* angesehen hat. Er schrieb, dass nicht alle Völker sondern viele Völker das Testament eingeführt hätten. THOMASIUS [203, S. 204] lib. 2. cap. 10. §. 164.

1345 BESSEL (Resp.) [213, S. 5–6] §. 8–9. Diese Meinung wurde auch in der späteren Dissertation *De dominio et eius natura in genere intuitu iuris Germanici privati* (1721) genau so aufgenommen. Wenn man *possessio physica* und *animus sibi habendi* für den Kern des Besitzes halte, dann müsse man so denken, dass die Übertragung des Eigentums nur zwischen Lebenden gelten könne. FRANCK (Resp.) [226, S. 19] §. 46.

„Der Wille des Sterbenden soll beachtet werden, aber nicht der Wille des Verstorbenen, der keinen Willen mehr hat."[1346] Es trägt auch dazu bei, dass das Testament früher bei vielen Völkern unbekannt gewesen sei.[1347] Diese Aussage ist nur dann verständlich, wenn man die Gesetzgebungslehre von THOMASIUS in Betracht zieht, dass ein Völkergemeinrecht vermutlich gut ist. Das heißt, da viele Völker kein Testament anerkannt haben, ist es vielleicht keine gute Sitte. Das dritte Argument besagt, dass das Testament den Staat stark belaste.[1348] Denn man verfasse ein Testament oft aufgrund des „Geizes" (*avaritia*), um sich anderen Leuten zu Gebote stehen zu lassen,[1349] und es bringe sogar die Möglichkeit des Betruges mit sich, insbesondere bei den Armen.[1350]

### 5.3.4 Das Testament im deutschen Recht

Aus dieser Erklärung folgt, dass es kein Naturrecht über das Testament gibt, mit dem man das römische Recht korrigieren oder ergänzen kann. Dann hat sich THOMASIUS gefragt, ob es solche Regeln im deutschen Recht gibt, die dem römischen Recht gegenüber bevorzugt werden sollten. THOMASIUS wies schon in der früheren Dissertation *De usu iuris paterni Romanorum secundum mores Germaniae et ius Borussicum revisum* (1694) darauf hin, dass der Schwabenspiegel lediglich das „Geschäft von Seelen=Geräten" regele – THOMASIUS erklärte hierbei leider nicht, was er unter diesem Begriff verstand – und man im Sachsenspiegel bezüglich des Testamentrechtes keine Regelung finden könne.[1351] Kurz gesagt wird es im deutschen Recht, das THOMASIUS hier unter dem Wort *ius Germanicum* verstanden hat, nicht behandelt.

Da es keine eigentümliche Regel über das Testament in Deutschland gab, kam THOMASIUS zu folgendem Schluss: „Deshalb möchte ich Studenten empfehlen, dass sie bei Fällen, die das Testament betreffen, die Theorie des römischen Rechts, des

---

Die Äußerung richtete sich darauf, dass THOMASIUS die Übertragung des Eigentums durch Testamente ablehnte. FRANCK (Resp.) [226, S. 19] §. 46. Dagegen hielt auch THOMASIUS die *donatio mortis causa* für natürlich gültig. Denn diese Schenkung ist ein Geschäft zwischen Lebenden. Vgl. BESSEL (Resp.) [213, S. 4–5] §. 6.

1346 THOMASIUS [196, S. 173] „Morientis voluntas sancta debet esse, non autem mortui, qui voluntatem non habet."

1347 BESSEL (Resp.) [213, S. 13] §. 23.; THOMASIUS [196, S. 173].

1348 BESSEL (Resp.) [213, S. 41] §. 59.

1349 BESSEL (Resp.) [213, S. 36] §. 52.

1350 BESSEL (Resp.) [213, S. 41] §. 59.

1351 HESSE (Resp.) [242, S. 14.] cap. 1. §. 15. „Speculum Saxonicum utut in multis cum Speculo Svevico conveniat, silet tamen de successione ex testamento."; THOMASIUS [196, S. 181–182] „Id obiter nota, tempore speculi Saxonici et Svevici incognitam adhuc fuisse Germanis testamenti factionem, quia utrobique nulla mentio testamentorum, nisi quod in jure Svevico mentio fiat **des Geschäffts von Seelen=Geräthe** [Hervorhebung nicht im Original], per quod tamen non intelligitur testamentum ad pias causas, ut vult Schilterus *Ex. 11. th. 25.* sed vel mortis causa donatio vel legatum, aut simile quid."

kanonischen Rechts und die obigen Konstitutionen von Kaiser MAXIMILIAN miteinander verbinden sollten, bevor sie sich in die Vielfalt von Räten, Interpretationen und amtlichen Meinungen begeben."[1352] Demnach gilt die Methode nicht mehr, die THOMASIUS auf das Sachenrecht und das Schuldrecht angewandt hat, dass man zuerst die Übereinstimmung zwischen dem römischen Recht und dem Naturrecht oder dem Völkergemeinrecht prüfen und dann anhand des Sachsenspiegels oder des Schwabenspiegels deutsche Sitten einführen sollte.

Jetzt bleiben für THOMASIUS nur das römische- und das kanonische Recht, die beide in Deutschland galten und einzuordnen waren. Laut THOMASIUS bestehe die rechtliche Unordnung gerade darin, dass man bei der Rezeption des Testamentsrechts das Justinianische und das kanonische Recht unangemessen miteinander vermischt habe, obwohl sich diese Rechte in mehreren Punkten voneinander unterscheiden würden.[1353] Er erklärte diese Unterschiede in der Dissertation *De differentiis iuris civilis et canonici in doctrina de testamentis* (1707) ausführlich und versuchte die richtigen Regeln auszuwählen, die seiner Meinung nach gut und billig seien. (1.) Der erste Unterschied besteht darin, dass das römische Recht für ein Testament sieben Zeugen verlangt (Inst Iust 2.10.3, C 6.23.12 pr), wohingegen das kanonische Recht einen Priester und zwei oder drei Personen für erforderlich hält (X 3.26.10).[1354] THOMASIUS meinte, dass die Zahl Sieben im römischen Recht aus der römischen Sitte stamme und deshalb zwei oder drei Zeugen, die das kanonische Recht verlangt, schon genug seien.[1355] Diese Aussage bedeutet allerdings nicht, dass die Kirche die Aufsicht über die Praxis der säkularen Welt führen sollte und die Zahl Sieben unbedingt verringern könnte, weil auch die römische Regel dem göttlichen Recht nicht widerspreche.[1356]

(2.) Kann man auch Frauen als Zeugen berufen oder nicht? RITTERSHAUSEN glaubte, dass man sich nach dem römischen Recht nur auf Männer als Zeugen berufen könne, aber nach dem kanonischen Recht bei dem Verfassen eines Testamentes auch Frauen anwesend sein dürften.[1357] Dagegen sagte THOMASIUS, dass es keine entscheidenden Quellen gebe, um diese von RITTERSHAUSEN behauptete kanonische

1352 THOMASIUS [196, S. 181] „Quare studiosis maxime commendandum, ut in causis testamentariis doctrinam juris Romani, canonici et dictae constitutionis Maximiliani jungant, antequam se committant oceano cautelarum, interpretationum et opinionum magisterialium."

1353 THOMASIUS [196, S. 181].

1354 REIMERS (Resp.) [269, S. 5–6] cap. 1. §. 3. Vgl. auch SCHILTER [162, S. 510] §. 71. „Iure canonico sufficiunt duo, quia in ore duorum aut trium consistit omne verum, [...]" Vgl. dazu X 3.26.10: „[...] Quia vero a divina lege et sanctorum Patrum institutis, et a generali ecclesiae consuetudine id noscitur esse alienum; quum scriptum sit: ‚In ore duorum vel trium testium stet omne verbum,' [...]" FRIEDBERG (Hrsg.) [67, col. 541].

1355 REIMERS (Resp.) [269, S. 23] cap. 2. §. 2.

1356 REIMERS (Resp.) [269, S. 23–24] cap. 2. §. 3–4.

1357 RITTERSHAUSEN [152, S. 272] lib. 4. cap. 1. „Praeterea Ius Can. etiam faeminas testes in testamento admittit, quas repudiat jus civile."

Regel nachzuweisen, und man deshalb Frauen ausschließen solle, weil dafür folgende Regel gelte: „Wenn ein Unterschied zweifelhaft ist und das kanonische Recht nicht ausdrücklich vom römischen Recht abweicht, dann lässt sich kein Unterschied feststellen."[1358]

(3.) Nach dem römischen Recht ist es verboten, die Bestimmung des Erbes einem anderen Mann zu übertragen (D 28.5.32 pr), wohingegen das kanonische Recht diese Übertragung anerkennt (X 3.26.13).[1359] Thomasius gab hier die terminologische Anmerkung, dass Rittershausen, Emmerich und manche Rechtsgelehrte die Übertragung fälschlicherweise als „unterschlagene Aufstellung" (*institutio captatoria*) bezeichnet hätten.[1360] Denn man könne das Wort „unterschlagen" (*captatoria*) nur dann benutzen, wenn der Auftragnehmer bei der Feststellung der Erben die Erbschaft des Überträgers [= des Hinterlassenden] veruntreue.[1361] Zu diesem Unterschied glaubte Thomasius, dass die kanonische Regel einfacher sei als die römische und deshalb rezipiert werden solle.[1362]

(4.) Rittershausen und Emmerich meinten, dass man nach dem römischen Recht lediglich durch Kopfnicken den Inhalt seines Testamentes nicht bestätigen dürfe, diese Bestätigung im kanonischen Recht allerdings anerkannt werde, weil man auch durch Nicken seinen Willen erklären könne.[1363] Dagegen glaubte Thomasius, dass sich dieser Unterschied nicht auf Rechtsquellen stütze und Rittershausen lediglich Kommentare zitiert habe, die heute nicht mehr entscheidend seien.[1364]

(5.) Während nach dem römischen Recht Bischöfe und Kirchenverwalter über das Vermögen, das sie während ihrer Dienstzeit erwerben, kein Testament machen dürfen und alles der Kirche übertragen müssen, genehmigen ihnen kanonische

---

1358 Reimers (Resp.) [269, S. 6] cap. 1. §. 4. „Quod in dubio et ubi jus canonicum a jure civili non expresse recedit, inter utrumque non sit statuenda differentia."

1359 Reimers (Resp.) [269, S. 7] cap. 1. §. 5. Vgl. dazu X 2.26.13: „In secunda vero quaestione dicimus, quod qui extremam voluntatem in alterius dispositionem committit non videtur decedere intestatus." Friedberg (Hrsg.) [67, col. 542].

1360 Rittershausen [152, S. 275] lib. 4. cap. 3. „Sequitur nova differentia. Iure civili non valet institutio captatoria, i.e. in arbitrium alterius collata, sive, ut IC. loquuntur, in secretum alienae voluntatis."; Emmerich [55, S. 25] tit. 4. n. 7. „Jure non valet institutio captatoria, hoc est, quae in arbitrium alterius confertur."

1361 Reimers (Resp.) [269, S. 7] cap. 1. §. 5. Vgl. auch Thomae (Resp.) [286, S. 4–7] §. 6.

1362 Reimers (Resp.) [269, S. 25] cap. 2. §. 5.

1363 Rittershausen [152, S. 274] lib. 4. cap. 3. „Sequitur alia differentia. Iure Canonico etiam nutu factum testamentum valet. Etiamsi enim testator obmutescat, tamen sufficit eum ad interrogationem alterius annuere praesentibus testibus. gl. in c. cum tibi 13. verb. dispositionem. De testa. Bapt. de S. Blas n 193. quam gl. singularem dicit Bald. in l. 1. C. de SS. Eccles. Cuius ratio esse potest, quia etiam nutu declarari potest voluntas."; Emmerich [55, S. 25] tit. 4. n. 14. „De jure vero Canonico nutu testamentum fieri potest et sufficit, quando ad locutionem alterius obmutescens annuat partibus praesentibus, gloss. in c. cum tibi. 13. in verb. dispositionem, extr. de testament. quam gloss. singularem dicit Bald. in l. 1. Cod. de sacrosanct. Eccles."

1364 Reimers (Resp.) [269, S. 9] cap. 1. §. 8. Vgl. Baldus ad C 1.2.1.

Rechtsgelehrte die Verfügung (C. 12. qu. 1. c. 21.), sofern sie Kinder oder Enkel haben und diese begünstigen möchten (C. 12. qu. 2. c. 34.).[1365] Über diesen Unterschied erklärte THOMASIUS nichts.

(6.) Laut SCHILTER dürfe man nach dem römischen Recht solche Söhne von der Erbfolge ausschließen, die ins Kloster gegangen seien (Nov 115.5), wohingegen nach dem kanonischen Recht dieser Ausschluss ungültig sei (C. 19. qu. 3. c. 10.).[1366] THOMASIUS bestätigte diesen Unterschied,[1367] und er schätzte, dass das römische Recht der richtigen Schlussfolgerung entspreche, weil es unbillig sei, dass der Vater trotz der Undankbarkeit den Sohn, der aus freiem Willen ins Kloster gegangen sei, von der Erbfolge nicht ausschließen könne.[1368]

(7.) Im siebten Unterschied handelt es sich um das sogenannte Obligationsteil (Pflichtteil). Wenn ein Vater ins Kloster gegangen ist, dann kann er zwar sein Vermögen vor dem Tod aufteilen, aber dies bedeutet nicht, dass seine Kinder von ihm diese Aufteilung als Obligationsteil verlangen können.[1369] Dagegen gewährt das kanonische Recht den Kindern das Recht, diese Aufteilung als ihr Obligationsteil einzufordern, weil der Vater, der ins Kloster gegangen ist, für die säkulare Welt ein Toter sei (X 3.31.14, C. 16. qu. 1. c. 8.).[1370] THOMASIUS ging hier davon aus, dass kanonische Rechtsgelehrte die Quelle falsch interpretiert hätten und der behauptete Anspruch auch im kanonischen Recht nicht vorhanden sei, vor dem Tod des Vaters das Obligationsteil einzufordern.[1371]

---

1365 REIMERS (Resp.) [269, S. 10–11] cap. 1. §. 9. Vgl. dazu C. 12. qu. 1. c. 21.: „Sint manifestae res propriae episcopi (si tamen habet proprias), et manifestae dominicae, ut potestatem habeat de propriis moriens episcopus sicut uoluerit et quibus uoluerit derelinquere, [...]" und C. 12. qu. 2. c. 34.: „Episcopus, qui filios aut nepotes non habens, alium quam ecclesiam relinquit heredem, si quid de ecclesia non in ecclesiae causa aut necessitate presumpsit, quod distraxit aut donauit irritum habeatur." FRIEDBERG (Hrsg.) [66, col. 684; 698–699].

1366 SCHILTER [162, S. 511] §. 71. „Iure ciuili filius ob causas in nou. 115. c. 5. Expressas exheredari potest, neque tollitur illa exheredationis caussa, si monasterium ingrediatur. Iure canonico tollitur, [...]" Vgl. dazu C. 19. qu. 3. c. 10.: „Non liceat parentibus liberos, vel liberis parentes ab hereditate sua repellere monachos factos, [...]" FRIEDBERG (Hrsg.) [66, col. 843]. Allerdings ist der Ausschluss in *Liber Authenticorum* col. 9. tit. 6. cap. 41 verboten: „Nullam vero licentiam damus aut parentibus filios, aut filiis parentes saecularem vitam sectantes, et relinquentes, velut ingratos a sua excludere haereditate, monasterium, aut monasticam vitam subsecutos. [...]" *Corpus iuris civilis* [62, col. 561].

1367 REIMERS (Resp.) [269, S. 12] cap. 1. §. 11.

1368 REIMERS (Resp.) [269, S. 26–27] cap. 2. §. 7.

1369 REIMERS (Resp.) [269, S. 12] cap. 1. §. 12. (siehe unten 5.3.5).

1370 REIMERS (Resp.) [269, S. 12] cap. 1. §. 12. Dazu vgl. X 3.31.14: „[...] quia tunc liberum sibi erit, eum dimittere, et bona paterna, quae ipsi ex successione proveniunt, postulare." FRIEDBERG (Hrsg.) [67, col. 573] und C. 16. qu. 1. c. 8.: „[...] quia mundo mortuus est, Deo autem uiuit. [...]" FRIEDBERG (Hrsg.) [66, col. 763].

1371 REIMERS (Resp.) [269, S. 29] cap. 2. §. 9.

(8.) Dann fragte sich THOMASIUS über das „Fideikommiss" (*fidei commissio*), das vom Erben nicht erfüllt wurde. RITTERSHAUSEN fasste diese Frage zusammen und antwortete: „Dann gibt es den nächsten Unterschied zum Erben, der den Willen des Hinterlassenden nicht erfüllt hat. Zwar soll man nach dem bürgerlichen Recht in diesem Fall den äußeren Erben und den Sohn voneinander unterscheiden, sodass der äußere Erbe, der den letzten Willen des Hinterlassenden nicht erfüllt hat, seine Erbfolge komplett verletzt und alles verliert, das ihm aufgrund eines Testamentes zugesprochen worden ist, wohingegen der Sohn, der als Erbe eingesetzt worden ist, nicht seine gesamte Erbfolge verletzt sondern sein Obligationsteil sicher erhält, auch wenn er dem letzten Willen des Hinterlassenden nicht gefolgt ist. [...] Nach dem kanonischen Recht beachtet man aber keinen Unterschied zwischen den Erben sondern es wird sowohl dem Sohn als auch dem äußeren Erben alles verboten und weggenommen, das ihnen hinterlassen worden ist, einschließlich aller Früchte und sonstiger Gewinne."[1372] THOMASIUS glaubte, dass dieser Unterschied demjenigen entspreche, den SCHILTER gezeigt hatte,[1373] das heißt, man könne nach dem kanonischen Recht den Erben zwingen, den letzten Willen des Hinterlassenden zu erfüllen, nach dem römischen Recht sei dies aber nicht möglich.[1374] Freilich sagte THOMASIUS, dass die obige kanonische Regel von Priestern erfunden worden sei, um die säkulare Welt zu beeinflussen und zu manipulieren.[1375]

(9.) Wenn der Erbe kein Inventar der Erbschaft anfertigt, dann verpflichtet er sich nach dem römischen Recht, alle Schulden zu übernehmen, auch wenn ihr Betrag größer als der Wert der Erbschaft ist (C 6.30.22.16), wohingegen die Untätigkeit des Erben nach dem kanonischen Recht nur dazu führt, dass er sein Obligationsteil verliert (X 3.26.18).[1376]

(10.) Laut RITTERSHAUSEN und SCHILTER besteht der zehnte Unterschied im Vermächtnis, das im unfertigen Testament erwähnt wird. Der Erbe müsse nämlich nach

---

1372 RITTERSHAUSEN [152, S. 279–280] lib. 4. cap. 6. „Sequitur alia differentia quoad heredem qui non implet voluntatem defuncti. Iure quidem civili distinguitur hoc casu inter heredem extraneum et filium: ut extraneus non implens ultimam voluntatem defuncti, omni penitus successione privetur, et perdat omnia sibi in eo testamento relicta: Filius autem heres institutus si non parcat ultimae voluntati defuncti, non plane omni successione privetur, sed legitimam retineat salvam. [...] At Canonico nullum servatur discrimen inter heredes, sed aeque filio atque extraneo, si non impleverit voluntatem defuncti, omnis res ei relicta cum fructibus et caeteris emolumentis interdicitur et aufertur."

1373 REIMERS (Resp.) [269, S. 12–13] cap. 1. §. 13.

1374 SCHILTER [162, S. 511] §. 71. „Iure ciuili heres non cogitur adire hereditatem. Iure canonico potest cogi, [...]".

1375 REIMERS (Resp.) [269, S. 30] cap. 2. §. 10.

1376 REIMERS (Resp.) [269, S. 14] cap. 1. §. 15. Vgl. dazu X 3.26.18: „[...] et salvo nihilominus ei ex iure institutionis beneficio legis Falcidiae, in restitutione praefati legati, si infra tempus legitimum voluntati paruerit testatoris, quum inventarium fecerit, [...]" FRIEDBERG (Hrsg.) [67, col. 546].

dem kanonischen Recht das Vermächtnis erfüllen, aber nach dem römischen Recht nicht.[1377] Wie THOMASIUS jedoch kritisierte, zitierten weder RITTERSHAUSEN noch SCHILTER Texte des kanonischen Rechts, die den Unterschied beweisen könnten,[1378] und deshalb lehnte THOMASIUS diesen Unterschied ab.[1379]

(11.) Wenn der Hinterlassende eine Sache, die ihm nicht gehört, bewusst vermacht, dann muss der Erbe nach dem römischen Recht das Vermächtnis erfüllen, indem er diese Sache für den gerechten Preis kauft oder demjenigen, der das Vermächtnis bekommen hat, den echten Wert bezahlt (Inst Iust 2.20.4, C 6.37.10), wohingegen das Vermächtnis einer fremden Sache nach dem kanonischen Recht ungültig ist (X 3.26.5).[1380] THOMASIUS wies hier darauf hin, dass GREGORIUS IX. das römische Recht falsch ausgelegt und es deswegen korrigiert habe.[1381] Dieser Papst habe nämlich geglaubt, dass man nach dem römischen Recht dem Eigentümer seine Sache abnehmen könne.

(12.) Es handelt sich hier um die Beziehung zwischen der *Lex Falcidia* und dem *Senatus consultum Pegasianum*. Nach der *Lex Falcidia* muss man beim Vermächtnis dem Erben ein Viertel des Nachlasses zukommen lassen und alle Legate werden verhältnismäßig gekürzt, wenn der Erblasser dieses Viertel belastet.[1382] Diese Regel umfasst aber keine Fideikommisse und deshalb ist ein neues Rechtsmittel in der Zeit des Kaiser VESPASIANUS erfunden worden, nämlich das *SC Pegasianum*, damit der Hinterlassende beim Fideikommiss mehr als drei Viertel der Erbschaft nicht herausgeben kann[1383] – Obwohl das Obligationsteil durch *SC Pegasianum* gestützt wurde, nannten SCHILTER und THOMASIUS es „Trebellianisches Teil" (*portio Trebellianica*).[1384]

---

1377 RITTERSHAUSEN [152, S. 302] lib. 4. cap. 10. „Heredem tametsi Iure civili non obligetur ad huiusmodi praestationem, tamen Iure naturali, ex conscientia, et in foro animae omnino eum teneri, [...]"; SCHILTER [162, S. 512] §. 72. „Iure ciuili heres ad praestanda legata in imperfecto testamento relicta, non tenetur, [...] Iure canonico tenetur: rationem habet Rittershus. de diff. iur. lib. 4. c. 10."

1378 REIMERS (Resp.) [269, S. 15–16] cap. 1. §. 17.

1379 REIMERS (Resp.) [269, S. 16] cap. 1. §. 18.

1380 REIMERS (Resp.) [269, S. 17] cap. 1. §. 19. Dazu vgl. X 3.26.5: „[...] Et quidem leges saeculi hoc habent, ut heres ad solvendum cogatur, si auctor eius rem legaverit alienam. Sed quia lege Dei, non autem lege huius saeculi vivimus, valde mihi videtur iniustum, ut res tibi legatae, quae cuiusdam ecclesiae esse perhibentur, a te teneantur, qui aliena restituere debuisti." FRIEDBERG (Hrsg.) [67, col. 540].

1381 REIMERS (Resp.) [269, S. 32] cap. 2. §. 13.

1382 KASER [87, S. 756].

1383 KASER [87, S. 762–763].

1384 SCHILTER [162, S. 512] §. 72.; REIMERS (Resp.) [269, S. 18] cap. 1. §. 20. Das *SC Trebellianum* lautet nur, dass sich der Erbe nach dieser senatorischen Bestimmung bei *fideicommissum* für die hinterlassenden Schulden nicht verpflichtet, auch wenn der Nachfolger zahlungsunfähig ist (D 36.1.1.2). KASER [87, S. 762]. Warum dieses Rechtsmittel *portio Trebellianica* heißt, ist zur Zeit unklar, aber möglicherweise besteht er in C 6.49.5.1 („[...] ultra quartam, quam penes eos sententia senatus consulti relinqui praecepit, [...]") oder in C 6.49.6 pr ([...] ut modis omnibus retenta

Aus dieser Erklärung folgt, dass sich die zwei Obligationsteile in den Gegenständen voneinander unterscheiden. Trotzdem meinte SCHILTER, dass der Erbe nach dem römischen Recht entweder das Obligationsteil der *Lex Falcidia* oder das Teil des *SC Pegasianum* auswählen könne, aber nach dem kanonischen Recht beide erhalten könne.[1385] THOMASIUS korrigierte dieses Missverständnis und wies darauf hin, dass das Obligationsteil der *Lex Falcidia* für das Vermächtnis, das Obligationsteil des *SC Pegasianum* jedoch für das Fideikommiss (*fideicommissum*) erfunden worden sei und deshalb das kanonische Recht falsch sei.[1386] Allerdings zitierte er in *Notae ad Pand.* SCHILTER, und er gestand einfach ein, dass die kanonische Regel in vielen Orten eingeführt worden sei.[1387]

(13.) Wenn man ein Vermächtnis erhält, dann hat man nach dem römischen Recht zur Erfüllung drei Möglichkeiten, nämlich mittels *actio personalis*, *rei vindicatio* und *actio hypothecaria* (Inst Iust 2.20.2, C 6.43.1).[1388] Die Kirche fügte noch zwei weitere Möglichkeiten hinzu, nämlich *condictio ex canone* und *imploratio officii Episcopi* (X 3.26.3).[1389] THOMASIUS sah diese neuen kanonischen Möglichkeiten als ein Mittel an, mit dem sich die Kirche in die säkulare Welt einmischen wollte.[1390]

(14.) Nach dem römischen Recht kann der „Haussohn" (*filiusfamilias*) kein Testament machen, auch wenn sein Vater zustimmt (D 28.1.6 pr), wohingegen er laut SCHILTER nach dem kanonischen Recht diese Möglichkeit habe.[1391] Laut THOMASIUS sei dieser Unterschied auch aus dem ehrgeizigen Streben der Kirche entstanden.[1392]

---

quarta pro auctoritate trebelliano senatus consulti, [...]). Auf jeden Fall wusste SCHILTER, dass das neue Obligationsteil nicht durch das *SC Trebellianum* sondern durch das *SC Pegasianum* eingeführt worden war. SCHILTER [165, S. 553] ad D 36.1, §. 8. „[...] vnde SCti Pegasiani nomen et auctoritas, quo SCtum Trebellianum partim confirmatum, partim ei derogatum fuit."

1385 SCHILTER [162, S. 512] §. 72. „Iure ciuili filius detractione vnius quartae contentus esse debet, scilicet vel legitimae vel Trebellianicae, [...] Iure canonico vtrasque detrahere potest, [...]".

1386 REIMERS (Resp.) [269, S. 33] cap. 2. §. 14.

1387 THOMASIUS [197, S. 293] Vgl. SCHILTER [165, S. 555b] ad D 36.1, §. 18. „Vtut vero haec ita sint, obtinuit tamen nouissima prudentum interpretatione et vsu fori, vt liceat hodie filio et legitimam et praeterea Trebellianicam deducere."

1388 REIMERS (Resp.) [269, S. 18–19] cap. 1. §. 21.

1389 REIMERS (Resp.) [269, S. 19] cap. 1. §. 21.

1390 REIMERS (Resp.) [269, S. 35–36] cap. 2. §. 20.

1391 SCHILTER [162, S. 509–510] §. 71. „* Addo: iure ciuili filiusfamilias non potest testari, etiam patre permittente l. 6. pand. de testam. Iure canonico potest, arg. c. licet de sepult. 6."

1392 REIMERS (Resp.) [269, S. 35–36] cap. 2. §. 20.

### 5.3.5 Das Obligationsteil

Die wichtigste Regel über das Obligationsteil war damals die *Lex Falcidia*, die im Jahr 40 v. Chr. erlassen wurde, „indem sie dem Erblasser gestattet, nur über drei Viertel der Erbschaft zu verfügen."[1393]

Jetzt stellt sich die Frage, ob diese Regel dem Naturrecht entspricht oder nicht. Laut STRYK waren zwar alle Juristen damit einverstanden, dass man durch Gesetzgebung das Verhältnis des Obligationsteils verändern könne, weil sich dieses Verhältnis lediglich auf das römische Recht begründe, aber sie hätten miteinander gestritten, ob man das Obligationsteil an sich verweigern dürfe oder nicht.[1394] GAIL behauptete, dass man dem Erben dieses Recht nicht wegnehmen dürfe, denn das Obligationsteil an sich werde nach dem Naturrecht festgestellt.[1395] Dagegen glaubte STRYK, dass man das Obligationsteil vollständig ablehnen könne, sofern für die Erben der Unterhalt bleibe, den das Naturrecht verlange[1396] – Diese Erklärung führt zu der Frage, ob man diesen Unterhalt als Obligationsteil bezeichnen kann, aber ich möchte hier auf diesen Schwerpunkt nicht näher eingehen.

Anhand der obigen Erklärungen kann man bereits vermuten, dass THOMASIUS das Obligationsteil nicht als ein Naturrecht angesehen haben muss. Es wäre nämlich nicht konsequent, wenn THOMASIUS einerseits das Testament nicht als ein Naturrecht anerkannt hat, aber anderseits das Obligationsteil als ein Naturrecht angesehen hätte. THOMASIUS behandelte das Thema in der Dissertation *De legitima viventis* (1700) und stimmte tatsächlich der Verneinung von STRYK zu.[1397] Der hauptsächliche Grund besteht darin, dass Eltern keine Pflicht hätten, ihren Kindern etwas zu hinterlassen, wenn diese schon erwachsen seien und keinen Unterhalt mehr benötigten.[1398] Seiner Meinung nach sei es deshalb nicht unbillig, wenn Eltern ihren Kindern nichts hinterlassen würden, insbesondere wenn die Kinder selbst über Vermögen verfügen würden.[1399]

Die Regelung des Obligationsteiles hängt demnach lediglich von positiven Rechten ab, und diese These entspricht der damaligen Tatsache, dass in Deutschland

---

1393 KASER [87, S. 756].

1394 STRYK [181, col. 276] ad D 5.2, §. 17. „Verum cum in confesso aoud dd, sit, legitimam ex mero jure positivo esse, et hinc aliis legibus vel augeri, vel minui posse; [...] In eo tamen non conveniunt dd. an statuto penitus tolli possit?".

1395 GAIL [69, fol. 265va] lib. 2. obs. 122. n. 2–3. „Etliche wollen/ es könne der kinder pflichtig erbtheil/ durch ein statutum oder gewohnheit geringert/ aber nicht gentzlich auffgehaben werden/ wegen vrsach. Erstlich/ daß dasselbige den kindern von natürlichen Rechtswegen gebüret/ [...]".

1396 STRYK [181, col. 276–277] ad D 5.2, §. 17. „Verum legitima cum jure naturae nihil commune habet, nisi quatenus continet alimenta; ad haec enim praestanda, naturalis quaedam inter liberos et parentes obligatio est: [...]".

1397 RIESE (Resp.) [271, S. 70] cap. 3. §. 23.

1398 RIESE (Resp.) [271, S. 70] cap. 3. §. 23.

1399 RIESE (Resp.) [271, S. 70] cap. 3. §. 23.

einige Orte weder die *Lex Falcidia* noch das *SC Trebellianum* benutzt hätten.[1400] Dabei zitierte THOMASIUS SCHILTER und dieser schrieb: „Im deutschen Gerichtshof wird die Gnade der *Lex Falcidia* nicht überall anerkannt, beispielsweise nicht in Nürnberg."[1401]

## 5.3.6 Die Enterbung

Im Zusammenhang mit der „Enterbung" (*exheredatio*) beschäftigte sich THOMASIUS in der Dissertation *De Noricorum causis adimendi legitimam* (1703) mit der Reformation in der Stadt Nürnberg.[1402]

Was die Gesetzgebungslehre betrifft, so ist es eine wichtige Frage, warum THOMASIUS das nürnbergische Stadtrecht in Betracht gezogen hat. Wie bereits oben erklärt worden ist, bedeutet bei THOMASIUS der Begriff „deutsches Recht" (*ius Germanicum*) keineswegs positive Rechte, die in Deutschland gelten, sondern solche Sitten, die laut THOMASIUS normalerweise im Sachsenspiegel reflektiert werden. THOMASIUS hat in *Notae ad Pand.* (1713) die Dissertation zweimal zitiert und aus diesen Zitaten folgt, dass die nürnbergische Reformation an sich für THOMASIUS nicht entscheidend gewesen ist, denn er hat seine Thesen durch den Sachsen- oder den Schwabenspiegel ergänzt.[1403] Wahrscheinlich begründet sich das Thema „die nürnbergische Reformation" dieser Dissertation hauptsächlich nur darauf, dass der Kandidat SANDRART aus Nürnberg gekommen ist.

SANDRART führte zehn Gründe an,[1404] aus denen Eltern nach nürnbergischem Recht ihre Kinder enterben dürften. Alle Gründe beziehen sich auf respektloses oder problematisches Verhalten gegenüber den Eltern, das heißt, wenn ein Kind

1400 THOMASIUS [197, S. 292].

1401 SCHILTER [165, S. 551b] ad D 35.2, §. 138. „[...] in foro Germanico non vbiuis admissum est beneficium legis Falcidiae. Non in republica Norica."

1402 Zu dieser Reformation siehe KÖBLER [90, S. v–xxviii]. Erst 1473 wurde vielleicht eine Verbesserung angeführt, die noch nicht als „Reformation" bezeichnet wurde. KÖBLER [90, S. xxii]. Dann beschloß im Jahr 1479 der Rat, dass eine neue Reformation geplant werden sollte, und im Jahr 1483/1484 wurden die Texte in die Setzerei geliefert. KÖBLER [90, S. xxiv]. WESENBERG=WESENER wies darauf hin: „Die erste Aussage der Nürnberger Reformation (1479) hält sich allerdings noch weitgehend an die deutsche Rechtssprache und Gesetzgebungstechnik. [...] Die >erneute Reformation< von 1564 ist schon viel fortschrittlicher und steht stärker unter dem Einfluß des römischen Rechts." WESENBERG=WESENER [310, S. 102]. THOMASIUS erwähnte sogar auch eine noch spätere Version, die im Jahr 1664 verfasst wurde. SANDRART (Resp.) [274, S. 9] §. 8.

1403 THOMASIUS [197, S. 77; 102].

1404 THOMASIUS und der Kandidat SANDRART versuchten, diese Regel mit dem Justinianischen Recht zu vergleichen (Nov 115), und dieser Versuch entsprach der Tatsache, dass die nürnbergische Reformation des Erbrechtes durch dieses römische Recht stark beeinflusst wurde. Vgl. hierzu KÖBLER [90, S. xxv].

(1.) seine Eltern schlägt,[1405] (2.) beleidigt,[1406] (3.) wegen peinlicher Sachen verklagt,[1407] (4.) versucht sie zu ermorden,[1408] (5.) mit seinem Stiefvater oder seiner Stiefmutter eine unziemliche, ungebührliche Beziehung verbindet,[1409] (6.) seinen Eltern nicht hilft, obwohl sie unter hohen Schulden leiden,[1410] (7.) verhindert, dass seine Eltern ein Testament machen oder ihren letzten Willen erklären,[1411] (8.) einen solchen Handel treibt, den man damals für unehrenhaft hielt,[1412] (9.) insbesondere bei Töchtern, die sich als Dirnen verdingen,[1413] oder (10.) seine Eltern, die geistesgestört, schwer krank oder ziemlich arm sind, aussetzt,[1414] dann können diese es von der Erbschaft ausschließen.

Das Thema die „Enterbung" (*exheredatio*) behandelte THOMASIUS auch kurz in *Notae ad Inst.* (1712): Soll der Hinterlassende im Testament über jeden Sohn verfügen, muss er je einen Sohn zur Erbfolge bestimmen oder ihn von dieser ausschließen? THOMASIUS berief sich einfach auf Nov 115.3 und zwar müsse der Hinterlassende in seinem Testament unbedingt über jeden Sohn bestimmen, wie dieser Sohn bei der Erbfolge behandelt werden müsse, sonst würde das Testament ungültig werden.[1415] THOMASIUS fügte dabei eine Ausnahme des deutschen Rechts hinzu, das heißt, wenn alle Kinder dieses Testament qua Vereinbarung anerkennen würden, dann könne man es wieder vollstrecken.[1416] In diesem Fall könne man gegen die Behauptung einen „Einwand aufgrund der Vereinbarung" (*exceptio pacti*) vorbringen, dass das Testament ungültig sei.[1417]

---

1405 SANDRART (Resp.) [274, S. 5] §. 4.
1406 SANDRART (Resp.) [274, S. 9] §. 8.
1407 SANDRART (Resp.) [274, S. 10–11] §. 10.
1408 SANDRART (Resp.) [274, S. 12–13] §. 13.
1409 SANDRART (Resp.) [274, S. 13–14] §. 14.
1410 SANDRART (Resp.) [274, S. 14] §. 15.
1411 SANDRART (Resp.) [274, S. 17–18] §. 19.
1412 SANDRART (Resp.) [274, S. 18–19] §. 20.
1413 SANDRART (Resp.) [274, S. 36–37] §. 41.
1414 SANDRART (Resp.) [274, S. 43–44] §. 49.
1415 THOMASIUS [196, S. 186]. Im originalen Text zeigt sich Nov 117.3, aber dies muss ein Druckfehler sein. Vgl. auch SCHILTER [165, S. 469ab] ad D 28.2, §. 56. „Atqui institutio heredis, qua praeteritus fuit v.g. filius emancipatus, aut nec emancipatus a matre aut auo materno, est ipso iure nulla, [...]".
1416 THOMASIUS [196, S. 186].
1417 Vgl. dazu auch SCHILTER [165, S. 469b–470a] ad D 28.2, §. 57. „Etsi igitur testamentum ab initio vitiosum sit, nec per tale pactum confirmari possit, tamen non datur actio nullitatis aduersus tabulas, propter exceptionem pacti, moribus nostris validi."

# 6. Personenrecht

## 6.1 Die Stellung des Themas

### 6.1.1 Was bedeutet hier *ius singulare*?

THOMASIUS wollte *ius singulare* im letzten Kapitel der *Institutiones jurisprudentiae Germanicae* behandeln. Was bedeutet der Begriff „Sonderrecht" (*ius singulare*) hier? Wenn man von *ius singulare* spricht, dann versteht man darunter normalerweise ein Privileg (D 1.3.16).[1418] Trotzdem kann man sicher davon ausgehen, dass THOMASIUS unter diesem Wort nicht „Privileg" (*privilegium*) sondern „Personenrecht" (*ius personarum*) verstanden hat. Denn THOMASIUS legte den Gegenstand dieses Kapitels fest als „Über **das Sonderrecht** [Hervorhebung nicht im Original], das sich aus unterschiedlichen Ständen von Personen entwickelt hat" (*de jure singulari ex diverso statu personarum orto*),[1419] und ergänzte wie folgt: „Auch wenn **das Personenrecht** [Hervorhebung nicht im Original] nämlich in *Institutiones Justiniani* am Anfang erklärt wird, finde ich es aber mit der guten Methode für angemessener, dass man **verschiedene Rechte von unterschiedlichen Personen** [Hervorhebung nicht im Original] im letzten Kapitel nach den allgemeinen Regeln behandeln sollte, als seien sie die Ausnahmen der allgemeinen Regeln."[1420] Demnach ist der Titel dieses Kapitels nicht Privileg sondern Personenrecht, obwohl THOMASIUS das Wort *ius singulare* gebraucht hat.[1421]

---

1418 Vgl. dazu *HRG* [58, col. 2008] zu „Privileg" (MOHNHAUPT); MOHNHAUPT [132, S. 376] „Die ‚jura singularia' – oder Privilegien ‚im weiteren Verstande' des römischen Rechts legitimieren sich aus einer begründeten Zweckmäßigkeit bzw. Nützlichkeit, die es erlaubt oder gar dazu zwingt, Ausnahmen von der allgemeinen Regel des Gesetzes zu machen: [...]" Ein Beispiel zeigt sich in ENENKEL [56, S. 3] lib. 1. cap. 1. n. 6. „Et in hac ipsa ad ius potius commune, cuius comparatione et respectu priuilegia ius singulare vocamus, [...]".

1419 Nach der Übersetzung des Verfassers, s. NESEN [260, S. 5] prooem. 10.

1420 Nach der Übersetzung des Verfassers, s. NESEN [260, S. 5] prooem. 11. „Etsi enim de jure personarum in institutionibus Romanis primo loco agatur, convenientius tamen regulis bonae methodi videtur esse, si variantia jura personarum diversarum post communes regulas, tanquam harum exceptiones tractentur loco ultimo."

1421 Vgl. zum damaligen Personenrecht *HRG* [58, col. 1623–1626] zu „Personenrecht" (MAYER-MALY).

### 6.1.2 Der Umfang des Personenrechts

Daraus stellt sich die interessante Frage, warum THOMASIUS das „Sonderrecht" (*ius singulare*) mit dem „Personenrecht" (*ius personarum*) verbunden hat.[1422] Ein Grund besteht zumindest darin, dass sich THOMASIUS stark gegenüber dem Sonderrecht bzw. dem Privileg im Allgemeinen ausgesprochen hat. Wenn man dieses Thema auf den Gesetzgebungsbereich beschränkt, dann lässt es sich wie folgt formulieren: „Es war also die ohnehin als Vorarbeiter an der Gesetzgebung angesehene Rechtswissenschaft, die die aus den unterschiedlichen Rechtsquellen hervorgehenden, material begründeten Abweichungen vom Allgemeinen sammelte, neue hinzufügte und dieser Vielfalt Gestalt und in begrenztem Maße auch Einheit verlieh. Sie produzierte dabei mit den Sonderrechtssammlungen Wissensspeicher von Vorschriften, die dem Gebot der *aequitas* Rechnung tragen sollten."[1423]

#### *(1.) Der Ausschluss des Lehnsrechts*

Die erste Voraussetzung ist es, dass THOMASIUS solche Rechte, die nach dem Lehnsrecht geregelt werden sollen, nicht in Betracht gezogen hat, weil seiner Meinung nach das Lehnsrecht eher zum öffentlichen Recht gehöre (siehe oben 2.1.2). Durch diese Einschränkung der Erklärung werden viele Privilegien, die sich auf das Lehnsrecht begründen, ausgeschlossen. Deshalb lässt sich bei THOMASIUS auch das „Sonderrecht" (*ius singulare*) zwangsläufig auf das Privatrecht einschränken.[1424]

#### *(2.) Keine Bevorzugung von „mitleidswürdigen Personen"* (personae miserabiles)

THOMASIUS hat erst in *Notae ad Pand.* (1713) seine allgemeine Meinung über das Sonderrecht von mitleidswürdigen Personen dargelegt und gemeint, dass man immer überprüfen sollte, ob ein Sonderrecht, das sich auf mitleidswürdige Personen bezieht, in Deutschland rezipiert worden sei oder nicht, weil man vor der Rezeption des römischen Rechts ein solches Sonderrecht nicht gekannt habe.[1425] Er kritisierte, dass sich Juristen unvorsichtigerweise auf die „einzelne Billigkeit des römischen Rechts" (*aequitas singularis Romana*) verlassen hätten und deshalb dieses Privileg an vielen Orten durch Universitäten rezipiert oder sogar in extensiver Weise ausgelegt

1422 Der Begriff „Sonderrecht" (*ius singulare*) bedeutete in der Neuzeit: „Aus einer Rechtskultur, die keine systematische Geschlossenheit kannte, über einem Rechtsquellenpluralismus errichtet war, der ein spezifischer Geltungsbegriff und ein anderes Verständnis wissenschaftlichen Arbeitens zugrundlagen." DUVE [50, S. 272].

1423 DUVE [50, S. 273–274].

1424 Dies bedeutet, dass viele Sonderrechte von *IJG* ausgeschlossen werden, weil „das Lehnsrecht an sich eher eine Art privilegierendes Sonderrecht bildet." OPSOMMER [137, S. 224].

1425 THOMASIUS [197, S. 97].

worden sei.[1426] THOMASIUS führte folgendes Beispiel an, bei dem sich „ernsthaft" (*absque joco*) die extensive Auslegung hinterfragen lässt. HUBER schrieb nämlich: „Meistens gilt auch für Jungfrauen das Gleiche, das in C 3.14.1 über Witwen erklärt wird."[1427] THOMASIUS behauptete, dass diese unvorsichtige Annahme die deutsche Justiz in Unordnung gebracht habe.[1428] In der Dissertation *De protractione iustitiae per amicabilem compositionem partium litigantium a iudice tentandam* (1721) sah THOMASIUS außerdem die Bevorzugung von „mitleidswürdigen Personen" als einen „Ausgleich, mit dem nur eine Partei zufrieden ist" (*compositio amicabilis*) an,[1429] und gelangte zu dem Schluss: „Es trägt normalerweise zu nichts anderem bei, als einen Prozess zu verzögern, wenn man einen Richter beeinflusst, eine einseitige Beilegung zu finden."[1430]

Diese Meinung entspricht dem damaligen Gesetzgebungsziel, dass ein allgemeines Gesetzbuch verfasst werden sollte, und zwar zeigt sich hier der Konflikt

---

1426 THOMASIUS [197, S. 97]. BEYER, dessen Werk hier THOMASIUS zitierte, nannte die folgenden Personen: „Kinder" (*pupilli*), „Witwen" (*viduae*), „Kränkliche" (*morbo fatigati*), „Alte" (*decrepiti*), „Jungfrauen" (*virgines*), „Blinde" (*caeci*), „Arme" (*paupe-res*), „Kriegsgefangene" (*captivi*), „Ausländer" (*peregrini*), „Bauer" (*rustici*), „später getaufte Juden" (*Judaei noviter baptizati*), „Dirne" (*meretrices*) und „Kirchen" (*ecclesiae*) Vgl. BEYER [18, S. 214–215] ad D 5.1, §. 120–122. Auf jeden Fall stellte BEYER fest, dass es Richtern überlassen werden sollte, die Gegenstände zu bestimmen (*arbitrium judicis*). BEYER [18, S. 215] ad D 5.1, §. 123. Vgl. zu der Entwicklungsgeschichte dieses Begriffes „mitleidswürdige Personen" (*personae miserabiles*) DUVE [50, S. 102–144].

1427 Nach der Übersetzung des Verfassers, s. HUBER [83, S. 270b] ad D 5.1, n. 60. „Quod de viduabus habetur in l. un. plerique de virginibus etiam intelligunt, [...]". Hier möchte ich THOMASIUS eher nicht zustimmen, weil HUBER in diesem Zusammenhang seine extensive Interpretation begründet hat. (D 50.16.242.3).

1428 THOMASIUS [197, S. 97]. Vgl. zur damaligen Diskussion von anderen Juristen DUVE [50, S. 120–121]. Anhand dieser Erklärung kann man erkennen, dass THOMASIUS das Rechtssystem des Heiligen Römischen Reichs Deutscher Nation nicht in Betracht gezogen hat (siehe oben 2.3.5). Denn STRYK erläuterte das Sonderrecht in Deutschland wie folgt: „Puto nec in his recursum ad imperatorem patere miserabilibus personis; gaudent enim imperii status vi superioritatis territorialis, eodem jure in suis territoriis, quo imperator in imperio, cui cohaeret jus de non evocando subditos ad aliud tribunal, nisi causa per appellationem eo legitime devoluta. Usus ergo d. l. unic. adhuc hodie non quidem quoad imperatorem, bene tamen quoad principes imperii salvus est, quod scil. persona miserabilis omisso judice inferiore, mox coram territorii domino experiri possit." STRYK [181, col. 268] ad D 5.1, §. 31. THOMASIUS ignorierte die vorherige Beziehung zwischen dem Reichskammergerichtshof und anderen Territorien, obwohl er gerade diese Stelle von STRYK zitierte. THOMASIUS [197, S. 97].

1429 WALTHER (Resp.) [291, S. 9] cap. 1. §. 5.

1430 Nach der Übersetzung des Verfassers, s. WALTHER (Resp.) [291, S. 47] cap. 3. §. 4. „Praeceptum judici tentamen amicabilis compositionis, ad nihil communiter aptum est, quam ad protrahendam justitiae administrationem."

zwischen dem Allgemeinen und dem Besonderen bzw. zwischen dem Universalismus und dem Partikularismus.[1431] Sie entspricht auch dem Begriff der „aufklärerischen Kodifikation" und dem „universalen Recht" (*ius universale*).[1432] Wenn man das universale Recht durchsetzen möchte, wird das Sonderrecht auf solche Leute eingeschränkt, die damals trotz der Universalität des Rechts nicht gleich behandelt worden und dem Personenrecht unterstellt waren, beispielsweise Frauen, Kinder oder Leibeigene. Es ist nicht unangemessen, wenn man Sonderrecht als Personenrecht auffasst, sofern das Sonderrecht niemandem begünstigt sondern vom allgemeinen Recht in notwendiger Weise abweicht, weil manche Rechte von Kindern (beispielsweise das Recht, aufgezogen zu werden) im obigen Sinne deutlich „Personenrechte" (*iura personarum*), jedoch keine Privilegien sind.[1433]

Demnach handelt es sich in diesem Kapitel nur um solche Personenrechte, die nicht als Privilegien bezeichnet werden konnten und zumindest damals für allgemein gehalten worden sind, nämlich der Hausvater, die Frau und die Kinder, deren Beziehungen noch heute durch das Familienrecht geregelt werden.

## 6.2 Allgemeine Einteilung der Menschen

### 6.2.1 Die erste Einteilung in *liber* und *servus*

*Was gilt für die Sklaverei?*

Es ist relativ sicher, dass THOMASIUS mit der Einteilung zwischen „Freien" (*liber*) und „Sklaven" (*servus*) begonnen hat. Denn auch Kaiser JUSTINIANUS hatte sich bereits

---

1431 Hier ist es wichtig, dass THOMASIUS das Privileg grundsätzlich nicht ablehnen wollte. Auch im *ALR* blieb das Privileg in der Weise beschränkt, dass es lediglich durch die allgemeinen Regeln des *ALR* abgeleitet werden konnte. Vgl. *ALR* Einleitung §§ 53–72. Auch wenn THOMASIUS die Allgemeinheit des Rechts beachtet hat, hat es demnach zwischen seiner Meinung und der Idee der französischen Revolution einen erheblichen Unterschied gegeben und man kann in diesem einen Beweis des thomasianischen Absolutismus finden.

1432 Vgl. zur Beziehung zwischen der Kodifikation und dem universalen Recht MOHNHAUPT [134, S. 214–219]: „Das Spannungsverhältnis zwischen Generalisierung und Differenzierung gehört zur Signatur der Gesetzgebung besonders im Ständestaat des Ancien Régime. Das läßt sich auch in Beispielen zur Gesetzgebungstheorie und Gesetzgebungsgeschichte Brandenburg-Preußens in dreifacher Weise beleuchten", nämlich *Prudentia legislatoria, bonum commune* und *ius certum*, zu denen THOMASIUS mehr oder weniger beitrug.

1433 Es ist jedoch unklar, inwieweit THOMASIUS die Allgemeinheit des Rechts durchsetzen wollte. Meines Erachtens war er dem Sonderrecht nicht so feindlich gesinnt wie MARTINI, der glaubte: „[Der Regent] muß daher die besondern Umstände des Staates untersuchen, mehrere um Rath fragen, seinen Bürgern mit einem guten Beispiele in Beobachtung der Gesetze vorgehen, und Privilegien, welche immer Wunden der Gesetze sind, sehr selten ertheilen." MARTINI [125, S. 99] §. 244.

mit dieser Thematik in *Institutiones Justiniani* beschäftigt, die THOMASIUS hier in Betracht zog, um diese Einteilung zu erklären (Inst Iust 1.3.1).

THOMASIUS definierte zunächst die Wörter „Freiheit" (*libertas*) und „Dienstbarkeit" (*servitus*): „Echte Freiheit ist folglich, dass man keine Dienste erbringen muss."[1434] Da diese Definition nicht so klar ist, hat THOMASIUS noch einige Bedingungen hinzugefügt. Der ersten Bedingung nach umfasse der Begriff „Dienstbarkeit" (*servitus*) nur die Fälle, in denen man rechtlich dazu gezwungen werde.[1435] Man ist kein Sklave, wenn man nur mit Gewalt oder auf unrechte Art und Weise gezwungen wird. Die zweite Bedingung besteht darin, dass Dienste nicht für Sklaven selbst sondern für andere Leute einen Nutzen haben müssten.[1436] Wenn man für sich selbst etwas machen muss, dann ist man kein Sklave, wohingegen man als Sklave arbeitet, wenn man etwas für andere Leute leisten muss.

Laut THOMASIUS gebe es die Sklaverei auch im natürlichen Zustand und sie entspreche dem Naturrecht.[1437] Dies bedeute jedoch nicht, dass man nach dem Naturrecht die Sklaverei einzuführen habe, sondern dass man selbst entscheiden könne, ob man sowohl im natürlichen Zustand als auch in einer Gemeinschaft die Sklaverei einführen möchte oder nicht.[1438] Auf jeden Fall glaubte THOMASIUS, dass die Sklaverei früher ein Völkergemeinrecht gewesen und deshalb auch in Deutschland anerkannt worden sei.[1439]

### *Wie viele Arten von* liberi *und* servi *gibt es? (1.) In der Familie*

THOMASIUS zweifelte nicht daran, dass es viele verschiedene Arten von „Freien" (*liberi*) und „Sklaven" (*servi*) im weiteren Sinne gebe. Zuerst erläuterte er die Beziehungen in der Familie:[1440]

1. Vater: *liber*
2. Mutter: halb *liber* halb *servus*
3. Kinder: *liber*
4. Sklaven:
   a. Sklaven ohne Löhne: *servi*
   b. Sklaven mit Löhnen: *servi*

THOMASIUS begründete diese Tabelle damit, dass nur solche Leute Sklaven seien, die nicht für sich selbst sondern für andere Leute etwas tun müssten. Der Vater, der in diesem Kontext als „Hausvater" (*paterfamilias*) bezeichnet wird, sei kein

1434 LAHR (Resp.) [254, S. 24] §. 40. „Ita libertas vera est carentia servitutis."
1435 LAHR (Resp.) [254, S. 24] §. 40.
1436 LAHR (Resp.) [254, S. 24] §. 40.
1437 THOMASIUS [203, S. 383] lib. 3. cap. 5. §. 29.
1438 THOMASIUS [203, S. 383] lib. 3. cap. 5. §. 30–31.
1439 PORTZEN (Resp.) [266, S. 16] cap. 2. §. 2.
1440 LAHR (Resp.) [254, S. 25] §. 41.

Gehorchender oder Sklave, weil er in seinem eigenen Haus von niemandem zu etwas gezwungen werden könne.[1441]

Die Mutter sei zwar keine Sklavin, weil sie nicht so viele Arbeiten zu verrichten habe, die gegen ihren Willen für das Haus ihres Mannes notwendigerweise zu tun seien, aber sie sei nur teilweise frei, weil diese Arbeiten auf Befehl ihres Mannes ausgeführt werden müssten.[1442]

Sind Kinder frei oder sind sie Sklaven? Obwohl die Mutter nur teilweise frei sei, seien Kinder laut THOMASIUS völlig frei, da alles, was sie machen müssten, nicht für andere Leute sondern nur für sie selbst zu erledigen sei, damit sie aufwachsen könnten.[1443]

Die Leute, die hier als *servus* bezeichnet werden, seien natürlich Sklaven i. w. S. und es sei nicht entscheidend, ob sie für ihre Arbeit Lohn bekämen oder nicht.[1444] Zwar könne man sagen, dass Sklaven, die keinen Lohn erhielten, sich in einer schlechteren Lage befänden, als andere Sklaven, die Lohn bekämen, aber dieser wirtschaftliche Unterschied habe hier keinen Einfluss auf die juristische Einteilung der Bevölkerung.[1445]

### *(2.) In Gesellschaften, die kleiner sind als ein Staat*

Was gilt, wenn einige Hausväter durch eine Übereinkunft eine Gesellschaft bilden? Würden sie ihre Freiheit verlieren und zu Sklaven werden, weil sie sich gegenseitig zwingen könnten etwas Notwendiges zu tun, um ihre Gesellschaft aufrechtzuerhalten? THOMASIUS verneinte dies. Er war der Ansicht, dass die Hausväter noch als frei zu bezeichnen seien, denn sie seien sich untereinander keinem Gehorsam verpflichtet, sondern sie könnten sich nur aufgrund ihres Versprechens zwingen, das sie bei der Gründung ihrer Gesellschaft abgegeben hätten.[1446]

### *(3.) Im Staat*

Gilt im Staat auch die Regel, dass Hausväter ihre Freiheit nicht verlieren, obwohl sie gezwungen werden können, etwas für ihren Staat zu tun? THOMASIUS unterschied folgende drei Arten von Staaten, nämlich den demokratischen Staat, den aristokratischen Staat und die Monarchie.[1447] Hier sollte man sich erinnern, dass Preußen

1441 LAHR (Resp.) [254, S. 25] §. 41.
1442 LAHR (Resp.) [254, S. 25] §. 41.
1443 LAHR (Resp.) [254, S. 25] §. 41.
1444 LAHR (Resp.) [254, S. 25] §. 41.
1445 LAHR (Resp.) [254, S. 25] §. 41.
1446 LAHR (Resp.) [254, S. 26] §. 42.
1447 LAHR (Resp.) [254, S. 26–27] §. 43–44. Man sollte hier vorsichtig sein, weil das Wort *monarchia* nur den Staat bezeichne, in dem ein Herrscher die gesamte Macht habe und er nicht von Untertanen und sogar nicht von Adeligen gestört werden dürfe. LAHR (Resp.) [254, S. 26] §. 44.

eine Monarchie war, der THOMASIUS sich bedingungslos unterwerfen musste. Er behauptete, dass im demokratischen und im aristokratischen Staat die obige Regel gelte, dass Hausväter noch frei seien,[1448] wohingegen es in der Monarchie die Regel gebe, dass alle Untertanen unfrei, d. h. „Sklaven" (*servi*) seien.[1449]

Während ein „Sklave" (*servus*), der in einer Familie Arbeiten zu verrichten habe, sich einer „häuslichen Dienstbarkeit" (*servitus familiaris*) unterwerfe, verpflichte sich ein anderer Sklave, der für die Monarchie Arbeiten verrichten müsse, für eine „staatliche Dienstbarkeit" (*servitus patria*).[1450] Wenn ein Mann in seiner Familie als Herr angesehen werden könne, sei er ein „Hausvater" (*pater familias*), wenn aber ein Mann in seinem Staat ein Monarch sei, sei er ein „staatlicher Vater" (*pater patriae*).[1451] Gibt es zwischen diesen zwei verschiedenen Dienstbarkeiten einen Unterschied? THOMASIUS machte hier keinen Unterschied, sondern versuchte eine Ähnlichkeit zwischen beiden Vätern zu finden. Seiner Meinung nach sei eine Monarchie nämlich wie eine große Familie und eine Familie wie eine kleine Monarchie.[1452]

THOMASIUS erklärte in der Dissertation *De hominibus propriis et liberis Germanorum* (1701) die Einteilung der Bevölkerung in der Monarchie ausführlicher als in anderen Herrschaftsformen. Er erstellte dabei folgende Tabelle:[1453]

- „Herrscher" (*princeps*): *dominus* und *liber*
- „Adelige" (*nobiles*)
    - o in Bezug auf ihren Herrscher: *servus*
    - o in Bezug auf andere Untertanen: *dominus* und *liber*
- „Bürger" (*plebejus*)
    - o für den Herrscher: *servus*
    - o in der Familie: *dominus* und *liber*

---

1448 LAHR (Resp.) [254, S. 26] §. 43.

1449 LAHR (Resp.) [254, S. 26] §. 44. Die Äußerung bedeutet in diesem Kontext nicht, dass alle Bürger in einer Monarchie Sklaven im römischen Sinne wären. Das Wesentliche dieser Meinung war, dass Bürger in einem monarchischen Staat nach Belieben des Monarchen zu etwas gezwungen werden könnten wie Sklaven nach dem Belieben des Hausvaters. THOMASIUS behauptete hier, dass der Herrschende Gesetze unmittelbar für seine Vorteile bestimmen dürfe. LAHR (Resp.) [254, S. 26] §. 44. In diesem Staatssystem entspreche das Wort „Nützlichkeit" (*utilitas*) dem Wort „Gerechtigkeit" (*iustitia*), weil der Herrschende das Recht habe, alles zu tun, was er machen wolle. LAHR (Resp.) [254, S. 27] §. 44. Kurz gesagt: „Der Herrscher als der Kopf der Monarchie" (*Princeps tanquam caput Monarchiae*). LAHR (Resp.) [254, S. 28] §. 45. Diese Macht lässt sich auch durch den Begriff Wohlfahrtsstaat nicht einschränken, denn was für den Staat gut sei, werde vom Herrschenden bestimmt. LAHR (Resp.) [254, S. 28] §. 44. Man kann hier sicher den thomasianischen Absolutismus finden.

1450 LAHR (Resp.) [254, S. 28] §. 45.

1451 LAHR (Resp.) [254, S. 28] §. 45.

1452 LAHR (Resp.) [254, S. 28] §. 45.

1453 LAHR (Resp.) [254, S. 37] §. 56.

- „Diener“ (*famulus*): *liber* und *servus*
  - o in Bezug auf den Hausvater: *servus*
  - o in Bezug auf den Leibeigenen (*homo proprius*): *liber*
- „Leibeigene“ (*homo proprius*): *servus*

Anhand dieser Einteilung stellte THOMASIUS fest, dass der „Herrscher“ (*princeps*) in seiner Monarchie absolut der „Herr“ (*dominus*) sei und deswegen absolut ein „freier Mensch“ (*liber*) sei. „Adelige“ (*nobiles*) seien in Bezug auf ihren Herrscher „Sklaven“ (*servi*), aber in Bezug auf niedere Stände seien sie auch Herren: „Auch wenn sich Adelige in einer Monarchie bezüglich der Freiheit von den Bedingungen des Senates oder der Aristokraten in einem aristokratischen Staat vollständig unterscheiden, weil die Adeligen in der Monarchie nicht nur einzelne Untertanen sondern auch ‚Sklaven‘ (*servi*) ihres Herrschenden sind[, wohingegen weder der Senat noch die Aristokraten in dem aristokratischen Staat Sklaven sondern Herrscher an sich sind], sind die Adeligen gegenüber anderen Untertanen im folgenden Aspekt sogenannte ‚Zwischenherren‘ (*domini intermedii*), dass sie auch in der Monarchie eine Herrschaft ausüben, die jedoch von ihrem Herrscher abhängt [d. h. von der Erlaubnis ihres Herrschers abhängt], und sie sind aus dem folgenden Grund sogar ‚Freie‘ (*liberi*), denn viele Handlungen der Adeligen werden durch das Privileg des Herrschers unbeschränkter als die sonstiger Untertanen gemacht, als ob sie sehr gute Sklaven des Herrschers wären.“[1454]

Was bedeutet das lateinische Wort *plebejus* in diesem Zusammenhang? THOMASIUS definierte das Wort nicht im römisch-geschichtlichen Sinne, sondern in seinem Sinne: „Das heißt, einfache Untertanen, die keine Beamten sind.“[1455] Folglich kann man diese Klasse „Bürger“ nennen. In dieser Definition seien zwar Bürger Sklaven der Monarchie, aber sie seien sowohl frei als auch Herren in ihren Familien.[1456]

Ein „Diener“ (*famulus*), der durch Arbeit Lohn bekomme, sei zwar ein Sklave, aber auch frei, weil er von diesem Zustand befreit werden könne.[1457] Diese Klasse

1454 LAHR (Resp.) [254, S. 36] §. 53. „Etsi igitur nobiles et Senatus in Monarchia disparis plane quoad libertatem sint conditionis a Senatu et Optimatibus in Aristocratia, cum in Monarchia non solum singuli sint subditi, sed etiam servi Principis, quia tamen et in Monarchia imperium habent, etsi dependens a Principe, in reliquos subditos, hoc respectu domini intermedii, et quia illorum actiones plures per privilegium Principis magis laxantur quam reliquorum subditorum, hoc intuitu etiam liberi, tanquam inter servos principis praecipui, habentur.“

1455 Nach der Übersetzung des Verfassers, s. LAHR (Resp.) [254, S. 37] §. 54. „[...] h.e. meri subditi non magistratus.“

1456 LAHR (Resp.) [254, S. 37] §. 54. Die Einteilung in *nobiles* und *plebes* sei in demokratischen Staaten unsinnig, weil jeder die Hoffnung habe, dass er ein „Beamter“ (*magistratus*) werden könne. LAHR (Resp.) [254, S. 38] §. 57. In der Monarchie könne der Herrscher sogar den Stand *plebes* zu *nobiles* erheben. LAHR (Resp.) [254, S. 38] §. 57–58.

1457 LAHR (Resp.) [254, S. 37] §. 55. Ich habe vermieden, das lateinische Wort *famulus* ins Deutsche als „Knecht“ zu übersetzen, weil die Definition, die THOMASIUS für

lässt sich jedoch weder bei HEINECCIUS noch bei ENGAU finden.[1458] Dass man unter dem lateinischen Wort *famulus* hier einen Diener verstehen sollte, ergibt sich aus folgender Stelle in der Dissertation *De usu practico distinctionis hominum in liberos et servos* (1711): „Wo deshalb ‚Bauer' (*rustici*) nicht mehr als ‚Leibeigene' (*homo proprius*) angesehen werden, sollten nicht nur die Bauer selbst sondern auch noch *famuli*, das heißt ‚Diener' (*servi ministeriales*), für frei gehalten werden, und im Allgemeinen genießen die Diener in Städten größere Freiheit als in Dörfern."[1459]

Die letzte Klasse werde als „Leibeigene" (*homo proprius*) bezeichnet und alle, die dieser Klasse angehören, seien Sklaven in Bezug auf alle anderen Klassen.[1460] Manche Juristen waren sich darin einig, dass es in Deutschland keine Sklaven im römischen Sinne mehr gegeben habe, aber die Juristen führten unterschiedliche Gründe an. Einige Juristen waren der Ansicht, die Sklaverei sei um 1212 in Deutchland abgeschafft worden.[1461] HUBER, der noch früher als THOMASIUS diese Hypothese

---

*famulus* vorgeschlagen hat, dem deutschen Wort Knecht nicht genau entspricht. Zu dem Begriff Knecht zeigt sich damals im juristischen Wörterbuch, das von WIESAND verfasst worden ist, folgende Formulierung: „Es wird 1) hiedurch eine iede Person verstanden, welche des andern Befehlen gehorchen muß, oder ihm Dienste zu leisten verbunden ist. [...] 2) Bedeutet es den Zustand dessen, der sich der der natürlichen Freyheit nicht bedienen darf, indem er ganz und gar von der Herrschaft seines Herrn abhänget." WIESAND [313, S. 640]. Außerdem unterschied ENGAU das lateinische Wort „famulus" von dem deutschen Wort „Knecht": „Reliqui uero dicebantur famuli, armigeri, seruientes, Knappen, Knechte." ENGAU [57, S. 66] lib. 1. tit. 5. §. 94.

1458 Vgl. dazu HEINECCIUS [76, S. 15–19] lib. 1. tit. 1. §. 21–28.; ENGAU [57, S. 30] lib. 1. tit. 3. §. 23.

1459 Nach der Übersetzung des Verfassers, s. PORTZEN (Resp.) [266, S. 47] cap. 2. §. 64. „Inde in locis, ubi rustici non habentur amplius pro hominibus propriis, ipsi rustici, multo magis famuli seu servi ministeriales, pro liberis hominibus haberi solent, et in genere famuli in urbibus majore libertate gaudent, quam in pagis."

1460 Darin waren sich HEINECCIUS und ENGAU einig. Vgl. HEINECCIUS [76, S. 20] lib. 1. tit. 1. §. 29. „I. seruos Germanorum omnes, quod ad corpus attinet, fuisse dominis obnoxios, ac proinde dictos eigene Leute, Eigenbehörige, Leibeigene."; ENGAU [57, S. 31] lib. 1. tit. 3. §. 25. „Homo proprius, seu seruus, dicitur, qui in patrimonio est alterius, et huic operas, censum, aliaque praestare cogitur." Diese Definition entspricht der heutigen Formulierung: „L. oder Leibherrschaft bezeichnet den Zustand eines Menschen, der aufgrund dauernder persönl. Abhängigkeit in der Herrschaft eines anderen steht (Herreneigentum am Menschen)." BAUTIER und AUTY (Hrsg.) [8, col. 1845] zu „Leibeigenschaft" (GOETZ).

1461 HUBER [82, S. 20b–21a] ad Inst Iust 1.3, 6(f) „Servitutem cum ratione non pugnare, diximus modo. Ipsis quoque Christianis sero servitus displicuit, nec in sacris literis veteribus aut novis improbatur. Etiam Caroli M. Ludovici Pii, et Lotharii Leges de servis supersunt in in LL. Car. M. et Longob. Imo et Guilielmi Siciliae Regis et Friderici Imp. extant de servis fugitivis constitutiones in plac. Neap. Sed ab hoc tempore, id est, anno Christi 1212. aut non multo secus, Christiani se mutuo in servitium redigere desierunt, quod et Muhammedani ac Turcae inter suos servant,

vorschlug, begründete sie nicht ausführlich, aber er zog die Schlacht bei *Las Navas de Tolosa* zwischen christlichen Ländern und den islamischen Almohaden in Betracht. THOMASIUS wies dagegen nach, dass die Sklaverei in verschiedenen Perioden nach und nach verschwunden war.[1462] BEYER hielt diese Meinung für am meisten plausibel.[1463]

Erklärte THOMASIUS durch die obige Einteilung deutsches Recht bzw. eine damalige in Deutschland vorhandene soziale Ordnung? Er muss hier nicht die damalige tatsächliche Situation sondern seine Theorie erläutert haben. Der erste Grund ist, dass weder HEINECCIUS noch ENGAU seiner Erklärung zugestimmt haben. HEINECCIUS glaubte, dass es in Deutschland anfangs vier Klassen gegeben habe, nämlich „Adelige" (*nobiles*), „von Geburt an Freie" (*ingenui*), „Freigelassene" (*libertini*) und „Sklaven" (*servi*).[1464] Nach der Meinung von HEINECCIUS sei danach eine neue fünfte Klasse der „Bürger" (*burgensii*) entstanden, die sich von der Klasse der „von Geburt an Freien" getrennt habe.[1465] Diese Einordnung entspricht nicht der obigen Einteilung von THOMASIUS, und die Rechtsquellen, mit deren Hilfe man die beiden Meinungen überprüfen kann, sind mehr von HEINECCIUS als von THOMASIUS herangezogen worden.[1466] Auch ENGAU stimmte der Meinung von HEINECCIUS zu.[1467]

### 6.2.2 Die zweite Einteilung in *ingenui* und *libertini*

#### *Die Einteilung zwischen* ingenui *und* libertini *im Völkergemeinrecht*

Da sich THOMASIUS in der obigen Dissertation mit der ersten Einteilung der Menschen beschäftigte, nämlich in Freie und Sklaven, begann er in der Dissertation *De usu practico distinctionis hominum in ingenuos et libertinos* (1711) die zweite Einteilung zu erklären, nämlich in „von Geburt an Freie" (*ingenui*) und „Freigelassene" (*libertini*)[1468] THOMASIUS stellte zuerst fest, dass diese Einteilung zwischen von Geburt an Freien und Freigelassenen eine gemeinsame Sitte vieler Völker und in

teste Busbeq. epist. 3. ubi et disputat, parum recte inter nos sublatam videri servitutem.";  BERGER [16, S. 22] „Hodie servitus inter Christianos in desvetudinem abiit) Ab anno Christi 1212. aut non multo secus, vid. Hub. Comm. Inst. de Iur. pers. §. 6."

1462 LAHR (Resp.) [254, S. 49–53] §. 75–81.

1463 BEYER [20, S. 102] lib. 1. cap. 22. §. 13.

1464 HEINECCIUS [76, S. 15] lib. 1. tit. 1. §. 21. „Prima ac praecipua hominvm diuisio antiquitus illa fuit, quod quidam essent liberi, quidam servilis conditionis, liberi porro in nobiles, ingenvos et libertinos distinguerentur."

1465 HEINECCIUS [76, S. 17] lib. 1. tit. 1. §. 24.

1466 Vgl. HEINECCIUS [76, S. 15–19] lib. 1. tit. 1. §. 21–28.

1467 ENGAU [57, S. 30] lib. 1. tit. 3. §. 23. „Liberis, qui in nobiles, ingenuos et libertos distribuebantur, tempore, quo urbium numerus creuit, burgenses accessisse legimus."

1468 PORTZEN (Resp.) [265, S. 2] cap. 1. §. 1.

diesem Sinne ein Völkergemeinrecht sei.[1469] Außerdem sei es auch eine gemeinsame Sitte vieler Völker, dass man Sklaven frei lassen könne.[1470]

### *Die falsche Einteilung von Freien nach dem Schwabenspiegel*

Im Zusammenhang mit dem Begriff des „freien Standes" (*ingenuitas*) wies THOMASIUS darauf hin, dass man im Schwabenspiegel drei Einteilungen von Freien finden könne, nämlich in den „höchsten freien Stand" (*ingenuitas summa*), den „mittelschichtigen freien Stand" (*ingenuitas media*) und den „niedrigsten freien Stand" (*ingenuitas minima*).[1471] Die von THOMASIUS zitierte Rechtsquelle lautet (Landrecht, cap. 47.): „Die soll man mercken dreyerley freye Leute. Es heissent eins Semper-Freyen/ das sind die freyen Herren als Fürsten/ und die andre Freyen zu Man haben/ daß andre sind Mittelfreyen/ das sind die/ die der hohen Freyen Man sind. Das dritt sind Bauern/ die frey sind/ die heissen freye Landsassen. Die hat jeglicher ihr sonder Recht."

THOMASIUS meinte jedoch, dass der Herausgeber des Schwabenspiegels die drei Begriffe falsch erklärt habe.[1472] Seiner Meinung nach müsse man sie auf die folgende Weise definieren:[1473]

- *ingenuitas summa*: die Freien, die zwar ihren Königen Dienste leisten müssen, anderen Herren allerdings nicht, z. B. Barone oder Grafen.
- *ingenuitas minima*: „Bauer" (*rustici*) und „freigelassene Diener" (*manumissores famuli*).
- *ingenuitas media*: die von Geburt an Freien, die niedriger eingestuft werden als die höchsten Freien, d. h. „von hoher Geburt seiende" (*nobiles proprii*), oder die Freigelassenen, die höher einzustufen sind als die niedrigsten Freien, nämlich „Bürger in Städten" (*cives urbici*).

Wofür ist diese Einteilung nützlich? Laut THOMASIUS sei es zwar verboten, einen Freien mit der niedrigsten freien Stand in den höchsten freien Stand zu erheben,[1474] dieses Verbot sei jedoch schon damals nicht beachtet worden und auch die niedrigsten Freien hätten in den höchsten Stand aufsteigen oder sich sogar diesen Stand erkaufen können.[1475]

---

1469 PORTZEN (Resp.) [265, S. 21–22] cap. 2. §. 1.
1470 PORTZEN (Resp.) [265, S. 21–22] cap. 2. §. 1.
1471 PORTZEN (Resp.) [265, S. 31] cap. 2. §. 24.
1472 PORTZEN (Resp.) [265, S. 32] cap. 2. §. 25.
1473 PORTZEN (Resp.) [265, S. 32–34] cap. 2. §. 25–26. und §. 28. Um jedes Wort zu verstehen, vgl. WIESAND [313, S. 558, 640, 986–987] zu Herr, Knechte, Semperfrey.
1474 PORTZEN (Resp.) [265, S. 35] cap. 2. §. 30.
1475 PORTZEN (Resp.) [265, S. 35] cap. 2. §. 31–32.

## *Wie sollte man den freien Stand von Kindern bestimmen?*

Wie sollte man festlegen, ob ein Kind einen freien Stand erhält oder nicht? Der wichtigste Punkt besteht darin, ob man anhand des Standes der Mutter den juristischen Stand des Kindes bestimmen sollte oder aufgrund des Standes des Vaters. THOMASIUS meinte: „Das heißt, wenn ein edler Mann eine Bürgerin heiratet, dann wird ihr Sohn nicht als ein Edler angesehen. Wenn eine edle Frau einen Bürger heiratet, dann sollte ihr Kind gleichfalls ein Bürger sein."[1476] THOMASIUS begründete diese Äußerung dadurch, dass er sie für eine deutsche Sitte hielt und ein positives Recht vorlegte (Schwabenspiegel, Landrecht, cap. 101. §. 1.).[1477]

## *Benutzt man* manumissio *noch heute?*

Da die Klasse der „Freigelassenen" (*libertini*) vorhanden war, muss es auch den juristischen Begriff des „Freilassens" (*manumissio*) gegeben haben. Dies setzt jedoch voraus, dass es damals noch Leute gegeben hat, die dem sklavischen Stand angehört haben, nämlich „Leibeigene" (*homo proprius*). THOMASIUS glaubte deshalb, dass das Freilassen damals noch in solchen Orten üblich gewesen sei, wo sich Leibeigene befunden hätten.[1478] Diese Aussage lasse sich laut THOMASIUS auch dadurch nachweisen, dass Kaiser MAXIMILIAN und FERDINAND I. die Art und Weise des Freilassens geregelt hatten.[1479]

Jedoch seien altmodische Freilassungsmethoden nicht mehr benutzt worden, bei denen man eine Anerkennung eines Königs oder der Kirche gebraucht habe,[1480] und zwar habe ein Herr seinen Leibeigenen meistens freigelassen, indem er ihm einen Brief geschrieben habe, worin er seinen Willen über die Freilassung seines Leibeigenen erklärt habe.[1481] Auch das von Kaiser JUSTINIANUS bestimmte Erfordernis, dass beim Freilassen fünf Zeugen vorhanden sein müssten, sei in Deutschland nicht rezipiert worden.[1482] Bei dieser Aussage setzte THOMASIUS voraus, dass nicht alle Regeln des römischen Rechts bezüglich des Freilassens gemeinsame Sitten vieler Völker seien und deshalb die Regeln auch in Deutschland nicht rezipiert worden seien, die nicht dem Völkergemeinrecht entsprochen hätten.[1483]

---

1476 PORTZEN (Resp.) [265, S. 42] cap. 2. §. 46. (d) „Id est, si pater nobilis duxerit plebejam, filius non censetur esse nobilitatis ingenuae, Pariter si plebejus duxerit nobilem, filius erit plebejus."

1477 PORTZEN (Resp.) [265, S. 42] cap. 2. §. 46. und ibid. (d).

1478 PORTZEN (Resp.) [265, S. 36] cap. 2. §. 34.

1479 PORTZEN (Resp.) [265, S. 37] cap. 2. §. 35.

1480 PORTZEN (Resp.) [265, S. 38] cap. 2. §. 36.

1481 PORTZEN (Resp.) [265, S. 38–39] cap. 2. §. 39.

1482 PORTZEN (Resp.) [265, S. 38–39] cap. 2. §. 40.

1483 PORTZEN (Resp.) [265, S. 21–23] cap. 2. §. 1–3.

## 6.3 Der Hausvater

### 6.3.1 Die Einordnung des Themas

Zuerst stellte THOMASIUS fest, dass die Struktur der Familie, in der ein Hausvater, eine Hausmutter, Kinder und Sklaven zusammen lebten, dem Völkergemeinrecht entspreche.[1484] Deshalb möchte ich zunächst auf den „Hausvater“ (*paterfamilias*) eingehen und hier besonders seine „Hausgewalt“ (*patria potestas*) erklären.

### 6.3.2 Die Hausgewalt des Hausvaters im römischen Recht

THOMASIUS begann mit dem römischen Recht, um Unterschiede zwischen diesem und den deutschen Sitten festzustellen, und er fragte sich, was es mit der Einteilung der Menschen in solche, die „eigenen Rechts sind“ (*sui iuris*), und solche, die „fremdem Recht unterworfen sind“ (*alieni iuris*), auf sich habe. Kaiser JUSTINIANUS definierte diese zwei Begriffe wie folgt: „Einige Personen sind nämlich eigenen Rechts, einige sind fremdem Recht unterworfen. Von denen, die fremdem Recht unterworfen sind, stehen wiederum die einen in der Gewalt ihrer Väter, die anderen in der Gewalt ihrer Herren und Eigentümer.“ (Inst Iust 1.8 pr).[1485]

Laut THOMASIUS gebe es in dieser Formulierung einen Anlass für einen Streit, weil es hier unklar sei, wer zu welcher Kategorie gehöre. THOMASIUS behauptete, dass der Hausvater „eigenen Rechts“ (*sui iuris*) sei, wohingegen sich Kinder und Sklaven einer fremden Macht unterwerfen müssten, insofern man nicht die soziale Struktur sondern nur die Familienstruktur in Betracht ziehe, das heißt, wenn man nicht auf andere soziale Beziehungen, z. B. auf die Beziehung zwischen dem König und seinen Untertanen achte.[1486] THOMASIUS zweifelte daran, dass Frauen fremder Macht unterständen, nur weil sie von ihren Männern gezwungen werden konnten, häusliche Pflichten zu erledigen.[1487] Vielmehr glaubte er, dass das Justinianische Recht in diesem Punkt nicht konsequent genug sei. Frauen, die schon verheiratet seien, hätten drei verschiedene Rollen inne, nämlich als „Ehefrau“ (*uxor*), als „Mutter“ (*mater*) und als „Familienmutter“ (*materfamilias*).[1488] Wenn man demnach eine Frau als Familienmutter oder Mutter ansehe, könne man sie als „eigenen Rechts“ (*sui iuris*) kategorisieren, aber wenn man sie als Ehefrau betrachte, sei sie „fremdem Recht“ (*alieno juri*) ihres Mannes unterworfen.[1489]

---

1484 VERPOORTENN (Resp.) [288, S. 17] cap. 2. §. 1.

1485 Nach der Übersetzung von BEHRENDS et. al. [11, S. 12] Inst Iust 1.8 pr „[...] nam quaedam personae sui iuris sunt, quaedam alieno iuri subiectae sunt: rursus earum, quae alieno iuri subiectae sunt, aliae in potestate parentum, aliae in potestate dominorum sunt.“

1486 VERPOORTENN (Resp.) [288, S. 4–5] cap. 1. §. 6.

1487 VERPOORTENN (Resp.) [288, S. 5] cap. 1. §. 6.

1488 VERPOORTENN (Resp.) [288, S. 5] cap. 1. §. 6. (k).

1489 VERPOORTENN (Resp.) [288, S. 5] cap. 1. §. 6. (l).

Um den Widerspruch aufzulösen, verwendete THOMASIUS eine andere Formulierung: „Personen, die eigenen Rechts sind, eigentlich solche, die sich im Haus keiner bestrafenden Macht, die von anderen Menschen ausgeübt wird, unterwerfen, weder der Todesstrafe noch anderen strengen Strafen, und die für sich Vermögen erwerben können. Personen, die ‚fremdem Recht unterworfen' (*alieni iuris*) sind, sind solche, die sich strenger strafender Macht anderer Menschen unterwerfen und für diese Fremden Vermögen erwerben."[1490] Die von THOMASIUS korrigierte Definition stammte aber nicht ausschließlich von ihm, sondern er bezog sich auf eine andere Quelle des Justinianischen Rechts (Inst Iust 1.8.1):[1491] „In der Gewalt ihrer Eigentümer also stehen die Sklaven. Diese Gewalt gehört zweifellos zum Völkergemeinrecht. Denn wir können bei allen Völkerschaften übereinstimmend beobachten, daß die Eigentümer über ihre Sklaven die Gewalt über Leben und Tod haben. Und was immer durch einen Sklaven erworben wird, das wird seinem Eigentümer erworben."[1492] Aus dieser Formulierung schloss THOMASIUS, dass auch nach römischem Recht Frauen „eigenen Rechts" (*sui iuris*) seien, weil sie von ihren Männern lediglich milde bestraft werden könnten.[1493]

Die Meinung, dass Frauen im klassischen römischen Recht „eigenen Rechts" (*sui iuris*) seien, lässt sich allerdings durch heutige Erkenntnisse nicht bestätigen. KASER teilt Familienangehörige so ein, dass Hausväter, alleinstehende Männer und alleinstehende Frauen „eigenen Rechts" (*sui iuris*) sind, wohingegen sich alle anderen Leute „fremdem Recht" (*alieno juri*) zu unterwerfen haben.[1494] THOMASIUS legte also diese Rechtsquelle zugunsten der Frauen aus.

### 6.3.3 Die Hausgewalt des Hausvaters im Naturrecht

#### *Die Begründung der elterlichen Gewalt*

Woher stammt die Hausgewalt des Hausvaters im Naturrecht? Darüber stritten Naturrechtslehrer miteinander. GROTIUS behauptete, dass die elterliche Gewalt mit der Geburt eines Kindes an sich entstehe. Diese Meinung führte zwar dazu, dass sowohl der Vater als auch die Mutter über elterliche Gewalt verfügten, aber GROTIUS wollte das Recht der Mutter folgendermaßen einschränken: „Wenn man den

---

1490 Nach der Übersetzung des Verfassers, s. VERPOORTENN (Resp.) [288, S. 6] cap. 1. §. 9. „Igitur personae sui iuris proprie sunt, quae alterius juri vitae et necis aut certe coercitioni graviori in familia non subsunt, et sibi acquirunt. Alieni iuris sunt, quae alterius coercitioni graviori in familia subjacent eique acquirunt."

1491 VERPOORTENN (Resp.) [288, S. 6] cap. 1. §. 8. (o).

1492 Nach der Übersetzung von BEHRENDS et al. [11, S. 13] Inst Iust 1.8.1 „Inpotestate itaque dominorum sunt servi. quae quidem potestas iuris gentium est: nam apud omnes peraeque gentes animadvertere possumus, dominis in servos vitae necisque potestatem esse, et quodcumque per servum adquiritur id domino adquiritur."

1493 VERPOORTENN (Resp.) [288, S. 7] cap. 1. §. 10.

1494 KASER [88, S. 97].

Vater und die Mutter bezüglich der Herrschaft miteinander vergleicht, dann sollte die Herrschaft des Vaters aufgrund der geschlechtlichen Überlegenheit bevorzugt werden."[1495] Dagegen glaubte PUFENDORF, dass es zwischen Eltern und Kindern eine angenommene Vereinbarung gebe, das heißt, man vermute, dass ein Kind in die elterliche Gewalt eingewilligt hätte, wenn es schon seit Geburt an vernünftig gewesen wäre (vermutete Vereinbarung, *consensus praesumptus*).[1496]

THOMASIUS stimmte weder GROTIUS noch PUFENDORF zu. Zunächst erklärte er, dass weder die Geburt noch die Vereinbarung des Geschlechtsverkehrs mit der Eltern-Kind-Beziehung etwas zu tun habe, weil sich der Geschlechtsverkehr nicht auf die Eltern-Kind-Beziehung sondern auf die Mann-Frau-Beziehung richte.[1497] Dann wies er darauf hin, dass keine Vereinbarung zwischen dem Kind und den Eltern vorhanden sein könne, weil kein Kind bei der Geburt sein Einverständnis dafür geben könne.[1498] Genauer gesagt sei seiner Meinung nach eine „vermutete Vereinbarung" (*consensus praesumptus*) keine echte Vereinbarung wie eine „ausdrückliche Vereinbarung" (*consensus expressus*) oder eine „stillschweigende Vereinbarung" (*consensus tacitus*).[1499]

Nach dieser Kritik äußerte THOMASIUS die Meinung, die elterliche Gewalt sei nur ein Erziehungsmittel, mit dessen Hilfe Eltern Kinder aufziehen könnten, und deshalb sollte man die erste Regel der Eltern-Kind-Beziehung wie folgt formulieren: „Eltern sollen ihre eigenen Kinder aufziehen" (*parentes liberos suos educent*).[1500] Um dieses Ziel zu erreichen, sei es erforderlich, dass die Eltern eigene Kinder versorgten und zugleich erzögen.[1501] Da Eltern bei der Erziehung immer auch Kinder bestrafen müssten, komme hier die zweite Regel in Betracht: „Kinder sollen ihren Eltern gehorchen, solange sie in der Eltern-Kind-Beziehung leben." (*liberi quamdiu in societate paterna vivunt, parentibus obtemperent*).[1502] Demnach ist bei THOMASIUS

---

1495 Nach der Übersetzung des Verfassers, s. GROTIUS [74, S. 231] lib. 2. cap. 5. §. 1. „Generatione parentibus ius acquiritur in liberos: utrique inquam parentum, patri, ac matri: sed si contendant inter se imperia, praefertur patris imperium ob sexus praestantiam."

1496 PUFENDORF [145, S. 157–158] lib. 2. obs. 5. §. 8. „Praesumitur enim, si usum rationis eo, quo sublatus est, tempore habuisset, expresse in tale imperium parentis in se citra quod commoda educatio fieri nequit, fuisse consensurum, commodamque sibi educationem ab eo vicissim stipulaturum. Qui consensus cum ratione praesumtus pro expresso valet."

1497 THOMASIUS [203, S. 370–371] lib. 3. cap. 4. §. 6.

1498 THOMASIUS [203, S. 371] lib. 3. cap. 4. §. 8–9. Dieses Problem wurde schon von seinem Vater Jacob THOMASIUS bemerkt. Vgl. Jacob THOMASIUS [297, S. 10] §. 49. Diese Stelle zitierte sein Sohn Christian THOMASIUS. THOMASIUS [203, S. 371–372] lib. 3. cap. 4. §. 14. (i).

1499 THOMASIUS [203, S. 371] lib. 3. cap. 4. §. 13. Vgl. auch THOMASIUS [203, S. 139] lib. 2. cap. 7. §. 32.

1500 THOMASIUS [203, S. 373] lib. 3. cap. 4. §. 31.

1501 THOMASIUS [203, S. 374] lib. 3. cap. 4. §. 33.

1502 Nach der Übersetzung des Verfassers, s. THOMASIUS [203, S. 375] lib. 3. cap. 4. §. 45.

die elterliche Gewalt als ein Mittel anzusehen, das sich aus der Erziehungspflicht ableitet.

### *Die Ablehnung der „Gewalt über Leben und Tod"* (ius vitae et necis)

Die römische Hausgewalt des Hausvaters, die sogar die Todesstrafe beinhaltete, wurde bereits vor THOMASIUS von anderen Naturrechtslehrern eingeschränkt. GROTIUS sagte über Sklaven: „Herren haben nicht das Recht über ihre Sklaven die Todesstrafe zu vollstrecken. (Ich spreche von der gesamten und inneren Gerechtigkeit). Niemand darf andere Menschen töten, solange diese Menschen keine Verbrechen begehen, die der Todesstrafe würdig sind."[1503] PUFENDORF schrieb über das Recht des Hausvaters über seine Kinder: „Die Macht erweitert sich nicht auf das Recht die Todesstrafe aufgrund eines Deliktes zu vollstrecken, sondern beinhaltet nur eine angemessene Disziplinarstrafe. Denn hier handelt man ein bestimmtes Kindesalter, in dem nur selten solche Delikte begangen werden, die nicht wieder gutgemacht werden können und mit dem Tode gesühnt werden müssen."[1504]

Was das Völkergemeinrecht angeht, das eine Sammlung der gemeinsamen Sitten vieler Völker ist, war THOMASIUS anderer Ansicht als GROTIUS oder PUFENDORF, nämlich dass das Recht, eine Todesstrafe über Sklaven zu verhängen, eine gemeine Sitte vieler Völker sei, dennoch kritisierte er das römische Recht wie folgt: „Völker wollten jedoch Herren einfach die umfassendste Macht verleihen, um Sklaven zu bestrafen und sie sogar zu töten, [...] obwohl früher bei den Römern diese Erlaubnis zweifellos missbraucht wurde."[1505] THOMASIUS betonte jedoch, dass das Recht des Hausvaters, eine Todesstrafe über Sklaven zu verhängen, weder der Gerechtigkeit, dem göttlichen Recht, noch dem Naturrecht widerspreche.[1506]

---

1503 Nach der Übersetzung des Verfassers, s. GROTIUS [74, S. 257] lib. 2. cap. 6. §. 28. „Ius autem vitae ac necis (de plena et interna iustitia loquor) domini in servos non habent: nec quisquam homo hominem iure potest interficere, nisi is capital commiserit."

1504 Nach der Übersetzung des Verfassers, s. PUFENDORF [146, S. 607] lib. 6. cap. 2. §. 6. „Sed nec ad jus vitae et necis, ex occasione delicti exercendum, eadem potestas, ut talis, videtur porrigi, sed ad modicam duntaxat castigationem; quippe cum versetur circa aetatem teneram, in quam vix cadunt delicta ejusmodi immedicabilia, quae capitis supplicio debeant expiari."

1505 THOMASIUS [196, S. 28] „Sed voluerunt saltem gentes relinquere dominis potestatem liberrimam coercendi servos, etiam ad necem usque. [...] Etsi haud dubie olim apud Romanos impunitas usum habuerit in juris vitae et necis abusu."

1506 THOMASIUS [196, S. 30; 33–34]. Laut THOMASIUS habe man noch im 17. Jh. in Polen *ius vitae et necis* benutzt. THOMASIUS hielt das polnische Recht nicht ganz für unvernünftig. VERPOORTENN (Resp.) [288, S. 24] cap. 2. §. 15.

### 6.3.4 Die Hausgewalt des Hausvaters im deutschen Recht

THOMASIUS ging davon aus, dass damals in Deutschland der Begriff „Hausgewalt" (*patria potestas*) nichts mit dem Unterschied zwischen „Personen, die eigenen Rechts sind" (*sui iuris*) und „Personen, die fremdem Recht unterworfen sind" (*alieni iuris*) zu tun gehabt habe, denn dieser Unterschied sei in Deutschland nicht rezipiert worden[1507] – In Deutschland habe auch die Mutter eine „Hausgewalt" *(patria potestas)*, weil dies dem Völkergemeinrecht entspreche.[1508] Demnach sollte jetzt die Änderung der Hausgewalt des Hausvaters in Deutschland betrachtet werden. Ich möchte hier nur die Ausübung der Macht über Sklaven behandeln und die Macht über Kinder weiter unten erklären.

#### *Eine historische Erklärung: (1.) Früher hatten Deutsche die „Gewalt über Leben und Tod"* (ius vitae et necis)

THOMASIUS begann damit auch hier, die Änderung des deutschen Rechts historisch zu erklären. Er gestand zuerst ein, dass es nach der Überlieferung von CAESAR und TACITUS früher auch in Deutschland das Recht, eine Todesstrafe sowohl über Sklaven als auch über Kinder zu verhängen bzw. vollstrecken, gegeben habe.[1509] Aber THOMASIUS fügte in der Dissertation *De usu practico tituli Institutionum de his, qui sui vel alieni iuris sunt* (1712) die Anmerkung hinzu, dass Hausväter in Deutschland von diesem Recht nicht so oft Gebrauch gemacht hätten wie bei den Römern.[1510]

#### *(2.) Die Christianisierung hat die „Gewalt über Leben und Tod"* (ius vitae et necis) *ausgeschlossen und eine Geldstrafe eingeführt*

Dann erklärte THOMASIUS, dass die „Gewalt über Leben und Tod" (*ius vitae et necis*) durch die Christianisierung der Franken in Deutschland ausgeschlossen worden sei.[1511] Bezugnehmend auf diese Veränderung glaubte er, dass man anfangs Hausväter, die trotz des neuen Verbotes eigene Sklaven getötet hätten, nicht mit der Todesstrafe sondern mit einer Geldstrafe bestraft habe.[1512] Dass man später begonnen habe, in diesen Fällen die Todesstrafe anzuwenden, habe sich aus dem Ränkespiel der katholischen Priester ergeben.[1513]

Der Sachsenspiegel sei dadurch beeinflusst worden, dass der Klerus anstelle der Geldstrafe eine Todesstrafe eingeführt habe (Landrecht, lib. 2.

1507 VERPOORTENN (Resp.) [288, S. 17] cap. 2. §. 1. (a).
1508 VERPOORTENN (Resp.) [289, S. 35–36] cap. 2. §. 13.
1509 THOMASIUS [196, S. 29; 35]; VERPOORTENN (Resp.) [288, S. 19] cap. 2. §. 5.
1510 VERPOORTENN (Resp.) [288, S. 19] cap. 2. §. 6.
1511 THOMASIUS [196, S. 29–30]; VERPOORTENN (Resp.) [288, S. 20] cap. 2. §. 8.
1512 VERPOORTENN (Resp.) [288, S. 20] cap. 2. §. 9.
1513 VERPOORTENN (Resp.) [288, S. 22] cap. 2. §. 11.

art. 13.),[1514] und auch der Herausgeber des Schwabenspiegels habe wegen der Liebe zum römischen Recht ein Kapitel darüber geschrieben (Landrecht, cap. 67.).[1515] Laut Thomasius sei die alte Sitte unverändert geblieben, und zwar habe man noch im 14. Jahrhundert in einigen deutschen Gebieten die oben erwähnte Geldstrafe ausgesprochen.[1516] Anhand dieser Stelle lässt sich folgern, dass der Sachsenspiegel auch für Thomasius keine reine Sammlung deutscher Sitten gewesen ist: „Danach haben das römische Recht und das geheime priesterliche Dogma begonnen, in Deutschland immer weiter Fuß zu fassen. [...] Schon in der Zeit, als der Sachsenspiegel und der Schwabenspiegel herausgegeben worden sind, hat man rezipiert, dass der Hausvater, der einen Sklaven getötet hat, mit dem Tode bestraft wird, auch wenn dieser Sklave sein eigener gewesen ist."[1517]

### *(3.) Heutige Lage: Hausväter in Deutschland hatten die „Gewalt über Leben und Tod"* (ius vitae et necis) *nicht mehr*

Thomasius betonte, dass es in Deutschland die „Gewalt über Leben und Tod" (*ius vitae et necis*) des Hausvaters, das früher ein Völkergemeinrecht gewesen sei und das von den Römern missbräuchlich verwendet worden sei, nicht mehr gebe, und dass derjenige, der das Recht verletze, mit dem Tode bestraft werden müsse.[1518] Der Unterschied zwischen dem *servus* und dem *homo proprius* spiele keine Rolle.[1519] Deswegen wies Thomasius auf eine Quelle aus der *Constituio Criminalis Carolina* hin (art. 137.). Er äußerte sich hier wie folgt: „Nach der *Constitutio Criminalis Carolina* kann man darüber nicht mehr zweifeln."[1520] Demnach ist hier weder die Meinung von Theologen noch das römische Recht ein entscheidender Grund, sondern die *Constitutio Criminalis Carolina.* Diese Vermutung kann daher begründet werden, dass Thomasius dem Kandidaten VerPoorten gelehrt hat, dass wenn ein Pole seinen Sklaven ermordet habe, man ihn leichter als einen Deutschen bestrafen solle, nämlich mit einer Geldstrafe.[1521]

---

1514 VerPoortenn (Resp.) [288, S. 23] cap. 2. §. 12.; *Sachsenspiegel* (1602, lateinisch) [151, S. 186b] lib. 2. art. 13. „Omnes sicarij, et qui aratra, tum et molendia, Ecclesiasque et coemeteria spoliant, [...]".

1515 VerPoortenn (Resp.) [288, S. 23] cap. 2. §. 13.

1516 VerPoortenn (Resp.) [288, S. 23] cap. 2. §. 14.

1517 Thomasius [196, S. 30] „Posteaquam vero jus Romanum et arcana Cleri dogmata in Germania firmiores radices agere coeperunt. [...] iam temporibus collecti speculi Saxonici et Svevici receptum fuit, ut dominus servum, etiam proprium, occidens poena capitali teneatur."

1518 VerPoortenn (Resp.) [288, S. 24] cap. 2. §. 16.

1519 VerPoortenn (Resp.) [288, S. 26] cap. 2. §. 18.

1520 Nach der Übersetzung des Verfassers, s. VerPoortenn (Resp.) [288, S. 25] cap. 2. §. 16. „Atque de eo post constitutionem Carolinam amplius non est dubitandum."

1521 VerPoortenn (Resp.) [288, S. 25–26] cap. 2. §. 17. (w).

### *Wie kann ein Hausvater seine Sklaven bestrafen?*

Dass Hausväter ihre Sklaven nicht mehr töten dürften, verbiete nicht, sie auf andere Weise zu bestrafen. THOMASIUS stellte fest, dass Hausväter ihre Sklaven in angemessener Weise bestrafen dürften.[1522] Er führte zwei Bestrafungen als Beispiel an, nämlich mit Worten, d. h. Tadel, und mit Peitschen.[1523]

Diese mildere Disziplinarmaßnahme hänge jedoch davon ab, wo man wohne, und zwar hätten insbesondere Hausväter, die in Städten wohnten, kein solches Recht.[1524] Denn man genieße in Städten mehr Freiheit als in Dörfern.[1525] Die Grenze gelte auch bei der „Klage wegen Personen- und Persönlichkeitsverletzung" (*actio iniuriarum*), wo es heiße, wenn ein Hausvater das Recht habe, Sklaven zu bestrafen, dann könne er diese mit Worten bestrafen, ohne dass er mit einer „Klage wegen Personen- und Persönlichkeitsverletzung" (*actio iniuriarum*) beklagt werde.[1526]

## 6.4 Die Frauen

### 6.4.1 Die Einordnung des Themas

Die damalige Lage führte dazu, dass sich THOMASIUS hier grundsätzlich auf die Ehefrau bezog und deswegen besonders die Ehe zum Thema erhob. Da ich oben bereits erklärt habe, ob und inwieweit Frauen von der Hausgewalt des Hausvaters befreit worden sind, konzentriere ich mich hier auf die Ehe.[1527]

---

1522 VERPOORTENN (Resp.) [288, S. 26] cap. 2. §. 19.

1523 VERPOORTENN (Resp.) [288, S. 26] cap. 2. §. 19.

1524 VERPOORTENN (Resp.) [288, S. 27] cap. 2. §. 20.

1525 VERPOORTENN (Resp.) [288, S. 27] cap. 2. §. 20. (c); PORTZEN (Resp.) [266, S. 47–48] cap. 2. §. 64. und §. 66.

1526 VERPOORTENN (Resp.) [288, S. 27–28] cap. 2. §. 21.

1527 Heute erklären Juristen in ihren Büchern nicht mehr, wie ein Mann auf weise Art eine Frau zum Heiraten finden sollte, aber THOMASIUS hat sich dafür interessiert und hat in der Dissertation *De jureconsultorum prudentia consultatoria* (1705) einen Artikel unter dem Titel: „Welche Frau sollte man heiraten?" (*Qualis uxor ducenda?*) geschrieben. THOMASIUS [192, S. 98–102] cap. 7. §. 6–20. Erstaunlicherweise zitierte auch BEYER diese Stelle und sie war für ihn ein politischer Rat. BEYER [20, S. 269] lib. 3. cap. 7. §. 31. Das Thema „Welche Frau sollte man heiraten?" hat keinen Bezug zu meiner Dissertation, aber ich finde diese Stelle wichtig. THOMASIUS behauptete nämlich, dass man „Sitten" (*mores*) eines Mannes, der eine Frau finden möchte, beachten sollte. THOMASIUS [192, S. 99] cap. 7. §. 11. Obwohl in diesem Zusammenhang das Wort *mores* im Deutschen nicht Sitten sondern Charakter bedeutet, stellt man fest, dass THOMASIUS nicht nur im Staat sondern auch in der Familie das Schlagwort *mores* beachtet hat.

## 6.4.2 Die Erfordernisse der Ehe

Das Thema bezieht sich immer auf die Region und deswegen kann man von Anfang an davon ausgehen, dass THOMASIUS römisches Recht hier für unwichtig gehalten hat.[1528] Zum Beispiel erklärte THOMASIUS, dass der römische Ritus durch die Christianisierung abgeschafft worden sei.[1529] Es ist demnach sicher, dass das Thema eher zur Theologie als zur Rechtswissenschaft gehört. Dies bedeutete aber natürlich nicht, dass man kanonisches Recht für absolut halten sollte, weil sich das kanonische Recht auf dem Katholizismus begründet habe.[1530] THOMASIUS beschwerte sich darüber, dass viele Regeln des Katholizismus trotzdem von protestantischen Ländern übernommen worden seien.[1531]

Angesichts dieser Fakten hat er gefordert, das Völkergemeinrecht, das aus einer Sammlung von gemeinsamen Sitten vieler Völker hervorgegangen ist, bei diesem Thema zu erforschen.[1532] (1.) Es sei nach dem Völkergemeinrecht erforderlich, dass sowohl der Mann als auch die Frau ins heiratsfähige Alter komme, weil es das Ziel der Ehe sei, Kinder zu bekommen.[1533] (2.) Man brauche eine Vereinbarung über die Ehe, die bereits auch Kaiser JUSTINIANUS gefordert habe.[1534] (3.) Das Völkergemeinrecht weiche vom römischen Recht darin ab, dass man heute sowohl Ausländer als auch Sklaven ohne Hindernisse heiraten könne, wohingegen ein Römer die Erlaubnis eines Kaisers oder des eigenen Volkes erhalten müsse.[1535] (4.) Man könne auch einen Unterschied darin finden, dass man sowohl im deutschen Recht als auch im Völkergemeinrecht unbedingt die Zustimmung der Eltern des Mannes brauche, während diese Zustimmung nach dem römischen Recht nur bei solchen Kindern verlangt werde, die sich noch der „Hausgewalt" (*patria potestas*) unterwürfen.[1536] Laut THOMASIUS bestehe der Grund für die Zustimmung nach dem Völkergemeinrecht darin, dass sich dieses Erfordernis aus dem Respekt vor den Eltern ableite, den THOMASIUS bereits in *IJD* erklärt hat, wohingegen deutsche Sitten sie einfach aus dem kanonischen Recht entlehnt hätten.[1537] Während nach dem römischen Recht eine Ehe, der die Eltern nicht zustimmten, in jedem Fall ungültig sei, könne man sich nach deutschen Sitten über diese fehlende Einverständniserklärung hinwegsetzen, wenn der Mann mit der Frau beischlafe oder ein Priester die nicht zugestimmte Ehe

---

1528 THOMASIUS [196, S. 39].
1529 THOMASIUS [196, S. 38].
1530 THOMASIUS [196, S. 39–40].
1531 THOMASIUS [196, S. 40].
1532 THOMASIUS [196, S. 40].
1533 THOMASIUS [196, S. 39–40].
1534 THOMASIUS [196, S. 39–40].
1535 THOMASIUS [196, S. 40–41]; HOPPE [80, S. 106] ad Inst Iust 1.10.11 „Moribus hodiernis hae prohibitiones omnes sunt sublatae, [...]".
1536 THOMASIUS [196, S. 41].
1537 THOMASIUS [196, S. 39–40]; THOMASIUS [203, S. 377] lib. 3. cap. 4. §. 60.

bestätige.[1538] Die Gründe der zwei Bedingungen würden sich voneinander unterscheiden und zwar bestehe der Grund der ersten Hinwegsetzung darin, dass es der Billigkeit widerspreche, dass der Mann und die Frau auch nach dem Beischlaf nicht Ehegatten werden könnten, wohingegen der zweite Hinwegsetzungsgrund durch das neue kanonische Recht möglich geworden sei.[1539] Deshalb sei auch die römische Regel sinnlos, dass die „Anweisung des Vaters“ (*iussus patris*) für die Eheschließung notwendig sein müsse.[1540] SCHILTER kam zwar zu dem gleichen Schluss, aber urteilte über die Beziehungen zwischen dem römischen, dem deutschen und dem kanonischen Recht etwas anders als THOMASIUS, das heißt, das sächsische Recht folge dem römischen Recht und deshalb lasse sich die Gültigkeit der ungültigen Ehe nur durch das göttliche Recht wiederherstellen.[1541]

### 6.4.3 Die Hindernisse der Ehe

Auch wenn die obigen Erfordernisse erfüllt werden, wird eine Ehe manchmal ungültig, weil einige Hindernisse vorhanden sind, z. B. die „Ehe unter Verwandten“ (*incestus*) etc.

#### *Inzest*

Es ist überall bekannt, dass man bestimmte Verwandten nicht heiraten kann, beispielsweise zwischen dem Sohn und der Mutter oder zwischen Geschwistern keine gültige Ehe geschlossen werden kann. THOMASIUS ging jedoch davon aus, dass sich dieses Verbot im Naturrecht nicht finden lasse, denn alle Gründe, die zum Verbot von Inzest herangezogen werden, seien zweifelhaft.[1542] Dies bedeute allerdings nicht, dass man den Inzest anerkennen solle, sondern nur, dass der Inzest nicht durch das Naturrecht sondern durch ein anderes Recht verboten werde, nämlich durch das göttliche positive Recht.[1543] Da das Verbot nicht durch die Vernunft, an der sich das Naturrecht orientiere, sondern durch die Religion eingeführt worden sei, sollte man

---

1538 THOMASIUS [196, S. 41]. HOPPE hat dieses Thema mit der Frage verbunden, ob Kinder, die aus der Ehe hervorgehen, der der Großvater und die Großmutter nicht zugestimmt haben, legitimiert werden können oder nicht. Hoppe [80, S. 87] ad Inst Iust 2.10, „Quinimo cum hodie matrimonium inconsultis Parentibus contractum non sit ipso jure nullum, procul dubio dicendum videtur, quod liberi in tali matrimonio nati etiam ante ratihabitionem, imo hac omnino non accedente, jam sint legitimi.“ Vgl. auch SCHILTER [164, S. 38a] ad D 5–7, §. 12. „[...] consequens est, quod et liberi sint legitimi et in patria potestate.“

1539 THOMASIUS [196, S. 41].

1540 THOMASIUS [196, S. 41–42].

1541 SCHILTER [164, S. 37b–38a] ad D 5–7, §. 12. „Sed an in nostro foro foro a rigore isto iuris Romani recedendum? Ita videtur: [...] Quid si ergo iure hodierno ecclesiastico nuptiae non sunt nullae, et consensus a lege aut iudice suppletur, [...]“.

1542 THOMASIUS [203, S. 349] lib. 3. cap. 2. §. 246.

1543 THOMASIUS [203, S. 349] lib. 3. cap. 3. §. 99.

es anhand des kanonischen Rechts erklären, das das Verbot des römischen Rechts erweitert habe.[1544]

## *Polygamie*

Auch die Polygamie ist laut THOMASIUS im Naturrecht nicht verboten und wird nur durch das göttliche positive Recht als ein Verbrechen angesehen.[1545] Jedenfalls ist die Polygamie nach dem römischen, dem kanonischen und dem deutschen Recht nicht mehr erlaubt und deshalb spielt die natürliche Geltungsweise in Deutschland keine Rolle.[1546]

Warum weichen diese drei Rechte vom Naturrecht ab? THOMASIUS glaubte, dass sich die Gründe voneinander unterscheiden würden, aber er schrieb in *Notae ad Inst.* (1712) lediglich: „Darüber findet man an einer anderen Stelle eine bessere Erklärung."[1547] Ein ähnlicher Satz findet sich noch einmal in *Notae ad Pand.* (1713) und lautete ausführlich: „Schließlich ist es sicher, dass diese Kapitel [über die Ehe] eher zum öffentlichen Kirchenrecht als zum privaten Recht gehören. Deshalb sollte die Diskussion über die beiden Titel [*De sponsalibus* und *De ritu nuptiarum*] auf spezielle Vorlesungen über das kanonische bzw. das Kirchenrecht beschränkt werden."[1548] Dabei wies THOMASIUS auf zwei Dissertationen von STRYK hin, nämlich auf *De reliquiis sacramenti in matrimonialibus* (1704) und *De juribus singularibus connubiorum in Germania* (1709).[1549] Seine Forschung war im Jahr 1713 noch nicht

---

1544 THOMASIUS [196, S. 44–45].

1545 THOMASIUS [203, S. 344] lib. 3. cap. 3. §. 76.

1546 THOMASIUS [196, S. 45].

1547 THOMASIUS [196, S. 45] „[...] de qua alibi commodius tractabitur."

1548 THOMASIUS [197, S. 234] „Denique certum est, capita haec in praxi Geramniae magis pertinere ad jus publicum ecclesiasticum, quam ad jus privatum. Inde discussio illorum trium titulorum reservanda est lectionibus peculiaribus juris canonici vel ecclesiastici." Meiner Meinung nach ist das Wort „drei" (*trium*) nicht korrekt. Es muss „zwei" (*duorum*) sein, weil es im 23. Band von *Digesta* nur zwei Titel gibt, die sich auf kanonisches Recht beziehen.

1549 Während THOMASIUS die Wichtigkeit des Kirchenrechts betonte, behauptete STRYK in der ersten Dissertation, dass das Kirchenrecht keine Autorität mehr über die Ehe habe, weil die Voraussetzungen dieses Rechts ganz und gar falsch seien. STRYK [184, S. 39] cap. 2. §. 7. „Ex illis autem, quae ante dicta sunt, facili coniectura et hoc sequitur, nullius plane in causis matrimonialibus auctoritatis esse posse ius canonicum, cum tot falsis hypothesibus nitatur, et in specie in matrimonialibus fere omnes decisiones ex illo principio, quod matrimonium sit sacramentum." Es gebe vielmehr spezielle Regeln. STRYK [185, S. 3] cap. 1. §. 1. „Multa apud Germanos vigent jura singularia, quae tam Jus Romanum, quam Canonicum et Longobardicum vel ignorant, quia reliquiae consuetudinum juriumque antiquorum Germanorum sunt; vel quae eis contrariantur et suadente simplicitate naturali sive Germanica, aut ex male intellecto jure, authoritate Dd. curiam penetrarunt." Es ist unklar, ob THOMASIUS dieser Meinung auch zugestimmt hat oder nicht.

abgeschlossen. Ob THOMASIUS diesen Plan durchsetzen konnte oder nicht, ist leider unklar.[1550]

## *Konkubine*

Über das „Konkubinat" (*concubinatus*) veröffentlichte THOMASIUS eine ausführliche Dissertation *De concubinatu* (1713).[1551] Die Dissertation war damals so bekannt, dass WIESAND sie als THOMASIUS' Werk in seinem Wörterbuch zitierte.[1552]

THOMASIUS behandelte in der Dissertation bezüglich dieses Themas zuerst die Geschichtsforschung.[1553] Er fragte sich, in welcher Zeit das Konkubinat verboten wurde, und antwortete, dass es bei den Hebräern, den Römern und sogar bei früheren Christen nicht verboten worden sei, aber nach dem kanonischen Recht ein Tabu geworden sei.[1554] Er glaubte, dass das Verbot aus der katholischen Voraussetzung, dass die Ehe ein Sakrament sei, stamme.[1555] THOMASIUS stellte sich die Lage bei den Hebräern, bevor *lex Mosaica* herausgegeben worden sei, wie folgt vor: „Zwischen dem Konkubinat und der Ehe und zwischen der Konkubine und der legitimen Frau gab es demnach keinen anderen Unterschied als den, bei dem die echte Frau an der Stellung ihres Mannes einen Anteil bekommt, wohingegen jedoch die Konkubine eine Sklavin oder eine solche Frau bleibt, die von einem nicht bekannten Stand abstammt."[1556] Anhand dieser Formulierung stellt man fest, dass sich der Unterschied zwischen dem Konkubinat und der Ehe laut THOMASIUS

---

1550 THOMASIUS beschäftigte sich 1712 und 1713 ausführlich mit dem Kirchenrecht. Er hielt nämlich im Jahr 1712 eine Vorlesung über die Unterschiede zwischen dem bürgerlichen und dem kanonischen Recht und dann kündigte er an, dass er im Jahr 1713 eine andere Vorlesung über *Institutiones iuris canonici* von Giovan Paolo LANCELLOTTI halten wollte. LIEBERWIRTH [112, S. 107]. Es könnte sein, dass sich das Wort „spezielle Vorlesung" (*lectio peculiaris*) auf die im Jahr 1713 gehaltene Vorlesung bezieht.

1551 Das Thema wurde schon in der Dissertation *De fundamentorum definiendi causas matrimoniales hactenus receptorum insufficientia* (1698) erläutert. Dabei schrieb der Respondent, die Bigamie verstoße nicht gegen das Naturrecht, sondern nur gegen die natürliche Ehrlichkeit. BUHLE (Resp.) [219, S. 33] §. 96. Aber ich möchte hier die obige Dissertation ausschließen, weil sie von THOMASIUS nicht zitiert worden ist.

1552 WIESAND [313, S. 215] zu Concubine.

1553 Zu diesem Thema „die Geschichte des Konkubinats" vgl. FRIEDL [68, S. 86–101].

1554 KIECHEL (Resp.) [248, S. 2] §. 1.

1555 KIECHEL (Resp.) [248, S. 2] §. 1.

1556 Nach der Übersetzung des Verfassers, s. KIECHEL (Resp.) [248, S. 7] §. 4. „Ergo tum quidem nulla alia inter concubinatum et matrimonium, item inter concubinam et justam uxorem fuit differentia, quam ut justae uxores participarent de dignitate mariti, concubinae vero essent ancillae vel ex genere obscuro natae."

nicht auf die Rechtswissenschaft sondern nur auf die soziale Stellung bezogen hat. Diese Lage habe sich auch nach der Herausgabe von *lex Mosaica* nicht geändert.[1557]

Seiner Meinung nach müsse das Konkubinat erst später verboten worden sein. Hätten Jesus CHRISTUS und seine Apostel ein neues Gesetz eingeführt? THOMASIUS leugnete diese Reformation, weil sich ein solches Verbot im neuen Testament nicht finden lasse.[1558] Hätte sich das Verbot zwischen verschiedenen Völkern verbreiten und zu einem Völkergemeinrecht bzw. einer gemeinsamen Sitte vieler Völker werden können? Auch diese Hypothese lehnte THOMASIUS ab, aber er begründete seine Meinung nicht, weil er glaubte, er brauche keine negative These zu beweisen, sondern die Opposition, die das Verbot des Konkubinats als ein Völkergemeinrecht ansehen möchte, habe die Beweislast zu tragen.[1559] Hingegen führte THOMASIUS das Beispiel an, dass das Konkubinat bei den alten Griechen erlaubt gewesen sei.[1560]

Über das römische Recht zögerte THOMASIUS, etwas Derartiges in dieser Deutlichkeit zu behaupten.[1561] Einige Rechtsgelehrte stritten miteinander, ob man nach dem römischen Recht eine Konkubine haben dürfe, wenn man bereits eine Frau habe.[1562] Trotz dieses Streites ist es laut THOMASIUS klar, dass es beispielsweise für Senatoren gelte, dass sie nach diesem Recht eine Sklavin oder eine Freigelassene als Konkubine haben dürften, weil sie nach dem sozialen Stand eine solche Frau nicht heiraten könnten.[1563] THOMASIUS verneinte deshalb, dass auch andere Leute, die rechtlich dazu befugt seien, eine Sklavin oder eine Freigelasse zu heiraten, eine Konkubine haben dürften.[1564] Auf jeden Fall sei es sicher, dass die legitime Frau nach dem römischen Recht gegenüber der Konkubine bevorzugt worden sei, z. B. Kinder, die von einer Konkubine geboren wurden, hätten nicht wie andere Kinder, die von

---

1557 KIECHEL (Resp.) [248, S. 10] §. 6.

1558 KIECHEL (Resp.) [248, S. 14] §. 8.

1559 KIECHEL (Resp.) [248, S. 15] §. 9.

1560 KIECHEL (Resp.) [248, S. 16] §. 10.

1561 Heute ist es bestätigt, dass die Römer das Konkubinat in bestimmten Grenzen toleriert haben. Vgl. KASER [88, S. 366].

1562 KIECHEL (Resp.) [248, S. 19] §. 13. HUBER beschänkte diese Zulässigkeit auf Ledige. HUBER [84, S. 257a] ad D 25.7, n. 2. „Quando tamen Concubinatum in jure dicimus permissum, de caelibum amicis loquimur".

1563 KIECHEL (Resp.) [248, S. 17] §. 11.

1564 KIECHEL (Resp.) [248, S. 19] §. 13. Die obige Verneinung von THOMASIUS wird durch heutige Erkenntnisse untermauert. Vgl. KASER [88, S. 366] „[Das Konkubinat] ist neben der Ehe unzulässig [...]". SCHARD glaubte, dass auch ein verheirateter Mann eine Konkubine haben durfte, bevor Kaiser CONSTANTINUS dies verbot, (C 5.26.1), obwohl viele Rechtsgelehrte der Ansicht waren, dass dies schon immer verboten worden sei. SCHARD [159, S. 231b] ad concubina „Sed quaeri video, an et mariti concubinam habere possent? quod vulgo ab omnibus negatur, propter l. I. C. de concubina. vbi Constantinus Imperator id vetat. At ego eius ipsius legis argumento adducor, vt credam ante Constantinum id licuisse. Cur enim id tum ille prohibuisset, nisi quia licebat?".

der legitimen Frau stammten, an der Erbfolge teilhaben können.[1565] THOMASIUS hielte demnach das römische Recht in diesem Punkt für „ehrlicher“ (*honestior*) als das oben erläuterte hebräische Recht.[1566] Diese Lage habe sich auch in der Zeit von Kaiser CONSTANTINUS bis JUSTINIANUS nicht geändert.[1567]

Wer verbot das Konkubinat? THOMASIUS meinte, dass die Kirche der Vorreiter gewesen sei, und zwar hätten AMBROSIUS, HIERONYMUS und AUGUSTINUS den Grundstein dazu gelegt.[1568] Zuerst habe es für AMBROSIUS einen Anlass gegeben, das Konkubinat als etwas Schlechtes anzusehen, weil es für ihn eine Art des Ehebruches dargestellt habe.[1569] Dann habe HIERONYMUS nicht nur das Konkubinat sondern auch sogar die Ehe an sich verachtet.[1570] Schließlich habe AUGUSTINUS das Konkubinat deutlich als ein Verbrechen angesehen,[1571] ohne jedoch gute Gründe zu nennen.[1572] THOMASIUS glaubte, dass die Meinung aller drei Kirchenväter anfangs von der Kirche abgelehnt worden sei, weil sie ihre Meinung nicht begründet hätten.[1573] Erst Kaiser LEO VI. (der Philosoph) habe das Konkubinat verboten.[1574] Trotzdem war THOMASIUS der Meinung, dass das Konkubinat im Weströmischen Reich wohl nicht verboten worden sei, denn in Frankreich und Deutschland habe damals nur eine Geldstrafe geleistet werden müssen, wenn ein Mann, der schon mit einer Frau verheiratet gewesen sei, eine zweite Frau als Nebenfrau angenommen habe.[1575] Trotz des Verbotes von Kaiser LEO VI. sei ein Konkubinat in Deutschland weiter zulässig gewesen.[1576]

Da die Kirche das Verbot eingeführt habe, ohne Gründe zu nennen, begann THOMASIUS zu prüfen, ob das Konkubinat tatsächlich verboten werden sollte. Theologen und Juristen, die das Konkubinat für unehrlich hielten, hätten gesagt: (1.) Die Ehe sei ein Sakrament, (2.) das Konkubinat sei aber kein Sakrament, (3.) die „nackte Vereinbarung“ (*nudum pactum*) zwischen einem Mann und einer Frau bilde kein Sakrament, (4.) es sei bei Christen verboten, die legitime Frau zu benachteiligen, (5.) die Gründe, auf die sich das Konkubinat bei den Hebräern und den Römern

1565 KIECHEL (Resp.) [248, S. 21] §. 14. Vgl. dazu KASER [88, S. 367].
1566 KIECHEL (Resp.) [248, S. 21] §. 15.
1567 KIECHEL (Resp.) [248, S. 24] §. 17.
1568 KIECHEL (Resp.) [248, S. 27] §. 18. THOMASIUS zitierte hier das Vorwort von BARBEYRAC in der Übersetzung von *De jure naturae et gentium*. KIECHEL (Resp.) [248, S. 27] §. 18. (b). THOMASIUS überließ ihm den ausführlichen Nachweis.
1569 KIECHEL (Resp.) [248, S. 27] §. 19.
1570 KIECHEL (Resp.) [248, S. 29] §. 20.
1571 AUGUSTINUS hatte früher selbst eine Beziehung zu einer Konkubine und später empfand er darüber Reue. Vgl. FRIEDL [68, S. 99–100].
1572 KIECHEL (Resp.) [248, S. 30] §. 21.
1573 KIECHEL (Resp.) [248, S. 32] §. 22.
1574 KIECHEL (Resp.) [248, S. 35] §. 23. und (c).
1575 KIECHEL (Resp.) [248, S. 35–36] §. 24.
1576 KIECHEL (Resp.) [248, S. 35–36] §. 24.

gestützt habe, seien nicht mehr gültig.[1577] Dagegen hätten einige andere Juristen, die das Konkubinat teilweise als zulässig ansahen, behauptet: (1.) Es gebe zwei verschiedene Arten von Konkubinaten, nämlich zum einen das Konkubinat, mit dem der Geschlechtstrieb befriedigt werden könne, und zum anderen das Konkubinat, durch das Ausschweifungen vermieden werden könnten, (2.) das letztere sei für Jugendliche und Witwen zulässig, (3.) die These, dass die Ehe ein Sakrament sei, sei nur deshalb aufgestellt worden, damit die Kirche sie kontrollieren könne, (4.) wenn man sich von einer Frau trennen müsse, sei es besser, sie in dem Konkubinat zu haben als mit ihr verheiratet zu sein.[1578] Laut THOMASIUS habe diese Diskussion die Zulässigkeit des Konkubinats in Deutschland nicht verändert, das heißt, das Konkubinat sei bis zum 15. Jahrhundert noch nicht verboten gewesen.[1579] Schließlich sei allerdings unter Papst LEO X. auf dem Laterankonzil bestimmt worden, dass das Konkubinat bei Priestern zu verbieten sei.[1580] THOMASIUS meinte, dass das Verbot nur dafür aufgenommen worden sei, um die Kritik zu unterbinden, die die damaligen Laien gegenüber den Priestern geübt hätten.[1581] Dann sei das Verbot im Jahr 1530 in der Polizeiordnung aufgenommen worden, aber es sei noch unklar gewesen, ob man diese Regel wirklich angewandt hätte oder nicht.[1582] Weder LUTHER noch Theologen an der Universität Wittenberg hätten zwar gelehrt, dass das Konkubinat im Protestantismus verboten werden müsse,[1583] aber das Verbot sei noch einmal im Konzil von Trient bestätigt worden und danach habe auch Deutschland es wieder in die Polizeiordnung aufgenommen, die im Jahr 1577 beschlossen worden sei.[1584] Demnach ist laut THOMASIUS die im Jahr 1577 publizierte Polizeiordnung, die das Konkubinat in Deutschland verboten hat, bindend.

---

1577 KIECHEL (Resp.) [248, S. 37] §. 25.

1578 KIECHEL (Resp.) [248, S. 38] §. 26. Aus diesen Äußerungen ergibt sich, dass beide Seiten die These „die Ehe sei ein Sakrament" als die entscheidende Kontroverse angesehen haben. Aber trotzdem verstand THOMASIUS den Streit nicht als eine Auseinandersetzung zwischen dem Katholizismus und dem Protestantismus, weil er in diesen Quellen noch die Lage vor dem 15. Jahrhundert erklärte. KIECHEL (Resp.) [248, S. 41] §. 28. Mir scheint, dass die Argumentationen, die THOMASIUS uns hier vorgelegt hat, nicht eine reine historische Erklärung, sondern eine von ihm ausgedachte Vorstellung ist. Besonders bei der dritten Gegenargumentation, dass die Kirche durch das Sakrament die Ehe nicht aus Hand geben wollte, gab THOMASIUS keine Quelle an. Demnach gibt es den Streit möglicherweise nur in seiner Vorstellung.

1579 KIECHEL (Resp.) [248, S. 39] §. 27.

1580 KIECHEL (Resp.) [248, S. 41] §. 28. THOMASIUS war in diesem Punkt vorsichtig, das heißt, er sagte genauer: „Soviel ich weiß, war Papst Leo X. der Vorreiter [dieses Verbotes]." („[...] primus, quod sciam, Leo X. Pontifex [...]").

1581 KIECHEL (Resp.) [248, S. 41] §. 28.

1582 KIECHEL (Resp.) [248, S. 42] §. 29.

1583 KIECHEL (Resp.) [248, S. 43] §. 30.

1584 KIECHEL (Resp.) [248, S. 48] §. 33–34.

Wofür war bei THOMASIUS diese ausführliche Geschichtsforschung nützlich? Meines Erachtens bestand das hauptsächliche Interesse für ihn in der Frage, ob man das Konkubinat in Deutschland wieder einführen kann oder nicht, und deswegen bezieht sich diese bisherige Erklärung gerade auf seine Gesetzgebungslehre. THOMASIUS lehnte die abermalige Anerkennung ab und legte dafür drei Gründe vor: (1.) Eigene Sitten sollten anderen gegenüber bevorzugt werden und deshalb sollte man in Deutschland weder die hebräische noch die römische sondern nur die deutsche Sitte beachten, dass man heute keine Konkubine haben dürfe, (2.) das Konkubinat sei eine unvollkommene Ehe und dahinter würden sich manchmal Ausschweifungen verbergen, (3.) es gebe keine Gründe, die dafür sprächen, das Konkubinat wieder zu erlauben.[1585] Die erste Aussage ist hier am wichtigsten, denn sie zeigt, dass die Vermutung von THOMASIUS, dass eine gemeinsame Sitte vieler Völker eine gute Sitte sei, wirklich nur eine Vermutung ist, die man durch Gegenargumentationen widerlegen kann.

### 6.4.4 Mitgift

THOMASIUS hat ANCKELMANN eine Dissertation über „Mitgift“ (*dos*) schreiben lassen, nämlich *De pactis dotalibus ad Part. II. Tit. XI. Art. XI. Iuris Statutarii Hamburgensis* (1695), aber es ist unklar, ob die Autorschaft THOMASIUS zugeschrieben werden kann. Denn ANCKELMANN, der aus Hamburg kam, beschrieb sein heimisches Recht und THOMASIUS zitierte es nicht. Demnach möchte ich mich hier auf *Notae ad Pand.* konzentrieren.

THOMASIUS meinte, dass sich das deutsche Recht über die Mitgift vom römischen in vielen Punkten unterscheide, trotzdem wollten andere Juristen das römische Recht darauf anwenden.[1586] Zuerst sollte man eine deutsche Einteilung der Mitgift beachten, nämlich in „Vermögen als Mitgift“ (*bona dotalia*), in „Nebengüter“ (*bona paraphernalia*) und in die „Mitgift, die zurückerhalten werden kann“ (*bona receptitia*). THOMASIUS definierte hier diese Einteilung nicht, einige Wörterbücher aber erklärten sie ausführlich.[1587] Er sagte, dass „Nebengüter“ (*bona paraphernalia*) in Deutschland als etwas anderes aufgefasst worden seien als in Rom, weil die Römer normalerweise als Mitgift keinen Nießbrauch verwendet hätten, und es die „Mitgift,

1585 KIECHEL (Resp.) [248, S. 50] §. 35. (e).

1586 THOMASIUS [197, S. 236–237].

1587 *bona paraphernalia*: „Sind diejenigen Güther, welche die Frau neben der Mitgabe noch zum Manne bringet und welche dahero NebenGüther gennent werden. In den altersten Zeiten muste man von dergleichen eingebrachten Vermögen wenig oder gar nichts. Gaertner. de distinct. inter dotem et paraphernal. Was die Frau zu dem Mann brachte, das wurde gemeinschaftlich besessen und zur Bestreitung der nothigen Kaisern im Ehestande verwendet. Der Unterschied zwischen der Mitgabe und Paraphernalien ist Römisch.“ WIESAND [313, S. 801] *bona receptitia*: „eine solche Mitgift, deren Rückforderung sich der Besteller vorbehalten hat“ KASER [88, S. 370].

die zurückerhalten werden kann“ (*bona receptitia*) in Rom nicht gegeben habe.[1588] Des Weiteren sollte man die römische Einteilung zwischen der „Mitgift des Vaters“ (*dos profectitia*) und der „äußeren Mitgift“ (*dos adventitia*) nicht beachten.[1589]

Die Frage, in welchen Fällen man eine Mitgift geben müsse, habe sich in Deutschland überhaupt nicht gestellt und deswegen sollte man diese Frage ignorieren, obwohl die Römer darüber nachgedacht hätten.[1590] THOMASIUS fügte aber hier eine Anmerkung hinzu, dass die Mitgift bei Frauen, die einer höheren Schicht angehörten, nach dem Lehnsrecht geregelt werden solle.[1591]

Diese Regeln müssten auch bei einer Schenkung anlässlich der Ehe beachtet werden.[1592] THOMASIUS schrieb hier, dass in Deutschland in der Regel mehr Männer bei der Ehe etwas schenkten als Frauen.[1593]

## 6.5 Die Kinder

### 6.5.1 Die Einordnung des Themas

THOMASIUS erforschte das Thema systematisch und zwar verglich er stets deutsches Recht mit den *Institutiones Justiniani.*

### 6.5.2 Legitimes und natürliches Kind

THOMASIUS stellte zunächst fest, dass man in diesem Zusammenhang in Deutschland römisches Recht zwar nicht häufig angewandt habe, dieses Recht aber zum Teil rezipiert worden sei.[1594] Auf jeden Fall sei es wichtig, dass in der damaligen Praxis nicht das römische Recht sondern eher andere Faktoren angewendet worden seien, zum Beispiel kanonisches Recht, politische Gründe oder öffentliche deutsche Gesetze.[1595]

Wie unterschied sich das deutsche Recht vom römischen? THOMASIUS glaubte, dass sich solche Unterschiede sowohl in dem Zweck der Legitimierung von Kindern als auch in Rechten von bereits legitimierten Kindern fänden. (1.) Während Kaiser JUSTINIANUS laut THOMASIUS nur solche „natürlichen Kinder“ (*liberi*

---

1588 THOMASIUS [197, S. 237] „Receptitia plane ignorat jus Romanum.“

1589 THOMASIUS [197, S. 237]. Zu diesen Mitgiftarten vgl. dazu KASER [88, S. 370] „Dos profecticia heißt die vom paterfamilias der Frau (später auch die vom Vater, der nicht ihr Gewalthaber ist) bestellte Mitgift; dos adventicia ist die von anderer Seite bestellt, […]“.

1590 THOMASIUS [197, S. 237].

1591 THOMASIUS [197, S. 237].

1592 THOMASIUS [197, S. 237].

1593 THOMASIUS [197, S. 238]. Über die „Schenkung wegen der Ehe“ (*donatio propter nuptias*) s. KASER [88, S. 374].

1594 LIMBERGER (Resp.) [255, S. 46] cap. 2. §. 1.

1595 LIMBERGER (Resp.) [255, S. 46] cap. 2. §. 1.

*naturales*) legitimiert habe, die aus dem Konkubinat stammten,[1596] helfe das deutsche Recht, dass auch „nichteheliche Kinder“ (*spurii*), „aus dem Ehebruch geborene Kinder“ (*adulterini*), „aus der Verwandtenehe geborene Kinder“ (*incestuosi*) und sogar Enkel in ihrer Ehre wiederhergestellt werden könnten, und deshalb sei es egal, wer Ehebruch begangen habe.[1597] (2.) Nach deutschem Recht brauche man keine Zustimmung eines zu legitimierenden Kindes, wohingegen man sie nach dem Justinianischen Recht benötige.[1598] (3.) Während Kaiser JUSTINIANUS natürlichen Kindern durch die Legitimation ein Erbrecht zusprechen wollte, beabsichtigten die Deutschen nur die Ehre der Kinder oder Enkel wiederherzustellen.[1599] (4.) In Deutschland habe der Kaiser das Recht gehabt, durch seine Anordnungen Kinder zu legitimieren, und er habe auch den „Pfalzgrafen“ (*comites palatini*) diese Aufgabe überlassen.[1600] Zwar führte Kaiser JUSTINIANUS auch im römischen Recht ein, dass ein Kaiser mit einem Gnadenakt unter einigen Bedingungen Kinder legitimieren könne (Nov 74),[1601] aber dieser Gnadenakt sei in Deutschland eher aus dem kanonischen als aus dem römischen Recht abgeleitet worden.[1602] Für diese öffentliche Legitimierung sei es erforderlich gewesen, dass die Herrschenden ausdrücklich eine Legitimation erklärten, und deswegen dürfe man nicht vermuten, dass ein natürliches Kind von seinem Herrschenden stillschweigend legitimiert worden wäre.[1603] Es sei auch unerlaubt zu vermuten, ein Kind hätte durch die öffentliche Legitimierung sein Erbrecht automatisch wiedergewonnen.[1604]

### 6.5.3 Die Adoption

Laut THOMASIUS stritt man sich damals, ob die Adoption nach römischem Recht in Deutschland eingeführt worden sei.[1605] THOMASIUS sah den Anlass dieses Streites darin, dass man die „Adoption im eigentlichen Sinne“ (*adoptio propria*) und die „Adoption im uneigentlichen Sinne“ (*adoptio impropria*) durcheinandergebracht habe.[1606]

Die Adoption im eigentlichen Sinne sei eine solche, mit der man adoptierte Kinder der „Hausgewalt“ (*patria potestas*) des römischen Rechts unterstelle, und

1596 Vgl. auch KASER [88, S. 385].
1597 LIMBERGER (Resp.) [255, S. 48] cap. 2. §. 2.; LIMBERGER (Resp.) [255, S. 50] cap. 2. §. 3. HEINECCIUS zitierte diese Stelle. HEINECCIUS [76, S. 121–122] lib. 1. tit. 7. §. 158.
1598 LIMBERGER (Resp.) [255, S. 50] cap. 2. §. 3. Vgl. KASER [88, S. 385].
1599 LIMBERGER (Resp.) [255, S. 48] cap. 2. §. 2.
1600 LIMBERGER (Resp.) [255, S. 55] cap. 2. §. 4.
1601 KASER [88, S. 385–386].
1602 LIMBERGER (Resp.) [255, S. 55] cap. 2. §. 4.
1603 LIMBERGER (Resp.) [255, S. 60] cap. 2. §. 6.
1604 LIMBERGER (Resp.) [255, S. 60–61] cap. 2. §. 6.
1605 RAUMER (Resp.) [267, S. 50] cap. 2. §. 1.
1606 RAUMER (Resp.) [267, S. 52] cap. 2. §. 2. Da THOMASIUS keine Quelle zitierte, wurde diese Einteilung von ihm möglicherweise erfunden, um dies erklären zu können.

deshalb sei diese Adoptionsart ein Rechtsmittel, das ausschließlich für die Römer gelten solle, wohingegen die Adoption im uneigentlichen Sinne lediglich bedeute, einen Menschen als eigenes Kind anzunehmen.[1607] Da die Adoption im eigentlichen Sinne für die Römer als eine spezielle Regel aufgefasst worden sei, habe sie in Deutschland keine Anwendung gefunden.[1608] Auch die spezielle Adoptionsweise *arrogatio*, mit der man „Personen, die eigenen Rechts sind" (*sui iuris*), adoptieren kann, sei in Deutschland nicht rezipiert worden, weil diese Adoptionsart nur dafür erfunden worden sei, um die betrügerische Adoption zu vermeiden, und es bei der deutschen Adoption keine Möglichkeit zu einem Betrug gebe.[1609]

Wenn man die Rezeption der römischen Adoption überprüfen möchte, dann sollte man innerhalb der Thematik solche Adoptionsarten deshalb ausschließen, die nicht im eigentlichen Sinne als solche bezeichnet und oft mit der römischen Adoption verwechselt werden. Welche Adoptionsarten gehören zu der Adoption im uneigentlichen Sinne? THOMASIUS teilte sie in fünf Arten ein, nämlich in die „Adoption aufgrund von Testamenten" (*adoptio per testamentum*), die „Adoption aufgrund der Taufe" (*adoptio per baptismum*),[1610] die „Adoption durch die Übergabe von Kriegsinsignien" (*adoptio per arma*), die „Adoption durch das Abschneiden und die Übergabe der Haare" (*adoptio per capillum*) und die „Adoption durch die Ehe" (*adoptio per matrimonium*).[1611] Besonders die Adoption durch die Ehe hätten sich Deutsche ausgedacht.[1612] Kurz gesagt kann man nicht behaupten, dass die römische Adoption in Deutschland rezipiert worden wäre, weil sich die oben erwähnten fünf Adoptionsarten in Deutschland haben finden lassen. Obwohl es diese verschiedenen Adoptionsweisen gab, meinte THOMASIUS, dass die Adoption aufgrund von Testamenten in Deutschland schon ausreichend sei und die sonstigen Adoptionsweisen nicht angewandt worden seien.[1613]

## 6.5.4 Die Selbstständigkeit der Kinder

Da die „Hausgewalt" (*patria potestas*) an sich schon erklärt worden ist, möchte ich erklären, wie Kinder von der Hausgewalt befreit werden können. THOMASIUS glaubte, dass das Erziehungsrecht der Eltern im Völkergemeinrecht einfach dann ende, wenn Kinder keine Erziehung und keine Unterstützung mehr benötigten.[1614] Er fuhr

1607 RAUMER (Resp.) [267, S. 52] cap. 2. §. 2. (a).
1608 RAUMER (Resp.) [267, S. 53] cap. 2. §. 3.
1609 RAUMER (Resp.) [267, S. 62] cap. 2. §. 9.
1610 RAUMER (Resp.) [267, S. 50] cap. 1. §. 29. WIESAND zitierte in seinem Wörterbuch die thomasianische Meinung über die Adoption aufgrund der Taufe. WIESAND [313, S. 55] zu Annehmen §. 2.
1611 RAUMER (Resp.) [267, S. 54–56] cap. 2. §. 4–6.
1612 RAUMER (Resp.) [267, S. 56] cap. 2. §. 6.
1613 RAUMER (Resp.) [267, S. 62] cap. 2. §. 9. und (a).
1614 UFFENBACH (Resp.) [287, S. 14] §. 13. THOMASIUS zitierte hier auch PUFENDORF, und PUFENDORF verglich die Freiheit von Kindern mit der Freiheit, sich irgendwo

jedoch fort, dass das deutsche Recht weder dem römischen Recht noch dem Völkergemeinrecht entspreche, und zwar könne man aufgrund des Sachsenspiegels und des Schwabenspiegels Kinder auch auf andere Weise befreien.[1615] Bemerkenswert ist, dass THOMASIUS hier keine Rechtsquellen vorgelegt hat, und deshalb möchte ich sie mit Quellen von HEINECCIUS ergänzen.[1616] (1.) Kinder werden nämlich auch dann freigelassen, wenn ihnen die Eltern ein Vermögen schenken und sich dann von ihnen trennen (Sachsenspiegel, Landrecht, lib. 1. art. 11. und 13.; Schwabenspiegel, Landrecht, cap. 382.).[1617] (2.) Wird das „Vermögen der Mutter" (*boni materni*) zurückgegeben, werden Kinder dadurch auch befreit. (3.) Wenn eine Tochter heiratet, führt dies dazu, dass sie nicht mehr von den Eltern abhängig ist (Sachsenspiegel, Landrecht, lib. 1. art. 31. und 45.; Schwabenspiegel, Landrecht, cap. 259.).

Es ist schon klar, in welchem Punkt ein Unterschied zwischen dem deutschen Recht und dem Völkergemeinrecht besteht, und zwar ist im deutschen Recht eine Handlung der Eltern erforderlich, um ihre Kinder freizulassen, wohingegen sie im Völkergemeinrecht automatisch befreit werden, wenn sie keine Erziehung oder Unterstützung mehr brauchen. In welchen Punkten unterscheidet sich das deutsche Recht von dem römischen? Darauf ging THOMASIUS ausführlich ein.[1618] (1.) Im römischen Recht könne kein Kind, das bereits nicht mehr minderjährig sei, seine Eltern zwingen, es freizulassen, während solch ein Kind nach dem deutschen Recht diese Möglichkeit habe. (2.) Im römischen Recht müssten Eltern auf bestimmte Weise prozessieren, um ihre Kinder freizulassen, wohingegen die Eltern im deutschen Recht nur die obigen Erfordernisse erfüllen müssten, z. B. eine Schenkung von Vermögen. (3.) Im römischen Recht konnten Eltern ihre Kinder freilassen, auch wenn sie noch minderjährig waren, dagegen müssten Eltern in Deutschland warten, bis ihre Kinder erwachsen werden. THOMASIUS fügte hinzu, dieses Erfordernis entspreche dem Völkergemeinrecht. (4.) Nach dem deutschen Recht könnten die Eltern ihren Kindern eigenes Vermögen leihweise überlassen, ohne sie zu befreien. Das Phänomen führt dazu, dass die Eltern die Vormundschaft übernehmen könnten, ohne ihre Kinder freizulassen. Dagegen sei dies im römischen Recht nicht möglich gewesen, denn die Römer hätten nur dann Vormund werden können, wenn ihre Kinder schon freigelassen worden seien. BEYER sah dies in diesem Zusammenhang als eine deutsche Sitte an, Erwachsene von ihren Eltern zu trennen.[1619]

---

niederlassen zu können. PUFENDORF [146, S. 615] lib. 6. cap. 2. §. 13. „[...] cum nec in justis civitatibus hominibus liberis facile migratio denegetur, si nullo alio, quam communi civium vinculo stringantur." HEINECCIUS zitierte die Dissertation. Vgl. HEINECCIUS [76, S. 134] lib. 1. tit. 8. §. 171.

1615 UFFENBACH (Resp.) [287, S. 20] §. 24.

1616 HEINECCIUS [76, S. 128–129] lib. 1. tit. 8. §. 166–168.

1617 HEINECCIUS wies darauf hin, dass die Regel vom Lubischen Recht abweiche (part. 2. tit. 2. art. 33.). Vgl. HEINECCIUS [76, S. 128–129] lib. 1. tit. 8. §. 167.

1618 UFFENBACH (Resp.) [287, S. 21] §. 26.

1619 BEYER [20, S. 117] lib. 1. cap. 26. §. 55.

Demnach gebe es im deutschen Recht keine „Emanzipation von Kindern" (*emancipatio*), die die Eltern im römischen Recht formell brauchen, um ihre Kinder freizulassen.[1620] Zwar habe es damals noch einige Beispiele gegeben, unter anderem die Befreiung von Kindern, die der Graf von Löwenstein veranlasst habe,[1621] aber THOMASIUS behauptete, dass diese Emanzipation ein „Fehler" (*error*) gewesen sei.[1622] BEYER hielt seine Argumentation für richtig, obwohl er einen milderen Ausdruck als THOMASIUS verwendete, und zwar sei diese Befreiung kein Fehler sondern ein „Missbrauch" (*usurpari*) gewesen.[1623] Neutral beschrieb HEINECCIUS, dass die Emanzipation von Kindern nach römischem Recht für deutsche Sitten „nicht notwendig" (*nulla necessitate*) sei.[1624]

## 6.6 Die Vormundschaft

### 6.6.1 Die Einordnung des Themas

Man hat bei diesem Thema mehr Quellen zur Verfügung als bei anderen Themen, weil THOMASIUS es in *Notae ad Inst.* und in *Notae ad Pand.* ausführlich behandelt und außerdem einige Dissertationen darüber hat schreiben lassen. Wenn THOMASIUS die Reihenfolge der *Institutiones Justiniani* berücksichtigte, kam der Abschnitt am Ende des sechsten Kapitels.

### 6.6.2 Das Ziel der Vormundschaft

Das Ziel der Vormundschaft bestehe darin, das Zusammenleben der Bevölkerung in einem Staat zu verbessern, indem man Vermögen solcher Leute verwalte, die es selber nicht verwalten könnten.[1625] THOMASIUS glaubte, dass das Ziel dem Naturrecht entspreche.[1626] In der deutschen Vormundschaft gebe es folglich keine Fristen, da die Vormundschaft, in der es Fristen gebe, nutzlos sei.[1627]

### 6.6.3 Unterschiede zwischen dem römischen und dem deutschen Recht

THOMASIUS glaubte, dass es bei diesem Thema einige Unterschiede zwischen dem römischen und dem deutschen Recht gebe.

---

1620 UFFENBACH (Resp.) [287, S. 20–21] §. 25.
1621 UFFENBACH (Resp.) [287, S. 22–23] §. 28.
1622 UFFENBACH (Resp.) [287, S. 24] §. 30.
1623 BEYER [20, S. 117] lib. 1. cap. 26. §. 54.
1624 HEINECCIUS [76, S. 131] lib. 1. tit. 8. §. 170.
1625 THOMASIUS [196, S. 72].
1626 THOMASIUS [196, S. 72].
1627 THOMASIUS [196, S. 80].

(1.) Römisches Recht regelt zwar die Vormundschaft ausführlich, nach THOMASIUS seien aber nur wenige Regeln in Deutschland rezipiert worden, weil das grundlegende Erfordernis des römischen Rechts, dass sich jedes Mündel als eine „Person, die eigenen Rechts ist" (*sui iuris*) zu bezeichnen habe, in Deutschland nicht vorhanden sei.[1628] Der Mann könne deshalb nach dem Sachsenspiegel das Vermögen seiner Frau als ihr Vormund verwalten (Landrecht, lib. 1. art. 11.), und er dürfe nach dem Schwabenspiegel sogar für seine Kinder einen Vormund bestellen, auch wenn er selbst noch lebe (Landrecht, cap. 319. §. 2.).[1629]

(2.) Ein anderer Unterschied liege in der Terminologie, und zwar hätten die Römer das Wort *tutor* für etwas anderes gehalten als das Wort *curator*, dagegen seien diese Begriffe in Deutschland gleich und man übersetze beides ins Deutsche als Vogt oder Vormundschaft.[1630] Da es in Deutschland keinen Unterschied zwischen den beiden Begriffen *tutor* und *curator* gebe, könne man die Verwaltung des Vormundes auf einige Gegenstände beschränken, wohingegen nach dem römischen Recht unter dieser Bedingung lediglich ein *curator* berufen werden dürfe.[1631] Da die lateinischen Wörter *tutor* und *curator* in Deutschland die gleiche Bedeutung hätten, verschwinde auch der Unterschied zwischen der „Geschlechtsreife" (*pubertas*) und der „Volljährigkeit" (*majorenitas*).[1632] THOMASIUS meinte, dass es in Deutschland nur den allgemeinen Begriff Minderjährigkeit gebe und solche Personen minderjährig seien, die noch nicht das 21. Lebensjahr vollendet hätten.[1633] Da die römische Voraussetzung, dass *tutor* auch gegen den Willen des Mündels bestimmt werden könne, aber *curator* nicht, in Deutschland nicht mehr gelte,[1634] könne man nach deutschem Recht beides gegen den Willen des Mündels ausüben, sofern eine Vormundschaft nötig sei.[1635]

(3.) Da es laut THOMASIUS in Deutschland früher kein Testament gegeben habe, habe man den Begriff „Vormundschaft aufgrund von Testamenten" (*tutela testamentaria*) erst kennengelernt, als man das römische Testamentsrecht in Deutschland rezipiert habe.[1636] Diese Aussage bedeutet bei THOMASIUS aber nicht, dass es in Deutschland die Einteilung der Vormundschaft in die „Vormundschaft aufgrund von Testamenten" (*tutela testamentaria*), in die „gesetzliche Vormundschaft" (*tutela legitima*) und in die „freiwillige Vormundschaft" (*tutela dativa*) gegeben hätte, denn die Polizeiordnung im Jahr 1548 und 1577 laute, dass die Vormundschaft ohne Unterschiede von einem Beamten bestätigt werden müsse und die Verwaltung des

---

1628 THOMASIUS [196, S. 72].
1629 THOMASIUS [196, S. 72].
1630 THOMASIUS [196, S. 73].
1631 THOMASIUS [196, S. 80]; BEYER [17, S. 12] §. 22. „Caeterum si puberibus detur, etiam a curatore generali non minus ac a tutore differre."
1632 THOMASIUS [196, S. 74].
1633 THOMASIUS [196, S. 74].
1634 THOMASIUS [196, S. 74].
1635 THOMASIUS [196, S. 74]. THOMASIUS hat hier versucht, einige Quellen so auszulegen, dass sie mit seinen Ansichten übereinstimmen können.
1636 THOMASIUS [196, S. 74].

Vermögens erst nach dieser Bestätigung beginne.[1637] Dies führt auch dazu, dass es keine Rolle spiele, wie ein Vater die Vormundschaft für seine Kinder bestimmt habe.[1638]

(4.) THOMASIUS glaubte, dass Beamte in Deutschland keine ungeeigneten Vormünder ernennen dürften und deswegen ein Mündel nur einen Vormund benötige, außer der einzigen Ausnahme, wenn ein Vormund wegen offizieller Verpflichtungen seine Vormundschaft nicht ausüben könne.[1639] In diesem Ausnahmefall gelte die Regel nicht, dass „kein Vormund einen anderen bestimmen kann" (*tutorem habens tutor non possit dari*), und der beschäftigte Vormund könne einen anderen ernennen.[1640]

(5.) Nach dem römischen Recht musste ein Vormund eine Kaution leisten (Inst Iust 1.24 pr). Die Lage in Deutschland war etwas komplizierter. Anfangs habe es in Deutschland keine Gewohnheit gegeben, bei der Vormundschaft eine Kaution zu leisten, dies ergebe sich aus dem Sachsenspiegel (Landrecht, lib. 1. art. 23.).[1641] Nachdem das Justinianische Recht in Deutschland rezipiert worden war, behaupteten Rechtsgelehrte, dass die Kaution des Vormundes auch in Deutschland geleistet werden solle, und es gelang ihnen, diese Meinung in den Reichsabschieden im Jahr 1548 und 1577 durchzusetzen.[1642] Trotz dieser Geschichte glaubte THOMASIUS, dass Beamte heute diese Regeln ignorieren würden, weil sie die Lebensumstände von Vormündern überprüfen müssten und nur solche Leute als Vormund berufen werden könnten, die unbewegliche Sachen besäßen.[1643] Aber THOMASIUS fügte hinzu,

---

1637 THOMASIUS [196, S. 74]. Laut THOMASIUS habe es früher in Deutschland keine Vormundschaft aufgrund von Testamenten gegeben, weil man nach der Rezeption des Justinianischen Rechts begonnen habe, das Testamentsrecht in Deutschland anzuwenden. THOMASIUS [196, S. 82]. Auch nach der Rezeption des Justinianischen Rechts habe es in Deutschland keine Rolle gespielt, ob ein Vater oder eine Mutter für ihre Kinder einen Vormund bestimme, und es sei auch nicht relevant, ob man in einem Testament oder mündlich einen Vormund bestimme. THOMASIUS [196, S. 75]. Vgl. auch BEYER [18, S. 561] ad D 26.1 „[...] hinc non amplius reqviritur patria potestas, non testamentum, sed sola declaratio voluntatis paternae vel maternae etc. sufficit."

1638 THOMASIUS [196, S. 75].

1639 THOMASIUS [196, S. 104].

1640 THOMASIUS [196, S. 104].

1641 THOMASIUS [196, S. 106].

1642 THOMASIUS [196, S. 106].

1643 THOMASIUS [196, S. 106]. Vgl. auch HOPPE [80, S. 209] ad Inst Iust 1.24 pr „Imo moribus plerorumque locorum Germaniae recessum fere ab utilissima d. Reformat. dispositione, nec ab ullius generis Tutore facile amplius cautio exigi solet: Quoniam enim utplurimum ejusmodi Tutores constituuntur, qui bona possident immobilia, aut alias sufficientia; [...]"; VINNIUS und NORICUS [304, S. 128] ad Inst Iust 1.24 pr add. „Quamvis vero et hodie juxta R. J. de anno 1548. Tit. Von der Pupillen etc. et de Jur. Saxon. Landr. l. 1. art. 23. haec satisdatio a Tutoribus exigatur, attamen illa rarissime praestatur, [...]".

dass man diese römische Regel über Kaution dann anwenden solle, wenn ein Vormund freiwillig eine Kaution leiste.[1644]

### 6.6.4 Wer braucht einen Vormund?

THOMASIUS behandelte diese Frage in seinem Buch *Notae ad Inst.* (1712) nicht ausführlich, aber auf jeden Fall bräuchten „Kinder" (*liberi*), „Frauen" (*faeminae*) und „Geistesgestörte" (*furiosi*) einen Vormund.[1645]

Über Kinder meinte THOMASIUS, dass auch solche Kinder, die sich in der „Pubertät" (*pubertas*) befänden, manchmal aufgrund von Testamenten einen Vormund bräuchten und dies dem römischen Recht widerspreche.[1646] Dagegen könne es eine solche Vormundschaft in Deutschland nicht geben, die aufgrund der „Emanzipation von Kindern" (*emancipatio*) nach römischem Recht ausgeübt werde, weil Eltern keine Kinder freilassen dürften, wenn diese Unterstützung benötigten, wie beim Völkergemeinrecht.[1647] Aus dem gleichen Grund sei in Deutschland die „gesetzliche Vormundschaft der Eltern" (*legitima parentum tutela*) nicht rezipiert worden.[1648]

Darf man die Jugendlichen untersuchen, wenn ihr Alter unklar ist? THOMASIUS meinte, dass der Sachsenspiegel die Überprüfung des Körpers anerkenne, weil dieses Rechtsbuch regele, dass man durch Bärte, Schamhaare und Achselhaare die Reife des Körpers eines Jugendlichen feststellen müsse, wenn sein Alter nicht bekannt sei (Landrecht, lib. 1. art. 42.).[1649] Aber THOMASIUS merkte hier an, dass man angesichts der Überprüfung, die schon in der Zeit von Kaiser JUSTINIANUS aufgegeben worden sei, Deutschland nicht für barbarisch halten sollte, weil die Überprüfung nur in Notfällen vorgenommen werde und man sie normalerweise einfach an vorhandenen oder nicht vorhandenen Bärten fest machen könne.[1650] Außerdem zeigte THOMASIUS hier eine interessante Auslegung des Sachsenspiegels. Seiner Interpretation nach bedeute die zitierte Quelle nicht, dass man aus dem Mangel an Bärten, Schamhaaren und Achselhaaren die Unmündigkeit schließen könnte, denn der Herausgeber des Sachsenspiegels habe nur geschrieben, dass man die Mündigkeit feststellen könne, wenn diese Beweise vorhanden seien, und nicht umgekehrt[1651] – Ich lege diese Stelle so aus, dass man nicht weiß, ob ein Jugendlicher einen Vormund benötigt, wenn er keinen Bart hat.

---

1644 THOMASIUS [196, S. 106].
1645 Vgl. dazu THOMASIUS [196, S. 75; 104].
1646 THOMASIUS [196, S. 75].
1647 THOMASIUS [196, S. 75]. Vgl. auch HOPPE [80, S. 147–148] ad D 1.13.5 „[...] (Licet, cum hodie vix soleant emancipari impuberes, dubitem, an de Tutore, Emancipato dato, facile quaestio sit obventura:) [...]" (siehe auch oben 2.3.2).
1648 THOMASIUS [196, S. 89].
1649 THOMASIUS [196, S. 101].
1650 THOMASIUS [196, S. 101].
1651 THOMASIUS [196, S. 102].

Frauen müssten bei der Vormundschaft römischem Recht gleichgestellt sein, aber solche Regeln, die die Römer angesichts ihrer Sitten eingeführt hatten, seien in Deutschland nicht rezipiert worden.[1652] Auch Geistesgestörte müssten sich einer Vormundschaft unterstellen, und diese Notwendigkeit komme aus der Billigkeit des Völkergemeinrechts.[1653]

Wenn ein Herr seine minderjährigen Sklaven freilasse, dann müsse er nach dem römischen Recht für die Freigelassenen einen Vormund bestimmen, und diese Vormundschaft wird als die „gesetzliche Vormundschaft für Freigelassene" (*legitima patronorum tutela*) bezeichnet, sie sei jedoch in Deutschland nicht rezipiert worden.[1654] Der Grund dafür liege nicht darin, dass es zwischen römischen und deutschen Sklaven Unterschiede gebe, sondern lediglich darin, dass minderjährige Sklaven in Deutschland nur selten freigelassen worden seien, und es das „Recht der Schutzherren" (*ius patronorum*) nicht gebe.[1655]

### 6.6.5 Der Vormund

*Der gesetzliche Vormund*

Bei der „gesetzlichen Vormundschaft" (*tutela legitima*) müsse man natürlich auch in Deutschland bestimmen, wer als Vormund ernannt werden solle, d. i. der „gesetzliche Vormund" (*tutor legitimus*). Welcher Verwandte Vormund werden solle, sei laut Thomasius sowohl durch den Sachsenspiegel als auch durch den Schwabenspiegel geregelt worden und beide Regeln seien gleich. Man solle nämlich den gesetzlichen Vormund so bestimmen, dass der „nächste agnatische Verwandte" (*agnatus proximus*) ernannt werde, und man den ältesten Mann auswählen solle, wenn nach der obigen Regel nicht nur eine sondern mehrere Personen in Frage kämen (Sachsenspiegel, Landrecht, lib. 1. art. 23.; Schwabenspiegel, Landrecht, cap. 27. §. 3.).[1656] Hier wies Thomasius darauf hin, dass Hoppe zwar den „Blutsverwandten" (*cognatus*) vor dem „agnatischen Verwandten" (*agnatus*) bevorzugte und diese Regel als eine Eigentümlichkeit des sächsischen Rechts ansah,[1657] sich aber diese Regel auch im Alemannischen Recht bzw. im Schwabenspiegel finden ließ.[1658] Jedenfalls sei die obige, alte deutsche Regel schon durch kaiserliche Gesetze abgeschafft worden.[1659]

---

1652 Thomasius [196, S. 104].
1653 Thomasius [196, S. 104].
1654 Thomasius [196, S. 89].
1655 Thomasius [196, S. 89].
1656 Thomasius [196, S. 82]. Thomasius zitierte hier einfach Schilter. Schilter [165, S. 389] ad D 26.4, §. 46.
1657 Hoppe [80, S. 157] ad Inst Iust 1.15.1 „Jure tamen Saxonico adhuc durat eadem differentia, et in materia Tutelae Agnati Cognatis praeferuntur, per Land=Recht Lib. 1. art. 23."
1658 Thomasius [196, S. 83].
1659 Thomasius [196, S. 83]. Auch Hoppe bemerkte diese Lage in Deutschland. Vgl. Hoppe [80, S. 157] ad Inst Iust 1.15.1 „Moribus plerorumque locorum dispositio

## *Ehefrau*

In römischem Recht konnte ein Ehemann keine Vormundschaft seiner Ehefrau übernehmen, wohingegen THOMASIUS glaubte, dass die Lage in Deutschland umgekehrt sei, das heißt, dass ein Ehemann die Vormundschaft seiner Ehefrau rechtmäßig übernehmen könne.[1660]

## *Sklaven*

Es ist nach dem Justinianischen Recht erlaubt, dass man aufgrund von Testamenten eigene Sklaven als Vormund bestimmen kann, und dann sind die zur Vormundschaft berufenen Sklaven ohne Bedingungen freizulassen (*libertas directa*), auch wenn in den Testamenten darüber nichts erwähnt worden ist (Inst Iust 1.14 pr, D 26.2.32.2).[1661]

Kann ein Sklave, der einem anderen Herrn gehört von einem Dritten aufgrund eines Testamentes zu einem Vormund bestimmt werden? Im römischen Recht gibt es eine Antinomie, das bedeutet, Kaiser JUSTINIANUS hat verfügt, dass kein fremder Sklave eine Vormundschaft übernehmen könne (Inst Iust 1.14.1), obwohl ULPIANUS geschrieben hatte, dass dies nicht verboten sei (D 26.2.10.4).[1662] THOMASIUS behauptete, dass man diese beiden Rechtsquellen nicht in Einklang bringen könne.[1663]

Wie wurde dieses Problem in Deutschland gelöst? Da in Deutschland solche Sklaven nicht mehr vorhanden waren, die von den Römern als *servus* bezeichnet worden sind, lässt sich die obige Frage auf folgende Weise formulieren: Konnten damals „Leibeigene" (*homines proprii*) Vormund werden oder nicht? THOMASIUS bejahte das, denn Leibeigene hätten dazu bestimmt werden können, offiziellen Verpflichtungen nachzukommen, und die Vormundschaft gehöre gerade zu diesen Obligationen.[1664] Der Unterschied bestehe also zwischen dem römischen und dem deutschen Recht darin, dass es in Deutschland bei der Feststellung der Vormundschaft nicht

---

Juris novissimi obtinet, et sic cessat differentia Agnatorum et Cognatorum, ceu constat in specie de utraque Borussia ex Jur. Prut. Elect. L. 2. tit. 6. art. 2. §. 1. et 2. et Jur. Culm. L. 4. tit. 14. c. 2."

1660 THOMASIUS [196, S. 117]. THOMASIUS begründete seine Meinung nicht, aber man kann einen Grund dafür angeben. THOMASIUS erklärte über das römische Recht, dass dort die Vormundschaft zwischen dem Ehemann und der Ehefrau gerade deswegen verboten sei, weil die Ehe zwischen dem Vormund und seinem Mündel verboten sei. Wenn man diese Argumentation verwendet, dann kann man schließen, dass die Vormundschaft zwischen dem Ehemann und der Ehefrau nicht verboten wird, wenn die Ehe zwischen ihnen nicht verboten werden kann. Folglich könnte THOMASIUS gemeint haben, dass die Ehe zwischen dem Vormund und seinem Mündel nach deutschen Sitten nicht verboten wird.

1661 THOMASIUS [196, S. 76–77].

1662 THOMASIUS [196, S. 76].

1663 THOMASIUS [196, S. 76].

1664 THOMASIUS [196, S. 79].

erforderlich sei, Leibeigene freizulassen.[1665] Freilich gebe es hier die Beschränkung, dass die Leibeigenen, die die Vormundschaft übernähmen, in ihrem Land bleiben müssten und kein Beamter eine solche Vormundschaft, bei der ein Leibeigener an einen anderen Ort berufen werde, bestätigen dürfe, weil er während seiner Amtszeit einen tatsächlich tätigen Vormund bestimmen müsse.[1666] Wenn ein Adeliger einen Leibeigenen zur Übernahme der Vormundschaft seiner eigenen Kinder ernenne, dann sei diese ungültig und kein Beamter werde diese Vormundschaft bestätigen.[1667]

#### *Töchter in der Hausgewalt*

Keine „Tochter, die der Hausgewalt untersteht" (*filiafamilias*), könne Vormund werden, weil nach dem Völkergemeinrecht keine der Hausgewalt unterstehende Tochter offizielle Aufgaben verrichten dürfe.[1668] Wird eine Tochter, die der Hausgewalt untersteht, fälschlicherweise als Vormund ernannt, kann der Beamte in diesem Fall die eigentlich ungültige Vormundschaft bestätigen? THOMASIUS verneinte dies. Er schrieb: „Ich meine, dass der Beamte aufgrund unserer Sitten eine solche Vormundschaft nicht bestätigen darf, weil sie unangemessen ist."[1669]

#### *Minderjährige und geistig Behinderte*

Wenn ein „Geistesgestörter" (*furiosus*) oder ein „Minderjähriger" (*minor*) als Vormund bestimmt wird, was soll dann in einem solchen Fall passieren? THOMASIUS meinte einerseits, dass eine solche Vormundschaft auf jeden Fall ungültig sei, aber der Beamte diesen Vorgang nicht liegen lassen dürfe, sondern einen anderen Vormund bestimmen müsse.[1670]

### 6.6.6 Die Macht des Vormundes

Während THOMASIUS auf die obigen Unterschiede zwischen dem römischen und dem deutschen Recht hinwies, erkannte er bzgl. der Macht des Vormundes die Rezeption des römischen Rechtes an, weil die Regeln aus natürlichen Gründen abgeleitet worden seien und sogar dem Völkergemeinrecht entsprächen.[1671] Es

---

1665 THOMASIUS [196, S. 79]. Vgl. auch HOPPE [80, S. 151] ad Inst Iust 1.14.1 „Etenim cum hi revera liberi sint homines, et ad omnia negotia civilia admittantur, [...] Nec opus est manumissione [...]".

1666 THOMASIUS [196, S. 79].

1667 THOMASIUS [196, S. 79]. HOPPE erlaubte sie dagegen. Vgl. HOPPE [80, S. 151] ad Inst Iust 1.14.1 „[...] non tantum a Nobilibus, seu Dominis suis Tutores constitui possunt, [...]".

1668 THOMASIUS [196, S. 78].

1669 THOMASIUS [196, S. 78] „[...] puto magistratum secundum mores nostros eum tanquam inidoneum non esse confirmaturum."

1670 THOMASIUS [196, S. 79–80].

1671 THOMASIUS [196, S. 95].

gebe aber spezielle Regeln, die nur bei den Römern gälten, zum Beispiel gebe es den Unterschied zwischen der „Macht des Vormundes“ (*autoritas tutoris*) und der „Zustimmung des Kurators“ (*consensus curatoris*) in Deutschland nicht mehr.[1672] THOMASIUS begründete hier seine Meinung nicht, der Grund ist jedoch klar, weil es seiner Meinung nach keinen Unterschied zwischen *tutor* und *curator* gebe.

Ein Vormund hat zwei verschiedene Tätigkeiten zu verrichten, nämlich die „Verwaltung“ (*administratio*) und die „formelle Bestätigung“ (*autoritas*). Die „Verwaltung“ (*administratio*) bedeute, dass ein Vormund das Vermögen seines Mündels vollständig verwalte, wohingegen bei der „formellen Bestätigung“ (*autoritas*) ein Mündel über sein Vermögen selber bestimme, aber eine Bestätigung seines Vormundes brauche.[1673] Ein Vormund verwalte bei den „Kindern, die nicht imstande sind, die Worte der formellen Akte nachzusprechen“[1674] (*infantes*) ihr Vermögen und gebe den „Kindern, die schon imstande sind, die Worte der formellen Akte nachzusprechen“ (*pupillus infantia major*) eine formelle Bestätigung, damit sie selbst über ihr Vermögen bestimmen könnten.[1675] In diesem Zusammenhang erklärte THOMASIUS, dass die formelle Bestätigung weder ein „Befehl“ (*iussus*) noch eine „Zustimmung“ (*approbatio*), sondern ein „formeller Akt“ (*sollemne*) sei, weil ein Befehl gegeben werden müsse, bevor ein Mündel ein Geschäft veranlassen dürfe – ich lege dies so aus, dass hier eine Bestätigung erst nach einem Geschäft gegeben werden kann, beispielsweise nach einem Kauf, und sie deswegen kein Befehl ist – und die formelle Bestätigung keine einfache Zustimmung sei, weil diese Bestätigung eine bestimmte Form voraussetze und unter Bedingungen oder Fristen ungültig sei[1676] – ich interpretiere dies so, dass eine Zustimmung einfach auch als ein mündliches „Ja“ formuliert werden kann und unter Bedingungen und Fristen gültig ist, z. B. „Wenn deine Mutter dem Kauf zustimmt, dann stimme ich auch zu“.

## 6.6.7 Die Ablehnung der Übernahme einer Vormundschaft

### *Die freiwillige Ablehnung und die notwendige Ablehnung*

Man kann aus verschiedenen Gründen ablehnen, eine Vormundschaft zu übernehmen. THOMASIUS teilte die Gründe in zwei Gruppen ein, nämlich in die „freiwillige Ablehnung“ (*excusatio voluntaria*), bei der man wählen kann, ob man Vormund werden möchte oder nicht, und in die „notwendige Ablehnung“ (*excusatio necessaria*), bei der man auf gar keinen Fall eine Vormundschaft übernehmen kann.[1677] Nach Ansicht von THOMASIUS verhindere die freiwillige Ablehnung nur die Übernahme einer Vormundschaft und es sei deshalb unmöglich, mit dieser Ablehnung eine

1672 THOMASIUS [196, S. 95].
1673 THOMASIUS [196, S. 94].
1674 Vgl. zu diesem Wort KASER [88, S. 102].
1675 THOMASIUS [196, S. 94].
1676 THOMASIUS [196, S. 94].
1677 THOMASIUS [196, S. 108].

bereits übernommene Vormundschaft im Nachhinein abzulehnen, wohingegen die notwendige Ablehnung auch eine laufende Vormundschaft beende.[1678] THOMASIUS glaubte, dass es eine Ablehnung gebe, die auf beide Gruppen bezogen werden könne, nämlich die sogenannte „vermischte Ablehnung“ (*excusatio mixta*), und er meinte, dass die Folge dieser dritten Ablehnung von den Umständen abhänge und man sie beispielsweise beim Militärdienst oder bei Amtsgeschäften vorbringe.[1679]

Welche Ablehnung gehört zu welcher Art? (1.) Zuerst fragte sich THOMASIUS, ob man die Vormundschaft ablehnen könne, wenn man viele eigene Kinder habe. Nach dem Justinianischen Recht konnte man es gerade aufgrund der Anzahl eigener Kinder ablehnen, ein Vormund zu werden, und wie viele Kinder vorhanden sein müssen, um die Vormundschaft ablehnen zu können, hing davon ab, wo man wohnt (Inst Iust 1.25 pr). Nach deutschen Sitten gebe es in diesem Fall laut THOMASIUS keine Möglichkeit, die Vormundschaft abzulehnen, weil der Grund dieser römischen Regel nur darin bestehe, dass Eltern mehr Kinder bekommen wollten, um keine Vormundschaft ausüben zu müssen.[1680] Wie THOMASIUS jedoch bemerkte und kritisierte, konnte man in einigen Regionen in ähnlicher Weise ablehnen, eine Vormundschaft zu übernehmen. Die erforderliche Anzahl der Kinder liege aber nicht bei drei oder vier wie bei den Römern, sondern sie müsse mindestens fünf sein.[1681]

(2.) Kann man die Verpflichtung, eine Vormundschaft zu übernehmen, vermeiden, wenn man den „Staatshaushalt“ (*fiscus*) verwaltet? Die Quelle des römischen Rechts Inst Iust 1.25.1 ist unklar und die damalige vorherrschende Meinung war, dass diese Ablehnung zur Gruppe der notwendigen Ablehnung gehöre und deshalb sogar eine bereits bestehende Vormundschaft beende, weil der Verwalter des Staatshaushaltes nicht durch eine Vormundschaft beeinträchtigt werden sollte,[1682] doch THOMASIUS glaubte, dass die Ablehnung der Beamten, die den Staatshaushalt erstellen, eine freiwillige Ablehnung sei, weil in der obigen Quelle Inst Iust 1.25.1 das

---

1678 THOMASIUS [196, S. 108].

1679 THOMASIUS [196, S. 108].

1680 THOMASIUS [196, S. 108] Vgl. auch SCHILTER [165, S. 420] ad D 27.1, §. 155. „Neque hunc tamen numerum vbique locorum excusare, [...]“; HOPPE [80, S. 216] ad Inst Iust 1.25 pr „Moribus hodiernis licet non ubique locorum liberi excusent a tutela, [...]“.

1681 THOMASIUS [196, S. 109]. Während THOMASIUS dabei diese neue Ablehnung als eine falsche Praxis ansah, die man wegen der Liebe zum römischen Recht eingeführt hatte, hielten SCHILTER und HOPPE sie einfach für eine deutsche Sitte oder für einen heutigen Gebrauch des römischen Rechts. Vgl. SCHILTER [165, S. 216] ad D 27.1, §. 155. „Itaque moribus nostris non nisi quinque sufficere ratio facit, [...]“; HOPPE [80, S. 216] ad Inst Iust 1.25 pr „[...] sed communiter fere quinque desiderantur.“

1682 THEOPHILUS [188, S. 176–177] ad Inst Iust 1.25.1 „Et ratio quidem in promptu est: quoniam necesse est, vt aut dum rebus pupilli vel adulti operam damus, fiscus in multis laedatur, aut dum fiscum indemnem seruare volumus, iura adolescentium minuantur.“

Wort „können" (*posse*) stehe und einige Kaiser diese Ablehnung als eine Befreiung oder als ein Privileg angesehen hätten (C 5.34.13, C 5.62.10).[1683]

(3.) Wenn man aufgrund offizieller Aufgaben abwesend sei, gehöre die Situation zur Gruppe der freiwilligen Ablehnung.[1684] In diesem Fall werde die Vormundschaft unterbrochen, damit der Vormund „Gefahren" (*periculum*) vermeiden könne, die während seiner Abwesenheit möglicherweise entstünden.[1685]

(4.) Wenn eine Person mit einer anderen Person vor Gericht um etwas streite, dürfe die erstere während der Dauer der Verhandlung keine Vormundschaft über die zweite Person ausüben, und dies entspreche einer richtigen Schlußfolgerung.[1686]

(5.) Hat man bereits die „Last, drei verschiedene Vormundschaften zu übernehmen" (*tria onera tutelae*), auf sich genommen, kann man nach dem Justinianischen Recht eine weitere Vormundschaft ablehnen (Inst Iust 1.25.5): „Des weiteren begründen drei Vormundschaften oder Pflegschaften, die man nicht angestrebt hat, solange einen Befreiungsgrund, wie man sie führt. Dabei wird jedoch die Vormundschaft oder Pflegschaft über mehrere Mündel mit demselben Vermögen, zum Beispiel über Geschwister, als eine gezählt."[1687] Laut Thomasius entspreche diese Regel der höchsten Billigkeit und sie sollte deshalb auch in Deutschland beachtet werden, nur mit der Bedingung, dass die maximale Zahl der übernehmbaren Vormundschaften nach deutschen Sitten auf zwei oder eine reduziert werden sollte, weil man in Deutschland normalerweise nicht für eigene Kinder, die zu Hause leben, sondern lediglich für fremde Leute die Vormundschaft auszuüben habe, und fremde Personen seien für den Vormund belastender als seine eigenen Kinder.[1688]

(6.) Für Thomasius war bereits die Armut ein hinreichender Grund, um eine Vormundschaft freiwillig abzulehnen, genauer gesagt sollten Beamte zu Beginn das Vermögen derjenigen überprüfen, die eine Vormundschaft übernehmen wollten, um festzustellen, ob diese Leute überhaupt eine Vormundschaft ausüben könnten.[1689] Die Möglichkeit der Ablehnung gelte auch bei schlechter Gesundheit des Vormundes.[1690]

(7.) Ob man schreiben oder lesen könne, sei bei der Bestimmung des Vormundes unwichtig und deshalb sei eine Ablehnung aus diesem Grund sowohl nach dem

1683 Thomasius [196, S. 110].
1684 Thomasius [196, S. 110].
1685 Thomasius [196, S. 110].
1686 Thomasius [196, S. 111].
1687 Nach der Übersetzung von Behrends et al. [11, S. 40–41] Inst Iust 1.25.5 „Item tria onera tutelae non affectatae vel curae praestant vacationem, quamdiu administrantur: ut tamen plurium pupillorum tutela vel cura eorundem bonorum, veluti fratrum, pro una computetur."
1688 Thomasius [196, S. 111].
1689 Thomasius [196, S. 111–112].
1690 Thomasius [196, S. 112].

römischen als auch nach dem deutschen Recht ausschließlich freiwillig (Inst Iust 1.25.8).[1691]

(8.) Kaiser JUSTINIANUS beschloss, dass es niemand ablehnen kann, ein Vormund zu werden, wenn derjenige im Testament als Vormund bestimmt worden ist, aber den Hinterlassenden nicht gekannt habe (Inst Iust 1.25.10). Laut HOPPE bedeute das Wort „nicht kennen" (*ignorare*), dass der Hinterlassende zwar den im Testament bestimmten Mann nicht „persönlich" (*faciem*) gekannt habe, aber dieser nur durch „seinen guten Ruf" (*mos*) bekannt gewesen sei, weil es ansonsten vollkommen unmöglich wäre, den Namen des Mannes zu schreiben.[1692] Warum verbot der Kaiser die Möglichkeit, die Vormundschaft abzulehnen? Nach HOPPE liege der Grund darin, dass man jemandem aufgrund seines „guten Rufes" (*mos*) und seiner „Begabung" (*ingenium*) vertrauen könne, auch wenn man ihn persönlich nicht kenne.[1693] Dagegen betonte THOMASIUS eine andere Interpretation dieser Rechtsquelle und zwar laute sie, dass die unmittelbare Bekanntschaft nicht genüge, aber wenn es eine feindliche Beziehung zwischen dem Hinterlassenden und dem im Testament bestimmten Vormund gebe, dann müsse dieser eine Vormundschaft verweigern.[1694] Dass eine feindliche Beziehung zur Ablehnung der Vormundschaft führt, zeigt sich deutlich in Inst Iust 1.25.11 und deshalb verlangte THOMASIUS eine solche Auslegung, dass man beide Rechtsquellen zusammen interpretieren sollte.

(9.) Kann der Vormund seine Vormundschaft freiwillig aufgeben, wenn sein Mündel älter als vierzehn Jahre ist? HOPPE dachte so (Inst Iust 1.25.18, C 5.62.20),[1695] aber THOMASIUS meinte, dass diese Aussage von HOPPE dem deutschen Recht widerspreche (Sachsenspiegel, Landrecht, art. 1. art. 23.; Schwabenspiegel, Landrecht, cap. 316. §. 5.).[1696]

(10.) Wenn man noch minderjährig ist, muss man es nach dem Justinianischen Recht ablehnen, ein Vormund zu werden, das heißt, die Ablehnung aufgrund der

---

1691 THOMASIUS [196, S. 112].

1692 HOPPE [80, S. 225] ad Inst Iust 1.25.10 „Ignotus hic intelligitur quoad faciem, non quoad mores; [...]".

1693 HOPPE [80, S. 225] ad Inst Iust 1.25.10 „Et amicitia, ex qua dantur Tutores, non in notitia faciei fundatur, sed morum ac ingenii."

1694 THOMASIUS [196, S. 112–113].

1695 HOPPE [80, S. 191] ad Inst Iust 1.22 pr „[...] sed hodienum, si curam suscipere nolint, mox, ubi Pupillus pubes factus, ad rationes reddendas sese offerre, administrationem deponere, et adulto Curatorem petere, hacque ratione se a cura liberare possunt, juxta §. 18. I. de Execusat. Tut. et L. 20. C. eod."

1696 THOMASIUS [196, S. 101]. Vgl. auch SCHILTER [165, S. 199a] ad D 26.6, §. 79. „[...] vt qui tutor est, idem quoque accedente pubertate curam continuet vsque ad maiorennitatem, [...]"; COLERUS [39, S. 8] dec. 6. n. 16. „"§. 80. „Idemque iure Saxonico. Colerus decis. XI. 16. ait: ‚de consuetudine, quoad hoc vt tutelae officium dicatur finiri requiruntur 21. anni, et medio tempore Tutor primus, tam curam quam tutelam sui pupilli sustinet, nec inuito superiore et pupillo istud onus a se abdicare potest, se de hoc ad comunem [sic!] practicam referendo."

Minderjährigkeit ist nicht freiwillig sondern zwingend, wohingegen es nur einen Grund für eine freiwillige Ablehnung gibt, nämlich wenn man schon ein hohes Alter erreicht hat.[1697] Dazu übte THOMASIUS folgende Kritik ans Justinianische Recht: Minderjährige könnten überhaupt keine Vormundschaft ausüben und deswegen könne die Vormundschaft nicht abgelehnt werden, sondern sie sei bereits unter diesen Bedingungen ungültig.[1698]

(11.) Auch der Militärdienst sei nicht nur in Rom sondern auch in Deutschland ein Grund, die Vormundschaft abzulehnen (Inst Iust 1.25.14), aber es gebe zwei Gruppen von Soldaten, nämlich aktive Soldaten und Reservisten, d. h. Soldaten außer Dienst: Wenn ein Soldat noch aktiv sei, dann müsse er es ablehnen, Vormund zu werden, wohingegen ein Soldat außer Dienst die Vormundschaft sowohl übernehmen als auch ablehnen könne.[1699] Auch Professoren hätten ein solches Privileg, aber es gehöre in die Kategorie der freiwilligen Ablehnungen.[1700]

(12.) Dann stellt sich die Frage, ob gelehrte Leute – etwa Grammatiker (entspricht den heutigen Linguisten), Mediziner, Philosophen etc. – dieses Privileg haben oder nicht. Darauf antwortete THOMASIUS, dass dies an verschiedenen Orten unterschiedlich gehandhabt werde, und er erklärte: „Vor allem sollte man nicht das untersuchen, das ggf. in der Praxis rezipiert werden kann, sondern nur das, das tatsächlich rezipiert worden ist, und dies [d. h. die Rezeption des Privilegs] ist bei Professoren unzweifelhaft, bei anderen Gelehrten sollte man an jedem Ort die gängige Praxis beachten."[1701]

## *Die Frist der Ablehnung*

Bis wann kann man es ablehnen, eine Vormundschaft zu übernehmen? Die römische Regel, dass man die Ablehnung innerhalb von 50 Tagen ankündigen muss, sei laut THOMASIUS in Deutschland nicht rezipiert worden, weil die Struktur des Gerichtes im römischen Reich anders gewesen sei als in Deutschland.[1702] Deshalb hänge die Frist von der Handhabe an jedem Ort ab.[1703]

1697 THOMASIUS [196, S. 112].
1698 THOMASIUS [196, S. 112–113].
1699 THOMASIUS [196, S. 115].
1700 THOMASIUS [196, S. 115].
1701 Nach der Übersetzung des Verfassers, s. THOMASIUS [196, S. 116] „Uti vero potissimum quaeritur, non quid in praxi receptum esse possit, sed quid actu receptum sit; ita de professoribus nullum est dubium, de reliquis consideranda praxis cujusque loci."
1702 THOMASIUS [196, S. 116].
1703 THOMASIUS [196, S. 116].

### 6.6.8 Das Ende der Vormundschaft

Bei Kindern endet die Vormundschaft in dem Augenblick, wenn sie erwachsen bzw. volljährig geworden sind. Laut THOMASIUS habe es früher einen Unterschied zwischen dem Sachsenspiegel und dem Schwabenspiegel gegeben. Nach den „deutschen Sitten der Sachsen“ (*mores Germaniae Saxonum*) werde man im Alter von 21 Jahren erwachsen (Landrecht, lib. 1. art. 42.), wohingegen man nach den „deutschen Sitten der Schwaben“ (*mores Germaniae Svevorum*) früher erwachsen geworden sei, nämlich bereits im Alter von 18 Jahren (Landrecht, cap. 323. §. 2.), diese Sitten seien jedoch später durch römisches Recht beeinflusst worden (cap. 316. §. 6., cap. 321. §. 3., cap. 323. §. 2.).[1704]

THOMASIUS gab hier die terminologische Anmerkung, dass man die beiden deutschen Begriffe „zu seinen Jahren“ und „zu seinen Tagen“ nicht falsch interpretieren solle, [1705] die sich sowohl im Sachsenspiegel als auch im Schwabenspiegel finden lassen. Beim Sachsenspiegel bedeutet der Ausdruck „zu seinen Jahren“, dass man 21 Jahre alt werde, wohingegen der andere Ausdruck „zu seinen Tagen“ bedeute, dass man 60 Jahre alt werde (Landrecht, lib. 1. art. 42.).[1706] Im Gegensatz dazu bezeichne im Schwabenspiegel der Ausdruck „zu seinen Tagen“ zum einen, dass das Alter von 21 Jahren erreicht worden sei (Erwachsene, *majorennes*), und zum anderen, dass ein „mündiger Mensch“ (*pubes*) verheiratet sei (Landrecht, cap. 320. §. 1., cap. 323. §. 2., cap. 380., cap. 381. §. 2.).[1707] In diesem Zusammenhang glaubte THOMASIUS, dass der Sachsenspiegel richtiger als der Schwabenspiegel sei.[1708] Dies ist ein weiteres Beispiel, dass THOMASIUS dem Sachsenspiegel mehr vertraut hat als dem Schwabenspiegel. Wie THOMASIUS allerdings bemerkte, legte die Glosse des Sachsenspiegels die obigen Quellen anders aus, das heißt, „zu seinen Jahren“ bedeute „mündige Personen“ (*puberes*), aber „zu seinen Tagen“ „Erwachsene“

1704 THOMASIUS [196, S. 100].

1705 THOMASIUS [196, S. 102].

1706 *Sachsenspiegel* (1602, lateinisch) [151, S. 102]. Es ist zwar hier unklar, welche Stelle THOMASIUS in Betracht gezogen hat, aber meines Erachtens hat THOMASIUS eine lateinische Version vorausgesetzt, weil sich tatsächlich in der 1731 publizierten Version die zwei Ausdrücke finden lassen. Vgl. *Sachsenspiegel* (1731, deutsch) [150, S. 95] lib. 1. art. 42. „Post vigesimum unum annum homo discretionis attigit annos, et post sexaginta annos, dies transcendit eosdem.“ In der deutschen Version dieses Buches lies sich dies etwas anders, nämlich „zu seinen Tagen kommen“ bedeutet 21 Jahre alt zu sein und „über seine Tage kommen“ bedeutet 60 Jahre alt zu sein. Vgl. *Sachsenspiegel* (1731, deutsch) [150, S. 95] lib. 1. art. 42. „Uber ein und zwantzig Jahr ist der Mann zu seinen Tagen kommen, und über sechzig Jahr, so ist er über seine Tage kommen, [...]“.

1707 THOMASIUS [196, S. 102].

1708 THOMASIUS [196, S. 102].

(*majorennes*),[1709] und tatsächlich kann man in der damaligen deutschen Glosse diese Terminologie finden.[1710]

Wenn ein Vormund gestorben sei, ende zweifellos die Vormundschaft, weil nach gemeinsamen Sitten vieler Völker die Pflicht einer Vormundschaft persönlich ausgeübt werden müsse.[1711]

Die Regeln, die römisches Recht über Vormunde festgelegt hat, die in Kriegsgefangenschaft geraten sind, seien in Deutschland nicht rezipiert worden, denn wenn ein Vormund im Krieg gefangen genommen worden sei, solle man nach dem Schwabenspiegel während dieser Zeit einen anderen Vormund bestimmen, bis der Vormund aus der Kriegsgefangenschaft entlassen werde und zurückgekehrt sei (Landrecht, cap. 316. §. 4.).[1712]

---

1709 THOMASIUS [196, S. 102–103].

1710 Auch hier ist es schwierig, die von THOMASIUS angeführte Stelle zu bestimmen, aber ich möchte jetzt eine mögliche Stelle zitieren. *Sachsenspiegel* (1731, deutsch) [150, S. 95] ad lib. 1. art. 42. (*) „Wie mancherley weiß **einer zu seinen jahren komme und mündig werde** [Hervorhebung nicht im Original], hab ich dir hievor in dem 23. artickel gesaget."

1711 THOMASIUS [196, S. 102].

1712 THOMASIUS [196, S. 102].

# 7. Zusammenfassung

1. Im 17. Jahrhundert hat es noch den Streit gegeben, ob ein Kurführst in seinem Territorium ein eigenes Gesetzbuch haben sollte oder nicht. Samuel STRYK, der einer der damaligen berühmtesten Juristen und ein Kollege von Christian THOMASIUS gewesen ist, hat gemeint, man brauche keine neue Gesetzgebung, weil man durch *Usus modernus Pandectarum* die juristische Unordnung in Deutschland verbessern könne. Das heißt, man könne die Rechtspraxis des römischen Rechts in Deutschland weiter fortsetzen. Dagegen haben THOMASIUS und LEIBNIZ geglaubt, dass man in Deutschland ein neues Gesetzbuch haben sollte, um die deutsche Justiz neu zu ordnen.

In der Frage, wie man ein Gesetzbuch verfassen sollte, geht THOMASIUS nicht mit LEIBNIZ konform, der gemeint hat, man solle so genau wie möglich dem Justinianischen Recht folgen. LEIBNIZ hat in diesem Zusammenhang das Justinianische Recht hoch eingeschätzt, wohingegen THOMASIUS dieses Recht stark kritisiert hat. Seiner Meinung nach sollte der Gesetzgeber eher das deutsche Recht beachten, das sich in den deutschen Sitten widerspiegele und im Sachsenspiegel kompiliert worden sei. Diese Meinung stützt sich jedoch auf eine falsche Voraussetzung und zwar hat THOMASIUS angenommen, der Sachsenspiegel sei eine Sammlung der deutschen guten Sitten. Nach heutigem Wissen ist aber klar, dass der Sachsenspiegel keine Sammlung der deutschen Sitten und Gewohnheiten, sondern ein Gemisch ist, das auch römisches und kanonisches Recht enthält. Dieses Missverständnis belehrt uns noch heute, dass eine EIGENE oder HEIMISCHE Kultur manchmal ein Gemisch sein kann, in der verschiedene Kulturen miteinander verbunden sind.

Für THOMASIUS ist klar gewesen, dass man eine neue Gesetzgebung in Preußen haben sollte. THOMASIUS ist davon ausgegangen, dass es viele Handlungen gibt, die objektiv weder gut noch schlecht sind, also eine Handlung bei einem Volk gut, bei einem anderen Volk schlecht sein kann. THOMASIUS hat Handlungen in drei Kategorien eingeteilt, nämlich in absolut gute Handlungen, beispielsweise Bescheidenheit, in absolut schlechte Handlungen, beispielsweise Mord, und in solche Handlungen, die nur relativ gut oder schlecht sind, beispielsweise die Art und Weise der Begrüßung. Er hat für jede Kategorie eine Regel aufgeteilt, und zwar werden die absolut guten Handlungen durch die „Ehrlichkeit“ (*honestas*), die absolut schlechten Handlungen durch die „Gerechtigkeit“ (*iustitia*), und die nur relativ guten oder schlechten Handlungen durch den „Anstand“ (*decorum*) geregelt. Für THOMASIUS sind Anstand und Gerechtigkeit wichtig, um ein Gesetzbuch zu verfassen.

Da die Gerechtigkeit die absolut schlechten Handlungen verbiete, könne der Gesetzgeber keine solche Handlungen in einem Gesetzbuch erlauben. Wenn der Gesetzgeber den Bürgern erlaube, eine solche Handlung durchzuführen, dann verletze er die Gerechtigkeit und mache sein Gesetz ungültig. Die Gerechtigkeit ist also der Kern oder die Grundlage eines Gesetzbuchs. THOMASIUS hat aber gemeint, kein Gesetzgeber wolle die Gerechtigkeit übersehen. Denn die Gerechtigkeit befehle lediglich, niemanden zu verletzen, niemandem Schaden zuzufügen und kein Versprechen zu verbrechen. THOMASIUS hat geglaubt, kein Gesetzgeber erlaube, jemanden zu verletzen, jemandem Schaden zuzufügen oder ein Versprechen zu brechen. Deshalb werde die Gerechtigkeit automatisch von jedem Gesetzgeber beachtet und implizit in das Gesetzbuch aufgenommen.

Vielmehr ist der Anstand entscheidend, ein originales Gesetz zu verfassen. THOMASIUS hat in einer Vorlesung, die nach seinem Tod unter dem Titel *Prudentia legislatoria* publiziert worden ist, erklärt, es sei das Ziel der Gesetzgebung, die verdorbenen Sitten der Bürger zu verbessern. Die verdorbenen Sitten, nämlich *mores corrumpti*, sind also ein wichtiger Begriff für die Gesetzgebungslehre von THOMASIUS. Das Wort „Sitten", nämlich *mores*, ist von THOMASIUS wie folgt definiert worden: Wenn mehrere Leute auf ähnliche Weise handeln würden, sei diese Handlung eine Sitte. Unter dieser Definition hat THOMASIUS keine moralischen Elemente in Betracht gezogen. Laut THOMASIUS beziehe sich der Anstand auf den Begriff der „Sitten" (*mores*), das heißt, Sitten seien nur relativ gut oder schlecht, insofern diese Sitten der Gerechtigkeit nicht widersprächen und der Ehrlichkeit nicht entsprächen. Wie der Inhalt des Anstandes von Volk zu Volk unterschiedlich sei, seien Sitten von Volk zu Volk unterschiedlich. THOMASIUS hat solche Sitten in zwei Arten eingeteilt, nämlich in die „guten Sitten" (*mores boni*) und in die „verdorbenen Sitten" (*mores corrumpti*), und wie ich schon erwähnt habe, hat er das Ziel der Gesetzgebung darauf gesetzt, die verdorbenen Sitten der Bürger zu korrigieren. Die guten Sitten beinhalten die relativ guten Handlungen, wohingegen die relativ schlechten Handlungen zu den verdorbenen Sitten zählen.

Um diese zwei Arten voneinander zu unterscheiden, hat THOMASIUS das Völkergemeinrecht, nämlich Rechte und Sitten anderer Völker, zum Rechtsvergleich genutzt, das heißt, wenn eine heimische Sitte einer gemeinsamen Sitte vieler Völker gleich ist, dann ist jene Sitte vermutlich gut. Zum Beispiel dürfe kein Hausvater seine Frau, seine Kinder oder seine Sklaven töten, weil dies bei verschiedenen Völkern verboten sei. Dagegen solle das römische Recht abgelehnt werden, nach dem der Hausvater seine Frau, seine Kinder oder seine Sklaven töten könne, nämlich die „Gewalt über Leben und Tod" (*ius vitae et necis*), weil dieses Recht der gemeinsamen Sitte vieler Völker widerspreche. Hier trägt das Völkergemeinrecht dazu bei zu überprüfen, ob eine deutsche Sitte gut oder schlecht sei. Diese Methode ist deutlich ein Rechtsvergleich auf dem Weg zu einem originalen Gesetzbuch.

Dies bedeutet aber nicht, dass der Gesetzgeber immer den Sitten vieler Völker folgen müsse. THOMASIUS hat in einer Dissertation geschrieben, man solle eher den heimischen Sitten als den fremden Sitten folgen; beispielsweise werde das Konkubinat in vielen Ländern erlaubt, aber in Deutschland müsse das verboten werden. Also sind gemeinsame Sitten vieler Völker für THOMASIUS kein Vorbild, sondern nur ein Mittel, eine deutsche Sitte zu begründen oder ein römisches Recht auszuschließen. Zu der Frage, warum man die heimischen Sitten beachten sollte, hat THOMASIUS allerdings eine gewissermaßen passive Antwort gegeben. Da es keine absoluten Sitten in der Welt gibt, gibt es kein einziges Vorbild, das man bei der Gesetzgebung unbedingt kopieren sollte. Vielmehr sollte sich jeder Gesetzgeber darum kümmern, die heimischen guten Sitten zu bewahren und die verdorbenen Sitten zu verbessern. THOMASIUS hat dazu jedoch einige Probleme offen gelassen. Das erste Problem: Wenn Sitten durch den Anstand geregelt werden, warum gibt es dann überhaupt „verdorbene Sitten" (*mores corrumpti*), die durch Gesetzgebung korrigiert werden sollen. Die Voraussetzung, dass sich der Anstand der moralischen Relativität unterwirft, führt dazu, dass auch Sitten diese Relativität inne haben. Warum man trotzdem eine Sitte für „gut" und eine andere für „verdorben" halten kann, ist bei THOMASIUS unklar. Das zweite Problem: Warum sollte man eher die heimischen Sitten beachten als gemeinsame Sitten vieler Völker. Laut THOMASIUS hätten die deutschen Sitten Vorrang vor den Sitten vieler Völker, aber tatsächlich hat er in vielen Punkten lediglich das römische Recht oder das „Völkergemeinrecht" (*ius gentium*) herangezogen. Diese Tatsache verweist darauf, dass die deutschen Sitten kein umfassendes Recht haben bilden können.

Zuerst muss man also die Gerechtigkeit unbedingt beachten, und dann sollte man die heimischen Sitten ins Gesetzbuch aufnehmen, insofern diese Sitten gut sind. Um die heimischen Sitten zu überprüfen, kann man sich auf Rechte und Sitten anderer Völker, nämlich auf das Völkergemeinrecht berufen. Drittens sollte man dieses Völkergemeinrecht in Betracht ziehen, wenn die heimischen Sitten bestimmte Fragen nicht regeln. In dieser Weise hat THOMASIUS bei seiner Gesetzgebungslehre eine neue Meinung hinzugefügt, nämlich den Rechtsvergleich zur Gesetzgebung. Jedoch ist dieser Rechtsvergleich von THOMASIUS ein bisschen tendenziös durchgeführt worden. Damit wollte er die heimischen Sitten verteidigen und das römische Recht kritisieren. Wenn man auf die konkreten Beispiele achtet, die THOMASIUS in seinen Büchern angeführt hat, ergibt sich, dass er eigentlich in vielen Punkten das römische Recht und die Ergebnisse des *Usus modernus Pandectarum* aufgenommen hat. THOMASIUS gehört nicht zur neuen Generation wie HEINECCIUS sondern zur alten Generation wie STRYK. Der Unterschied zwischen den Generationen besteht darin, welche deutschen Quellen von ihnen angeführt worden sind. Für THOMASIUS sind fast nur zwei deutsche Quellen wichtig gewesen, nämlich der Sachsenspiegel und der Schwabenspiegel. Dagegen gibt es bei HEINECCIUS noch verschiedene andere Quellen, beispielsweise die *Lex Salica* usw. THOMASIUS hat überhaupt nicht vorgehabt, so viele deutsche Quellen wie möglich zu durchforschen. Er hat außerdem das Naturrecht nicht als ein Vorbild für die Gesetzgebung angesehen. Die Auffassung, dass das Naturrecht kein absolutes Recht, sondern nur ein ergänzendes Mittel sei, findet sich schon bei GROTIUS und PUFENDORF, indem sie positive Rechte gegenüber dem Naturrecht vorgezogen haben. Gerade in diesem Punkt ist THOMASIUS nicht mit WOLFF einverstanden gewesen, weil WOLFF und seine Schüler das Naturrecht für vorbildlich gehalten haben.

2. THOMASIUS hat verschiedene Rechtsprobleme in fünf Teile eingeteilt, nämlich in Sachenrecht, Schuldrecht, Erbrecht, Prozessordnung und Personenrecht, und zwar in dieser Reihenfolge. In jedem Rechtsbereich hat THOMASIUS auf unterschiedliche Art und Weise seine Gesetzgebungslehre umgesetzt. THOMASIUS konnte im Sachenrecht fast keine deutschen Sitten nachweisen, weil er hier nur wenige deutsche Rechtsquellen gefunden hat. Auf wichtige Fragen, z. B. wie man verschiedene

Sachen in bestimmte Kategorien einteilen sollte, welche Sachen beweglich und welche unbeweglich sind, was Eigentum ist, was Besitz ist, hat sich THOMASIUS nur auf die Meinungen von Naturrechtslehrern, auf das Völkergemeinrecht oder auf das römische Recht berufen.

Auch über das Schuldrecht hat THOMASIUS nur einige spezielle Meinungen vorgelegt. Er hat über den Kaufvertrag und den Gesellschaftsvertrag eine umfassende Rezeption anerkannt und nur einige Regeln abgelehnt, die laut THOMASIUS nur von den Römern benutzt worden sind. Beispielsweise hat er die sogenannte *laesio enormis*, nämlich die Verkürzung über die Hälfte, nicht anerkannt und vielmehr die Freiheit der Preisbestimmung empfohlen. Im Schuldrecht hat er also die Methode des *Usus modernus Pandectarum* grundsätzlich übernommen.

Über das Erbrecht hat THOMASIUS eine sehr wichtige Meinung geäußert, die seine Nachkommen berücksichtigt haben. Das heißt, das Testament sei von nur wenigen Völkern, nämlich von den Bürgern in Athen und von den Römern eingeführt worden und kein Völkergemeinrecht. Deswegen habe die Intestaterbfolge den Vorrang vor dem Testament.

Auch über das Personenrecht hat THOMASIUS etwas Neues vorgebracht. Er hat gemeint, man sollte das Personenrecht nicht am Anfang, wie Kaiser JUSTINIANUS, sondern am Ende eines Gesetzbuches regeln. Der Grund dafür liegt darin, dass sich das Personenrecht nicht auf alle Bürger, sondern nur auf bestimmte Leute beziehe. Außerdem wollte THOMASIUS in diesem Rechtsbereich das römische Recht nicht mehr für geltendes Recht akzeptieren. Zum Beispiel könne der Hausvater nach dem römischen Recht seine Frau, seine Kinder oder seine Sklaven töten, weil er sozusagen die „Gewalt über Leben und Tod" (*ius vitae et necis*) habe. Dagegen habe der Hausvater nach den deutschen Sitten kein solches Recht und er dürfe seine Frau usw. nur auf milde Art und Weise bestrafen. Auch beim Unterschied zwischen freien Bürgern und Sklaven hat THOMASIUS das römische Recht eingeschränkt und eine andere Einteilung eingeführt, die jedoch von anderen Juristen nicht beachtet worden ist. Dabei hat THOMASIUS geschrieben, der Unterschied zwischen den freien Bürgern und den Sklaven sei eine gemeinsame Sitte vieler Völker, die auch in Deutschland beachtet worden sei, aber viele Regeln, die das römische Recht in diesem Zusammenhang eingeführt habe, seien kein Völkergemeinrecht.

THOMASIUS hat also das Sachenrecht und das Schuldrecht des römischen Rechts so weit wie möglich für Deutschland rezipiert, wohingegen er beim Erbrecht und Personenrecht deutsche Sitten, die er so genannt hat, beachtet hat. THOMASIUS wollte zwar bei der Gesetzgebung die heimischen Sitten benutzen, aber dies war zum Teil überhaupt nicht machbar, weil die deutschen Sitten, nämlich für THOMASIUS der Sachsenspiegel, weder originales Sachenrecht noch originales Schuldrecht enthalten haben, das an Stelle des römischen Rechts ausreichend gewesen wäre. Die Methode, heimische Sitten vor fremdem Recht zu bevorzugen, ist nur dann anwendbar, wenn ein bestimmtes juristisches Problem eine zutreffende Sitte hat. Da das Sachenrecht und das Schuldrecht des römischen Rechts so hoch entwickelt worden ist, dass kein anderes Volk ein gleiches Recht erfinden konnte, ist die Beachtung der heimischen Sitten automatisch auf das Erbrecht und das Personenrecht eingeschränkt worden, worüber auch andere Völker originale Regeln haben. Dass THOMASIUS meistens die deutschen Sitten im Zusammenhang mit dem Erbrecht und dem Personenrecht erwähnt hat, ist kein Scheitern seines Ansatzes, sondern eine Bedingung, die von Anfang an der Gesetzgebungslehre von Christian THOMASIUS zugrunde liegt. Man kann das Kriterium „Sitten" (*mores*) nicht immer heranziehen.

3. THOMASIUS wollte nicht nur ein in Teilen neues Rechtsystem vorlegen, sondern auch einzelne Regeln korrigieren, hatte aber bezüglich des Rechtssystems an sich einen größeren Einfluss auf die Nachwelt, als über einzelne Regeln. Er hat beispielsweise die Intestaterbfolge für grundsätzlich gehalten, die Freiheit der Preisbestimmung betont, die strenge Gewalt des Vaters rechtlich gemildert, die Einordnung der Verträge verbessert, den komplizierten Begriff „Fahrlässigkeit" (*culpa*) vereinfacht, etc., und diese Meinungen haben sich sowohl in späteren Lehrbüchern als auch in Gesetzgebungen widergespiegelt. Dagegen ist es schwierig, solche Aussagen von THOMASIUS zu finden, die sich auf konkrete Regeln beziehen und die die Nachwelt beachtet hat. Dafür gibt es zwei Gründe. Erstens hat THOMASIUS die Methode von *Usus modernus* in vielen Punkten übernommen. Deswegen ist es unangemessen zu behaupten, er hätte einen eigenen Einfluss auf diese Punkte gehabt. Zweitens war THOMASIUS zu radikal, als er von *Usus modernus* abgewichen ist. Er hat beispielsweise geglaubt, dass das Eigentumsrecht ein absolutes Gebrauchsrecht sei und man deshalb bei der Veräußerung einer Sache anerkenne, dass sich derjenige, der die Sache erhalten habe, sie für immer benutzen könne. Es stellt sich auch heraus, dass WOLFF Einzelheiten bei THOMASIUS ignoriert hat und insbesondere zu GROTIUS zurückgekehrt ist. Sogar HEINECCIUS, der THOMASIUS gefolgt ist, hat oft die Meinungen von ihm abgelehnt, wenn diese sich gegen STRYK oder SCHILTER gerichtet haben.

Alles, das die Gesetzgebungslehre von THOMASIUS berücksichtigt, zeigt, dass er sich an die Methoden des 17. Jahrhunderts gehalten hat und sie lediglich mit einigen Korrekturen auf eine künftige Gesetzgebung in Preußen anwenden wollte. Er hat danach gestrebt, anhand von Rechtsvergleichen eine gute Gesetzgebung zu schaffen, und der Grund seines Misserfolges liegt darin, dass er dazu nur einen großen Rahmen vorgegeben hat und keine konkreten Regeln explizit vorlegen konnte. Jedenfalls ist es bemerkenswert, dass THOMASIUS den großen Rahmen, beispielsweise die Freiheit der Preisbestimmung, den Vorrang der Intestaterbfolge, die rechtlich abgemilderte Gewalt des Vaters, etc., meistens mit Hilfe des Rechtsvergleiches begründet hat, und man kann darin die Relevanz des Rechtsvergleiches wiederfinden. Diese Grundsätze, die man heute noch verwendet, sind keine reinen Schlussfolgerungen der Vernunft, sondern die Ergebnisse aus einem Rechtsvergleich.

# Bibliographie


[1] Accursius, Franciscus: *Glossa in Digestum novum*, Torino: Bottega d'Erasmo, 1968 (Corpus glossatorum juris civilis 9).

[2] Accursius, Franciscus: *Corpus iuris civilis cum Commentariis Accursii*, Frankfurt am Main: Vico Verlag, 2006.

[3] Adrian, Axel: *Grundprobleme einer juritischen Methodenlehre*, Berlin: Duncker und Humblot, 2009 (Schriften zur Rechtstheorie 245).

[4] Antonius, Nebrissensis: *Vocabularium Iuris Utriusque huic singulas a Lexico A. Nebrissensis collectas dictiones interiecimus*, Lyon: apud Simphorianum Beraud, 1579.

[5] Aristoteles: *Opera*, Bd. 3., Berlin: Georgius Reimerus, 1831.

[6] Azo, Porcius: *Summa Azonis*, Lyon: (unbekannt), 1533.

[7] Baluze, Etienne (Hrsg.): *Capitularia regum Francorum*, Bd. 2., Paris: Stephanus Baluzius, 1677.

[8] Bautier, Robert-Henri (Hrsg.) ; Auty, Robert (Hrsg.): *Lexicon des Mittelalters*, Bd. 5., München: Artemis und Winkler Verlag, 1991.

[9] Beaucamp, Eugène: *Die Lex Anastasiana von Thomasius zum BGB*, Köln: Copy-Star, 1994.

[10] Behrends, Jakob F. (Hrsg.): *Die Magdeburger Fragen*, Berlin: Guttentag, 1865.

[11] Behrends, Okko u. a.: *Corpus Iuris Civilis: Text und Übersetzung*, Bd. 1., 2. Aufl., Heidelberg: C. F. Müller Juristischer Verlag, 1997.

[12] Behrends, Okko u. a.: *Corpus Iuris Civilis: Text und Übersetzung*, Bd. 2., Heidelberg: C. F. Müller Juristischer Verlag, 1995.

[13] Behrends, Okko u. a.: *Corpus Iuris Civilis: Text und Übersetzung*, Bd. 3., Heidelberg: C. F. Müller Juristischer Verlag, 1999.

[14] Behrends, Okko u. a.: *Corpus Iuris Civilis: Text und Übersetzung*, Bd. 4., Heidelberg: C. F. Müller Juristischer Verlag, 2005.

[15] Beier, Adrian (Hrsg.): *Synopseos Institutionum Georgii Schultzen*, 6. Aufl., Jenae: Berger, 1672.

[16] Berger, Johann H.: *Resolutiones legum obstantium*, 3. Aufl., Vitembergae: Zimmermann, 1716.

[17] Beyer, Georg: *De hodierna tutorum et curatorum minoribus datorum differentia*, Leipzig: Zschau, 1703.

[18] Beyer, Georg: *Delineatio iuris civilis ad fundamenta sua revocati et ad seculi usum accommodati positionibus succinctis inclusa secundum Pandectas*, Lipsiae: Fulde, 1704.

[19] Beyer, Georg: *Delineatio juris divini, naturalis et positivi universalis*, 2. Aufl., Lipsiae: Braun, 1726.

[20] Beyer, Georg: *Delineatio juris Germanici*, 3. Aufl., Leipzig: Haeredes Joh. Grossii, 1729.

[21] Bocer, Henrich ; Herckowitsch, Julius: *De iuris arte, eiusque artibus duabus, et maxime de parte prima, constitutione scilicet iuris, itemque, de iuris et facti ignorantia*, Tübingen: Gruppenbach, 1595.

[22] Brie, Siegfried: *Die Lehre vom Gewohnheitsrecht*, Bd. 1., Frankfurt: Minerva G.M.B.H., 1968.

[23] Brunnemann, Johann: *Commentarius in duodecim libros Codicis Iustinianei*, Lipsiae: Ries, 1663.

[24] Brunnemann, Johann: *Commentarius in quinquaginta libros Pandectarum*, 5. Aufl., Wittenberg et Berolini: Meyer et Zimmermann, 1701.

[25] Bruns, Carl G.: *Das Recht des Besitzes im Mittelalter und in der Gegenwart*, Tübingen: Laipp, 1848.

[26] Buchholz, Stephan: Christian Thomasius: Zwischen Orthodoxie und Pietismus – Religionskonflikte und ihre literarische Verarbeitung, in: *Christian Thomasius 1655–1728*, Hamburg: Felix Meiner Verlag, 1989, S. 248–255.

[27] Calefati, Piero: *Enarrationes*, Florentiae: Torrentino et Fabroni, 1564.

[28] Calvinus, Johannes: *Lexicon Magnum iuris Caesarei simul, et canonici, feudalis item, civilis, theoretici ac practici*, Genf: Sumptibus Iohannis Antonii Chouet, 1653.

[29] Carpzov, Benedict: *Iurisprudentia forensis Romano-Saxonica*, Bd. 1., Francofurti ad Moenum: Schleich, 1638.

[30] Carpzov, Benedict: *Iurisprudentia forensis Romano-Saxonica*, Bd. 3., Francofurti ad Moenum: Schleich, 1638.

[31] Carpzov, Benedict: *Iurisprudentia forensis Romano-Saxonica*, Lipsiae: Ioh. Caspari Meyeri, 1703.

[32] Clavasio, Angelus de: *Summa Angelica de casibus conscientiae: cum multis et valde necessariis additionibus noviter insertis*, Straßburg: Impensis Joannis Reynmande et Joannis Knoblauch, 1513.

[33] Cocceji, Heinrich von ; *Cocceji, Samuel von: De principio iuris naturalis unico, vero et adaequato*, Frankfurt an der Oder: Zeitler, 1699.

[34] Cocceji, Heinrich von ; *Laurentius, Johann C.: De finibus bonae fidei in praescriptionibus de iure canonico*, Frankfurt an der Oder: Zeitler, 1694.

[35] Cocceji, Samuel von: *Tractatus iuris gentium de principio iuris naturalis unico, vero, et adaequato*, Bd. 2., Frankfurt an der Oder: Zeitler, 1702.

[36] Cocceji, Samuel von: *Projekt des Corporis iuris Fridericiani*, Bd. 1., 2. Aufl., Halle: Waisenhaus, 1750.

[37] COCCEJI, Samuel von: *Projekt des Corporis iuris Fridericiani*, Bd. 2., 2. Aufl., Halle: Waisenhaus, 1750.

[38] COING, Helmut: *Europäisches Privatrecht 1500–1800*, Bd. 1., München: C. H. Beck'sche Verlagsbuchhandlung, 1985.

[39] COLERUS, Matthias: *Decisiones Germaniae*, Bd. 1., 2. Aufl., Francofurti: Gross, 1603.

[40] CONNANUS, François de: *Commentaria iuris civilis*, Basileae: Episcopius, 1557.

[41] CONRAD, Hermann: *Deutsche Rechtsgeschichte: ein Lehrbuch*, Bd. 1., 2. Aufl., C. F. Müller, 1962.

[42] CONRAD, Hermann: *Deutsche Rechtsgeschichte: ein Lehrbuch*, Bd. 2., 2. Aufl., C. F. Müller, 1966.

[43] CONRING, Hermann: *De origine iuris Germanici*, Helmstedt: Müller, 1649.

[44] CORDES, Albrecht (Hrsg.) u. a.: *Handwörterbuch zur deutschen Rechtsgeschichte*, Bd. 1., 2. Aufl., Berlin: Erich Schmidt Verlag, 2008.

[45] CORDES, Albrecht (Hrsg.) u. a.: *Handwörterbuch zur deutschen Rechtsgeschichte*, Bd. 2., 2. Aufl., Berlin: Erich Schmidt Verlag, 2012.

[46] DECOCK, Wim: Lessius and the breakdown of the scholastic paradigm, in: *Journal of the History of Economic Thought* 31 (2009), Nr. 1, S. 57–78.

[47] DERSCHKA, Harald R.: *Der Schwabenspiegel*, München: Beck, 2002.

[48] DICEL, Benedict H. ; TITIUS, Gottlieb G.: *De servitute faciendi*, Leipzig: Tietze, 1710.

[49] DREITZEL, Horst: Thomasius als Praktiker auf dem Gebiete des Privatrechts, in: VOLLHARDT, Friedrich (Hrsg.): *Christian Thomasius (1655–1728): Neue Forschungen im Kontext der Frühaufklärung*, Tübingen: Felix Meiner Verlag, 1997 (Frühe Neuzeit 37), S. 17–50.

[50] DUVE, Thomas: *Sonderrecht in der Frühen Neuzeit*, Frankfurt am Main: Klostermann, 2008.

[51] EBEL, Wilhelm: *Geschichte der Gesetzgebung in Deutschland*, 2. Aufl., Göttingen: Schwartz, 1958.

[52] EBNER, Wolfgang: *Kritik des römischen Rechts bei Christian Thomasius*, Frankfurt am Main: Dissertationsdruck W. Blasaditsch, 1971.

[53] ECHT, Reiner B. von: *Notae ad animadversiones ad disputationes Hieronymi Treutleri*, Bd. 1., Coloniae Agrippinae: Bingius, 1658.

[54] EMMENEGGER, Sigrid: *Gesetzgebungskunst*, Tübingen: Mohr Siebeck, 2006.

[55] EMMERICH, Johannes: *De comparatione iuris civilis et canonici tractatus*, Argentorati: Zetzner, 1638.

[56] ENENKEL, Georg A.: *De privilegiis iuris civilis*, Francofurti: Palthenius, 1606.

[57] Engau, Johann R.: *Elementa iuris Germanici civilis veteris pariter atque hodierni*, 4. Aufl., Ienae: Cröcker, 1752.

[58] Erler, Adalbert (Hrsg.) u. a.: *Handwörterbuch zur deutschen Rechtsgeschichte*, Bd. 3., Berlin: Erich Schmidt Verlag, 1984.

[59] Erler, Adalbert (Hrsg.) u. a.: *Handwörterbuch zur deutschen Rechtsgeschichte*, Bd. 4., Berlin: Erich Schmidt Verlag, 1990.

[60] Federicis, Stephanus de: *De interpretatione iuris*, Lugduni: Frellon, 1536.

[61] Feenstra, Robert: Heineccius in den alten Niederlanden, in: *Tijdschrift voor rechtsgeschiedenis* 72 (2004), S. 297–326.

[62] Fehe, Johann (Hrsg.*)*: *Corpus iuris civilis*, Bd. 5., Frankfurt am Main: Vico Verlag, 2006.

[63] Feuerbach, Anselm von: Deutsche Gesetzgebung und historische Rechtswissenschaft, in: *Deutsches Rechtsdenken*, Frankfurt am Main: Klostermann, 1943, S. 3–36.

[64] Forster, Valentin W.: *Interpres sive de interpretatione juris*, Bd. 2., Witebergae: Berger, 1613.

[65] Frenken, Joseph: Über die Consuetudo Erronea und Irrationabilis, Aachen: Palm, 1880.

[66] Friedberg, Emil A. (Hrsg.): *Corpus iuris canonici*, Bd. 1., unveränd. Nachdr., Graz: Akad. Dr.- und Verl.-Anst., 1959.

[67] Friedberg, Emil A. (Hrsg.): *Corpus iuris canonici*, Bd. 2., unveränd. Nachdr. Graz: Akad. Dr.- und Verl.-Anst., 1959.

[68] Friedl, Raimund: *Der Konkubinat im kaiserzeitlichen Rom*, Stuttgart: Steiner, 1996.

[69] Gail, Andreas: *Camerae imperialis observationes*, Bd. 2., Hamburg: Möller, 1603.

[70] Gerhard, Ephraim: *Delineatio iuris civilis privati Romano-Germanici*, Jenae: Meyer, 1715.

[71] Glück, Christian F.: *Ausführliche Erläuterung der Pandecten nach Hellfeld*, Bd. 15., 1. Aufl., Berlin: Johann Jacob Palm, 1813.

[72] Goris, Lambertus: *Adversariorum iuris subcisivorum*, 3. Aufl., Arnhemii: Jacobi.

[73] Grotius, Hugo: *De jure belli ac pacis libri tres: drei Bücher vom Recht des Krieges und des Friedens, Paris 1625.* übersetzt von Walter Schätzel, Tübingen: Mohr, 1950 (Klassiker des Völkerrecths in modernen deutschen Übersetzungen).

[74] Grotius, Hugo: *De iure belli ac pacis libri tres, in quibus ius naturae et gentium, item iuris publici praecipua explicantur*, Aalen: Scientia Verlag, 1993.

[75] Harpprecht, Johann: *Commentaria Johannis Harpprechti*, Bd. 1., 2. Aufl., Fnrakfurt: Johann Beyer, 1658.

[76] Heineccius, Johann G.: *Elementa juris Germanici*, Bd. 1., Hallae: Orphanotrophei, 1736.

[77] HEINECCIUS, Johann G.: *Historia iuris civilis Romani ac Germanici*, Bd. 2., 2. Aufl., Nordhausen: Bautz, 2005.

[78] HERMANN, Johann H.: *Allgemeines Teutsch-Juristisches Lexicon*, Bd. 1., Leipzig: (unbekannt), 1739.

[79] HOFFMANN, Christian G.: *Historia iuris Romano-Iustinianei*, Bd. 1., Lipsiae: Gross, 1718.

[80] HOPPE, Joachim: *Commentatio succincta ad Institutiones Justinianeas*, 2. Aufl., Francofurti: Schrey, 1694.

[81] HOTMAN, François: Antitribonianus sive dissertatio de studio legum, in: Hoffmann, Christian G. (Hrsg.): *Historia juris Romano-Justinianei* (1734) Bd. 1,2. Lipsiae: Gros, 1647, S. 36–88.

[82] HUBER, Ulrik: *Praelectiones juris civilis*, Bd. 1., Franequerae: Amama et Taedema, 1690.

[83] HUBER, Ulrik: *Praelectiones juris civilis*, Bd. 2., Franequerae: Amama et Taedema, 1689.

[84] HUBER, Ulrik: *Praelectiones juris civilis*, Bd. 3., Franequerae: Amama et Taedema, 1690.

[85] JORI, Alberto: *Hermann Conring (1606–1681)*, Tübingen: MVK, 2006.

[86] KARPEN, Ulrich: Zum gegenwärtigen Stand der Gesetzgebungslehre in der Bundesrepublik Deutschland, in: *Zeitschrift für Gesetzgebung* 1 (1986), S. 5–32.

[87] KASER, Max: *Das römische Privatrecht*, Bd. 1., 2. Aufl., München: C. H. Beck'sche Verlagsbuchhandlung, 1975.

[88] KASER, Max ; KNÜTEL, Rolf: *Römisches Privatrecht*, 17. Aufl., München: C. H. Beck'sche Verlagsbuchhandlung, 2003.

[89] KLIPPEL, Diethelm: *Die Philosophie der Gesetzgebung*, (1998), S. 225–247.

[90] KÖBLER, Gerhard (Hrsg.): *Reformation der Stadt Nürnberg*, Gießen-Lahn: Arbeiten zur Rechts- u. Sprachwiss. Verl., 1984.

[91] DIE VON DEM BUNDESRATHE BERUFENE KOMMISSION (HRSG.): *ENTWURF EINES BÜRGERLICHEN GESETZBUCHES FÜR DAS DEUTSCHE REICH*, Bd. 2., Berlin: Verlag von J. Guttentag, 1888.

[92] KREITTMAYR, Wiguläus Xaver A. von: *Anmerkungen über den Codicem Maximilianeum Bavaricum civilem*, Bd. 1., 2. Aufl., München: Im Verlage der Königlichen Zentral=Verwaltung des Regierungs und allgemeinen Intelligenz=Blattes, 1821.

[93] KREITTMAYR, Wiguläus Xaver A. von: *Anmerkungen über den Codicem Maximilianeum Bavaricum civilem*, Bd. 2., 2. Aufl., München: Im Verlage der Königlichen Zentral=Verwaltung des Regierungs und allgemeinen Intelligenz=Blattes, 1821.

[94] KREITTMAYR, Wiguläus Xaver A. von: *Anmerkungen über den Codicem Maximilianeum Bavaricum civilem*. Bd. 3., 2. Aufl., München: Im Verlage der Königlichen Zentral=Verwaltung des Regierungs und allgemeinen Intelligenz=Blattes, 1821.

[95] KREITTMAYR, Wiguläus Xaver A. von: *Anmerkungen über den Codicem Maximilianeum Bavaricum civilem*, Bd. 4., 2. Aufl., München: Im Verlage der Königlichen Zentral=Verwaltung des Regierungs und allgemeinen Intelligenz=Blattes, 1821.

[96] KROESCHELL, Karl: Der Sachsenspiegel in neuem Licht, in: MOHNHAUPT, Heinz (Hrsg.): *Rechtsgeschichte in den beiden deutschen Staaten (1988–1990)*, Frankfurt am Main: Vittorio Klostermann, 1991, S. 232–244.

[97] KROESCHELL, Karl: Lehnrecht und Verfassung im deutschen Hochmittelalter, in: *Forum historiae iuris* 2 (1998). – URL http://fhi.rg.mpg.de/articles/9804kroeschell.htm.

[98] KROESCHELL, Karl: *Deutsche Rechtsgeschichte*, 13. Aufl., Köln • Weimar • Wien: Böhlau Verlag, 2008.

[99] KÜBLER, Bernhard: Die Konträrklagen und das Utilitätsprinzip, in: *Zeitschrift der Savigny-Stiftung für Rechtsgeschichte* (Rom. Abt.) 38 (1917), S. 73–113.

[100] KUHLI, Milan: *Carl Gottlieb Svarez und das Verhältnis von Herrschaft und Recht im aufgeklärten Absolutismus*, Frankfurt am Main: Klostermann, 2012.

[101] KUHN, Johannes (Hrsg.): *Deutsche Reichstagsakten/ Jüngere Reihe, Deutsche Reichstagsakten unter Kaiser Karl V.*, Bd. 7,2., 2. Aufl., Göttingen: Vandenhoeck und Ruprecht, 1963.

[102] KULPIS, Johann G.: *De Germanicarum legum veterum ac Romani juris in republica nostra origine autoritateque praesenti*, Halle: Officina Libraria Rengeriana, 1712.

[103] LAHR, Hieronymus von der (Hrsg.): *Speculi Alemannici ius provinciale et feudale*, Bd. 1., Francofurti ad Moenum: Raspe, 1766.

[104] LANDAU, Peter: Der Entstehungsort des Sachsenspiegels. Eike von Repgow, Altzelle und die anglo-normannische Kanonistik, in: *Deutsches Archiv für Erforschung des Mittelalters* 61 (2005), S. 73–101.

[105] LANGE, Hermann: *Römisches Recht im Mittelalter*, Bd. 1., München: C. H. Beck'sche Verlagsbuchhandlung, 1997.

[106] LANGE, Hermann: *Römisches Recht im Mittelalter*, Bd. 2., München: C. H. Beck'sche Verlagsbuchhandlung, 2007.

[107] LAUTERBACH, Wolfgang A.: *Collegium theoretico-practicum*, Bd. 1., Tubingae: Cotta, 1707.

[108] LEIBNIZ, Gottfried W.: Observationes de principio iuris, in: *Monathlicher Auszug aus allerhand neu-herausgegebenen nützlichen und artigen Büchern Juli* (1700), S. 371–382.

[109] LEIBNIZ, Gottfried W.: Nova methodus discendae docendaeque iurisprudentiae ex artis didacticae principiis, in: *Variorum opuscula ad cultiorem iurisprudentiam adsequendam pertinentia*, Bd. 2., Pisis: Pizzorno, 1769.

[110] LEIBNIZ, Gottfried W.: Ratio corporis juris reconcinnandi, in: *Opera omnia, nunc primum collecta, in classes distributa, praefationibus et indicibus exornata, studio Ludovici Dutens*, Genevae: De Journes, 1768, S. 235–249.

[111] Leisching, Peter: Consuetudo und ratio in der Gesetzeslehre des Hl. Augustus, in: *Im Dienst von Kirche und Staat*, Wien: Verlag des Verbandes der wissenschaftlichen Gesellschaften Österreichs, 1985, S. 3–19.

[112] Lieberwirth, Rolf: *Christian Thomasius: sein wissenschaftliches Lebenswerk: eine Bibliographie*, Weimar: H. Böhlaus, 1955.

[113] Lieberwirth, Rolf: Christian Thomasius und die Gesetzgebung, in: *Christian Thomasius 1655–1728*, Hamburg: Felix Meiner Verlag, 1989, S. 173–186.

[114] Lück, Heiner (Hrsg.): *Christian Thomasius (1655–1728) – Gelehrter Bürger in Leipzig und Halle*, Stuttgart • Leipzig: Sächsische Akademie der Wissenschaften zu Leipzig • In Kommission bei S. Hirzel, 2008.

[115] Ludewig, Johann P. von ; Rembowski, Johann B.: *Iuris Romani et Germanici differentias*, Halle: Henckel, 1712.

[116] Ludovici, Jacob F.: *Delineatio historiae iuris divini naturalis et positivi universalis*, Halle: Renger, 1701.

[117] Luig, Klaus: Der gerechte Preis in der Rechtstheorie und Rechtspraxis von Christian Thomasius (1655–1728), in: *Diritto e potere nella storia europea: atti in honore di Bruno Paradisi*, Bd. 1., Firenze: L. S. Olschki, 1982, S. 775–803.

[118] Luig, Klaus: Historische Betrachtungen über die Ersitzung des Wegerechts nach dem ALR und dem BGB, in: *Festschrift der Rechtswissenschaftlichen Fakultät zur 600-Jahr-Feier der Universität zu Köln*, Köln: Heymann, 1988, S. 95–114.

[119] Luig, Klaus: Das Privatrecht von Christian Thomasius zwischen Absolutismus und Liberalismus, in: *Christian Thomasius 1655–1728*, Hamburg: Felix Meiner Verlag, 1989, S. 148–172.

[120] Luig, Klaus: Die Grundsätze des Vertragsrechts in Kreittmayrs Codex Maximilianeus Bavaricus Civilis von 1756, in: Bauer, Richard (Hrsg.), *Wiguläus Xaver Aloys Freiherr von Kreittmayr, 1705–1790*, München: Beck, 1991, S. 59–76.

[121] Luig, Klaus: Christian Thomasius, in: Stolleis, Michael (Hrsg.): *Staatsdenker in der frühen Neuzeit*, 3. Aufl., München: Beck, 1995, S. 227–256.

[122] Luig, Klaus: Thomasius als Praktiker auf dem Gebiete des Privatrechts, in: Vollhardt, Friedrich (Hrsg.): *Christian Thomasius (1655–1728): Neue Forschungen im Kontext der Frühaufklärung*, Tübingen: Felix Meiner Verlag, 1997 (Frühe Neuzeit 37), S. 119–138.

[123] Luig, Klaus: Conring, das deutsche Recht und die Rechtsgeschichte, in: *Römisches Recht, Naturrecht, nationales Recht*, Goldbach: Keip Verlag, 1998, S. 319–359.

[124] Luig, Klaus: Samuel Stryk (1640–1710) und der „*usus modernus pandectarum*", in: *Römisches Recht, Naturrecht, nationales Recht*, Goldbach: Keip Verlag, 1998, S. 91–107.

[125] Martini, Carl A. von: *Allgemeines Recht der Staaten*, Wien: Hörling, 1788.

[126] Mertens, Bernd: *Gesetzgebungskunst im Zeitalter der Kodifikation*, Tübingen: Mohr Siebeck, 2004.

[127] Mevius, David: *Commentarius in Ius Lubecense*, Frankfurt am Main: Wild, 1664.

[128] Mevius, David: *Jurisdictionis Summi Tribunalis Regii*, Bd. 3., Francofurti • Stralesundi: Reumann • Wust, 1675.

[129] Mohnhaupt, Heinz: Privilegien und „gemeines Wohl" im ARL, in: Döelmeyer, Barbara (Hrsg.) ; Mohnhaupt, Heinz (Hrsg.): *200 Jahre Allgemeines Landrecht für die preußischen Staaten*, Frankfurt am Main: Klostermann, 1995, S. 105–144.

[130] Mohnhaupt, Heinz: Vergleichende Beobachtung von Staat, Gesellschaft und Recht, in: *Comparative Law* 14 (1997), S. 1–21.

[131] Mohnhaupt, Heinz: Gesetzgebung des Reichs und Recht im Reich von 16. bis 18. Jahrhundert, in: Dölemeyer, Barbara (Hrsg.): *Gesetz und Gesetzgebung im Europa der Frühen Neuzeit*, Berlin: Duncker und Humblot, 1998, S. 83–108.

[132] Mohnhaupt, Heinz: Erteilung und Widerruf von Privilegien nach der gemeinrechtlichen Lehre vom 16. bis 19. Jahrhundert, in: *Historische Vergleichung im Bereich von Staat und Recht*, Frankfurt am Main: Klostermann, 2000, S. 371–399.

[133] Mohnhaupt, Heinz: Introduzione: IL „PROJECT DES CODICIS FRIDERICIANI MARCHICI" DEL 1748, in: *CODEX FRIDERICIANUS MARCHICUS*, Bd. 1., Milano: Giuffrè Editore, 2000, S. 11–34.

[134] Mohnhaupt, Heinz: Recht zwischen Generalisierung und Differenzierung, in: Ferronato, Marta (Hrsg.): *Dal «De jure naturae et gentium» di Samuel Pufendorf alla codificazione prussiana del 1794*, Padova: CEDAM, 2005, S. 187–220.

[135] Nörr, Dietrich: Die Entwicklung des Utilitätsgedankens im römischen Haftungsrecht, in: *Zeitschrift der Savigny-Stiftung für Rechtsgeschichte* (Rom. Abt.) 73 (1956), S. 68–119.

[136] Oberländer, Samuel: *Lexicon juridicum Romano-Teutonicum*, Nürnberg: In Verlegung Johann Christoph Lochners, 1723.

[137] Opsommer, Rik: Gibt es Privilegien im flämischen Lehnsrecht des 14. Und 15. Jahrhunderts? In: Dölemeyer, Barbara (Hrsg.) u. a.: *Das Privileg im europäischen Vergleich*, Bd. 2., Frankfurt am Main: Klostermann, 1999, S. 215–224.

[138] Peck, Pierre: *De testamentis coniugum*, Coloniae Agrippinae: Gymnich, 1585.

[139] Placentinus: *Summa Codicis*, Torino: Bottega d'Erasmo, 1962.

[140] Polac, Johannes F.: *Systema iurisprudentiae civilis Germanicae antiquae*, Lipsiae: Lankisch, 1733.

[141] Pott, Martin: Thomasius' philosophischer Glaube, in: *Christian Thomasius 1655–1728*, Hamburg: Felix Meiner Verlag, 1989, S. 223–247.

[142] Pratejus, Pardulphus: *Lexicon Iuris Civilis et Canonici*, Frankfurt am Main: impensis Sigismundi Feyrabend, 1581.

[143] Pufendorf, Samuel von ; Luig, Klaus (Hrsg.): *Über die Pflicht des Menschen und des BÜrgers nach dem Gesetz der Natur*, Leipzig: Insel, 1994.

[144] PUFENDORF, Samuel von ; SCHMIDT, Wilhelm (Hrsg.) u. a.: *De officio*, Berlin: Akademie Verlag, 1997 (Gesammelte Werke 2).

[145] PUFENDORF, Samuel von ; SCHMIDT, Wilhelm (Hrsg.) u. a.: *Elementa jurisprudentiae universalis*, Berlin: Akademie Verlag, 1999 (Gesammelte Werke 3).

[146] PUFENDORF, Samuel von ; SCHMIDT, Wilhelm (Hrsg.) u. a.: *De jure naturae et gentium*, Berlin: Akademie Verlag, 1998 (Gesammelte Werke 4).

[147] PURGOLD, Friedrich: *Die Gesetzgebungswissenschaft, in Entwicklung der für den Entwurf eines neuen, namentlich deutschen Gesetzbuchs sich ergebenden Grundsätze*, Darmstadt: Diehl, 1840.

[148] REGNERUS, Cyprianus: *Disputationes iuridicae ad singulos fere §§ libror. 4. Institut. Imperial.*, Traiecti ad Rhenum: Waesberge, 1648.

[149] REIBSTEIN, Ernst: J. G. Heineccius als Kritiker des grotianischen Systems, in: *Zeitschrift für ausländisches Öffentliches Recht und Völkerrecht* 24 (1964), Nr. 2, S. 236–264.

[150] REPGOW, Eike von (Hrsg.) ; Gärtner, Carl W. (Hrsg.): *Sachsen-Spiegel oder das sächsische Landrecht*, Leipzig: Lanckisch, 1731.

[151] REPGOW, Eike von (Hrsg.) ; JASKIER, Mikolaj (Hrsg.): *Ius Provinciale quod speculum Saxonum vulgo nuncupatur*, Zamosc: (unbekannt), 1602.

[152] RITTERSHAUSEN, Konrad: *Differentia iuris civilis et canonici seu pontifici*, Argentorati: Zetzner, 1618.

[153] RÖSNER, Andreas C.: *Thesaurus locorum communium iurisprudentiae ex axiomatibus Augustini BARBOSAE et analectis Ioh. Ottonis TABORIS, aliorumque concinnatus*, Leipzig: Apud Thomam Fritsch, 1707.

[154] RÜPING, Hinrich: Thomasius und seine Schüler im brandenburgischen Staat, in: Büsch, Otto (Hrsg.) ; THIEME, Hans (Hrsg.): *Humanismus und Naturrecht in Berlin-Brandenburg-Preußen*, Berlin: De Gruyter, 1979, S. 76–89.

[155] SABELLUS, Marcus A.: *Summa diversorum tractatuum*, Bd. 1., Köln: Sumptibus Wilhelmi Metternich Bibliopol., 1707.

[156] SAVIGNY, Friedrich C. von: *System des heutigen römischen Rechts*, Bd. 1., Berlin: Veit, 1840.

[157] SAVIGNY, Friedrich C. von: Vom Beruf unsrer Zeit für Gesetzgebung und Rechtswissenschaft (1814), in: *Thibaut und Savigny*, 2. Aufl., Heidelberg: Mohr und Zimmer, 2002, S. 61–127.

[158] SAVIGNY, Friedrich K. von: *Das Recht des Besitzes*, 7. Aufl., Darmstadt: Wiss. Buchges., 1967.

[159] SCHARD, Simon: *Lexicon iuridicum*, Köln: Apud Ioannem Gymnicum sub Moncerote, 1616.

[160] SCHILTER, Johann: *Institutiones iuris ex principiis iuris naturae, gentium et civilis, tum Romani, tum Germanici*, Lipsiae: Adler, 1685.

[161] Schilter, Johann: *Codex iuris Alemannici feudalis*, Argentprati: Spoor, 1697.

[162] Schilter, Johann: *Differentiae iuris civilis et canonici*, Francofurti: Brickner, 1721.

[163] Schilter, Johann (Hrsg.): *Antiquissimae legis Salicae textus vetustior*, Ulmae: Bartholomaeus, 1727.

[164] Schilter, Johann: *Praxis juris Romani in foro Germanico*, Bd. 1., 4. Aufl., Francofurti ad moenum: Franciscus Varrentrapp, 1733.

[165] Schilter, Johann: *Praxis juris Romani in foro Germanico*, Bd. 2., 4. Aufl., Francofurti ad moenum: Franciscus Varrentrapp, 1733.

[166] Schilter, Johann: *Praxis juris Romani in foro Germanico*, Bd. 3., 4. Aufl., Francofurti ad moenum: Franciscus Varrentrapp, 1733.

[167] Schlosser, Hans: Der Gesetzgeber Kreittmayr und die Aufklärung in Kurbayern, in: Bauer, Richard (Hrsg.), *Wiguläus Xaver Aloys Freiherr von Kreittmayr, 1705–1790*, München: Beck, 1991, S. 3–35.

[168] Schlosser, Hans: Kodifikationen im Umfeld des Preußischen Allgemeinen Landrechts, in: Merten, Detlef (Hrsg.) u. a.: *Kodifikation gestern und heute*, Berlin: Duncker und Humblot, 1995, S. 63–82.

[169] Schneider, Hans-Peter: Die wissenschaftlichen Beziehungen zwischen Leibniz und den beiden Cocceji (Heinrich und Samuel), in: Büsch, Otto (Hrsg.) ; Thieme, Hans (Hrsg.): *Humanismus und Naturrecht in Berlin-Brandenburg-Preußen*, Berlin: De Gruyter, 1979, S. 90–102.

[170] Schoepffer, Johann J.: *Synopsis iuris privati Romani et forensis*, Ratisbonae: Peez et Bader, 1734.

[171] Schott, Clausdieter: Methodenvorstellungen im Gesetzeswerk Kreittmayrs, in: Bauer, Richard (Hrsg.), *Wiguläus Xaver Aloys Freiherr von Kreittmayr, 1705–1790*, München: Beck, 1991, S. 159–180.

[172] Schreckenberger, Waldemar: Die Gesetzgebung der Aufklärung und die europäische Kodifikationsidee, in: Merten, Detlef (Hrsg.) u. a.: *Kodifikation gestern und heute*, Berlin: Duncker und Humblot, 1995, S. 87–114.

[173] Schröder, Jan: Die ersten juristischen „Systematiker". Ordnungsvorstellungen in der Philosophie und Rechtswissenschaft des 16. Jahrhunderts, in: *Festschrift für Sten Gagnèr zum 3. März 1996*, Ebelsbach: Aktiv Druck und Verlag GmbH, 1996, S. 111–150.

[174] Schröder, Jan: *Recht als Wissenschaft*, 2. Aufl., München: C. H. Beck, 2012.

[175] Schubart-Fikentscher, Gertrud: *Untersuchungen zur Autorschaft von Dissertationen im Zeitalter der Aufklärung*, Berlin: Akademie Verlag, 1970.

[176] Schultze, Georg: *Synopsis Institutionum imperialium*, Witebergae: Selfisch, 1630.

[177] Spiegel, Jacob: *Lexicon iuris civilis*, Lyon: Apud Sebastianum Gryphium, 1552.

[178] Stolleis, Michael: *Geschichte des öffentlichen Rechts in Deutschland*, Bd. 1., München: Beck, 1988.

[179] Strauch, Johann: *Ad universum ius Iustinianum privatum dissertationes theoretico-practicae undetriginta*, Ienae: Nisius, 1666.

[180] Stryk, Samuel von: *Tractatus de iure sensuum*, 3. Aufl., Frankfurt an der Oder: Schrey et Meyer, 1685.

[181] Stryk, Samuel von: *Specimen usus moderni Pandectarum*, Bd. 1., Florentiae: apud Josephum Celli, 1841.

[182] Stryk, Samuel von: *Specimen usus moderni Pandectarum*, Bd. 2., Florentiae: apud Josephum Celli, 1841.

[183] Stryk, Samuel von: *Tractatus de successione ab intestato*, Francofurti ad Oderam: Schrey et Meyer, 1687.

[184] Stryk, Samuel von: *De reliquiis sacramenti in matrimonialibus*, Halle: Waisenhaus, 1704.

[185] Stryk, Samuel von: *De iuribus singularibus connubiorum in Germania*, Halle: Montag, 1709.

[186] Svarez, Carl G.: Unterricht für das Volk über die Gesetze, in: *Deutsches Rechtsdenken*, Frankfurt am Main: Klostermann, 1943, S. 3–57.

[187] Svarez, Carl G. ; Conrad, Hermann (Hrsg.) ; Kleinheyer, Gerd (Hrsg.): *Vorträge über Recht und Staat von Carl Gottlieb Svarez*, Köln: Westdeutscher Verlag, 1960.

[188] Theophilus: *Paraphrasis Graeca in iuris civilis Institutiones*, Genf: Stoer, 1610.

[189] Thieme, Hans: Humanismus und Naturrecht in Berlin-Brandenburg als Aufgabe der Geschichtsforschung, in: Büsch, Otto (Hrsg.) ; Thieme, Hans (Hrsg.): *Humanismus und Naturrecht in Berlin-Brandenburg-Preußen*, Berlin: De Gruyter, 1979, S. 3–15.

[190] Thomasius, Christian: *Annotationes theoretico practicae in Johannis Strauchii dissertationes*, Frankfurt an der Oder: Fleischer, 1683.

[191] Thomasius, Christian: *Dissertationes juridicae*, Leipzig: Salfeld, 1695.

[192] Thomasius, Christian: *Primae lineae de iureconsultorum prudentia consultatoria*, Halle: Salfeld et Gros, 1705.

[193] Thomasius, Christian: *Naevi iurisprudentiae Romanae Antijustinianeae*, 2. Aufl., Halae: Salfeld, 1707.

[194] Thomasius, Christian: *Selcta Feudalia Thomasiana*, Halae: Zeidler, 1708.

[195] Thomasius, Christian: *Cautelae circa praecognita iurisprudentiae*, Halae: Regner, 1710.

[196] Thomasius, Christian: *Notae ad Institutiones Justinianeas*, Halle: Officina Libraria Rengeriana, 1712.

[197] Thomasius, Christian: *Notae ad Pandectas*, Halle: Officina Rengeriana, 1713.

[198] Thomasius, Christian: *Historia juris naturalis*, 1719.

[199] Thomasius, Christian: *Ernsthaffte aber doch muntere und vernünftige Thomasische Gedanken u. Erinnerungen über allerhand außerlesene juristische Händel*, Bd. 4., Halle: Zu finden in der Rengerischen Buchhandlung, 1721.

[200] Thomasius, Christian: *Cautelae circa praecognita iurisprudentiae ecclesiasticae*, 2. Aufl., Halae: Renger, 1723.

[201] Thomasius, Christian: *Lectiones de prudentia legislatoria*, Francofurti: (unbekannt), 1740.

[202] Thomasius, Christian: *Fundamenta juris naturae et gentium*, Aalen: Scientia Verlag, 1963.

[203] Thomasius, Christian: *Institutiones jurisprudentiae divinae*, Aalen: Scientia Verlag, 1963.

[204] Thomasius, Christian: *Historia contentionis inter imperium et sacerdotium*, Aalen: Scientia Verlag, 1994.

[205] Thomasius, Christian: *Ausübung der Vernunftlehre*, Hildesheim: Olms, 1998.

[206] Thomasius, Christian: *Einleitung zur Vernunftlehre*, Hildesheim: Olms, 1998.

[207] Thomasius, Christian ; Grunert, Frank (Hrsg.): *Grundlehren des Natur- und Völkerrechts*, Hildesheim: Olms-Weidmann, 2003.

[208] Thomasius, Christian: *Programmata Thomasiana, et alia scripta similia breviora coniunctim edita*, Hildesheim • Zürich • New York: Georg Olms Verlag, 2010.

[209] Thomasius, Christian (Präs.); Albrecht, Johann C. (Resp.): *De arrhis emtionum*, Halle: Salfeld, 1702.

[210] Thomasius, Christian (Präs.); Arend, Gajus M. (Resp.): *Larva legis Aquiliae detracta actioni de damno dato, receptae in foris Germanorum*, Halle: Salfeld, 1703.

[211] Thomasius, Christian (Präs.); Bastineller, Johann F. (Resp.): *De usu practico accuratae distinctionis inter emtionem cum pacto de retrovendendo et contractum pignoratitium*, Halle: Salfeld, 1707.

[212] Thomasius, Christian (Präs.); Behnes, Christian F. (Resp.): *De abigeatu*, Leipzig: Salfeld, 1687.

[213] Thomasius, Christian (Präs.); Bessel, Christoph H. (Resp.): *De origine successionis testamentariae*, Halle: Salfeld, 1705.

[214] Thomasius, Christian (Präs.); Beutel, Tobias (Resp.): *De iure circa somnum et somnia*, Leipzig: Salfeld, 1687.

[215] Thomasius, Christian (Präs.); Beyer, Georg (Resp.): *De crimine bigamiae*, Leipzig: Salfeld, 1685.

[216] Thomasius, Christian (Präs.); Beyer, Georg (Resp.): *De praescriptione bigamiae*, Leipzig: Salfeld, 1685.

[217] Thomasius, Christian (Präs.); Bieck, Johannes F. (Resp.): *De natura precum iuridicarum*, Halle: Hendel, 1710.

[218] Thomasius, Christian (Präs.); Brescius, Johannes (Resp.): *De protestatione facto contraria*, Halle: Henckel, 1699.

[219] Thomasius, Christian (Präs.); Buhle, Bernhard F. (Resp.): *De fundamentorum definiendi causas matrimoniales hactenus receptorum insufficientia*, Halle: Salfeld, 1698.

[220] Thomasius, Christian (Präs.); Clüsener, Rembert (Resp.): *De iure aggratiandi principis evangelici in causis homicidii*, Halle: Salfeld, 1707.

[221] Thomasius, Christian (Präs.); Clusius, Carl A. (Resp.): *De iure statuum Imperii, dandae civitatis*, Halle: Salfeld, 1696.

[222] Thomasius, Christian (Präs.); Difenbach, Georg G. (Resp.): *De emendandis quibusdam litium protractionibus, in materia iuramenti parti a parte in iudicio delati, hactenus receptis*, Halle: Salfeld, 1717.

[223] Thomasius, Christian (Präs.); Echt, Johann Friedrich B. von (Resp.): *Morum cum iure scripto contentio*, Halle: Salfeld, 1701.

[224] Thomasius, Christian (Präs.); Egger, Johann F. (Resp.): *De feudis oblatis*, Leipzig: Salfeld, 1687.

[225] Thomasius, Christian (Präs.); Emme, Georg R. (Resp.): *Philosophiam iuris ostensam in doctrina de obligationibus et actionibus, cum appendice vindiciarum pro dominio contra servitutem*, Leipzig: Salfeld, 1682.

[226] Thomasius, Christian (Präs.); Franck, Johann G. (Resp.): *De dominio et ejus natura in genere intuitu juris Germanici privati*, Halle: Salfeld, 1721.

[227] Thomasius, Christian (Präs.); Franck, Johannes C. (Resp.): *De iure adimplementi literarum cambialium honoris caussa*, Halle: Zeitler, 1715.

[228] Thomasius, Christian (Präs.); Fritsch, Christian L. (Resp.): *De iure circa pharmacopolia civitatum*, Halle: Zeitler, 1697.

[229] Thomasius, Christian (Präs.); Gehwolff, Johannes M. (Resp.): *Prima initia successionis testamentariae apud Romanos*, Halle: Zeitler, 1705.

[230] Thomasius, Christian (Präs.); Gerhard, Ephraim (Resp.): *Vindiciae distinctionis inter paragia et apanagia*, Halle: Salfeld, 1709.

[231] Thomasius, Christian (Präs.); Giedda, Nicolaus P. (Resp.): *De iure principis evangelici circa solennia sepulturae*, Halle: Salfeld, 1702.

[232] Thomasius, Christian (Präs.); Götz, Johann P. (Resp.): *De vera pietate iuridica*, Halle: Henckel, 1701.

[233] Thomasius, Christian (Präs.); Greiff, Johannes E. (Resp.): *De pactis futurorum sponsaliorum*, Halle: Grunert, 1712.

[234] Thomasius, Christian (Präs.); Grube, Johann R. (Resp.): *De occasione conceptione ac intentione Constitutionis Criminalis Carolina*, Halle: Henckel, 1711.

[235] Thomasius, Christian (Präs.); Günther, Johann F. (Resp.): *De iure Asyli legatorum aedibus competente, occasione controversiae illustris quae hactenus inter Pontificem et galliarum Regem agitate fuit*, Leipzig: Salfeld, 1689.

[236] Thomasius, Christian (Präs.); Hahn, Georg S. (Resp.): *De obligatione ex promissione rei incertae*, Halle: Salfeld, 1715.

[237] Thomasius, Christian (Präs.); Hake, Robert C. von (Resp.): *De usu actionum poenalium iuris Romani in foris Germaniae*, Halle: Salfeld, 1693.

[238] Thomasius, Christian(Präs.) ; Hamilton, Jacob I. (Resp.): *De non rescindendo contractu conductionis ob metum spectrorum*, Halle: Henckel, 1711.

[239] Thomasius, Christian (Präs.); Hecht, Philipp R. (Resp.): *De pretio affectionis in res fungibiles non cadente*, Halle: Henckel, 1701.

[240] Thomasius, Christian (Präs.); Herff, Peter (Resp.): *De iure consuetudinis et observantiae*, Halle: Sympher, 1699.

[241] Thomasius, Christian (Präs.); Herff, Peter (Resp.): *De pseudo-privilegio pupilli, conventi contraria actione negotiorum gestorum*, Halle: Salfeld, 1699.

[242] Thomasius, Christian (Präs.); Hesse, Zacharias (Resp.): *De usu iuris paterni Romanorum secundum mores Germaniae et ius Borussicum revisum*, Halle: Salfeld, 1694.

[243] Thomasius, Christian (Präs.); Hoepner, Johann G. (Resp.): *De actione fideiussoris adversus debitorem antequam solvit, occasione l. 28 § 1 ff. mandati.*, Halle: Geord, 1685.

[244] Thomasius, Christian (Präs.); Hofmann, Andreas G. (Resp.): *De perpetuitate debitorum pecuniariorum*, Halle: Salfeld, 1706.

[245] Thomasius, Christian (Präs.); Holzschuher, Sigismund J. (Resp.): *De statuum Imperii potestate legislatoria contra ius commune*, Halle: Salfeld, 1703.

[246] Thomasius, Christian (Präs.); Judovici, Jacob F. (Resp.): *De praesumtione bonitatis*, Halle: Salfeld, 1700.

[247] Thomasius, Christian (Präs.); Kettner, Christian (Resp.): *De iure detractionis ad ordin. Polit. Ducat. Magdeb. Cap. LVI.*, Halle: Henckel, 1709.

[248] Thomasius, Christian (Präs.); Kiechel, Erhard J. (Resp.): *De concubinatu*, Halle: Zahn, 1713.

[249] Thomasius, Christian (Präs.); Koch, Henning A. (Resp.): *De ratione status dissertationem XV. et XVI. De votorum pluralitate et arbitrio imperatoris, deque regimentis Imperii, deputatione, circularibus conventibus, et visitatione camerae: cum adiuncta quaestione An mancipia Turcica per baptismum manumittantur?*, Halle: Salfeld, 1693.

[250] Thomasius, Christian (Präs.); Krannoest, Johannes R. (Resp.): *De usu exiguo Scti Velleiani in foris Germaniae*, Halle: Salfeld, 1707.

[251] Thomasius, Christian (Präs.); Kress, Christian G. (Resp.): *De usu practico doctrinae difficillimae juris Romani de culparum praestatione in contractibus*, Halle: Salfeld, 1705.

[252] Thomasius, Christian (Präs.); Kuhn, Heinrich (Resp.): *Emendationem administrationis iustitiae neque facilem, neque impossibilem, valde tamen difficlem esse et caute suscipiendam*, Halle: Salfeld, 1717.

[253] Thomasius, Christian (Präs.); Küster, Daniel (Resp.): *De interpretatione beneficiorum principis*, Halle: Salfeld, 1701.

[254] Thomasius, Christian (Präs.); Lahr, Hieronymus von der (Resp.): *De hominibus propriis et liberis Germanorum*, Halle: Salfeld, 1701.

[255] Thomasius, Christian (Präs.); Limberger, Arnold (Resp.): *De usu practico doctrinae Institutionum de legitimatione*, Halle: Salfeld, 1713.

[256] Thomasius, Christian (Präs.); Lohse, Johann C. (Resp.): *De iudice sententiam in causis criminalibus latam ab actis removente*, Halle: Salfeld, 1709.

[257] Thomasius, Christian (Präs.); Lupin, Matthäus (Resp.): *De fide iuridica*, Halle: Salfeld, 1699.

[258] Thomasius, Christian (Präs.); Sperlette de Montguyon, Bartholomäus J. (Resp.): De praesumtione furoris atque dementiae. Halle: Salfeld, 1719.

[259] Thomasius, Christian (Präs.); Montzel, Carl Heinrich B. von und zu (Resp.): *De sponsione Romanorum caudina, cum decade controversiarum iuris varii*, Leipzig: Salfeld, 1684.

[260] Thomasius, Christian (Präs.); Muck, Peter H. (Resp.): *De iniusta oppositione iurium maiestaticorum, superioritatis territorialis, et reservatorum imperatorium*, Halle: Salfeld, 1696.

[261] Thomasius, Christian (Präs.); Nesen, Johann C. (Resp.): *De rerum differentiis intuitu iuris Germanici privati*, Halle, Saale: Salfeld, 1721.

[262] Thomasius, Christian (Präs.); Oehnsen, Peter J. (Resp.): *De filio, sub conditione, si se filium probaverit, herede instituto, ad l. Lucius 83. De Condit. et Demonstrat*, Halle: Georg, 1686.

[263] Thomasius, Christian (Präs.); Packbusch, Salomon F. (Resp.): *De desertione ordinis ecclesiastici*, Halle: Zeitler, 1707.

[264] Thomasius, Christian (Präs.); Pagendarm, Bernhard H. (Resp.): *De bonorum secularisatorum natura*, Halle: Salfeld, 1707.

[265] Thomasius, Christian (Präs.); Portzen, Arnold von der (Resp.): *De usu practico distinctionis hominum in ingenuos et libertinos*, Halle: Salfeld, 1711.

[266] Thomasius, Christian (Präs.); Portzen, Friedrich W. von der (Resp.): *De usu practico distinctionis hominum in liberos et servos*, Halle: Salfeld, 1711.

[267] Thomasius, Christian (Präs.); Raumer, Leopold Wilhelm F. (Resp.): *De usu practico tituli Institutionum de adoptionibus*, Halle: Salfeld, 1714.

[268] THOMASIUS, Christian (Präs.); REICHE, Johann (Resp.): *De crimine magiae*, Halle: Salfeld, 1701.

[269] THOMASIUS, Christian (Präs.); REIMERS, Anton C. (Resp.): *De differentiis iuris civilis et canonici in doctrina de testamentis*, Halle: Salfeld, 1707.

[270] THOMASIUS, Christian (Präs.); RICKEMANN, Christian G. (Resp.): *De usu practico doctrinae de impedimentis manumissionis*, Halle: Salfeld, 1712.

[271] THOMASIUS, Christian (Präs.); RIESE, Hieronymus (Resp.): *De legitima viventis*, Halle: Salfeld, 1700.

[272] THOMASIUS, Christian (Präs.); RYSSEL, Johann J. von (Resp.): *De sponsione romanorum numantina*, Leipzig: Salfeld, 1688.

[273] THOMASIUS, Christian (Präs.); SALTZSIEDER, Joachim (Resp.): *De origine processus inquisitorii*, Halle: Zahn, 1711.

[274] THOMASIUS, Christian (Präs.); SANDRART, Lorenz von (Resp.): *De Noricorum causis adimendi legitimam*, Halle: Salfeld, 1703.

[275] THOMASIUS, Christian (Präs.); SCHEFFER, Ludwig C. (Resp.): *De sensu legis decemviralis testamentariae*, Halle: Zeitler, 1705.

[276] THOMASIUS, Christian (Präs.); SCHILTER, Gottfried (Resp.): *De prioritate ac posterioritate temporis dubia atque incerta*, Leipzig: Salfeld, 1683.

[277] THOMASIUS, Christian (Präs.); SCHLÖSSER, George R. (Resp.): *De praescriptione regalium ad iura subditorum non pertinente*, Halle: Salfeld, 1696.

[278] THOMASIUS, Christian (Präs.); SCHLÜTER, Johann H. (Resp.): *De ratione status dissertationem XI. et XII. De ordinum Imperii libertate, ac de aerario et collectis: cum adiuncta quaestione An doctrina iuris Romani de servis magnum habeat usum in servis nostris a Turcis captis?*, Halle: Salfeld, 1693.

[279] THOMASIUS, Christian (Präs.); SCHMIDT, Zacharias (Resp.): *De existimatione fama et infamia extra rempublicam*, Halle: Salfeld, 1709.

[280] THOMASIUS, Christian (Präs.); STEMPEL, Christian G. (Resp.): *De culpa ab heredibus tutorum praestanda*, Halle: Salfeld, 1701.

[281] THOMASIUS, Christian (Präs.); STEMPEL, Wilhelm T. (Resp.): *De iurisdictionis et magistratuum differentia secundum mores Germanorum*, Halle: Salfeld, 1703.

[282] THOMASIUS, Christian (Präs.); STURM, Friedrich S. von (Resp.): *De usu practico doctrinae Institutionum de nuptiis*, Halle: Salfeld, 1713.

[283] THOMASIUS, Christian (Präs.); STÜTZING, Johannes (Resp.): *Dissertatio de aequitate cerebrina L. II. C. de rescind. vendit. et eius usu practico*, Halae: Salfeld, 1706.

[284] THOMASIUS, Christian (Präs.); SULTZBERGER, Christian G. (Resp.): *De validitate coniugii, invitis parentibus contracti, et per benedictionem sacerdotis depositi consummati*, Leipzig: Salfeld, 1689.

[285] THOMASIUS, Christian (Präs.); THOMAE, Henning (Resp.): *De iure iniusto heredipetarum*, Halle: Salfeld, 1695.

[286] THOMASIUS, Christian (Präs.); THOMAE, Henning (Resp.): *De captatoriis institutionibus*, Halle: Henckel, 1696.

[287] THOMASIUS, Christian (Präs.); UFFENBACH, Zacharias C. von (Resp.): *De quasi emancipatione Germanorum*, Halle: Zeitler, 1703.

[288] THOMASIUS, Christian (Präs.); VERPOORTENN, Johann B. (Resp.): *De usu practico tituli Institutionum de his, qui sui vel alieni iuris sunt*, Halle: Salfeld, 1712.

[289] THOMASIUS, Christian (Präs.); VERPOORTENN, Johann B. (Resp.): *De usu practico tituli Institutionum de patria potestate*, Halle: Salfeld, 1712.

[290] THOMASIUS, Christian (Präs.); VÖLCKER, Anton U. (Resp.): *De felonia domini*, Halle: Salfeld, 1710.

[291] THOMASIUS, Christian (Präs.); WALTHER, Friedrich W. (Resp.): *De protractione iustitiae per amicabilem compositionem partium litigantium a iudice tentandam*, Halle: Salfeld, 1721.

[292] THOMASIUS, Christian (Präs.); WALTHER, Johann A. (Resp.): *De protestatione ius protestantis non conservante*, Halle: Zeitler, 1695.

[293] THOMASIUS, Christian (Präs.); WELSCH, Johann C. (Resp.): *De vagabundo, seu eo, qui est sine domicilio, occasione l. 27. §. 2. ad municip.*, Leipzig: Georg, 1681.

[294] THOMASIUS, Christian (Präs.); WINCKLER, Hieronymus (Resp.): *De servitute stillicidii*, Leipzig: Schede, 1688.

[295] THOMASIUS, Christian (Präs.); WISSMANN, Hermann (Resp.): *De iure circa colores*, Leipzig: Salfeld, 1683.

[296] THOMASIUS, Christian (Präs.); WUNDER, Wilhelm (Resp.): *Non ens actionis forensis contra aedificantem ex aemulatione*, Halle: Salfeld, 1703.

[297] THOMASIUS, Jacob: *De patria potestate*, Leibzig: Georg, 1673.

[298] (unbekannt): *Sechsisch Weichbild*, Budissin: Wolraben, 1557.

[299] (unbekannt): *Lexicon iuridicum*, Genf: excudebat Iacobus Stoer, 1607.

[300] (unbekannt): *Chur-fürstliche brandenburgische, im Hertzogthum Magdeburg publicirte Polizey- und andere derselben einverleibte Ordnungen Anno 1688*, Halle in Sachsen: Salfeld, 1704.

[301] VERDROSS, Alfred: *Abendländische Rechtsphilosophie*, 2. Aufl., Wien: Springer, 1963.

[302] VIEHWEG, Theodor: *Topik und Jurisprudenz*, 5. Aufl., München: C. H. Beck, 1974.

[303] VINNIUS, Arnoldus: *In quatuor libros Institutionum imperialium commentarius academicus et forensis*, Amstelaedami: Waesberg, 1703.

[304] VINNIUS, Arnoldus (Hrsg.) ; NORICUS, Johann E. (Hrsg.): *Institutiones sive elementa*, Lipsiae: Martini, 1713.

[305] VOET, Paulus: *In quatuor libros Institutionum imperialium commentarius*, Bd. 2., Ultraiecti: Ribbius, 1668.

[306] Waizenneger, Ferdinand: *Tractatus de servitutibus personalibus et realibus*, Ingolstadii: Haenlin, 1637.

[307] Wardemann, Patricia: *Johann Gottlieb Heineccius (1681–1741)*, Frankfurt am Main: Lang, 2007.

[308] Wehner, Paul M.: *Practicarum juris observationum selectarum liber singularis*, Frankfurt am Main: Impenssis Rulandiorum, 1674.

[309] Wesenbeck, Matthaeus: *In Pandectas iuris civilis et codicis Iustinianei*, Lugduni: Michaelis, 1583.

[310] Wesenberg, Gerhard ; Wesener, Gunter: *Neuere deutsche Privatrechtsgeschichte im Rahmen der europäischen Rechtsentwicklung*, 4. Aufl., Wien • Köln • Graz: Böhlau, 1985.

[311] Wesener, Gunter: Aequitas naturalis, „natürliche Billigkeit", in der privatrechtlichen Dogmen- und Kodifikationsgeschichte, in: Beck-Mannagetta, Margarethe (Hrsg.): *Der Gerechtigkeitsanspruch des Rechts*, Wien: Springer, 1996, S. 81–105.

[312] Wieacker, Franz: *Privatrechtsgeschichte der Neuzeit: unter besonderer Berücksichtigung der deutschen Entwicklung*, 2. Aufl., Göttingen: Vandenhoeck und Ruprecht, 1967.

[313] Wiesand, Georg S.: *Juristisches Hand=Buch*, Hildburghausen: Johann Gottfried Hanisch, 1762.

[314] Willoweit, Dietmar: Hermann Conring, in: Hammerstein, Notker (Hrsg.); Stolleis, Michael (Hrsg.): *Staatsdenker in der frühen Neuzeit*, 3. Aufl., München: Beck, 1995, S. 129–171.

[315] Wissenbach, Johann J.: *In libros VII priores Codicis Justiniani repetitae praelectionis commentationes cathedrariae*, Franekerae: Horreus, 1701.

[316] Die Historische Commission bei der Königl. Akademie der Wissenschaften (Hrsg.): *Allgemeine deutsche Biographie*, 1. Aufl., Berlin: Duncker und Humblot, 1967–1971.

[317] Die Historische Kommission bei der Bayerischen Akademie der Wissenschaften (Hrsg.): *Neue deutsche Biographie*, Bd. 2., Berlin: Duncker und Humblot, 1955.

[318] Wolf, Erik: *Grosse Rechtsdenker: der deutschen Geistesgeschichte*, 4. Aufl., Tübingen: Mohr, 1963.

[319] Wolff, Christian: *Jus naturae methodo scientifica pertractatum*, Bd. 2., Halae Magdeburgicae: Officina Libraria Rengeriana, 1742.

[320] Wolff, Christian: *Jus naturae methodo scientifica pertractatum*, Bd. 4., Halae Magdeburgicae: Officina Libraria Rengeriana, 1744.

[321] Wolff, Christian: *Jus Naturae*, Bd. 3., Hildesheim: Georg Olms Verlagsbuchhandlung, 1968 (Gesammelte Werke, Abt. 2, Lateinische Schriften 19).

[322] WOLFF, Christian: *Jus Naturae*, Bd. 4., Hildesheim: Georg Olms Verlagsbuchhandlung, 1968 (Gesammelte Werke, Abt. 2, Lateinische Schriften 20).

[323] WOLFF, Christian: *Jus Naturae*, Bd. 6., Hildesheim: Georg Olms Verlagsbuchhandlung, 1968 (Gesammelte Werke, Abt. 2, Lateinische Schriften 22).

[324] WOLFF, Christian: *Institutiones juris naturae et gentium*, Hildesheim: Georg Olms Verlagsbuchhandlung, 1969 (Gesammelte Werke, Abt. 2, Lateinische Schriften 26).

[325] ZAUNSCHLIFFER, Otto P.: *Vindiciae secundum communis opinionis veritatem: seu dissertatio juridica ad l. emtorem 9. C. de locato et conducto communem eiusdem et parallelarum legum interpretationem ac praxin, et hinc enatum vulgare Kauff geht vor Miethe/ ab obiectionibus defendere satagens*, Lübeck • Frankfurt: Wiedermeyer, 1688.

[326] ZIEGLER, Caspar: *In Hugonis Grotii de jure belli ac pacis*, Wittenbergae: D. Tobiae Mevii et Elerdi Schumacheri, 1676.

[327] ZIMMERMANN, Reinhard: *The law of obligations: Roman foundations of the civilian tradition*, Cape Town • München • Deventer: Juta • C. H. Beck • Kluwer, 1990.

[328] ZIMMERMANN, Reinhard: Christian Thomasius, the reception of Roman law and the history of the lex Aquilia, in: *Larva Legis Aquiliae: the mask of the lex Aquilia torn off the action for damage done, a legal treatise*, Oxford: Hart Publishing, 2000, S. 49–68.

[329] ZOLL, Hermann: *Dissertatio iuridica ad l. emptorem 9. Cod. de loc. et cond. communem eiusdem legis interpretationem et hinc enatum illud vulgare: Kauff gehet vor Miethe refellens*, Einteln: Wächter, 1687.

## RECHTSHISTORISCHE REIHE

Die nachfolgende Liste führt die Titel der "Rechtshistorischen Reihe" ab Band 300 auf. Eine vollständige Übersicht aller bisher in der Reihe erschienenen Bücher finden Sie auf www.peterlang.com

Band 300 Jan Kohlmann: Der Marsch zu den Gräbern von Karl und Rosa. Geschichte eines Gedenktages. 2004.

Band 301 Christian Rainer Schlicht: Die kumulative Schuldübernahme in der Rechtsprechung des Reichsgerichts und in der zeitgenössischen Literatur. 2004.

Band 302 Hans Peter Glöckner: Positive Vertragsverletzung. Die Geburt eines Rechtsinstituts. 2006.

Band 303 João Manuel Azevedo Alexandrino Fernandes: Die Theorie der Interpretation des Gesetzes bei Francisco Suárez. 2005.

Band 304 René Funk: Die Wahlprüfung der volksgewählten Abgeordneten der Volksvertretungen im Frühkonstitutionalismus. Eine Untersuchung der Wahlprüfung in den Kammern der Abgeordneten des Großherzogtums Baden, des Königreichs Württemberg und des Großherzogtums Hessen. 2005.

Band 305 Carolin O'Sullivan. Die Ahndung von Rechtsbrüchen der Seeleute im mittelalterlichen hamburgischen und hansischen Seerecht (1301-1482). 2005.

Band 306 Martin Jürgens: Staat und Reich bei Ernst Rudolf Huber. Sein Leben und Werk bis 1945 aus rechtsgeschichtlicher Sicht. 2005.

Band 307 Florian G. Dürselen: Franz Beyerle (1885-1977). Leben, Ära und Werk eines Rechtshistorikers. 2005.

Band 308 Kai Bandilla: Urheberrecht im Kaiserreich. Der Weg zum Gesetz betreffend das Urheberrecht an Werken der Literatur und Tonkunst vom 19. Juni 1901. 2005.

Band 309 Stefan Mieth: Die Entwicklung des Denkmalrechts in Preußen 1701-1947. 2005.

Band 310 Catharina Lodemann: Die Geschichte des französischen *acte de gouvernement*. 2005.

Band 311 Christina Wicke: Kodifikationsbestrebungen und Wissenschaft in Hessen-Darmstadt im vorkonstitutionellen Zeitalter. Zu der Beteiligung der Gießener Rechtsprofessoren an den Gesetzgebungsarbeiten in Hessen-Darmstadt in der Zeit zwischen 1769 und 1820. 2005.

Band 312 Christiane Chlosta: Nur dem Gesetz unterworfen? Eine rechtsgeschichtliche Untersuchung zu Idee und Wirklichkeit richterlicher Gesetzestreue unter besonderer Berücksichtigung der Aufwertungsrechtsprechung und des richterlichen Prüfungsrechts. 2005.

Band 313 Kathrin Dirr: Hoheitsrechtliche Streitigkeiten zwischen den Kölner Erzbischöfen und der Stadt Köln auf Grundlage reichskammergerichtlicher Verfahren des 16. und 17. Jahrhunderts. 2005.

Band 314 Michael Racky: Die Diskussion über Gewaltenteilung und Gewaltentrennung im Vormärz. 2005.

Band 315 Petra Thiemrodt: Die Entstehung des Staatshaftungsgesetzes der DDR. Eine Untersuchung auf der Grundlage von Materialien der DDR-Gesetzgebungsorgane mit zeitgeschichtlichen Bezügen. 2005.

Band 316 Julius F. Reiter: Entstehung und staatsrechtliche Theorie der italienischen *Carta del Lavoro*. 2005.

Band 317 André Book: Die Justizreform in der Frühzeit der Bundesrepublik. Die Beratungen der Kommission zur Vorbereitung einer Reform der Zivilgerichtsbarkeit in den Jahren 1955 bis 1961. 2005.

kolle – Anglikanische Denkschrift von 1966 zur Scheidungsrechtsreform – Schlussabstimmung 1969 in der Eherechtskommission des Bundesministeriums der Justiz). Eingeleitet und herausgegeben von Werner Schubert. 2006.

Band 339 Andreas Feld: Das Bayerische Gesetz zum Schutz des Eigentums an Erzeugnissen der Literatur und Kunst gegen Nachdruck vom 15.04.1840. Vorgeschichte und Zustandekommen. 2007.

Band 340 Bernd Wörner: Adelbert Düringers Einfluß als Richter am Reichsgericht in Leipzig auf dem Gebiet des Personengesellschaftsrechts. 2007.

Band 341 Jan Jelle Kähler: Französisches Zivilrecht und französische Justizverfassung in den Hansestädten Hamburg, Lübeck und Bremen (1806-1815). 2007.

Band 342 Jörn Eckert / Pia Letto-Vanamo / Kjell Modéer (Hrsg.): Juristen im Ostseeraum. Dritter Rechtshistorikertag im Ostseeraum 20.-22. Mai 2004. 2007.

Band 343 Ferdinand von Weyhe: A.E. Wassermann. Eine rechtshistorische Fallstudie zur „Arisierung" zweier Privatbanken. 2007.

Band 344 Martin Klaus Römermann: Kündigungen und Kündigungsschutz im Franquismus. 2007.

Band 345 Thomas Hoffmann: Der Landrechtsentwurf David Hilchens von 1599. Ein livländisches Rechtszeugnis polnischer Herrschaft. 2007.

Band 346 Ingo Ullmann: Die rechtliche Behandlung holsteinischer Leibeigener um die Mitte des 18. Jahrhunderts. Dargestellt unter besonderer Berücksichtigung der Schmoeler Leibeigenschaftsprozesse von 1738 bis 1743 sowie von 1767 bis 1777. 2007.

Band 347 Petra Fischer-Langosch: Die Entstehungsgeschichte des Familiengesetzbuches der DDR von 1965. 2007.

Band 348 Lasse O. Johannsen: Die rechtliche Behandlung ausreisewilliger Staatsbürger in der DDR. 2007.

Band 349 Ralf Schlottau: Deutsche Kolonialrechtspflege. Strafrecht und Strafmacht in den deutschen Schutzgebieten 1884 bis 1914. 2007.

Band 350 Hartwig Brandt / Ewald Grothe (Hrsg.): Rheinbündischer Konstitutionalismus. 2007.

Band 351 Nora Lutze: Der Verwandtenunterhalt nach den §§ 1601 bis 1603 und §§ 1610 bis 1612 BGB in der Rechtsprechung des Reichsgerichts. Unter Berücksichtigung der Entstehung des BGB. 2007.

Band 352 Frank Thiäner: Das Verhältnis von Aufsichtsrat und Abschlussprüfern in der rechtshistorischen Entwicklung bis 1937. 2007.

Band 353 Britta Heymann: Ernst Melsheimer (1897-1960). Eine juristische Karriere in verschiedenen staatlichen Systemen. Mitarbeiter im Preußischen Justizministerium in der Weimarer Republik, im Justizministerium Preußens und des Reiches sowie Richter am Kammergericht in der NS-Zeit und Erster Generalstaatsanwalt der Deutschen Demokratischen Republik. 2007.

Band 354 Susanne Adlberger: Wilhelm Kisch – Leben und Wirken (1874-1952). Von der Kaiser-Wilhelms-Universität Straßburg bis zur nationalsozialistischen Akademie für Deutsches Recht. 2007.

Band 355 Moritz Waibel: Josef Berchtold (1833-1894). Ein Leben gegen den Ultramontanismus. 2007.

Band 356 Aline Levin: Erinnerung? Verantwortung? Zukunft? Die Beweggründe für die gemeinsame Entschädigung durch den deutschen Staat und die deutsche Industrie für historisches Unrecht. 2007.

Band 357 Ferdinand Krause: Die hergebrachten Grundsätze des Berufsbeamtentums. Eine rechtshistorische Analyse. 2008.

Band 358 André Tiebel: Die Entstehung der Schutztruppengesetze für die deutschen Schutzgebiete Deutsch-Ostafrika, Deutsch-Südwestafrika und Kamerun (1884-1898). 2008.

Band 359 Holger Ruff: Sittenwidrige Rechtsgeschäfte in der späten Kaiserzeit. Die Entwicklung der reichsgerichtlichen Rechtsprechung zu § 138 BGB von 1900 bis 1914. 2007.

Band 360 Frank Rohrer: Strafjustiz im Dritten Reich und in der SBZ/DDR. Die personelle und organisatorische Neuordnung des Justizapparates in den totalitären Diktaturen (1933-1955) mit ihren Auswirkungen auf die Rechtsprechung zum politischen Strafrecht. 2007.

Band 361 Hans-Georg Knothe / Marc Liebmann (Hrsg.): Gerichtskultur im Ostseeraum. Vierter Rechtshistorikertag im Ostseeraum. 18.-20. Mai 2006 in Greifswald. 2007.

Band 362 Christina Meß: Das Vertragsrecht bei Adam Smith. 2008.

Band 363 Quellen zur dänischen Rechts- und Verfassungsgeschichte (12.-20. Jahrhundert). Herausgegeben von Ditlev Tamm, Werner Schubert und Jens Ulf Jørgensen. 2008.

Band 364 Günter Baranowski: Die Gerichtsurkunde von Pskov. 2008.

Band 365 Mark Spengler: Die Entstehung des Scheckgesetzes vom 11. März 1908. 2008.

Band 366 Ivan Biliarsky / Radu G. Păun (eds./éds.): The Biblical Models of Power and Law. Les modèles bibliques du pouvoir et du droit. Papers of the International Conference, Bucharest, New Europe College 2005. Actes du colloque international, Bucarest, New Europe College 2005. 2008.

Band 367 Thomas A. Roth: Ausgestaltungen der Rechtsfähigkeit im 19. und 20. Jahrhundert. Zur Rechtspersönlichkeit natürlicher Personen in den bedeutenden deutschen Zivilrechtsordnungen. 2008.

Band 368 Björn Alexander Rautenberg: Der Fiskal am Reichskammergericht. Überblick und exemplarische Untersuchungen vorwiegend zum 16. Jahrhundert. 2008.

Band 369 Thorsten Miederhoff: *Man erspare es mir, mein Juristenherz auszuschütten*. Dr. iur. Kurt Tucholsky (1890-1935). Sein juristischer Werdegang und seine Auseinandersetzung mit der Weimarer Strafrechtsreformdebatte am Beispiel der Rechtsprechung durch Laienrichter. 2008.

Band 370 Philipp Nordloh: Kölner Zunftprozesse vor dem Reichskammergericht. 2008.

Band 371 Judith Freund: Die Wechselverpflichtung im 19. Jahrhundert. 2008.

Band 372 Hans-Michael Empell: Gutenberg vor Gericht. Der Mainzer Prozess um die erste gedruckte Bibel. 2008.

Band 373 Rainer Schröder: Die DDR-Ziviljustiz im Gespräch – 26 Zeitzeugeninterviews. 2008.

Band 374 Christian Neschwara: Ein österreichischer Jurist im Vormärz. „Selbstbiographische Skizzen" des Freiherrn Karl Josef Pratobevera (1769-1853). 2009.

Band 375 Stefan Ullrich: Untersuchungen zum Einfluss des lübischen Rechts auf die Rechte von Bergen, Stockholm und Visby. 2008.

Band 376 Johanna Gertrude Schmitzberger: Das nationalsozialistische Nebenstrafrecht 1933 bis 1945. 2008.

Band 377 Christian Brom: Urteilsbegründungen im „Hoge Raad van Holland, Zeeland en West-Friesland" am Beispiel des Kaufrechts im Zeitraum 1704-1787. 2008.

Band 378 Christian Böse: Die Entstehung und Fortbildung des Reichserbhofgesetzes. 2008.

Band 379 Tobias Röhnelt: Timm Kröger. Leben und Werk. 2009.

Band 380 Andrea Elisabeth Sebald: Der Kriminalbiologe Franz Exner (1881-1947). Gratwanderung eines Wissenschaftlers durch die Zeit des Nationalsozialismus. 2008.

Band 381 Angela Kriebisch: Die Spruchkörper Juristenfakultät und Schöppenstuhl zu Jena. Strukturen, Tätigkeit, Bedeutung und eine Analyse ausgewählter Spruchakten. 2008.

Band 382 Nana Ozawa: Louis Adolphe Bridel – Ein Schweizer Professor an der juristischen Fakultät der Tokyo Imperial University. Die geschichtliche Bedeutung der Yatoi zur späten Meijizeit. 2010.

Band 383 Christian Weißhuhn: Alfred Hueck 1889-1975. Sein Leben, sein Wirken, seine Zeit. 2009.

Band 384 Andreas Hunkel: Eduard Dietz (1866-1940) – Richter, Rechtsanwalt und Verfassungsschöpfer. 2009.

Band 385 Meike Guskow: Entstehung und Geschichte der Europäischen Charta der Regional- oder Minderheitensprachen. 2009.

Band 386 Markus J. Jahnel: Das Bodenrecht in „Neudeutschland über See". Erwerb, Vergabe und Nutzung von Land in der Kolonie Deutsch-Südwestafrika 1884-1915. 2009.

Band 387 Matthias Günter Steiner: Die Klöster und ihr Wirken – eine der Wurzeln des Stiftungswesens? 2009.

Band 388 Cornelia Staats: Die Entstehung des Bundes-Immissionsschutzgesetzes vom 15. März 1974. 2009.

Band 389 Cai Niklaas E. Harders: Das Bundesjagdgesetz von 1952 sowie die Novellen von 1961 und 1976. Vorgeschichte, Entstehung des Gesetzes sowie Problemfelder. 2009.

Band 390 Matthias Pohlkamp: Die Entstehung des modernen Wucherrechts und die Wucherrechtsprechung des Reichsgerichts zwischen 1880 und 1933. 2009.

Band 391 Sebastian Baur: *Vor vier Höllenrichtern...* Die Lizentiats- und Doktorpromotionen an der Juristischen Fakultät der Universität Heidelberg. 2009.

Band 392 Christoph Salmen-Everinghoff: Zur *cautio damni infecti*: Die Rückkehr eines römischrechtlichen Rechtsinstituts in das moderne Zivilrecht. 2009.

Band 393 Till Meno Sellschopp: Der Weg zum Revokationsrecht der Ehegatten nach § 1368 BGB. Zugleich ein Beitrag zur Geschichte des ehelichen Güterrechts. 2009.

Band 394 Marc Biermann: Das Staatseigentum an öffentlichen Sachen im Gemeingebrauch in der ersten Hälfte des 19. Jahrhunderts. Die Theorie des reinen Hoheitsrechts an den öffentlichen Sachen von Rudolph von Jhering und Friedrich Ludwig Keller im Zusammenhang mit dem Baseler Schanzenstreit von 1859/62. 2009.

Band 395 Markus Tüxen: Kollegialprinzip oder Einzelrichter. Die Entwicklung des zivilrechtlichen Spruchkörpers bei den Landgerichten sowie den Oberlandesgerichten seit 1879 unter besonderer Berücksichtigung der Reformen von 1974 und 1976. 2009.

Band 396 Adam Polkowski: Die polnische Zivilprozessordnung von 1930/33. Unter Berücksichtigung des deutschen, österreichischen, russischen und französischen Rechts. 2009.

Band 397 Barbara Riedi: Die Porten der Unteren Strasse, ihr Ladungsrecht und der Strassenunterhalt. Rechtshistorische Betrachtungen zur Verkehrs- und Wirtschaftsgeschichte Graubündens. 2009.

Band 398 Stefanie Jessica Loroch: Zeitungsrubrik: Gerichtssaal. Strafprozessberichterstattung in Münster im 19. Jahrhundert (1848-1890). 2009.

Band 399 Dirk Henning Hofer: Karl Konrad Werner Wedemeyer (1870-1934). Ein Juristen- und Gelehrtenleben in drei Reichen. Eine Biographie. 2010.

Band 400 Thomas Simon (Hrsg.): Hundert Jahre allgemeines und gleiches Wahlrecht in Österreich. Modernes Wahlrecht unter den Bedingungen eines Vielvölkerstaates. 2010.

Band 401 Dörte Mentz: Die Beweislastumkehr in der Rechtsprechung des Reichsgerichts. 2010.

Band 402 Werner Schubert (Hrsg.): Oberster Gerichtshof für die Britische Zone (1948-1950). Nachschlagewerk Strafsachen – Nachschlagewerk Zivilsachen. Präjudizienbuch der Zivilsenate. Eingeleitet und herausgegeben von Werner Schubert. 2010.

Band 403 Yong Lei: Auf der Suche nach dem modernen Staat. Die Einflüsse der allgemeinen Staatslehre Johann Caspar Bluntschlis auf das Staatsdenken Liang Qichaos. 2010.

Band 404 Andreas Schwenk: Die Formbestimmung des § 313 BGB a. F. (§ 311 b Abs. 1 BGB n. F.) bei Verträgen über Grundstücke in der Rechtsprechung des Reichsgerichts. 2010

Band 405 René Schorsch: Eberhard Georg Otto Freiherr von Künßberg (1881-1941). Vom Wirken eines Rechtshistorikers. 2010.

Band 406 Ulrike Köbler: Werden, Wandel und Wesen des deutschen Privatrechtswortschatzes. 2010.

Band 407 Björn Florian Faulenbach: Rolle und Bedeutung der Lehre in der Rechtsprechung der Internationalen Gerichtshöfe im zwanzigsten Jahrhundert. 2010.

Band 408 Guangyu Fu: Das Causaproblem im deutschen Bereicherungsrecht. Eine rechtshistorische Untersuchung. 2010.

Band 409 Andreas Kimmelmann: Die Folter im Beweisverfahren der Leges Visigothorum. Chindasvinths Gesetzgebung im Spiegel der westgotischen Rechtsentwicklung. 2010.

Band 410 Jacqueline Schmaltz: Die Entwicklung der Industrie- und Handelskammern. Zwischen Pflicht und Kür. 2010.

Band 411 Hermann Nehlsen: Bayerische Rechtsgeschichte vom frühen Mittelalter bis zum 20. Jahrhundert. 2011.

Band 412 Kathrin Spoerr: Recht und Revolution. Deutsche Ökonomen und ihr Einfluss auf das Recht der Weimarer Republik – eine Zeitschriftenschau 1917-1920. 2011.

Band 413 Moritz von Köckritz: Die deutschen Oberlandesgerichtspräsidenten im Nationalsozialismus (1933-1945). 2011.

Band 414 Annika Lillemor Lara Rabaa: Die Ehe als Rechtsinstitut im Badischen Landrecht von 1810. Unter besonderer Berücksichtigung der gesellschaftlichen Entwicklungen im 19. Jahrhundert. 2011.

Band 415 Christian Hattenhauer / Klaus-Peter Schroeder (Hrsg.): 200 Jahre Badisches Landrecht von 1809/1810. Jubiläumssymposium des Instituts für geschichtliche Rechtswissenschaft der Ruprechts-Karls-Universität Heidelberg und der Heidelberger Rechtshistorischen Gesellschaft vom 23. bis 26. September 2009. 2011.

Band 416 Tobias Alexander Krammerbauer: Die Ministerverantwortlichkeit und die Vorformen sonstiger Verfassungsgerichtsbarkeit in Württemberg zwischen 1815 und 1918. 2011.

Band 417 Werner Schubert (Hrsg.): Quellen zur GmbH-Reform von 1958 bis zum GmbH-Änderungsgesetz von 1980. Eingeleitet und herausgegeben von Werner Schubert. 2011.

Band 418 Gisela Emling: Johannes Heckel. Leben und Wirken (1889-1963). 2011.

Band 419 Jochen Kirschbaum: Die Etablierung der Historischen Rechtsschule an der Ludoviciana (1814-1824). 2011.

Band 420 Sören Koch: Unaufgeforderte Hilfeleistung in Notsituationen. Eine rechtshistorische und rechtsvergleichende Studie zu den zivilrechtlichen Aspekten der Nothilfe mit besonderer Berücksichtigung des Rechts der Geschäftsführung ohne Auftrag. 2011.

Band 421 Friedrich Carl von Savigny: Die Prinzipienfragen in Beziehung auf eine neue Strafprozeß-Ordnung. Ausgearbeitet im Justizministerium für die Gesetzrevision. Eingeleitet und herausgeben von Werner Schubert. 2011.

Band 422 Stephan Faulwetter: Von der Zunft zur Handelskammer. Zur Entwicklung des Gewerberechts in thüringischen Staaten. 2011.

Band 423 Moritz Eisenhardt: Sanierung statt Liquidation. Die Geschichte des Vergleichs zur Abwendung des Konkurses unter besonderer Berücksichtigung der Vergleichsordnung von 1927 und 1935. 2011.

Band 424 Gerd Kleinheyer: Beiträge zur Strafrechtsgeschichte. Herausgeben von Franz Dorn, Mathias Schmoeckel und Jan Schröder. 2011.

Band 425 Ralf Maertens: Das Landgericht Altona (1879-1937) und die Anfänge des Landgerichts Itzehoe (1937-1945). Unter besonderer Berücksichtigung ihrer Tätigkeitsberichte und rechtspolitischen Stellungnahmen. 2011.

Band 426 Mark Friedrich: Ferdinand von Martitz (1839-1921). Rechtshistoriker, Staatsrechtler und Völkerrechtler zwischen dem Ende des Deutschen Bundes und dem Beginn der Weimarer Republik. 2012.

Band 427 Sebastian Krusche: Die Bundesrechtsanwaltsordnung vom 1. August 1959. Vorgeschichte und Entstehung. 2012.

Band 428 Marju Luts-Sootak / Sanita Osipova / Frank L. Schäfer (Hrsg./eds.): Einheit und Vielfalt in der Rechtsgeschichte im Ostseeraum. Unity and Plurality in the Legal History of the Baltic Sea Area. Sechster Rechtshistorikertag im Ostseeraum, 3.-5. Juni 2010 in Tartu (Estland) / Riga (Lettland). 6th Conference in Legal History in the Baltic Sea Area, 3rd-5rd June 2010 Tartu (Estonia) / Riga (Latvia). 2012.

Band 429 Margret R. I. Bootz: Die Hamburger Rechtsprechung zum Arbeitsrecht im Nationalsozialismus bis zum Beginn des 2. Weltkriegs. 2012.

Band 430 Heiko Zech: Die soziale Frage im Konkursrecht 1879-1900. 2012.

Band 431 Jan C. Lorenzen: Das Bundesnaturschutzgesetz vom 20. Dezember 1976. Die Entwicklung des Naturschutzrechtes in Deutschland von den Anfängen bis zur Neukodifikation des Bundesnaturschutzgesetzes von 1976. 2012.

Band 432 Ulrike Ingrid Bernhardt: Geschichte des Weinrechts im Deutschen Kaiserreich (1871-1918). Mit einem Überblick zur Vorgeschichte und Weiterentwicklung bis zur Gegenwart. 2012.

Band 433 Elisabeth Otto: Das Verwaltungsrecht in der SBZ / DDR bis zur Verwaltungsneugliederung im Jahr 1952. 2012.

Band 434 Werner Schubert: Zur Geschichte der Justizverfassung in Schleswig-Holstein im 19. und 20. Jahrhundert. Quellen und Studien. 2012.

Band 435 Stefan Ellenberg: Herrschaft und Reform. Zur Diskussion um die Aktienrechtsreform und den Konzern in der Weimarer Zeit. 2012.

Band 436 Jasmin Sonntag: Gesetzgebung und Verwaltung im Dalbergstaat 1802-1810. 2012.

Band 437 Martin Komusiewicz: Die Diskussion um das Verhältnis von Rechtsanwaltschaft und Notariat seit dem Ende des 18. Jahrhunderts bis zum Erlass der Bundesnotarordnung. 2012.

Band 438 Henriette von Breitenbuch: Karl Neumeyer – Leben und Werk (1869-1941). 2013.

Band 439 Günter Baranowski: Russische Rechtsgeschichte: Texte und Erläuterungen. Teil 1: Von den Anfängen bis 1612/13. 2013.

Band 440 Werner Schubert (Hrsg.): Staatsanwaltschaftsrecht (1934-1982). Quellen zu den Reformprojekten (Organisation – Innerer Dienstbetrieb – Ermittlungsverfahren – Verhältnis der Staatsanwaltschaft zur Polizei) und zur Anordnung über Organisation und Dienstbetrieb der Staatsanwaltschaft (OrgStA). Eingeleitet und herausgegeben von Werner Schubert. 2013.

Band 441 York Zieren: Das Schiedsverfahrensrecht der ZPO (1877-1933) unter Berücksichtigung der Genfer Übereinkommen von 1923 und 1927 sowie der Rechtsprechung des Reichsgerichts. 2013.

Band 442 Stefan Wolf: Das Jenaer Studium der Rechte im Dritten Reich. Zwischen Tradition und nationalsozialistischer Ideologie. 2013.

Band 443 Bernhard Klose: Das Verblassen eines Makels. Das Nichtehelichenrecht der DDR als Teil der gesamtdeutschen Entwicklung. 2013.

Band 444 Peter Opitz-von Bardeleben: Das Generalgouvernement Niederrhein. 2013.

Band 445 Nadine Göppner: Vorgeschichte und Entstehung des Atomgesetzes vom 23.12.1959. 2013.

Band 446 Frank L. Schäfer / Werner Schubert (Hrsg./eds.): Justiz und Justizverfassung / Judiciary and Judical System. Siebter Rechtshistorikertag im Ostseeraum, 3.-5. Mai 2012 Schleswig-Holstein / 7th Conference in Legal History in the Baltic Sea Area, 3rd-5th May 2012 Schleswig-Holstein. 2013.

Band 447 Sandy Schenker: Gegen Täuschungen und Gesundheitsgefährdungen durch schlechte Nahrung. Zur Entwicklung des Nahrungsmittelrechts durch Rechtsprechung und Gesetzgebung zwischen 1871 und 1927. 2013.

Band 448 Youn Seok Choi: Der Besitzerwerb des Erben. Historische Entwicklungen, die Lösung des § 857 BGB und ihre Anwendungsprobleme. 2013.

Band 449 Johannes Kalb: Die innerstädtische Auseinandersetzung in Regensburg am Ende der Reichsunmittelbarkeit. Eine historische und rechtliche Untersuchung. 2014.

Band 450 Thomas Habbe: Lastenausgleich. Die rechtliche Behandlung von Kriegsschäden in Deutschland seit dem 30jährigen Krieg. 2014.

Band 451 Günter Baranowski: Russische Rechtsgeschichte: Texte und Erläuterungen. Teil 2: Von 1613 bis 1682. 2015.

Band 452 Wilhelm Brauneder (Hrsg): Landrechtsentwurf für Österreich unter der Enns 1526. 2015.

Band 453 Maximilian Elsner von der Malsburg: „Arisierung" von Privatbanken am Beispiel des Bankhauses E. J. Meyer in Berlin. 2015.

Band 454 Tanja Claussen: Johann Julius Wilhelm Planck (1817-1900). Leben und Werk. 2015.

Band 455 Werner Schubert (Hrsg.): Das Reichsjustizministerium und die höheren Justizbehörden in der NS-Zeit (1935-1944). Protokolle und Mitschriften der Arbeitstagungen der Reichsjustizminister mit den Präsidenten der Oberlandesgerichte, des Volksgerichtshofs, des Reichsgerichts sowie mit den Generalstaatsanwälten. Eingeleitet und herausgeben von Werner Schubert. 2015.

Band 456 Christian Vahl: Die gesetzliche Regelung des Seefrachtvertrags im deutschen Recht. Eine rechtshistorische Betrachtung unter besonderer Berücksichtigung der Beratungen des Seerechtsausschusses der Akademie für Deutsches Recht (1934-1942). 2015.

Band 457 Ruomeng Yang: Die Rezeption der europäischen Privatrechte in China und die konfuzianische Tradition. Das Beispiel des Deliktsrechts im frühen 20. Jahrhundert. 2015.

Band 458 Piotr Wittmann: „Der da sein Practic auß Teutschen Tractaten will lernen". Rechtspraktiker in deutschsprachiger Praktikerliteratur des 16. Jahrhunderts. 2015.

Band 459 Georg Rasche: Richter, Sachverständige, Handelskammern. Preußische Justizverwaltung und kaufmännische Interessen zwischen 1879 und 1907. 2015.

Band 460 Daniel Hupe: Von der Hierarchie zur Egalität in den Zivilrechtskodifikationen des 19. Jahrhunderts vor dem BGB. 2015.

Band 461 Wilhelm Brauneder (Hrsg.): Landrechtsentwurf für Österreich unter der Enns 1573. 2015.

Band 462 Tunay Sürek: Die Verfassungsbestrebungen der Tanzimât-Periode. Das *Kanun-i Esasî* – Die osmanische Verfassung von 1876. 2016.

Band 463 Takashi Izumo: Die Gesetzgebungslehre im Bereich des Privatrechts bei Christian Thomasius. 2016.

www.peterlang.com